古代漢語

胡安順 主編

上册

创于1897
商務印書館
The Commercial Press

圖書在版編目（CIP）數據

古代漢語 / 胡安順主編. --北京：商務印書館，2025. --ISBN 978-7-100-25387-1

I. H109.2

中國國家版本館CIP數據核字第2025378WH7號

GǓDÀI HÀNYǓ

古 代 漢 語

（上下册）

胡安順　主編

商　務　印　書　館　出　版

（北京王府井大街36號　郵政編碼100710）

商　務　印　書　館　發　行

北京市十月印刷有限公司印刷

ISBN 978－7－100－25387－1

2025年8月第1版　　開本850×1168　1/32

2025年8月北京第1次印刷　　印張26¾

定價：78.00元

序

中華民族源遠流長，古代文化燦爛輝煌。“古漢語”者，中華古代文化之載體也。捨此，則中華民族之歷史，中國古代之政治、軍事、農耕、食貨、聘問、人倫、哲學、文學、醫學、繪畫、音樂、建築、禮俗等萬事萬物無所記焉，六藝精妙無所托也，百家争鳴無所起也，九流博深無所傳也。故知“古漢語”爲繼承中華優秀傳統之階梯，開啓古代知識宝庫之鈐鍵，借鑒古人思想智慧之津涉也。今高校中文專業均设“古代漢語”必修課，誠正蒙之始基，治國學必由之，良有以也。有志爲天地立心、爲生民立命、爲往聖繼絶學、爲萬世開太平者，豈可忽之避之哉？今逢民族復興之盛世，弘揚國學之明時，匡謬正俗，不廢古訓，鹿鳴相呼，廣陵再現，菁莪雅化，弦歌在野，講誦之聲，道路不絶。樸學勃興，尋墜緒於浩瀚；正教化育，施經典於童蒙。前事不忘，業無所而不興；以古爲鑒，恶無時而不除。此正是“古漢語”助力效能之際遇也。試問：古爲今用、通經明史、探賾發微、張皇幽眇以及歌詠抒懷、贊頌譏評、祭祀碑刻，賀年婚慶、公告祝問、致哀喪家、追懷親友等，何所不涉古詩文哉？於語文工作者，“古漢語”尤爲重要，倘若讀古書不能斷句，不通語法，爲詩不諳格律，昧於平仄，認字不明會意形聲，修辭不聞互文錯綜，必見笑大方。每逢良辰美景，婚喪大事，祭告典禮，不能以詩賦聯語呈其高古典雅之致，必難免慚悚。古人登高能賦，懷千古風流之遐思，發“有梅無雪不精神，有雪無詩俗了人”之慨嘆，足以爲鑒也。

“古代漢語”課涵蓋文字、音韻、詞彙、訓詁、語法、修辭、詩詞格律、工具書使用等知識及文選閲讀，與中國古代史、古代文學、哲學、醫學、古籍整理諸科均聯繫密切。課程旨在通過教學，幫助學生於短期内獲得古漢語基本知識，提高古文閲讀能力及運用能力，增强文化修養，以便爲國家建設、爲民族復興做出更大贡献。

《古代漢語》教材，乃培養新時期高素質人才所必需者也。“木受繩則直，金就礪則利。”渡江河者必借舟楫，争利於千里之外者必用騏驥，欲薄古漢語宫牆窺其宗廟之美百官之富者必由教材也。故知雖有智慧，不如乘勢。雖有鎡基，不如待時。雖有AI，不如真才。

本教材爲實現“古代漢語”課程目標而編撰。自20世纪60年代以降，《古代汉语》教材接踵相繼，各有異同。本教材博采諸家之長，於内容有所更新，以突出實用性、知識性、系統性與學術性爲務。編者雖盡心竭力，疏誤在所不免，糾謬補缺，是所望於廣大師生群賢焉。

胡安順

2024年10月

凡　例

一、本教材共分十一個單元，各單元由“文選”和“古漢語基礎知識”兩部分組成。

二、文選以先秦兩漢富有積極意義的作品爲主，酌收漢以後的文章。同類教材習見的文章一般收入，同時新增數十篇，總計大小 112 篇。詩詞一律不收。

三、適當收入應用性文章，包括奏議、書信、賦銘及傳記等。

四、文選分正文和附録兩部分，附録供學生課外閲讀。注釋力求簡明準確，其中注音直接置於原文有關字詞之後，外加括號。注釋類型分爲段末注釋與隨文括注兩類，括注用於附録文選，其中少數文章采用古注。

五、古漢語基礎知識共設十五講，分置於各單元之中，具體内容包括古代漢語常用工具書、賦的基本知識、音韻、律詩、詞律、對聯、詞彙、漢字的起源與結構、漢字的形體演變、古書中的用字、訓詁、古書的標點、語法（上）、語法（中）、語法（下）和修辭。行文力求簡明系統，適當涉及研究概況，用例求新，文末附參考文獻。此外，有關單元附有“同義詞辨析舉例”“漢字結構分析舉例”“常用入聲字簡表”“反切釋要”“《佩文詩韻釋要》

選”“甲骨學基本知識”“甲骨學發展概要”“金文學概要”“《説文》學概説”“《説文解字》部首選”等知識，供學生课外參考。

六、練習題中除知識問答題外，設有論述題及古詩詞賦對聯寫作習題。

目　　録

第二單元

第三單元

第四單元

第五單元

緒　論

古代漢語的書面語有兩個系統：一是文言文，一是古白話。文言文是指在先秦口語基礎上形成的上古書面語以及漢代以後模仿這種書面語的語言。文言文的突出特點是凝練、典雅、含蓄、厚重，代表作品如《左傳》《禮記》《論語》《孟子》《墨子》《荀子》《吕氏春秋》《韓非子》《史記》《漢書》《後漢書》《三國志》《文選》以及“唐宋八大家”的著作等。古白話是指六朝以後在北方口語基礎上形成的書面語。古白話突出的特點是接近口語，淺顯通俗，潑辣粗獷，生活氣息濃厚，代表作品有南北朝时期的樂府歌辭、唐代的曲子詞、演唱佛經故事的變文、禪宗語録、宋元話本、元代雜劇和明清小説等。“古代漢語”課的教學内容是文言文及相關的理論知識，文言重點是先秦兩漢的作品。

“古代漢語”課是高等院校開設的一門基礎課，内容一般包括文選閱讀和工具書介紹、文字、音韻、詞彙、語法、訓詁、詩詞格律、修辭等知識。這些内容和現代漢語、語言學概論、中國古代文學、中國古典文獻學、中國古代史、中國古代哲學等學科都有密切的聯繫。學習“古代漢語”，不僅是完善知識結構、擴大視野、提高文化素養的需要，更是繼承祖國優秀傳統文化、增强民族自信、建設現代化的需要。只有學會了“古代漢語”，纔能打開古代的知識寶庫，借鑒古人的經驗和才智，把弘揚祖國優秀傳統文化的偉業落到實處。

“古代漢語”課是一門實用性很强的課程，它不僅教給我們如何使用古漢語工具書、認讀繁體字、分析漢字、分析古漢語語法、看懂古書注解等方面的知識技能，還會幫助我們了解詩詞格律、賦的結構、對聯寫作技巧以及一些應用文的寫作技巧，爲將來從事古體詩文的教學和研究打好基礎。

“古代漢語”課又是一門實踐性很强的課程，要求培養學生閲讀古書的能力及研究運用能力。這種能力的培養不僅需要課堂講授，更需要通過教學實踐纔能實現。教學實踐除了完成一些知識性、操作性練習外，還需要背誦一些經典作品，適當做一些古體詩文的寫作練習，甚或在此基礎上撰寫專題論文。通過實踐活動，使學過的知識得到鞏固，達到條理化、清晰化和系統化。學寫古體詩文和專題論文是更高層次的要求，雖有一定難度，但對於加强優秀傳統文化教育、培養高素質創新性人才十分必要。

“古代漢語”課有一定難度，它和“現代漢語”課存在着較大差異，例如繁體字、音韻、詩律、訓詁等内容，學生以前没有接觸過，所以要有思想準備和刻苦精神。對於各單元的知識和文選，應同樣重視，不可偏廢。知識是前人的理論總結，可以幫助我們在較短時間内認識古代漢語的基本特點和規律，舉一反三，提高學習效率。文選是一些典範作品，旨在增加古文感性知識，熟讀必然胸中有本。相較於浩如煙海的古代文獻典籍，教材所收文選，不過是滄海一粟，故務必通讀熟讀。學習這些文選只是打基礎，要想進一步提高自己的古文修養，還需要閲讀更多的典籍，如《論語》《孟子》《左傳》《史記》《漢書》《後漢書》《三國志》《資治通鑒》《昭明文選》《古文觀止》以及“唐宋八大家”文章等。

“古代漢語”課雖然有一定難度，但知識性、實用性很强，只要勤勉力學，潛心鑽研，不畏艱難，鍥而不捨，勇於實踐，熟讀多背，勤譯勤寫，就一定能够學好，甚至能在此基礎上寫出專題論文，亦或創作出詩、詞、賦、對聯、信函等作品，抒發情懷，歌頌美好生活，弘揚優秀傳統文化，爲中華民族復興偉業做出積極貢獻。

第一單元

文選一

諫逐客書

李斯

【作者簡介】李斯（？—前208年），戰國末楚上蔡（今河南上蔡縣西南）人，秦代著名政治家、文字學家。曾受學於荀子，後入秦爲吕不韋舍人，不久得到秦王賞識，歷任長史、客卿、廷尉等職，在秦統一六國的事業中發揮了重要作用。秦統一全國後，官拜丞相，建議秦始皇施行了許多重要政策，包括廢分封，設郡縣，焚詩書，禁私學，明法度，書同文，車同軌等，其政治主張影響深遠。始皇死後，李斯與宦官趙高合謀立胡亥爲二世皇帝，繼而遭高陷害，腰斬於咸陽，滅三族。

【題解】戰國末年，韓國派水利專家鄭國幫秦國興修水利，企圖借此消耗秦國國力，達到推遲秦國攻韓之目的。事情敗露後，秦宗室大臣認爲凡來秦國的客卿都是間諜，應全部驅逐，秦王政同意了他們的建議。由於李斯也在被逐之列，遂呈上了這篇諫書。文章從秦國利益出發，列舉客卿幫助秦歷代國君建立的功勛，證明客卿實有功於秦。同時又以玩好女色音樂物産等事實爲例證明，在用人方面不問是非曲直的排外思想會嚴重影響秦國的統一大業。文章以事實爲依據，不務誇飾，思路开闊，語勢奔放，文采焕然，極具説服力。秦王政讀後不久即解除了逐客令。《文心雕龍·論説》評價説："范雎之言事，李斯之止逐客，并順情入機，動言中務，雖批逆鱗，而功成計合，此上書之善説也。"本文選自《史記·李斯列傳》，以《史記》（中華書局1982年第2版）爲底本，題目是後加的。

臣聞吏議逐客，竊以爲過矣。昔繆公求士①，西取由余於戎，東得百里奚於宛，迎蹇叔於宋，來邳豹、公孫支於晉②。此五子者，不産於秦，而繆公用之，并國二十，遂霸西戎。孝公用商鞅之法，移風易俗，民以殷盛，國以富彊，百姓樂用，諸侯親服，獲楚、魏之師，舉地千里，至今治彊③。惠王用張儀之計，拔三川之地，西并巴、蜀，北收上郡，南取漢中，包九夷，制鄢、郢，東據成皋之險④，割膏腴之壤，遂散六國之從（zòng），使之西面事秦，功施（yì）到今⑤。昭王得范雎，廢穰侯，逐華陽，彊公室，杜私門⑥，蠶食諸侯，使秦成帝業。此四君者，皆以客之功。由此觀之，客何負於秦哉？向使四君卻客而不内（nà）⑦，疏士而不用，是使國無富利之實而秦無彊大之名也。

注　釋

① 繆公：秦穆公。　繆，通“穆”。

② 由余：春秋時晉人，後亡命入戎，奉戎王命使秦，秦穆公用離間計迫其歸秦，幫助秦征服西戎。　百里奚：本虞國大夫，虞亡時於逃亡途中爲楚人所俘。秦穆公聞其賢，以五張羊皮將其贖回，任爲秦相，相秦

七年。 蹇叔：岐州（今陝西岐山縣）人，時游於宋，經百里奚推薦入秦，穆公任爲上大夫。 邳豹：晉人，因其父邳鄭爲晉所殺而奔秦。 公孫支：即子桑，岐州人，游於晉，後入秦爲大夫。

③ 孝公：秦獻公子，惠文王父。 獲楚、魏之師：公元前340年，秦侵楚。同年（秦孝公二十二年），商鞅打敗魏軍，俘魏主將公子卬。 治彊：國家安定强大。彊，通“强”。

④ 張儀之計：指連横策略，游説諸侯事奉秦國。 三川之地：指今河南洛陽一帶，黄河、伊河、洛河流經於此。 巴、蜀：皆古國名，巴在今重慶北部一帶，蜀在今四川成都一帶。 上郡：魏地，在今陝西榆林一帶。 漢中：楚地，在今陝西漢中地區。 包：吞併。 九夷：泛指少數民族。 鄢、郢：指楚國。鄢，楚舊都，在今湖北宜城市西南。郢，楚國都，故址在湖北江陵西北。 成皋：别稱虎牢關，在今河南滎陽市。

⑤ 從：“縱”的古字，指合縱策略，以抗秦爲目的的六國聯盟。 施：延續。

⑥ 昭王：秦昭襄王，惠王子，武王異母弟。武王死後，他由養母宣太后芈氏和魏冉（芈氏異父弟）擁立。 范雎：魏國人，後入秦爲相。“雎”或作“睢”。 穰侯：魏冉封號。 華陽：華陽君，宣太后同父弟芈戎的封號。按：穰侯、華陽君專權，昭襄王大權旁落，范雎獻計除掉了這兩個外戚集團。 彊：使動用法。 公室：君主之家，即王室。 私門：指魏冉等權貴家族的勢力。

⑦ 向使：假使，假如。 内：“納”的古字。 是：代詞，這。

今陛下致昆山之玉，有隨、和之寶，垂明月之珠，服太阿之劍，乘纖離之馬，建翠鳳之旗，樹靈鼉之鼓①。此數寶者，秦不生一焉，而陛下説之②，何也？必秦國之所生然後可，則是夜光之璧不飾朝廷，犀象之器不爲玩好，鄭、衛之女不充後宫，而駿良駃騠（jué tí）不實外厩，江南金錫不爲用，西蜀丹青不爲采③。所以飾後宫充下陳娱心意説耳目者，必出於秦然後可，則是宛珠之簪、傅璣之珥、阿縞之衣、錦繡之飾不進於前，而隨俗雅化佳冶窈窕趙女不立於側也④。夫擊甕叩缶彈箏搏髀（bì）而歌呼嗚嗚快耳者⑤，真秦之聲也；鄭、衛桑閒，《昭虞》、《武象》者⑥，異國之樂也。今弃擊甕叩缶而就鄭衛，退彈箏而取《昭虞》，若是者何也？快意當前，適觀而已矣⑦。今取人則不然，不問可否，不論曲直，非秦者去⑧，爲客者逐。然則是所重者在乎色樂珠玉，而所輕者在乎人民也。此非所以跨海内制諸侯之術也⑨。

注　釋

① 致：求取，获得。　昆山：著名玉産地，在今新疆和田西北。　隨、和之寶：指隨侯珠與和氏璧。隨侯珠事見《淮南子·覽冥訓》，和氏璧事見《韓非子·和氏》。　垂：懸掛。　服：佩帶。　太阿：古宝劍名，相傳爲春秋時越國歐冶子、吴國干將所鑄。　纖離：駿馬名。　翠鳳之旗：用翠鳳羽毛做裝飾的旗幟。　靈鼉之鼓：用鼉皮蒙的鼓。鼉，鼉龙，即揚子鰐。

② 説："悦"的古字。

③ 鄭、衛之女：指美女。古代認爲鄭、衛之地出美女。　駃騠：駿馬名。　丹青：丹砂和青雘，兩種繪畫用的礦物顔料。

④ 下陳：古代殿堂臺階下面的空地，用以陳放禮品、站列美女或歌舞。　宛珠：宛地出産的寶珠。宛，地名，在今河南南陽市。　傅：附著。　璣：不圓的珠子，一説爲小珠。　珥：珠玉做的耳飾，或叫瑱、瑺。　阿縞：古齊地東阿（今山東東阿縣）出産的細繒。　佳冶：嬌美妖冶。

⑤ 叩：敲擊。　缶：小口大腹的瓦罐，秦人用作打擊樂器，叩之以節歌。　箏：彈撥樂器，相傳爲蒙恬所做，又稱秦箏。　髀：股部。

⑥ 桑閒：即桑中之音，得名於《詩经·鄘风·桑中》，這裏指鄭、衛一帶的音樂。　昭虞：即簫韶，傳爲虞舜時期的樂名。徐廣曰："昭，一作'韶'。"　武象：傳周武王時期的樂名。

⑦ 快意當前：眼前高興。　適觀：適合於觀賞。

⑧ 去：使動用法。

⑨ 跨：指兼併。

臣聞地廣者粟多，國大者人衆，兵彊則士勇。是以太山不讓土壤，故能成其大；河海不擇細流，故能就其深[①]；王者不卻衆庶，故能明其德[②]。是以地無四方，民無異國，四時充美，鬼神降福，此五帝、三王之所以無敵也[③]。今乃弃黔首以資敵國，卻賓客以業諸侯，使天下之士退而不敢西向，裹足不入秦，此所謂"藉（jiè）寇兵而齎（jī）盜糧"者也[④]。

夫物不産於秦，可寶者多；士不産於秦，而願忠者衆。今逐客以資敵國，損民以益讎，内自虚而外樹怨於諸侯，求國無危，不可得也。

注　釋

① 讓：拒絶。　擇：選擇，這裏義爲拒絶。　就：成就。

② 衆庶：衆民。　明：使動用法。

③ 充美：美好。　五帝：指黄帝、顓頊、帝嚳、唐堯、虞舜（《史記·五帝本紀》）。　三王：一説指夏禹、商湯、周文王和周武王。

④ 業：使動用法。　藉：借給。　齎：送給。

答客難　東方朔

【作者簡介】東方朔（前154年—前93年），本姓張，字曼倩，西漢平原厭次（今山東德州市陵城區）人。西漢著名的文學家。漢武帝徵天下士人。東方朔上書自薦，詔拜爲郎，後任常侍郎、太中大夫等職。其性格滑稽，言詞機敏。曾陳農戰强國之計，但武帝始終把他當俳優看待，未得重用。一生著述甚豐，主要有《答客難》《非有先生論》《封泰山》《責和氏璧》《平樂觀賦獵》

等，明人張溥輯爲《東方太中集》。

【題解】《答客難》是東方朔晚年的作品。《漢書·東方朔傳》："武帝既招英俊……朔上書陳農戰彊國之計，因自訟獨不得大官，欲求試用。其言專商鞅、韓非之語也，指意放蕩，頗復詼諧，辭數萬言，終不見用。朔因著論，設客難己，用位卑以自慰諭。"文章構思巧妙，駁論機智，以回答客人的詰難方式抒發了作者懷才不遇的感慨，同時曲折地表現了對朝廷用人不公的不滿情緒。本文選自《漢書·東方朔傳》，以《漢書》（中華書局 1962 年）爲底本，下同，題目是後加的。

客難東方朔曰：

蘇秦、張儀一當萬乘（shèng）之主，而都卿相之位①，澤及後世。今子大夫修先王之術，慕聖人之義，諷誦《詩》《書》百家之言，不可勝數。著於竹帛，脣腐齒落，服膺而不釋②，好學樂道之效，明白甚矣。自以智能海內無雙，則可謂博聞辯智矣③。然悉力盡忠以事聖帝，曠日持久，官不過侍郎，位不過執戟④，意者尚有遺行邪⑤？同胞之徒無所容居，其何故也？

注　釋

① 當：遇到。　乘：古代稱四匹馬拉的車。　都：居。《文選》"都"前有"身"字。

② 竹帛：竹簡和白絹。紙發明之前人們用竹帛書寫文字。　脣腐齒落：比喻苦讀《詩》《書》。脣腐，指嘴脣乾裂。　服膺：銘記在心。膺，胸。

③ 自以：《文選》作"自以爲"。　辯智：能言善辯。

④ 侍郎：秦漢郎中令的屬官之一，負責宮廷保衛工作。　執戟：秦漢時的宮廷侍衛官，值勤時持戟。

⑤ 意者：表測度，想來，或許。 遺行：失檢的行爲。

東方先生喟然長息，仰而應之曰：

是固非子之所能備也[①]。彼一時也，此一時也，豈可同哉？夫蘇秦、張儀之時，周室大壞，諸侯不朝，力政爭權，相禽以兵，並爲十二國，未有雌雄，得士者彊，失士者亡，故談説（shuì）行焉[②]。身處尊位，珍寶充内，外有廩倉，澤及後世，子孫長享。今則不然，聖帝流德，天下震慴，諸侯賓服，連四海之外以爲帶，安於覆盂[③]。動猶運之掌，賢不肖何以異哉？[④]遵天之道，順地之理，物無不得其所。故綏之則安，動之則苦。尊之則爲將，卑之則爲虜。抗之則在青雲之上，抑之則在深泉之下。用之則爲虎，不用則爲鼠。雖欲盡節效情，安知前後[⑤]？夫天地之大，士民之衆，竭精談説[⑥]，並進輻湊者不可勝數，悉力募之，困於衣食，或失門户[⑦]。使蘇秦、張儀與僕並生於今之世，曾（zēng）不得掌故[⑧]，安敢望常侍郎乎？故曰時異事異[⑨]。

注 釋

① 固：《文選》本作“故”。 備：完備，這裏指完全明白。

② 大壞：大亂。 政：通“征”。 禽：“擒”的古字。 十二國：魯、衛、齊、楚、宋、鄭、魏、燕、趙、中山、秦、韓。 談説：指游説之風。

③ 流德：德行流布天下。《文選》作“德流”。 震慴：震驚，慴服。慴，《文選》作“懾”（shè），義同。 賓服：臣服。 “連四”句：緊緊連着四海之外就像衣帶一樣。 覆盂：翻扣着的盆子。盂，盛食品的圓口器皿。

④ 動猶運之掌：國家政令的推行猶如運轉在手心一樣簡單。 “動猶”二句

《文選》作“天下平均，合爲一家，動發舉事，猶運之掌。賢與不肖，何以異哉”。

⑤ “雖欲”二句：即使盡職效忠，哪裏知道該向前還是向後呢？

⑥ 竭精：竭盡全力。 談説：游説。《文選》作“馳説”。

⑦ 輻湊，亦作輻輳。 募：廣求。 或失門户：有的甚至會因獲罪喪失門户。

⑧ 使：假使。 曾：副詞，乃，竟。 掌故：亦作“掌固”，官名，漢置，太常屬官，掌管禮樂資料的低級官吏。

⑨ 此句前《文選》有“傳曰：‘天下無害，雖有聖人，無所施才；上下和同，雖有賢者，無所立功’”數語。

雖然，安可以不務修身乎哉？《詩》云：“鼓鐘于宫，聲聞于外。”“鶴鳴于九皋，聲聞于天。”[①] 苟能修身，何患不榮？太公體行仁義，七十有二，乃設用於文、武，得信厥説，封於齊，七百歲而不絶[②]。此士所以日夜孳孳，敏行而不敢怠也[③]。譬若鶺鴒（jí líng），飛且鳴矣[④]。《傳》曰：“天不爲人之惡（wù）寒而輟其冬，地不爲人之惡險而輟其廣，君子不爲小人之匈匈而易其行。天有常度，地有常形，君子有常行。君子道其常，小人計其功。”[⑤]《詩》云：“禮義之不愆，何恤人之言？”[⑥] 故曰：“水至清則無魚，人至察則無徒。冕而前旒（liú），所以蔽明；黈纊（tǒu kuàng）充耳，所以塞聰。”[⑦] 明有所不見，聰有所不聞。舉大德，赦小過，無求備於一人之義也[⑧]。“枉而直之，使自得之；優而柔之，使自求之；揆而度之，使自索之。”[⑨] 蓋聖人教化如此，欲自得之；自得之，則敏且廣矣[⑩]。

注 釋

① 九皋：曲折深遠的沼澤。皋，澤。引詩分别見《詩經・小雅・白樺》與《小雅・鶴鳴》。"云"字《文選》作"曰"。

② 太公：姜太公。相傳他七十多歲纔遇見文王，得到重用。 體行：親自實行。 設：大。 信：通"伸"。 七百歲：齊自太公始封至大夫田和篡國延續約七百年。

③ 孳孳：通"孜孜"，努力不懈。 敏：奮勉。

④ 鶺鴒：亦作"鶺鴒""脊令"，鳥名，體小，多活動于水邊，飛時鳴叫，停息時尾上下擺動，常用以比喻人勤勉不知疲倦。《詩經・小雅・小宛》："題彼脊令，載飛載鳴。""鶺"字《文選》作"鶺"。 且：連詞，連接的成分爲並列關係。

⑤《傳》：指古書。 輟：停止。 匈匈：義同"詾詾"，喧嘩，吵嚷。常度：固定不變的規律。 道其常：行其正道。常，正道。 計其功：計較其功利。以上數句引自《荀子・天論》，個别字詞有出入。

⑥ 愆：差錯。 恤：擔憂。此兩句爲佚詩，不見於傳世《詩經》。

⑦ 徒：指朋友。 冕、旒：古代天子、諸侯、卿、大夫行朝儀或祭禮時所戴的禮帽叫冕，冕前垂懸的玉串叫旒。 蔽明：遮蔽視綫。 黈纊：黄綿絮所製的小球，懸於冠冕，垂至兩耳旁，以示不妄听是非。黈，黄色。 纊，新絲綿絮，泛指綿絮。 充耳：填耳，塞耳。 塞聰：遮擋聽覺。以上數句皆孔子語，見《大戴禮記・子張問入官》，字詞和語序均有所不同。

⑧ 無：通"毋"，不要。 "無求"句：這就是不對人求全責備的道理。 義：道理。

⑨ "枉而"二句：出現了冤屈要給以糾正，使事情恢復到本來的面貌。枉：指冤屈。 直：使動用法。 "優而"二句：對表現好的要進一步安撫，使通過自身努力求得完善。 優：指好的人和事。 柔：懷柔，安撫。"揆而"二句：不斷揣度估量，使通過自身努力得到正確結果。 揆、度：均"估量"義。以上六句亦皆孔子語，見《大戴禮記・子張問入官》。

⑩ 敏：智慧。 廣：大，指會成就大的事業。

今世之處士，魁然無徒，廓然獨居，上觀許由，下察接輿，計同范蠡，忠合子胥[①]，天下和平，與義相扶[②]，寡耦少徒，固其宜也[③]，子何疑於我哉？若夫燕之用樂毅，秦之任李斯，酈食其（yì jī）之下齊[④]，說行如流，曲從如環[⑤]，所欲必得，功若丘山，海內定，國家安，是遇其時也，子又何怪之邪？

注　釋

① 處士：指隱居不仕或尚未出仕的知識分子。　魁然：孤獨貌。魁，通“塊”，《文選》作“塊”。　廓然：寂寞貌。　許由：古代隱士，堯讓天下而不受。　接輿：春秋楚隱士，佯狂避世，世稱“楚狂”。　范蠡：春秋末越國大夫，助句踐滅吳，功成身退。　子胥：伍子胥，春秋末吳國大夫，多次勸諫吳王拒越求和，未獲采納，反被迫自殺。《文選》“今世之處士”後有“時雖不用”四字。

② 和平：太平無事。　與義相扶：遵循道義行事。相扶，相依存。

③ 耦：同“偶”，指志向投合的人。《文選》作“偶”。　固其宜：本來就應如此。宜，合適的事。

④ 樂毅：戰國時燕昭王的上將。　酈食其：秦漢之際著名的說客，曾在楚漢戰爭中說服齊王田廣歸漢，不戰而下齊七十餘城。

⑤ 曲從如環：君主像曲環那樣屈己從諫。

語曰“以筦闚天，以蠡（lí）測海，以莛（tíng）撞鐘”，豈能通其條貫，考其文理[①]，發其音聲哉？繇（yóu）是觀之，譬由鼱鼩（jīng qú）之襲狗，孤豚之咋（zé）虎，至則靡耳[②]，何功之有？今以下愚而非處士，雖欲勿困，固不得已[③]。此適足以明其不知權變而終或於大道也[④]。

注　釋

① 筦：同“管”。　蠡：瓠瓢。　莛：草莖。《文選》作“筳”，“筳”通“莛”。　條貫：條理，指星系分布及運行狀況。　文理：即“紋理”，

指海水波紋。

② 繇：通“由”。 譬由：譬如。由，通“猶”。 鼱鼩：小鼠。 豚：小猪。 咋：咬。 靡：倒下。

③ 下愚：極愚蠢的人。 非：非難。 處士：東方朔自指。 勿困：不困窘。 固不得已：肯定是不可能的。已，表肯定語氣，用法同“矣”。

④ 適：正好，恰巧。 明：證明。 或：通“惑”。《文選》作“惑”。

上書求代　班 超

【作者簡介】班超（32 年—102 年），字仲升，東漢扶風郡平陵縣（今陕西咸陽市東北）人，班固之弟，著名的军事家、外交家，官至西域都護，封定遠侯。班超自幼胸懷大志，不甘爲官府抄書而投笔從戎。曾隨竇固出擊北匈奴，後出使西域，歷時31年，平定西域五十餘國，對西域回歸、民族融合貢獻巨大。漢和帝永元十四年（102 年），班超奉詔返回洛陽，拜爲射聲校尉，同年九月病逝，葬於洛陽邙山。

【題解】班超畢生轉戰西域，晚年思歸故國，於漢和帝永元十二年（100 年）上書朝廷請求回國。這封上書雖很短小，但質樸無華，詞約義豐，理正情切，足以動人。時超妹班昭亦上書求情。和帝終被感動，遂下詔同意班超回朝。本文選自《後漢書·班梁列傳》，以《後漢書》（中華書局 1965 年）爲底本，下同，題目是後加的。

臣聞太公封齊，五世葬周，狐死首丘，代馬依風①。夫周、齊同在中土千里之間，況於遠處絶域②，小臣能無依風首丘之思哉？蠻夷之俗，畏壯侮老③。臣超犬馬齒殲，常恐年衰，奄忽僵仆④，孤魂弃捐。昔蘇武留匈奴中尚十九年，今臣幸得奉節帶金銀護西域，如自以壽終屯部，誠無所恨，然恐後世或名臣爲没西域⑤。臣不敢望到酒泉郡，但願生入玉門關⑥。臣老病衰困，冒死瞽言，謹遣子勇隨獻物入塞⑦。及臣生在，令勇目見中土。

注　釋

① 太公：姜子牙，周代齊國的始封君。　五世葬周：五代以内皆葬於周地（五代以后始葬於齊國）。説見《禮記・檀弓上》。　狐死首丘：傳説狐狸將死時，一定將頭部朝向出生的土丘，後因以“狐死首丘”比喻不忘本土。　代馬依風：代地出産的良馬依戀北風。代，古郡名，後泛指北方邊塞地區。

② 中土：指中國。　絶域：指邊遠之地。

③ 李賢等注：“案：《前書》曰，匈奴，其俗壯者食肥美，老者食其餘。貴健壯，賤老弱也。”《前書》指《漢書》。

④ 犬馬：臣子的自謙之稱。　殲：指全部脱落。　奄忽：死亡。　僵仆：倒下。

⑤ 蘇武：字子卿，西漢杜陵（今陝西西安市）人。漢武帝時以中郎將的身份出使匈奴，因故被扣留十九年。　節：符節。　金銀：指印。　護：守護。　屯部：屯戍地，指西域。　名：傳言。　没：通“歿”。

⑥ 酒泉：漢郡名，地在今甘肅酒泉市。　玉門關：漢地名，屬敦煌郡，在今甘肅敦煌市。李賢等注：“玉門關屬敦煌郡，今沙州也，去長安三千六百里，關在敦煌縣西北。酒泉，今肅州也，去長安二千八百五十里也。”

⑦ 瞽言：不明事理的言論，謙詞。瞽，昏昧。　勇：班勇，班超少子。　獻物：貢品。

與陳伯之書

丘 遲

【作者簡介】丘遲（464年—508年），字希範，吴興烏程（今浙江湖州市）人，南朝梁文學家。初仕南齊，官拜殿中郎、車騎録事參軍，後投入蕭衍幕中，爲衍所重。天監四年（505年），隨臨川王蕭弘伐北魏，爲記室。歷任永嘉太守、中書郎、司徒從事中郎等職。天監七年（508年）卒於任上，时年45岁。丘遲詩文傳世者不多，明人張溥《漢魏六朝一百三名家集》收有《丘遲集》。

【題解】陳伯之，濟陰睢陵（今江蘇睢寧縣）人。南朝齊末任豫州刺史，後降梁，再降北魏，爲平南將軍。梁天監四年，丘遲隨臨川王蕭弘討伐北魏，陳伯之率兵抵抗，丘遲奉命作此書勸降。次年，伯之率衆歸梁。全文情理兼备，言辭懇切，辭藻優美，堪稱駢文中的佳作，其中“暮春三月，江南草長，雜花生樹，群鶯亂飛”更成爲千古名句。本文選自《昭明文選》卷四十三，以《文選》（中華書局1977年）爲底本，下同。

遲頓首！陳將軍足下無恙！幸甚幸甚！將軍勇冠三軍，才爲世出，棄燕雀之小志，慕鴻鵠以高翔！昔因機變化，遭遇時主①，立功立事，開國稱孤。朱輪華轂，擁旄萬里②，何其壯也！如何一旦爲奔亡之虜，聞鳴鏑（dí）而股戰，對穹廬以屈膝③，又何劣耶？

注 釋

① 時主：或作“明主”。

② 朱輪華轂：紅漆的車輪，彩繪的車轂。爲古代顯貴者所乘的車輿。轂：這裏指代車輿。 擁旄：借指統率軍隊。旄，用犛牛尾裝飾的旗子，此指旄節。

③ 鳴鏑：響箭。 戰：戰栗，顫抖。 穹廬：原指少數民族居住的氈帳，這裏指代北魏政權。

尋君去就之際，非有他故，直以不能内審諸己①，外受流言，沈迷猖獗，以至於此。聖朝赦罪責功，棄瑕録用，推赤心於天下，安反側於萬物②。將軍之所知，不假僕一二談也。朱鮪（wěi）涉血於友于，張繡剚（zì）刃於愛子，漢主不以爲疑，魏君待之如舊③。況將軍無昔人之罪，而勳重於當世④。夫迷途知反，往哲是與；不遠而復，先典攸高⑤。主上屈法申恩，吞舟是漏⑥；將軍松柏不剪，親戚安居，高堂未傾，愛妾尚在⑦。悠悠爾心，亦何可言！

注　釋

① 去就：指陳伯之去梁降魏之事。 内審：内心反復考慮。

② 赦罪責功：赦免罪過而求其建立功業。 棄瑕：不計較過失。 反側：動摇不定貌。“安反”句：大意爲使所有猶豫不決的人都能安定下來。安：使動用法。

③ “朱鮪”四句：朱鮪曾勸説劉玄殺死劉秀之兄劉縯，劉秀不計前仇招降朱鮪。曹操進攻宛城時，張繡投降，不久復反，交戰中殺死曹操長子曹昂及侄子曹安民。兩年後張繡又投降，曹操不計過往，封他爲列侯。涉血：同“喋血”。 友于：即兄弟。割裂用典，以“友于”代“兄弟”。《尚書》：“惟孝友于兄弟。”此指劉縯。 剚刃：用刀劍刺入人體。 漢主：指劉秀。 魏君：指曹操。 如舊：或作“若舊”。

④ 當世：或作“當代”。

⑤ 往哲：先哲，前賢。 與：贊同。 不遠而復：指迷途不遠而返回。

先典：古代典籍，指《易經》。　攸高：嘉許。

⑥ 吞舟是漏：比喻法網很寬，對有重大罪惡者亦可寬容。吞舟，能吞舟之魚。《莊子·庚桑楚》："吞舟之魚，碭而失水，則蟻能苦之。"後因用作大魚的代稱。

⑦ 松柏：古人常在墓旁栽植松柏，這裏喻指陳伯之祖先的墳塋。　不剪：未曾受到毀壞。　高堂：或作"高臺"。

今功臣名將，雁行有序。佩紫懷黃，讚帷幄之謀；乘軺（yáo）建節，奉疆埸之任。並刑馬作誓①，傳之子孫。將軍獨靦（tiǎn）顏借命，驅馳氈裘之長②，寧不哀哉？夫以慕容超之强，身送東市；姚泓之盛，面縛西都③。故知霜露所均，不育異類；姬漢舊邦，無取雜種④。北虜僭盜中原，多歷年所，惡積禍盈，理至燋（jiāo）爛⑤。況僞孽昏狡，自相夷戮，部落攜離，酋豪猜貳⑥。方當繫頸蠻邸，懸首藁（gǎo）街⑦，而將軍魚游於沸鼎之中，燕巢於飛幕之上，不亦惑乎？

注　釋

① 紫：紫綬，系官印的絲帶。　黃：黃金印。　讚：佐助。　軺：輕便小車，此指使節乘坐之車。　建節：執持符節。古代符節是使臣出使操持的憑信。　刑馬：諸侯殺白馬歃血會盟。

② 靦顏：厚顏。　借命：苟且偷生。　氈裘：以皮毛製成的衣服，這裏指北魏君長。

③ 慕容超：南燕君主。晉末宋初曾騷擾淮北，劉裕北伐，慕容超被俘，被押往建康（今江蘇南京市）斬首。事見《北史》。　東市：漢代長安處決犯人的場所。後泛指刑場。　姚泓：後秦君主。劉裕北伐破長安，姚泓投降，後在建康被斬首。事見《魏書》。　面縛：雙手反縛於後。　西都：指長安。

④ 霜露所均：霜露所遍及之處，即天地之間。　姬漢舊邦：指中原周漢

的故土。 異類、雜種：古代漢民族對少數民族的蔑稱。

⑤ 北虜：指北魏。 僭：假冒帝號。 燋爛：潰敗滅亡。燋，通“焦”。

⑥ 僞孽：這裏指北魏。 昏狡：昏聵狡詐。 自相夷戮：指北魏内部自相殘殺。 攜離：離心，背叛。 酋豪：部落酋長。 猜貳：猜忌别人有二心。

⑦ 繫頸：繫繩於頸。表示降服。 蠻邸：古代供來朝外族、外國使節所居的館舍。 藁街：漢代長安街名，在長安城南門内，爲屬國使節館舍所在地，蠻邸即在此。

暮春三月，江南草長，雜花生樹，群鶯亂飛。見故國之旗鼓，感平生於疇日，撫弦登陴（pí），豈不愴悢（chuàng liàng）[①]！所以廉公之思趙將，吴子之泣西河[②]，人之情也，將軍獨無情哉？想早勵良規[③]，自求多福。

注　釋

① 疇日：昔日。 撫弦：彈琴。 陴：城上女牆。 愴悢：悲傷。

② 廉公之思趙將：指廉頗想着復爲趙國效力，事見《史記·廉頗藺相如列傳》。 吴子之泣西河：吴起爲魏國名將，鎮守西河，魏王聽信讒言把他召回，臨走前望西河而哭，料定西河此後必爲秦國奪取。

③ 勵：勉勵，引申爲做出。良規，妥善的安排。

當今皇帝盛明，天下安樂。白環西獻，楛矢東來[①]。夜郎滇池，解辮請職[②]。朝鮮昌海，蹶角受化[③]。唯北狄野心，崛强沙塞之間[④]，欲延歲月之命耳！中軍臨川殿下，明德茂親，揔（zǒng）兹戎重，弔民洛汭（ruì），伐罪秦中[⑤]。若遂不改，方思僕言。聊布往懷[⑥]，君其詳之。

丘遲頓首。

注　釋

① 白環：白玉環，這裏泛指西方民族的貢品。　楛矢：以楛木做杆的箭，這裏泛指東北藩屬的貢物。

② 夜郎滇池：均爲漢代西南方國名。夜郎在今貴州西北部及雲南、四川兩省部分地區。滇池在今雲南昆明市附近。　解辮請職：解開盤結的髮辮，請求封職，即表示願意歸順。

③ 昌海：西域國名，即今新疆羅布泊。　蹶角：以額角叩地。　受化：接受教化。

④ 崛强:《文選》作“掘强”。掘，通“崛”，亦通“倔”。

⑤ 臨川殿下：指蕭宏。時臨川王蕭宏任中軍將軍。殿下，對王侯的尊稱。　茂親：帝王的親屬。蕭宏爲梁武帝之弟。　揔：同“總”，統領。　戎重：軍事重任。　弔民：慰問百姓。　洛汭：洛水匯入黄河的地方，在今河南洛陽市一帶。　秦中：指北魏。今陝西中部地區。

⑥ 布：陳述。　往懷：往日的情誼。

文選二

治安策

賈誼

【作者簡介】賈誼（前200年—前168年），洛陽（今河南洛陽市東）人，西漢初著名的政論家、文學家，世稱“賈生”。文帝時任博士，遷太中大夫，因受周勃、灌嬰等大臣的排擠被貶爲長沙王太傅。三年後改任梁懷王太傅。梁懷王墜馬而死，賈誼甚爲自責，抑鬱而亡。賈誼的著作主要有散文和辭賦兩類。散文的主要成就是政論文，代表作有《過秦論》《論積貯疏》《治安策》等。辭賦皆爲騷體，有《弔屈原賦》《鵩鳥賦》等，形式趨於散體化，是漢賦的先聲。

【題解】《治安策》，又名《陳政事疏》。西漢初，劉邦大封劉姓子弟爲王。當時諸侯王年幼，太傅、國相均由中央選派，諸侯國大權實際掌握在太傅、國相手中。漢文帝時，諸侯王長大成人，紛紛暴露出奪位的野心。賈誼看到這一潛在危機，遂寫了這篇旨在鞏固中央政權的政論文。文章敏鋭地指出了當時存在的社會危機，包括中央與諸侯之間、漢庭與北方異族之間、社會各階層之間的種種矛盾，同時提出了相應的對策。全文言辭懇切，分析透徹，但未被文帝采納，以致景帝時發生了七國之亂。本文選自《漢書·賈誼傳》，原文較長，此處節選的是前半部分。

臣竊惟（惟：思考）事勢，可爲痛哭者一，可爲流涕者二，可爲長太息者六，若其它背理而傷道者，難徧以疏舉（疏舉：逐條列舉）。進言者皆曰天下已安已治矣，臣獨以爲未也。曰安且治者，非愚則諛，皆非事實（實：真正）知治亂之體（體：根本）者也。夫抱火厝（厝：cuò，放置）之積薪之下而寢其上，火未及燃，因謂之安。方今之勢，何以異此？本末舛逆（舛逆：顛倒），首尾衡決（衡決：横裂），國制搶（chéng）攘（搶攘：紛亂貌），非甚有紀，胡可謂治？陛下何不壹（專門）令臣得孰（孰："熟"的古字，詳細）數（數：shǔ，陳説）之於前，因陳治安之策，試詳擇焉！

夫射獵之娱，與安危之機孰急？使爲治勞智慮，苦身體，乏鐘鼓之樂，勿爲可也。樂與今同，而加之諸侯軌道（軌道：遵循法制），兵革不動，民保首領，匈奴賓服，四荒鄉風（鄉風：嚮往教化。鄉：通"嚮"），百姓素朴，獄訟衰息。大數既得，則天下順治，海内之氣，清和咸理，生爲明帝，没爲明神，名譽之美，垂於無窮。禮：祖有功而宗有德（古代王朝尊始祖或開國君爲祖，其後有德之君尊稱爲宗），使顧成之廟（顧成廟：漢文帝所建廟名，地在長安城南）稱爲太宗，上配太祖，與漢亡極（亡極：没有窮盡。亡，通"無"）。建久安之勢，成長治之業，以承祖廟，以奉六親（六親：應劭注："六親，父母兄弟妻子也。"），至孝也。以幸天下，以育群生，至仁也。立經（經：指大法）陳紀（陳紀：頒布法律），輕重（輕重：指尊卑貴賤）同得。後可以爲萬世法程（法程：法式），雖有愚幼不肖之嗣，猶得蒙業而安，至明也。以陛下之明達，因使少知治體者（治體者：略懂治國之道的人，賈誼自謂）得佐下風（下風：比喻下位），致此非難也。其具可素陳（素陳：不加修飾地陳説）於前，願幸無忽。臣謹稽之天地，驗之往古，按之當今之務，日夜念此至孰（孰："熟"的古字）也。雖使禹舜復生，爲陛下計，亡以易此。

夫樹國（封國）固必相疑之勢（必會出現比擬天子的現象。疑，通"擬"），下數（shuò）被其殃，上數爽（爽：敗壞）其憂，甚非所以安上而全下也。今或親弟（指文帝異母弟淮南王劉長，圖謀作亂，事泄被廢，絶食而死）謀爲東帝（東方的帝王），親兄之子〔指濟北王劉興居。興居之父齊悼惠王劉肥爲文帝兄。文帝三年（177年），興居反，失敗被俘〕西鄉而擊，今吴（指吴王劉濞，劉邦兄劉仲之子）又見告（見告：被告發。景帝時劉濞帶領吴、楚七國叛亂）矣。天子春秋鼎盛，行義未過（品行無過失），德澤有加焉，猶尚如是，況莫大（莫大：言最大）諸侯，權力且十此者虖（十此者：十倍於此者。虖：同"乎"）？

然而天下少（少：稍微）安，何也？大國之王幼弱未壯，漢之所置傅相（傅相：朝廷派往輔佐諸侯王的官員）方握其事。數年之後，諸侯之王大抵皆冠，血氣方剛，漢之傅相稱病而賜罷（賜罷：罷免官職），彼自丞尉以上偏置私人（私人：指親信），如此，有異淮南、濟北之爲邪？此時而欲爲治安，雖堯舜不治。

黄帝曰："日中必熭（wèi，曝曬，指曬衣服），操刀必割。"（語出《六韜》）今令（令：按照）此道順而全安，甚易，不肯早爲，已乃墮（huī）骨肉之屬（骨肉之屬：指同姓諸侯王）而抗剄（抗剄：斬首。顔师古注引應劭曰："抗其頭而剄之也。"）之，豈有異秦之季世虖？夫以天子之位，乘今之時，因天之助，尚憚（憚：畏懼）以危爲安，以亂爲治，假設陛下居齊桓（齊桓：齊桓公，曾九合諸侯）之處，將不合諸侯而匡天下乎？臣又以（又以：有根據。又，通"有"）知陛下有所必不能矣。假設天下如曩（nǎng）時，淮陰侯（即韓信，因謀反被殺）尚王楚，黥布（即英布，漢初封爲淮南王，因謀反被殺）王淮南，彭越（漢初封爲梁王，因謀反被殺）王梁，韓信（指韓王信，漢初封爲韓王，後降匈奴反漢）王韓，張敖（劉邦女婿，袭封趙王，後因與貫高謀刺劉邦之事有牽連，改封平宣侯）王趙，貫高（趙王張敖之相）爲相，盧綰（漢初封爲燕王，後叛逃匈奴，死於匈奴）王燕，陳豨（漢初任代國丞相，後反，自立爲趙王，被殺）在代，令此六七公者皆亡（亡：通"無"）恙，當是時而陛下即天子位，能自安乎？臣有以知陛下之不能也。天下殽亂（殽亂：混亂。殽，混杂），高皇帝與諸公併起，非有仄室之勢（仄室之勢：指親族勢力。仄室，側室，指庶子。）以豫席（豫席：指預先有所憑藉）之也。諸公幸者乃爲中涓（中涓：君主左右的侍從官），其次廑（jǐn。廑：通"僅"）得舍人（舍人：官名，秦漢時多爲太子屬官），材之不逮至遠也（其才能和高皇帝差遠了）。高皇帝以明聖威武即天子位，割膏腴之地以王諸公，多者百餘城，少者乃三四十縣，悳（dé，"德"的古字）至渥也，然其後十年之間，反者九起。陛下之與諸公，非親角材（角材：考量才能。角，較量，争競）而臣之也，又非身封王之也，自（自：从）高皇帝不能以是一歲爲安，故臣知陛下之不能也。然尚有可諉（諉：推諉）者曰疏（顔師古注引蔡謨："尚可託言信、越等以疏故反，故其下句曰‘臣請試言其親者’”），臣請試言其親者（親者：指同姓諸侯王）。假令悼惠王（劉肥，劉邦子，封齊王）王齊，元王（劉交，劉邦弟，封楚王）王楚，中子（劉邦子如意，封趙王）王趙，幽王（劉邦子劉友，封淮陽王，後徙趙）王淮陽，共王（劉邦子劉恢，封梁王。共，音 gōng）王梁，靈王（劉邦子劉健，封燕王）王燕，厲王（淮南王劉長）王淮南，六七貴人（指以上數人）皆亡恙，當是時陛下即位，能爲治虖？臣又知陛下之不能也。若此諸王雖名爲臣，實皆有布衣昆弟之心，慮亡不帝制而天子自爲者（顔師古注：“自以爲於天子爲昆弟，而不論君臣之義。”）。擅爵人（爵人：以爵位授人），赦死罪，甚者或戴黄屋（戴：通“載”。黄屋：帝王專用的黄繒車蓋。顔師古曰：“天子車蓋之制。”），漢法令非行也。雖行，不軌如厲王者，令之不肯聽，召之安可致乎？幸而來至，法安可得加？動一親戚，天下圜（huán）視（驚視）而起，陛下之臣雖有悍（悍：勇敢）如馮敬（漢初御史大夫，曾彈劾淮南厲王）者，適啓其口，匕首已陷其匈（匈：“胸”的古字）矣。陛下雖賢，誰與領（領：治理）此？故疏者必危，親者必亂，已然之效（成了必然的事實）也。其異姓負彊而動者，漢已幸勝之矣，又不易其所以然。同姓襲（襲：沿襲）是跡而動，既有徵矣，其勢盡又復然。殃旤（旤：同“禍”）之變，未知所移（改變，轉移），明帝處之尚不能以安，後世將如之何？

屠牛坦（春秋時人名，以屠牛爲業）一朝解十二牛，而芒刃（芒刃：刀剑鋭利處。俗稱“刀尖”“刀口”）不頓（頓：通“鈍”）者，所排擊（劈砍）剥割，皆衆理（肌理）解（xiè，關節、骨骼連接處）也。至於髖髀（kuān bì。髖髀：胯骨與股骨）之所，非斤則斧。

夫仁義恩厚，人主之芒刃也；權勢法制，人主之斤斧也。今諸侯王皆衆髖髀也，釋斤斧之用，而欲嬰（施加）以芒刃，臣以爲不缺則折。胡不用之淮南、濟北？勢不可也。

臣竊跡（跡：追踪，考察）前事，大抵彊者先反。淮陰（指韓信，於高祖六年反）王楚最彊，則最先反；韓信（指韓王信，於高祖七年反）倚胡，則又反；貫高（於漢八年謀刺劉邦未遂，自殺）因趙資，則又反；陳豨（於漢十年反）兵精，則又反；彭越用（彭越於漢十一年夏反。用：據）梁，則又反；黥布（於漢十一年七月反）用淮南，則又反；盧綰（於漢十二年反）最弱，最後反。長沙（指長沙王吴芮）乃在（在：通“纔”）二萬五千户耳，功少而最完，勢疏而最忠，非獨性異人也，亦形勢然也。曩令樊、酈、絳、灌（分别指舞陽侯樊噲、曲周侯酈食其、絳侯周勃、潁陰侯灌嬰，此四人指忠臣）據數十城而王，今雖以（雖：即使。以：通“已”）殘亡可也（此數句言，雖忠而功不配位者易亡。晉灼曰：“事勢可亡也。”）；令信、越之倫（信：韓信。越：彭越。此二人指叛臣。倫：輩）列爲徹侯（徹侯：爵位名，秦統一後所建二十級軍功爵中的最高級，漢襲用，多授予異姓功臣，封地少於王，後避武帝諱改稱通侯）而居，雖至今存可也（此數句言，雖有貳心然力弱不足以造反者反存。晉灼曰：“事勢可存。”）。然則天下之大計可知已（已：義同“矣”）。欲諸王之皆忠附，則莫若令如長沙王（指封地小，勢弱）；欲臣子之勿葅醢（葅醢：zū hǎi。古代把人剁成肉醬的酷刑），則莫若令如樊、酈等；欲天下之治安，莫若衆建諸侯而少其力（多封諸侯國而減弱其力量）。力少則易使以義，國小則亡邪心。令海内之勢如身之使臂，臂之使指，莫不制從。諸侯之君不敢有異心，輻湊（輻湊：或作“輻輳”，輻條聚集在車轂上，這裏比喻人多）並進而歸命天子，雖在細民，且知其安，故天下咸知陛下之明。割地定制，令齊、趙、楚各爲若干國，使悼惠王、幽王、元王之子孫畢以次各受祖之分地，地盡而止，及燕、梁它國皆然。其分地衆而子孫少者，建以爲國，空而置之，須（等候）其子孫生者，舉使君之。諸侯之地其削頗入漢者，爲徙（徙：改立）其侯國及封其子孫也（顔師古曰："徙其侯國，列侯國邑在諸侯王封內而犬牙相入者，則正其疆界，令其隔絕也。封其子孫者，分諸侯王之國邑，各自封其子孫，而受封之人若有罪黜，其地皆入於漢，故云頗入也。"），所以數（以：介詞，按，依據。數：數目。）償之。一寸之地，一人之衆，天子亡所利焉，誠以定治（使國家穩定）而已，故天下咸知陛下之廉。地制壹（一旦）定，宗室子孫莫慮不王，下無倍（倍：通背）畔之心，上無誅伐之志，故天下咸知陛下之仁。法立而不犯，令行而不逆，貫高、利幾（利幾：項羽部將，後降漢，封爲潁川侯，於漢五年反，被殺）之謀不生，柴奇、開章（均淮南王劉長反叛的謀士）之計不萌，細民鄉善，大臣致順，故天下咸知陛下之義。臥赤子天下之上（指皇位）而安，植遺腹（指立遺腹子爲君），朝委裘（委裘：先君留下的皮裘。委，丟棄），而天下不亂。當時大治，後世誦聖。壹動而五業（五業：指上文所說的明、廉、仁、義、聖）附，陛下誰憚而久不爲此？

天下之勢方（比方）病大瘇（zhǒng。瘇：脚浮腫。此處連帶腿而言）。一脛之大幾如要（要："腰"的古字），一指之大幾如股，平居不可屈信（信：通"伸"），一二指搐，身慮亡聊（身體將會痛苦不堪。慮：大概）。失今不治，必爲錮（錮：通"痼"）疾，後雖有扁鵲，不能爲已。病非徒瘇也，又苦跖盭（zhí lì，脚掌扭曲。“跖”同“蹠”，脚掌，或作“跖”。“盭”爲“戾”的古字，屈曲）。元王之子，帝之從弟也（楚元王爲高帝弟，其子於文帝爲從弟）；今之王者，從弟之子也。惠王，親兄子也；今之王者，兄子之子也。親者或亡分地以安天下，疏者或制大權以偪（偪：同“逼”）天子，臣故曰非徒病瘇也，又苦跖盭。可痛哭者，此病是也。

解 嘲

揚 雄

【作者簡介】揚雄（前53年—18年），字子雲，蜀郡成都（今四川成都市）人，西漢著名的文學家、哲學家和語言學家。歷官給事黄門郎、大夫。其爲人博學深思，長於辭賦。文學作品有《甘泉賦》《長楊賦》《羽獵賦》等，與司馬相如齊名，世有“揚馬”之稱。哲學著作仿《論語》作《法言》，仿《易經》作《太玄》。語言著作有《方言》《訓纂篇》等。

【題解】西漢末年，外戚專權、小人用事、世風日下，揚雄不願趨附權貴，遂通過此文以明志。文章假借辯駁他人嘲笑的形式，揭示了漢代社會制度的弊端，表達了其反對壓抑人才、主張重用賢能的進步思想。共分二嘲二解，前一部分主要指出自己不得志的社會原因，後一部分主要表明自己的人生態度。此文前承東方朔《答客難》，後啓韓愈《進學解》，布局巧妙，辯解深刻，行文流暢，表達委婉含蓄，刺世辛辣有力，是一篇影響深遠的文學名作。本文選自《昭明文選》卷四十五。

哀帝時，丁（丁明，哀帝母之兄，任大司馬）、傅（傅晏，哀帝傅皇后之父，封孔鄉侯）、董賢（任大司馬）用事，諸附離（附離：附著，依附）之者，起家至二千石。時雄方草創《太玄》，有以自守泊（泊：澹泊無慾）如也。人有嘲雄以玄之尚白，雄解之，號曰《解嘲》。其辭曰：

客嘲楊（“楊”：或作“揚”）子曰：“吾聞上世之士，人綱人紀，不生則已，生必上尊人君，下榮父母，析人之珪（珪：即‘圭’，瑞玉，常作祭祀、朝聘之用。《汉書》作‘圭’），儋（dān，同‘擔’）人之爵，懷人之符，分人之禄，紆（yū，繫結）青拖紫，朱丹其轂。今吾子幸得遭明盛之世，處不諱之朝，與羣賢同行（háng），歷金門、上玉堂有日矣。曾不能畫一奇，出一策，上說人主，下談公卿。目如燿星，舌如電光，一從一横，論者莫當，顧默而作《太玄》五千文，枝葉扶疎，獨說數十餘萬言。深者入黄泉，高者出蒼天，大者含元氣，細者入無閒。然而位不過侍郎，擢纔（cái。纔：才）給（jǐ）事黄門。意者玄得無尚白乎？何爲官之拓落也？”

楊子笑而應之曰：“客徒朱丹吾轂，不知一跌將赤吾之族也！往昔周網解結，羣鹿争逸，離爲十二，合爲六七，四分五剖，並爲戰國。士無常君，國無定臣。得士者富，失士者貧。矯翼（展翅）厲翮（振翅。翮，hé，鳥羽的莖，亦指翅膀），恣意所存。故士或自盛以橐（tuó。橐：囊），或鑿坏（péi。坏：同‘阫’，屋的后墻）以遁。是故鄒衍以頡頏（離奇之辭）而取世資，孟軻雖連蹇（liǎn jiǎn，艱難貌）猶爲萬乘師。

“今大漢左東海，右渠搜，前番禺，後椒塗。東南一尉，西北一候（候：迎候外賓的館舍）。徽以糾墨，制以鑕鈇（zhì fū，鐵砧和鍘刀，古時腰斬犯人的刑具。或作‘鑕鐵’），散以禮樂，風以《詩》《書》，曠以歲月，結以倚廬（古人爲父母守喪時居住的簡陋棚屋）。天下之士，雷動雲合，魚鱗雜襲（众多而重疊貌），咸營于八區。家家自以爲稷契，人人自以爲皋陶。戴縰（xǐ，束髮之帛）垂纓而談者，皆擬於阿衡（指伊尹）。五尺童子，羞比晏嬰與夷吾。當塗者升青雲，失路者委溝渠，旦握權則爲卿相，夕失勢則爲匹夫。譬若江湖之崖、渤澥（即渤海）之島，乘（shèng）鴈集不爲之多，雙鳧飛不爲之少（李善注：‘《方言》曰：“飛鳥曰雙，四鴈曰乘。”’）。

“昔三仁（微子、箕子、比干）去而殷墟，二老（伯夷、叔齊）歸而周熾（熾：興旺），子胥死而吴亡，種（文種）、蠡（范蠡）存而越霸，五羖（百里奚）入而秦喜，樂毅出而燕懼，范睢以折摺（lā，拉折）而危穰侯，蔡澤以噤吟（噤吟：下巴上曲貌）而笑唐舉。故當其有事也，非蕭（蕭何）、曹（曹参）、子房（張良）、平（陳平）、勃（周勃）、樊（樊噲）、霍（霍光）則不能安；當其無事也，章句之徒（指不通大義而拘泥於辨析章句的儒生）相與坐而守之，亦無所患。故世亂則聖哲馳騖（馳騖：奔走）而不足，世治則庸夫高枕而有餘。

“夫上世之士，或解縛而相（指管仲），或釋褐而傅（指傅説），或倚夷門而笑（指侯嬴），或横江潭而漁（指漁父，見《楚辭·漁父》），或七十説而不遇（指孔子），或立談而封侯（指虞卿），或枉千乘於陋巷（指齊桓公見小臣稷），或擁篲（篲：掃帚）而先驅（指鄒衍）。是以士頗得信（信：通‘伸’）其舌而奮其筆，室隙蹈瑕而無所詘（詘：通‘屈’）也。當今縣令不請士，郡守不迎師，羣卿不揖客，將相不俛（fǔ，俯）眉。言奇者見疑，行殊者得辟（pì。辟：罪）。是以欲談者卷舌（舌卷不開口）而同聲，欲步者擬足而投跡（踩着别人的足跡）。嚮使上世之士處乎今世，策非甲科，行非孝廉，舉非方正，獨（豈）可抗疏，時道是非，高得待詔，下觸聞罷，又安得青紫（李善注：‘言抗疏有所觸犯者，帝報以聞而罷之，言不任用也。’）？

“且吾聞之，炎炎者滅，隆隆者絶。觀雷觀火，爲盈爲實，天收其聲，地藏其熱。高明之家，鬼瞰（窺視）其室。攫拏者亡，默默者存。位極者高危，自守者身全。是故知玄知默，守道之極。爰清爰静，游神之庭。惟寂惟漠，守德之宅。世異事變，人道不殊。彼我易時，未知何如。今子乃以鴟梟而笑鳳皇，執蝘蜓（壁虎）而嘲龜龍，不亦病乎？子之笑我玄之尚白，吾亦笑子病甚，不遇俞跗（上古良醫）與扁鵲也，悲夫！”

客曰：“然則靡（靡：無）玄無所成名乎？范、蔡以下，何必玄哉？”

揚子曰：“范雎，魏之亡命也。折脅摺髂（qià），免於徽索，翕（縮）肩蹈背，扶服（匍匐）入橐。激卬（激勵。‘卬’字或作‘昂’）萬乘之主，介涇陽（涇陽君，秦昭襄王弟）、抵穰侯（魏冉，宣太后同母異父弟）而代之，當也。蔡澤，山東之匹夫也，顩頤（qìn yí，下巴翹起）折頞（è，折頞，鼻梁塌陷），涕唾流沫，西揖强秦之相，搤（è，同‘扼’）其咽而亢其氣，拊其背而奪其位，時也。天下已定，金革已平，都於洛陽，婁敬委輅（lù，車子）脱輓（脱離挽車之苦），掉三寸之舌，建不拔之策，舉中國（中國：指國都）徙之長安，適也。五帝垂典，三王傳禮，百世不易，叔孫通起於枹鼓之閒，解甲投戈，遂作君臣之儀，得也。吕刑（周穆王時有關刑法的文書）靡敝（敝：毁壞），秦法酷烈，聖漢權制，而蕭何造律，宜也。

“故有造蕭何之律於唐、虞之世，則悖（pī。悖：錯謬）矣；有作叔孫通儀於夏、殷之時，則惑矣；有建婁敬之策於成周之世，則乖（《漢書》作‘謬’）矣；有談范、蔡之説於金（金日磾）、張（張安世）、許（許廣漢）、史（史恭、史高）之閒，則狂矣。夫蕭規曹隨，留侯畫策，陳平出奇，功若泰山，響若坻隤（dǐ tuí。坻隤：山崩），雖其人之贍智（智：《漢書》作‘知’）哉，亦會其時之可爲也。故爲可爲於可爲之時，則從；爲不可爲於不可爲之時，則凶。若夫藺生（藺相如）收功於章臺，四皓（商山四皓）采榮於南山，公孫（公孫弘）創業於金馬，驃騎（霍去病）發跡於祁連，司馬長卿（司馬相如）竊貲（貲：財物）於卓氏，東方朔割炙於細君。僕誠不能與此數子並，故默然獨守吾《太玄》。”

上書請超　　班昭

【作者簡介】班昭（49 年—約 120 年），東漢女史學家、文學家，班彪之女，班固、班超之妹，又名姬，字惠班。扶風平陵（今陝西咸陽市東北）人，十四歲嫁與同郡曹世叔爲妻。班昭博學才高，班固著《漢書》未竟而卒，班昭奉旨續成。漢和帝曾多次召班昭入宫擔任皇后和嬪妃的老師，號稱“大家（gū）”。鄧太后臨朝後，曾參與政事。

【題解】本文是班昭替兄班超請求調回中原的一封奏章。全文以情動人，以理服人，情辭懇切，具有極强的感染力。本文選自《後漢書·班梁列傳》，注語采用唐李賢等原注，題目爲編者所加。

妾同産兄西域都護定遠侯超，幸得以微功特蒙重賞，爵列通侯，位二千石。天恩殊絶，誠非小臣所當被蒙。超之始出，志捐軀命，冀立微功，以自陳效。會陳睦之變，道路隔絶，超以一身轉側絶域，曉譬諸國，因其兵衆，每有攻戰，輒爲先登，身被金夷（夷：傷也），不避死亡。賴蒙陛下神靈，且得延命沙漠，至今積三十年，骨肉生離，不復相識。所與相隨時人士衆，皆已物故。超年最長，今且七十。衰老被病，頭髮無黑，兩手不仁（不仁：猶不遂也），耳目不聰明，扶杖乃能行。雖欲竭盡其力，以報塞天恩，迫於歲暮，犬馬齒索。蠻夷之性，悖逆侮老，而超旦暮入地，久不見代，恐開姦宄之源，生逆亂之心。而卿大夫咸懷一切，莫肯遠慮。如有卒暴，超之氣力不能從心，便爲上損國家累世之功，下弃忠臣竭力之用，誠可痛也。故超萬里歸誠，自陳苦急，延頸踰（踰：遥也。高祖踰謂黥布曰：“何苦而反？”）望，三年於今，未蒙省録。

妾竊聞古者十五受兵，六十還之（《周禮》鄉大夫職曰：“國中七尺以及六十，野自六尺以及六十有五，皆徵之。”徵謂賦税從徵役也。《韓詩外傳》曰“二十行役，六十免役”，與《周禮》國中同，即知與《周禮》七尺同。《禮》國中六十免役，野即六十有五，晚於國中五年。國中七尺從役，野六尺，即是野又早於國中五年。七尺謂二十，六尺即十五也。此言十五受兵，謂據野外爲言，六十還之，據國中爲説也），亦有休息不任職也。緣陛下以至孝理天下，得萬國之歡心，不遺小國之臣，況超得備侯伯之位，故敢觸死爲超求哀，匃（匃：乞）超餘年。一得生還，復見闕庭，使國永無勞遠之慮，西域無倉卒之憂，超得長蒙文王葬骨之恩，子方哀老之惠（葬骨，解見《明紀》。田子方，魏文侯之師也。見君之老馬弃之，曰：“少盡其力，老而弃之，非仁也。”於是收而養之。事見《史記》也）。《詩》云：“民亦勞止，汔可小康，惠此中國，以綏四方。”（《詩・大雅》也。汔，其也。康、綏，皆安也。言先施恩惠於中國，然後乃安四方）超有書與妾生訣，恐不復相見。妾誠傷超以壯年竭忠孝於沙漠，疲老則便捐死曠野，誠可哀憐。如不蒙救護，超後有一旦之變，冀幸超家得蒙趙母、衛姬先請之貸（趙母，謂趙奢之妻、趙括之母也。懼括敗，先請，得不坐。事見《史記》。衛姬者，齊桓公之姬。桓公與管仲謀伐衛，桓公入，姬請衛之罪。事見《列女傳》也）。妾愚戇不知大義，觸犯忌諱。

陳情表

李 密

【作者簡介】李密（224年—287年），西晉犍爲武陽（今四川眉山市彭山區東北）人，字令伯。蜀漢時官尚書郎。入晉後，官至漢中太守。

【題解】李密父早亡，母改嫁，幸賴祖母劉氏撫養成人。蜀亡後，晉武帝司馬炎徵他爲太子洗馬，他寫了這篇著名的《陳情表》婉拒，表達了不能離開祖母應徵的苦衷。直到劉氏去世後，李密纔赴任。本文選自《昭明文選》卷三十七。

臣密言：臣以險釁（釁：禍難），夙遭閔凶。生孩六月，慈父見背。行年四歲，舅奪母志（母親改嫁的委婉説法）。祖母劉，愍（憐憫）臣孤弱，躬親撫養。臣少多疾病，九歲不行，零丁孤苦，至于成立。既無伯叔，終鮮兄弟。門衰祚（祚：福）薄，晚有兒息（兒息：子嗣）。外無期（jī）功强近之親，内無應門五尺之僮，煢煢獨（或作“孑”）立，形影相弔。而劉夙嬰疾病，常在牀蓐，臣侍湯藥，未曾廢離。

逮奉聖朝，沐浴清化。前太守臣逵，察臣孝廉；後刺史臣榮，舉臣秀才。臣以供養無主，辭不赴命。詔書特下，拜臣郎中，尋蒙國恩，除（拜官，授职）臣洗（洗：xiǎn）馬。猥以微賤，當侍東宫，非臣隕首所能上報。臣具以表聞，辭不就職。詔書切峻（峻：嚴厲），責臣逋慢（逋慢：怠慢不敬）。郡縣逼迫，催臣上道。州司臨門，急於星火。臣欲奉詔奔馳，則劉病日篤，欲苟順私情，則告訴（告訴：向上申訴）不許。臣之進退，實爲狼狽。

伏惟聖朝以孝治天下，凡在故老，猶蒙矜育（矜育：矜憐養育）。況臣孤苦，特爲尤甚。且臣少仕僞朝，歷職郎署，本圖宦達，不矜名節。今臣亡國賤俘，至微至陋，過蒙拔擢，寵命優渥，豈敢盤桓，有所希冀？但以劉日薄西山，氣息奄奄，人命危淺，朝不慮夕。臣無祖母，無以至今日；祖母無臣，無以終餘年。母孫二人，更相爲命，是以區區不能廢遠。臣密今年四十有四，祖母劉今年九十有六，是臣盡節於陛下之日長，報養劉之日短也。烏鳥私情，願乞終養。

臣之辛苦，非獨蜀之人士及二州牧伯所見明知，皇天后土，實所共鑒。願陛下矜愍（矜愍：憐憫）愚誠，聽臣微志，庶劉僥倖，保卒餘年。臣生當隕首，死當結草。臣不勝犬馬怖懼之情，謹拜表以聞。

柳子厚墓誌銘

韓　愈

【作者簡介】韓愈（768 年—824 年），字退之，謚“文”，尊稱“韓文公”，世以其望稱“韓昌黎”，河南河陽（今河南焦作市所屬孟州市）人。唐代文學家、哲學家、思想家，“唐宋八大家”之一。歷任國子博士、國子祭酒、兵部侍郎、吏部侍郎、京兆尹兼御史大夫等職。韓愈一生政治上反對藩鎮割據，思想上崇儒學而力排佛老，文學上主張文以載道，與柳宗元同爲唐代古文運動的倡導者。韓愈的作品以後人所輯《昌黎先生集》最爲通行。

【題解】本文極力贊揚了柳宗元的才華、政績、品行和在文學方面的成就，同時對其坎坷遭遇表現了深切的同情。本文選自《全唐文》卷五百六十三，以《全唐文》（中華書局 1983 年）爲底本。

子厚，諱宗元。七世祖慶，爲拓跋魏侍中，封濟陰公。曾伯祖奭（shì），爲唐宰相，與褚遂良、韓瑗俱得罪武后，死高宗朝。皇考諱鎮，以事母棄太常博士，求爲縣令江南。其後以不能媚權貴，失御史。權貴人死，乃復拜侍御史。號爲剛直，所與遊皆當世名人。

子厚少精敏，無不通達。逮其父時，雖少年，已自成人，能取進士第，嶄然（嶄然：高貌）見頭角，衆謂柳氏有子矣。其後以博學宏詞授集賢殿正字，儁傑廉悍（儁傑廉悍：才能傑出且正直勇敢），議論證據今古，出入經史百子，踔厲風發，率常屈其座人。名聲大振，一時皆慕與之交。諸公要人，爭欲令出我門下，交口薦譽之。

貞元十九年，由藍田尉拜監察御史。順宗即位，拜禮部員外郎。遇用事者得罪，例出（例出：照例被貶黜）爲刺史。未至，又例貶永州司馬。居閒，益自刻苦，務記覽，爲詞章汎濫（汎濫：广博）停蓄（停蓄：深沉），爲深博無涯涘，一（完全）自肆於山水閒。元和（唐憲宗年號，公元806年—820年）中，嘗例召至京師，又偕出爲刺史，而子厚得柳州（地在今廣西柳州市一帶）。既至，歎曰："是豈不足爲政耶？"因其土俗，爲設教禁，州人順賴。其俗以男女質錢，約不時贖，子本（子本：利息和本金）相侔，則沒爲奴婢。子厚與設方計，悉令贖歸。其尤貧力不能者，令書其傭，足相當，則使歸其質。觀察使下其法於他州，比一歲，免而歸者且千人。衡湘以南爲進士者，皆以子厚爲師，其經承子厚口講指畫爲文詞者，悉有法度可觀。

其召至京師而復爲刺史也，中山劉夢得禹錫亦在遣中，當詣播州（地在今貴州遵義市一帶）。子厚泣曰："播州非人所居，而夢得親在堂，吾不忍夢得之窮，無辭以白其大人，且萬無母子俱往理。"請於朝，將拜疏（拜疏：上奏章），願以柳易播，雖重得罪，死不恨。遇有以夢得事白上者，夢得於是改刺連州（地在今廣東連州市一帶）。嗚呼！士窮乃見節義。今夫平居里巷相慕悦，酒食游戲相徵逐，詡詡强笑語以相取下，握手出肺肝相示，指天日涕泣，誓生死不相背負，真若可信。一旦臨小利害，僅如毛髮比，反眼若不相識。落陷穽，不一引手救，反擠之，又下石焉者，皆是也。此宜禽獸夷狄所不忍爲，而其人自視以爲得計，聞子厚之風，亦可以少愧矣。

子厚前時少年，勇於爲人，不自貴重顧藉（顧藉：顧惜），謂功業可立就，故坐廢退。既退，又無相知有氣力得位者推挽，故卒死於窮裔（窮裔：偏遠之地）。材不爲世用，道不行於時也。使子厚在臺省時，自持其身，已能如司馬刺史時，亦自不斥（斥：貶謫）。斥時，有人力能舉之，且必復用不窮。然子厚斥不久，窮不極，雖有出於人，其文學辭章，必不能自力以致必傳於後如今，無疑也。雖使子厚得所願，爲將相於一時，以彼易此，孰得孰失？必有能辨之者。

子厚以元和十四年十一月八日卒，年四十七。以十五年七月十日歸葬萬年（萬年：唐代縣名，治所在今陝西西安市）先人墓側。子厚有子男二人：長曰周六，始四歲；季曰周七，子厚卒乃生。女子二人，皆幼。其得歸葬也，費皆出觀察使河東裴君行立。行立有節概，重然諾，與子厚結交，子厚亦爲之盡，竟賴其力。葬子厚於萬年之墓者，舅弟盧遵。遵，涿人，性謹慎，學問不厭。自子厚之斥，遵從而家焉，逮其死不去。既往葬子厚，又將經紀其家，庶幾有始終者。銘曰：

是惟子厚之室，既固既安，以利其嗣人。

進資治通鑑表

司馬光

【作者簡介】司馬光（1019 年—1086 年），字君實，號迂叟，陝州夏縣（今山西夏縣）涑水人，世稱“涑水先生”，北宋政治家、史學家、文學家，“唐宋八大家”之一。其爲人以剛直不阿著稱，在政治上屬於保守派領袖，在史學方面的重要貢獻是耗時十九年主持編撰了中國歷史上第一部大型編年體史書《資治通鑑》。司馬光一生著述甚豐，除《資治通鑑》外，尚有《温國文正司馬公文集》《稽古録》等著作行世。

【題解】本文亦稱《進書表》，附於《資治通鑑》之後，是《資治通鑑》完成後司馬光進獻宋神宗的表章，内容主要是匯報該書的編纂過程及完成情況，旨在表达受到重用的感恩之情、編纂是書的艱辛以及完稿後的釋然與希冀。全文語言精練，情辭懇切，足以動人。本文取自《資治通鑑》，以《資治通鑑》（中華書局 1956 年）爲底本，題目是後加的。

臣光言：先奉敕編集歷代君臣事迹，又奉聖旨賜名《資治通鑑》，今已了畢者。

伏念臣性識愚魯，學術荒疏。凡百事爲（百事爲：一切行爲）皆出人下，獨於前史，粗嘗盡心，自幼至老，嗜之不厭。每患遷（司馬遷）、固（班固）以來，文字繁多，自布衣之士，讀之不徧，況於人主，日有萬幾，何暇周覽？臣常不自揆（揆：度量、揣度），欲删削冗長，舉撮機要，專取關國家盛衰、繫生民休戚、善可爲法、惡可爲戒者，爲編年一書。使先後有倫（倫：次序），精粗不雜，私家力薄，無由可成。

伏遇英宗皇帝，資睿智之性，敷文明之治，思歷覽古事，用恢張大猷（恢張大猷：弘揚治國大道），爰詔下臣，俾（使）之編集。臣夙昔所願，一朝獲伸，踊躍奉承，惟懼不稱。先帝仍命自選辟官屬（選辟官屬：選拔徵召所屬官員），於崇文院置局，許借龍圖（即龍圖閣）、天章閣（宋代宫中藏書閣）、三館（弘文、集賢、史館，宋合併在崇文院中）、祕閣（宫中收藏珍貴圖書之處）書籍，賜以御府筆墨繒帛及御前錢以供果餌（果餌：糖果、餅餌），以内臣（宦官）爲承受，眷遇之榮，近臣莫及。不幸書未進御，先帝違棄（違棄：皇帝辭世的委婉説法）羣臣。

陛下（宋神宗趙頊）紹膺大統（承繼帝位），欽（莊重）承先志，寵以冠序（以冠序：在書前加序言），錫之嘉名，每開經筵（漢唐以來爲帝王講經論史而設的御前講席，宋代始稱經筵），常令進讀。臣雖頑愚，荷兩朝知待（知待：知遇）如此甚厚，隕身喪元，未足報塞（報塞：報效），苟智力所及，豈敢有遺！會差知（知：掌管）永興軍，以衰疾不任治劇（劇：繁重的政務），乞就冗官（冗官：指閒職）。陛下俯從所欲，曲賜容養，差判西京留司御史臺及提舉西京嵩山崇福宫，前後六任，仍聽以書局自隨，給之禄秩，不責職業。臣既無他事，得以研精極慮，窮竭所有，日力不足，繼之以夜。徧閲舊史，旁采小説，簡牘盈積，浩如煙海，抉擿（jué zhāi，抉擇、選取。擿，同“摘”）幽隱（幽隱：隱微），校計豪釐。上起戰國，下終五代，凡一千三百六十二年，修成二百九十四卷。又略舉事目，年經國緯，以備檢尋，爲《目録》三十卷。又參考羣書，評其同異，俾歸一塗，爲《考異》三十卷。合三百五十四卷。自治平（宋英宗年號，公元1064年—1067年）開局，迨今始成，歲月淹久，其閒抵牾（抵牾：抵觸），不敢自保，罪負之重，固無所逃。臣光誠惶誠懼，頓首頓首。

重念臣違離闕庭（違離闕庭：離開朝廷），十有五年，雖身處于外，區區之心，朝夕寤寐何嘗不在陛下之左右？顧以駑蹇（駑蹇：喻才能低下），無施而可，是以專事鉛槧（鉛槧：qiān qiàn，這裏指撰著），用酬大恩，庶（願）竭涓塵（涓塵：细水與微塵，這裏指綿薄之力），少裨海嶽（海嶽：指國家）。臣今骸骨癯（qú）瘁（癯瘁：瘦弱憔悴），目視昏近，齒牙無幾，神識衰耗，目前所爲，旋踵遺忘，臣之精力，盡於此書。伏望陛下寬其妄作之誅，察其願忠之意，以清閒之宴，時賜省覽，監（監：通“鑒”，借鑒）前世之興衰，考當今之得失，嘉善矜（矜：懼）惡，取是捨非，足以懋（懋：光大）稽（保持）古之盛德，躋（jī，達到）無前之至治，俾四海羣生（羣生：百姓），咸蒙其福，則臣雖委骨九泉，志願永畢矣！

謹奉表陳進以聞。臣光誠惶誠懼，頓首頓首，謹言。

戊午上高宗封事

胡 銓

【作者簡介】胡銓（1102年—1180年），字邦衡，號澹庵，廬陵（今江西吉水縣）人，南宋愛國名臣。紹興八年（1138年），胡銓任樞密院編修，因上疏高宗乞斬秦檜與參政孫近、使臣王倫而遭除名，被流配兩廣20餘年，直至宋孝宗即位後纔被起用，任兵部侍郎、資政殿學士等職。著作有《澹庵文集》等。

【題解】本文痛斥秦檜等人投降賣國的罪惡，義正辭嚴，文筆犀利，表現了作者大義凜然的民族氣節和士人的擔當精神。本文取自《全宋文》卷四三〇〇（上海辭書出版社、安徽教育出版社2006年）。

紹興八年十一月日，右通直郎、樞密院編修臣胡銓，謹齋沐裁書，昧死百拜，獻於皇帝陛下：

臣謹按（考察）：王倫本一狎邪小人，市井無賴，頃緣宰相無識，遂舉以使虜（或作“敵”）。專務詐誕，欺罔天聽，驟得美官，天下之人切齒唾罵。今者無故誘致虜使，以詔諭江南爲名，是欲臣妾（臣妾：古時對奴隸的稱謂。男曰臣，女曰妾。這裏用作使動）我也，是欲劉豫（劉豫：本南宋濟南知府，後降金，被立爲帝，國號齊，都大名。這裏用作使動）我也。劉豫臣事醜虜，南面稱王，自以爲子孫帝王萬世不拔之業，一旦豺狼改慮，捽（zuó，抓）而縛之，父子爲虜。商鑑（即殷鑒，語出《詩經·大雅·蕩》，本意謂殷人子孫應以夏之滅亡爲鑒戒。這裏因避宋太祖父弘殷之諱改作“商鑑”）不遠，而倫又欲陛下效之。夫天下者，祖宗之天下也，陛下所居之位，祖宗之位也。奈何以祖宗之天下爲犬戎（或作“金虜”）之天下，以祖宗之位爲犬戎藩臣之位？陛下一屈膝，則祖宗廟社之靈盡污夷狄，祖宗數百年之赤子盡爲左衽，朝廷宰執盡爲陪臣，天下之士大夫皆當裂冠毀冕，變爲胡服，異時豺狼無厭之求，安知不加我以無禮如劉豫者哉？夫三尺童子，至無知也，指犬豕而使之拜，則怫（fèi）然怒。今醜虜則犬豕也，堂堂天朝（天朝：或作“大國”），相率而拜犬豕，曾童穉（穉：同“稚”）之所羞，而陛下忍爲之耶？

倫之議乃曰：“我一屈膝，則梓宫（宋徽宗的靈柩）可還，太后（宋高宗生母韋賢妃）可復，淵聖（宋欽宗）可歸，中原可得。”嗚呼！自變故以來，主和議者誰不以此説啗陛下哉？而卒無一驗，是虜之情僞已可知矣。而陛下尚不覺悟，竭民膏血而不恤，忘國大讎而不報，含垢忍恥，舉天下而臣之甘心焉。就令虜決可和盡如倫議，天下後世謂陛下何如主？況醜虜變詐百出，而倫又以奸邪濟之，梓宫決不可還，太后決不可復，淵聖決不可歸，中原決不可得！而此膝一屈，不可復伸，國勢陵夷，不可復振，可爲痛哭流涕長太息也。

向者陛下間關（間關：輾轉）海道，危如累卵，當時尚不肯（肯：或作“忍”）北面臣虜，況今國勢稍張，諸將盡鋭，士卒思奮。只如頃者醜虜陸梁（陸梁：猖獗），僞豫入寇，固嘗敗之於襄陽，敗之於淮上，敗之於渦（guō）口，敗之於淮陰，較之前日（前日：或作“往時”）蹈海之危，已萬萬矣。倘不得已而遂至於用兵，則我豈遽出虜人下哉？今無故而反臣之，欲屈萬乘之尊，下穹廬之拜，三軍之士不戰而氣已索（索：盡），此魯仲連所以義不帝秦，非惜夫帝秦之虚名，惜夫天下大勢有所不可也。今内而百官，外而軍民，萬口一談，皆欲食倫之肉。謗議洶洶，陛下不聞，正恐一旦變作，禍且不測。臣竊謂不斬王倫，國之存亡未可知也。

雖然，倫不足道也，秦檜以腹心大臣而亦爲之。陛下有堯舜之資，檜不能致陛下如唐虞，而欲導陛下爲石晉（五代時後晉石敬瑭）。近者禮部侍郎曾開等引古誼以折（折：駁斥）之，檜乃厲聲曰：“侍郎知故事，我獨不知？”則檜之遂非狠愎（狠愎：或作“愎諫”），已自可見。而乃建白（对國事建議），令臺諫、侍臣僉（qiān。僉：都，皆）議可否，是明畏天下議己，而令臺諫、侍臣共分謗耳。有識之士，皆以爲朝廷無人，吁，可惜哉！孔子曰：“微管仲，吾其被髮左衽矣。”夫管仲，霸者之佐耳，尚能變左衽之區（或有“而”）爲衣冠（冠：或作“裳”）之會。秦檜，大國之相也，反驅衣冠之俗歸左衽之鄉。則檜也不惟陛下之罪人，實管仲之罪人矣。孫近傅會檜議，遂得參知政事，天下望治有如饑渴，而近伴食中書，漫不敢可否一事。檜曰“虜可和”，近亦曰“可和”。檜曰“天子當拜”，近亦曰“當拜”。臣嘗至政事堂，三發問而近不答，但曰：“已令臺諫、侍從議矣。”嗚呼！參贊大臣（臣：或作“政”）徒取（取：或有“容”）充位如此！有如虜騎長驅，尚能折衝禦侮耶？臣竊謂秦檜、孫近亦可斬也。

臣備員樞屬，義不與檜等共戴天。區區之心，願斬（斬：或作“斷”）三人頭，竿之槀街。然後羈留虜使，責以無禮，徐興問罪之師，則三軍之士不戰而氣自倍。不然，臣有赴東海而死耳，寧能處小朝廷求活耶？

小臣狂妄，冒瀆天威，甘俟斧鉞，不勝隕越（隕越：猶惶恐。古時上書君主時的套語）之至！

古漢語基礎知識之一

古代漢語常用工具書

學習古代漢語，閱讀古書，難免會遇到字、詞、典故、禮儀制度、名物器用等方面的障礙，要解決這些問題，必須藉助相關工具書。要順利使用工具書，首先要熟悉其性質、内容及查檢方法。

古漢語常用工具書的查檢方法主要有三種，部首檢字法、音序檢字法和四角號碼檢字法。

部首檢字法是按照漢字的部首來檢字。該方法始創於《説文解字》，該書將漢字部首確定爲540部，明梅膺祚《字彙》合併爲214部，《康熙字典》因之，《新華字典》《漢語大字典》分别合併爲201部、200部。部首檢字法一般和筆畫檢字配合使用。部首檢字法的優點是便於查檢不認識的字詞，缺點是有些字的部首不好確認，筆畫不易確定。

音序檢字法是按照漢字的讀音順序來檢字。現代的工具書多采用《漢語拼音方案》的順序來檢字。

四角號碼檢字法是先對漢字的四個角進行切分並編號，然後通過確定具體漢字的四角號碼來檢字。編號的具體方法是將漢字的四個角依據筆形對應 0—9 十個數字，對應關係的口訣如下：

橫一垂二三點捺，叉四插五方框六,七角八八九是小，點下有横變零頭。

意思是：一横（含挑、横上鉤和斜右鉤）的編號是 1，一豎（含撇和豎左鉤）是 2，一點（含捺）是 3，兩筆交叉是 4，一筆縱穿兩横筆或兩横筆以上是 5，字角像口字形是 6，字角像阿拉伯數字的 7 形是 7，字角像漢字八字形（及其變形）是 8，字角像漢字小字形（及其變形）是 9，一點一横是 0。

編號順序依次是：左上、右上、左下、右下。例如“胡”字的編號是 4762。

這種檢字法的優點是使用方便，缺點是個别字的號碼不易確定。想掌握四角號碼檢字法，可以買一本《四角號碼詞典》或帶有該檢字法的字典或詞典查字。目前不少工具書都附有四角號碼檢字法，如《辭源》《辭海》《康熙字典》《説文解字注》等。有些稍早的專業工具書甚至只有四角號碼一種檢字法，如《佩文韻府》《二十四史紀傳人名索引》《中國人名大辭典》《中國古今地名大辭典》等。

可供古代漢語學習使用的工具書很多，下面介紹幾種常用的字典和詞典。

第一節　字典

字典主要以解釋單個字的形、音、義爲出發點。“字典”一詞出現於《康熙字典》問世之後，此前，凡是解釋漢字形、音、義的書，都籠統稱爲字書。古代的字書外延較廣，與今天字典相當的只是其中的一部分。以下主要介紹《説文解字》《康熙字典》

《漢語大字典》等三種古漢語字典。

一、《説文解字》

《説文解字》簡稱《説文》，東漢許慎撰，是我國第一部通過分析字形探求本義的字書。

《説文》共收小篆字形 9353 個，重文（即異體字）1163 個，正文的説解計 133 441 字。該書首創部首分類法，即從漢字中析出 540 個部首，將所收 9353 個字按 540 部排列。部首的排序依據形體相近的原則，“始一終亥”。同部首的字，根據字義排序，大體上是將表示同類事物的字或意義相近的字排列在一起。

《説文》對每個字的説解是先列其小篆字形，接着解釋其本義，其後按“六書”分析其形體結構。部分字還用“讀若”“讀與”這類術語注出讀音。凡部首字，在説解後都要用“凡某之屬皆從某”一語指出該字屬於某部首。例如：

口 人所以言食也。象形。凡口之屬皆从口。

丄 高也。此古文上，指事也。凡丄之屬皆从丄。上篆文丄。

雀 依人小鳥也。从小、隹。讀與爵同。

禮 履也。所以事神致福也。从示从豊，豊亦聲。𥘆，古文禮。

雁 鳥也。从隹从人，厂聲，讀若鴈。

《説文》一書流傳到唐時，經過李陽冰的竄改，訛誤嚴重。南唐時徐鍇對《説文》進行整理，編成《説文解字繫傳》，世稱“小徐本”。北宋徐鉉對《説文解字》進行校理，增列了 402 個“新附字”，對部分字做了簡要注釋，同時依據《唐韻》給每個字加了反切，世稱“大徐本”。現在較爲通行的傳本爲大徐本。

清代整理和研究《説文》的學者最多。其中段玉裁《説文解字注》、桂馥《説文解字義證》、王筠《説文解字句讀》和《説文釋例》、朱駿聲《説文通訓定聲》影響最大，段、桂、王、朱四人因而被譽爲清代“《説文》四大家”。

二、《康熙字典》

清張玉書、陳廷敬等奉敕撰。該書在明朝《字彙》《正字通》兩書的基礎上增訂而成，始纂於康熙四十九年（1710 年），成書於康熙五十五年（1716 年），共收漢字 47 035 個。在《中華大字典》出版之前，《康熙字典》是我國收字最多的字典。《康熙字典》采用梅膺祚《字彙》214 部編排，同部字按筆畫排列，共分十二集，分别以十二地支命名，每集又分爲上、中、下三卷。全書釋字體例是先列本音本義，再列别音别義。注音先羅列《唐韻》《廣韻》《集韻》《韻會》《洪武正韻》等古代韻書中的反切，隨後注以直音。釋義以引用古書及其傳注中的解釋爲主，一般是時代最早的用例，同時標明書名和篇名。凡别音别義均以“又”字標明。

《康熙字典》優點很多，缺點也不少，後人進行了很多校訂工作，可供參考。《康熙字典》版本較多，有的附有部首筆畫檢字、音序檢字和四角號碼檢字。目前有標點整理本和網絡版可供使用。

三、《漢語大字典》

漢語大字典編輯委員會編，經川、鄂兩省三百餘位專家歷時十年編纂完成。自 1986 年起，由四川辭書出版社和湖北辭書出版社陸續出版，第一版八卷本至 1990 年全部出齊。其後又分别於 1992 年、1995 年、2001 年出版了縮印本、三卷本和四卷本，2010 年四月出版了第二版九卷本。

《漢語大字典》共收單字 56 000 個左右，2010 年第二版收字增加到 60 370 個，這是迄今收單字多且解釋比較全面的漢語字典。全書按部首筆畫編排，所用部首爲 200 部。同部字按部首以外的筆畫數排列，同筆畫的字再按起筆一（橫）、丨（竪）、丿（撇）、丶（點）、乙（折）五種筆形的順序排列。各卷之首列有該卷的部首檢字表，末卷附有全書的筆畫檢字表。該書初版檢字比較麻煩，第二版增加了音序檢字表，是一項重要的改進。全書的單字説解體例主要如下：

1. 解形。字頭下先列該字可見的古代字形，如甲骨文、金文、小篆等，並標示出處。繼而引《説文》説明其本義和結構。

2. 注音。依次注出該字的今音、中古音和上古音。其中今音用漢語拼音標注，如屬多音則分别列出；中古音以列《廣韻》反切爲主，兼采其他韻書或字書中的反切，同時標明字的聲、韻、調；上古音只標韻部名，韻部采用的是三十部説。

3. 釋義。義項一般按本義、引申義、假借義的順序排列。義項的確定既注重前人成説，也重視吸收今人研究成果。

4. 引證。釋義用簡化字排版，例證以古籍爲主，適當引用現代文獻。古籍例證用繁體字排版，現代例證用簡化字排版。所有例證標明書名、篇名或卷次，以便查驗。

《漢語大字典》吸收了前代字典的成就並有所創新，是到目前爲止品質最高的大型漢語字典。當然，書中也存在諸如義項漏收、義項區分過細、釋義不够準確等問題，但瑕不掩瑜。

除以上三部書外，比較常用的古漢語字典還有以下幾種：

《經籍籑詁》，清阮元主編，彙集唐代以前古書注解的字典。全書按平水韻 106 韻排列，嘉慶三年（1798 年）出版。

《中華大字典》，陸費逵、歐陽溥存等編，收字 48 000 多個，義項基本按本義、引申義、假借義的順序編排。全書糾正《康熙字典》錯誤 2000 多條，但其本身的疏漏也不少。1915 年由中華書局出版，1978 年出版縮印二卷本。

《古漢語常用字字典》，王力等編，商務印書館出版，多次修訂，目前已出到第六版，收字達 8000 多個，是學習古漢語的常備工具書。

《王力古漢語字典》，王力等編，全書收字 12 406 個，中華書局 2000 年出版。

《簡明古漢語字典》，張永言等編，全書收字 8500 多個，四川人民出版社 1986 年出版，目前已出第三版。

第二節 詞典

詞典是以詞爲解釋對象的工具書。詞典的類型有多種，如普通詞典、專科詞典、分類詞典等。以下主要介紹《辭源》《辭海》《漢語大詞典》《中文大辭典》《古代漢語虛詞詞典》《古漢語知識詳解辭典》等六種古漢語詞典。

一、《辭源》

《辭源》是我國近現代第一部綜合性、實用性極强的大型工具書。全書收詞以語詞爲主，兼收百科詞語。因重在溯源，故名《辭源》。1908 年開始編纂，由陸爾奎、傅運森等人主編。商務印書館 1915 年出正編，1931 年出續編，1939 年出正、續編合訂本。自 1958 年起，國家着手修訂《辭源》。1977 年制定了《辭源》修訂方案，方案決定《辭源》專收古漢語中的常見詞語，删去舊《辭源》中自然科學、社會科學和應用技術詞語，收詞止於鴉片戰爭（1840 年）。至 1983 年，第二版由商務印書館陸續出版完畢，共分四册。《辭源》第三版的修訂始於 2007 年，屬於有限修訂。修訂工作仍由商務印書館主持，至 2015 年完成出版。《辭源》第三版在出版紙質版的同時，同步推出了網絡版和優盤版。

第三版《辭源》共收單字 14 210 個，詞語 92 646 條，插圖 1000 餘幅。單字字頭按 214 部首編排。説解包括注音、釋義和書證。今音同時采用《漢語拼音方案》和注音字母標注；中古音列出《廣韻》的反切及所屬中古聲調、韻部和聲母；上古音只標出所屬韻部。釋義簡明，引例標注作者、篇目和卷次等。書證基本保持了第二版原貌，校改了其中的錯誤。全書采用繁體字排印，附有部首、音序和四角號碼三種索引，使用方便。

二、《辭海》

舒新城、沈頤、張相主編，中華書局 1936 年出版。《辞海》是以字带詞，兼有字典、語文词典和百科词典功能的大型综合性辞書。《辭海》的修訂工作從 1958 年開始，直到 1979 年纔完成。由上海辭書出版社出版，共三册。1980 年又出了縮印本。根據與《辭源》《現代漢語詞典》的分工，修訂版《辭海》是一部綜合性詞典，仍兼收語詞和百科詞語。1989 年、1999 年、2009 年、2020 年，《辭海》又先後出版過四次修訂本。

《辭海》用簡體字排印，按部首筆畫編排。字頭注音采用《漢語拼音方案》，比較冷僻的字又加直音，釋義和引證都很準確。書中附有“筆畫查字表”和“中文拼音索引”，同時出版了單行本《辭海四角號碼查字表》一書。1999 年版修訂本單字增收到 19 485 個。修訂本《辭海》采用的部首是新定的，共 250 部。

2020 年《辭海》（第七版）總字數 2300 餘萬字，總條目近 13 萬條。在上一版基礎上，做了大量修訂工作，使學科架構更趨完善，知識體系更趨系統。不僅繼承歷版《辭海》收詞全面、釋義準確的特點，更具有鮮明的時代性。該版同步推出了《辭海》網絡版，使用更加方便。

三、《漢語大詞典》

漢語大詞典編輯委員會、漢語大詞典編纂處聯合編纂，主編羅竹風。始纂於1975年，1986年由上海辭書出版社出版第一卷，其後各卷改由漢語大詞典出版社陸續出版，1994年全部出齊，包括正文十二册，《附録・索引》一册。其後又分别於1997年、2001年出版了三册縮印本和第二版二十二册本。

《漢語大詞典》共收詞目375 000餘條。單字條目按部首筆畫編排，部首與《漢語大字典》相同。多字條目按“以字帶詞”的方式列於單字條目之下。排版采用繁體字、簡體字並用的方式。立目、引用古代書籍用繁體；釋義行文、引用現代書籍（1912年以後的）用簡體。單字用漢語拼音字母注現代音，用《廣韻》反切注中古音，同時標明中古聲調、韻部和聲母。凡近代出現的字，一律按依近代韻書、字書中的反切標注其近代音，只標聲調和韻部，不標聲母。

《漢語大詞典》的釋義確切，層次清楚，引例豐富，文字簡練，檢索方便，是迄今爲止收詞最多的漢語語文詞典。書中難免也有一些不足之處，例如詞條漏收、某些詞條的義項不完備、部分詞條的書證並非時代最早的用例，等等。

《漢語大詞典》第二版同時推出了電子版（2.0版），使用方便，可以和紙質版結合使用。

四、《中文大辭典》

中國臺灣《中文大辭典》編纂委員會編，由臺北中國文化學院和中國文化研究所1968年出版，共四十册，其中正文三十八册，部首總索引和筆畫總索引各一册。全書收單字近50 000個，詞目370 000餘條，基本上按《康熙字典》的部首分類。所收單字包括正字、異體、古字、略字、俗字和後起字，來源以《康熙字典》爲主，并輔以《爾雅》《方言》《釋名》等書。所收詞語包括成語、術語、格言、人名、地名、年號等，來源以歷代文獻爲主，同時兼顧著名類書、辭典，如《初學記》《太平御覽》等。

書中字頭之下同時列有甲骨、金、篆、隸、楷、草等形體。注音先列該字本義的反切，次列平水韻目，最後列國語字母和羅馬字母。釋義以本義、引申義、假借義爲序，所屬詞類以名詞、動詞、形容詞、助詞等相次。引例均注明出處。

全書所收字、詞均較多，内容豐富，解説精確，引證豐富，注重文字和詞義的源流關係，具有很高的參考價值。該書的問題也很突出，諸如有些解説存在着明顯的錯誤和紕漏，引書和校對方面的錯訛也較多。

全書有總索引兩册，每册卷首附有部首及筆畫檢字表，查檢比較方便。

該書 1976 年出版了修訂普及本，共十册。1990 年出版了第八版，正文十册，索引一册。1982 年大陸有影印本發行。

五、《古代漢語虚詞詞典》

中國社會科學院語言研究所古代漢語研究室編，1999 年由商務印書館出版。這是一部旨在反映虚詞歷史面貌的古漢語虚詞詞典。編者從漢語史的角度出發，對每個虚詞進行了歷史的研究，力求既能反映虚詞的用法和意義，又能反映虚詞的歷史變化。書中所收詞類包括副詞、介詞、連詞、助詞、語氣詞、感嘆詞、助動詞、代詞和不定數詞等。

全書按中文拼音字母順序排列，僅設有筆畫檢字表，檢索方法較爲單一。

六、《古漢語知識詳解辭典》

馬文熙、張歸璧主編。這是一部彙釋古漢語常見名詞術語、著作和學者的工具書，涉及文字、音韻、訓詁、語法、修辭、文體、文獻、語文學家等，共收詞 3968 條。此書内容豐富，解釋詳細，設有“《説文解字》540 部首音讀表”“《説文解字》與《康熙字典》部首對照表”等九種附録以及“四角號碼”“漢語拼音”兩種檢字表，比較實用，1996 年由中華書局出版。

除以上六部詞典外，以下幾部書屬於清代及近人研究古漢語虚詞的學術著作，兼備詞典的性質，具有很高的學術價值和應用價值。

《助字辨略》，清人劉淇著，古漢語虚詞著作，收字 470 多個，内容較駁雜，1711 年出版。

《經傳釋詞》，清人王引之著，古漢語虚詞著作，收字 160 個，側重考據，1819 年出版。

《詞詮》，近人楊樹達著，古漢語虚詞著作，收詞 500 多個，解釋較通俗，且標明詞性，1928 年初版，中華書局 1965 年重印本附有拼音索引。

《古書虚字集釋》，近人裴学海著，古漢語虚詞書，收字 290 個，義項分類較細，解釋簡要，而未標詞性，1932 年初版，中華書局 1954 年重刊。

練　習　題

一、請利用有關工具書查檢下列漢字的反切及其中古音的聲韻調。

岱宗夫如何？齊魯青未了。造化鍾神秀，陰陽割昏曉。

蕩胸生層雲，決眥入歸鳥。會當凌絶頂，一覽衆山小。

二、請根據四角號碼檢字法標出下列漢字的編碼。

蘭陵美酒鬱金香，玉碗盛來琥珀光。但使主人能醉客，不知何處是他鄉。

三、請標出下列漢字的《説文》部首、《康熙字典》部首以及《漢語大字典》部首。

班　銜　服　朝　朗　胎　春　舂　泰　奉　秦　奏　弄　慕　光　赤　錦　視　蟲　琴　壹　行　虎　兵　與

四、請參考有關資料，爲以下幾部工具書寫一段較詳細的介紹。

1.《助字辨略》　2.《詞詮》　3.《經傳釋詞》

4.《古漢語常用字字典》　5.《簡明古漢語字典》

6.《王力古漢語字典》

五、標點並翻譯下段古文。

秋七月秦桓公伐晉次于輔氏壬午晉侯治兵于稷以略狄土立黎侯而還及雒魏顆敗秦師于輔氏獲杜回秦之力人也初魏武子有嬖妾無子武子疾命顆曰必嫁是疾病則曰必以爲殉及卒顆嫁之曰疾病則亂吾從其治也及輔氏之役顆見老人結草以亢杜回杜回躓而顛故獲之夜夢之曰余而所嫁婦人之父也爾用先人之治命余是以報《左傳·宣公十五年》

六、試用文言寫一篇應用文。

參考文獻

郭子直、李巖《文史工具書入門》，未來出版社，1993 年。
劉葉秋《中國字典史略》，中華書局，1983 年。
雍和明、羅振躍、張相明《中國辭典史論》，中華書局，2006 年。

第二單元

文選一

盤庚上

《尚書》

【《尚書》簡介】《尚書》是儒家的重要經典之一，最早稱《書》，到漢代時稱作《尚書》，又稱作《書經》，相傳經過孔子的編撰而成。《尚書》的内容主要是君王的文告和君臣談話記録，均和政事有關。全書按時間分爲《虞書》《夏書》《商書》和《周書》四大部分，按文體分爲“典、謨、訓、誥、誓、命”六種體式。“典”記載典章制度，“謨”記載臣下爲君主治國進行的謀劃，“訓”記載賢臣勸誡君王的言論，“誥”記載君王的政令通告，“誓”記載君王出師征伐時誓師的文辭，“命”記載君王任命官員、賞賜諸侯等方面的詔令。《尚書》的語言比較古老難懂。世傳《尚書》包括《今文尚書》和《古文尚書》兩部分。《今文尚書》共28篇，《古文尚書》共49篇。

《尚書》的注本主要有《尚書正義》（漢孔安國傳、唐孔穎達正義）、清孫星衍等《尚書今古文注疏》、近人顧頡剛等《尚書校釋譯論》、屈萬里《尚書今注今譯》、金兆梓《尚書詮譯》等。

【題解】本文是盤庚對當時一些貴族的談話。文中嚴厲訓斥了貴族們貪圖安逸、不願遷都的思想，同時對人民不習慣新都生活所產生的不滿情緒進行了安撫。本文節選自《盤庚上》，以《十三經注疏·尚書正義》（中華書局2009年）爲底本，下同。

盤庚五遷，將治亳殷，民咨胥怨①。作《盤庚》三篇。

盤庚遷于殷，民不適有居②，率籲（yù）衆慼出矢言，曰③："我王來，既爰宅于茲，重我民，無盡劉④。不能胥匡以生，卜稽曰其如台（yí）⑤？先王有服，恪謹天命，茲猶不常寧⑥，不常厥邑，于今五邦⑦。今不承于古，罔知天之斷命，矧（shěn）曰其克從先王之烈⑧？若顛木之有由蘖（niè），天其永我命于茲新邑⑨，紹復先王之大業，底（zhǐ）綏四方。"⑩

注釋

① 盤庚：商代第二十位王，成湯第十世孫，祖丁之子，阳甲之弟。　五遷：第五次遷都。　亳殷：即殷，地在河南安陽市。盤庚遷殷之前都於奄（在今山東曲阜市）。亳，孔壁本《尚書》作"宅"。　胥：表示方式，相當於"相互"。

② 適：去。　有居：指所遷新邑。有，詞頭，無實義。

③ 率：用，猶因此。　籲："吁"的繁體，呼告。　慼：指貴戚大臣。　矢：陳述。

④ 我王：盤庚自指。　爰：變更，變换。　宅：住处。　茲：指示代詞，這，指新居。　劉：殺戮。"無盡劉"意指不要使之死亡。　孔穎達疏："《釋詁》云：'水泉鹹鹵，不可行化，王化不行，殺民之道。先王所以去彼遷此者，重我民，無欲盡殺故也。'"

⑤ 胥匡：相助。匡，救助。　稽：義同"卜"。　如台：猶"如何"。台，疑問代詞，義同"何"。

⑥ 先王：指盤庚以前的殷王。 服：法令制度。 恪：恭敬。 謹：順從。 茲猶：這樣，仍。猶，仍，仍然。

⑦ "不常"二句：不能長久地定居在一個城邑，到現在已遷了五個國都。厥，其。

⑧ 罔：不。 矧：况且，連詞。 克：能够。 烈：事業，功業。

⑨ 顛木：砍倒下的樹。 由：《説文》作"甹"，樹木抽條。 蘖：新芽。其：副詞，將要。 永：延長。

⑩ 紹：繼承。 復：光復。 厎：定。 綏：安。

盤庚斅（xiào）于民，由乃在位，以常舊服，正法度[①]。曰："無或敢伏小人之攸箴。"[②]王命衆悉至于庭。

王若曰："格，汝衆！予告汝訓汝，猷黜乃心，無傲從康[③]。古我先王亦惟圖任舊人共政。王播告之，修不匿厥指，王用丕欽，罔有逸言[④]，民用丕變。今汝聒聒，起信險膚，予弗知乃所訟[⑤]。非予自荒茲德，惟汝含德，不惕予一人[⑥]。予若觀火，予亦拙謀，作乃逸[⑦]。若網在綱，有條而不紊。若農服田力穡，乃亦有秋。汝克黜乃心，施實德于民，至于婚友，丕乃敢大言汝有積德，乃不畏戎毒于遠邇[⑧]。惰農自安，不昬作勞，不服田畝，越其罔有黍稷[⑨]。汝不和吉言于百姓，惟汝自生毒，乃敗禍姦宄（guǐ）[⑩]，以自災于厥身。乃既先惡于民，乃奉其恫（tōng）[⑪]，汝悔身何及？相時憸（xiān）民，猶胥顧于箴言，其發有逸口，矧予制乃短長之命[⑫]？汝曷弗告朕而胥動以浮言[⑬]，恐沈（chén）于衆。若火之燎于原，不可嚮邇，其猶可撲滅？則惟汝衆自作弗靖，非予有咎[⑭]。

注 釋

① 斆：教導。 由乃：據于省吾《尚書新證》，爲"甹"（pīng）字之訛，夾輔之義。 舊服：舊制。

② 無：否定副詞，不要，帶有命令語氣。 或：有人。 伏：隱瞞。 小人：指平民。 攸箴：諫言，指民衆不願遷徙的怨言。 攸，作用相當於"所"，放在動詞之前，構成名詞性詞組。

③ 若：如此。 格：走過來。 猷：通"由"，此處猶言"由此"。 黜：減退，取消。 乃：你的，你們的。 傲：傲慢。 從：放縱。 康：安逸。

④ 播告之：普告政令。播告，普告。播，《説文·言部》："譒，敷也。《商書》曰：'王譒告之。'" 修：攸，用。 修不匿厥指：用不爽變其宗旨。匿，tè，爽。指，通旨，宗旨。 用：因此。 丕欽：非常敬重（他們）。丕，大。 罔：無。 逸言：指不當言論。逸，失，過。

⑤ 聒聒：喧囂貌。 "起信"句：發表用心不良的膚淺之論。 起：興起。信：通"伸"。 訟：争論。

⑥ 荒：廢棄。 兹德：指任用舊臣的成規。 含："舍"的訛字。 惕：畏懼。

⑦ 作：引起。 逸：放縱。

⑧ 婚：指有婚姻關係的親戚。 丕：語助詞，無實義。 大言：誇口。戎：大。 毒：禍害。

⑨ 不昏：不努力。昏，通"敯"，努力，盡力。 越其：於是。越，語助詞，無實意。

⑩ 和：调和。或以爲通"宣"，宣布。 吉言：好話，即指遷都時的話。敗：毀壞。 姦宄：指爲非作歹的不法行爲。《國語·魯語》："里革曰：'竊寶者爲宄，用宄之財者爲姦。'"

⑪ 先：引導，誘導。 奉：承受。 恫：痛苦，此處指自食其果。

⑫ 相：看。 時：通"是"。 憸：奸佞。 胥：相。 顧：顧及。 箴言：劝戒之言。 逸口：放縱自己的言語，口無遮攔。 制：掌握。 短長之命：生殺大權。

⑬ 曷：何，什麽。

⑭ 弗靖：不安寧。靖，安定。

"遲任有言曰①：'人惟求舊，器非求舊，惟新。'古我先王暨乃祖乃父。胥及逸勤，予敢動用非罰②？世選爾勞③，予不掩爾善。茲予大享于先王④，爾祖其從與享之。作福作災，予亦不敢動用非德。予告汝于難，若射之有志⑤。汝無侮老成人，無弱孤有幼⑥。各長于厥居，勉出乃力，聽予一人之作猷⑦。無有遠邇，用罪伐厥死，用德彰厥善⑧。邦之臧，惟汝衆；邦之不臧，惟予一人有佚罰⑨。凡爾衆，其惟致告：自今至於後日，各恭爾事，齊乃位，度乃口⑩。罰及爾身弗可悔。”

注　釋

① 遲任：上古的良史名。

② 暨：和。　“胥及”句：大家一起過着安樂勤勞的生活。　胥及：相與。逸勤：逸勞。　敢：不敢。　非罰：不恰當的刑罰。

③ “世選”句：世世代代繼承你們的功勞。　選：通“纂”。《爾雅・釋詁》“纂，繼也”。

④ 茲：現在。　大享：祭祀宗廟。

⑤ “作福”句：賜福或降罪。　難：困難的事，關鍵的事。　志：標記，目标。

⑥ 侮：欺侮。　弱：欺淩，輕視。　有：詞頭，無實意。

⑦ 長于：長期安於。　勉：努力。　猷：謀劃。

⑧ 用罪：用處罰手段。　伐：懲治。　死：指該死的罪犯。

⑨ 臧：善。　佚罰：失誤，罪過。佚，過失。罰，罪行。

⑩ 惟：思考。　致告：所發的告誡。　齊乃位：忠於職守。　度：通“杜”，杜塞。

繫　辭　上　　《周易》

【《周易》簡介】《周易》簡稱《易》，又稱《易經》，是儒家的經典之一，包括經、傳兩部分。經包括卦辭（卦形、卦名）、爻辭，本是筮占書，其中爻辭是對易卦象徵意義的解説和人事吉凶的判定；傳包括彖、象、文言、繫辭、説卦、序卦和雜卦，是最早解釋經的内容。

《周易》的注釋本主要有《周易注正義》（魏王弼、晉韓康伯注，唐孔穎達正義）、唐李鼎祚《周易集解》、今人高亨《周易古經今注》、李鏡池《周易通義》、周振甫《周易譯註》等。

【題解】本文是《周易》的入门篇。文中討論了八卦的起源、陰陽的變化，陰陽化物等。本文節選自《繫辭上》，以《十三經注疏·周易正義》（中華書局 2009 年）爲底本，下同。

天尊地卑，乾坤定矣。卑高以陳，貴賤位矣。動静有常，剛柔斷矣①。方以類聚②，物以群分，吉凶生矣。在天成象，在地成形，變化見矣。是故剛柔相摩，八卦相蕩③，鼓之以雷霆，潤之以風雨。日月運行，一寒一暑。乾道成男④，坤道成女。乾知大始，坤作成物⑤。乾以易知，坤以簡能⑥。易則易知，簡則易從⑦。易知則有親，易從則有功。有親則可久，有功則可大。可久則賢人之德，可大則賢人之業。易簡而天下之理得矣。天下之理得，而成位乎其中矣⑧。

注釋

① 陳：列。 常：規律。 斷：分。

② 方：或説義爲“道”，或説“方”爲“人”之誤。

③ 八卦：指八卦代表的天地雷風水火山澤等事物。 蕩：推動。

④ 成男：爲男。

⑤ 知：爲。高亨《周易大傳今注》："王念孫曰：'知猶爲也，爲亦作也。'" 大始：指天創造萬物。 成物：指養成和承載萬物。

⑥ "乾以"二句：天以平易而成就其智巧，地以簡約而具有其能力。二句互文。 知："智"的古字。

⑦ "易則"二句：天道平易故易於認識，地道簡約而故易於遵從。

⑧ 成位：定位。

聖人設卦觀象，繫辭焉而明吉凶①。剛柔相推而生變化。是故吉凶者，失得之象也。悔吝者，憂虞之象也②。變化者，進退之象也。剛柔者，晝夜之象也。六爻之動，三極之道也③。是故君子所居而安者，《易》之象也④。所樂而玩者，爻之辭也⑤。是故君子居則觀其象而玩其辭，動則觀其變而玩其占，是以自天祐之，吉無不利。

注 釋

① 設：創立。 卦：八卦及六十四卦。 觀象：觀察卦象爻象。 繫辭：繫卦辭於卦下，繫爻辭於爻下。

② 悔：小不幸。 吝：困難。 虞：憂驚。

③ 六爻之動：指六爻剛柔的變化。 三極：指天、地、人。極，至高，本義爲屋棟。

④ 安：高亨《周易大傳今注》以爲通"按"或"案"。《易》之象也：是《易》的卦象。"象"，或作"序"。

⑤ "所樂"二句：喜好而揣摩的，是爻的文辭。

彖（tuàn）者，言乎象者也①。爻者，言乎變者也②。吉凶者，言乎其失得也。悔吝者，言乎其小疵也。

無咎者，善補過者也。是故列貴賤者存乎位[③]，齊小大者存乎卦[④]，辯吉凶者存乎辭，憂悔吝者存乎介，震無咎者存乎悔[⑤]。是故卦有小大，辭有險易。辭也者，各指其所之[⑥]。

注　釋

① 彖：卦辭，即斷卦之辭。　象：卦象。

② 爻：指爻辭。　高亨《周易大傳今注》：“依《周易》筮法，筮遇一卦，其中某一爻變，或陽爻變陰爻，或陰爻變陽爻，則以某一爻爻辭爲主，論斷吉凶。《易經》各卦各爻之爻辭皆指變爻而言。”

③ “是故”句：高亨《周易大傳今注》：“位，六爻之位次。《易傳》認爲：爻位象人所處之社會地位，如初爻爲卑位，上爻爲高位，二爻爲臣位，五爻爲君位等。故序列人之貴賤在於爻位。”

④ 齊：排列。　小大：指陽卦、陰卦。卦分陰陽，乾震坎艮爲陽卦，坤巽離兑爲陰卦。陽卦大，陰卦小。高亨《周易大傳今注》：“陽卦象君，象男，象君子，故爲大；陰卦象臣民，象女，象小人，故爲小。六十四卦皆合兩卦而成，上下兩卦爲陽卦則爲大，爲陰卦則爲小，故序列人之大小在於卦。”

⑤ “憂悔”句：句意謂悔吝處於吉凶之間，二者的界限非常細小。　介：纖介，細小。　震：動，行動。　悔：指有過錯能及時悔改。

⑥ 其所之：指示人們行事所往的方向。

《易》與天地準，故能彌綸天地之道[①]。仰以觀於天文，俯以察於地理，是故知幽明之故。原始反終[②]，故知死生之説。精氣爲物，遊魂爲變[③]，是故知鬼神之情狀。與天地相似，故不違。知周乎萬物[④]，而道濟天下，故不過。旁行而不流[⑤]，樂天知命，故不憂。安土敦乎仁[⑥]，故能愛。範圍天地之化而不過，曲成萬物而不遺，通乎晝夜之道而知，故神無方而《易》無體[⑦]。

注　釋

① 準：等，等同。　彌綸：統攝，包括。彌，普遍。綸，牽引，包羅。

② 原：推究其原。　反：反求其理。

③ 精氣：指陰陽之氣。古人認爲陰陽之氣聚而生成天地间万物。　遊魂：指浮游的精氣。

④ 知："智"的古字。　周：遍及。

⑤ 旁行：遍行。旁，普遍。　流：流蕩。

⑥ 安土：安於所居之地。　敦：厚。

⑦ 範圍：動詞，包括。　不過：不過頭。　曲：曲盡細密。　成：成就。　不遺：無遺漏。　知：智慧。　無方：無定方。　無體：無定體。

一陰一陽之謂道，繼之者善也，成之者性也①。仁者見之謂之仁，知者見之謂之知，百姓日用而不知，故君子之道鮮矣②。顯諸仁，藏諸用，鼓萬物而不與聖人同憂③，盛德大業至矣哉！富有之謂大業，日新之謂盛德。生生之謂易，成象之謂乾，效法之謂坤，極數知來之謂占，通變之謂事，陰陽不測之謂神④。

注　釋

① 道：規律。　繼之者：指按自然規律行事。　善：吉利。　成之者：指陰陽相合生成萬物。　性：事物的本性。

② 日用：指天天都在受道（規律）的支配。　不知：指不知道（規律）的存在。　鮮：少，指被人們知道的很少。

③ "顯諸"三句：顯示其仁德，隱藏其作用，推動萬物却不顯得與聖人同樣憂慮。

④ 易：變化。　成象：在天成象。　效法：呈現法則。效，顯示，呈現。　極數：極盡易數之事。數，用筮草推斷吉凶。　通變：精通事物的變化。　陰陽不測：指有些陰陽變化無法得知其奧妙。

文 選 二

洪 範 《尚書》

【題解】《洪範》是《尚書》篇名，舊傳是箕子回答周武王的記録，今人或認爲是戰國後期學者或漢儒所作。文中提出了治理國家的九種方法，號稱“洪範九疇”。“洪”義爲“大”，“範”義爲“法”，“洪範”即治國的大法。本文取自《尚書·周書》，原文共九個部分，這裏選的是前五個部分。

武王勝殷，殺受（紂王名），立武庚，以箕子（紂王叔父）歸，作《洪範》。

惟十有三祀（武王滅商的第二年，约前1065年），王訪于箕子。王乃言曰：“嗚呼！箕子，惟天陰騭（zhì。陰騭：庇護）下民，相協（和）厥居，我不知其彜倫（彜倫：常理）攸叙（叙：秩序，法規）。”

箕子乃言曰：“我聞在昔，鯀（gǔn，夏禹之父）陻（yīn，堵塞）洪水，汨（亂）陳其五行（金木水火土）。帝乃震怒，不畀

（bì，給予）洪範九疇（九類），彝倫攸斁（dù。斁：敗壞）。鯀則殛（被誅）死，禹乃嗣興。天乃錫（cì。錫：通‘賜’）禹洪範九疇，彝倫攸敘。

“初一（第一）曰五行，次二曰敬用五事（指貌、言、視、聽、思），次三曰農用八政（八種政事），次四曰協用五紀（五種記時的方法），次五曰建用皇極（最高法則），次六曰乂（yì，治理）用三德（指正直、剛克、柔克），次七曰明用稽（稽：考察）疑，次八曰念（想着）用庶徵（庶徵：各種徵兆），次九曰嚮（嚮：勸導）用五福（指壽、富、康寧、好德、考終命），威用六極（指兇短折、疾、憂、貧、惡、弱）。

“一、五行：一曰水，二曰火，三曰木，四曰金，五曰土。水曰潤下，火曰炎上，木曰曲直（可曲可直），金曰從革（革：變革。金可以改變事物），土爰（爰：語氣詞）稼穡。潤下作（產生）鹹（鹹味），炎上作苦（苦味），曲直（指木）作酸（酸味）。從革（指金）作辛（辛味），稼穡作甘。

“二、五事：一曰貌，二曰言，三曰視，四曰聽，五曰思。貌曰（曰：要）恭，言曰從（言正曰從），視曰明，聽曰聰，思曰睿。恭作肅（恭敬），從作乂（乂：治理），明作哲（哲：通‘晰’，辨明有智慧），聰作謀（善謀），睿作聖（聖明）。

“三、八政：一曰食，二曰貨，三曰祭，四曰司空（掌民政），五曰司徒（掌禮儀），六曰司寇，七曰賓，八曰師。

“四、五紀：一曰歲，二曰月，三曰日，四曰星辰，五曰厤數（曆法。厤，‘曆’的古字）。

“五、皇極：皇建（建立）其有極（準則），斂（聚集）時（通‘是’，指示代詞，這）五福，用敷（施予）錫（賜）厥庶民。惟時厥庶民于汝極（你的準則），錫汝（爲汝）保（遵守）極。凡厥庶民，無有淫朋（指通過交游，結成小集團），人無有比德（拉幫結派），惟皇作極。凡厥庶民，有猷有爲有守（操守），汝則念之。不協于極（不合準則），不罹于咎（却未犯罪），皇則受之。而康而色（如有人真誠地），曰：'予攸好德。'汝則錫之福，時人斯其惟（心裏想着）皇之極。無虐煢獨（指鰥寡孤獨、無依無靠的人）而畏高明（敬畏高尚光明指寵貴之人，貴族），人之有能有爲，使羞（進獻）其行，而邦其昌。凡厥正人，既富方（且）穀（爵禄），汝弗能使有好（有貢獻）于而家，時人斯（就）其辜（有罪，白享禄位）。于其無好德，汝雖錫之福，其作（視作）汝用咎（他們會視你有罪）。無偏無陂（bì。陂：不正偏頗傾斜），遵王之義。無有作好（建私交），遵王之道。無有作惡，遵王之路。無偏無党，王道蕩蕩。無党無偏，王道平平。無反無側，王道正直。會（聚集）其有極，歸其有極。曰皇極之敷言（陳辭），是彝（法）是訓，于帝（天帝）其訓（順，遵從）。凡厥庶民，極之敷言（關於準則的陳辭），是訓是行，以近天子之光（光：光輝）。曰天子作民父母，以爲天下王。"

説　卦

《周易》

【題解】《説卦》是《易傳》的篇名，屬於"十翼"之一，内容是指出八卦各象徵的事物，故名"説卦"。《説卦》是解釋六十四卦的重要依據。

昔者聖人之作《易》也，幽贊於神明而生蓍，参（参：同“三”，代表奇数）天兩（兩：代表偶数）地而倚（倚：立）數，觀變於陰陽而立卦（卦分陰陽，乾、震、坎、艮爲陽卦，坤、巽、離、兑爲陰卦），發揮（發揮：表現）於剛柔（剛柔：陽爻爲剛，陰爻爲柔）而生爻，和順於道德而理於義，窮理盡性以至於命（徹底研究天地萬物的原理、本性直到天命）。昔者聖人之作《易》也，將以順性命（人性和自然）之理，是以立天之道曰陰與陽，立地之道曰柔與剛，立人之道曰仁與義。兼三才（三才：天地人。六爻中上兩爻代表天道，中兩爻代表人道，下兩爻代表地道）而兩之，故《易》六畫而成卦（六畫：六爻。六爻象三才：上兩爻象天，下兩爻象地，中间兩爻象人）。分陰分陽，迭用柔剛（陰爻陽爻交替運用，剛柔交錯），故《易》六位而成章。

天地定位，山澤通氣，雷風相薄，水火不相射（不相射：不相容），八卦相錯（錯：交錯）。數往者順（推算過去，易），知來者逆（逆推，難），是故《易》逆數（逆數：自下而上數之）也。雷以動之，風以散之，雨以潤之，日以烜（xuǎn，曬乾）之，艮（艮：山）以止之，兑（兑：澤）以説之，乾（乾：天）以君之，坤（坤：地）以藏之。

帝出乎震（天帝使萬物出於震），齊乎巽，相見乎離，致役乎坤，説言乎兑，戰乎乾，勞乎坎，成言（言：語助詞）乎艮。萬物出乎震，震（震：春），東方也。齊乎巽，巽，東南（巽：春末夏初）也。齊也者，言萬物之絜（絜：修整）齊也。離（離：正南，正夏）也者，明也，萬物皆相見，南方之卦也。聖人南面而聽天下，向明而治，蓋取諸此也。坤也者，地也，萬物皆致養焉，故曰：致役乎坤。兑，正秋也，萬物之所説（説：“悦”的古字）也，故曰：説言乎兑。戰乎乾，乾，西北之卦也，言陰陽相薄（相薄：相交）也。坎者水也，正北方之卦也，勞卦也，萬物之所歸也，故曰：勞乎坎。艮，東北之卦也，萬物之所成終而所成始也，故曰：成言乎艮（“萬物”三句：萬物既終結於此又重新開始於此，所以説：萬物完成於艮卦）。

神也者，妙萬物而爲言者（以“神”言萬物之妙）也。動萬物者莫疾乎雷，橈萬物者莫疾乎風，燥萬物者莫熯（hàn。熯：乾燥）乎火。説（説：“悦”的古字）萬物者莫説乎澤，潤萬物者莫潤乎水，終萬物始萬物者莫盛（chéng。盛：通“成”）乎艮（艮：山）。故水火不相逮（不相逮：不相及），雷風不相悖，山澤通氣，然後能變化，既成萬物也。

乾，健也。坤，順也。震，動也。巽，入也（巽是風，風無孔不入）。坎，陷也。離，麗也（離爲火，火必附著於可燃之物，故稱麗）。艮，止也。兑，説也。

乾爲馬（馬行强健），坤爲牛（牛柔順），震爲龍（龍似雷在雲中），巽爲雞（雞鳴人起活動，似風吹物動），坎爲豕（猪性喜水），離爲雉（雉羽色彩鮮艷如火），艮爲狗（艮：止。狗守門，禁止外人，因此艮爲狗），兑爲羊（羊性柔順爲人所愛）。

乾爲首（天高在上，似頭在上），坤爲腹（地載萬物，似腹柔藏食物），震爲足（雷震動，足主行動），巽爲股（巽爲木，股如木幹），坎爲耳（坎爲水，存於低窪處，似耳有孔穴），離爲目（離爲火，明亮，目明視物），艮爲手（艮爲山，山有峰，似手），兑爲口（兑爲澤，澤吞吐河流如口吞吐食物）。

乾，天也，故稱（稱：比）乎父。坤，地也，故稱乎母。震一索（索：求）而得男，故謂之長男（震卦☳是陽卦，第一爻是陽爻，故比長男）。巽一索而得女，故謂之長女（巽卦☴是陰卦，第一爻是陰爻，故比長女）。坎再索而得男，故謂之中男（坎卦☵是陽卦，第二爻爲陽爻，故比中男）。離再索而得女，故謂之中女（離卦☲是陰卦，第二爻爲陰爻，故比中女）。艮三索而得男，故謂之少男（艮卦☶是陽卦，第三爻爲陽爻，故比少男）。兑三索而得女，故謂之少女（兑卦☱是陰卦，第三爻爲陰爻，故稱少女）。

乾爲天，爲圜（圜：圓。天形像圓蓋），爲君，爲父，爲玉，爲金（天道剛，故比玉比金），爲寒，爲冰（八卦配八方、四時，乾居西北，爲秋末冬初季節，天寒而結冰），爲大赤（赤爲純陽本色，周人尚赤），爲良馬（健行不止），爲老馬（久行不息），爲瘠馬（多骨少肉，有力），爲駁馬（花馬），爲木果（乾爲圜，果亦圓形）。

坤爲地，爲母，爲布（地平而有草木文，布亦平而有織文）。爲釜（地能生成萬物，鍋能熟物），爲吝嗇（地受而不施，深藏金銀而不露，故爲吝嗇），爲均（地於萬物無不載），爲子（仔）母牛（子母牛：小母牛，繁殖力强），爲大輿（輿：車，地載萬物如車），爲文（地生萬物行成文采），爲衆（衆：指臣民），爲柄（柄：本。萬物以地爲本），其於地也爲黑（地之色爲黑）。

震爲雷，爲龍，爲玄黄（玄黄：近青色，即春之色），爲旉（fū。旉：花之通名），爲大塗（塗：同“途”。震爲動，行動於道路），爲長子，爲決躁（決躁：迅疾，同義連用。決，通“赽”。雷之動迅疾），爲蒼筤（láng。蒼筤：青色）竹（幼竹），爲萑（huán）葦（萑葦：蘆葦）。其於馬也爲善鳴，爲馵（zhù）足（馵足：馬後足色白），爲作足（作足：長足），爲的顙（的顙：白額。以上四種馬均善跑）。其於稼也爲反生（反生：倒生。指地瓜土豆類，莖葉在上，果在地下。震卦一陽爻在下，二陰爻在上）。其究（究：最終）爲健，爲蕃（蕃：繁茂）鮮。

巽爲木，爲風，爲長女，爲繩直（繩直：木工製器用繩墨），爲工（工：木工），爲白（木去皮而質白），爲長（巽爲風，風行百里不停），爲高（風上雲霄，故爲高），爲進退（風常改變方向，故巽爲進退），爲不果（風多變化，不果決，故巽爲不果），爲臭（各種氣味隨風飄散，故巽爲臭）。其於人也，爲寡髮（髮少），爲廣顙（額頭寬），爲多白眼（白眼：眼中多白。古人相面術認爲以上三種人質樸如木），爲近利市三倍（巽爲木，種樹可得三倍之利於市），其究（究：終究）爲躁卦（風動物不止，故比躁動）。

坎爲水，爲溝瀆，爲隱伏（水有在地下的，故比隱伏），爲矯輮（把木彎曲，須先浸濕，故比矯揉），爲弓輪（彎曲木製弓或輪，故比弓輪）。其於人也，爲加憂，爲心病（坎：陷。人在險境則增憂，爲心病），爲耳痛（耳中有水爲耳病），爲血卦，爲赤（坎爲水，血亦水，色赤）。其於馬也，爲美脊（陽爻在中爲美脊），爲亟（亟：急）心（馬心急好動），爲下首（馬常低頭，水性就下），爲薄蹄（馬蹄子薄，跑遠路易痛），爲曳（蹄曳，拖蹄而行。馬分幾類，乾爲健馬，震爲奔馬，坎爲勞馬。以上内容是講勞馬的狀態）。其於輿也，爲多眚（shěng。眚：敗，損壞。坎爲水，爲坑窪，易毁車，故曰多眚）。爲通（坎爲水，水流易通，故比通）。爲月（坎爲水，月爲水氣之精，故比月）。爲盜（水潛伏地下，盜亦隱伏，故比盜）。其於木也，爲堅多心（多心：树木多瘿瘤。坎卦陽爻在内，兩陰爻在外，故比木堅多心）。

離爲火，爲日，爲電，爲中女（中女：次女。離卦第二爻爲陰爻，故爲中女），爲甲胄，爲戈兵（離卦兩陽爻在外，一陰爻在内，外剛保衛内柔，似甲盔、戈兵）。其於人也，爲大腹（離卦中虚而柔，象大腹之形）。爲乾卦（乾象乾燥。離爲火，爲日，火能使物乾燥，故言離爲乾卦），爲鱉，爲蟹，爲蠃（luó。蚌属），爲蚌，爲龜（鱉、蟹、蠃、蚌、龜皆外殼内肉，外剛保衛内柔，象離卦形）。其於木也，爲科上槁（科：空。木中空上必槁，外堅内空）。

艮爲山，爲徑路，爲小石，爲門闕（門闕似兩山對峙），爲果蓏（luǒ。蓏：木果曰果，草實曰蓏，山中多産果瓜），爲閽寺（閽爲看門人，寺爲守巷人，都禁止人入門巷，與艮爲止相應），爲指（艮爲山，山峰如手指），爲狗（狗守門如山之固），爲鼠（山中多鼠，故比鼠），爲黔喙（黔喙：黑嘴，肉食動物）之屬（艮卦陽爻在上，此類動物皆利齒在前）。其於木也，爲堅多節（木老則堅而多節。樹分多種，巽爲初生之樹，坎爲繁茂之樹，離爲枯樹，艮爲老樹）。

兑爲澤，爲少女（兑：喜悦。兑卦上爻爲陰爻，謂之少女），爲巫，爲口舌（兑卦爲女，女巫恃口取食，故爲巫、爲口舌），爲毁折（折：斷），爲附決（決：落。孔穎達疏："兑西方之卦，又兑主秋也，取秋物成熟，稿稈之屬則毁折也，果蓏之屬則附決也。"）。其於地也，爲剛鹵（鹵：鹼土。兑爲沼澤之地多鹼土，堅硬）。爲妾（兑爲澤，又爲少女，澤位卑下，少女亦如此，故爲妾），爲羊（羊爲順之畜，故爲羊）。

古漢語基礎知識之二

音　韻

第一節　音韻學知識

一、音韻學及其功用

（一）音韻學的内容

音韻學，或稱聲韻學、漢語音韻學，是研究漢語語音系統及其發展規律的一門科學，其内容一般分爲今音學、古音學、等韻學和北音學四個部分。今音學旨在研究以《切韻》爲代表的中古語音系統，古音學旨在研究先秦兩漢的語音（即上古音）系統，等韻學旨在研究語音系統和分析語音結構，北音學旨在研究以《中原音韻》爲代表的近代北方話的語音系統。

音韻學是一門古老的學科，至今已有1600多年的歷史。傳統音韻學從漢末反切的發明開始，歷經隋唐韻書、宋元字母等韻之學和明清的古音學爲止。20世紀初，由於西方現代語言學理論與方法的引入，推動了傳統音韻學向現代音韻學的轉變。

（二）音韻學的功用

音韻學和文字學、訓詁學、詞彙學、方言學都有密切的聯繫，是研究這些學科的基礎和工具。例如“排、閔、魂”等形聲字，從今音看，其聲符“非、文、云”和“排、閔、魂”的讀音並不相同，要得到正確的解釋，就需要知道“古無輕唇音”“喻三歸匣”的道理。又如《詩經·豳風·七月》“四之日其蚤，獻羔祭酒”中，“蚤”通“早”。《詩經·小雅·楚茨》“永錫爾極，時萬時億”中，“時”通“是”。“蚤”何以通“早”？“時”何以通“是”？原來它們的上古音相同或相近：“蚤、早”上古音同屬精母幽部，“時”上古音屬禪母之部，“是”屬禪母支部。再如水缺口叫“決”，玉缺口叫“玦”，器缺口叫“缺”，久別或永別叫“訣”，將東西分開叫“抉”，這些字何以基本義是相通的？就是由於它們的古音是相同的，屬於同源字。再如“幕”字，今音北京話讀 [mu]，梅縣話讀 [mɔk]。北京人所以把“幕”讀成 [mu]，梅縣話所以讀成 [mɔk]，需要借助音韻學的知識纔能解释清楚。原来这個字在中古是入聲字，擬音爲 [mɑk]，在北京話裏“幕”字脱落了 k 尾，並且韻腹發生了變化，梅縣話則在很大程度上保留了古音。

另外，學習和研究中國古代文學同樣離不開音韻學知識。例如《詩經·周南·關雎》：“參差荇菜，左右采之。窈窕淑女，琴瑟友之。”由於古今音的差異，一般人已經不知道其中“采、友”是韻脚字了。又如《詩經·召南·野有死麕》：“野有死麕，白茅包之；有女懷春，吉士誘之。”其中“麕、春”二字押韻，“包、誘”二字押韻，屬於交韻，一般人也不易看得出來。再如《左傳·隱公元年》：“公入而賦：‘大隧之中，其樂也融融。’姜出而賦：‘大隧之外，其樂也洩洩。’”其中“中、融”押韻，“外、洩”

押韻，前者容易理解，後者就不易理解。因爲從今音看，二字已完全不押韻了。

音韻學的功用是多方面的，除了上面提到的幾個學科外，它同時也是古典文獻學、古籍整理、中國古代史、考古學等學科需要具備的知識。

二、音韻學的基本概念和術語

學習音韻學，首先要了解一些音韻學的基本概念和術語。

（一）反切

反切產生於東漢末年，是古代最重要的注音方法。反切的基本原理是用兩個漢字相拼給另一個漢字注音，反切上字取聲母，反切下字取韻母和聲調，合成被切字的讀音。例如：

都：當孤切　田：徒年切　孔：康董切　布：博故切

在製作反切的時代，根據拼切原理，可以準確切出被切字的讀音，不過到了後代，由於語音的變化，不少切語切不出準確的讀音，甚至無法拼切了。例如：

東：德紅切　狂：巨王切　楚：創舉切　阻：側吕切

第一個切語的切下字“紅”與被切字“東”的聲調不合，第二個切語的切上字“巨”與被切字“狂”的聲母不合，第三個切語的切下字“舉”與被切字“楚”的韻母不合，第四個切語的切上字“側”的聲母、切下字“吕”的韻母與被切字“阻”的聲韻均不合。想要通過這類切語切出準確的今音來，還需要根據古今音變的規律做一番调整工作。

（二）三十六字母

“字母”是聲母的代表字，“三十六字母”代表了三十六個声母。根據研究得知，唐末和尚守温首創三十字母，到了宋代初年，人們根據當時的語音實際增加六個字母，於是就出現了三十六字母。三十六字母代表了唐末宋初漢語共同語的聲母系統。三十六字母所代表的聲母及其擬音見表一：

表一　三十六字母音值表

<table>
<tr><td colspan="3" rowspan="2">發音方法
發音部位</td><td>全清</td><td>次清</td><td>全濁</td><td>次濁</td><td>全清</td><td>全濁</td></tr>
<tr><td>不送氣不帶音的塞音、塞擦音</td><td>送氣不帶音的塞音、塞擦音</td><td>帶音的塞音、塞擦音</td><td>帶音的鼻音、邊音、半元音</td><td>不帶音的擦音</td><td>帶音的擦音</td></tr>
<tr><td rowspan="2">唇音</td><td>重唇</td><td>雙唇</td><td>幫 p</td><td>滂 p^{h}</td><td>並 b</td><td>明 m</td><td></td><td></td></tr>
<tr><td>輕唇</td><td>唇齒</td><td>非 pf</td><td>敷 pf^{h}</td><td>奉 bv</td><td>微 ɱ</td><td></td><td></td></tr>
<tr><td rowspan="2">舌音</td><td>舌頭</td><td>舌尖中</td><td>端 t</td><td>透 t^{h}</td><td>定 d</td><td>泥 n</td><td></td><td></td></tr>
<tr><td>舌上</td><td>舌面前</td><td>知 ȶ</td><td>徹 $ȶ^{h}$</td><td>澄 ȡ</td><td>娘 ȵ</td><td></td><td></td></tr>
<tr><td rowspan="2">齒音</td><td>齒頭</td><td>舌尖前</td><td>精 ts</td><td>清 ts^{h}</td><td>從 dz</td><td></td><td>心 s</td><td>邪 z</td></tr>
<tr><td>正齒</td><td>舌面前</td><td>照 tɕ</td><td>穿 $tɕ^{h}$</td><td>牀 dʑ</td><td></td><td>審 ɕ</td><td>禪 ʑ</td></tr>
<tr><td colspan="2">牙音</td><td>舌根</td><td>見 k</td><td>溪 k^{h}</td><td>群 g</td><td>疑 ŋ</td><td></td><td></td></tr>
<tr><td colspan="2" rowspan="3">喉音
舌根
半元音</td><td>喉</td><td>影 ø</td><td></td><td></td><td></td><td></td><td></td></tr>
<tr><td></td><td></td><td></td><td></td><td></td><td>曉 x</td><td>匣 ɣ</td></tr>
<tr><td></td><td></td><td></td><td></td><td>喻 j</td><td></td><td></td></tr>
<tr><td colspan="2">半舌音</td><td>舌尖中邊音</td><td></td><td></td><td></td><td>來 l</td><td></td><td></td></tr>
<tr><td colspan="2">半齒音</td><td>舌面鼻擦音</td><td></td><td></td><td></td><td>日 ȵʑ</td><td></td><td></td></tr>
</table>

說明：表中音值爲今人所擬，均爲國際音標，下同。

（三）五音和七音

五音和七音是古人分析聲母發音部位的術語。五音最早見於《玉篇·五音聲論》，七音之名是北宋沈括在《夢溪筆談》中最早提出的。所謂五音，是按發音部位把聲母分爲五類：唇音、舌音、齒音、牙音、喉音。在五音的基礎上再分出半舌音、半齒音兩類，就成了七音。後來，古人又將唇音分爲重唇、輕唇，舌音分爲舌頭、舌上，齒音分爲齒頭、正齒。這樣，古代聲母的發音部位就有了十類之别。這些名稱雖然不同於今天的叫法，但内容已經和今天的區分很接近了，詳見“表一 三十六字母音值表”。

（四）清濁

清濁是古人分析聲母發音方法的術語。唐代孫愐在《切韻序》中说：“《切韻》者，本呼四聲，引字調音，各字有清濁。”由此可知，聲母的清濁之辨由來已久。根據現代語音學的研究，傳統的清濁就是氣流通過喉部時是否引起聲帶顫動的區别。清音，語音學稱爲不帶音，指發音時未引起聲帶顫動的音；濁音，語音學稱爲帶音，就是發音時引起聲帶顫動的音。古人把三十六字母分爲清濁兩大類，清音又細分爲全清音和次清音，濁音又細分爲全濁音和次濁音。所謂全清是指不帶音不送氣的塞音、塞擦音以及清擦音，所謂次清是指不帶音送氣的塞音、塞擦音。所謂全濁是指帶音的塞音、塞擦音和濁擦音，所謂次濁是指鼻音、邊音和半元音。全濁音到元代時轉化成了清音，所以在現代漢語中除了部分方言外已經没有全濁音了。

（五）陰聲韻、陽聲韻、入聲韻

依照韻尾的不同，傳統音韻學把韻母分爲陰聲韻、陽聲韻、入聲韻三類。陰聲韻指無韻尾或以元音收尾的韻母，如 [a] [ai] 等；陽聲韻指以鼻音 m、n、ŋ 收尾的韻母，如 [am] [an] [aŋ] 等；入聲韻指以塞音 p、t、k 收尾的韻，如 [ap] [at] [ak] 等。另外，以喉塞音 [ʔ] 收尾的韻母也是入聲韻，如 [aʔ]。陽聲韻中的 [m] 尾韻到明代時與 [n] 尾韻合流了。入聲韻到元代時在北方話中消失了，今天只是殘留在某些變化較慢的方言中。

（六）呼、等、攝

“呼”是根據韻母第一個音素對韻母的分類。中古將韻母分爲開口呼與合口呼兩大類。凡韻頭是 [u] 或者整個韻母是 [u] 的韻母叫合口呼；反之，凡是韻頭不是 [u] 或者整個韻母不是 [u] 的韻母叫開口呼。開、合兩類韻母又各有洪細之分。明清時期，隨着漢語韻母的變化，有了四呼的説法，即開口呼、合口呼、齊齒呼和撮口呼。開口呼主要來自中古的開口洪音，合口呼主要來自中古的合口洪音，齊齒呼主要來自中古的開口細音，撮口呼主要來自中古的合口細音。

“等”是同時從韻頭和韻腹角度對韻母的分類。“等”的概念最早見於唐末敦煌寫本《守温韻學殘卷》，該書提出“四等輕重例”，舉平、上、去、入四聲字各列四行。宋元時期的等韻圖就是根據韻母的不同來劃分等呼的。中古漢語的韻母共分四個等，即四類。一二等韻都没有韻頭，其中一等韻韻腹比二等韻韻腹的舌位偏低。三等韻有韻頭。四等韻没有韻頭（或説有韻頭），其韻腹比三等韻的舌位偏高。中古開、合韻母各有四個等。此舉開口四等爲例：高 [kɑu]，開口一等韻；交 [kau]，開口二等韻；嬌 [kiɛu]，開口三等韻；澆 [keu]，開口四等韻。

“攝”的名稱是宋元之際無名氏的《四聲等子》一書首次提出來的，最先把二〇六韻歸爲十六攝。等韻學家在製作韻圖時對《廣韻》二〇六韻進行了歸類，不計聲調、開合、洪細的區别，凡主要元音相近、韻尾相同或發音部位相同的一組韻就叫一個攝，例如“通”攝包括“東冬鍾”（舉平以賅上去入）三韻。元人劉鑑在《經史正音切韻指南》一書中也將《廣韻》二〇六韻歸爲十六攝，次第與《四聲等子》有所不同，後代多承用。十六攝的名稱分别是“通、江、止、遇、蟹、臻、山、效、果、假、宕、梗、曾、流、深、咸”。

第二節 中古音

中古音是指隋唐時期漢語的聲韻系統。中古音以《切韻》和《廣韻》爲代表。《切韻》爲隋代陸法言所撰，原書早已亡佚，只留下一些殘卷。北宋陳彭年等人對《切韻》進行了修訂，編成《廣韻》，全名《大宋重修廣韻》。《廣韻》的語音系統與《切韻》基本一致。

一、中古漢語的聲母

古人對聲母的稱呼有“聲”“紐”或“聲紐”等名稱。中古聲母也就是《廣韻》的聲母。《廣韻》的聲母包含在《廣韻》一書的反切上字中，對《廣韻》全書的反切上字進行歸納就可以得到它的聲母系統。最早對《廣韻》聲母進行系聯分析的學者是清人陳澧，他將《廣韻》的切上字歸納爲四十聲類，近代學者黄侃、錢玄同歸爲四十一聲類，〔瑞典〕高本漢、白滌洲歸爲四十七聲類，曾運乾、陸志韋、周祖謨歸爲五十一聲類。

根據切上字歸納出來的聲類並不等於聲母。切上字的選用往往要受到反切下字“等”的影響，即爲了好拼，選擇的切上字往往與切下字的“等”屬於同類，這就導致反切上字隨反切下字有了分類的趨勢。通常是一、二、四等爲一類，三等爲一類，如見母反切上字分爲“古”“居”兩類，前者只出現於一、二、四等韻，後者只出現於三等韻，而事實上“古”“居”兩類代表的聲母都是 [k]。因此，要將聲類變成聲母，音韻學家還需要根據語音學知識進行一番分析工作。王力通過分析將《廣韻》聲母確定爲三十五個，目前不少著作和教材都采用了王力的説法。以下是

《廣韻》三十五聲母及其擬音：

表二 《廣韻》聲母表

五音	字母及擬音					
唇音	幫（非）p	滂（敷）pʰ	並（奉）b	明（微）m		
舌音	端 t	透 tʰ	定 d	泥（娘）n	來 l	
	知 ȶ	徹 ȶʰ	澄 ȡ			
齒音	精 ts	清 tsʰ	從 dz	心 s	邪 z	
	莊 tʃ	初 tʃʰ	崇 dʒ	生 ʃ		
	章 tɕ	昌 tɕʰ	船 dʑ	書 ɕ	禪 ʑ	日 ȵʑ
牙音	見 k	溪 kʰ	群 g	疑 ŋ		
喉音	影 ʔ	曉 x	匣（云）ɣ	以 j		

説明：括號中的字母始見於宋初的三十六字母中，在隋唐時代尚未産生。

《廣韻》三十五聲母與三十六字母相比，有四點不同：1.《廣韻》唇音只有重唇音，没有輕唇音，三十六字母有輕唇音“非、敷、奉、微”；2.《廣韻》没有“娘”母，三十六字母有“娘”母；3.《廣韻》“莊、初、崇、生”和“章、昌、船、書、禪”九母在三十六字母中合併爲正齒音“照、穿、床、審、禪”；4.《廣韻》“匣”母的部分字（“云”母）在三十六字母中與“以”母合併，合併後稱作“喻”母。

二、中古漢語的韻母

《廣韻》的二〇六韻（韻即韻部）按平、上、去、入四聲分卷，其中平聲韻五十七個，上聲韻五十五個，去聲韻六十個，入聲韻三十四個，由於平聲字太多故分爲上下兩卷，共計五卷。每卷之中所列各韻用一個代表字作爲名稱，叫作“韻目”。韻的排列順序用序數加上韻目表示，如一東、二冬、三鍾等。一韻之中所含各字按聲母的不同分别排列，同聲母的字唐人稱爲“小韻”，小韻所含各字均屬同音字。小韻與小韻之間用○相隔。小韻中的第一字之下先注字義，然後是反切注音，最後用數字標明該小韻所含字數。具體内容見附圖一：

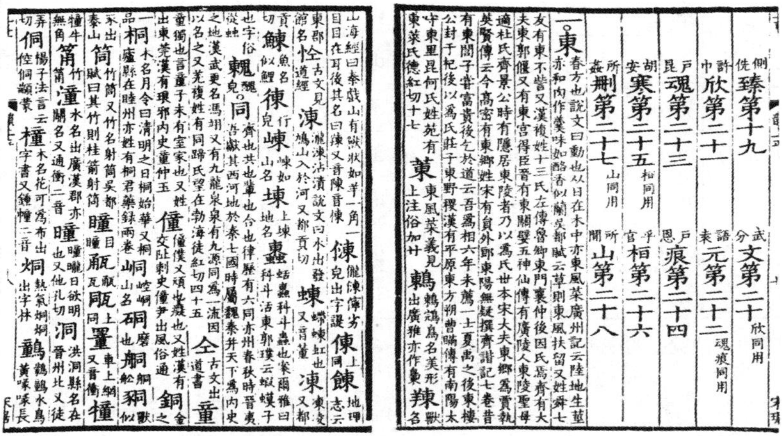

圖一 《宋本廣韻》上平聲一東（影印）

中古韻母也就是《廣韻》的韻母。《廣韻》的韻母包含在《廣韻》一書的反切下字中，對《廣韻》的反切下字進行歸納就可以得到它的韻母系統。清人陳澧在用系聯法對《廣韻》切上字系聯的同時，對切下字也進行了系聯，共得到三百一十一個韻類。後來的一些學者也用系聯法對《廣韻》反切下字進行了系聯，所得結果不盡相同。其中高本漢系聯爲二百九十類，周祖謨系聯爲三百二十四類。韻類是反切下字的分類，它還有聲調的區别，並不等於就是韻母。要根據韻類確定出韻母，同樣需要一番分析和歸納工作。歸納韻母的原則是：韻母結構完全相同的韻類算同一韻母。根據這一原則，平、上、去三聲相承的陰聲韻或陽聲韻算同一韻母，入聲韻雖然和陽聲韻相承，但屬於另一韻母，因爲其結構和陽聲韻不全同。根據歸納,《廣韻》的實際韻母數要大大少於韻類數。王力《漢語史稿》一書把《廣韻》二〇六韻所包含的韻母確定爲一百四十二個。下面是《廣韻》二〇六韻及所含韻母擬音表:

表三 《廣韻》二〇六韻及所含韻母表

韻部序號	平聲	上聲	去聲	擬音	入聲	擬音
1	東	董	送	uŋ	屋	uk
				ĭuŋ		ĭuk
2	冬		宋	uoŋ	沃	uok
3	鍾	腫	用	ĭwoŋ	燭	ĭwok
4	江	講	絳	ɔŋ	覺	ɔk
5	支	紙	寘	ĭe		
				ĭwe		
6	脂	旨	至	i		
				wi		
7	之	止	志	ĭə		
8	微	尾	未	ĭəi		
				ĭwəi		
9	魚	語	御	ĭo		
10	虞	麌	遇	ĭu		
11	模	姥	暮	u		
12	齊	薺	霽	iei		
				iwei		
13			祭	ĭɛi		
				ĭwɛi		
14			泰	ɑi		
				uɑi		
15	佳	蟹	卦	ai		
				wai		

續表

韻部序號	平聲	上聲	去聲	擬音	入聲	擬音
16	皆	駭	怪	ɐi wɐi		
17			夬	æi wæi		
18	灰	賄	隊	uɒi		
19	咍	海	代	ɒi		
20			廢	ĭɐi ĭwɐi		
21	真	軫	震	ĭĕn ĭwĕn	質	ĭĕt ĭwĕt
22	諄	準	稕	ĭuĕn	術	ĭuĕt
23	臻			ĭen	櫛	ĭet
24	文	吻	問	ĭuən	物	ĭuət
25	欣	隱	焮	ĭən	迄	ĭət
26	元	阮	願	ĭɐn ĭwɐn	月	ĭɐt ĭwɐt
27	魂	混	慁	uən	没	uət
28	痕[①]	很	恨	ən		
29	寒	旱	翰	ɑn	曷	ɑt
30	桓	緩	換	uɑn	末	uɑt
31	删	潸	諫	an wan	鎋	at wat
32	山	産	襇	æn wæn	黠	æt wæt
33	先	銑	霰	ien iwen	屑	iet iwet

① 痕韻所配入聲字僅有“麧麧”等五個字,《廣韻》無單立韻目，而把它們附在没韻。

續表

韻部序號	平聲	上聲	去聲	擬音	入聲	擬音
34	仙	獮	線	ĭɛn	薛	ĭɛt
				ĭwɛn		ĭwɛt
35	蕭	篠	嘯	ieu		
36	宵	小	笑	ĭɛu		
37	肴	巧	效	au		
38	豪	皓	號	ɑu		
39	歌	哿	箇	ɑ		
40	戈	果	過	uɑ		
				ĭɑ		
				ĭuɑ		
41	麻	馬	禡	a		
				ĭa		
				wa		
42	陽	養	漾	ĭaŋ	藥	ĭak
				ĭwaŋ		ĭwak
43	唐	蕩	宕	ɑŋ	鐸	ɑk
				uɑŋ		uɑk
44	庚	梗	映	ɐŋ	陌	ɐk
				ĭɐŋ		ĭɐk
				wɐŋ		wɐk
				ĭwɐŋ		
45	耕	耿	諍	æŋ	麥	æk
				wæŋ		wæk
46	清	靜	勁	ĭɛŋ	昔	ĭɛk
				ĭwɛŋ		ĭwɛk
47	青	迥	徑	ĭeŋ	錫	ĭek
				ĭweŋ		ĭwek

續表

韻部序號	平聲	上聲	去聲	擬音	入聲	擬音
48	蒸	拯	證	ĭəŋ	職	ĭək
						ĭwək
49	登	等	嶝	əŋ	德	ək
				uəŋ		uək
50	尤	有	宥	ĭəu		
51	侯	厚	候	əu		
52	幽	黝	幼	iəu		
53	侵	寑	沁	ĭĕm	緝	ĭĕp
54	覃	感	勘	ɒm	合	ɒp
55	談	敢	闞	ɑm	盍	ɑp
56	鹽	琰	豔	ĭɛm	葉	ĭɛp
57	添	忝	㮇	iem	帖	iep
58	咸	豏	陷	ɐm	洽	ɐp
59	銜	檻	鑑	am	狎	ap
60	嚴	儼	釅	ĭɐm	業	ĭɐp
61	凡	范	梵	ĭwɐm	乏	ĭwɐp

和今音相比，《廣韻》的韻母很多，所以有學者認爲《廣韻》音系反映的並非一時一地的實際語音，而屬於兼收古今南北音的綜合音系，也有不少學者堅持認爲《廣韻》音系反映的是隋唐時期某一地的實際讀音或讀書音。

三、《韻鏡》

韻書是爲詩人用韻服務的，對字音的分析只到韻部爲止，在編制上完全忽略了聲母與介音，沒有直接展示當時的聲韻系統。等韻圖，簡稱韻圖，它直接反映了當時的聲韻系統，是研究古音的另一重要材料。現存最早的韻圖是南宋張麟之刊行的《韻鏡》。

《韻鏡》的撰者不詳，成書時間或説在唐，一説在宋初。《韻鏡》的出現説明，早在1000多年前古代的語言學家即對當時的漢語語音做了相當精確的分析，並通過圖表直接展示了分析結果，爲我們今天研究中古音提供了重要依據。與《韻鏡》性質相同，成書時間稍後的韻圖是南宋鄭樵的《七音略》。《韻鏡》具體内容見附圖二：

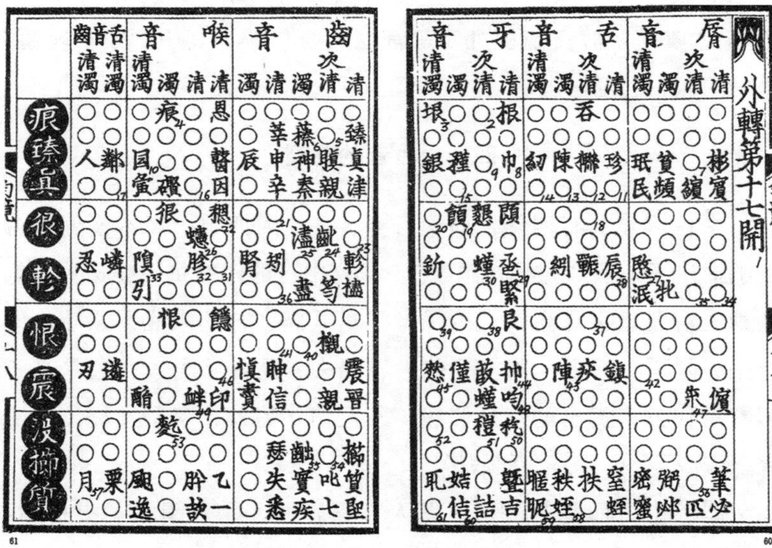

圖二 《韻鏡》第十七圖

《韻鏡》的體制類似於今天的聲韻配合表，只是聲韻不是通過音標而是通過漢字來表示的。全書共有四十三圖，按圖列等，每圖所包含的韻部數目不等。每圖横列四大格表四聲，每聲之内又横分四小格列韻母。其中第一格列一等韻，第二格列二等韻，第三格列三等韻，第四格列四等韻。縱列二十三行置聲母，用“唇音、舌音、牙音、齒音、喉音、舌齒音”和“清、次清、濁、清濁”等術語表示聲母的發音部位和發音方法。每圖第一列縱行内注明該圖内容屬於内轉或外轉，開口呼或合口呼。《韻鏡》所列韻部與《廣韻》的韻部完全一致，但圖中所列的音節代表字與《廣韻》小韻的代表字不盡相同。

《韻鏡》對中古語音系統做了全面的分析，從中不僅可以知道中古聲母和韻母的數量，同時可以知道其配合規律以及韻母的開合等屬等。例如通過看圖可以知道“章昌船書禪”這組聲母只能和三等韻母相拼；“豪肴宵蕭”等都屬於開口韻，分别爲一二三四等韻；“虞模灰諄文魂桓凡”等都屬於合口韻，其中“模灰魂桓”爲一等韻，“虞諄文凡”爲三等韻。

四、中古音的聲調

中古調類共有四個，即平、上、去、入四聲。高本漢對中古聲調提出了一個“四聲八調説”，認爲中古的四聲每一聲又分高低兩種，清聲母字爲高調，濁聲母字爲低調，合起來成爲八調，即陰平、陽平、陰上、陽上、陰去、陽去、陰入、陽入，這是爲了解釋現代方言提出的一種假設，不足信。另外，李榮又提出“四聲三調説”，也只是一種假説。

關於中古四聲的調值，唐人釋處忠在《元和韻譜》中指出：“平聲者哀而安，上聲者厲而舉，去聲者清而遠，入聲者直而促。”明人釋真空繼而作了一首反映四聲調值的《玉鑰匙歌訣》：“平聲平道莫低昂，上聲高呼猛烈强，去聲分明哀遠道，入聲短促急收藏。”根據這些描寫，我們大體知道中古平聲的調子是平直的，上聲是上揚的，去聲是下降的，入聲是短促的。

第三節　上古音

一、上古聲母的研究材料與方法

研究上古聲母的材料主要是先秦兩漢古籍中的異文、聲訓、注音、對音等以及《説文解字》中的形聲字。研究方法一般是通過以上材料證明中古某些聲母在上古是否存在，然後從中古聲母中去掉那些被證明在上古不存在的聲母，剩下的便是上古聲母。

異文是指上古文獻中同一詞的幾種不同的書寫形式，如“伏羲”與“庖羲”，“蕪菁”與“蔓菁”。

重文是指古籍中重出的古今異體字。如《説文》中除正文收9353個小篆字外，同時又將一些異體的籀文及古文（戰國時期秦國以外的六國文字）收列於小篆之下，請看《説文》對“份”字的説解：“份，文質偕（‘備’之誤）也。从人，分聲。《論語》曰：‘文質份份。’彬，古文份。”

聲訓是指用音同或音近的字解釋被釋字，如《釋名·宮室》：“房，傍也。室之兩旁也。”又如《説文·門部》：“門，聞也。”

注音是指用直音、反切、讀若等方式給字注音。如“曼”字，東晉徐邈注“音萬”。又如《説文·玉部》：“珣，讀若宣。”讀若是通過比況的方法用讀音相同或相近的字給另一字注音。再如《左傳·哀公二十三年》：“其可以稱旌繁乎？”《經典釋文》：“繁，步干反。”

對音即音譯，對音材料在一定程度上能反映出詞在借用時的讀音情況。自漢代起，漢語從其他語言特别是從梵語借入了大量的詞語，其中很大一部分采用的是音譯。如梵文 namas，借入漢語後音譯作“南無”，用“無”字對譯原詞中的“ma”，説明“無”字在當時的聲母是m。又如梵文buddha，漢語音譯作“浮屠、浮圖”，以“浮”對音梵文bu，説明“浮”字聲母在古代是雙唇音。

諧聲字即形聲字。同聲符的字讀音應該是一樣的，如“童——僮瞳穜曈幢撞”等字在造字時代聲母相同，都讀作[d]。到了中古，“童僮瞳穜曈”與“幢撞”的聲母不同了，前者爲定母[d]，後者爲澄母[ȡ]，説明它們在兩漢以後發生了分化。

二、上古的聲母

上古聲母的研究始於清代，關於上古聲母的結論主要有以下五種：

1. 古無輕唇音、古無舌上音

最早研究上古聲母並取得成就的是清代學者錢大昕，他提出了“古無輕唇音”“古無舌上音”的著名論斷。

“古無輕唇音”是指三十六字母中的非、敷、奉、微四個聲母在上古不存在，直到中古時期它們纔從重唇音幫、滂、並、明中分化出來。例證如：

異文 《詩經·小雅·車攻》：“東有甫草。”《韓詩》作“圃草”。

注音 《説文·女部》：“娓，讀若媚。”

聲訓 《釋名·釋州國》：“邦，封也，封有功。”《爾雅·釋言》：“靡，無也。”

諧聲字　奉——棒捧埲菶

“古無舌上音”是指上古没有知、徹、澄、娘這組聲母，它們是上古以後從舌頭音端、透、定、泥中分化出來的。例證如：

異文 《詩經·大雅·棫樸》：“追琢其章。”《傳》：“追，彫也。”

注音 《説文·水部》：“沖，讀若動。”《經典釋文》：“趙，徒了反。”

聲訓 《説文·阜部》:“陟，登也。”

諧聲字 兆——桃逃跳挑眺

2. 娘日歸泥

“娘日歸泥”是指三十六字母中的“娘、日”兩母在上古讀“泥”母。這一結論是章太炎提出來的。以諧聲字“如、汝”爲例，二字均以“女”作聲符，“如、汝”屬“日”母，“女”屬“泥”母。又如“奴呶”二字，“奴”屬泥母，“呶”屬娘母。

3. 喻三歸匣、喻四歸定

“喻三歸匣”“喻四歸定”是指中古“喻”母字在上古一分爲二，其一讀“匣”母，其一歸入“定”母，分别叫作“喻三歸匣”“喻四歸定”。這一結論是近人曾運乾提出來的。

清末黄侃根據前人的結論把上古聲母確定爲十九類，王力確定爲三十二類。本書根據前人的結論把上古聲母確定爲三十一類，比王力的歸類少了一個“以”母，其内容及擬音具體如表四:

表四 上古聲母表

脣音	幫（非）p	滂（敷）p^{h}	並（奉）b	明（微）m		
舌頭音	端（知）t	透（徹）t^{h}	定（澄以）d	泥（娘）n	來 l	
舌上音	章 ȶ	昌 ȶ^{h}	船 ȡ	書 ɕ	禪 ʑ	日 ȵ
齒頭音	精 ts	清 ts^{h}	從 dz	心 s	邪 z	
正齒音	莊 tʃ	初 tʃ^{h}	崇 dʒ	生 ʃ		
牙音	見 k	溪 k^{h}	群 g	疑 ŋ		
喉音	影 ø	曉 x	匣（云）ɣ			

三、上古的韻部

(一) 研究上古韻部的材料與方法

上古没有韻書和韻圖，研究上古韻母的材料和方法主要有以下兩種：

1. 對《詩經》《楚辭》等先秦韻文的押韻材料進行系聯。例如《詩經·邶風·綠衣》："絺兮綌兮，淒其以風。我思古人，實獲我心。"其中"風、心"押韻。《詩經·秦風·晨風》："鴥彼晨風，鬱彼北林。未見君子，憂心欽欽。"其中"風、林、欽"押韻。《詩經·小雅·何人斯》："彼何人斯？其爲飄風。胡不自北？胡不自南？胡逝我梁？祇攪我心！""風、南、心"押韻。這幾章詩都有一個"風"字，説明"心、林、欽（中古侵韻字）、南（中古覃韻字）、風（中古東韻字）"等字在上古同屬一個韻部。這種歸納韻脚字的方法叫作系聯法，上古的韻部就是使用這種方法歸納出來的。

2. 利用《説文》諧聲字。清人段玉裁根據《説文》諧聲系統提出了"同諧聲者必同部"的著名論斷，意思是説聲符相同的字必然屬於同一韻部。例如"台—治笞始枲怡詒貽飴殆迨紿胎苔駘咍枱怠鮐眙瓵佁部炱鮐冶"等字，儘管在中古各屬不同的韻部，但由於聲符都是"台"，可以肯定在造字時代它們屬於同一韻部，其中有些字即使《詩經》中没有出現，根據諧聲原理也可以和其餘字歸入同一韻部。

（二）上古的韻部

宋代以前，由於人們普遍對語音缺乏歷史的觀念，往往以當時的語音去看待古音，故對《詩經》等先秦韻文感覺不押韻的地方提出了錯誤的"協句、協韻、叶音"説，甚至擅改古代韻文。古韻研究始於宋代，南宋吴棫在《韻補》一書中將古韻分爲九部。到了明代中葉，陳第在《毛詩古音考·自序》中首次提出了今音不同於古音的歷史觀念，他力排叶音説，指出："時有古今，地有南北，字有更革，音有轉移，亦勢所必至。"清人在這一思想指導下，在古音研究方面取得了輝煌的成就。顧炎武分古韻爲十部，其後江永分爲十三部，段玉裁分爲十七部，孔廣森分爲十八部，王念孫、江有誥分爲二十一部，章太炎分爲二十三部，黄侃分爲二十八部，越分越細，呈現出“前修未密，後出轉精”的局面。王力分古韻爲二十九部，又有學者將古韻確定爲三十部或三十一部，本書采用三十部説。三十部的具體内容及擬音見表五：

表五　上古三十韻部簡表

陰聲韻	入聲韻	陽聲韻
之 ə	職 ək	蒸 əŋ
幽 u	覺 uk	冬 uŋ
宵 o	藥 ok	
侯 ɔ	屋 ɔk	東 ɔŋ
魚 a	鐸 ak	陽 aŋ
支 e	錫 ek	耕 eŋ
脂 ei	質 et	真 en
歌 ai	月 at	元 an
微 əi	物 ət	文 ən
	緝 əp	侵 əm
	葉 ap	談 am

四、上古的聲調

關於上古的聲調，前人研究的結論各不相同。明人陳第認爲上古没有聲調。清人顧炎武主張“古人四聲一貫”，意思是説《詩經》時代是有四聲的，但押韻時四聲可以通押。江永的觀點與顧炎武基本一致。王念孫、江有誥也都主張上古有四聲，只是認爲上古四聲的歸字與後世四聲不同。段玉裁主張“古無去聲”説，認爲中古去聲在上古讀作入聲。孔廣森提出上“古無入聲”説，認爲“蓋入聲創自江左，非中原舊讀”（《詩聲類》卷一）。清代以後，上古聲調的研究又有了進一步的發展。黄侃提出“上古只有平入兩聲”說；陸志韋提出“三類五聲”說，即上古有平、上、長去、短去、入五個聲調；王力繼承了段玉裁的“古無去聲”說，主張上古没有去聲，中古去聲在上古讀作“長入”，中古入聲在上古讀作“短入”，其中“長入”到中古消變成了去聲。多數西方學者認爲上古漢語没有聲調，大約到東漢末才有了聲調。還有些學者主張漢語聲調源於韻尾，提出中古去聲來自上古漢語的 -s 尾、中古上聲來自上古漢語的 -ʔ 韻尾的假説。本書認爲上古漢語有平、上、去、入四聲，只是各調類的調值和歸字与中古不同而已。

第四節　近代音

近代音是指元明清時期的語音，分南北兩大系統，其中北音系統是民族共同語的語音基礎，故近代音又專指北音系統。近代音與中古音有較大差别，而與現代音比較接近，是現代音的直接源頭。

研究近代音的材料很豐富，特别是韻書韻圖，在數量和品種上均超越了前代，其中元人周德清的《中原音韻》最爲重要，該書的音系是近代音的代表。

一、《中原音韻》

《中原音韻》成書於元泰定元年（1324 年）。它以當時的北曲用韻爲基礎，突破了傳統韻書的音系和體例，其最大特點是根據當時的實際口語審音定韻，真實記録了 13、14 世紀北方話的語音系統，準確反映了漢語語音的重要變化，爲建立近代漢語語音學，爲研究普通話語音系統的形成和發展提供了重要依據，具有很高的學術價值。

《中原音韻》共分二卷，第一卷是韻譜，即韻書。第二卷是《正語作詞起例》，討論作曲方法、曲詞用韻、字音辨别等問題。全書收字 5876 個，以韻統聲，共劃分 19 個韻部，詳見表六：

表六 《中原音韻》十九韻部表

1. 東鍾	2. 江陽	3. 支思	4. 齊微	5. 魚模
6. 皆來	7. 真文	8. 寒山	9. 桓歡	10. 先天
11. 蕭豪	12. 歌戈	13. 家麻	14. 車遮	15. 庚青
16. 尤侯	17. 侵尋	18. 監咸	19. 廉纖	

每一韻内又按四聲分類，分爲平聲陰、平聲陽、上聲、去聲，入聲分别派入平聲陽、上聲、去聲中。每類再分若干小韻，小韻之間用○隔開。每字之下無反切，無注釋。詳見附圖三：

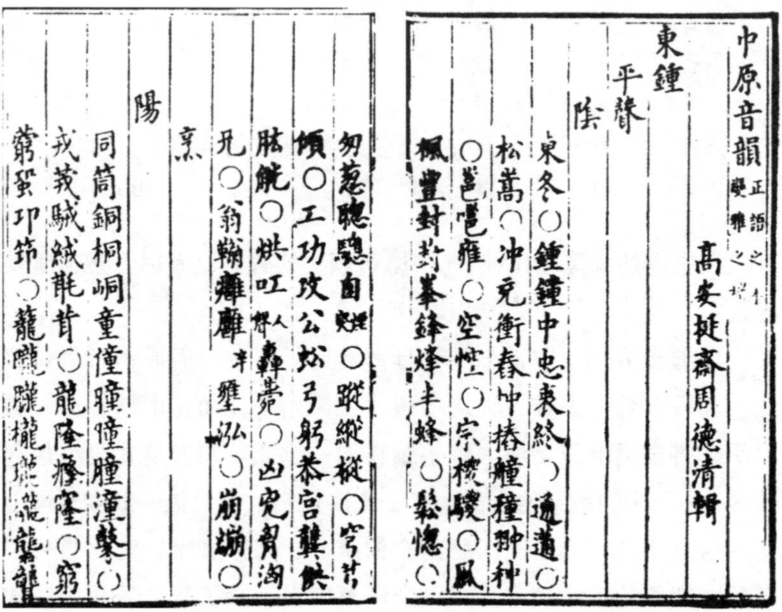

圖三 《中原音韻》東鍾韻

二、近代音的聲母

《中原音韻》所代表的語音系統隱含在它的韻譜裏，韻譜雖然分同音字組，但各組具體讀什麼音，需要經過研究纔能知曉，羅常培、趙蔭棠、陸志韋、楊耐思、李新魁、王力等人都進行過這方面的研究。其中羅常培經過研究確定《中原音韻》的聲母爲二十個，李新魁也確定爲二十個，趙蔭棠、陸志韋、楊耐思確定爲二十一個，王力確定爲二十四個，寧繼福確定爲二十五個。二十聲母與二十一聲母説的差別在於 [ŋ] 聲母的有無。這裏采用二十一聲母説，二十一声母及擬音具体見表七（采用楊耐思《中原音韻音系》的拟音）：

表七　近代音聲母表

唇音	幫 p	滂 pʰ	明 m	非 f	微 v
舌音	端 t	透 tʰ	泥 n	來 l	
	精 ts	清 tsʰ	心 s		
齒音	章 tʃ	昌 tʃʰ	生 ʃ	日 ʒ	
牙喉音	見 k	溪 kʰ	疑 ŋ	曉 x	影 ø

與中古的聲母相比較，《中原音韻》的聲母具有以下幾個重要變化：

1. 濁音清化。中古全濁聲母都變成了清音，與原清音聲母合流。全濁上聲變去聲，大約在唐代就開始了，而《中原音韻》首次明確將全濁上聲字與去聲字編在同一小韻。濁音清化是有規律的：（1）凡原讀平聲的全濁塞音、塞擦音字，清化後一般變爲同部位的送氣清音；凡原讀仄聲的全濁塞音、塞擦音字，清化後一般變爲同部位的不送氣音。（2）全濁擦音字不論平仄，清化後一律變爲同部位的清擦音。

2. 輕唇音非、敷、奉合併。隨着全濁音的消失，輕唇音非、敷、奉三母合併，變爲擦音 [f]。

3. 影、喻二母和疑母合流。中古時影母爲零聲母，喻母爲半元音 [j]，疑母爲舌根鼻音 [ŋ]，在《中原音韻》中多數疑母字變成了零聲母，與影、喻二母合併，都讀作零聲母。

4. 中古知、莊、章三組字合併。中古知徹澄、莊初崇生、章昌船書禪爲三組讀音不同的聲母，在《中原音韻》中這三組聲母合併了，讀作 [tʃ]、[tʃʰ]、[ʃ]。

《中原音韻》的聲母和普通話聲母相比較，差異主要有：

1. 疑母的殘存。在《中原音韻》裏，雖然大部分疑母字變成了零聲母，但仍有一小部分仍讀 [ŋ] 母，如"昂仰敖嗷獒鷔傲鼇哦俄鵝峨娥我餓虐額業"等字。

2. 微母的保留。在《中原音韻》中，微母由中古的 [ɱ] 變爲唇齒擦音 [v]，如"忘亡網維微惟尾味無巫"等字。

3. 見、精系聲母尚未顎化。現代漢語的 [tɕ][tɕʰ][ɕ] 三個聲母是精、見、曉組音受齊、撮呼韻母影響發生顎化的結果，這種變化在《中原音韻》時代尚未出現。

三、近代音的韻母

《中原音韻》分十九個韻部。對這十九個韻部中的同音字組（小韻）進行歸納，便可得出《中原音韻》全書所含韻母的數量。前人通過研究多將《中原音韻》的韻母確定爲四十六個。《中原音韻》的韻母表及擬音見表八（采用楊耐思《中原音韻音系》的拟音）：

表八　近代音的韻母

東鍾	uŋ	iuŋ	
江陽	aŋ	iaŋ	uaŋ

支思	ï			
齊微	ei	i	uei	
魚模	u	iu		
皆來	ai	iai	uai	
真文	ən	iən	uən	iuən
寒山	an	ian	uan	
桓歡	on			
先天		iɛn		iuɛn
蕭豪	au	iau iɛu		
歌戈	o	io	uo	
家麻	a	ia	ua	
車遮		iɛ		iuɛ
庚青	əŋ	iəŋ	uəŋ	iuəŋ
尤侯	əu	iəu		
侵尋	əm	iəm		
監咸	am	iam		
廉纖		iɛm		

《中原音韻》的韻母具有以下幾個特點：

1. 支思韻的出現。支思韻的字中古屬於止攝，在《中原音韻》中，凡和莊、章、精三組聲母及日母相拼的支脂之韻開口字大都歸入支思韻，止攝其餘字基本上歸入齊微韻。

2. 中古開口二等韻産生 [i] 介音。在《中原音韻》中，聲母爲喉牙音、韻母爲原開口二等韻的字基本上都産生了 [i] 介音。

3. 入聲韻消失。《中原音韻》無入聲韻部，原中古入聲字變成了陰聲韻，被分别合併到相關的陰聲韻部。

四、近代音的聲調

中古平、上、去、入四聲到了《中原音韻》時代發生了重要變化，具體如下：

1. **平分陰陽**。在《中原音韻》中，中古平聲被分爲陰陽兩類，其演變取決於聲母的清濁，凡中古清聲母的平聲變爲陰平，凡中古濁聲母變爲陽平，這一變化結果一直持續到現代。

2. **濁上變去**。中古上聲調中的全濁聲母字在《中原音韻》大多變成了去聲，與原去聲字合流，這一變化自唐代末年即已開始。

3. **入派三聲**。中古入聲調類字在《中原音韻》時代消變爲陰聲韻的同時，調值發生了分化，被分别合併到平、上、去三聲，周德清注作“入聲作平聲”“入聲作上聲”“入聲作去聲”，即所謂“入派三聲”。入派三聲與聲母的清濁有關，其演變規律是：全濁入聲歸陽平，次濁入聲歸去聲，清入聲歸上聲。到現代普通話中，全濁入聲歸陽平，次濁入聲歸去聲的這兩條規律未變，而清入聲字的歸屬發生了新的變化，分别歸到陰、陽、上、去聲裏去了，這一變化没有規律性，可叫作“入派四聲”。

入聲字雖然自元代就在北方話中消失了，但至今還存在於一些方言中，認識入聲字對於研究文字、訓詁、方言以及學習古代詩詞等都有一定用處。

練　習　題

一、解釋下列名詞或術語。

1. 反切　2. 字母、聲紐　3. 五音、七音　4. 清、濁　5. 等、呼　6. 陰聲韻、陽聲韻、入聲韻　7.《廣韻》 8.《中原音韻》 9. 小韻

二、填空題。

1. 音韻學包括＿＿＿＿＿＿、＿＿＿＿＿＿、＿＿＿＿＿＿、＿＿＿＿＿＿四個部分。

2. 韻攝是按照＿＿＿＿＿＿相同或相近，＿＿＿＿＿＿發音部位相近的原則來歸併的。

3. 根據分析，《廣韻》一共有＿＿＿＿＿＿個韻類，這些韻類共含＿＿＿＿＿＿個韻母。

4. 研究上古音所依據的材料主要有：＿＿＿＿＿＿＿＿＿＿。

5. 提出“同諧聲者必同部”這一論斷的學者是：＿＿＿＿＿。

6. 王力先生分古韻＿＿＿＿＿＿部，聲母＿＿＿＿＿＿個，聲調爲＿＿＿＿＿＿、＿＿＿＿＿＿、＿＿＿＿＿＿、＿＿＿＿＿＿。

7. 明釋真空《玉鑰匙歌訣》對中古四聲調值的描寫是平聲＿＿＿＿＿＿，上聲＿＿＿＿＿＿，去聲＿＿＿＿＿＿，入聲＿＿＿＿＿＿。

三、默寫三十六字母（包括發音部位和發音方法）和上古三十韻部的名稱。

四、古代有哪些聲母在現代漢語普通話中已經完全消失？

五、什麼是“平分陰陽”“濁上變去”和“入派三聲”？

六、關於上古聲母的研究主要有哪些結論？

七、使用丁聲樹、李榮《古今字音對照手册》、唐作藩《上古音手册》、郭錫良《漢字古音手册》查出下列漢字的上古音及中古音。

玉階生白露夜久侵羅襪酒中堪累月身外即浮雲

八、參考有關工具書指出下面兩首詩中的古入聲字。

風急天高猿嘯哀，渚清沙白鳥飛迴。

無邊落木蕭蕭下，不盡長江滚滚來。

萬里悲秋常作客，百年多病獨登台。

艱難苦恨繁霜鬢，潦倒新停濁酒杯。（杜甫《登高》）

錦里先生烏角巾，園收芋栗未全貧。

慣看賓客兒童喜，得食階除鳥雀馴。

秋水纔深四五尺，野航恰受兩三人。

白沙翠竹江村暮，相送柴門月色新。（杜甫《南鄰》）

九、參閱有關資料，拼寫出下列反切的現代讀音。

先稽切　　丘嬰切　　古歷切　　户公切　　呼改切　　莫故切

哀都切　　子侯切　　蘇雕切　　而主切　　他魯切　　北朗切

十、給以下古文標點。

1. 夫九州之人言語不同生民已來固常然矣自春秋標齊言之傳離騷目楚詞之經此蓋其較明之初也後有揚雄著方言其言大備然皆考名物之同異不顯聲讀之是非也逮鄭玄注六經高誘解吕覽淮南許慎造説文劉熹製釋名始有譬況假借以證音字耳而古語與今殊别其間輕重清濁猶未可曉加以内言外言急言徐言讀若之類益使人疑孫叔言創爾雅音義是漢末人獨知反語至於魏世此事大行高貴鄉公不解反語以爲怪異自茲厥後音韻鋒出各有土風遞相非笑指馬之諭未知孰是共以帝王都邑參校方俗考覈古今爲之折衷権而量之獨金陵與洛下耳南方水土和柔其音清舉而切詣失在浮淺其辭多鄙俗北方山川深厚其音沈濁而鈋鈍得其質直其辭多古語然冠冕君子南方爲

優閭里小人北方爲愈易服而與之談南方士庶數言可辯隔垣而聽其語北方朝野終日難分（顔之推《顔氏家訓·音辭》）

2. 或謂四聲起於永明其説非也永明文章沈約謝朓王融輩始用四聲以爲新變五字之中音韻悉異一句之内角徵不同梁武帝不好焉而問周捨曰何謂四聲捨曰天子聖哲是也謂如以此四字成句是即行文四聲諧協之旨非多文如梁武帝不知平上去入爲何物而捨以此四字代平上去入也取宋書謝靈運傳論及南史沈約庾肩五陸厥傳梁書王筠傳讀之自明（段玉裁《六書音韻表·古四聲説》）

參考文獻

洪波《立體化古代漢語教程》，高等教育出版社，2005 年。
胡安順《音韻學通論》，中華書局，2002 年。
劉静《漢語音韻學綱要》，陝西師範大學出版社，1999 年。
宋學農等《古代漢語》，山東大學出版社，2001 年。
萬獻初《音韻學要略》（第 2 版），武漢大學出版社，2012 年。
張世禄等《古代漢語教程》，復旦大學出版社，2005 年。

附録一

常用入聲字簡表

説明：本表參考丁聲樹、李榮《古今字音對照手册》（中華書局 1981 年）制訂，對其中少數字的今音做了調整。全表共收常用入声字約八百個，按照普通話“陰平、陽平、上聲、去聲”的序次排列，對其中少数生僻字或多義字加了簡注。

陰　　平

八	發（出發）	搭	褡	耷	塌	溻（濕也）	拉	邋
匝	咂	紮（捆紮）	擦	撒（撒手）	箚（zhā）	插	殺	煞（煞住）
鎩	夾	掐	瞎	鴨	押	壓	刷	刮
鴰	挖	蜇	鴿	割	胳	擱	磕	瞌
喝	鉢	撥	剥（剥削）	潑	摸	脱	侻	捝
托	託	捋	作（作坊）	撮	拙	桌	卓	涿
捉	戳	説	郭	崞	豁	劐（裂也）	鼈	憋
瞥	跌	帖（妥帖）	貼	捏	揭	接	結（結實）	秸
切	歇	蠍	楔	噎	闕（闕失）	缺	薛	削（剥削）
曰	约	汁	織	隻	擲	濕	失	逼
劈	霹	滴	踢	剔	屐	積	激	擊
七	漆	戚（姓）	吸	息	熄	悉	蟋	膝
夕	惜	析	淅	皙	晰	錫	揖	壹
仆	撲	督	突	秃	凸	出	叔	菽
淑	窟	哭	忽	惚	屋	掬	鞠	焌（qū）
屈	詘	曲（曲折）	戌	掰	拍	塞	摘	拆
勒	黑	饕（tāo）	焯					

阳平

拔	跋	乏	伐	筏	閥	罰	答	達
笪	妲	靼	雜	砸	閘	煠（油炸）	霅（zhá）	鍘
察	郟（jiá）	頰	戛	狹	峽	硤	袷	匣
狎	俠	黠	轄	滑	猾	磆	得	德
則	舴	擇	澤	嘖	笮	責	簀	幘
輒	摺	蟄	哲	轍	折（折斷）	磔	謫	舌
蛤	合	葛（葛布）	閣	骼	隔	膈	革	殼
盒	郃	盍	闔	曷	貉	涸	劾	核
覈（hé）	額	鈸	勃	渤	脖	搏	博	薄
泊	箔	駁	伯	帛	舶	膜	佛	掇
奪	鐸	捽	昨	灼	酌	斫	琢	啄
濁	擢	濯	鐲	國	虢	幗	馘	活
別	蹩	疊	蝶	碟	牒	諜	迭	跌
垤	絰	瓞	耋	睫	捷	劫	孑	桀
傑	羯	碣	節	截	結	潔	拮	頡
詰	脅	協	挾	絜	絶	厥	蕨	掘
橛	訣	決	抉	崛	縶	執	姪	直
職	植	殖	躑	跖	十	什	拾	實
食	蝕	識	石	寔	湜	的（的确）	嫡	鏑
笛	敵	迪	狄	荻	翟	糴	滌	集
輯	急	級	汲	芨	疾	蒺	吉	即
棘	亟	極	脊	瘠	籍	藉	習	襲
隰	媳	席	蓆	醭	璞	匐	濮	僕
弗	芣	福	幅	蝠	服	伏	茯	袱
獨	讀	牘	犢	瀆	毒	腯（tú）	卒	鏃
族	足	俗	竹	竺	逐	舳	燭	躅
秫	孰	熟	塾	贖	核	斛	槲	縠
鵠	橘	菊	蘜	局	侷	鋦	白	宅

翟　贼　雹　鑿　勺　芍　嚼　穴　軸
妯

上　聲

法（法律）　塔　獺　灑　眨　鮓（zhǎ）　甲　胛　岬
卡（qiǎ）　尺　渴　惡（噁心）　抹　索　癟（biě）　撇　鐵
噦（yuě）　筆　匹　癖　戟　乙　乞　樸　篤
嚼　矚　屬　蜀　辱　骨　汩　轂　穀
縠　谷　卜　百　色（shǎi）　柏　窄　給（jǐ）　北
郝　脚　角　血

去　聲

髮　踏　榻　闥　納　衲　捺　臘　蠟
鑞　辣　落　颯　卅　栅　剎　霎　歃
箑　煞　恰　洽　軋　揠　襪　忒　慝
特　訥　樂　勒　仂　肋　泐　仄　昃
側　測　惻　策　册　澀　瑟　嗇　穡
濇　浙　撤　掣　攝　涉　設　熱　各
克　刻　客　縡　褐　豁　鶴　赫　嚇
遏　愕　鄂　鶚　鱷　顎　噩　扼　厄
軛　粕　迫　魄　末　沫　歿　没　莫
寞　漠　墨　鑠　朔　槊　碩　若　弱
箬　闊　括　廓　鞹　霍　藿　穫　鑊
獲　或　惑　斡　握　渥　幄　沃　鷽
蔑　篾　聶　鑷　躡　孽　蘖　闑　涅
臬　隉　獵　鬣　躐　列　裂　烈　劣
妾　怯　愜　篋　竊　契　鍥　燮（xiè）　褻
泄　絏　屑　頁　葉　業　曳　拽　謁

液　掖　腋　虐　瘧　掠　略　倔　闕
闃　雀　鵲　卻　確　閱　月　刖　戉
越　鉞　粵　躍　瀹　籥　鑰　嶽　岳
窒　銍　秩　帙　櫛　桎　蛭　質　炙
擲　抶　叱　赤　斥　敕　室　式　拭
飾　適　釋　螫　日　滰（去滓）　弼　愎　碧
壁　璧　辟　襞　僻　擗　蜜　密　覓
冪　汩　玓（dì）　惕　倜　暱　匿　逆　溺
惄　立　粒　笠　栗　溧　瑮　力　曆
歷　瀝　礫　櫟　跡　績　寂　葺　泣
訖　迄　汔　隙　邑　浥　挹　熠　溢
逸　佚　軼　屹　翼　翊　翌　弋　薏
益　易　亦　弈　疫　役　瀑　曝　幕
木　沐　目　穆　牧　睦　苜　縛　腹
覆　复　馥　祿　碌　鹿　漉　麓　轆
陸　戮　促　蹴　蹙　簇　蔟　速　肅
夙　宿　粟　謖　築　祝　黜　怵　畜
矗　觸　述　術　束　入　褥　縟　蓐
梏　酷　嚳　笏　兀　杌　物　勿　律
綠　劇　恤　畜　蓄　旭　聿　鷸　燏
遹　尉（尉遲）　域　鬱　彧（yù）　玉　獄　欲　浴
慾　麥　脈　肋　烙　鑰　肉　六

附録二

反 切 釋 要

反切，又稱“反”“切”“翻”“反語”等，是古人在“譬況”“直音”“讀若”之後所創制的一種注音方法。根據顏之推《顏氏家訓》的記載[①]，這種注音方法大概産生於東漢末期。從東漢末到清末，在長達一千六百多年的時間内，反切一直起着對漢字注音的重要作用。反切的基本原理是：用兩個字給一個字注音。切上字取聲母，切下字取韻母和聲調，兩者相拼的結果即是被切字的讀音。例如[②]：

籠　盧紅切 = lóng　　坎　苦感切 = kǎn

冬　都宗切 = dōng　　條　徒聊切 = tiáo

“籠，盧紅切”中“籠”爲被切字。“盧”爲切上字，取其聲母 l，“紅”爲切下字，取其韻母和聲調 óng，切出“籠”的讀音 lóng。其餘三例的切法與此相同。

反切在其創制的时代都可以準確切出被切字的讀音，但語音是發展变化的，所以到了一定的時代，有些字按照反切規則就無法切出被切字的正確讀音了。例如：

刊　苦寒切　　度　徒故切

倉　七岡切　　放　甫妄切

這四組例子在今天看來，按照反切規則切出的讀音都是錯的，不能正確反映被切字的讀音。其中“寒”與“刊”的聲調不同，

---

① 《顏氏家訓·音辭》：“孫叔然創《爾雅音義》，是漢末人獨知反語，至於魏世，此事大行。”

② 所舉反切取自《廣韻》，下同。

“徒”與“度”、“七”與“倉”的聲母不同，“妄”與“放”的韻母不同。

到了中古，一些反切即無法按照反切規則切出正確讀音了，需要按照音變規律經過調整纔能得到正確的讀音，這類切語包括前人所説的“類隔切”。还有許多反切需要通過查檢有關工具書才能得到正確讀音。下面介紹幾種通過調整可以得到正確讀音的方法。

一、關於切下字今音聲母爲陰平或陽平，被切字聲調的確定

切下字今音爲陰平或陽平時，被切字今音的聲調一般也是陰平或陽平，但二者並不一定對應，因爲切下字和被切字的聲母在中古可能有清濁的不同，導致後來聲調産生了分化。如切下字是陰平，被切字的今音可能是陰平，也可能是陽平。在這種情況下，如何確定被切字屬於陰平還是陽平，關鍵要看切上字的聲母在中古屬於清音（全清、次清）還是濁音（全濁、次濁）。如切上字聲母爲濁音，被切字的聲調就要確定爲陽平；如切上字聲母爲清音，被切字的聲調就要確定爲陰平。例如：

① 徒　同都切　　② 能　奴登切

③ 東　德紅切　　④ 通　他紅切

例 ① 中“同”的聲母在中古爲全濁音，“都”今音爲平聲，“徒”的聲調要確定爲陽平（tú）。例 ② 中“奴”的聲母在中古爲次濁音，“登”今音爲平聲，“能”的聲調要確定爲陽平（néng）。例 ③④ 中“德、他”的聲母在中古爲清音，“紅”今音爲平聲，“東、通”的今音要分別確定爲陰平（dōng、tōng）。

這裏介紹幾種判斷漢字古音的方法：

1. 關於判斷漢字聲母在中古屬於清音還是濁音的方法：

（1）凡是今音讀陰平的字，其聲母在中古都是清音，例如

“都、東、他、瓜、家、七、八”等。

（2）凡是今音讀上聲的字，其聲母在中古多數都是清音或次濁音，如“好、走、可、尺”（清音）“滿、馬、閔、敏、皿、莽、臉、卵、冷、兩、李、努、冉、苒、軟、阮、忍、演、遠、也、有”等（次濁）。

（3）凡是今音聲調讀陽平、聲母爲塞音塞擦音且送氣的字，其聲母在中古都是全濁音，如“唐、徒、囚、奇、渠、平”等。

2. 關於判斷漢字在中古屬於平聲的方法：

（1）凡韻母爲陽聲韻（鼻尾韻）的字，今音無論陰平、陽平，中古都讀平聲，例如“班、貪、涓、幫、風、譚、男、員、繩、明”等。

（2）凡韻母爲陰聲韻（即開音節韻）、聲母爲次濁音（即鼻音、邊音、濁擦音和零聲母）、聲調讀陽平的字，中古均讀平聲，如“麻、尼、牛、騾、盧、柔、崖、吴、魚、油”等。

（3）凡聲母爲塞音、塞擦音送氣聲母的陽平聲字，中古均讀平聲，如“徒、囚、奇、渠、平”等。

需要指出的是，這些方法只能管一小部分字，多數字在中古的清濁或是否屬平聲還需要查閲有關工具書，這類工具書如丁聲樹、李榮《古今字音對照手册》、郭錫良《漢字古音手册》等。

二、關於切下字今音爲上聲，被切字聲調的確定

切下字今音爲上聲時，被切字今音的聲調可能是上聲，也可能是去聲，因爲中古全濁上聲字多數後來變成了去聲。所以當切下字今音讀上聲時，被切字今音讀上聲還是去聲，要根據切上字聲母的清濁來確定。如切上字的聲母在中古爲清音或次濁音，被切字的聲調也是上聲；如切上字的聲母在中古是全濁音，則被切字的聲調就要確定爲去聲。例如：

①皂　昨早切　　②狗　古厚切

③闡　昌善切　　④語　魚巨切

這四例中的切下字“早、厚、善、巨”在中古都是上聲（“厚、善、巨”三字由於聲母在中古是全濁音，所以今音變成了去聲）。由於切上字“昨”的聲母在中古爲全濁音，所以“皂”要確定爲去聲；由於切上字“古、昌”的聲母在中古爲清音，切上字“魚”的聲母在中古爲次濁音，所以被切字“狗、闡、語”三字今音仍讀上聲。

因爲今音聲母中已没有全濁音了，所以一般人難以辨認。關於中古清音、次濁音、全濁音的辨認方法，上文已介紹過了。需要指出的是，今音聲母爲清音或次濁音、聲調爲上聲的字，可以確定它們在中古也是上聲字；至於今音已變成去聲的中古全濁上聲字，則不好確定它們在中古屬於上聲還是去聲，因爲中古全濁、次濁、清音去聲字今音也都讀去聲，例如上例“厚、善、巨”三字在中古讀去聲還是上聲，就難以確定，需要查有關工具書。

三、關於切上字的聲母爲塞音或塞擦音，被切字聲母是否送氣的確定

中古全濁塞音、塞擦音到元代時清化了。由於聲調的不同，導致這類聲母在清化後有些變成了不送氣音，有些變成了送氣音。其中中古讀平聲的字其聲母變成了送氣音，中古讀仄聲（上、去、入）的字其聲母變成了不送氣音。這種音變反映到一些反切上，就出現了切上字與被切字聲母有了送氣與不送氣的差異。

遇到這種情況，就要根據切上字和切下字的聲調來確定被切字聲母是否送氣。如果切上字聲母爲全濁音，切下字爲平聲，則被切字的聲母就是送氣音；如果切上字聲母爲全濁音，切下字爲

仄聲，則被切字的聲母就是不送氣音。例如：

① 頹　杜回切　　② 杜　徒古切

③ 郡　渠運切　　④ 竭　其謁切

例 ① 中“杜”的聲母爲全濁音，“回”爲平聲，故“頹”要確定爲送氣音。“徒、渠、其”三字的聲母均爲全濁音，“古、運、謁”三字分别爲上、去、入聲（仄聲），故“杜、郡、竭”三字的聲母都要確定爲不送氣音。

需要指出的是，中古多數全濁聲母字是辨别不出來的，需要查工具書，如上例中的“杜、郡、竭”三字；只有少數字可以推知，這類字主要是今音聲調爲陽平、聲母爲塞音或塞擦音且送氣的字，如上例中的“頹、徒、渠、其”四字，又如“旁、唐、池、囚、奇、平”等字。關於古入聲字，多數今天也辨别不出來，需要查工具書，如上例中的“竭、謁”二字。不過也有少數入聲字可以推知，這類字主要是聲母爲“b、d、g、j、zh、z”、聲調爲陽平的開音節字，例如“博、奪、格、急、值、則”等。另外，韻母爲 üe 的字，絶大多數都是入聲字，如“虐、缺、雪、月”等；韻母爲 ie 的字，大多數都是入聲字，如“别、帖、孽、葉”等。

四、關於反切上字是 g、k、h、z、c、s 或 j、q、x 聲母，被切字聲韻的確定

當遇到反切上字是 g、k、h 或 j、q、x 聲母，被切字聲母的確定，要根據切下字的洪（指開口、合口韻母）細（指齊齒、撮口韻母）來確定。從今音看，反切上下字的洪細有些是相合的，即都是洪音或都是細音；有些則洪細不合。凡遇到洪細不合的反切，一般切下字的韻母不變，根據音變規律將切上字的聲母改成和切下字韻母可以相拼的聲母即可。今音的聲母 j、q、x，是由中古聲

母 g、k、h 和 z、c、s 變來的。在今音中，j、q、x 不和開口、合口韻母相拼；g、k、h、z、c、s 也不和齊齒、撮口韻母相拼。所以遇到反切上下字洪細不合的反切，要根據切下字的韻母將切上字的聲母由 j、q、x 改爲 g、k、h 或 z、c、s，或者將切上字的聲母由 g、k、h、z、c、s 改爲 j、q、x。例如：

① 啟　康禮切	② 涓　古玄切
③ 倩　倉甸切	④ 旋　似宣切
⑤ 恭　九容切	⑥ 狂　巨王切
⑦ 從　疾容切	⑧ 桑　息郎切

例 ①—④ 中的切下字“禮、玄、甸、宣”的韻母爲齊齒、撮口呼，切上字“康、古、倉、似”的聲母分別爲 k、g、c、s，二者不合，故將“康、古、倉、似”的聲母改爲對應的 q、j、q、x 以與“禮、玄、甸、宣”的韻母相拼。例 ⑤—⑧ 的情況則相反，將“九、巨、疾、息”的聲母 j、j、j、x 改爲 g、k、c、s 以與“容、王、容、郎”的韻母相拼。其中“狂”的聲母按説應改爲 g，但由於“王”是平聲字，“巨”是全濁音，全濁音逢平聲要變成送氣音，所以改成了 k。這裏存在一個問題需要説明：逢 g、k、h 和 z、c、s，改爲對應的 j、q、x 就可以了，即 g、z 改爲 j，k、c 改爲 q，h、s 改爲 x；如果逢 j、q、x，就存在一個分別改爲 g、k、h 還是 z、c、s 的問題。這個問題在大多數情況下都不好解決，需要查閱工具書或記住一些字的聲母所屬（如“將、借、姐、七、千、先”等字爲精組聲母，“兼、佳、巨、丘、曲、求、香、下”等字爲見曉組聲母），只有少數字可以借助聲符做出判斷，例如“九、許”，根據同聲符字“軌、滸”可以推斷其聲母原來分別是 g、h。又如“姐”，根據同聲符字“組”可以推斷其聲母原來是 z。

五、關於反切上、下字的聲母有一種今音是 zh、ch、sh、r，被切字聲韻的確定

當反切上、下字的聲母有一種今音是 zh、ch、sh、r 時，被切字的聲母和韻母要根據今音的拼寫規則來確定，通過調整，使其符合今音的拼寫規則。調整的原則是：切上字聲母是 zh、ch、sh、r 時，聲母不變，改切下字的韻母；切上字是其他聲母且切下字聲母爲 zh、ch、sh、r 時，切上字的聲母不變，只改切下字的韻母，即將切下字的韻母由開口、合口改爲齊齒、撮口呼，因爲今音 zh、ch、sh、r 的前身在古代大多只和細音韻母相拼。例如：

①肘　陟柳切　　②支　章移切
③栓　山員切　　④面　彌戰切
⑤良　吕張切　　⑥卷　居轉切

例①—③中切上字“陟、章、山”的聲母分别爲 zh、sh，切上字聲母不變，將切下字“柳、移、員”的韻母改成開口、合口呼。例④—⑥中切上字“彌、吕、居”的聲母非 zh、ch、sh、r，切下字“戰、張、轉”的聲母爲 zh，切上字聲母不變將切下字的韻母由開口、合口呼改爲齊齒、撮口呼。

六、關於切上字聲母今音是 b、p 或 f，切下字韻母今音屬齐齒、合口、撮口呼，被切字聲韻的確定

中古唇音字在今音中不分開合，且其中聲母 b、p 不和撮口韻相拼，f 不和齊、撮呼韻母相拼。根據這種情况，切上字聲母爲 b、p 或 f，切下字韻母屬齐齒、合口、撮口呼時，切上字的聲母不變，將切下字的韻母改成與切上字聲母可以拼合的韻母，即改爲開口呼或合口呼。例如：

①班　布還切　　②舫　甫妄切

③ 編　布玄切　　　　④ 仿　妃兩切

⑤ 斧　方矩切

例 ①② 中切上字“布、甫”的聲母分别爲 b、f，切下字“還、妄”的韻母分别爲 uan、uang。由於唇音字今音不分開合，因此要將韻母中的 u 介音去掉，分别變爲 an、ang。例 ③ 的切上字“布”的聲母是 b，切下字“玄”是撮口韻母 üan，不與 b 相拼，改爲齊齒韻母 ian，二者同爲細音。例 ④⑤ 的切上字“妃、方”的聲母都是 f，切下字“兩、矩”的韻母分别爲 iang、ü，這兩類韻母都不與 f 相拼，分别改爲 ang、u。

上面介紹了六種常見反切的釋讀方法，還有些反切的釋讀比較複雜，往往要涉及多種音變規律，本文没有介紹。通過介紹可以看出，要想獲得反切正確的今音，並不是一件很容易的事，需要熟悉漢語的音變規律，所以當我們讀古書遇到反切注音時，要慎重對待，不要輕易根據反切的基本原理去拼切，否則就會出錯。

參考文獻

丁聲樹、李榮《古今字音對照手册》，中華書局，1981 年。
胡安順《音韻學通論》，中華書局，2002 年。
許夢麟《反切拼讀入門》，河南人民出版社，1985 年。
林序達《反切概説》，四川人民出版社，1982 年。
謝紀鋒《反切》，商務印書館，2012 年。
殷煥先《反切釋要》，山東人民出版社，1979 年。

第 三 單 元

文選一

齊桓公伐楚　　《左傳》

【《左傳》簡介】《左傳》是我國第一部記事詳明的編年體史書，共18萬餘字，或説13萬餘字。作者相傳爲春秋末期魯國的史官左丘明，今人多認爲成書於戰國初期，可能非出自一人之手。《左傳》記事起自魯隱公元年（前722年），終於魯哀公二十七年（前468年），記載了春秋255年間各國在政治、軍事、外交、文化、禮俗等方面的重要活動，是研究我國古代社會特别是春秋史的重要文獻。全書宣揚了儒家的倫理道德和正統觀念，同時也表現出了許多進步的思想傾向，對統治者的殘暴和醜惡進行了一定程度的批判。除了史學價值外，《左傳》同時在文學、語言等方面也取得了輝煌的成就，對後代的史學、文學和語言都産生了深遠的影響。《左傳》最重要的注本是晉杜預《春秋左氏經傳集解》和唐孔穎達等人《春秋左傳正義》。今人的重要注譯本是楊伯峻《春秋左傳注》和楊伯峻、徐提《白話左傳》。

【題解】齊桓公是春秋五霸之首。桓公時期北方狄族相當强大，曾打敗邢國，滅掉衛國，楚國其時也擴大勢力向北方發展。當時中原諸侯國面臨着南北夾擊的威脅，《公羊傳》形容當時的形勢是“南夷與北狄交，中國不絶若綫”。自魯僖公元年始，楚成王連續三年向北侵犯地處中原腹地的鄭國，在这種形勢下，齊桓公聯合中原諸侯發動了本年的伐楚戰爭。戰爭雖然最終没有打起來，但遏制了楚國北進的勢頭，對於保衛周王室和中原諸侯國意義重大。文章記載了齊、楚兩國以武力爲後盾的外交鬥争，充分表現了雙方高超的談判藝術和辭令技巧，尤其是楚國使者的應對，不卑不亢，剛柔相濟，屈伸有度，綿裏藏針，出色地表現了楚國願意和談但不懼交戰的立場，是《左傳》外交辭令的代表作之一。本文選自《左传·僖公四年》，以《十三經注疏·春秋左傳正義》（中華書局 2009 年）爲底本，下同，題目是後加的。

四年春，齊侯以諸侯之師侵蔡[①]，蔡潰，遂伐楚。楚子使與師言曰[②]：“君處北海，寡人處南海[③]，唯是風馬牛不相及也[④]。不虞君之涉吾地也[⑤]，何故？”管仲對曰：“昔召（shào）康公命我先君大公曰[⑥]：‘五侯九伯，女實征之[⑦]，以夾輔周室。’賜我先君履：東至于海，西至于河，南至于穆陵，北至于無棣[⑧]。爾貢包茅不入，王祭不共，無以縮酒，寡人是徵[⑨]；昭王南征而不復，寡人是問。”[⑩]對曰：“貢之不入，寡君之罪也，敢不共給？昭王不復，君其問諸水濱。”[⑪]師進，次于陘（xíng）[⑫]。

注釋

① 四年：魯僖公四年，公元前 656 年。 齊侯：齊桓公。 諸侯之師：指齊、魯、宋、陳、衛、鄭、許、曹等國軍隊。 蔡：諸侯國名，姬

姓，地在今河南上蔡、新蔡縣一帶。

② 楚子：指楚成王。 使：派使者。 師：指齊桓公率領的諸侯之師。

③ 北海、南海：泛指北方、南方邊遠之地，不實指大海。

④ 唯：句首語氣詞。 風：公畜和母畜發情期相互追逐引誘。這句話是説兩国相距遥遠，不應發生衝突。

⑤ 不虞：不料。 涉：淌水過河，這裏是入侵的委婉説法。

⑥ 召康公：召公奭（shì），周成王太保，“康”是謚號。 大公：指姜尚，齊國的開國君。

⑦ 五侯：公、侯、伯、子、男五等爵位。 九伯：九州之長。五侯九伯泛指各國諸侯。 實：副詞，表祈使語氣。

⑧ 履：踐踏，這裏指齊國可以征伐的範圍。 海：指渤海和黄海。 河：黄河。 穆陵：或作“木陵”，地名，即今湖北麻城市北的穆陵山。 無棣：齊北部邊邑，地在山東濱州市無棣縣一帶，瀕臨渤海，或説在今河北秦皇島市盧隆縣。

⑨ 貢：貢物。 包茅：包成捆的菁茅。 入：納貢。 共：“供”的古字。 縮酒：把酒澆在菁茅上滲下，象徵鬼神享用。 是徵：求取之。是，賓語前置。

⑩ 昭王：成王之孫，名瑕。按：昭王南巡溺死於漢水之事發生在公元前977年。 問：責問。

⑪ 杜預注：“昭王時，漢非楚竟，故不受罪。”

⑫ 次：軍隊臨時駐紮。 陘：楚國地名，在今河南偃城區南。

夏，楚子使屈完如師。師退，次于召（shào）陵[①]。齊侯陳諸侯之師，與屈完乘而觀之。齊侯曰：“豈不穀是爲？先君之好是繼[②]。與不穀同好，如何？”對曰：“君惠徼（yāo）福於敝邑之社稷，辱收寡君[③]，寡君之願也。”齊侯曰：“以此衆戰，誰能禦之！以此攻城，何城不克！”對曰：“君若以德綏諸侯，誰敢不服？君若以力，楚國方城以爲城[④]，漢水以爲池，雖衆，無所用之！”屈完及諸侯盟。

注　　釋

① 屈完：楚國大夫。　召陵：楚國地名，在今河南偃城區東。

② 不穀：不善，諸侯對自己的謙稱。　先君之好：前代君主建立起來的友好關係，做賓語，前置。

③ 惠：敬詞。　徼：求。　敝邑：對自己國家的謙稱。　辱：敬詞，犹承蒙。　收：收留。

④ 衆：諸侯之師。　綏：安撫。　方城：山名，據杜預注在今河南葉縣南。

重耳對楚王問

《左傳》

【題解】魯僖公四年（前656年）十二月，晉獻公聽信寵妾驪姬的讒言，殺太子申生。庶子重耳（晉文公）也遭到陷害，爲避難出奔到狄，繼而輾轉到衛、齊、鄭、楚、秦等國，流亡19年，歷盡艱辛，最後在秦穆公的幫助下返回晉國，奪取政權，成爲春秋五霸之一。本文是重耳離開楚國前往秦國時和楚成王的一段對話，顯示了重耳作爲大國公子的愛國情懷和不失氣節的大無畏精神。本文選自《左傳·僖公二十三年》，題目爲編者所加。

及楚，楚子饗（xiǎng）之①，曰："公子若反晉國，則何以報不穀？"對曰："子女玉帛，則君有之；羽毛齒革，則君地生焉。其波及晉國者②，君之餘也。其何以報君？"曰："雖然，何以報我？"對曰："若以君之靈，得反晉國，晉楚治兵，遇于中原，其辟君三舍③。若不獲命，其左執鞭弭（mǐ），右屬櫜鞬（gāo jiān）④，以與君周旋。"子玉請殺之⑤。楚子曰："晉公子廣而儉，文而有禮。其從者肅而寬[6]，忠而能力。晉侯無親，外內惡之。吾聞姬姓唐叔之後[7]，其後衰者也，其將由晉公子乎？天將興之，誰能廢之？違天必有大咎（jiù）。”乃送諸秦。

注 釋

① 楚子：楚成王 饗：設宴款待。

② 波及：流散到。

③ 治兵：練兵，這裏指交兵。 辟：“避”的古字。 舍：古時行軍以三十里爲一舍。

④ 弭：弓末彎曲處，指弓。 屬：帶上。 櫜：箭袋。 鞬：弓套。

⑤ 子玉：楚國令尹。

⑥ 廣：志向遠大。 肅：敬業。 寬：生活節儉。

⑦ 晉侯：晉惠公，名夷吾。 唐叔：名虞，周武王子，周成王同母弟，晉始封君。

甯武子愚不可及 《左傳》

【題解】文章表現了衛國使臣甯武子善於在外交場合機智應對，避免麻煩，裝愚的功夫一般人趕不上。本文選自《左傳·文公四年》，題目爲編者所加。

衛甯武子來聘，公與之宴，爲賦《湛露》及《彤弓》[1]。不辭，又不答賦[2]。使行人私焉。對曰：“臣以爲肄業及之也[3]。昔諸侯朝正於王[4]，王宴樂之，於是乎賦《湛露》，則天子當陽，諸侯用命也[5]。諸侯敵王所愾（kài）而獻其功[⑥]，王於是乎賜之彤弓一，彤矢百，玈（lú）弓矢千，以覺報宴[⑦]。今陪臣來繼舊好，君辱貺（kuàng）之[⑧]，其敢干大禮以自取戾[⑨]？”

注　　釋

① 甯武子：衛大夫。　公：魯文公。《湛露》《彤弓》：均《詩經·小雅》篇名，具體内容如下：

湛湛露斯，匪陽不晞。厭厭夜飲，不醉無歸。
湛湛露斯，在彼豐草。厭厭夜飲，在宗載考。
湛湛露斯，在彼杞棘。顯允君子，莫不令德。
其桐其椅，其實離離。豈弟君子，莫不令儀。

——《湛露》

彤弓弨兮，受言藏之。我有嘉賓，中心貺之。鐘鼓既設，一朝饗之。
彤弓弨兮，受言載之。我有嘉賓，中心喜之。鐘鼓既設，一朝右之。
彤弓弨兮，受言櫜之。我有嘉賓，中心好之。鐘鼓既設，一朝醻之。

——《彤弓》

② 不辭：指甯武子没有任何表示。　答賦：賦詩回答。

③ 私：私下詢問。　肄業：指排練賦詩的儀式。　及之：指賦這兩首詩。杜預注：“魯人失所賦，甯武子佯不知，此其愚不可及。”《論語·公冶長》：“子曰：甯武子，邦有道則知，邦無道則愚。其知可及也，其愚不可及也。”

④ 朝正：於正月朝拜。　王：周天子。

⑤ 當陽：對着太陽。喻天子相當於太陽，諸侯相當於露水。　用命：秉承天子之命。杜預注：“猶諸侯稟天子命而行。”

⑥ 敵：同。　愾：仇恨。　功：指戰利品等。

⑦ 彤：紅色。　玈：黑色。　覺：表明。　報宴：報以宴樂，即用宴樂表示謝意。杜預注：“覺，明也。謂諸侯有四夷之功，王賜之弓矢，又爲歌《彤弓》，以明報功宴樂。”

⑧ 陪臣：卿大夫对天子謙稱“陪臣”。　辱：敬辭，猶承蒙。　貺：賜。

⑨ 干：觸犯。　大禮：指天子享諸侯之禮。　戾：罪過。

晉靈公不君 《左傳》

【題解】晉靈公是春秋時期的無道昏君，文章通過具體事例揭露了晉靈公奢靡荒誕的腐朽生活以及視民如草芥、濫殺無辜的殘暴行爲，同時歌頌了大夫趙盾等人忠於職守、冒死進諫的大無畏精神以及勇士提彌明寧死而守義的風節。本文選自《左傳・宣公二年》。

晉靈公不君，厚斂以彫牆，從臺上彈（tán）人，而觀其辟丸也[①]。宰夫胹（ér）熊蹯（fán）不熟，殺之，寘諸畚（běn），使婦人載以過朝[②]。趙盾、士季見其手，問其故而患之[③]。將諫，士季曰："諫而不入，則莫之繼也。會請先，不入，則子繼之。"[④]三進及溜（liù），而後視之[⑤]。曰："吾知所過矣，將改之。"稽（qǐ）首而對曰[⑥]："人誰無過？過而能改，善莫大焉。《詩》曰：'靡（mí）不有初，鮮克有終。'[⑦]夫如是，則能補過者鮮矣。君能有終，則社稷之固也，豈惟羣臣賴之。又曰：'衮（gǔn）職有闕（quē），惟仲山甫補之。'[⑧]能補過也。君能補過，衮不廢矣。"

注 釋

① 晉靈公：晉國國君，名夷皋，文公之孫，襄公之子。 不君：不行君道。 厚斂：加重盤剥。 斂：徵收賦税。 彫：繪飾。 彈：用彈弓射擊。 辟："避"的古字。

② 宰夫：廚子。 胹：烹煮。 熊蹯：熊掌。 寘：放進。 諸："之於"

的合音詞。 畚：用蒲草編織的筐子。 載以過朝：裝上車子從朝廷走過。

③ 趙盾：趙衰之子，晉國執政大臣，謚“宣子”。 士季：名會，晉國大夫。 患之：爲之擔憂。

④ 不入：聽不進去，拒諫。 莫之繼：没有人能接替您繼續進諫。 莫：否定性無定代詞，没有誰。 之：賓語前置，指趙盾。

⑤ 三進：往前走三次。 及溜：走到屋簷下。溜，通“霤”，屋檐滴水处。按：以禮，大夫見君要先伏地行禮。士季行禮，靈公料到是來進諫的，故假裝没看見而不理，士季只好再次行禮，直到走到屋簷下，靈公纔抬頭看士季。

⑥ 稽首：古代最恭敬的跪拜禮，叩头至地。

⑦ 引詩見《詩經·大雅·蕩》。 靡：無定代詞，没有什麼事。 鮮：少。克：能够。

⑧ 引詩見《詩經·大雅·烝民》。 衮職：天子的職責，指天子。衮，天子或上卿穿的繡有龍紋的禮服。 闕：缺失，過失。 仲山甫：周宣王的賢臣。

猶不改。宣子驟諫，公患之，使鉏麑（chú ní）賊之①。晨往，寢門闢（pì）矣。盛服將朝②。尚早，坐而假寐③。麑退，歎而言曰：“不忘恭敬，民之主也。賊民之主，不忠；棄君之命，不信。有一於此，不如死也！”觸槐而死。

注　　釋

① 猶：仍然。 驟：副詞，多次。 患：厭惡。 之：指趙盾。 鉏麑：晉國武士。 賊：殺害。

② 寢門：指趙盾家内室的門。 闢：開。 盛服：穿戴整齊。 朝：上朝。

③ 假寐：和衣打盹。

秋九月，晉侯飲（yìn）趙盾酒，伏甲，將攻之[①]。其右提彌明知之，趨登[②]，曰："臣侍君宴，過三爵[③]，非禮也。"遂扶以下。公嗾（sǒu）夫獒（áo）焉，明搏而殺之[④]。盾曰："棄人用犬，雖猛何爲？"鬭且出。提彌明死之[⑤]。

注 釋

① 飲：使動用法，宴請。 伏甲：埋伏披甲的士兵。 攻：攻殺。

② 右：車右，車的衛士，又叫驂乘。 提彌明：晉國勇士。 趨：快步走。 登：登階。

③ 三爵：三巡。 爵：古時飲酒器。

④ 嗾：本義爲唤狗的聲音，這裏用如動詞，嗾使。 夫：指示代詞，那。 獒：猛犬。 搏：徒手撕打。

⑤ 且：連詞，一邊……一邊……。 死之：爲趙盾戰死。死，爲動用法。

初，宣子田於首山，舍于翳（yì）桑。見靈輒餓，問其病[①]。曰："不食三日矣。"食之，舍其半[②]。問之，曰："宦三年矣[③]，未知母之存否，今近焉，請以遺（wèi）之。"使盡之，而爲之簞食與肉，寘諸橐（tuó）以與之[④]。既而與（yù）爲公介，倒戟以禦公徒，而免之[⑤]。問何故，對曰："翳桑之餓人也。"問其名居，不告而退。遂自亡也[⑥]。

注 釋

① 田：打獵，"畋"的古字。 首山：首陽山，地在今山西永濟市南。 舍：住宿。 翳桑：首山附近的地名。 靈輒：人名。 餓：飢甚。 病：指挨餓病重的原因。

② 舍其半：留下一半食物不吃。

③ 宦：指外出給人做僕隸。

④ 爲：準備。 簞：盛飯的圓筐。 橐：袋子。

⑤ 既而：不久。 與：參加，指服役。 爲：做。 介：甲士。 倒戟：調轉兵器。戟，古兵器名，合戈、矛爲一體，兼有戈之横擊、矛之直刺兩種作用。 禦：抵禦。 徒：士兵。

⑥ 名居：名字和居處。 遂：隨後。 亡：指靈輒離去，或説指趙盾逃亡。

乙丑，趙穿攻靈公於桃園①。宣子未出山而復②。大史書曰③："趙盾弑其君。"以示於朝。宣子曰："不然。"對曰："子爲正卿，亡不越竟④，反不討賊，非子而誰？"宣子曰："烏呼！'我之懷矣，自詒伊慼'⑤，其我之謂矣？"⑥

孔子曰："董狐，古之良史也，書法不隱。趙宣子，古之良大夫也，爲法受惡⑦。惜也，越竟乃免。"⑧

注　釋

① 乙丑：古人用干支相配紀日，"乙丑"指魯宣公二年（前607年）九月二十六日。 趙穿：晉國大夫，趙盾的堂兄弟或族子。

② 出山：指逃亡尚未走出邊境。 復：返回。

③ 大史：即太史，史官。據下文此史官是董狐。 書：動詞，寫，記録。

④ 正卿：執政大臣。 越竟：逃出境外。竟，"境"的古字。

⑤ 杜預注："逸《詩》也。"《詩經·邶風·雄雉》作"我之懷矣，自詒伊阻"。 詒：帶來。 伊：指示代詞，那個。 慼：禍患。

⑥ 其：表推測的語氣副詞。

⑦ 法：指記史的原則。 惡：惡名。

⑧ 杜預注："越竟，則君臣之義絶，可以不討賊。"

文 選 二

衛急子與壽子爭死 《左傳》

【題解】衛宣公聽信嬖妾的讒言，設計欲加害太子急子。急子的異母弟壽子得知内情，在勸説急子出奔無果的情况下，毅然假冒急子赴難，結果被宣公所派的人殺死。急子得知後亦要求這些人殺死自己。文章表現了急子臨危不避的愚忠以及壽子捨己救兄的仁愛品性。本文選自《左傳·桓公十六年》，題目爲編者所加。

初，衛宣公烝于夷姜，生急子，屬諸右公子。爲之娶于齊，而美，公取之，生壽及朔（朔：衛惠公），屬壽于左公子。夷姜縊。宣姜（娶于齊者）與公子朔構急子。公使諸齊，使盜待諸莘（莘：衛地），將殺之。壽子告之，使行。不可，曰："棄父之命，惡用子矣！有無父之國則可也。"及行，飲（yìn，請喝酒）以酒，壽子載其旌（旌：符節，使者所執的憑證）以先，盜殺之。急子至，曰："我之求也。此何罪？請殺我乎！"又殺之。二公子故怨惠公。

十一月，左公子洩、右公子職立公子黔牟（黔牟：宣公妾所生子）。惠公奔齊。

楚子問鼎 《左傳》

【題解】這是一篇傑出的外交辭令。楚莊王不僅到周王室的領土上檢閱軍隊，且向周王使臣王孫滿詢問王室九鼎的大小輕重，意欲代周取天下，王孫滿的回答從容不迫，義正詞嚴，大有王室君臨天下不可侵犯的氣勢。本文選自《左傳·宣公三年》，題目爲編者所加。

楚子（楚庄王）伐陸渾之戎（古戎人的一支，地今河南伊河流域），遂至於雒，觀兵于周疆。定王使王孫滿（周王室大夫）勞（慰問）楚子。楚子問鼎之大小輕重焉。對曰："（得天下）在德不在鼎。昔夏之方有德也，遠方圖物（把地貌、方物等繪成圖獻給天子），貢金（貢獻金屬）九牧（九州之長），鑄鼎象物（用貢金鑄鼎，並把各地風物鑄在鼎上），百物而爲之備，使民知神姦（各種神靈和鬼怪）。故民入川澤山林，不逢不若（不若：不祥之物）。螭魅（山林中的妖怪）罔兩（河川中的精怪），莫能逢之。用能協于上下，以承天休（天佑。休，蔭庇）。桀有昏（惡）德，鼎遷于商，載祀（年，同義連用）六百。商紂暴虐，鼎遷于周。德之休（美好）明，雖小，重也。其姦回（邪僻）昏亂，雖大，輕也。天祚（zuò，賜）明德，有所厎（zhǐ，定）止（定數）。成王定鼎于郟鄏（jiá rǔ，周王城所在，地在今河南洛陽市），卜世三十，卜年七百，天所命也。周德雖衰，天命未改。

鼎之輕重，未可問也。”

鞌之戰 《左傳》

【題解】鞌之戰是春秋時期發生在齊、晉兩國之間的一場重要戰爭。在魯宣公十二年的邲之戰中，晉國被楚國打敗，嚴重動摇了其霸主地位。爲了重振霸業，晉國於成公二年應魯、衛之請出兵伐齊，導致鞌之戰發生。在鞌之戰中，由於晉軍將帥團結一心、不怕犧牲，加之齊頃公輕率輕敵，故晉軍最終打敗齊軍，並迫使齊國立下了城下之盟。本文選自《左傳·成公二年》，題目是後加的。

癸酉（魯成公二年六月十七日，公元前589年），師（指齊、晉兩國軍隊）陳于鞌（即歷下，地在今山東濟南市）。邴夏（齊大夫）御（駕車）齊侯（齊頃公），逢（páng）丑父（齊大夫）爲右。晉解張（晉大夫）御郤（xì）克（晉軍主帥），鄭丘緩（晉大夫）爲右。齊侯曰：“余姑翦滅此而朝食。”不介馬（未給馬披上甲衣）而馳之（馳向晉軍）。郤克傷於矢，流血及屨（jù，麻鞋），未絶鼓音（未停止擊鼓），曰：“余病（傷勢重）矣！”張侯（即解張）曰：“自始合，而矢貫（射穿）余手及肘，余折以御，左輪朱殷（yān），豈敢言病？吾子忍之！”緩曰：“自始合，苟有險，余必下推車，子豈識（知道）之？——然子病矣！”張侯曰：“師之耳目，在吾旗鼓，進退從之。此車一人殿（鎮守）之，可以集（成）事，若之何其以病敗（敗壞）君之大事也？擐（huàn，穿上）甲執兵（拿上兵器），固即死也（本來就打算走向死亡的）。病未及死，吾子勉之！”左（左手）并轡（pèi，繮繩），右援（接過）枹（fú，鼓槌）而鼓，馬逸（跑）不能止，師從之。齊師敗績（大敗）。逐之，三周（繞）華不注（山名）。

韓厥（晉大夫，在這次戰役中任司馬）夢子輿（韓厥之父）謂己曰："旦辟左右。"（明日乘車避免站在左右兩側，即應居中）故中御（站在車中親自駕車）而從（追趕）齊侯。邴夏曰："射其御者，君子也。"公曰："謂之君子而射之，非禮也。"射其左，越（墜落）于車下。射其右，斃（倒）于車中。綦毋張（晉大夫。綦毋音 qí wú）喪（sàng，喪失）車，從（追上）韓厥，曰："請寓乘（搭乘）！"從左右，皆肘之（用胳膊肘阻止），使立於後。韓厥俛定（俯下身子擺正）其右。逢丑父與公易位（調換位置，假裝爲頃公）。將及華泉（華不注山下泉名），驂絓於木（驂馬被樹絆住）而止。丑父寢於轏（zhàn，棧車）中，蛇出於其下，以肱擊之，傷而匿之，故不能推車而及（被韓厥追上）。韓厥執縶（zhí，絆馬索）馬前，再拜稽首，奉觴加璧以進（進獻），曰："寡君使羣臣爲魯、衛請，曰：'無令輿（衆）師陷入（進入的客气説法）君地。'下臣不幸，屬（zhǔ，正好）當戎行（指齊頃公的戰車），無所逃隱，且懼奔辟（躲避）而忝兩君（使兩國國君蒙羞。忝，羞辱）。臣辱（有辱，謙辭）戎士，敢（謙辭）告不敏，攝官（代理官職）承乏（充數）。"丑父使公下，如華泉取飲（水）。鄭周父（齊大夫）御佐車（副車，即備用車），宛茷（齊大夫）爲右，載齊侯以免（逃脱）。

韓厥獻丑父，郤獻子將戮之。呼曰："自今（自今以後）無有代其君任患（承擔禍難）者，有一於此，將爲戮乎？"郤子曰："人不難以死免其君（不把代君死看作難事），我戮之不祥。赦之，以勸（鼓勵）事君者。"乃免（赦免）之。

晉侯夢大厲　《左傳》

【題解】晉景公病入膏肓，桑田巫因預言其將死而被殺，秦醫緩告知其病不可治而得到重賞。文章對統治者愚蠢、殘酷、不願聽真話的本性進行了大膽揭露和批判。成語“病入膏肓”即出自這篇文章。本文選自《左傳·成公十年》，題目爲編者所加。

晉侯（晉景公）夢大厲（鬼），被髮及地，搏膺（捶胸）而踊，曰：“殺余孫（魯成公八年，晉景公殺大夫趙同、趙括，二人均爲趙衰子，趙盾異母弟），不義，余得請於帝矣！”壞大門及寢門而入。公懼，入于室。又壞户。公覺（夢醒），召桑田（晉邑，地在今河南靈寶市境）巫。巫言如夢。公曰：“何如？”曰：“不食新（新麥）矣。”

公疾病（病重），求醫于秦，秦伯（秦桓公）使醫緩（秦醫名）爲之。未至，公夢疾爲（變爲）二豎子（小孩），曰：“彼良醫也。懼傷我，焉逃之？”其一曰：“居肓（心臟和隔膜之間）之上、膏（心尖脂肪）之下，若我何？”醫至，曰：“疾不可爲也。在肓之上、膏之下，攻（艾灸）之不可，達（針扎）之不及，藥不至焉，不可爲也。”公曰：“良醫也。”厚爲之禮而歸之。

六月丙午（七日），晉侯欲麥，使甸人（農官）獻麥，饋人（廚師）爲之。召桑田巫，示而殺之。將食，張（通“脹”），如廁，陷而卒。小臣（小宦官）有晨夢負公（背着厲公）以登天，及日中，負晉侯出諸廁，遂以爲殉（杜預注：“傳言巫以明術見殺，小臣以言夢自禍。”）。

古漢語基礎知識之三

律　　詩

律詩，是在初唐形成的一種新詩體，由於在格律方面有很多講究，故稱作格律詩，簡稱律詩。又由於是唐代新興的詩體，故又稱作近體詩或今體詩，這是對漢魏六朝的古體詩而言的。律詩的內容很多，本節只涉及律詩與古體詩的區別、律詩的平仄、對仗、押韻、章法以及意境等問題。

一、律詩與古詩的區別

所謂古詩，本指漢魏六朝時期的詩歌，包括樂府民歌和文人詩作等。唐人以及唐以後的詩人除了寫律詩外，也模仿漢魏六朝人創作了大量的古體詩，這種作品稱作古風，也稱古詩。律詩與古詩的差別主要有以下幾個方面。

1. 律詩有固定的字數、句數（詳下文）；古詩不限字數，句數，有四言、五言、七言和雜言等，例如：

對酒當歌，人生幾何？
譬如朝露，去日苦多。

慨當以慷，憂思難忘。
何以解憂？唯有杜康。
……
——曹操《短歌行》

結廬在人境，而無車馬喧。
問君何能爾，心遠地自偏。
採菊東籬下，悠然見南山。
……
——陶淵明《饮酒二十首》其五

北風卷地百草折，胡天八月即飛雪。
忽如一夜春風來，千樹萬樹梨花開。
……
——岑參《白雪歌送武判官歸京》

噫吁嚱，危乎高哉！
蜀道之難，難於上青天。
蠶叢及魚鳧，開國何茫然。
爾來四萬八千歲，不與秦塞通人煙。
……
——李白《蜀道難》

2. 律詩押韻要求很嚴，必須一韻到底，不許中途換韻，且只押平聲韻。古詩押韻要求較寬，可押平聲韻也可押仄聲韻，可以隔句押韻，也可句句押韻；可以一韻到底，也可中途換韻或臨韻相押。例如：

秋風蕭瑟天氣涼，（陽 / 陽[①]）草木摇落露爲霜。（陽 / 陽）
羣燕辭歸雁難翔，（陽 / 陽）念君客遊思斷腸。（陽 / 陽）
慊慊思歸戀故鄉，（陽 / 陽）君何淹留寄他方？（陽 / 陽）
賤妾煢煢守空房，（陽 / 陽）憂來思君不可忘。（陽 / 陽）
不覺淚下沾衣裳，（陽 / 陽）援琴鳴弦發清商，（陽 / 陽）

---

① 凡漢魏六朝的古詩，其所用韻部既標出上古韻的韻目，也標出“平水韻”的韻目，以 / 號隔開，外加括號，下同。本詩韻腳字“忘、望”二字古代各有平聲一讀。

短歌微吟不能長。(陽/陽)
明月皎皎照我牀,(陽/陽)星漢西流夜未央。(陽/陽)
牽牛織女遥相望,(陽/陽)爾獨何辜限河梁?(陽/陽)
……
——曹丕《燕歌行》

潯陽江頭夜送客,(陌[①])楓葉荻花秋瑟瑟。(質)
主人下馬客在船,(先)舉酒欲飲無管弦。(先)
醉不成歡慘將别,(屑)别時茫茫江浸月。(月)
忽聞水上琵琶聲,　　主人忘歸客不發。(月)
尋聲闇問彈者誰?(支)琵琶聲停欲語遲。(支)
移船相近邀相見,(霰)添酒回鐙重開宴。(霰)
……
——白居易《琵琶行》

3. 律詩對平仄有一套嚴格的規定(詳下文);古詩對平仄的要求比較自由,例如:

迢迢牽牛星,皎皎河漢女。
—————　||—||[②]
纖纖擢素手,札札弄機杼。
——|||　|||—|
終日不成章,泣涕零如雨。
—||——　||——|
河漢清且淺,相去復幾許?
—|—||　—||||
盈盈一水間,脈脈不得語。——《古詩十九首·迢迢牽牛星》
——||—　|||||

① 凡唐人寫的古體詩,其所用韻部標出"平水韻"的韻目,外加括號,下同。

② "—"代表平聲,"|"代表仄聲,下同。

4. 律詩的對仗，對句數、位置都有嚴格的規定（詳下文）；古詩的對仗則十分隨意，如上例，第一、二句對仗，第三、四句對仗，其餘各句都不用對仗。

二、律詩

（一）律詩的分類

律詩包括律詩、絶句、排律三大類。律詩指五律和七律，絶句指五絶和七絶。絶句由律詩截取而成，故名。排律又稱長律，是律詩的延長。排律一般是五言的，七言的很少。

律詩的句數、字數都有嚴格限定。具體情況如下：

五律——八句，每句五字，共四十字。

五絶——四句，每句五字，共二十字。

七律——八句，每句七字，共五十六字。

七絶——四句，每句七字，共二十八字。

排律——句數超過八句，每句字數爲五字或七字，平仄要求不變。

（二）律詩的結構

五律、七律各由四聯構成，其中一二句稱作首聯，三四句稱作頷聯，五六句稱作頸聯，七八句稱作尾聯。每聯首句稱作出句，第二句稱作對句。絶句是截取律詩的一半，可以攔腰截，也可截取首聯和尾聯，或頷聯和頸聯。

（三）律詩的用韻

律詩的用韻特點有以下幾種情況：

1. 律詩用韻合於平水韻

隋人陸法言《切韻》是隋唐時通用的韻書，分韻一百九十三部，唐人王仁昫《刊謬補缺切韻》增加到一百九十五部。因分韻太細，所以唐時就規定某些讀音相近的韻部可以同用。到了宋代，由官方組織對《切韻》重修，重修後的《切韻》改稱《廣韻》，分韻爲二〇六部，比《切韻》更細，但同時也明確規定某些相近的韻可以同用。例如：

一東獨用　二冬鍾同用　三鍾　四江獨用

五支脂之同用　六脂　七之

到了南宋，江北平水人劉淵撰《壬子新刊禮部韻略》一書，索性將《廣韻》中規定可以同用的韻部合併爲一韻，成了一〇七韻。在此以前，金人平水書籍（官名）王文郁著《平水韻略》，根據同樣的原則將《廣韻》韻部合併爲一〇六韻。此後出現的各種詩韻，分韻都是一〇六部，簡稱"平水韻"。平水韻的具體分部是上平聲十五部，下平聲十五部，上聲二十九部，去聲三十部，入聲十七部。其韻目分别如下：

上平聲

一東　二冬（鍾）　三江　四支（脂之）

五微　六魚　七虞（模）　八齊

九佳（皆）　十灰（咍）　十一真（諄臻）　十二文（欣）

十三元（魂痕）　十四寒（桓）　十五删（山）

下平聲

一先（仙）　二蕭（宵）　三肴　四豪

五歌（戈）　六麻　七陽（唐）　八庚（耕清）

九青　十蒸（登）　十一尤（侯幽）　十二侵

十三覃（談）　十四鹽（添嚴）　十五咸（銜凡）

"平水韻"雖出現在南宋，但其分部符合唐人用韻的實際。例如：

流落征南將，曾驅十萬師。（支・脂）[1]

罷歸無舊業，老去戀明時。（支・之）

① 括號内・號之前爲平水韻韻目，之後爲《廣韻》韻目。

獨立三邊静，輕生一劍知。（支・支）
茫茫江漢上，日暮欲何之？（支・之）

——劉長卿《送李中丞歸漢陽別業》

昨夜星辰昨夜風（東），畫樓西畔桂堂東。（東・東）
身無彩鳳雙飛翼，　心有靈犀一點通。（東・東）
隔座送鉤春酒暖，　分曹射覆蠟燈紅。（東・東）
嗟余聽鼓應官去，　走馬蘭台類轉蓬。（東・東）

——李商隱《無題》

向晚意不適，驅車登古原。（元・元）
夕陽無限好，只是近黄昏。（元・魂）

——李商隱《登樂游原》

寂寂花時閉院門（元・魂），美人相並立瓊軒（元・元）。
含情欲説宫中事，　鸚鵡前頭不敢言（元・元）。

——朱慶餘《宫詞》

關於平水韻的具體内容可參看清人周兆基《佩文詩韻釋要》、湯文璐《詩韻合璧》等韻書。

2. 律詩押韻的位置

律詩押韻位置規定在第二、四、六、八句的末字（韻脚字）。第一句末字可押韻亦可不押，没有特别限制，從習慣上看，五言第一句多數不押韻，七言第一句多數押韻。另外，凡同一首詩，所有押韻必須一韻到底，中途不許换韻。以下兩首詩從句數、字數、對仗看很像律詩，但由於中途换韻並用了仄聲韻，故屬於古風。

滕王高閣臨江渚，（語）佩玉鳴鸞罷歌舞。（麌）
畫棟朝飛南浦雲，　珠簾暮捲西山雨。（麌）
閑雲潭影日悠悠，（尤）物换星移幾度秋。（尤）
閣中帝子今何在？　檻外長江空自流。（尤）

——王勃《滕王閣》

山寺鳴鐘晝已昏（元），漁梁渡頭爭渡喧（元）。
人隨沙岸向江村（元），余亦乘舟歸鹿門（元）。
鹿門月照開煙樹，　　忽到龐公栖隱處（御）。
岩扉鬆徑長寂寥，　　唯有幽人自來去（御）。

——孟浩然《夜歸鹿門歌》

（四）古風式律詩

所謂古風式律詩，就是律詩帶有古詩的一些特徵，如有意多用拗句，少用律句，造成失粘失對，多用三平調、三仄調及“平仄平”“仄平仄”這類句式，等等。儘管古風式律詩與近體詩有這些不同，但由於其押韻、對仗同於律詩，且多數句子注意平仄相間，故仍算律詩。例如：

昔人已乘黄鶴去，此地空餘黄鶴樓。
｜—｜——｜｜　｜｜———｜—
黄鶴一去不復返，白雲千載空悠悠。
—｜｜｜｜｜｜　｜——｜———
晴川歷歷漢陽樹，芳草萋萋鸚鵡洲。
——｜｜｜—｜　—｜———｜—
日暮鄉關何處是？煙波江上使人愁。
｜｜———｜｜　———｜｜——

——崔顥《黄鶴樓》

這種詩體開始是律詩尚未定型時的産物，後來一些詩人也有意模仿這種詩體，但爲數不多。

（五）律詩的平仄

平仄是近體詩中最重要的因素。律詩與古詩區别的主要特點不是句數、字數，也不是對仗和押韻，而是平仄。例如下面一首詩很像律詩，但實際上是一首古詩。

斜陽照墟落，窮巷牛羊歸。（微）

——｜—｜　—｜———

野老念牧童，倚杖候荆扉。（微）

｜｜｜｜—　｜｜｜——

雉雊麥苗秀，蠶眠桑葉稀。（微）

｜｜｜—｜　———｜—

田夫荷鋤立，相見語依依。（微）

——｜—｜　—｜｜——

即此羡閑逸，悵然吟式微。（微）

｜｜｜—｜　｜——｜—

——王維《渭川田家》

這首詩共十句，每句五言，一韻到底，五六句對仗工整，這些都合乎律詩的要求，但是第二句用了三平調，第三句没有做到平仄交替，詩中“仄平仄”句式較多。據此可見“平仄”是决定律詩性質的要素。因此，要通曉近體詩的規則，首先必須掌握平仄的運用技巧。

1. 平仄的劃分

中古有平上去入四個調類，這四個調類的具體調值是什麼，現在已無從得知，明釋真空《玉鑰匙歌訣》描寫説：“平聲平道莫低昂，上聲高呼猛烈强，去聲分明哀遠道，入聲短促急收藏。”據此我們大體可以想象中古平聲的調值是平直的，而上去入三聲的調值則是短曲不平的。古人爲了加强詩句的節奏感，將四聲分爲兩類，其中平聲爲一類，上去入爲一類。平聲音色比較平直可以延長，故把它稱作“平”；上去入的音色有一個共同點，即比較短，不可以延長，與平聲相反，故將此三聲統稱爲仄，“仄”就是不平的意思。其所以把四個調類分成平仄兩類，目的是讓它們在詩句中交替，避免單調平直，强化節奏感，達到回環往復、抑揚頓挫的音響效果。

2. 律詩的節奏

節奏是音樂中交替出現的有規律的强弱快慢現象。在律詩中，詩家就是通過平仄交替來加强律句的節奏感的。所謂平仄交替，是指以節拍（或稱音步）爲單位進行的交替，而非以單字爲單位進行交替，如平平——仄仄，或仄仄——平平。律句除句末一字單獨構成節拍外，其餘字均由兩個字構成一個節拍，每個節拍即爲一個交替單位。五律共有三個節拍，即二二一，例如“白日——依山——盡”。七律共有四個節拍，即二二二一，例如“沉舟——側畔——千帆——過”。組成節拍的兩個字可以同是平聲或仄聲，也可以是平仄不同的兩個字。當節拍由平仄不同的兩個字組成時，節拍的性質取決於後一字的聲調，如“仄平”算平聲拍，“平仄”算仄聲拍，因爲後一字在節奏點上，起着定音的作用。也正是由於這個原因，律詩對節拍第二字的平仄要求嚴格，不能隨意變動，對第一字的要求則比較寬鬆，常常可平可仄。

3. 律詩的意義單位和節奏單位

律詩的意義單位常常和節奏單位保持一致，例如：

白日——依山——盡，黄河——入海——流。

三顧——頻煩——天下——計，兩朝——開濟——老臣——心。

不一致的情況也很多，或者意義單位跨越兩個節奏單位，或者節奏單位跨越兩個意義單位，例如：

野火——燒——不盡，春風——吹——又生。（意義單位）

野火——燒不——盡，春風——吹又——生。（節奏單位）

二十四橋——明月——夜。（意義單位）

二十——四橋——明月——夜。（節奏單位）

相見時——難——别——亦難。（意義單位）

相見——時難——别亦——難。（節奏單位）

儘管律句的意義單位有多種，但其節奏形式只有一個，在意義單位與節奏單位相吻合的情況下，應該儘量按照節奏單位去誦讀。如意義單位與節奏單位發生矛盾，誦讀一般應讓意義單位服從節奏單位。

有些著作或教材認爲近體詩的句式往往以三字結尾，最後三字保持相對的獨立性，同時認爲這三字的節奏可以細分爲二一或一二，例如以下句子的節奏可分成：

天意——憐——幽草，人間——重——晚晴。

局促——常悲——類——楚囚，遷流——還歎——學——齊優。

需要注意的是，這種劃分可能會破壞律詩平仄的交替原則，請看：

無爲——在——歧路，儿女——共——霑巾。

平仄——仄——平仄　平仄——仄——平平

遷流——還歎——學——齊優。

平平——平仄——仄——平平

4. 律詩平仄的基本格式

律詩平仄的基本格式有四種，其中五律的基本格式如下：

甲式：仄仄｜平平｜仄（仄起仄收式）

乙式：平平｜仄仄｜平（平起平收式）

丙式：平平｜平仄｜仄（平起仄收式）

丁式：仄仄｜仄平｜平（仄起平收式）

其中甲、乙兩式完全符合平仄交替的原則。丙、丁兩式前兩個節拍的平仄也是交替的，唯有後兩個節拍没有做到平仄交替，這是不得已的，因爲丙式的特點是“平起仄收”，第一個節拍是平，第二個節拍用仄聲纔能與第一個節拍交替，這樣第二、第三節拍便同爲仄聲了。同理，丁式的特點是“仄起平收”，第一個節拍是仄，第二個節拍用平聲纔能與第一節拍交替，這樣第二、第三節拍便同爲平聲了。按説丙式句第二拍應爲“仄仄”，但這樣處理會造成句末三字全爲仄聲的現象。句末三字全用仄聲是古風的常用句式，律句儘量避免（也常不避，例如王維《送梓州李使君》：“山中一仄夜仄雨仄，樹杪百重泉。”），所以將第二拍的第一字改成了平聲，這樣改不影响此拍的性質。丁式句的第二拍按説也可以用“平平”，但這樣處理就成了三平調，三平調是詩家的大忌，應堅決避免（实际上也有不避的，只是很少，例如常建《破山寺後禪院》：“山光悦鳥性，潭影空平人平心平。”），於是將第二拍的第一個字改成了仄聲，這樣改既不影响此拍的性質，又避免了三平調。

七律平仄的基本格式與五律相同，只是根據平仄交替的原則在五律基本格式前增加一個節拍而已。

甲式：平平｜仄仄｜平平｜仄（平起仄收式）

乙式：仄仄｜平平｜仄仄｜平（仄起平收式）

丙式：仄仄｜平平｜平仄｜仄（仄起仄收式）

丁式：平平｜仄仄｜仄平｜平（平起平收式）

5. 律詩平仄的排列法

以上講的是一句律詩中平仄的排列規則，下面我們看一首律詩中的平仄怎樣排列。弄明白了一句律詩的平仄規則，一首律詩的平仄規則便很容易掌握，只需記住以下幾句話即可。

（1）一句之中平仄相間；

（2）一聯之中平仄相對；

（3）兩聯之間平仄相粘；

（4）押韻句末字用平聲，非押韻句末字用仄聲。

所謂“一句之中平仄相間”，是指每一律句中各節拍之間要平仄交替，即前一節拍爲仄聲，後一節拍就要换用平聲。反之，前一節拍爲平聲，後一節拍就要换用仄聲。例如：

國破 | 山河 | 在

仄仄 | 平平 | 仄

勸君 | 更盡 | 一杯 | 酒

仄平 | 仄仄 | 仄平 | 仄

所謂"一聯之中平仄相對"，是指每一聯中對句與出句的平仄要相反。其實只要做到第一個節拍（主要看第二個字）平仄相反即可，其餘字就按照平仄交替的原則排列。例如：

國破 | 山河 | 在，城春 | 草木 | 深。

仄仄 | 平平 | 仄　平平 | 仄仄 | 平

勸君 | 更盡 | 一杯 | 酒，西出 | 陽關 | 無故 | 人。

平平 | 仄仄 | 仄平 | 仄　平仄 | 平平 | 平仄 | 平

所謂"兩聯之間平仄相粘"，是指上聯對句的第一節拍要和下聯出句的第一節拍（主要看第二字）平仄相同，即前者爲平聲，後者亦爲平聲，前者爲仄聲，後者亦爲仄聲。例如：

國破 | 山河 | 在，

城春 | 草木 | 深。（首聯）

平平 | 仄仄 | 平

感時 | 花濺 | 淚，

仄平 | 平仄 | 仄

恨别 | 鳥驚 | 心。（頷聯）

銀燭 | 朝天 | 紫陌 | 長，

禁城 | 春色 | 曉蒼 | 蒼。（首聯）

仄平 | 平仄 | 仄平 | 平

千條 | 弱柳 | 垂青 | 瑣，

平平 | 仄仄 | 平平 | 仄

百囀 | 流鶯 | 繞建 | 章。（頷聯）

所謂"押韻句末字用平聲，非押韻句末字用仄聲"，是指律詩

二、四、六、八句都是押韻句，末一字要選用平聲，三、五、七句都是非押韻句，末一字要選用仄聲。至於首句，無論五言七言，入韻時用平聲，不入韻時用仄聲。例如：

城闕輔三秦（平），風煙望五津（平）。

與君離别意（仄），同是宦遊人（平）。

——王勃《送杜少府之任蜀州》

首句不入韻，故首句末字用仄聲。

青山横北郭（仄），白水繞東城（平）。

此地一爲别（仄），孤蓬萬里征（平）。

——李白《送友人》

首句入韻，故首句末字用平聲。

一封朝奏九重天（平），夕貶潮州路八千（平）。

欲爲聖明除弊事（仄），肯將衰朽惜殘年（平）。

——韓愈《左遷至藍關示侄孫湘》

首句不入韻，故首句末字用仄聲。

舍南舍北皆春水（仄），但見羣鷗日日來（平）。

花徑不曾緣客掃（仄），蓬門今始爲君開（平）。

——杜甫《春望》

詩家對律詩平仄的規定旨在使平仄聲的分布均衡合理，避免平直呆板，缺乏變化。試想，如果一句之中不要求平仄相間，就會出現一句全用平聲字或全用仄聲字的現象，如“平平平平平”或“仄仄仄仄仄”。如果一聯之中不要求平仄相對，既會出現對句與出句完全重複的現象。例如：

平平仄仄平（出句）

平平仄仄平（對句）

如果兩聯之間不要求平仄相粘，則會出現下聯與上聯重複的現象。例如：

仄仄｜平平｜仄

平平｜仄仄｜平（首聯）

仄仄｜平平｜仄

平平｜仄仄｜平（頷聯）

只有根據上述規定排列平仄，纔會使律詩前四句的平仄避免出現重複現象。減少重複，使律詩中的平仄極盡曲折變化之妙，以取得音感上抑揚頓挫的效果，這正是古人規定平仄規則的志趣所在。

現在我們以“仄起仄收”和“平起平收”兩式爲例看看一首律詩平仄的具體排法。

（1）仄起仄收式

月夜 杜甫

今夜｜鄜州｜**月**[①]，　　基本格式

—｜　——　｜　　　｜｜——｜

閨中｜只**獨**｜看。

——　｜｜　—　　　——｜｜—

遥憐｜小兒｜女，

——　｜—　｜　　　———｜｜

未解｜**憶**長｜安。

｜｜　｜—　—　　　｜｜｜——

香霧｜雲鬟｜**濕**，

—｜　——　｜　　　｜｜——｜

清輝｜玉臂｜寒。

——　｜｜　—　　　——｜｜—

何時｜倚虚｜幌？

——　｜—　｜　　　———｜｜

① 加黑者爲古入聲字，下同。

雙照｜淚痕｜乾。

—｜　｜—　—　　｜｜｜——

聞官軍收河南河北　杜甫

劍外｜**忽**傳｜收薊｜**北**，　　基本格式

｜｜　｜—　—｜　｜　　｜｜———｜｜

初聞｜涕淚｜滿衣｜裳。

——　｜｜　｜—　—　　——｜｜｜——

卻看｜妻子｜愁何｜在，

｜—　—｜　——　｜　　——｜｜——｜

漫捲｜詩書｜喜**欲**｜狂。

｜｜　——　｜｜　—　　｜｜——｜｜—

白日｜放歌｜須縱｜酒，

｜｜　｜—　—｜　｜　　｜｜———｜｜

青春｜**作**伴｜好還｜鄉。

——　｜｜　｜—　—　　——｜｜｜——

即從｜巴**峽**｜穿巫｜**峽**，

｜—　—｜　——　｜　　——｜｜——｜

便下｜襄陽｜向**洛**｜陽。

｜｜　——　｜｜　—　　｜｜——｜｜—

（2）平起平收式

晚晴　李商隱

深居｜俯**夾**｜城，　　基本格式

——　｜｜　—　　——｜｜—

春去｜夏猶｜清。

—｜　｜—　—　　｜｜｜——

天意｜憐幽｜草，
—｜ —— ｜ ｜｜——｜
人間｜重晚｜晴。
—— ｜｜ — ——｜｜—
併天｜高閣｜迥，
｜— —｜ ｜ ———｜｜
微注｜小窗｜明。
—｜ ｜— — ｜｜｜——
越鳥｜巢乾｜後，
｜｜ —— ｜ ｜｜——｜
歸飛｜體更｜輕。
—— ｜｜ — ——｜｜—

左遷至藍關示侄孫湘 韓愈

一封｜朝奏｜九重｜天，　基本格式
｜— —｜ ｜— — ——｜｜｜——
夕貶｜潮州｜路八｜千。
｜｜ —— ｜｜ — ｜｜——｜｜—
欲爲｜聖明｜除弊｜事，
｜｜ ｜— —｜ ｜ ｜｜———｜｜
肯將｜衰朽｜惜殘｜年。
｜— —｜ ｜— — ——｜｜｜——
雲横｜秦嶺｜家何｜在？
—— ｜｜ —— ｜ ——｜｜——｜
雪擁｜藍關｜馬不｜前。
｜｜ —— ｜｜ — ｜｜——｜｜—

知汝｜遠來｜應有｜意，
—｜ ｜— —｜ ｜ ｜｜———｜｜
好收｜吾骨｜瘴江｜邊。
｜— —｜ ｜— — ——｜｜｜——

6. 關於“一三五不論，二四六分明”之説

“一三五不論，二四六分明”是古人關於律詩平仄排列規則的簡明説法。這是對七律而言的，對五律來説，就是“一三不論，二四分明”。所謂“一三五不論”是指七言詩每句的第一、三、五字（各節拍第一字）的平仄可以不拘，即可用平聲字亦可用仄聲字，因爲這些字都不在節奏點上。所謂“二四六分明”是指七言詩每句的第二、四、六字（各節拍第二字）的平仄必須嚴格遵守，不能隨意變更，因爲這些字都在每一節拍的節奏點上，決定節拍的性質。這兩句話可以幫助人們很快掌握律詩平仄的排列規則，但這兩句話没有將律詩平仄的一些特殊規定包括進去。這些特殊規定主要有二：一是不能“犯孤平”[①]，二不能出現“三平調”。兩者都是詩家的大忌。

所謂“犯孤平”是指“平平｜仄仄｜平”（平起平收）或“仄仄｜平平｜仄仄｜平”（仄起平收）式變成了“仄平｜仄仄｜平”或“仄仄｜仄平｜仄仄｜平”式。後者除韻脚字爲平聲外，全句只剩下一個平聲字，故叫“犯孤平”。

所謂“三平調”是指“仄仄｜仄平｜平”（仄起平收）或“平平｜仄仄｜仄平｜平”（平起平收）式變成了“仄仄｜平平｜平”或“平平｜仄仄｜平平｜平”式，最後三字都用了平聲字。

① 據王力《漢語詩律學》99—100頁（上海教育出版社1979年新2版），《全唐詩》中只找到兩個犯孤平的例子：“醉多適不愁”（高適《淇上送韋司倉》）；“百歲老翁不種田”（李頎《野老曝背》）

根據以上兩點，檢查律句平仄的四種基本格式就會發現，有些第一、三、五字的平仄是不允許變動的。

五律

甲式：仄⃝仄｜平⃝平｜仄（仄起仄收式）

乙式：平平｜仄⃝仄｜平（平起平收式）

丙式：平⃝平｜平⃝仄｜仄（平起仄收式）

丁式：仄⃝仄｜仄平｜平（仄起平收式）

七律

甲式：平⃝平｜仄⃝仄｜平⃝平｜仄（平起仄收式）

乙式：仄⃝仄｜平平｜仄⃝仄｜平（平起平收式）

丙式：仄⃝仄｜平⃝平｜平⃝仄｜仄（平起仄收式）

丁式：平⃝平｜仄⃝仄｜仄平｜平（仄起平收式）

基本格式中外加◯號的字表示可平可仄。从中可以看出，乙式五言第一字、七言第三字不能改用仄聲，否則就會“犯孤平”。丁式五言第三字、七言第五字不能改用平聲，否則就會出現三平調。

7. 律詩的拗救

所謂拗，是指律詩中某字的聲調不合平仄規定，應該用平聲却用了仄聲，或者該用仄聲而用了平聲字；所謂救，是指出現拗時，在另外該用平的地方改用了仄聲，或該用仄的地方改用了平聲，以求使平仄字數保持平衡。拗救是爲了擴大詩人選字範圍所采取的變通做法，它可以使詩人保留在意義上比較合適的字眼，不至於因聲奪義。需要指出的是，拗救的使用並不是任意的，而是有一定規定的，主要有以下三種情況：

（1）甲式句的拗救（對句相救）

甲式句五言第四字、七言第六字如果用了仄聲字，算是拗，救的方法是將其對句第三字或第五字改爲平聲，具體格式是（拗字下加○號，救字下加△號）：

出：仄仄｜平平｜仄⟶仄仄｜平仄｜仄

對：平平｜仄仄｜平⟶平平｜平仄｜平

出：平平｜仄仄｜平平｜仄⟶平平｜仄仄｜平仄｜仄

對：仄仄｜平平｜仄仄｜平⟶仄仄｜平平｜平仄｜平

這樣做出句雖然多了一個仄聲，對句却多了一個平聲，算是一種彌補。用例如：

野火｜燒不｜盡，春風｜吹又｜生。 ——白居易《草》

｜｜ —｜ ｜ —— —｜ —

林表｜明霽｜**色**，城中｜增暮｜寒。——祖詠《終南望餘雪》

—｜ —｜ ｜ —— —｜ —

青苔｜寺裏｜無馬｜**迹**，**緑**水｜橋邊｜多酒｜樓。

—— ｜｜ —｜ ｜ ｜｜ —— —｜ —

——杜牧《潤州二首》（其二）

南朝｜四百｜八十｜寺，多少｜樓臺｜煙雨｜中。

—— ｜｜ ｜｜ ｜ —｜ —— —｜ —

——杜牧《江南春絶句》

甲式句五言第三字、七言第五字如果用了仄聲字不算拗，按説不需救，但詩人們習慣上也往往相救，即將對句第三字换用平聲字，因此在唐人律詩中“平平｜平仄｜平”或“仄仄｜平平｜平仄｜平”這種句式很普遍。例如：

吾愛｜孟夫｜子，風流｜天下｜聞。 ——李白《贈孟浩然》

—｜ ｜— ｜ —— —｜ —

映階｜**碧**草｜自春｜**色**，**隔葉**｜黄鸝｜空好｜音。

｜— ｜｜ ｜— ｜ ｜｜ —— —｜ —

——杜甫《蜀相》

正因爲甲式句第三字用仄聲字不算拗，所以詩人們有時救，有時不救。例如：

此地｜一爲｜别，孤蓬｜萬里｜征。
｜｜　｜—　｜　——　｜｜　—（對句未救）
揮手｜自茲｜去，蕭蕭｜班馬｜鳴。　　——李白《送友人》
—｜　｜—　｜　——　—｜　—（對句相救）

（2）乙式句的拗救（本句自救）

乙式句五言第一字、七言第三字如果用了仄聲，即犯了孤平。救的方法是將五言第三字、七言第五字由仄聲改爲平聲。具體格式是：

平平｜仄仄｜平⟶仄平｜平仄｜平
仄仄｜平平｜仄仄｜平⟶仄仄｜仄平｜平仄｜平

補救避免了孤平，且未改變各節拍的性質。用例如下：

薄宦｜梗猶｜泛，
故園｜蕪已｜平。　　——李商隱《蟬》
｜—　—｜　—

人事｜有代｜謝，
往來｜成古｜今。　　——孟浩然《與諸君登峴山》
｜—　—｜　—

兒童｜相見｜不相｜識，
笑問｜客從｜何處｜來。　　——賀知章《回鄉偶書》
｜｜　｜—　—｜　—

野桃｜含笑｜竹籬｜短，
溪柳｜自摇｜沙水｜清。　　——蘇軾《新城道中》
—｜　｜—　—｜　—

（3）丙式句的拗救（本句自救）

丙式句五言第四字、七言第六字如果用了平聲，算是拗，補救的方法是將五言第三字、七言第五字由平聲換成仄聲。具體格式是：

平平｜平仄｜仄⟶平平｜仄平｜仄

仄仄｜平平｜平仄｜仄⟶仄仄｜平平｜仄平｜仄

補救後的格式音感不錯，詩人們喜歡用，尤其是律詩第七句、絶句第三句使用頻率最高。用例如下：

寒山｜轉蒼｜翠，
——　｜—　｜
秋水｜日潺｜湲。　——王維《輞川閒居》

無爲｜在歧｜路，
——　｜—　｜
兒女｜共沾｜巾。　——王勃《送杜少府之任蜀州》

正是｜江南｜好風｜景，
｜｜　——　｜—　｜
落花｜時節｜又逢｜君。　——杜甫《江南逢李龜年》

苦恨｜年年｜壓金｜線，
｜｜　——　｜—　｜
爲他｜人作｜嫁衣｜裳。　——秦韜玉《貧女》

有些書上認爲這種拗救是指五言第三字、七言第五字拗，五言第四字、七言第六字救，應該是説反了，因爲五言第三字、七言第五字都不是節奏點，用平用仄無所謂，談不上拗；而五言第四字、七言第六字是節奏點，其平仄按説不能變，用平聲導致與第二個節拍重複，破壞了交替，更談不上救。

（六）律詩的對仗

對仗，就是對偶。“仗”來源於儀仗隊的“仗”，具有兩兩相對、排列整齊的特點。律詩産生以前，詩歌中的對仗只是修辭上的需要。律詩的對仗不僅是修辭上的需要，更是格律的規定。律詩對仗的位置固定，一般用在頷聯和頸聯，至於首聯和尾聯，可對可不對。對仗的講究較多，大體可以分爲以下幾類：

1. 工對

所謂工對是把詞分成若干類，要求在每一類甚至小類中選擇對仗的字眼。通常把詞分爲名詞、形容詞、數詞、顏色詞、方位詞、動詞、副詞、虚詞、代詞等九類。其中名詞又細分爲天文、時令、地理、宫室、器物、衣飾、飲食、文具、文學、草木、鳥獸、形體、人事、人倫等小類。

有些名詞雖不屬同一小類，但由於在語言中經常並提，如天地、詩酒、花鳥等，所以用以對仗也算工對。嚴格的工對是很難做到的，以下是一些對仗比較工整的用例：

露重飛難進，風多響易沉。——駱賓王《在獄詠蟬》

不才明主棄，多病故人疏。——孟浩然《歲暮歸南山》

星垂平野闊，月涌大江流。——杜甫《旅夜書懷》

野蔬充膳甘長藿，落葉添薪仰古槐。

——元稹《遣悲懷三首》其一

驚風亂颭芙蓉水，密雨斜侵薜荔牆。

嶺樹重遮千里目，江流曲似九回腸。

——柳宗元《登柳州城樓寄漳汀封連四州刺史》

2. 寬對

寬對指名詞對名詞、動詞對動詞、形容詞對形容詞以及名詞形容詞副詞對動詞的一些對仗，甚至包括半對半不對的對仗。例如：

歎鳳嗟身否，傷麟怨道窮。——李隆基《經鄒魯祭孔子而歎之》

幾年同在此，今日各驅馳。——李白《送友生遊峽中》

遥憐小兒女，未解憶長安。——杜甫《月夜》

王師非樂戰，之子慎佳兵。

——陳子昂《送著作佐郎崔融等從梁王東征》

九月寒砧催木葉，十年征戍憶遼陽。——沈佺期《獨不見》

悵望千秋一灑淚，蕭條異代不同時。

——杜甫《詠懷古跡五首》其二

3. 借對

借對包括借義對和借聲對。其中借義又分爲有兩種情況。

（1）某詞有兩種意義，詩人在詩中用此義而以彼義相對。例如：

酒債尋常行處有，人生七十古來稀。

——杜甫《曲江二首》其二

歧王宅裏尋常見，崔九堂前幾度聞。

——杜甫《江南逢李龜年》

“尋常”古代有兩義：① 长度单位，八尺爲寻，一丈六尺爲常；② 经常。詩人在詩中用“经常”義而以“長度單位”與“七十”“幾度”相對。

（2）某詞本無某義，只因讀音與另一詞相同，故借另一詞的意義相對。例如：

馬驕珠汗落，胡舞白蹄斜。——杜甫《秦州雜詩二十首》其三

思家步月清宵立，憶弟看雲白日眠。　　——杜甫《恨别》

“珠”無“紅”義，因與“朱”同音，故詩中用“玉珠”義而借“朱”義與“白”相對。“清”無“青”義，因與“青”讀音相近，故詩中用“清静”義而借“青色”義與“白”相對。

4. 流水對

對仗一般是用兩句意義相對獨立的話相對，如果將一句話分成兩句相對，每句意義不完整，這種對仗就叫流水對。或者說用以對仗的兩個句子表意都不够獨立，只有將兩句合起來意思纔比較完整。流水對的兩句不能調换位置。例如：

不堪玄鬢影，來對白頭吟。　　——駱賓王《在獄詠蟬》

承恩不在貌，教妾若爲容。　　——杜荀鶴《春宫怨》

羞將短髮還吹帽，笑倩旁人爲正冠。

——杜甫《九日藍田崔氏莊》

聞報故人當邂逅，便臨近館爲遲留。——沈遘《過冀州聞介甫送虜使》

附録

《佩文詩韻釋要》選

清人周兆基《佩文詩韻釋要》在《佩文韻府》和《佩文詩韻》的基礎上撰成，分韻一百〇六，收字注釋均力求簡明，是清代流傳較廣的韻書。周兆基（？—1817年），字廉堂，湖北江夏（今武昌）人，乾隆進士，官終禮部尚書。爲讀者使用方便，這裏僅收《釋要》各部中的常用字，對其注釋做了删減，加了標點，替換了個别韻目字，使與《廣韻》保持一致。同時在原韻目後標出《廣韻》的韻目，外加括號，以資對照。

上　平　聲

一東

東同銅桐筒童僮瞳中衷忠蟲沖終戎崇嵩弓躬宫融雄熊穹窮馮風楓豐充隆空公功工攻蒙濛籠聾瓏洪紅鴻虹叢翁蔥菜名。又青色。聰驄馬青白色。通蓬篷烘潼水名。矇瞽矇。朧朣朧，月初出。峒崆峒，山名。螽蟲多子者。狨猛也。又獸名。澧水名。夢訌曈曈曨，日出皃。翀上飛也。忡憂也。崧山大而高。彤芃草盛皃。瞢目不明。璁石似玉。恫痛也。總縫也。逢鼓聲。蝀螮蝀。侗橦窿穹窿，天高皃。悾朦朣朦。懵心亂皃。嚨喉也。龐洪叢朣衕橦穜。种稚也。又姓。盅器虚也。潀水聲。芎汎忼琉倥倥侗，無知皃。艨絨練熟絲。

二冬（冬鍾）

冬農宗鍾酒器。又量名。鐘樂器。龍舂擣米也。松衝容蓉庸封胸雍和也。又姓。濃重複也。從逢值也。縫蹤蹤迹。俗作踪。茸草生皃。峰蜂本作蠭。鋒烽烽燧。蛩筇竹，可爲杖。慵懶也。恭供琮悰。淙水聲。儂吴人自稱。鬆髮亂皃。蘢蔥蘢。凶墉垣墉。傭雇作也。溶水皃。鎔鎔鑄。醲厚酒。穠華多皃。卭共與恭、供通。憧意不定也。邕和也。又州名。壅塞也。饔饔飧。縱縱横。龔給也。又姓。膿腫血也。淞忪心動皃。惷衝瑢瑽瑢，珮聲。葑匈喧擾也。兇洶洶湧，水勢。訩訟也。丰丰茸，美好皃。蚣蜈蚣。榕襛鬖彤鬖彤丹。飾也。

三江

江杠旗竿。又牀前横木。矼聚石爲步以渡。扛對舉也。厖厚也，雜也。尨犬也。窗邦缸長頸罌。降瀧奔湍也。雙龐高屋。又姓。逄塞也。又姓。腔骨體曰腔。又曲調名。撞擊也。幢旌旗之屬。樁橛杙也。淙浲橦修橦帳竿也。漎水聲。豇豆名。椖擊椖。悾。

四支（支脂之）

支枝移爲垂吹陂澤障曰陂。碑奇宜儀皮兒離施設也，用也，加也。知馳池規危夷平易也。師姿遲久也，緩也。龜介蟲之長。眉悲之芝時詩棊旗又微韻作旂。辭通詞。詞期祠基疑姬絲司官司。又州名。又姓。葵醫帷思滋持隨癡維卮作巵非。麋螭若龍，無角。麾旗屬。墀彌滿也，久也。慈遺亡也，餘也。肌脂雌披嬉尸貍俗作狸。炊湄籬兹差參差。疲茨卑辭虧蕤草木華垂皃。陲邊陲。騎跨馬也。曦歧岐山名。誰斯私窺熙欺疵貲財也。通資。笞杖笞。羈馬絡頭。彝髭口上須也。頤資糜粥也。飢衰微也。錐鋭器。姨母之姊妹。楣户楣。夔夔龍。又一足獸。祇地祇。涯水際。伊蓍靈草。追隨也，逐也。又母追之追。緇黑色。箕星名。

又籔揚器。椎擊也。羆篪鼞萎凋也。匙匕也。澌脾土臟。坻嶷九嶷，山名。治驪黑馬。嬀綦屍怡和也。尼僧尼。又山名。漪漣漪。纍貫也，纏綴也。匜犧飴餳也。而頰毛。又語助。又汝也。鴟惡鳥。推縻縶也。好爵縻易作靡。璃琉璃，玻璃。祁盛也；徐也。綏安也。又執轡之總。逵九逵道。絺羲羲和，軒羲。羸瘦也。肢騏訾毀也。又諏訾。獅奇嗤咨諮謀。一作諮。隳壞也。一作隳。萁豆萁。其粢粢盛。睢漓淋漓，澆漓。騅蠡馗同逵。菑輜載衣物車。鰭迆逶迆。蛇委蛇。陴女牆淇水名蜊蛤蜊。淄臨淄，淄澠。麗魚麗，高麗。篩竹器。廝役也。氏月氏，國名。痍瘡痍。榱屋椽。蘺香草。貔比皋比。僖樂也。眙眝也。祺嘻噫嘻。鸝黃鸝。瓷陶器。鶿鸕鶿。鈹劍也。琦瑰琦。嵋峨嵋，山名。怩忸怩，慙也。熹熾也。孜孜孜，勤皃。亦作孳。台與之切，我也。蚩敦厚皃。罹憂也，遭也。裨補益也。裨輔也，偏裨。虒似虎有角。魑魑魅。紕冠緣也。又紕繆，錯繆也。亦作紕謬。丕丕績，丕基。琪美玉。耆六十曰耆。衰等殺也。惟猗猗猗，美盛皃。劑質劑，券書也。羈旅寓也。薺趨以采薺。提墀雞棲。犛牛名。葹倍葹。又草名。祇敬也。从氏與衹別。禧巇同危，三巇山名。居語助。梔木名。澌水索也，盡也。踦足蹇也。戲於戲，嘆詞。畸殘田。又零也。椅木名。胹煮也。埤增也。磁磁石，磁州。郿地名。貍离猛獸。貤移也。孋通驪，戎國名。隹短尾鳥，通騅。錙六銖爲錙。踑郫地名。囈吁囈。譆痛聲。寅敬也。又辰名。鄑邑名。鰣麒委委佗。鍉鑰鍉，俗作匙。秠秬秠，黑黍。蘼荼蘼，花名。薔蘼，草名。剞剞劂，曲刀。箟筂箟，竹名。崎崎嶇。嵫崦嵫。胔腐肉。隋本作隨，隋文帝去辵。箄取魚器。眵目汁凝也。螔螔蛇，同委佗。觶酒器。姼姑姼，輕薄皃。姼姼，美好皃。又楚人稱母也。緦三月服。萑草多皃。甤草木實甤甤也。耔耘耔，除草。黟黑水也。又縣名。恞悦也。逶逶迆。騩馬淺黑色。踟踟躕。諆欺也。圯橋也。浰倭順皃。嵯山不齊。玼瑕玼，玉病。觭角不齊。徛舉足以渡。茲音慈，龜茲，西域國名。齎禔觽黎犂酈

五微

微薇暉日光。煇光也。一作輝，通暉。徽揮韋韋編，韋弦。闈幃闈宮中門。違霏菲芳菲。妃妃嬪。緋絳色。飛非扉肥威祈旂有鈴曰旂。畿機幾幾微，庶幾。譏饑饑饉。稀希少也；望也。晞露乾也。衣衣裳。依沂巍崔巍。歸禕后祭服。誹謗也。淝水名。亦作肥。痱風病。欷欷噓。葳葳蕤，盛皃。穖耕也。譩痛聲。頎長皃。圻京圻。睎望也。

六魚

魚漁初書舒居居處。裾車舟車。渠蕖芙蕖。余予同余。譽稱譽。輿餘胥蟹醢。又皆也；相也。狙猿屬。鋤疏亦作疎，通也；遠也。又綺疏窗也。蔬梳櫛也。虛噓吹噓。徐豬俗作猪。閭里閭。廬驢諸除庭除，埽除。儲偫也。如往也；似也。墟村墟，邱墟。琚珮玉。與語詞。又容與。疽癰疽。苴麻子也。又包裹也。又履苴也。於語詞。又居也。茹茅茹，吐茹。蛆蝍蛆。且語詞。沮水名。袪衣袂。祛禳卻也。蜍蟾蜍。挐牽也；煩也。亦作拏。櫚栟櫚。淤泥澱，滓也。妤婕妤，女官。帤巾帤，大巾也。雎雎鳩。諝有才智也。蘧麥也。又蘧蘧，自得皃。椐靈壽木。紓緩也，解也。袽敝衣。躇躊躇。趄趦趄。璩環屬。滁水名。屠匈奴休屠王。据拮据。齬齟齬。嘘崎嘘，山峻也。摴摴蒱。疋慺恭敬。咀猶噓也。蒢草可染。湑露皃。衙行皃。涂同滁。狳犰狳，獸名。洳水名。櫖地名；木名。

七虞（虞模）

虞愚娛隅芻俗作蒭。無蕪巫于盂衢儒濡襦須株誅蛛殊銖十黍爲絫，十絫爲銖。瑜榆諛愉腴區藏物處。驅逐遣也。軀朱珠趨作趍非。扶扶持。又州名；澤名。符鳧俗作凫。雛敷夫男子通稱。膚紆輸負也；納財也。樞廚俱駒模謨蒲胡湖瑚珊瑚。乎壺狐弧孤子也。又孤負，俗作辜。辜罪也。姑觚方也；簡也。又爵名。菰徒途塗泥也；杇也。荼苦菜。圖屠屠殺；浮屠。奴呼喚也。又呼吸。吾自稱。梧吴租盧飯器。又黑色。蘆蘇酥烏汙水濁不流。枯麤都鋪陳也。禹嵎誣竽雩吁盱張目也。瞿鷹隼視。又瞿唐峽。又姓。劬繻繒采。需殳兵器，同杸、祋。俞然也。逾亦作踰。覦覬覦，欲得也。揄揄揚。萸茱萸。臾須臾。渝變也。嶇崎嶇。鏤屬鏤，劍名。婁曳婁；邾婁。夫語助。苻萑苻。又前秦苻堅，姓。與符别。莩葭中白皮。孚信也。桴編竹木代舟。郛郭也。俘虜獲也。趺跏趺。迂姝躕踟躕。拘摹仿摹。蒱摴蒱戲。醐醍醐。糊黏也。餬寄食。鶘鵜鶘，水鳥。酤一宿酒。鴣鷓鴣。沽買也。又水名。呱兒啼。幠大也；覆也。駑逋壚黑剛土也。又酒壚。徂孥妻孥，通帑。瀘水名。餔以食食之也。晡日申時也。嚅囁嚅。諏咨事也。扶母涪母熬餌也。毋止之也。杅浴器。訏大也。芙芙蓉。喁聲相和也。齵齒重生。顱頭顱。轤轆轤。句其俱切。青句，履名。須句，國名。洙羭牡羊。瘉病也。稃穀皮。麩麥皮。枹擊鼓杖。膜南膜，胡人拜。嫫嫫母。瓠瓜類器名。惡語詞。刳判也。躍行皃。芋大也，草盛皃。嘔悦言也。喻嘔喻，和悦皃。枸立木也。鸕鸕鷀。貙朱貙，獸名。跦鳥行皃。侏侏儒。齬葫葫瓜。憮大也；傲也。簠竹名。痀痀僂。穌更生曰酥。於嘆詞。懦駑弱也。通銑。帑子也；鳥尾也。拊

八齊

齊臍黎黎民。犁耕俱。藜蠡鰲妻夫妻。萋淒悽羝牡羊。低氐氐羌。詆詆訶。題額也；品也。提提攜。荑蹏一作蹄。嗁一作啼。綈結也。緹赤帛。折折折，安舒皃。又兩。篦櫛屬，去髮垢者。又取鰕竹器。雞稽稽考；稽留。笄兮奚嵇山名。又姓。蹊蹊徑。傒高傒，祁傒，百里傒。倪幼弱。又姓。霓虹霓。鯢刺魚。雄曰鯨，雌曰鯢。輗轅端木。西栖一作棲。犀犀牛。嘶馬鳴。撕提撕。梯木階。批反手擊也。又批示之也。躋齏薑蒜爲之，俗作虀。賫俗作賷。擠排擠。迷泥水淘土也。谿亦作溪。圭閨睽目不相視也。又卦名。孤也。奎畦藜蒺藜，藥名。驪凄寒風。睼遠視也。褆衣服好皃。卟問卜也，本作乩。緊赤黑繒。又語詞。兒姓也，通作倪。粞碎米。

九佳（佳皆）

佳从圭，與佳别。街鞋本作鞵。牌柴薪屬。釵差使也。厓一作崖，通涯。涯階偕諧骸排乖懷淮豺儕埋霾風揚塵。齋媧女媧。蝸蝸牛。娃美女。哇吐也。又淫聲。皆喈揩拭也。蛙楷孔林木。槐俳俳優。

十灰（灰咍）

灰恢大也。魁斗魁。隈水曲。回徊槐枚條枚。梅媒煤瑰亦作瓌。雷隤下墜也，通頽。催迫也。摧折也。堆陪杯醅酒未漉也。嵬崔嵬。推排也；進也。開哀埃臺俗作臺。苔支韻作菭。該才材財裁裁度；裁縫。來萊栽種也。哉災猜胎台三台。顋亦作腮。孩虺虺隤，病也。莓苔也。崔裴衣長皃。又姓。培益也；養也。坏未燒瓦。皚霜雪白皃。傀倭傀皃，美也。詼詼諧。胚一月孕。桅檣也。唉嘆也。能三足鼈。三能，星名，即三台。薹蕓薹，菜名。又莎草。偎愛也。

十一真（真諄臻）

真因茵車重席也。辛與辛别。辛音愆。新薪晨辰臣人仁神親愛也，近也。申伸屈伸。紳大帶。身賓俗作賔。濱鄰俗作隣。鱗麟珍瞋怒也。塵陳震韻，陣亦作陳。春津秦頻頻頻，數也。蘋大萍。顰眉蹙。銀垠地垠。筠竹青皮。巾民貧醇純純粹也。脣齒垣，俗作唇。倫彝倫。綸絲綸。輪淪勻旬巡通循。作廵，非。馴順也。鈞三十斤也。又秉鈞，《詩》作均。均均平。臻至也。榛小栗。姻婚姻，同婣。宸帝居也。寅辰名。又敬也。嬪九嬪，婦官。彬鶉鶉鶉。遵循振厚也，振振。甄陶也。岷山名。諄誠懇皃。椿大椿。詢咨也。峋嶙峋。莘太姒國。屯難也。又卦名。呻吟也。粼水生厓石間。閩閩越。豳通作邠。逡行不進也。填久也。泯盡也。又水皃。洵水名。又信也。儐敬也。燐鬼火。荀蓁盛皃。娠孕也。紉縫紉。有仄音，居覲切。掄擇也。斌同彬。氤氤氳。

十二文（文欣）

文聞耳知聲也。紋蟁通作蚊。雲氛分别也。紛芬焚墳墳墓。羣裙一作帬。君軍勤斤斧斤。又斤兩。俗作觔。筋薰香草。熏火氣，通薰。醺醉也。葷臭菜。耘云芸香草。汾水名。氲氤氲。員益也；幅員。俗作負。欣芹殷昕日出。豴飛皃。同翂。賁大也。又三足龜。紜紛紜。懃同勤。慬憂哀。堇黏土。从革省。垠地垠。齦齒根肉。雯雲文。

十三元（元魂痕）

元原源黿園猨一作猿。轅垣煩繁多也。蕃蕃息。樊樊籠。翻暄萱喧冤作寃非。言軒藩魂渾温孫門尊罇酒器。一作樽。存蹲踞也。敦敦厚。墩土堆。屯聚也。豚村盆奔論評論。坤一作堃。昏本作昬，唐人避民字諱改，今沿用之。婚痕从良非。根恩吞沅水名媛援引也。燔炙也。爰幡拭觚布。又幡幡。同翻。番更番也。俗作畨。反斷獄平反。通翻。鴛宛大宛國名。掀舉也。昆琨瑶琨。鯤捫飧夕食曰飧。惇厚也。賁虎賁。通奔。又三足龜。崙崑崙。髡去髮。跟足後踵。掄蘊蘊藻。同薀。犍犗牛名。又犍爲，郡名。芫毒魚草。阮五阮，郡名。袁怨讎也。蜿蜿蜿，龍升皃。又蟠蜿，蜷蜿。崑燉火熾。又燉煌，郡名。飩餛飩。臀髀也。黀噴吐氣也。純束也。

十四寒（寒桓）

寒韓翰丹殫盡也。單複之對也。安鞌難餐灘壇檀彈射也。又劾也。殘干犯也。通奸。又闌干，俗作杆。肝竿乾燥也。又桑乾，地名。闌欄本作闌。瀾波瀾。蘭看刊削也。作刋非，刋音茜。丸桓紈紈素。端湍急瀨。酸團摶攢聚也。官觀視也。冠弁冕總名。鸞鑾欒木似欄。又檀欒。巒歡寬俗作寛。盤蟠漫大水皃，漫漫。汗可汗，酋長也。鄲邯鄲。歎攤手布使開也。姍譏姍。珊珊瑚。奸犯亂也。剜削也。棺磐大石。謾詆語。瞞目不明。蹣蹣跚。胖大也，體胖。弁樂也。同般。又小弁，《詩》篇名。箪圓

筐。攔完莞草可爲席。般一般。又般游。通盤。拌撣觸也。敦音團，聚皃。繁薄官切，繁纓。禮作樊。曼路遠。又匈奴頭曼單于。饅鰻

十五删（删山）

删潸涕出皃。關彎灣還環娜環，作嫏嬛非。鬟寰畿内縣。班分也；布也。斑駁文。頒頒白。頒賜，通班。般還師也。同班。蠻顔姦菅茅屬，菅蒯。攀頑山鰥無妻。一作矜。又魚名。閒中間，俗作間。艱閑防也；習也。閒閒暇，俗混閑。嫺閑雅。慳吝也。孱懦弱。潺流水皃。殷赤黑色。綸草名，色青赤。又綸巾。擐擐甲。轘轘轅。又車裂刑。扳同攀。訕謗譏也。患憂患也。

下平聲

一先（先仙）

先在前爲先。前千阡南北曰陌，东西曰阡。箋詩註。又表也。一作牋。天堅肩賢弦弓弦。絃管絃。煙燕國名。蓮憐田填塞也。又鼓聲。鈿金華飾。年顛巔牽引也。又饒牽。妍研窮究也。又磨也。眠淵涓細流。邊編縣縣繫；縣絶。又宫縣。今加心字。泉遷仙鮮潔也。又鮮食。又朝鮮，國名。錢泉貨也。本作泉。煎熬也。然語詞。又燒也。延筵羶羊臭。禪静也。釋氏諦。蟬纏繞也。廛二畝半宅，俗作廛。連聯漣篇偏便安也；習也。便便，辯也。又腹便便，肥滿皃。緜全宣穿通也。川緣因也，循也。鳶鉛青金。一作鈆。捐旋回也；斡也。娟船作舡非，舡音腔。涎鞭專圓通圜。員官數也。乾天也。卦名。虔虎行皃。又敬也。愆愆尤。騫馬腹縶也。又虧也。權拳椽屋桷。傳授也；續也；布也。焉蹮蹁蹮。芊芊芊，草盛皃。濺水疾流皃。舷船邊。咽咽喉。零先零，西羌名。闐盛也。又于闐，國名。鵑杜

鵑。綖冠上覆。翩扁小舟。平平平，辨治也。沿從流下。還同旋。詮解也。痊瘳也。卷曲也。又好皃。又大卷，黄帝樂名。顴輔骨。通權。戔淺小意。純投壺算。仟千人長。畋獵也。佃治田。又同畋。滇滇池，地名。潺嬋嬋娟，媚態。顓顓顓，謹皃。又顓頊。褰袴也。又搴也。搴取也。蔫物不鮮。澶澶淵，水名。單單于。扇扇凉。鍵鑰也。蜷蟲行。棉木棉。鰱魚名。

二蕭（蕭宵）

蕭簫挑取也。貂刁刁斗。又姓。凋通彫。雕同鵰。迢條跳躍也。調和也。梟不孝鳥。澆沃也；薄也。聊且也；賴也。聊聊，耳鳴。遼遠也。寥寂也。撩理也；取物也。僚官僚。堯幺幺麽，小也。俗作么。宵消霄超朝朝夕。朝朝廷。潮囂喧囂。又限囂。樵采樵。驕嬌女態。焦蕉椒饒蕘芻蕘。燒爇也。遥傜傜役。姚美好皃。又姓。摇動也。招摇，星名。扶摇，暴風。步摇，首飾。謡徒歌曰謡。瑶韶舜樂。昭明也。招飇暴風。標標舉。木末。瓢苗从田。其从由者，草名，音笛。描貓俗作猫。要約也；刦也。腰邀鴞同梟。喬木上竦。橋僑寄也。妖通祅。夭少好皃。漂浮也。又瀏漂，清涼皃。飄翹舉也。佻佻巧。又佻達。徼徼倖。又求也。僥僬僥，短人。哨口不正。嬈嬌嬈。陶皐陶。趫善走。瀟驍勇捷。轎小車。蕎蕎麥。嘹嘹亮。垚土高皃。逍逍遥。憔憔悴。剽鐘大者。

三肴

肴一作殽。巢交郊茅嘲鈔謄寫也。又鈔略通用。包膠膠庠。又姓。又膠黏。爻苞梢蛟庖坳坳堂。一作凹。敲擊也。胞抛炮哮咆哮，熊虎聲。淆混淆。泡浮漚。跑聱聽不順也。咬咬咬，鳥聲。教悔教，肯教，儘教，苦教之類。咆咆哮。佼行也。抓抓掐。捎手引取也。勹包也，象曲身皃。嘮語多皃。

四豪

豪豪俠。又豕鬣。毫通作豪。操持也。刀萄蒲萄。猱猴也。桃糟酒滓，俗作醻。漕衛邑。旄旌旄。袍撓攪也；屈也。蒿濤臯本作臯。號呼也。陶甄陶。又姓。螯蝤螯。翱翿俗作鷔。敖游也。或作遨。曹遭篙羔羊子。高嘈喧嘈。搔爬搔。毛艘船總名。滔騷擾也；憂也。韜藏也。又韜略。通弢。膏肥也。牢醪醇醪。逃槽濠城濠。勞勤勞。叨濫叨，忝也。綢韜也。饕貪財曰饕，貪食曰餮。獒犬四尺。熬煎也。臊腥臊。漻飛漻，大波。弢弓衣。淘澄汰也。挑挑達。撈取也。薅除田。咎古臯字。

五歌（歌戈）

歌多羅河戈阿曲也。和諧和。波科柯娥蛾蠶蛾。鵝蘿荷芙蕖。何過經過也。磨以石治玉。螺禾窠穴中曰窠。又巢也。哥娑婆娑，舞皃。駝橐駝。佗委佗，美皃。沱滂沱，江佗。鼉似魚，有足，皮可冒鼓。那何也；多也；安也。苛煩苛。訶責也。珂珮玉。軻車接軸。又轗軻，不遇也。莎梭織具。婆老母稱，俗作媻。摩魔訛謬也。本作譌。羸俗作騾。坡頗不平也。抄摩抄。一作挲。酡酒容。俄俄頃，速也。哦吟哦。拕亦作拖，曳也。儺逐疫也。呵氣出也。亦作訶。窩穴居。茄古荷字。磋切磋，治骨角。跎蹉跎。番番番，勇也。菏澤名。通荷。蹉蹉跌。搓手搓。馱騎也，負也。獻音婆，酒尊名。蝌蝌蚪。鍋温器。倭海中國名。矬短也。鑼鳴鑼，樂器。

六麻

麻花本作華。霞家華榮也。禡韻作嶪。義異。沙車牙蛇龍蛇。瓜斜邪心不正。又同耶。芽萌芽。嘉瑕玉小赤也。紗鴉同鵶。本作雅。遮要也；蔽也。叉交手也。俗作义。葩花也。奢侈也。楂通作査。亦作槎。琶琵琶。衙官舍也。賒貰買也。又遠也。涯誇巴巴蜀。加耶疑詞。又通爺。嗟遐遠也。笳樂器。差不相值也。蟆蝦蟆。蛙譁喧嘩。蝦魚蝦。一作鰕。拏魚韻作挐，義同。葭葦未秀者。茄呀張口皃。啞啞嘔皃，學語咿啞。船聲。媧爬搔爬。杷枇杷，果也。又收麥器。蝸爺俗呼父。芭芭蕉。又桐芭。通葩。鯊鮹鯊。娃哇窪深也。洼洿也。畬火種田。夸同誇。裟袈裟。些少也。

塗音茶，沮洳也。又飾也。椏樹歧。通枒。杈杈枒。爹羌人呼父。椰木名。吒達利吒。笆竹籬。樺木皮，可爲燭。划撥進船也。揶揶揄，舉手相弄。吾允吾，縣名。佘姓也。

七陽（陽唐）

陽楊揚香通薌。鄉光昌堂章張開也；施也。王君也。房芳長短長。又善也。遠也。塘妝俗作粧。常涼霜藏匿也，蓄也。場築土曰壇，除地曰場。央泱泱泱，水流皃。鴦秧嫱嬪嫱，婦官。狼牀俗作床。方漿觴觶實曰觴。梁娘一作孃。莊黄倉倉庾。皇裝束也。肪脂也。殤夭喪。襄贊襄。相共也。又質也。湘水名。箱廂東西室。創傷也忘遺也，忽也。芒草端。又光芒。望瞻望，令望。嘗試也。又祭名，烝嘗。償還所值也。檣帆柱。槍稍也；距也。又天槍，星名。坊邑里名。囊有底曰囊。郎官名。又男子稱。唐國名。又廟中路。狂强米中蠹。又通彊。剛德也。腸康岡俗作崗。蒼深青色。匡救正也。荒遑暇也。行二十五人爲行。妨害也，礙也。棠甘棠，海棠。翔良航舟航。通杭。倡倡優，俗作娼。倀倀倀，不知所如。羌氐羌。又發端語。慶福也。姜姓也。僵仆也。薑繮馬紲。疆封疆。糧穀食。將音漿。發始辭。又送也。干將，劍名。牆俗作墻。桑剛祥詳洋水盛也。徉徜徉。佯詐也。梁量稱量；商量。羊傷湯熱水也。又殷湯。樟豫章，木名。通章。彰漳水名。猖披猖。商商量。殷商作商，非。商音的。防隄也；備也。筐竹器。煌光明也。篁隍城隍。凰徨彷徨。蝗惶恐惶。璜半璧。榔檳榔；鳴榔。廊浪滄浪，水名。聊浪，放蕩皃。博浪、樂浪、莊浪，地名。襠裲襠、袴屬。滄網亢人頸也。又督亢，地名。吭鳥喉。鋼鍊鐵。喪持服曰喪。穅穀皮，一作糠。肓心上，鬲下。簧笙舌。忙茫傍側也。汪池也。又水深廣也。臧善也。又臧獲。琅琳琅。俗作瑯。蜋螳蜋。當任也；遇也；敵也。又馬當、武當，山名。庠養老曰庠。裳昂低昂。障障泥。又隔也，衛也。餹俗作糖。鏘玉聲。湯音商，水流皃。杭州名。湟水名。滂滂沱，大雨。溏池也。將音鏘，聲也。又願辭也。又嚴正皃。禳除殃祭。攘竊也。又除也。蹌趨蹌。瓤瓜實。搶拒也；突也；飛掠也。戕杀也。螗螗蜋。眶目眶。鏜鋃鏜。彭多皃。又音旁。亡殃薔薔薇。嵣搪搪揬，亦作唐突。滄寒皃。彷彷徨。瑭玉名。胱膀胱，水腑。雱雨雪盛。磅砰磅，石聲。膀見胱註。螃螃蟹。

八庚（庚耕清）

庚更羹盲目無見。横東西曰縱，南北曰横。觥兕樽。彭鼓聲。又姓。棚亨英瑛玉光。烹烹飪。本作亨。平平正也。評品論也。京驚荆荆楚。明盟鳴榮瑩玉色。兵兄卿生甥笙牲犧牲。擎鯨黥墨黥，面刑。迎逢也。凡物來而接之，平聲。未來而迓之，去聲。行行步。衡平也。耕萌氓通作甿。宏大也。通閎。閎巷門。莖草木榦。鶯櫻含桃。泓水深。橙橘屬。争筝秦聲。蒙恬所造。清情晴精睛目珠。菁韭華。又菁菁，美盛皃。晶水晶。盈盈縮。通嬴。楹柱也。瀛海也。嬴秦姓。贏餘也。營嬰嬰兒。纓冠系。貞成盛黍稷在器也。城誠呈程式也；章程。聲征正歲之首月。又射侯。輕重之對。名令使令也。脊令，鳥名。丁令，地名。并合也；二難并。又州名：幽、并。傾攲也。縈繞也。赓瞠直視。槍欃槍，彗星。峥峥嵘，山高峻。猩鏗金聲。嶸丁丁丁，伐木聲。嚶嚶嚶，鳥聲。鶊錚金聲。琤玉聲。砰砰磕，如雷之聲。怦怦怦，心動。轟羣車聲。瞪直視。蜻蟬有文者。塋墓域。楨楨榦。題曰楨，横曰榦。禎祥也。偵候也。探視也。頃頭不正。又西頃，山名。獰猙獰，惡皃。抨彈也。坪地平也。請《史記·禮書》“請文俱盡”。又受言也。

九青

青經經籍。又經緯。雉經。涇涇渭。形刑邢國名。型金曰範，土曰型。亭庭階庭，洞庭。廷朝廷。霆雷霆。蜓蜻蜓，蟲名。停丁辰名。又姓。又魚枕謂丁。釘鍊金爲鉼。又鈴釘，矛名。仃伶丁，獨也。馨星腥生肉。鯹魚鯹。醒醉解也；夢覺也。惺惺惺，了慧也。俜伶俜。娉娉婷，美皃。靈齡年也。鈴似鐘而小。苓茯苓。伶樂人。泠清泠。零餘雨。又奇零。玲瓏玲。翎鳥羽。瓴似甖。囹囹圄。聆聽也。聽聆也。廳治官處事曰廳。本作聽。汀水際平沙。冥幽冥。溟海也；小雨也。銘名其功也。瓶屏今屏風也。萍熒光也。螢聤盯聤，耳垢。瞑合目也。暝晦暝。

十蒸（蒸登）

蒸衆也。亦作烝。烝火氣上行。又祭名。承奉承。丞副；貳。懲勸懲。澂清也。同澄。陵大阜。又侵陵也。凌冰凌。綾冰俗作氷。膺胸也。鷹應譍答言也。蠅繩澠淄、澠，二水名。乘駕也；因也。塍稻田畦。昇日上也。升勝勝任也。興臥起。又盛也。繒帛也。憑仍因也。又云仍。兢戒也。矜憐也。又矜夸。徵召也。三徵，證也。庶徵，斂也。催徵。凝冰堅也。稱權輕重也。又稱揚，稱謂。登簦簦器。或作甑。燈本作鐙。僧增曾曾經也。憎憎惡。罾魚罾。層曾曾孫。又姓。能賢能。棱朋鵬弘肱臂也。薨騰滕國名。藤藤蘿。恆崚崚嶒。凭依几也。馮馬行疾。礽福也。扔引也。謄傳鈔。

十一尤（尤侯幽）

尤甚也；過也；怨也。郵馬傳曰置，步傳曰郵。優憂流留止也；遲也。一作畱。劉剋也；殺也。又姓。由油膏也。又水名。游通作遊。猷謀猷。悠攸牛修修治。脩脯也。通修。羞膳羞。一作饈。秋周州洲洲渚。舟酬獻酬。一作醻。讎仇讎；校讎。柔儔儔侶。疇田一井爲疇。籌壺矢。又算也。稠稠密。邱抽引也。瘳病愈。遒盡也；健也。收捕也；取也。鳩鳥名。又聚也。不未定之詞。愁休囚求裘毬鞠丸。仇匹也。又同讎。浮謀牟牛鳴。又取也。眸目瞳子。侔等也。矛酋矛，鉤兵。侯本作矦。猴喉謳漚浮漚。鷗水鳥。樓偷頭投鉤溝幽虯龍無角，俗作虬。彪虎文。又小虎也。綢綢繆；綢直。遛逗遛。鶖禿鶖。梁鶖。蝣蜉蝣。猶猶豫，獸善疑。酋長也。售賣也。揉以手挺也。叟叟叟，淅米聲。幬帳也。球玉磬。逑匹也。歐歐歐，雞鳴聲。又姓。摟曳也。兜驩兜，兜鍪。句曲也。句芒，春神。句龍，社神。句繹，邾地。妯心動也。惆惆悵。諏馗中馗，菌也。鞣熟革。龜龜兹，國名。區音鷗，量名。

十二侵

侵尋俗作夀。浔水厓。林霖雨三日以往曰霖。臨卦名。又視也。以尊適卑曰臨。箴箴規。斟斟酌。沈没也。深淫一作婬。心琴禽擒欽敬也。衾被也，與衿别。吟咏也；嘆也。今襟衣衽也，與衿同。金音陰岑山小而高。簪首笄也。琳球琳。琛寶也。諶信也。忱誠也。壬辰名；大也。又佞也。任堪也。又負荷也。霪久雨曰霪。黔黑色。歆神食氣。禁力所勝也。森長木皃。參參商。又不齊也。淋水沃也。郴州名。妊婦孕。湛《論衡》："久雨爲湛，久陽爲旱。"

十三覃（覃談）

覃恩覃，及也。精覃，殫也。潭譚國名。通談。參《周易》："參伍以變。"又參謀。驂駕三馬曰驂。南男諳練歷也。庵含涵函容也；鎧也。探取也，索也。貪眈眈眈，視近而志遠也。耽耳大垂也。又樂也。湛樂也。龕塔下室。堪戡勝也。談甘三數名。酣飲洽也。籃柑甔聃耳無輪。又老聃，人名。藍染青草。擔擔荷。泔米汁。邯地名。憨癡也。鐔痰肺病。婪貪也。頷面黄。諵語聲。襤襤褸，敝衣。

十四鹽（鹽添嚴）

鹽煮海所成。檐廉簾嫌嚴教命急也。占視兆以問。謙匳鏡籢也。俗作奩。纖通孅。瞻蟾蟾蜍。炎添兼并也。霑濡也。同沾。尖潛藏也。又水名。又姓也。閻里中門。鐮刀鐮。黏膠黏，俗作粘。淹漬也；留久也。又人名，江淹。甜甘也。恬安静。拈指取物。砭以石刺病。漸被也；浹也。黔蒹蒹葭。帘酒望也。沾沾沾，自整頓也。又濡也。僉皆也。

十五咸（咸銜凡）

咸皆也。鹹不淡也。俗作醎。緘封識也。又書緘。讒譖也。銜馬勒。又口銜。又頭銜。巖通喦。帆船上受風幔。衫杉松杉。監察也。凡俗作凢。芟刈草。喃呢喃，燕語。嵌嵌巖。又嶄嵌。摻手皃。諴和也。嚴

上　聲

一董

董動孔總籠竹器。澒水銀滓也。桶蠓空琫懵攏持也。洞曚幪幪幪，茂盛皃。玤懂醲侗

二腫

腫種踵寵隴壟擁壅茸重冢俗作塚。奉捧勇踊甬甬道。俑木偶。慂慫慂。蛹蠶化爲蛹。恐懼也。拱珙璧也。栱柱頭，科栱也。鞏以皮束物。竦敬也。悚怖也。聳高也。洶湩濁，多也。溶

三講

講港棒蚌蛤也，同蜯。項玤耩耬耩，耕也。

四紙（紙旨止）

紙只咫八寸曰咫。砥礪石。又平也。氏氏族。靡綺靡，披靡。彼毀委棄也，屬也。詭髓骨中脂也。妓掎角掎。綺此泚蘂豸蟲豸。又獬豸。徙遷徙。屣履也。葸爾邇弭角弓。又息也。婢侈弛張弛。豕紫捶箠馬策。揣揣度。企舉踵望也。旨指視美訾否泰否。否兕野牛。几姊匕匕匙，匕首。

比妣水䛒大也。唯諾也。止市恃徵五音之一。喜己紀跪技迆邐迆，連接也。鄙晷日景。子梓矢雉死履壘軍壘。誄銘誄。揆度也。癸趾芷香艸。畤祭地。以已似相耒相。汜水名。姒巳辰名。祀史使令也。駛耳里理裏衣内也。李俚聊也；鄙也。鯉起士仕俟待也。涘水涯。始峙峻峙，屹立也。痔齒矣擬度也。恥祉福也。滓塵滓。璽王者印。邐迤邐。鞞刀鞞。芈楚姓。跬半步爲跬。秕糠秕。一作粃。圮毀也。痞坻隴阪。旎旖旎。址娌妯娌。踦足脛。倚因也；恃也。被寢衣。你仔

五尾

尾鬼葦卉草總名。虺虺蛇。古作虫。幾多少之辭。偉韙是也。煒光煒，盛赤也。斐誹菲葑菲。悱憤悱。蟣蝨子。豈暐日光盛也。匪瑋玉名。又瑰瑋，奇玩也。蜚蟲名。唏哀而不泣。

六語

語言語。圉圉人，掌馬者。圄囹圄。禦呂侶旅紵麻也。抒杼機杼。與予賜予。渚洲渚。煮汝茹暑鼠黍杵舂杵。處居處，審處。貯積貯。諝女許拒拒諫。距鉤距。炬火炬。苣菜名。又同炬。所楚叢木。又國名。阻俎一作柤。舉莒國名。敘序階序；庠序。又倫序也。緒端緒。嶼島嶼。墅圃墅。籞禁籞。衙梠楣也。著門屏之間曰著。巨通鉅。咀含味也。苴履苴也。柜木似柳。亦通櫸。

七麌（麌姥）

雨羽禹宇舞父府鼓虎古股賈商賈。蠱土吐圃園圃。譜庾倉庾。户樹種植也。煦温煦。琥瑞玉。怙嶁岣嶁，山名。咻噢咻。簍籠也。滷鹹滷。努努力。肚腹肚。嫵媚也，同娬。齲齒病。枸枳枸。瞴微視皃。輔組組綬。乳弩弓弩。補魯櫓大盾。覩同睹。豎俗作竪。腐鹵鹹地。數計也；責也。簿簿籍。姥女師也，一作姆。普侮五廡堂下周屋。斧聚午伍縷部

柱矩武脯苦味苦也。取撫通拊。浦主杜祖堵垣也。愈祜福也。扈國名。雇九雇，同扈。虜掠也；獲也。父男子美稱，通作甫。甫腑俯本頫字，亦作俛。憮憮然，失意皃。估市估。詁訓詁。瞽酤一宿酒。努踽獨行皃。滸水厓。詡大言也。栩栗屬。炷燈炷。拄支也。剖判也。鵡岵陟岵。溥賭傴傴僂。僂莽

八薺

薺甘菜。禮體米啓陛天子之階。洗滌也。邸舍也。底詆抵牴角牴。弟兄弟。娣娣姒。遞涕濟水名。澧水名。眯目眯也。緹

九蟹（蟹駭）

蟹解買楷模楷。嬭乳也。擺開也。罷楞矮夥多也。

十賄（賄海）

賄悔悔吝。改采同採。彩光彩，通采。綵衣彩，通采。海在辠今作罪。宰醢肉醬。載年也。鎧甲鎧。待怠殆倍猥鄙也。隗高也。嵬蕾蓓蕾。儡傀儡。紿絲勞也。詒欺詒，通紿。蓓黄蓓，草名。鼐大鼎。璀璀璨。又玉名。每亥乃

十一軫（軫準）

軫車軫。又軫念。敏允信也。引長也；導也。尹治也。又官名。盡忍準平也；度也。隼鷙鳥。筍俗作笋。盾干盾。閔傷也；病也。憫憂也，同閔。泯菌地蕈。蚓診視也；驗也。眕哂腎水藏。牝牝牡。賑殷賑富也。窘急迫也。蜃隕墜也。殞歿也。蠢蠢動。又靈蠢。狁玁狁。縝縝密也，通紾。袗單衣。又畫衣。純衣緣。愍悲也，通閔。稛吮舐也。朕稹囷黽黽勉。嶙

十二吻（吻隱）

吻口吻。粉憤隱藏也。謹近遠近。惲謀議也。忿怒也。槿木槿。墳巹酒器。听听然，笑皃。齔毀齒也。刎抆拭也。蚡田蚡，人名。殷雷聲。

十三阮（阮混很）

阮姓。又國名。遠遼遠。本晚苑返往返，通反。反反覆。阪大陂，不平也。同坂。損飯餐飯，食之也。偃偃仰。堰壅水爲埭。衮龍衮，天子服。穩蹇跛也；難也。又卦名。幰車幔。婉順也。蜿蜿蟺，蚯蚓也。宛宛然。又委宛。鯀大魚。又人名。捆很很戾也，俗作狠。懇墾耕也。畚盛土器。圈獸闌。盾趙盾，人名。綣繾綣。鄢混沌混沌，元氣。鼴鼴鼠。娩婉娩，媚也。

十四旱（旱緩）

旱煖一作暖。管滿短館館舍。盥澡手也。緩款誠款。又款識也。俗作欵。卵胎卵。散閒散；藥散也。伴誕誕妄；誕育。澣濯也，亦作浣。斷絶也。侃算數也。但脘胃腑。坦袒袒裼，一作襢。亶信也。稈禾莖。悍勇悍。懣煩懣。纂集也。饊飯饊，一作糤。

十五潸（潸產）

潸眼版判也。又同板。産限撰具也；造述也。棧棧道；棧車。綰繫也。赧面慚赤也。滻灞滻，水名。剗削也，同鏟。羼羊相厠也。柬分别之也。揀揀擇。莞莞爾，小笑皃。蝂蟲名。鈑鉼金。輚臥車。又兵車。

十六銑（銑獮）

善遣縱也；逐也。淺典轉動也；旋也。衍犬選擇也。冕輦免展辯言辯。通辨。辨别也；判也。篆勉翦俗作剪。卷舒卷。同捲。顯踐餞餞送。眄流眄，轉視皃。喘喘息。蘚苔蘚。輭柔也，俗作軟。巘蹇姓也。演長流也；延也。棧棚也。舛相背也。扁署門户之文。又卑也。物不圓也。闡顯也。兗州名。孌婉孌。跣徒足也。腆厚也。鮮少也。吮辮交也。件單單父，地名。又姓。畎田中溝。褊衣小。又狹也。愊急也。通褊。蜓蝘蜓，守宫也。殄盡也。俛俯也，又同勉。緬微絲。沔水名。湎沈湎。鍵黽黽池，地名。俗通澠。輾輾轉。搴愐思也。又腆愐，慚也。洗姑洗，律名。燹野火也；兵燹。癬癬疥。狷狂狷。錢錢鎛，田器。赺踐也。塎耕土卷也。繾繾綣。撰揀撰。鞬諞佞言也。譔論譔，亦作撰。宴安也。獮

十七篠（篠小）

篠細竹。小表鳥了曉少擾煩擾。又馴擾也。繞纏繞。又姓。遶圍遶，同繞。嬈擾也。紹繼也。秒禾芒。沼圓曰池，曲曰沼。眇一目小也。又微末也。矯勇也。皎月白也。瞭目睛明也。朓晦而月見西方。窱窈窱，深遠也。杳冥也。窅深目皃。通杳。窈深也；静也。窕善心曰窈，善容曰窕。挑引也，撥也。掉搖也，振也。湫湫隘。肇始也。旐旗旐。慓悍慓，急性也。摽落也。縹帛青白色。渺水遠皃。緲微也。藐小也，忽也。淼大水，通渺。撟舉手。嬌夭嬌，同矯。蹻蹻蹻，武皃。褾袖端也。悄憂皃。愀色變也。繚纏繚。僚好皃。亦作嫽。昭馬行聲也。夭壽夭也。佻燎放火。趙兆

十八巧

巧飽卯昴西方宿名。狡狡猾。爪手足甲。鮑撓攪亂也。絞拗拗折，手拉也。佼好也。姣美也。炒熬也。鉸釘鉸也。又寶鉸，刀名。

十九晧

晧日出皃。寶俗作寳。藻早棗老好美也。道稻造艁造，大造。腦惱懊惱。島倒仆也，傾倒。禱求福也。擣築也，俗作搗。抱討考燥埽灑埽。又掃除。嫂槁木枯也。潦雨大皃。又道上渟水。保葆堡小城。褓繦褓。草

昊浩顥鎬鎬京。懆懆懆，愁不安也。滈久雨。又滈滈，水光也。繰紺色帛。通繅。襖袍襖。繅所以薦玉者。澡洗滌也。媼老女稱。夭未壯也。杲日出皃。暠白也，同晧。縞白繒。橑磝碼磝。媢忌嫉也。澇燠甚熱也。

二十哿（哿果）

哿可也。火笴舸大舟。瑳哆柁同舵。拕我硪娜婀娜，美皃。儺行有度也。荷負荷。可坷坎坷。軻左左右。果裹包裹也。蜾蜾蠃，蟲名。朵花朵，俗作朶。鎖鐵鎖。瑣玉聲。墮落也。垜射垜，俗作垛。惰不敬也。妥安也。坐行坐。麼裸袒裸也。蓏蓏木實曰果，草實曰蓏。跛簸揚簸。頗僅可之詞。叵不可也。禍夥顆癉勞也。那何也。卵娑馺娑。脞叢脞。埵堅土。爹峩揣搖也。隋落也。

二十一馬

馬下者野雅瓦寡社寫瀉夏大也；中夏也。冶陶冶。又蠱冶也。也把賈姓也。假借也；不真也。捨釋也。赭赤土。廈大屋。通夏。椵福也。檟山楸。惹若般若，梵語，智慧也。蘭若，浮屠所居也。踝足骨。姐哆啞不能言也。灺燭燼也。且苟且，聊且。瘕銙帶飾也，金銙。髁腰骨。灑灑水也。

二十二養（養蕩）

養養育。痒一作癢。鞅馬頸組也。怏懟也。泱泱漭。像通象。象橡櫟實。仰望也，慕也。朗獎獎勸。槳楫屬。縱曰櫓，橫曰槳。敞高也。昶明也。氅析鳥羽爲裘。枉迋欺誑。顙彊勉彊。穰沆漭沆，大水也。盪盪滌。簜大竹，篠簜。惘通罔。昉明也；始也。放效也；至也。仿相似也。通放。兩再也；耦也。緉二屨也。帑金幣所藏。讜直言。儻倜儻。曩曏也。杖響掌黨想榜標榜，題榜。爽廣大也。又地名。享古作亨。一作饗。丈仗憑仗。幌帷幔。晃明也。莽漭漭漭，水皃。襁小兒綳。紡績紡。蔣國名。攘擾也。盎盆屬。又盛皃。髒骯髒。蒼莽蒼，寒狀。長長幼；消長。上升也；

進也。網蕩蕩蕩，大也。壤瀁沆瀁，水皃。賞往倣㑌也。通仿、放。罔輞車輞。蟒大蛇。滉瀇滉，水皃。吭魍魍魎。搶頭搶地。慌懭慌，不分明也。廠露舍也。慷慨慷。獷獷平，縣名。嚮兩階閒也。㭨奘大也。

二十三梗（梗耿静）

梗枝梗。又梗直也。影景井嶺領境警請乞也；問也；謁也。屏屏去。又蔽也。餅汞騁馳騁。逞快也。潁水名。穎禾末。又鋒穎；才穎。頃整静省禁署也；簡也；約也。省視也，察也。幸頸郢楚地。猛炳杏丙郉宋鄭邑名。又和適皃。打哽語塞也。綆汲井綆也。秉禾把。又量名。又執也。鯁刺在喉也。耿介也；光也。憬覺悟。又遠也。荇獷併合也；兼也。皿飲食器。冏光也。靚静也；裝飾也。艋舴艋，小舟。蜢蚱蜢，蝗類。骾骨骾。同鯁。冷靖悜憤悜，意不盡也。睛眳睛，目怒也。

二十四迥（迥拯等）

迥遠也。俗作逈。炯光也，明也。茗茶茗。挺拔也。梃木片。又杖也。艇小舟。鋌金鋌。町鉤町侯。醒溟溟涬，大水皃。酊酩酊，醉也。脡脯脡。剄竝同並。等鼎頂脛脚脛。肯熲光也。濘泥濘。拯救也。酩酩酊。

二十五有（有厚黝）

有酒首元首。又始也。手口母父母。後遲也；嗣也。柳友婦斗狗久負負荷；勝負。厚叟長老之稱。走趨也。守主守也。綬組綬。右左右。否醜受牖偶通耦。耦阜九后君也。又姓。咎罪愆也。藪藪澤。一作棷。吼鳴吼。帚俗作箒。垢畝舅紐系也。藕一作蕅。朽臼杵臼。肘韭俗作韮。剖誘牡牝牡。缶瓦器。酉扣擊也。歐歐吐，通嘔。笱捕魚竹器。黝黑也。蹂踐也。取鈕印鈕。掊擊也。通剖。耇壽耇。莠草似苗，稂莠。丑苟糗乾飯。某玖黑色玉。拇將指。紂糾合也；督也。嗾使犬聲。卣枸枸杞。忸習也；愧也。瀏赳武皃。蚪蝌蚪。籔漉米器。培壘培，小阜也。滫淅米汁。

擻抖擻，舉也。嶁掫持物相著。緧十絲爲緧。籔趣趣馬，官名。陡峻也。通斗。楺屈木也，同揉。鯫淺鯫，小人。琇玉名。壽壽考。毆擊也。

二十六寢

寢飲飲食。錦品枕枕席。審甚太甚。廩通稟。衽臥席也。从壬不从任。飪熟食；烹飪。稔年也，穀熟也。稟古以受命爲稟，今以白事爲稟，俗作禀。葚桑葚。亦作椹。沈國名。又姓。凜淒清也。懍敬畏也。通廩。噤口閉也。諗告也；謀也。腍熟也。朕我也，天子自稱。荏大豆。又柔荏也。恁念也。訦信也。通諶。澿寒戰也。嬸

二十七感（感敢）

感覽擥持也，手擥。一作攬。欖橄欖。膽澹恬澹，濃澹。亦作淡。憺安也。坎慘憯痛也。敢頷闇隱晦也。禫除服，祭名。萏菡萏，荷華。撼摇也。毯毛席也，罽毯。晻障也。槮叢木取魚。菡菡萏，草木華也。荅花開也。喊聲喊。揜同掩。黲物將敗色，黲黲也。眈虎視皃。从目不从耳。髧髮垂皃。昝姓也。轗轗軻。頷頤也。衴被緣也。橄鏨鏨鑿也。嵌

二十八琰（琰忝儼）

斂收也，聚也。險檢檢點。臉染掩同揜。點簟竹席。貶冉苒荏苒。陜作陝。非陜。即狹字。諂从臽，與謟字别。奄漸漸次。玷玉病。忝辱也。剡削也。瀲瀲灩，水溢皃。芡芡實。閃歉不足也，豐歉。慊意不滿。又足也；快也。溓溓溓，薄冰也。獫犬名。又獫狁。黶面有黑子也，瘢黶。魘夢魘也。

二十九豏（豏檻範）

豏豆半生也。檻範減犯湛湛湛，水深皃，露盛皃。斬黯范摻擥也。闞虎聲，虓闞。喊笵凡模以土曰型，以金曰鎔，以竹曰笵。濫泉正出也。黤青黑色。歉巉

去 聲

一送

送夢夢寐。鳳洞空洞，洞天，洞庭。衆甕弄貢凍痛棟仲中矢中的也。諷慟空缺也。控引也；告也。湩乳汁。鬨鬭聲。恫惚恫，失志也。贑同貢，子贑。賵贈死也，賻賵。齈哄唱聲。衷《左傳》"衷戎師"。涷凇葑菜心長也，雪裏葑。

二宋（宋用）

宋重尊重之也。用頌誦統縱操縱。訟種耕種。綜綜核。俸共同也。供清供。從侍從。縫衣縫。葑菰根。壅即壅字。雍九州之一。封封爵。恐

三絳

絳降升降。巷惷撞虹洚憧贑憧，凶頑皃。幢后車幰也。艟短艟，小船也。淙胖脹臭也。淙水出皃。

四寘（寘至志）

寘置也；止也。置安置。事地意志治已治也。思淚吏賜字義利器位戲謔也。至次累緣坐也；玷也。僞寺瑞智記異致備肆翠騎車騎。使將命者。試類棄餌糗餌，釣餌。媚鼻易簡易；難易。轡馬轡。墜醉議翅避笥篋笥。幟旗也。粹侍誼宜也。帥將帥。廁閒也。又溷也。寄睡忌貳副也。又疑貳。萃聚也。穗禾成秀也。二帔帬帔。臂嗣繼也。吹鼓吹，歌吹之類。遂恣縱也。四驥季刺擊刺；譏刺。又司刺，官名。駟泗水名。又涕泗。識標記也。痣黑子也。寐魅魑魅。邃深也。燧取火器。又烽燧。隧墓

道。穟同穗。璲佩玉。謚易名也。植種也；樹立也。又曲植。熾盛也。織織文，錦綺屬。飼以食食人也。通食。食疏食，饗食。積被覆被。懿美也。悸心動。覬幸也。冀九州之一。又欲也。暨及也；至也；與也。洎及也。匱乏也。饋餉也。同餽。恚恨也。比黨比；大比。庇蔭庇。畀付畀。痹溼病，痿痹。誌忠慎也。閟閉也。泌泉皃。又水名。祕同秘。鷙擊也。又鳥獸猛也。贄執贄。摯至也。觶漬浸潤也。穉幼禾。又童穉也。遲待也。埴黏土。又陶埴。祟禍也。豉鹽豉。珥衈割牲耳祭也。示伺嗜自眥目際也。詈莅痢莉茉莉。緻密也。通致。輊軒輊。譬彗帚也。通作篲。肄習也。惴懼也。懟怨也。縊餧飼也。劓割鼻。啻不啻，不止也。企曬曝也。勩勞也。爲助也；緣也。賁飾也，卦名。糒乾飯。膩施遺贈遺也。跂槌架蠶薄之木。郦好皃。哆誋誡誋。詒饋詒。一作貽。值遇也；持也。又價值。一作直。柴舉柴積禽也。出出之也。萎輢車旁也。腄縣名。囈掎眦直視也。縋繩懸也。蚝毛蟲，有毒。纍同累。憙悅也。其音寄。异嘆也。誶詬誶。屣錘權也。歸歸然，獨皃。施及也；延也。孳乳化也。通字。睢恣睢。司主也。諉諈諉，以事相屬也。陂傾也。塈息也；取也。又仰塗也。咥笑也。幾望也。近辭也。始方始也。術六鄉之外地。通遂。裹欬逆氣也。瑟音試樂器。德立容德。蒔種植也。

五未

未味氣貴費耗也；惠也。又姓。沸泉湧出皃。尉官名。畏慰蔚薈蔚，盛皃。魏緯胃渭水名。謂諱卉毅漑灌漑。既穖旡飲食氣逆也。衣服之也。餼饋客芻米也。欷塈摡取也。誹芾蔽芾，小木盛皃。髴髮髴。疿熱瘡。蜚獸名。又蟲名。翡翡翠。气雲氣也。

六御

御通馭。處處所。去來去。慮思也。譽署據馭曙助絮著明也；定也。豫翥飛舉也。箸匙箸。恕與參與也。通預。遽疏奏疏。庶詛詛祝。預先也；

干也。通"豫"。倨傲也。茹語告語之也。踞蹲踞。鋸刀鋸。狙沮沮洳溼也。勴勤務也。淤醵除除去也。鐻樂器。瘀積血。覷伺視也，俗作覰。鑢錯也，磨鑢使平也。藇香草。如悆憂也。椐麆麋子。女以女妻人。詎歟嘆詞。亦作與。楚利也。又木名。嘘忬先也；安也。

七遇（遇暮）

遇路潞水名。賂遺人財也。璐美玉。露鷺樹度權度；風度。渡通度。賦布步固痼人病。通錮。錮禁錮。素具數多寡之數。怒務霧鶩鳧屬。附兔故顧雇傭也。句章句。墓暮慕募召募。注灌注。註箋註。亦作注。澍時雨。駐炷胙祭肉。祚福也。阼東階。裕誤悟寤晤住戍守邊也。庫護屨訴蠹妒俗作妬。懼趣趣向，意趣。娶鑄絝脛衣。一作袴，俗作褲。胯兩股間。傅付諭曉諭；風諭；比諭。亦作喻。嫗老嫗。芋食芋。捕哺食在口。一作餔。汙穢也。又去垢也。忤厝置也。措錯金塗謂之錯。又舉錯。醋鮒鯽也。祔祔廟。又合葬也。仆僵也，偃也。賻助喪也。赴酺惡憎惡。互孺子幼弱也。又屬也。怖煦寓酤賣也。瓠輸送也。吐自吐也。鋪賈肆，俗作舖。謼號謼。同呼。泝同溯。屢嗉鳥吭。塑跗足背。捂斜柱也。枝捂，抵捂。瞿驚視也。驅訃菟菟絲，菟葵。鉒送終器。姁言語姁姁。婺婺女，星名。籲呼籲。屬音注。作造也。酗醉怒也。雨雨自上而下。鍍金飾物。圃戽戽斗，渫水器。饇飽饇。同飫。駙左駙，副馬也。足過也。足恭。捬捬持。苦困也。餔餹餔。姱美女。擭布擭，分解也。

八霽（霽祭）

霽制計勢世麗美麗；附麗。歲衛濟渡也；成也。第藝惠慧幣桂滯際厲涕契書契；神契。獘仆也。又流獘也。斃帝蔽敝敗也。髻鋭戾裔袂繫祭祭祀。隸閉闔門也；塞也。逝綴連綴。翳隱也。製替砌細稅壻从土不从女。例誓筮偈息也。又佛偈。詣礪勵瘞噬繼諦審也。系譜系。叡同睿。毳細毛。劑調劑。曳牽引也。無點。蔕根蔕。俗作蒂。睇小視。憩息也。俗作憇。彗星名。睨衺視。埤埤堄，女牆也。貰貸也；赦也。逮安和也。同棣。禘大祭。芮芮芮，草生皃。又國名。掣曳也。㥍侘㥍，失志皃。薊州名；草名。穄穄别名。妻以女妻人。擠眥弟孝弟。通作悌。达足滑也。契刻也。同鍥。題睇視皃。瞖目障。睥左睥右睨。嚏篲掃帚。通作彗。遰遰迢遰也；去也。鱖魚名。糲米粗也。癘嬖蹶敏也。又行遽也。齊音劑。棣常棣。説以言説人也。㙠曀陰而風也。離附離。荔薜荔。又荔支。汭水名。泥滯也。蜕蛇蜕，蟬蜕。贅儷伉儷。揭搴衣渡水也。帨巾也。唳鶴鳴。薙除草。泄泄泄，怠玩也，舒徐也，散也。殪娣澨水名。劌傷割也。薜薜荔。懠怒也。囈睡語也，嗙囈。濞水暴。捩琵琶撥。蠣牡蠣。羿人名。謎隱語。箅甑箅，以蔽甑底。締涖蛃蚑蛃。一作蚋。切一切，大凡也。蝃蝃蝀。螮螮蛄。医藏弓矢器。

九泰

泰會合也。帶外蓋覆也。又語詞。大旆旗也。俗作旆。賴籟蔡害最貝靄雲集皃。藹茂也；和也。沛艾兑柰果名。奈那也。繪綵畫。檜柏葉松身。膾細切肉。澮田間水道。會會計；會稽。儈市儈。通會。鄶國名。禬除殃祭。磕硠磕，石聲。壒塵也，埃壒。太汰洗汰。癩霈雱霈。同沛。蜕濊汪濊，水多皃。酹酹酒。憎嫌惡也。狽狼狽。茷有法度也。又茅茷，草多也。祋殳也。眛目昏也。

十卦（卦怪夬）

卦挂俗作掛。懈廨官廨。隘賣畫圖畫。瘥疾愈。一作差。派分流也。債怪壞誡通戒。戒界介芥械機械，器械。薤菜名。拜快邁話敗稗蕛稗，草似穀。曬噫飽食息也。瘵勞病。屆疥玠大圭。通介。瀣沆瀣，露氣。湃澎湃，水聲。聵聾也。憊疲也。殺降也；減削也。夬決也，卦名。噲咽也。蠆喝解貢士解額，官司解報也。祭周邑名。蒯蕢韛韋囊。犗犍牛。餲飯臭也。絓行礙也。眦恨視皃。魪比目魚。价佋价。通紹介。喟獪勱勉也。繣緯繣，乖戾也。寨羊棲宿處。

十一隊（隊代廢）

隊内塞邊塞。愛輩俗作輩。佩代退載乘載，覆載。又記載。碎態背脊背。背相背。通倍、北。穢菜對廢誨晦昧礙阻也。戴貸配古作妃。妹喙口也。潰黛賚吠逮及也。槩平斗斛米。又梗槩。岱帒囊也。同袋。埭以土堰水。肺溉耒田器。慨慷慨。愾忼愾。敵王所愾。又太息。嘅感嘅。塊繢畫也。同繪。碓舂具。賽報賽。又賭賽也。刈穫也。耐悖亂也。曖晻曖，暗也。倅副也，丞倅。晬子生周歲曰晬。淬燒劍入水也。磨淬。敦祭器。珠盤玉敦。憒心亂。鎧磑磨也。焙烘焙。在再欬瑁瑇瑁。茷草多也。薉荒薉。同穢。柹木削片也。與俗作果音士，音、形、義俱别。酹瀣靉晻靉，雲狀。徠勞徠。裁靆曖靆，不明皃。靆靉靆，雲狀。又眼鏡名。儗儓儗。癡也。采采地。焠火與水合爲焠。通淬。栽築墻長板。誖言亂也。北分異也。縡事也。同載。劾推劾；投劾。瑇瑇瑁，俗作玳。誨悔改悔。瞶眛从目。擂擂鼓也。

十二震（震稕）

震信印進潤陣通作陳。鎮填土星。刃俗作刄。順慎鬢晉駿閏峻釁血祭。瑕釁也。振奮也；拯也。儁才儁。亦通雋、俊。舜吝悔吝。悋鄙悋。通吝。燼火餘也。訊問也。仞八尺也。軔止車輪木。殯儐相也。迅疾也。瞬目自動也。櫬棺也。儭裹也。通襯。諄殣饉藺莞屬。又姓。濬深也。徇從也。殉以人從葬。賑賑濟，通振。覲春朝秋覲。擯斥也。擯相，通儐。瑨美石。僅認遴行難也。瑾美玉。趁逐也。俗作趂。韌韌堅柔也。訒出言難也。汛灑也。磷薄石也。躪蹂躪。粦同燐。驎浚取也。又水名。墐搢插也。娠通震。靷引瞵袗診蜃瑱玉充耳。親

十三問（問焮）

問聞聲聞。運暈日月旁氣。韻訓奮忿醖讓也。郡分定分。紊亂也。汶

水名。慍靳車中馬也。近斤抆絻袒絻，喪服也。一作免。餫野餉也，饋餫。員姓也。又人名，伍員。緼拚掃除之名。隱坋

十四願（願慁恨）

願論議論。怨恨也。恨萬飯炊穀爲飯。獻進獻。健寸困頓建憲勸蔓葛屬。又滋蔓。券契券。鈍悶遜通作孫。嫩販買賤賣貴。愿謹也。溷溷濁。遠推而遠之也。巽曼引也；長也。又美也。噴艮敦敦邱。坌塵也。綣郾地名。褪卸衣。畹楦履模也。堰圈邑名。

十五翰（翰換）

翰書翰。岸漢難患難；詰難。斷絶也。斷決斷也。亂歎幹才幹。又天干。本作榦。觀卦名。又宮觀。散離也；布也。畔旦筭筭長六寸，計數者也。玩爛火熟。又明也。貫半案几案。又考也。按抑也。又推驗也。炭汗人液也。涣汗。贊參贊，論贊。讚褒讚。漫水浸淫也。又汗漫、爛漫、散漫。冠加冠於首。灌水名。又溉也。爨炊爨。竄逃竄；改竄。幔帷幕。粲米白。燦明也。通粲。璨玉光也，璀璨。换焕唤悍扞衛扞。彈丸也。憚段看判叛通畔。腕手腕。涣水名。又散也。奂大也。又文采明皃。絆絡首曰羈，繫足曰絆。惋鑚錐子。縵繒無文也。鍛冶金也。俗作煅。旰晚也。閈里門。瀚瀚海。胖牲半體也。暵讕蒜爟爇火也。司爟，官名。瓘玉名。瓘斝。泮墁墻飾也。彖榦枝榦，从木不从干。又築牆板。謾瀾攤按也。侃館灘水奔流皃。晏晚也，清晏也。盥

十六諫（諫裥）

諫鴈患澗閒。宦晏慢辦盼豢穀養畜也。牛馬曰芻，犬豕曰豢。棧棧道；棧車。慣贋僞物也。轘串轘車裂。莧菜名。綻裂也。幻訕丱童丱，總角也。綰縵絃也；緩也。嫚媟嫚。謾汕瓣擐篡逆取也。鏟削木器。同剗。裥裙幅。栅編竹木爲落。扮裝扮。襻衣系爲襻。

十七霰（霰線）

霰殿宫殿。殿軍後曰殿。面縣郡縣。變箭戰扇門扇；羽扇。煽熾盛也。膳傳經傳。傳驛傳。見目見。見發見。俗作現。硯通作研。選中選；銓選。院練熟練。鍊冶金也。亦作煉。醼飲醼。通讌、宴。燕元鳥。宴息也。又安也。賤電薦絹彦掾官屬。甸便利也。眷麪線倦羨从次不从次。堰奠徧戀囀眩惑也。釧手釧。倩美好也。卞魯邑。又法也；急也。汴水名。弁冕也。拚舞拚。同抃。忭歡忭，喜也。片禪封禪；禪讓。譴絢文皃。諺緣衣緣。顫擅援救助也。媛美女。瑗璧名。佃又陸佃。鈿淀淺水也。陂淀。繕補也。又謄也。鄯西域國名，蘭鄯。狷煎甲煎，香名。旋繞也。唁弔生也。穿貫穿。茜染絳草。甗濺水激也。揀纏香纏。牽挽舟索。通縴。先先之也。衒自薦也。炫光耀也。眴善善之也。繾遣人臣賜車馬曰遣車。研磨也。豩瞑瞑眩，潰亂也。填厚重皃。孌順也。譔眄諓衍豐衍；游衍。輾同碾。轉以力轉之也。餞

十八嘯（嘯笑）

嘯笑照廟竅妙詔召劭邵邑名。又姓。要緊要。曜日光。耀光耀。燿照也。熠熠，螢也。調釣弔問終也；愍也。叫从丩不从斗。燎庭燎。又放火。嶠少徼游徼；邊徼。眺陗陖陗。同峭。誚料意料；物料。肖尿通溺。剽剽掠；剽悍。掉鞘刀鞘。同鞘。鷂鷙鳥也。糶出穀也，糴糶。藋草名，藜藋。轎朓祭也。燒野燒，山燒。療治病也。漂水中擊絮也。醮冠娶，祭名。驃驃騎，官名。慓繞卷取物皃。摽嬈。獥狼子。摇哨屯戍防盜曰巡哨。約要約，券書也。嘹病呼聲。勡劫也。通剽。璙玉名。褾帍褾，領巾也。俵分俵，散也。

十九效

效教教訓。貌校考校。校學校。又軍校也。孝鬧作閙。非。淖泥淖。豹

鼩鼠能飛食虎豹者。爆爆竹。罩籠罩。又魚具。趠行皃。通踔。拗戾也。窖地藏也。酵酒酵。稍小也；漸也。樂喜好也，“益者三樂”。傚法也。較比較。鈔楮貨名。又鈔略。敲恔快也。笊笊籬，竹器。磝石不平。櫂楫也。同棹。斆學也。膠膠粘。

二十號

號號令。帽報導盜从次不从次。操節操；琴操。譟羣呼也。噪羣鳥聲。奧隩水隈崖也。屋韻作澳。告相告語也。誥暴殘暴。好嗜好。到蹈勞慰勞。傲眊目少睛也。耄躁急躁。澇旱澇。漕水運穀也。造就也。又詣也。冒覆冒；欺冒。悼燾覆也。倒顛倒，倒懸。鶩桀鶩。瑁天子所執圭。娼縞懊懊恨。澳深澳。又水名。菢鳥伏卵。䖘膏以膏膏之也。犒餉車也。郜國名。鑿在到切，穿孔也，圓鑿方柄。埽禱瀑疾雨也。旄旄倪。同耄。燠以水添釜曰燠釜。靠相違也。俗作依靠字。糙米穀雜也。

二十一箇（箇過）

箇枚也。一作个。个明堂，偏室也。賀佐作邏巡邏。坷軻馱大餓奈那語助。些語辭，楚些。過越也；誤也。和唱和，調和。挫摧挫；頓挫。課堁唾播簸剉去芒角也。磨懦亦作懦。座牀座。坐緣坐。破臥貨磋左助也。同佐。銼釜也，土銼。惰譒敷也；謡也。

二十二禡

禡師行所止，祭名。駕夜下自上而下也。謝榭臺榭。罷夏春夏。暇霸五霸。亦作伯，俗作覇。灞水名。通霸。嫁赦借假也。藉薦物也。又馮藉。炙燔炙。蔗甘蔗。假休沐也。化舍屋舍。價射鄉射。射音夜，僕射，官名。罵稼架詐亞婭兩婿相謂也，姻婭。罅隙也。跨麝咤叱怒也。怕訝詫迓迎也。蜡冬祭名。秦臘周蜡。胯柘桑柘。崋西嶽，亦作華。奼卸貰瀉鹵也。又吐瀉。靶轡革。乍樺杷田器。垻隄也。通壩。

二十三漾（漾宕）

漾水名。又水動摇也。上對下之稱。望相視也；助也。將將帥。狀帳浪波浪。唱讓曠壯从士不从土。放逐也；逸也。向音嚮；相向；志向；牖也。向音餉，地名。又姓。仗器仗。暢本作暘。通鬯。量十斛爲量。葬匠障步障；屏障。謗尚漲餉饋食也。樣藏舫訪貺賜也。養供養；奉養。醬嶂抗當事理合宜也。又底也。釀亢星名。又過早。况矧也；譬也。又寒水也。臟瘴瘴氣。王王天下之王。鬯鬱鬯，降神酒。又香草。諒信也。又原也。亮朗也。妄愴刱初也；草刱。从井不从并。通創。喪亡也；失位也。悵兩車兩。壙宕通蕩。伉敵也；伉儷。忘傍倚也。碭恙吭煬炙也；暴也。颺張供設也；侈也。脹腹滿也。行輩行。又行行，剛强皃。廣兵車名。左分爲二廣；十五乘爲一廣。又廣輪。悢悯悵也。湯熱水沃也。同蕩。炕陽炕，乾也。長餘也。創始也。又懲創。誑欺也。桁衣桁。緉鞃囊也。同向。徬同傍。掠劫奪也。妨旺同暀。光美也，日暈也。俗作生。蕩莨蕩渠。潢染紙也。防隄防。怏償盎仰資也，仰給。瀁鑲擋攩擋。儻倖也，儻來。

二十四映（映諍勁）

敬命正中也，定也。令法也；善也。政性鏡盛茂盛。行德行。聖詠姓慶福也；賀也。映病柄鄭勁競争也。浄竟孟迸走散也。聘穽陷穽。諍諫諍。泳游泳。請朝請；延請。倩使令。硬堅硬。凊温凊。靚檠同檠，檠子，檠子也。晟日光充盛也。更再也。横强横。榜進船也。迎未來而往迎之也。娉婚娉。與聘通。輕疾也。併儆戒也。評邴姓也。証偵并專也。盟盟津。同孟。

二十五徑（徑證嶝）

徑定聽聆也。勝負之。磬應答也。乘車乘；邑乘。媵從嫁女也。贈饋贈。佞口才也。俗作佞。稱權衡，俗作秤。罄器空也。鄧國名。又姓。甑甗也，釜甑。脛瑩精明也。證驗也。孕興詩有比興。經經緯；雉經。濘甯邑名。俗作寗。醒廷鋌有足鐙也。庭逕庭，隔遠也。飣貯食也。釘以釘釘物也。暝瀅小水。烝氣上行。賸長也；益也；餘也。剩同賸。凭凝止水也。鐙馬鞍具。橙几屬。凳牀屬，几凳。通橙。蹬蹭蹬，失勢皃。

二十六宥（宥候幼）

宥寬宥。候堠封堠，土堡也。就授售壽秀繡宿星宿。奏富獸鬬漏陋本作陋。守爲之守也。狩冬獵。晝寇俗作宼冦。茂楙勉也。舊冑介冑。宙袖岫柚似橘而大。覆蓋也。復救廄馬舍，俗作廐。臭幼佑助也。祐神祐。右助也。同佑。侑勸食也。囿園囿。又拘也。豆祭器；菽名。又量名。竇穴也。逗逗遛，止也。溜水溜下也。霤屋水流也。通溜。瘤留構築屋也。又成也。遘遇也。媾昏媾。覯見也。購以財求物也。透瘦漱盥漱。瘶欬瘶，同嗽。呪詛也。鏤雕鏤。貿貿易。鶖羌鶖，鳥名。走疾趨曰走。副貳也；佐也。詬詈也。糅雜也。究窮也。湊聚也。俗从冫。謬誤也，妄言也。繆錯繆。灸艾灼也，从久。彀弓滿也。畜牲畜也。槈薅器，用以除草。同耨。雊雉鳴。柩繇占卦；爻辭。驟毷毾也。首自首；東首。皺面蹙紋也。縐絺之細者。又衣縐也。戊十干之一。句句當。袤東西曰廣，南北曰袤。蹂姆女師。漚久漬也。姤卦名，遇也。又偶也。廖國名。膢膚膢。又輳輻輳。逅邂逅。蔻豆蔻。伏鳥覆卵也。收穫多也。嗾猶猶豫。瘦瘠也。後後於人也。油浩油，地名。又物有光也。仆頓也。鍒后皇后。厚扣琇譳詎譳，不能言也。愗怐愗，愚皃。擩搆擩，不解事也。吼輮車輞，曲輮也。綬讀音豆，句讀。懤愁毒也。輻輻輳。輶謏謏謏，怒言也。僂

二十七沁

沁水名。飲以飲飲之。禁制也。又宮禁。任克也；用也。又身任也。蔭一作廕。讖符讖。浸漬也。祲祆氣。譖譖讒。鴆毒鳥。枕以枕枕之。衽衣襟。俗作袵，非。賃傭也；借也。臨哭臨；弔臨。滲下漉也。喑聲也。揕擬擊

也。紝闖馬出門皃。鵀妊噤紟紟帶。吟深甚沈投物水中没也。

二十八勘（勘闞）

勘校也。暗濫水延漫也。又浮辭失實也。啗噉也。擔所負也，負擔。憾纜維舟索。瞰視也。琀含玉。憺動也。紺青赤色。闞視也。又魯邑。又姓。三三復三思。暫參曲名。澹水動摇皃。淡憨害也；果決也。槧

二十九豔（豔桥釅）

豔一作豓，俗作艷。劍兵器。念俗作念。驗俗作驗。贍給也。又學贍也。店占據也。斂厭足也。灩水動皃。爓光也。同焰。瀲墊溺也。欠欠伸。又不足。窆葬下棺也。幨披衣也。砭饜足也。同猒。獫殮掞舒也。鹽以鹽醃物也。沾水名。兼稴穲稴，禾不實也。脅妨也。埝下也，陷也。俺大也。潛藏也。爁貼窺貼，視也。忝壛蔽也。

三十陷（陷鑑梵）

陷坎陷。鑑監視也。又左右監官名。汎通泛。梵釋書梵華，言清净也。帆船使風也。懺蘸以物内水。闞犬聲。讒劍欠淹没也。站俗言獨立。又驛站。

入聲

一屋

屋木竹目服福禄穀熟谷肉族鹿腹菊。陸軸逐牧伏潛伏；拜伏。宿宴息也，信宿。讀誦讀。犢瀆四瀆。又煩瀆也。牘簡牘。櫝匱也。黷垢也。轂車轂。復往復；興復。粥肅育通毓。六縮哭幅布帛有幅。斛量名。戮僕僮僕。畜養也；止也。又牲畜。蓄積蓄。叔淑善也。菽豆也。獨卜馥香

氣。沐速祝麓山足。鏃箭鏃。蹙促也，急也。簗穆昭穆。又美也；敬也。睦親也。啄覆反覆；覆敗。鵞麴酒母，俗作麯。扑擊也。同撲。鬻亦作粥。燠澳水隈也。輻車輻。瀑瀑布。漉滲漉。竺天竺，西域國。筑似箏十三絃。簇小竹。暴日乾也。同曝。掬撮也。箙盛矢器。濮水名。又姓。鞠養也。匊郁文也。矗高聳也。複重衣。又重複。蓿苜蓿。塾門側堂。樸叢木。蹴蹋也。煜耀也。謖起也。碌多石皃。琭玉名。盝去水也；瀝也。通漉。踘蹋踘。毓舳舳艫。柚杼柚。蝠蝙蝠。楅楅衡。昱日光。菔蘆菔。轆轒轆，圓轉也。慉起也；養也。夙早敬也。彧有文章也。匐匍匐。觫觳觫。俶始也。缪謚法。同穆。蓼蓼莪。倏熇炎熇。槲木名。觳量名。又觳觫。囿苑囿。苜毱皮毛丸。同鞠。茯茯苓。涑水名。碡碌碡，田器。鵚鵚鶖，鳥也。副剖也。勠孰攡振也穀木名，可爲紙。

二沃（沃燭）

沃灌也。俗玉足手足。又滿也。曲粟燭屬附也。録簿録。辱獄緑局欲束鵠蜀巴蜀。促迫促。觸續督贖篤浴酷縟繁縟。矚視也。躅躑躅。褥旭日出皃。蓐陳草復生。慾項顓項。梏手械。溽溽暑。斸斫也。跼踡跼。挶持也。逯行謹逯逯也。嚳帝嚳。牿牛馬牢。鵒鴝鵒。告忠告。鋈白金。熇僕

三覺

覺悟也。角桷椽方曰桷。捔掎捔。翯鳥羽肥澤也。珏二玉相合，亦作瑴。較榷征榷。搉搨搉。嶽樂音樂。捉朔數頻數；煩數。矟丈八矛。同槊。卓諑謡諑。倬大也。琢椓擊也。又宫刑也。剥落也。趵足擊。爆駁馬色不純。通駮。邈遠也；渺也。眘皃狀皃。瓝雹雨冰。懪煩悶也。瓟小瓜也。璞樸樸素。墣土塊。確㱿盛脂器。濁擢拔擢。濯幄大帷。喔雞聲。又喔咿，强顔皃。偓偓促。葯白芷。握持也。渥霑濡也。搦捉搦。踔犖卓犖；駁犖。學

四質（質術櫛）

質文質。日筆出室實充足也。又誠也。俗通寔。疾術技也；業也。一乙壹專壹。吉秩序也。密山春。又静也；稠也。率律律吕；法律。逸安逸；隱逸。通佚。佚蕩佚。失漆水名，在岐山。栗果名。又堅也。畢竟也。又佔畢。恤憂也。亦作卹。蜜蠭蜜。橘溢盈溢。瑟膝匹偶也；四丈也。述慄懼也。黜貶黜。七卒終也，盡也。悉謐静也。朮藥名。軼超軼。侵軼。詰治也。又問也。帙書帙。戌辰名。與戍字異。佶正也。又壯健。櫛梳也。暱親也。窒塞也。必姪兄弟之子。蛭水蛭。鎰二十四兩爲鎰。秫黏粟用以釀。苾苾芳。蟀蟋蟀。嫉忌嫉。唧蟲聲。肸響布也。佾舞列。怵悚怵。珌佩刀下飾。鑕斧鑕。帥統帥。聿語助。姞姓也。抶笞擊也。馹驛傳。郅郁郅，縣名。桎足械。挃同秷。晊大也；明也。泆淫泆。茁草芽。紩縫也。觱觱篥。通篳。咥笑也。凓栗冽，風寒。汩水流也。飶食香也。尼止也；近也。柣門限。蒺蒺藜。拮拮据。誎謫誎，陰私語。

五物（物迄）

物佛拂屈鬱香草。又幽滯也。俗作鬱鬱。乞求也。掘搰也。掘地。訖止也。吃口吃，言蹇也。又吃吃，笑皃。紱綬也。弗不然也。祓除灾求福。詘語塞。崛危崛，山皃。勿無也，莫也。熨火斗展帛。厥突厥，國名。迄至也。汔水涸。又幾也。不屹屹崒，山皃。肸裾裓裾，短衣。䮫黄黑色。菀倔倔强。尉尉遲，姓也。蔚州名。又蔚藍，天色青翠也。

六月（月没）

月骨髮闕越踰越。又國名。謁没伐罰卒隸卒。竭盡也。窟窟穴。笏鉞歇發突上从穴。忽勃蹶顛蹶；竭蹶。鶻鶻鳩；回鶻。筏海船。厥其也。掘閥門在左曰閥，右曰閲。訥蹇訥。殁亦作没。粤悖兀兀兀，不動皃。碣碑碣。卒倉卒。同猝。猝樾樹陰。羯羖羊。汩汩没。又汩汩，水聲。窣勃窣，穴中出也。咄咄咄，驚怪聲。惚恍惚。渤渤澥。凸凹凸。齕齧也。滑亂也。又滑稽。刖刖足。軏輗軏。崒紇絲下也。又束也。矻矻矻，勞也。核果中實。餑䴵餑。垡耕起土也。一作墢。撅撥也。又把也。䲢閼大歲在卯曰單閼。杌木無枝也。又檮杌。屼崛屼，山禿皃。榾表榾。曰

七曷（曷末）

曷達通也。達挑達。末闊活生活。活活活，水流聲。鉢俗作缽。脱奪褐衣褐。割沫拔拔起；挺拔。葛闥渴撥豁括包括。聒絮聒。抹塗抹。秣食馬也。遏止也。撻撻伐。掇拾取也。喝訶也，棒喝。跋草行曰跋。魃旱魃。獺撮怛惻怛。閼止也；塞也。剌乖戾。从束不从朿。鈸銅鈸，鈴屬。潑輵轇輵，戟形。茇草根。又草舍也。越斡剟削也。捋手捋也。鞨屨鞨，履也。又巾也。鴰鶬鴰。袜袜肚，所以束衣。适疾也。撥側手擊也。濊濊濊，罟入水聲。犮犬走皃。糲妲妲姬。

八黠（黠鎋）

黠堅黑。又慧黠。鎋札拔擢也；抽也。猾亂也。又狡猾。鶻八察殺剎梵剎，僧寺。軋輾軋；車聲。刖鴰嘎鳥聲。圠坱圠，無垠。揠拔也。蔱草也。圿垢圿。茁牛羊茁。瞎獺刮刷也。帕紅綃抹額，軍容也。妠娶也。刷埽刷。滑利也。

九屑（屑薛）

屑瑣屑；不屑。節雪絶列行次也。烈光也；業也。結穴説血潔別缺裂熱決从氵不从冫。鐵滅从氵不从冫。折拗折。折斷而猶連也。拙切悦亦作説。轍車轍。訣訣別。泄漏泄。同洩。咽哽咽。通噎。噎飯窒也。鯁噎。傑萬人爲傑。徹通也；明也。別離別。哲設齧噬也。劣碣掣譎譎詐。玦半環也。竊綴止也。閱訐餮貪食也，饕餮。瞥暫見。擎手擊也。臬在牆曰楎，在地曰臬，門橛也。又刑法也。鴂鶗鴂。昳日昃。耋八十曰耋。抉剔

也。挈提挈。洌水清也。捩拗也。楔木楔。又木名。櫻桃也。蹩跛蹩。褻瓞小瓜。絰縗絰。蠛蠓蠛，細蟲也。揑揑捺。醊茁竭契稧契。一作卨。讞齕頡飛皃，頡頏。又倉頡，古史官。擷捋取也。撤除去。又發也。跌仆也，差跌。浙篾竹皮。澈澄澈。揭高舉。又長也。孑凸閉闋曲終爲闋。櫱餘櫱。薛紲羈紲。亦作絏。瀎瀎潏，疾流皃。泬水從穴出。啜茹也。楬軼蜺虹也。桀輟止也。晢明也。迭更迭。歠大飲。吶言緩也。咥齧也。覈邀也。惙惙惙，憂也。姪冽寒也。掇準隆準鼻也。捁批批亢；批鱗。橇絜麻一耑也。又河名。

十藥（藥鐸）

藥薄惡略作興起也。樂喜樂。落閣鶴一作鸖。爵弱約束也。又期約；儉約；綽約。腳俗作脚。雀幕洛水名。鑿索郭博錯金塗也。又舛也；磨也；雜也。躍若如也；順也；汝也。又語詞。縛酌託俗作托。削鐸鈴鐸。灼炙也。又火光。鑿枘鑿。又鏨也。卻退也，不受也。俗作却。絡脈絡。鵲度謀也。諾蘀橐囊橐。漠鑰鎖鑰。通龠、籥。著衣著。俗作着。著附也。土著。掠穫草曰刈，穀曰穫。又隕穫，失志皃。泊舟附岸也。搏擊也。籥樂器。崿崖也。鍔刀劍刃。藿豆葉。又香草。嚼咀嚼。杓杯杓。通勺。勺酪乳漿。謔戲言。廓大也。綽寬綽。霍揮霍。爍灼爍。鑊鼎鑊。莫無也，不肯也。繳矰繳。諤謇諤，直言也。鄂國名。又姓。亳湯都。恪箔簾箔。攫撲也。涸竭也。鬻潰也。同瀹。钁大鉏。鶚鵰鶚。龠量器。合龠爲合。礿春祭。通禴。郝鄉名。又姓。屩草履。駱白馬黑鬣。膜肉閒胲膜也。飥餺飥，麪屬。妁媒妁。礴磅礴。漷水名。濼水名。拓手承物也。蠖尺蠖。鎛樂器鐘鎛；田器錢鎛。鱷鱷魚。格廢也；阻也。咋柝擊以警夜。酢客酌主人曰酢。臛羹臛。醵擇木葉落也。蹻驕皃。又草履。斫斬也。摸貉狐貉。雘丹也。珞瓔珞，頸飾也。愕驚遽皃。堊白土飾牆也。寞貜母猴。膊脯也。鑿音作鮮明皃。噱噱噱，笑不止也。瘼病也。魄落魄。烙燒也。彟短彟。同矱。堮岸也，圻堮。焯火氣。攉搖手曰揮，反手曰攉。鄗邑名。謞譈慝也。熇㿿礪石也。咢驚咢。又咢咢，嚴肅皃。咢徒擊鼓曰咢。澤格澤，星名。矍驚顧也。各猎昔安也。躇超也。通踱。芍芍藥。踖踖陵，地名。踱跣足蹋地。靃飛聲，靃靃。戄通矍。逽略逽，行皃。

十一陌（陌麥昔）

陌石客白澤伯迹宅席策碧籍格役帛戟璧驛麥額柏俗作栢。魄魂魄。積積聚。脈俗作脉。夕液尺隙舋隙。逆晝百鬩赤易《周易》；辟易。革脊獲翮屐適樂也；往也。幘巾幘。劇甚也。磧沙磧。隔益栅窄狹隘也。核剋核；綜核。擲投也。責惜僻邪僻；偏僻。癖腹病。又偏好也。辟君也。又徵辟。辟偏辟；便辟。又法也。掖扶掖。腋肘腋。釋解釋。舶海舶。拍擇磔裂也。軛轅端横木。摘手取也。射以弓矢射物也。繹懌悦也。斥奕大也。又奕奕，美也。弈博弈。帟帳也。迫从辵不从廴。疫譯昔今昔。瘠瘦也。赫盛也。炙謫責也。虢腊乾肉。簀牀簀。碩大也。賾探賾。奭盛也。又赤皃。螫蟲毒。藉狼藉。翟陽翟，縣名。襞疊衣也。穸窀穸，墓穴也。亦擗撫心也。貘食鐵獸。愬愬愬，驚懼皃。骼骸骼。隻鯽珀琥珀。借膈胸膈。嘖嘖嘖，鳴也。搤滿手曰搤。同扼。躑躑躅。埸疆埸。蜴蜥蜴，守宫也。幗婦人首飾。摑打也。綌絺綌。擘分擘。檗黄檗，藥名。俗作蘗。蹠踐也。馘截耳，又獲也。汐朝潮夕汐。塉薄土曰塉。啞啞啞，笑也。摭拾取也。咋咋咋，犬聲。又啖也。嚇郤地名，又姓。躄跛也。刺刺繡；刺船。百音陌，勵也。莫莫莫，静也。蓦超越也。蟈螻蟈。厝地名。霸月始生霸然也。

十二錫

錫壁垣也。又軍壁。歷擊績勣攻也。笛敵滴檄羽檄。激寂翟山雉。又戎翟。糴市米也。析分也。晳白晳。从白不从日。溺覓摘手取也。狄荻蘆荻。戚鏚干鏚，斧也。通戚。慼憂也。通戚。滌洗滌。的菂蓮實。喫甓瓴甓，塼也。霹惕怵惕。踢踧踢，獸名。剔解骨也。鬲鼎屬，釜鬲。汨汨羅，江名。適音的，專主也。嫡嫡庶。焱火焰。迪進也；蹈也。覡男巫，女覗。淅淅米。又淅淅，風雨聲。蜥蜥蜴。弔至也。霓獥倜倜儻。菂菂菂，蓮實。

十三職（職德）

職國德食飲食。蝕日月虧也。通食。色力翼墨極息直得北南北。又敗北。黑側飾賊刻則塞滿也；窒也。式軾域疆域。殖生也；多也。植種植。敕約敕。又制書。飭謹飭。棘荊棘。惑默織組織。又促織。匿億十萬曰億。臆胷臆。憶特勒馬勒；鑣勒。劾慝惡也。昃日昃。仄仄陋。通側。稷識知識。逼迫也。克剋剋期。又相剋，俗作尅。蜮短狐也。鬼蜮。唧即拭拂拭。弋繳射也。陟測冒音默，貪也。翊輔也。藩翊。抑惻肋脅肋。亟殛誅也。忒差忒。淢疾流也。閾門限。嶷岐嶷，小兒有知識也。又嶷嶷，德高也。洫溝洫。熄寔止也；是也。俗通實。穡稼穡。嗇省嗇。埴菔匐悳轄轆轄。鯽腷腷臆，意不泄也。魆鬼魆。幅行幐名。愊悃愊，誠也。副劈也。或蟚蟊蟚，食禾節蟲。通賊。愎剛愎。翌明日也。

十四緝

緝績也；續也。輯和輯。戢止也。立集邑急入泣溼同濕。習从白不从日。給十拾掇拾。什十人爲什，十篇爲什。襲及級澀俗作澁，滑之反也。粒米粒。揖揖讓。汁液也。笈書箱。蟄笠蓑笠。執隰下溼地，原隰。汲綆汲。吸縶維縶。葺補葺。岌山高皃。翕合也。歙歛氣也。浥濕也。熠熠燿，螢火。揖聚也。同輯。悒憂也。卄二十并數也，一作廿。挹酌也。又謙挹。

十五合（合盍）

合塔答納榻閤小閨。雜臘伏臘。蠟蜜滓。匝周匝。一作帀。蛤蚌蛤。衲僧衣。沓合也。榼酒器。鴿鳩屬。踏颯颯颯，風聲。搨摹搨。拉摧折也。搭擊也；附也。漯水名，濟漯。盍嗑噬嗑。又嗑嗑，多言也。荅姶美好也。嗒嗒然忘懷皃。磕

十六葉（葉帖）

葉帖貼牒札也。接獵妾蝶疊俗作叠。篋涉鬣長鬚也。捷勝也。頰面頰。楫舟楫。攝躡履也；登也。諜反間。又譜諜。堞城上女牆也。協和也。俠豪俠。莢厭壓也。愜快也。氎細毛布。緤思也。睫眉睫。浹洽也。笈懾怖也。慴懼也。蹀躞蹀，行皃。挾鋏長鋏，劍也。屧履中薦。又屐也。喋喋喋，多言也。燮調燮。下从又，作火，非。歙縣名。魘怗安也。同帖。輒每事即然也。俗作輙。謵謵謵，小語也。捻指捻。躞蹀躞，行皃。苶婕婕妤，婦官。聶附耳小語。又姓。獦戎姓。霎雨聲。又霎時。蛺蛺蝶。

十七洽（洽業乏）

洽狹峽巫峽。法甲業鄴魏郡名。匣壓鴨乏怯畏也。劫强取也。脅胸脅。又迫脅。愶威力相恐也。插歃歃血。押署也。狎習也。掐爪掐。夾从人不从入。筴箸也。恰眨目動也。呷吸飲曰呷。胛背胛。柙檻也。霎扱取也；舉也。喋啑喋，鴨食也。啑喋，鳧雁食也。劄以鍼刺也。欱同歃，嘗也。哂多言。又小人言也。鉀鎧屬。同甲。

古漢語基礎知識之四

詞　律

詞是配合音樂而産生的新型文體，具有音樂與文學雙重屬性。詞至少在唐代就産生了，唐五代至宋初，詞被稱爲曲子或曲子詞，後來又有樂府、長短句、詩餘等名稱。詞的創作一般是“由樂以定詞”，即先有樂曲，然後依據曲調配詞，叫作“倚歌”或“倚聲”，宋元以來通稱“填詞”。“填詞”南宋以前指“按譜填詞”，即按照曲譜撰寫歌詞，南宋以後多成了“依句填詞”，即按照前人作品照樣填寫，完全失去了“倚聲”的特點。近代詞家已不曉詞調，只是依詞譜填寫，即依據前人名作的句式、平仄和用韻格式去填寫，謙稱“填詞”。下面介紹有關詞律的一些基本常識。

一、詞調、詞牌

詞調指一首樂曲的譜子。每首詞都有一個曲調，曲調各有名稱，如《如夢令》《相見歡》《菩薩蠻》《沁園春》《滿江紅》《浣溪沙》，等等。詞調只是表明一首詞寫作時所依據的樂譜，並非題目。每一詞調都有“調有定句，句有定字，字有定聲”的特點，且表達的聲情也各不相同。

詞牌是各種詞調的名稱。詞牌的來源主要有下面的三種情況：

1. 采用原樂曲的名稱。例如《菩薩蠻》，原本是唐教坊所譜的曲子，後用作詞調的名稱。

2. 選取一首詞中的某幾個字作爲詞牌名。例如《憶秦娥》，或稱《秦樓月》，即因李白《憶秦娥》中“簫聲咽，秦娥夢斷秦樓月”的“秦樓月”而得名。

3. 采用歌詞的題目。例如《更漏子》原本是咏唱長夜的歌名，《抛球樂》原本是咏唱抛繡球的歌名。後來隨着詞與詞曲的分離，詞牌的作用只限於規定字數、句式、平仄和用韻。詞的唱詞與詞曲分離後，絶大多數詞牌的内容都不再用原意了，有時爲了强調詞義，需要在詞牌之外另加標題，而詞牌僅成了詞譜的代名詞。同一詞牌可以有不同的名稱，所謂同調異名。另外，同一詞牌還可以有不同的别體。例如《滿江紅》有押仄韻的，也有押平韻的，即同調異體。

二、詞調的分類

1. 小令、中調和長調

詞按照字數的多少分爲小令、中調和長調。這一分類大約從明中葉開始，清人毛先舒在《填詞名解》中明確提出了“五十八字内爲小令，五十九至九十字爲中調，九十一字外爲長調”的説法。

2. 單調、雙調、三疊、四疊

詞按照段落的多少分爲單調、雙調、三疊和四疊。單調是指只有一段，往往是小令，如《憶江南》《漁歌子》《如夢令》《十六字令》《調笑令》等。雙調是指一首詞包括兩個段落，這類詞最爲常見，如《菩薩蠻》《浣溪沙》《卜算子》《清平樂》《西江月》等。

雙調的上下兩段稱作上下闋，也叫上下片。三疊是指一首詞共有三段，這類詞數量不多，如《蘭陵王》《夜半樂》。四疊是指一首詞共有四段，這類詞更是罕見，如《鶯啼序》。

3. 令、引、近、慢

詞按照曲調的長短又分爲令、引、近和慢。令又稱爲小令或歌令、令曲、令章。令曲一般都比較短小，故唐代小曲之後多加“子”，如《甘州子》《八拍子》《漁歌子》《酒泉子》。到宋代時漸漸稱作“令”。“引”源於唐宋大型樂曲的前奏，即引子，作爲詞調一般比小令長，如《梅花引》《婆羅門引》《千秋歲引》等。“近”是“近拍”的簡稱，屬於接近正曲的某種變調，如《祝英台近》《訴衷情近》《好事近》等。“近”也比小令長，和“引”一樣都屬於中調，近和引的區別大概在於節奏有所不同。“慢”是慢曲的簡稱，與急曲相對。“慢”有延長引申之意，古多寫作曼。慢詞字句長，韻少，節奏舒緩，宋代的多數新腔都是慢詞。令、引、近、慢各有不同的節奏和唱法，其區別主要在音樂不在文辭。唐五代至北宋前期，詞的字句不多，多稱令詞。北宋後期，出現了篇幅較長的慢詞。令、慢是詞的兩大類別。從令詞發展到慢詞，中間經過不長不短的詞調稱作“引”或“近”。

三、詞譜、詞韻和押韵

1. 詞譜

詞調失傳後，填詞的人便按照前人作品中的句式、平仄和用韻等格式去填寫。這些格式被後人總結並編成譜子，稱作詞譜。依照詞譜創作詞叫作“填詞”。較早且負盛名的詞譜有清人萬樹《詞律》、陳廷敬、王奕清《欽定詞譜》、舒夢蘭《白香詞譜》、謝元淮《碎金詞譜》等。下面以《虞美人》爲例看看詞譜的具體内容。

虞美人

《虞美人》，又名《虞美人令》《玉壺冰》《憶柳曲》《一江春水》等。原屬唐教坊曲名，意在咏項羽寵姬虞姬。此調有不同體，均爲雙調，此舉一體。上下闋均四句，各换韻一次，共五十六字。例中加圈的字可平可仄，有些書上用“中”表示，韻脚字之下加△號者表示。

㊥平㊦仄平平仄（仄韻），㊦仄平平仄（仄韻）。㊥平㊦仄仄平平（平韻），㊦仄㊦平平仄、仄平平（平韻）。

㊥平㊦仄平平仄（仄韻），㊦仄平平仄（仄韻）。㊥平㊦仄仄平平（平韻），㊦仄㊦平平仄、仄平平（平韻）。

詞例：

虞美人 李煜

春花秋月何時了，往事知多少？小樓昨夜又東風，故國不堪回首、月明中。

雕欄玉砌應猶在，只是朱顔改。問君能有幾多愁？恰似一江春水、向東流。

虞美人·有美堂贈述古 蘇軾

湖山信是東南美，一望須千里。使君能得幾回來？便使樽前醉倒、且徘徊。

沙河塘裏燈初上，水調誰家唱？夜闌風静欲歸時，惟有一江明月、碧琉璃。

虞美人·寄人覓梅 范成大

霜餘好探梅消息，日日溪橋側。不如君有似梅人，歌裏工顰妍笑、兩眉春。

疏枝冷蕊風情少。卻稱衰翁老。從教來作静中鄰，冷淡無言無笑、也無顰。

2. 詞韻

詞韻是對詩韻的合併，不僅將音色相近的平聲韻合爲同部，且將上、去聲韻與平聲韻歸於同部，類似於十六攝，只是將入聲分出，其内容比詩韻寬鬆得多。清代以前並無詞韻，詞人都是根據前人的作品押韻。詞韻書的編寫據傳是受了南宋無名氏《詞林韻釋》(或以爲撰者是明人陳鐸)的影響，該書分韻十九部，無入聲韻部，屬於曲韻，但對詞韻編撰起了啓示作用。清初沈謙根據宋詞用韻的實際編成《詞韻略》一書，這應該是出現最早的詞韻書。其後詞韻書漸多，其中道光年間戈載的《詞林正韻》比較通行，該書合併《廣韻》平上去三聲爲十四部，合併入聲爲五部，共十九部，這種分部基本符合宋詞用韻的實際情況。下面是《詞林正韻》的韻目：

(1)平上去聲十四部

第一部　平聲　東冬鍾通用(上去聲韻及序號略，下同)

第二部　平聲　江陽唐通用

第三部　平聲　支脂之微齊灰通用

第四部　平聲　魚虞模通用

第五部　平聲　佳半皆咍通用

第六部　平聲　真諄臻文欣魂痕通用

第七部　平聲　元寒桓删山先仙通用

第八部　平聲　蕭宵肴(爻)豪通用

第九部　平聲　歌戈通用

第十部　平聲　佳半麻通用

第十一部　平聲　庚耕清青蒸登通用

第十二部　平聲　尤侯幽通用

第十三部　平聲　侵獨用

第十四部　平聲　覃談鹽添(沾)咸銜嚴凡通用

（2）入聲五部

第十五部 屋沃燭通用

第十六部 覺藥鐸通用

第十七部 質術櫛陌麥昔錫職德緝通用

第十八部 物（勿）迄月没曷末黠鎋（牽）屑薛葉帖通用

第十九部 合盍業洽狎乏通用

3. 詞的押韻

詞的押韻比律詩複雜，主要有以下幾種情況：

（1）一韻到底。或都押平聲韻，或都押仄聲韻，仄聲分上去聲韻和入聲韻。需要注意的是，詞韻雖然平仄聲同部，但平仄韻並不能在詞中通押，仄聲韻中也只有上去聲韻可以通押，上去聲韻與入聲韻也不通押。例如：

對瀟瀟、暮雨灑江天，一番洗清秋。漸霜風淒緊，關河冷落，殘照當樓。是處紅衰翠減，苒苒物華休。惟有長江水，無語東流。

不忍登高臨遠，望故鄉渺邈，歸思難收。歎年來踪迹，何事苦淹留？想佳人、妝樓顒望，誤幾回、天際識歸舟。争知我、倚闌干處，正恁凝愁。（第十二部平聲）

——柳永《八聲甘州》

更能消、幾番風雨，匆匆春又歸去。惜春長恨花開早，何况落紅無數。春且住，見説道、天涯芳草迷歸路。怨春不語，算只有、殷勤畫簷蛛網，盡日惹飛絮。

長門事，準擬佳期又誤，蛾眉曾有人妒。千金縱買相如賦，脈脈此情誰訴？君莫舞，君不見、玉環飛燕皆塵土？閒愁最苦，休去倚危欄，斜陽正在、煙柳斷腸處。（第四部上去聲）

——辛棄疾《摸魚兒》

大江東去，浪淘盡、千古風流人物。故壘西邊，人道是、三國周郎赤壁。亂石穿空，驚濤拍岸，捲起千堆雪，江山如畫，一時多少豪傑！

遥想公瑾當年，小喬初嫁了，雄姿英發，羽扇綸巾，談笑間檣虜灰飛煙滅。故國神游，多情應笑我、早生華髮。人生如夢，一尊還酹江月。（第十八部入聲）

——蘇軾《念奴嬌》

（2）同部平仄通押。指同一部的平聲韻和上去聲韻押韻。例如：

鳳額繡簾高捲，獸鐶朱户頻摇。兩竿紅日上花梢，春睡厭厭難覺。

好夢狂隨飛絮，閒愁濃勝香醪。不成雨暮與雲朝，又是韶光過了。（第八部平聲、上去聲）

——柳永《西江月》

明月别枝驚鵲，清風半夜鳴蟬。稻花香裏説豐年，聽取蛙聲一片。

七八個星天外，兩三點雨山前。舊時茅店社林邊，路轉溪橋忽見。（第七部平聲、去聲）

——辛棄疾《西江月》

（3）異部平仄换韻。指同一首詞中既用平聲韻，又用仄聲韻，二者不同部，交替出現。例如：

風迴仙馭雲開扇，更闌月墮星河轉。枕上夢魂驚，曉簷疏雨零。

相逢雖草草，長共天難老。終不羨人間，人間日似年。（第七部上去聲、第十一部平聲、第八部上聲、第七部平聲）

——蘇軾《菩薩蠻》（七夕）

莫聽穿林打葉聲，何妨吟嘯且徐行。竹杖芒鞋輕勝馬，誰怕？一蓑煙雨任平生。

料峭春風吹酒醒，微冷，山頭斜照卻相迎。回首向來蕭瑟處，歸去，也無風雨也無晴。（第十一部平聲、第十部上去聲、第十一部平聲、第十一部上聲、第十一部平聲、第四部去聲、第十一部平聲）

——蘇軾《定風波》

四、詞的平仄與句式

詞的平仄與律詩的平仄有同有異。相同的是，詞和律詩都要求一句之中平仄相間；不同的是，律詩對句中的平仄有統一的規定，詞句中的平仄則根據詞調而定，詞調不同，平仄也不相同。律詩仄聲中的上、去、入屬於同類，可以通用；詞的仄聲上、去、入有些涇渭分明，不能通用。律詩一聯之間的平仄相對；詞的上、下句之間的平仄可以完全相同。在句式方面，律句的字數是固定的，詞句的字數則不固定，最短者一字成句，最長者達十一字之多。词的各類句子的平仄格式具體如下：

一字句 起句作平，結句有平有仄，均入韻。例如張孝祥《蒼梧謡》："歸！玁玁薰風卷綉旗。攔教住，重舉送行杯。"陸游《釵頭鳳》："山盟雖在，錦書難托。莫！莫！莫！"

二字句 二字句多爲"平仄"式，也有"平平""仄仄""仄平"等式，一般入韻。例如蘇軾《調笑令》："漁父，漁父，江微風細雨。"蘇軾《醉翁操》："琅然，清圜，誰彈？"姜夔《長亭怨慢》："日暮，望高城不見，只見亂山無數。"程垓《攤破江城子》："斷魂，斷魂，不堪聞。"

三字句 相當於律句的末三字，平仄格式有"平平仄""仄平平""仄平仄""平仄仄""仄仄仄"等，節奏格式有"一二"和"二一"兩種。例如李白《憶秦娥》："簫聲咽，秦娥夢斷秦樓月。秦樓月，年年柳色，灞橋傷別。"蘇軾《江城子》："鬢微霜，又何妨。"岳飛《滿江紅》："靖康恥，猶未雪。臣子恨，何時滅。"李煜《烏夜啼》："剪不斷，理還亂。"

四字句 相當於七言律句的前四字，平仄格式爲"平平仄仄""仄仄平平""仄平平仄""平仄平仄"等，節奏格式爲"二二""一三"等。例如柳永《望海潮》："東南形勝，三吴都會，錢塘自古繁華。煙柳畫橋，風簾翠幕。”劉克莊《沁園春》：“使李將軍，遇高皇帝。”李清照《永遇樂》：“落日熔金，暮雲合璧，人在何處？染柳煙濃，吹梅笛怨，春意知幾許。”

五字句　五字句的平仄格式同於五言律句，有“仄仄平平仄”“平平仄仄平”“平平平仄仄”“仄仄仄平平”等式。不過節奏格式比五言律句複雜，多爲“二二一”“二三”式，也有“一四”“三二”等式。例如白居易《長相思》：“吴山點點愁。”蘇軾《水調歌頭》：“但願人長久。”柳永《八聲甘州》：“望故鄉渺邈。”劉過《西吴曲》：“空老盡英雄。”

六字句　是在四字句前加一個二字節拍。其平仄格式有“仄仄平平仄仄”、“平平仄仄平平”、“平平仄仄平仄”（第五字必平）、“仄仄平平平仄（第五字必平）、“平平仄平平仄”等。節奏格式有“二二二”“二四”“四二”“三三”等。例如辛棄疾《摸魚兒》：“準擬佳期又誤。”蘇軾《水龍吟》：“似花還似非花。”蘇軾《念奴嬌》：“一時多少豪傑！”薩都剌《念奴嬌》：“秦淮一片明月。”姜夔《揚州慢》：“二十四橋仍在。”李萊老《揚州慢》：“九曲迷樓依舊。”蘇軾《水龍吟》：“又還被鶯呼起。”陳亮《水龍吟》：“都付與，鶯和燕。”

七字句　七字句的平仄格式同於七言律句，有“平平仄仄平平仄”“仄仄平平仄仄平”“仄仄平平平仄仄”“平平仄仄仄平平”“仄仄平平仄平仄”（拗救）等式。不過節奏格式比七言律句複雜，有“二二二一”“四三”“三四”等。例如李白《憶秦娥》：“秦娥夢斷秦樓月。”陸游《卜算子》：“已是黄昏獨自愁。”蘇軾《江城子》：“縱使相逢應不識。”白居易《憶江南》：“春來江水緑如藍。”周紫芝《洞仙歌》：“可惜濃春爲誰住。”范仲淹《漁家傲》：“塞下秋來風景異，衡陽雁去無留意，四面邊聲連角起。”柳永《八聲甘州》：“想佳人、妝樓顒望……爭知我、倚闌干處。”

八字句至十一字句，都是由兩句組合而成，其平仄和節奏格式與所含各句相同。以下僅就八字句至十一字句的意義單位略加説明。

八字句 最常見的意義單位形式是“三五”“一七”“二六”式。例如柳永《八聲甘州》：“誤幾回 天際識歸舟。”柳永《八聲甘州》：“對 瀟瀟暮雨灑江天。”柳永《雨霖鈴》：“應是 良辰好景虚設。”

九字句 意義單位形式較複雜，主要有“三六”“二七”“四五”“六三”等式。例如蘇軾《念奴嬌》：“浪淘盡 千古風流人物。”李煜《虞美人》：“故國 不堪回首月明中……恰似 一江春水向東流。”蘇軾《江城子》：“千里孤墳 無處話淒涼。”晏幾道《虞美人》：“暗恨玉顔光景 與花同。”

十字句 十字句罕見，意義單位一般是“三七”式。例如辛棄疾《摸魚兒》：“見説道 天涯芳草迷歸路……君不見 玉環飛燕皆塵土？”

十一字句 意義單位主要有“六五”“四七”等式。例如蘇軾《水調歌頭》：“不知天上宫闕 今夕是何年。”蘇軾《水調歌頭》：“不應有恨 何事長向别時圓。”

五、詞的對仗和領字

1. 對仗

詞的對仗没有律詩嚴格，與律詩的對仗相比，詞的對仗主要有以下幾個特點：

（1）不避同字。例如蔣捷《一剪梅》：“風又飄飄，雨又蕭蕭。”

（2）不拘平仄。對仗句子的平仄有些與律詩無異，例如晏殊《浣溪沙》：“無可奈何花落去，似曾相識燕歸來。”有些則不拘平仄，例如李白《憶秦娥》：“西風殘照，漢家陵闕。”

（3）不論位置。詞的對仗没有固定位置，或在詞的起首兩句，或在其餘位置，視情況而定。例如晏殊《踏莎行》："細草愁煙，幽花怯露。"周邦彦《滿庭芳》："風老鶯雛，雨肥梅子。"（起首兩句）蘇軾《鷓鴣天》："翻空白鳥時時見，照水紅蕖細細香。"（上下闋的三四句）姜夔《暗香》："夜雪初積，翠尊易泣。"（下闋四五句）一般來説，領字所領的各句往往構成對仗，例如柳永《八聲甘州》："（漸）霜風淒緊，關河冷落，殘照當樓。"劉克莊《沁園春》："（歎）年光過盡，功名未立，書生老去，機會方來。"

2. 領字

領字又稱虚字、襯字、領句、領調、領格字等。領字用於句子之首，起着引領下文、轉折連接、貫通語氣的作用，其含義關涉所引各句。從詞調角度看，領字常常處於一段曲調的開頭，起着發調定音或轉折的作用。領字有一字豆、二字豆、三字豆三類。一字豆即單字領字，最爲普遍，可以領一句，也可領二句、三句、四句。例如吴文英《唐多令》："縱芭蕉不雨也颼颼。"柳永《八聲甘州》："對瀟瀟、暮雨灑江天，一番洗清秋。"柳永《八聲甘州》："漸霜風淒緊，關河冷落，殘照當樓。"二字豆即二字領字，比較少見。例如柳永《玉蝴蝶》："難忘文期酒會，幾孤風月，屢變星霜。"三字豆即三字領字，比二字豆常見。例如辛棄疾《摸魚兒》"更能消、幾番風雨，匆匆春又歸去。"

古漢語基礎知識之五

對　　聯

對聯這種文學形式雖然短小，但結構整齊，含義深刻，運用靈活，典雅凝練，實用性强，是我國傳統文化最重要的元素之一，人們喜聞樂見，具有極强的生命力。

一、對聯的起源

對聯源於修辭上的對偶，對偶具有形式整齊、含義對立或互補等特點，使人能够在對比中深刻瞭解事物的差別或把握事物的整體，故作者樂於使用，讀者易於接受。對偶在我國起源很早，例如在《詩經》《尚書》《左傳》《楚辭》《戰國策》等書中就已出現，請看用例：

① 南有喬木，不可休息；漢有遊女，不可求思。(《詩經・周南・漢廣》)

② 德無常師，主善爲師；善無常主，協於克一。(《尚書・商書・咸有一德》)

③ 天地之大德曰生，聖人之大寶曰位。(《周易・繫辭下》)

④ 天下難事，必作于易；天下大事，必作於細。(《老子·六十三章》)

對聯和對偶句的主要差别是，對偶句中兩兩相對的詞語在詞性、語法等方面不一定很嚴格，更沒有平仄方面的特别要求，而對聯在這兩方面都很講究，不可馬虎。

對聯的産生同時和民俗、駢文、律詩都有關係。

據《藝文類聚》卷八十六引《莊子》佚文記載，我國在戰國時期就有了插桃枝於門以驅鬼魅的習俗。桃枝後來演變成了桃符，桃符就是兩塊畫着門神的桃木板。據《山海經》《風俗通義》等文獻記載，傳説最早的門神是神荼和鬱壘。《後漢書·志·禮儀中·臘》："百官官府各以木面獸能爲儺人師訖，設桃梗、鬱櫑、葦茭畢，執事陛者罷。" 李賢等注："《山海經》曰：'東海中有度朔山，上有大桃樹，蟠屈三千里，其卑枝門曰東北鬼門，萬鬼出入也。上有二神人，一曰神荼，一曰鬱櫑，主閲領衆鬼之惡害人者，執以葦索，而用食虎。' 於是黄帝法而象之。毆除畢，因立桃梗於門户上，畫鬱櫑持葦索，以御凶鬼，畫虎於門，當食鬼也。"《風俗通義·桃梗葦茭畫虎》卷八："《黄帝書》：'上古之時，有神荼與鬱壘昆弟二人，性能執鬼。度朔山上有桃樹，二人於樹下簡閲百鬼，無道理妄爲人禍害，荼與鬱壘縛以葦索，執以食虎。' 於是縣官常以臘除夕飾桃人，垂葦茭，畫虎於門，皆追效於前事，冀以禦凶也。" 宗懔《荆楚歲時記》："桃者，五行之精，壓伏邪氣，制百鬼。"《淮南子·詮言訓》："王子慶死於劍，羿死於桃棓。" 高誘注："棓，大杖，以桃木爲之，以擊殺羿，由是以來，鬼畏桃也。" 戴埴《鼠璞》："今人以桃梗作代，歲旦植門以辟鬼。" 桃符進而演變，即成了張貼門神和對聯。所貼門神唐以後多改爲秦瓊和尉遲恭，所貼對聯講究對仗和平仄。

駢體文起源於六朝，這種文體最突出的特點是講究語句兩兩相對，形式之複雜遠遠超過了一般的對偶句，既有單句對的三三句、四四句、六六句、七七句式，又有雙句扇面對式的四六句、四七句、六四句、七四句、八八句式，等等。這些句式對於對聯的影響很大，對聯不僅繼承了這些句式，並且擴大到單字對、雙字對以及三句以上的多句對，使得其表現形式靈活多變，豐富多彩。

律詩中的平仄劃分是以漢語四聲的存在爲基礎的。齊、梁時期，沈約、周顒等人發現了漢語有平、上、去、入四個聲調，繼而提出“八病”説，將四聲自覺運用於詩歌的創作，與謝脁、王融等人開創了“永明體”。是後，在永明體的基礎上律詩逐漸醖釀形成，唐初經過沈佺期、宋之問等人的努力，其體制臻于完善。律詩最重要的特點是講究平仄交替，即將漢字按聲調的不同分成平仄兩類，使之在律句中交替。所謂“平”是指平聲，所謂“仄”是指平、上、入三聲。“平仄”是古人根據中古四聲提出的概念，並非對普通話的四聲而言。所謂平仄交替，是以節拍爲單位的，並非對單字而言。除句末字外，律句各節拍都由兩個字構成，只有句末字單獨是一個單位，例如“平平｜仄仄｜平平｜仄”。律詩關於平仄的各項規定都是爲了增强律句的節奏感，這些規定同樣爲對聯所繼承，對聯句内各節拍要求平仄交替，上下聯相對的節拍要求平仄相反，這和律詩是完全相同的。不僅如此，對聯在平仄要求方面還有很大發展，例如對聯構成節拍的字數除了和律詩相同者外，還有三字拍、四字拍、五字拍等；交替格式更是超出了律詩的範圍，詳下文。

傳説我國第一副春聯出現在五代時期。據《宋史・世家二》載，太祖（趙匡胤）乾德二年（964 年）年末，後蜀主孟昶寫了一副春聯掛於寢門以迎春祈福，内容是“新年納餘慶，嘉節賀長春”[①]。此後，過年寫春聯逐漸蔚成風氣。有宋一代，民間新年掛春聯的現象已相當普遍，王安石《元日》中的名句“千門萬户曈曈日，總把新桃換舊符”就是真實寫照。

到了明代，對聯這種文學體裁更是得到了太祖朱元璋的大力提倡，據傳他曾命令官員和一般老百姓除夕前都必須書寫一副對聯貼在門上。由於朝廷的重視，逢年掛春聯成了一時的社會風尚，文人雅士把題寫對聯視爲樂事。在這種風氣下，對聯的用場擴大到婚喪、祝壽、節慶、祭祀以及裝飾名勝古迹、樓臺亭閣等方面。入清以後，對聯得到了進一步的發展。王公大臣、文人墨客的創作熱情遠高於前代，表現手法更加靈活，題材更加廣泛，内容更加豐富，名作如林。

時至今日，對聯這種傳統的文學形式仍然發揮着其特有的重要作用，不可替代，園宅、書院、寺廟、祠堂、館所、山門、會場以及居家正堂、客廳、書房等地往往需要布設對聯以表達思想、抒寫抱負、彰顯精神、體現情操、提高品位等，在婚喪、祝壽、節慶、祭祀、迎春等重要活動中對聯的使用更是不可或缺。

因受中國文化的影響，周邊國家如韓國、朝鮮、越南等國也盛行對聯，至今保留着創作和張貼對聯的習俗。

二、對聯的結構

對聯均由上下聯兩部分組成，各聯的句數、每句的字數不限，但上下聯必須對等。常見的句式有以下幾種：

---

① 據《宋史》載，宋太祖乾德三年（965年）春節前夕孟昶撰此聯，正月宋太祖趙匡胤派兵攻入後蜀都城成都，孟昶於十一日降，太祖命吕餘慶知成都府。此前宋太祖於建隆元年（960年）將自己的生日農曆二月十六日定名爲“長春節”，即“聖節”。聯中的“餘慶”正應了吕餘慶的名字，而“長春”又應了太祖的誕辰節名，這是一個很有意思的巧合。

1. **單句** 這種類型上下聯各由一句構成，句子的字數不等。例如：

① 行己有恥，博學爲文。（顧炎武：自題聯）

② 三絶詩書畫，一官歸去來。（鄭板橋對李嘯村）

2. **雙句** 這種類型上下聯各由兩句組成，兩句的字數或等或不等，句式多爲四四句、四六句、六四句、四七句、五七句，其他句式比較少見。例如：

① 聾兩耳，跛一足；
學三絶，人千秋。（喻志韶贈吴昌碩聯）

② 酌酒花間，磨針石上；
倚劍天外，掛弓扶桑。（江油李白紀念館聯，郭沫若題）

③ 瀝膽披肝，六經以來二表；
托孤寄命，三代而下一人。（成都武侯祠聯，劉咸榮題）

3. **三句或三句以上** 這種類型上下聯各由三句或三句以上的句子組成。每聯句數的多少不論，每句的字數多少不論。例如：

① 國家事，豈有此理？正需要先生不斷咒駡；
悲痛中，别無他説，只好勸大衆繼續斗鬭争。（胡子嬰挽魯迅）

② 有志者，事竟成，破釜沉舟，百二秦關終屬楚；
苦心人，天不負，臥薪嚐膽，三千越甲可吞吴。（明胡寄垣撰，誤傳爲蒲松齡落第自勉聯）

三、對聯的平仄和交替格式

對聯有兩個基本要素，一個是對仗，一個是平仄，這和律詩是一樣的。但是，在對聯中，對仗比平仄的地位更重要，在對仗和平仄不能兼顧的情况下，聯家往往會犧牲平仄以就對仗。平仄在對聯和律詩中的具體差異主要表現在三個方面。

首先，律詩的平仄規則基於律詩的節奏單位和交替格式，對聯的平仄規則基於對聯的節奏單位和交替格式。無論意義單位如何，律詩的節奏單位均由二字或一字（句末字）構成，交替格式始終是“二二一”或“二二二一”，例如“露從今夜白”的交替格式是“露從——今夜——白”。對聯的節奏單位則既有由二字、一字構成者，也有由三字或更多字構成者，交替格式除了“二二一”或“二二二一”外，還有“二三”“三二”“一四”“四一”“三三”“二四”“四二”“二五”“五二”，等等。例如“海爲龍世界”的交替格式是“海爲——龍世——界”，而“則反側自消”的交替格式則是“則反側——自消”。

其次，對聯對平仄交替的要求不及律詩嚴格。即使在一些名聯中，也存在着節拍之間沒有平仄交替的現象，甚或出現了三平調，這在律詩是絕不允許的。例如：

① 率性｜修道｜致中和（乾隆）

② 倚劍｜天外，掛弓｜扶桑（郭沫若）

③ 秋色｜從西來（張之洞）

④ 人千秋（喻志韶）

前兩例“率性”與“修道”、“倚劍”與“天外”、“掛弓”與“扶桑”之間都没有做到平仄交替，後兩例中“從西來”“人千秋”都是三平調。

再次，對聯上下聯平仄相對的要求也不及律詩嚴格。律詩對句和出句的各節拍必須做到平仄相對，對聯則只做到句末字平仄相對即算基本合乎要求，特别是在一些長聯中，常可以看到相對的節拍平仄失對的現象（一般是非句末節拍）。例如：

“捲不及”對“梳裹就”、“都付與”對“點綴些”。（昆明大觀樓對聯，清孫髯翁撰）

更有甚者，一些對聯的句末字也存在失對現象，例如：

飛峰一動，不如一静；

念佛求人，不如求己。（杭州飛來峰聯）

總體來説，對聯平仄特點和律詩不盡相同，要求比律詩寬鬆。下面分單句和整聯兩部分來討論。

（一）對聯單句内的平仄排列

對聯的句子類型不像律詩那樣只有五言、七言句兩種，而是從一言到七言都有，甚至有超過七言者，不過一言、二言以及超過七言的用例較少，三言、四言、五言、六言、七言的句子都較常見，五言、七言的句子尤多。對聯句内平仄排列的基本原則是：節拍與節拍之間平仄交替（只做到節拍末字平仄交替即可）。可細分兩種類型：一種是節奏單位與律詩相同者，另一種是節奏單位與律詩不同者。

1. 節奏單位與律詩相同的句子

對聯節奏單位與律詩相同的句子，其平仄排列形式與律詩相同，即除了句末字外，都是由兩個字構成一個節拍，交替格式是“二二一”“二二二一”或“二一”。對於偶數句來説，各節拍都是由兩個字構成的，交替格式是“二二”或“二二二”。例如：

創業｜難　　瀟湘｜雨

五福｜臨門　　三陽｜開泰

平安｜二字｜金　　雁聲｜秋露｜白

梨花｜落後｜清明　　人傑｜地靈｜有福

七尺｜存亡｜兩婦｜人　　四面｜荷花｜三面｜柳

2. 節奏單位與律詩不同的句子

對聯的節奏單位和律詩的節奏單位有所不同，往往有由三個字或更多字構成的節拍，也有由非句末字構成的單字節拍。這種節奏單位導致對聯的有些交替格式與律詩不同，即不像律詩的交替格式“二二一”或“二二二一”那樣整齊規則，不過節奏點和律詩一樣都是在節拍的最後一個字上。例如：

見見見　　韓趙魏　　齊｜鮑叔

興｜四門學　　夕陽亭｜裏　　順我者｜昌

放笑臉｜相迎　　詩｜甘稱弟子　　揚子江心｜水

研六經｜以訓世　　恨不｜十年讀書　　萬里長城｜築怨

十九年｜托身異域　　無益身心事｜莫爲　　笑｜世間可笑之人

（二）對聯上下聯的平仄排列

整副對聯平仄排列的基本原則是：上聯如屬單句，末字用仄聲，其餘節拍平仄交替；如屬多句，末句末字用仄聲，各句末字儘量做到平仄交替，各句内其餘節拍平仄交替。下聯單句末字、多句末句末字用平聲，各句末字與上聯對應的句末字平仄相對，各句内其餘節拍平仄交替（節拍末字交替即可）。下面分四種類型做具體説明。

1. 上下聯各含一句的對聯

上聯末字用仄聲，各節拍間平仄交替；下聯末字用平聲，其餘節拍與上聯對應的節拍平仄相對。例如：

① 山川｜異域，風月｜同天。（揚州蜀岡鑒真紀念堂對聯）

② 樹老｜化龍｜易，亭高｜得月｜多。（嘉定即山亭聯）

③ 干青雲｜而直上，障百川｜以東之。（樂山大佛寺聯）

④ 養心｜莫善寡欲，至樂｜無如讀書。（鄭成功自題）

⑤ 蓋世｜勛名｜三傑｜並，登壇｜威望｜一軍｜驚。（漢中拜將壇聯，馮玉祥）

⑥ 古塚遺跡｜懷晏相，荒台故址｜弔桓公。（淄博齊國故城古墓聯）

2. 上下聯各含兩句的對聯

上聯首句末字平仄不論，末句末字用仄聲，各句内其餘節拍平仄交替；下聯首句末字平仄不論，末句末字用平聲，各句内其餘節拍平仄交替。常見的平仄格式有兩種。

（1）上聯首句末字用平聲，末句末字用仄聲；下聯首句末字用仄聲，末句末字用平聲。例如：

① 寫鬼寫妖（平），高人一等（仄）；
刺貪刺虐（仄），入骨三分（平）。（郭沫若）

② 磨礪以須（平），問天下頭顱幾許（仄）？
及鋒而試（仄），看老夫手段如何（平）？（石達開題剃頭鋪聯）

（2）上聯首、末句末字均用仄聲；下聯首句末字平仄不論，末句末字用平聲。例如：

① 身無半畝（仄），心憂天下（仄）；
讀書萬卷（仄），神交古人（平）。（左宗棠題私塾聯）

② 禮之用（仄），和爲貴（仄）；
德不孤（平），必有鄰（平）。（集《論語》聯）

3. 上下聯各含三句的對聯

上聯首句、中句末字的平仄均不論，末句末字用仄聲，各句內其餘節拍平仄交替；下聯末句末字用平聲，其餘各句末字與上聯對應的各句末字平仄相對，各句內其餘節拍平仄交替。常見格式有四種。

（1）上聯一、二句末字均用平聲，末句末字用仄聲；下聯一、二句末字均用仄聲，末句末字用平聲。例如：

能攻心（平），則反側自消（平），從古知兵非好戰（仄）；
不審勢（仄），即寬嚴皆誤（仄），後來治蜀要深思（平）。（成都武侯祠對聯，趙藩題）

（2）上聯一、三句末字用仄聲，第二句末字用平聲；下聯一、三句末字用平聲，第二句末字用仄聲。例如：

理冤獄（仄），關節不通（平），自是閻羅氣象（仄）；
賑災黎（平），慈悲無量（仄），依然菩薩心腸（平）。（合肥

包公祠聯）

（3）上聯首句末字用平聲，二、三句末字用仄聲；下聯一、二句末字用仄聲，第三句末字用平聲。例如：

世外人（平），法無定法（仄），然後知非法法也（仄）；

天下事（仄），了猶未了（仄），何妨以不了了之（平）。（四川新都寶光寺正殿對聯，何元普撰）

（4）上聯首句末字用平聲，二、三句末字用仄聲；下聯首句末字用仄聲，二、三句末字用平聲。例如：

① 披一品衣（平），抱九仙骨（仄），狂生無禮稱愚弟（仄）；
行千里路（仄），讀萬卷書（平），俠士有志傲王侯（平）。（梁啓超對張之洞）

② 道與天地參（平），功滿天地（仄），名滿天地（仄）；
書留春秋在（仄），知我春秋（平），罪我春秋（平）。（山西平遥村文廟大成殿對聯）

4. 上下聯各含四句或四句以上的對聯

上聯末句末字用仄聲，其餘各句末字儘量做到平仄交替，各句內的節拍做到平仄交替；下聯末句末字用平聲，其餘各句末字與上聯對應的各句末字平仄相對，各句內的節拍平仄交替。例如：

① 風聲（平）、雨聲（平）、讀書聲（平），聲聲入耳（仄）；
家事（仄）、國事（仄）、天下事（仄），事事關心（平）。（明顧憲成）

② 生無補乎時（平），死無關乎數（仄），辛辛苦苦（仄），著二百五十餘卷書（平），流播四方（平），是亦足矣（仄）；
仰不愧于天（平），俯不怍于人（平），浩浩蕩蕩（仄），數半生三十多年事（仄），放懷一笑（仄），吾其歸乎（平）！（俞樾自挽聯）

③ 豪傑今安在（仄）？看青山不老（仄），紫柏長存（平），

想那志士忠臣（平），千載空餘憑弔處（仄）；
神仙古來稀（平），設黃石重逢（平），赤松再遇（仄），得此洞天福地（仄），一生願作逍遥游（平）。（陝西留壩張良廟，馮玉祥題）

由於對聯主要是供人觀看的，不像律詩那樣原本是供人吟誦或咏唱的，所以，儘管對聯和律詩一樣都講究平仄和對仗，但聯家對平仄的要求比律詩寬鬆得多，而對於對仗的要求則比律詩嚴格得多。一首律詩的頷聯或頸聯不對仗是可以的，即使頷聯和頸聯，也可以寬對，絶句則更是不刻意要求對仗，而平仄不合律一般是不允許的。一副對聯出現不合律的現象是可以的，没有對仗或對仗不工則是不允許的。律詩的節奏單位除句末字外均由二字構成，故其交替格式比較簡單。對聯的節奏單位除了句末字外，既有由二字構成者，又有由一字、三字或更多字構成者，故對聯的節奏單位比律詩大，其交替格式遠比律詩複雜和寬鬆。

練 習 題

一、解釋下列詞語。

1. 近體詩　2. 古體詩　3. 平仄　4. 粘對　5. 拗救　6. 平水韻　7. 一三五不論，二四六分明　8. 扇面對　9. 詞調　10. 詞牌　11. 詞譜　12. 詞韻　13. 領字雙調

二、首聯出句的平仄分別是"平起平收"和"仄起平收"兩種格式，據此排出五律、七律全首詩的平仄格式。

三、標出以下兩首詩的平仄，指出其中的拗救，同時寫出其平仄的基本句式。

落花　李商隱

高閣客竟去，小園花亂飛。

參差連曲陌，迢遞送斜暉。

腸斷未忍掃，眼穿仍欲歸。

芳心向春盡，所得是沾衣。

送李少府貶峽中王少府貶長沙　高適

嗟君此別意何如？駐馬銜杯問謫居。

巫峽啼猿數行淚，衡陽歸雁幾封書。

青楓江上秋帆遠，白帝城邊古木疏。

聖代即今多雨露，暫時分手莫躊躇。

四、試作五律、七律、五絶、七絶各一首。

五、試作《菩薩蠻》《如夢令》《水調歌頭》各一首。

六、簡要叙述對聯的基本要求。

七、試作對聯二副，其中一副的上下聯不少於兩小句。

八、翻譯下段古文，給其中不熟悉的人名和詞語做注。

五言質，七言文；五言親，七言尊。幾見田家詩而多作七言者乎？幾見骨肉間而多作七言者乎？

五言與七言因乎情境，如《孺子歌》“滄浪之水清兮”，平淡天真，於五言宜；《甯戚歌》“滄浪之水白石粲”，豪蕩感激，於七言宜。

五言尚安恬，七言尚揮霍。安恬者，前莫如陶靖節，後莫如韋左司；揮霍者，前莫如鮑明遠，後莫如李太白。

五言要如山立時行，七言要如鼛鼓軒舞。

五言無閒字易，有餘味難；七言有餘味易，無閒字難。

七言於五言，或較易，亦或較難；或較便，亦或較累。蓋善爲者如多兩人任事，不善爲者如多兩人坐食也。

或謂七言如挽强用長。余謂更當挽强如弱，用長如短，方見能事。

潘邠老謂七言詩第五字要響，如“返照入江翻石壁，歸雲擁樹失山村”，“翻”字“失”字；五言詩第三字要響，如“圓荷浮小葉，細麥落輕花”，“浮”字“落”字。余謂此例何可盡拘？但論句中自然之節奏，則七言可以上四字作一頓，五言可以上二字作一頓耳。

五言上二字下三字，足當四言兩句。如“終日不成章”之於“終日七襄，不成報章”是也。七言上四字下三字，足當五言兩句。如“明月皎皎照我牀”之于“明月何皎皎，照我羅牀幃”是也。是則五言乃四言之約，七言乃五言之約矣。太白嘗有“寄興深微，五言不如四言，七言又其靡也”之説，此特意在尊古耳，豈可不達其意而誤增閒字以爲五七哉？

詩有合兩句成七言者，如“君子有酒旨且多”“夜如何其夜未央”是也；有合兩句成五言者，如“祈父亶不聰”是也。後世七言每四字作一頓，五言每兩字作一頓，而五言亦或第三字屬上，上下閒皆可以“兮”字界之。

七言講音節者，出於漢《郊祀》諸樂府；羅事實者，出於《柏梁詩》。

七言爲五言之慢聲，而長短句互用者，則以長句爲慢聲，以短句爲急節，此固不當與句句七言者並論也。

五言第二字與第四字、第三字與第五字；七言第二字與第四字、第四字與第六字、第五字與第七字，平仄相同則音拗，異則音諧。講古詩聲調者，類多避諧而取拗。然其閒蓋有天籟，不當止以能拗爲古。

善古詩必屬雅材。俗意、俗字、俗調，苟犯其一，皆古之弃也。

凡詩不可以助長，五古尤甚。故詩不善於五古，他體雖工弗尚也。《書譜》云：“思慮通審，志氣和平，不激不厲，而風規自遠。”爲五古者，宜亦有取於斯言。

七古可命爲古、近二體：近體曰駢、曰諧、曰麗、曰綿，古體曰單、曰拗、曰瘦、曰勁。一尚風容，一尚筋骨。此齊梁、漢魏之分，即初、盛唐之所以别也。

論詩者謂唐初七古氣格雖卑，猶有樂府之意；亦思樂府非此體所能盡乎？豪傑之士，焉得不更思進取！

唐初七古，節次多而情韻婉，詠歎取之；盛唐七古，節次少而魄力雄，鋪陳尚之。

伏應轉接，夾敘夾議，開闔盡變，古詩之法，近體亦俱有之，惟古詩波瀾較爲壯闊耳。

律與絶句，行閒字裹須有曖曖之致。古體較可發揮盡意，然亦須有不盡者存。

律詩取“律吕”之義，爲其和也；取“律令”之義，爲其嚴也。

律詩要處處打得通，又要處處跳得起。草蛇灰線，生龍活虎，兩般能事，當以一手兼之。

律詩主意拿得定，則開闔變化，惟我所爲，少陵得力在此。

律詩主句或在起，或在結，或在中，而以在中爲較難。蓋限於對偶，非高手爲之，必至物而不化矣。

律詩聲諧語儷，故往往易工而難化。能求之章法，不惟於字句争長，則體雖近而氣脈入古矣。

起有分合緩急，收有虚實順逆，對有反正平串，接有遠近曲直。欲窮律法之變，必先於是求之。

律詩既患旁生枝節，又患如琴瑟之專一。融貫變化，兼之斯善。

律詩篇法有上半篇開，下半篇合；有上半篇合，下半篇開。所謂半篇者，非但上四句與下四句之謂，即二句與六句，六句與二句，亦各爲半篇也。

律詩一聯中，有以上下句論開合者；一句中，有以上下半句論開合者。惟在相篇法而知所避就焉。

律詩手寫此聯，眼注彼聯，自覺減少不得，增多不得。若可增可減，則於“律”字名義失之遠矣。

律詩之妙，全在無字處。每上句與下句轉關接縫，皆機竅所在也。

律有似乎無起無收者。要知無起者後必補起，無收者前必預收。

律詩中二聯必分寬緊遠近，人皆知之。惟不省其來龍去脈，則寬緊遠近爲妄施矣。

參考文獻

（清）萬樹《詞律》，上海古籍出版社，1984 年。

（清）陳廷敬、王奕清《欽定詞譜》，中國書店，1983 年。

陳家銓《名聯欣賞》，江西人民出版社，1981 年。

陳君慧主編《中華對聯》，綫裝書局，2008 年。
胡安順等《古代漢語》（第 3 版），中華書局，2014 年。
鄺建行《詩賦與律調》，中華書局，1994 年。
龍榆生《唐宋詞格律》，上海古籍出版社，1978 年。
任秉義《詩詞通論》，遼寧人民出版社，1984 年。
榮斌主編《中國名聯大觀》，北京出版社，1999 年。
尚文化《楹聯寫作與欣賞》，遼寧大學出版社，1987 年。
施蟄存《詞學名詞釋義》，中華書局，1988 年。
孫天赦《對聯格律及撰法》，貴州人民出版社，1996 年。
王力《漢語詩律學》（新 2 版），教育出版社，1979 年。
王力《詩詞格律十講》，商務印書館，2002 年。
吴丈蜀《詞學概説》，中華書局，2000 年。
嚴建文《詞牌釋例》，浙江文藝出版社，1984 年。
楊文生《詞譜簡編》，四川人民出版社，2004 年。
余德全《對聯格律》，岳麓書社，1997 年。

第四單元

文 選 一

晉侯之弟揚干亂行於曲梁 《左傳》

【題解】晉悼公之弟揚干因違反軍規，受到了晉軍司馬魏絳的處罰，晉侯覺得很傷面子，想要殺掉魏絳，但在瞭解到實際情况後，悼公不僅没有殺魏絳，反而委以重任。文章表現了魏絳忠於國事、不畏權貴、秉公執法的精神以及悼公知過能改的品質。本文選自《左傳·襄公三年》，題目爲編者所加。

（秋）晉侯之弟揚干亂行於曲梁①，魏絳戮其僕②。晉侯怒，謂羊舌赤曰："合諸侯，以爲榮也。揚干爲戮，何辱如之？必殺魏絳，無失也！"③對曰："絳無貳志，事君不辟難，有罪不逃刑，其將來辭，何辱命焉？"④言終，魏絳至，授僕人書，將伏劍⑤。士魴、張老止之⑥。公讀其書，曰："日君乏使，使臣斯司馬⑦。臣聞：'師衆以順爲武，軍事有死無犯爲敬。'⑧君合諸侯，臣敢不敬？君師不武，執事不敬，罪莫大焉。臣懼其死以及揚干，無所逃罪⑨。不能致訓，至於用鉞（yuè）⑩。臣之罪重，敢有不從以怒君心？請歸死於司寇。”⑪公跣（xiǎn）而出，曰：“寡人之言，親愛也；吾子之討，軍禮也。寡人有弟，弗能教訓，使干大命⑫，寡人之過也。子無重（zhòng）寡人之過也，敢以爲請。”⑬

晉侯以魏絳爲能以刑佐民矣，反役，與之禮食，使佐新軍⑭。張老爲中軍司馬，士富爲候奄⑮。

注　釋

① 晉侯：晉悼公。　亂行：破壞軍隊行列。　曲梁：晉地，在今河北邯鄲市東北。按：本年六月，晉與魯、宋、衛、鄭、莒、邾等國諸侯及周卿單頃公、齊世子光會盟於曲梁附近的雞澤。

② 魏絳：晉大夫，時任中軍司馬，掌軍法。　戮：殺。　僕：揚干的駕車者，即車御。　孔穎達疏：“以車亂行，是御者之罪，故戮其僕也。”

③ 羊舌赤：晉中軍尉之副，羊舌職之子。　合諸侯：召集諸侯舉行盟會。爲戮：指車御被殺。　無失：不放過。

④ 無貳志：無二心。　辭：解釋。　辱命：屈駕下令。辱，副詞，表敬詞。

⑤ 僕人：晉侯的御僕，侍從官。　伏劍：用劍自刎。伏，通“服”，受。

⑥ 士魴、張老：均爲晉大夫。

⑦ 日：往日，此前。　乏使：缺使喚的人。　斯：通“司”。杜預注：“斯，此也。”

⑧ 師衆：師旅，軍隊。　順：服從軍令。　有死無犯：明知必死亦不敢違令。

⑨ 執事：官員。　無所逃罪：無法逃避死罪。　杜預注：“懼自犯不武不敬之罪。”

⑩ 致訓：通過教育解決問題。　用鉞：用鉞斬揚干之僕。鉞，像斧子的兵器。

⑪ 從：指從戮，服刑。　怒：使動用法，惹……生氣。　歸死：接受死刑，請死。　杜預注：“致尸於司寇，使戮之。”

⑫ 跣：光着脚。因擔心魏絳自殺，故悼公赤足奔出。 軍禮：軍法。 干：違犯。

⑬ 重：加重。 敢：謙詞，冒昧。

⑭ 反役：指由盟地雞澤返國。

⑮ 候奄：官名，掌諜報偵察等事。

季文子之忠 《左傳》

【題解】季文子，即季孫行父，魯國正卿，於魯宣公八年執政，歷宣、成、襄三公共三十三年而無私積。文章反映了文子忠於國事、廉潔奉公的品格。本文選自《左傳・襄公五年》，題目爲編者所加。

季文子卒，大夫入斂，公在位①。宰庀（pǐ）家器爲葬備，無衣帛之妾，無食粟之馬，無藏金玉，無重器備②。君子是以知季文子之忠於公室也，相三君矣③，而無私積，可不謂忠乎？

注 釋

① 斂：通“殮”。 公：魯宣公。 在位：處在應站的位置。依禮，大夫入殮時，國君應親臨看視。孔穎達疏：“《喪大記》云：‘大夫之喪，將大斂……君至，主人迎，先入門右。巫止于門外。君釋菜。祝先入，升堂。君即位于序端。’”按：堂的東西牆叫作序，序端即牆頭。國君看視大夫大殮，於東序端設君位，面向西。

② 宰：季氏家臣。 庀：準備。 爲葬備：爲葬禮做準備。 器備：珍寶甲兵之類。

③ 三君：宣公、成公、襄公。孔穎達疏：“宣公之初，襄仲執政，宣八年仲遂卒，後始文子得政，故至今爲相三君也。”

宋人或得玉 《左傳》

【題解】文章通過宋國人向執政大臣子罕獻寶而被拒絕一事，表現了子罕清廉愛民、以不貪爲寶的品格。本文選自《左傳·襄公十五年》，題目爲編者所加。

宋人或得玉，獻諸子罕，子罕弗受。獻玉者曰："以示玉人[①]，玉人以爲寶也，故敢獻之。"子罕曰："我以不貪爲寶，爾以玉爲寶。若以與我，皆喪寶也，不若人有其寶。"稽首而告曰："小人懷璧，不可以越鄉。納此以請死也。"[②]子罕寘諸其里，使玉人爲之攻之，富而後使復其所[③]。

注釋

① 子罕：宋國執政大臣。 玉人：杜預注"能治玉者"。

② 不可以越鄉：擔心被盗搶劫。 越鄉：回家時路過郊野。 請死：希望免死。

③ 寘：安排住下。 其里：指子罕所居邑里。 攻：治玉。 "富而"句：賣玉致富後送其回鄉里。

叔孫豹論不朽 《左傳》

【題解】人固有一死，如何纔能做到死而不朽，不同的人對這一問題理解不同。魯大夫叔孫豹認爲，要想做到死而不朽，有三條途徑，即大上有立德，其次有立功，其次有立言。本文選自《左傳·襄公二十四年》，題目爲編者所加。

二十四年春，穆叔如晉。范宣子逆之①。問焉，曰："古人有言曰：'死而不朽'，何謂也？"穆叔未對。宣子曰："昔匄（gài）之祖，自虞以上爲陶唐氏②，在夏爲御龍氏，在商爲豕韋氏，在周爲唐杜氏③，晉主夏盟爲范氏④，其是之謂乎？"穆叔曰："以豹所聞，此之謂世禄⑤，非不朽也。魯有先大夫曰臧文仲，既没，其言立⑥。其是之謂乎？豹聞之，大（tài）上有立德，其次有立功，其次有立言⑦。雖久不廢，此之謂不朽。若夫保姓受氏，以守宗祊（bēng）⑧，世不絶祀，無國無之。禄之大者，不可謂不朽。"

注 釋

① 穆叔：即叔孫豹，魯大夫。叔孫氏爲魯國三大卿族之一，常作爲使臣出使他國。 范宣子：晉執政大臣，名匄，士會孫。 逆：迎接。

② 匄：范匄，即范宣子。 虞：虞舜時代。 爲陶唐氏：指在虞舜以前即作爲唐堯氏的一族存在，封地在今山西太原市晉源區。 孔穎達疏："歷檢書傳，未聞帝堯居陶，而以陶冠唐，蓋地以二字爲名，所稱或單或複也。……舜受堯禪，封堯子丹朱爲王者之後，猶稱爲唐，其名不易，終虞之世，以陶唐爲號，故曰'自虞以上'也。"

③ 御龍氏：指劉累，傳説中夏代初期的人物，曾事孔甲，賜御龍氏。 豕韋：商代封國名，地在今河南滑縣東南一帶。 唐杜：西周時封國名，或單名杜，地在今陝西西安市長安區。 杜預注："殷末，豕韋國於唐。周成王滅唐，遷之於杜，爲杜伯。杜伯之子隰叔奔晉，四世及士會，食邑於范氏。"

④ 晉主夏盟：指春秋時期晉爲諸夏盟主。 范氏：范氏家時爲晉國九大

卿族之一。

⑤ 世祿：世代相傳的官位和俸祿。

⑥ 臧文仲：魯大夫，臧僖伯的曾孫。　立：指流傳下來。

⑦ 大上：首先。　立德：建立德業，樹立威望。　立功：建立功勛。　立言：建立理論。　孔穎達疏："立德，謂創制垂法，博施濟衆，聖德立於上代，惠澤被於無窮，故服以伏羲、神農，杜以黄帝、堯、舜當之……立功，謂拯厄除難，功濟於時，故服、杜皆以禹、稷當之……立言，謂言得其要，理足可傳，記傳稱史佚有言，《論語》稱周任有言，及此臧文仲既没，其言存立於世，皆其身既没，其言尚存，故服、杜皆以史佚、周任、臧文仲當之，言如此之類，乃是立言也。老、莊、荀、孟、管、晏、楊、墨、孫、吴之徒，制作子書，屈原、宋玉、賈誼、揚雄、馬遷、班固以後，撰集史傳及制作文章，使後世學習，皆是立言者也。此三者雖經世代，當不腐朽，故穆子歷言之。"

⑧ 宗祊：宗廟。　杜預注："祊，廟門。"

晏子論君爲社稷死而死之　《左傳》

【題解】本文反映了晏子關於君臣關係的思想。晏子認爲，國君和大臣都是爲國家而設的，大臣應爲國家盡忠，而不是爲國君個人盡忠。當國君只是因爲個人私利遭遇禍難時，大臣没有必要爲之盡忠而死。本文選自《左傳・襄公二十五年》，題目爲編者所加。

晏子立於崔氏之門外①，其人曰："死乎？"②曰："獨吾君也乎哉，吾死也？"曰："行乎？"曰："吾罪也乎哉，吾亡也？"曰："歸乎？"曰："君死，安歸？君民者，豈以陵民？社稷是主。臣君者，豈爲其口實，社稷是養③。故君爲社稷死，則死之；爲社稷亡，則亡之。

若爲己死，而爲己亡，非其私暱，誰敢任之[④]？且人有君而弑之，吾焉得死之？而焉得亡之？將庸何歸？”[⑤]門啓而入，枕尸股而哭。興，三踊而出[⑥]。人謂崔子：“必殺之！”崔子曰：“民之望也，舍之得民。”

注　釋

① 晏子：齊卿，字平仲。　崔氏：大夫崔杼。按：齊莊公因與大夫崔杼之妻私通而被崔杼弑殺，莊公平時寵幸的大夫和親昵紛紛自殺盡忠。

② 其人：晏子之隨從。　死：指自殺盡忠。

③ 陵：欺凌。　社稷是主：主持社稷，即爲國家着想。　養：保護，忠於。

④ 私暱：個人寵信親昵的人。暱，或作“昵”。　杜預注：“私暱，所親愛也，非所親愛，無爲當其禍。”

⑤ 人有君：人指崔杼。魯襄公十九年，崔杼迎立齊莊公。　焉得：何能。庸何：哪裏，同義連用。

⑥ 枕尸股：杜預注“以公尸枕己股”。股，大腿。　興：起來。哭時仆地，哭畢而起。　三踊：跳起來三次，以示哀痛。

文 選 二

子産使子羽辭楚公子圍 《左傳》

【題解】楚國公子圍企圖借聘問鄭國之機襲擊鄭國，子産派子羽揭穿了楚人的陰謀，迫使楚人放棄計劃，使鄭國避免了一場災難。文章表現了子産爲維護國家安全敢於向大國挑戰的勇敢精神。本文選自《左傳·昭公元年》，題目爲編者所加。

元年春，楚公子圍（楚共王之子）聘于鄭，且娶於公孫段氏，伍舉爲介（介：副使）。將入館，鄭人惡之，使行人（行人：使者）子羽與之言，乃館於外（使舍於城外）。既聘（舉行聘問儀式畢），將以衆逆（公子圍率兵衆迎娶）。子産患（擔心）之，使子羽辭（辭：辭絶）曰："以敝邑褊（biǎn。褊：狹小）小，不足以容從者，請墠（shàn。墠：經清掃的場地，供祭典用）聽命。"（楊伯峻注："古代迎親，壻受婦於女家之祖廟。子産不欲其入城，欲除地爲墠。"）令尹（楚國執政大臣）命大宰伯州犁對曰："君辱貺（kuàng，賜）寡大夫圍，謂圍'將使（使：讓）豐氏（公孫段）撫有（撫有：據有，此處義爲嫁女）而室（而室：爾的妻室。而，同“爾”）。圍布几筵，告於莊（圍之祖）、共（圍之父）之廟而來。若野賜之，是委君貺於草莽也，是寡大夫不得列於諸卿也。不寧（不寧：不僅。寧，語助無義）唯是，又使圍蒙（蒙：欺騙）其先君，將不得爲寡君老（老：指大臣），其蔑（蔑：無）以復（復：復命）矣。唯大夫圖之。”子羽曰：“小國無罪，恃實其罪（杜預注：‘恃大國而無備，則是罪。’）。將恃大國之安靖已，而無乃（無乃：恐怕是）包藏禍心以圖之（指攻打鄭國。楊伯峻注：‘直接點明圍乃包藏禍心以謀侵鄭。’）？小國失恃（指被襲擊）而懲諸侯（使諸侯引爲懲戒），使莫不憾（憾：恨。指恨楚國）者，距違君命（抗拒楚國之命）而有所壅塞不行（指楚國號令不通行）是懼。不然，敝邑，館人之屬（謙稱鄭國相當於楚國的館舍）也，其敢愛豐氏之祧（tiāo。祧：祖廟）？”伍舉知其有備也，請垂櫜（gāo。垂櫜：將口袋倒過來，表示內無兵器。櫜，裝弓矢和盔甲的袋子）而入。許之。

正考父之恭

《左傳》

【題解】正考父是孔子七世祖，先後輔佐三代宋君，雖位高權重，但敬慎謙卑，官愈大而貌愈恭。文章表現了正考父謙謹自檢的美德及孔門家風。本文選自《左傳・昭公七年》，題目爲編者所加。

九月，公至自楚（本年三月，魯昭公出訪楚國參加章華宮落成典禮，此時返回）。孟僖子（魯大夫，孝伯之子，孟孫氏家族的族長）病不能相禮（相禮：贊禮。祭祀、典禮時司儀唱讀儀式叫人行禮。昭公出訪期間孟僖子作爲陪同人員負責禮儀事宜），乃講學之，苟能禮者從之。及其將死也（僖子卒於魯昭公二十四年），召其大夫（孟僖子的大夫），曰："禮，人之幹也。無禮，無以立。吾聞將有達者曰孔丘，聖人（指孔子先祖弗父何及七世祖正考父）之後也，而滅於宋（孔子先祖本宋人，至六世祖孔父嘉，被宋大夫華父督所殺，全家避難至魯）。其祖弗父何以有宋而授厲公（弗父何，宋閔公之子，厲公之兄，當立而讓位於厲公）。及正考父（弗父何曾孫），佐戴、武、宣（宋戴公、宋武公、宋宣公），三命（上卿。周代官爵分九等，稱九命。三命爲公侯伯之卿。命，爵命）茲益（益：更加）共（共："恭"的古字），故其鼎（考父廟中所立的鼎）銘云：'一命而僂，再命而傴，三命而俯（杜預注："俯共於傴，傴共於僂。"），循牆（避道中央，以示恭敬）而走，亦莫余敢侮。饘（zhān。饘：煮稠粥）於是，鬻（zhōu。鬻：煮稀粥。"鬻"爲"粥"的古字，較稀）於是，以餬余口。'其共也如是。臧孫紇（hé。紇：魯大夫）有言曰：'聖人有明德者，若不當世，其後必有達人。'今其將在孔丘乎？我若獲没（獲没：得以善終。没，通'歿'），必屬説（説：僖子之子）與何忌（亦僖子之子）於夫子（孔丘），使事之，而學禮焉，以定其位（杜預注：'知禮則位安。'）。"故孟懿子（何忌）與南宫敬叔（説）師事仲尼。仲尼曰："能補過者，君子也。《詩》曰：'君子是則是效。'（見《詩經·小雅·鹿鳴》）孟僖子可則效已矣！"

晉人執魯行人叔孫婼 《左傳》

【題解】叔孫婼（？—前517年），姬姓，氏叔孫，名婼，魯卿，叔孫豹之子，魯國三大家族中叔孫氏一族的族長，常代表魯國出使外國。文章通過叔孫婼出使晉國期間遭受抓捕、審判、監禁等事例，表現了其在危難時刻置個人生死安危於度外的偉大愛國精神以及守高不屈風節自勵的可貴品質。本文選自《左傳·昭公二十三年》，題目爲編者所加。

邾（國名，地在今山東滕州市東南）人愬（sù。愬：訴説，告發）于晉（此前，魯國侵犯邾國，導致邾人向盟主晉國控告），晉人來討。叔孫婼如晉，晉人執之。書曰"晉人執我行人叔孫婼"，言使人（使人：即行人，外交使臣）也。晉人使與邾大夫坐（坐：對質），叔孫曰："列國之卿當小國之君，固周制也。邾又夷也。寡君之命介（介：副使）子服回（魯大夫）在，請使當之，不敢廢周制故也。"乃不果坐。

韓宣子（晉執政大臣）使邾人聚其衆，將以叔孫與之。叔孫聞之，去衆與兵（兵：兵器）而朝。士彌牟（晉大夫）謂韓宣子曰："子弗良圖，而以叔孫與其讎，叔孫必死之（因此被殺）。魯亡叔孫，必亡邾。邾君亡國，將焉歸（杜預注：'時邾君在晉，若亡國，無所歸，將益晉憂。'）？子雖悔之，何及？所謂盟主，討違命也。若皆相執，焉用盟主？"乃弗與，使各（各：指邾人、叔孫婼）居一館。士伯（士彌牟）聽其辭，而愬諸宣子，乃皆執之（杜預注："二子辭不屈，故士伯愬而執之。"）。

士伯御叔孫，從者四人，過邾館以如吏（押解叔孫婼到法官那裏去時有意從邾人住處經過。杜預注：“欲使邾人見叔孫之屈辱。”）。先歸邾子（先使邾國國君返回）。士伯曰：“以芻蕘（ráo。芻蕘：割草采薪，名詞用如動詞。蕘，柴草）之難（以芻蕘之難：因糧草難以供給。托詞），從者（謙稱，指晉國的服侍人員）之病，將館子於都（地名，即下文箕）。”叔孫旦而立，期焉。乃館諸箕（箕：今山西蒲縣東北）。舍子服昭伯於他邑。

范獻子（晉大夫）求貨（索賄）於叔孫，使請冠焉（杜預注：“以求冠爲辭。”）。取其冠法，而與之兩冠，曰：“盡矣。”（杜預注：“既送作冠模法，又進二冠以與之，僞若不解其意。”）爲叔孫故，申豐（魯大夫）以貨如晉（欲送禮救叔孫）。叔孫曰：“見我，吾告女所行貨。”見，而不出（杜預注：“留申豐不使得出，不欲以貨免。”）。吏人之與叔孫居於箕者（晉國看守叔孫的官吏）請（索要）其吠狗，弗與。及將歸，殺而與之食之（表示原來不給並非捨不得，於義不可）。叔孫所館者（所館者：住處），雖一日，必葺（葺：修繕）其牆屋，去之如始至。

古漢語基礎知識之六

詞　　彙

第一節　古今詞義的異同

現代漢語詞彙是在古代漢語詞彙基礎上發展演變而來的，古今漢語詞彙的變化主要表現在舊詞的繼承、舊詞舊義的消亡、新詞新義的産生、詞義内涵與外延的變化等方面。

一、舊詞的繼承

在古漢語詞彙到現代漢語詞彙的發展演變過程中，有些舊詞舊義被繼承下來，主要分爲以下幾種情況：

1. 古今詞形詞義均相同

這類詞屬於基本詞彙，有很强的穩定性和能産性，例如“天、地、人、馬、牛、羊、日、月、風、雨、雪、霜、星、山、河、東、西、南、北、左、右、大、小、輕、重、短、長、上、下、一、二、三、四、五、六、七、八、九、十、百、千、萬、猪、寒、冷、暖、生、死、有、無、方、圓、國、家、繽紛、輾轉、蕭瑟、猶豫”等。

2. 古今詞形相同詞義有別

這類詞的今義雖對古義有所繼承，但已發生了内涵和外延的變化，一般容易被人忽視，例如：

例字	古義	今義
紅	淺紅。	泛指各種紅色。
病	重病。	泛指各種病。
菜	蔬菜、素菜。	各種菜。
皮	獸皮。	物體的表層。
金	金屬。	黄金。
窮	窘迫，指政治上。	貧困，指經濟上。
坐	直腰，兩膝着地。臀部放在脚後跟上。	直腰，臀部放在凳子或他物上。
葷	指辛味的菜，如葱、蒜等。	指雞、鴨、魚、肉等食物。
丈夫	成年男子。	妻之夫。
丈人	對年長者的尊稱。	岳父。
妻子	妻和子。	妻。
猖狂	無拘束。	狂妄、放肆。

二、舊詞舊義的消亡

在詞彙發展演變過程中，有些詞和詞義隨着時代的發展而消亡了，主要有以下兩種情況：

1. 舊詞的消亡

舊詞消亡的原因主要有兩種：

（1）詞所指稱的客觀事物已經消亡，例如出现於周代的“天子、諸侯、八佾、六卿、車右、大射、大宗、小宗、宗子、冢子、冢人、餘子、冢祀、室老、祝史、保氏、弓人、六弓、玄冠、稽首、晏駕、肉袒、干舞、刵、刖、劓、黥”等事物及制度今天已經不存在了，指稱這些事物的詞自然也就不再使用。

（2）詞所指稱的事物没有消亡，但名稱改换了。例如：

古	今
醯	醋
行	走
走	跑
醢	肉醬
除	台階
涕	眼淚
泗	鼻涕
雉	野雞
池	護城河
幣	禮物
腿	小腿
股	大腿
間	间諜
狩	打獵
蒐	打獵、閱兵
囹圄	監獄
敗績	戰敗
面縛	反綁
斥候	偵查員

2. 舊義的消亡

舊義的消亡是指一些詞語的義項在語言發展過程中逐漸消失。例如“繩”在《漢語大詞典》中收了“繩子、木工用以測定直綫的墨綫、直、準則、衡量、彈劾、制裁、約束、捆縛、稱譽、繼承、古代稱深衣後幅居中的衣縫、水名（金沙江）、清代旗田的計量單位”等十四個義項，其中“彈劾、制裁、捆縛、稱譽、繼承、古代稱深衣後幅居中的衣縫、水名（金沙江）、清代旗田的計量單位”等義項今天一般不用了。

三、新詞新義的產生

新詞是伴隨着新事物的出現而產生的。例如漢代時，隨着西域一些物產流入中原，漢語中出現了“葡萄、苜蓿、石榴、師子（獅子）”等新詞；東漢以後隨着佛教的傳入，漢語中出現了“佛、僧、塔、偈、和尚、菩薩、羅漢、地獄、閻羅、菩提、悉檀（悉曇）、般若、伽藍、蘭若、浮屠、寺廟、羅漢、大乘、小乘”等新詞；明末以來，隨着西學東漸，漢語中出現了“科學、民主、自由、公司、地球、電話、沙發、咖啡、鐵路、洋火、望遠鏡、發動機、機關槍、留聲機”等新詞；近年來隨着新事物的不斷產生，漢語中又湧現出了一批新詞，諸如“手機、網民、扶貧、融資、黑馬、年薪、下課、回扣、内功、聽證會、放心肉、筒子樓、減肥茶、電餅鐺、空氣炸鍋、微波爐、宅男”等。

新義的產生是指在舊詞中增加了新的義項。新事物可以通過製造新詞去表示，也可以通過在舊詞中增加義項的方法去表示，後者屬於詞義的引申。和製造新詞相比較，增加義項可以減少新詞的量，豐富詞的内涵。例如“節”，本義是竹節。《説文·竹部》：“節，竹約也。”引申義有“草木條幹間堅實結節的部分、骨節、事物的一端、泛指事項、量詞、節令、符節、氣節、時期、禮節、法度、節制、節約、減除、一種古樂器、節奏、適度、等級、斗栱、六十四卦之一、國際航海速度單位”等義項，這些引申義都是歷代陸續產生的新義，其中“國際航海速度單位”更是現代産生的新義。

四、詞義内涵與外延的變化

詞的變化不僅表現在舊詞舊義的消亡和新詞新義的增加上，而且表現在詞義内涵與外延的變化上，這種變化一般表現在詞義擴大、詞義縮小和詞義轉移三個方面。

1. 詞義擴大

詞義擴大是指詞所代表的概念由下位概念變成了上位概念，内涵進一步抽象，外延進一步擴大，古義包括在今義之中。例如：

河 漢代以前是專有名詞，專指黄河。例如《孟子·滕文公下》："水由地中行，江、淮、河、漢是也。"《史記·項羽本紀》："將軍戰河北，臣戰河南。" 後來 "河" 的含義擴大，泛指一切河流。

皮 古代指帶毛的獸皮。例如《左傳·僖公十四年》："皮之不存，毛將安傅？" 後來 "皮" 的詞義範圍擴大，泛指人或其他事物的表層組織。獸皮去了毛也稱 "皮"，如 "牛皮鞋"；人的皮膚也稱 "皮"，如 "植皮"。

醒 本義是酒醒，指由酒醉的狀態恢復到正常狀態。例如《楚辭·漁父》："舉世皆濁我獨清，衆人皆醉我獨醒。" 後來詞義擴大，由不清醒到清醒的狀態都叫 "醒"，如睡眠狀態的結束，例如韓愈《東都遇春》："朝曦入牖來，鳥唤昏不醒。"

睡 古代指坐着打瞌睡。《説文·目部》："睡，坐寐也。"《史記·商君列傳》："孝公既見衛鞅，語事良久，孝公時時睡，弗聽。" 歐陽修《秋聲賦》："童子莫對，垂頭而睡。" 後來 "睡" 的意義擴大，不管坐着躺下，時間長短，都叫 "睡"。

菜 本指蔬菜，不包括禽蛋肉類。《説文·艸部》："菜，草之可食者。"《禮記·學記》："大學始教，皮弁祭菜，示敬道也。" 鄭玄注："菜，謂芹藻之屬。" 後來詞義擴大，蔬菜肉蛋都叫 "菜"。

響 本義是回聲。《左傳・昭公十二年》："吾子，楚國之望也！今與王言如響，國其若之何？"《水經注・江水》："空谷傳響，哀轉久絶。" 後來，"響" 的意義擴大，泛指一切音響。如駱賓王《在獄詠蟬》："露重飛難進，風多響易沉。"

基 本義爲牆基。例如《詩經・周頌・絲衣》："自堂徂基，自羊徂牛。" 毛亨傳："基，門塾之基。" 後來意義擴大指一般事物的基礎、根本。例如《詩經・小雅・南山有臺》："樂只君子，邦家之基。" 毛亨傳："基，本也。"

理 本義爲治玉。《説文・玉部》："理，治玉也。"《韓非子・和氏》："王乃使玉人理其璞而得寶焉，遂命曰 '和氏之璧'。" 詞義引申擴大，指治理，料理。《廣雅・釋詁三》："理，治也。"

2. 詞義縮小

詞義縮小是指詞所代表的概念由上位概念變成了下位概念，内涵進一步增大，外延進一步縮小，今義包含在古義之中。例如：

妃 本指一般配偶。例如《説文・女部》："妃，匹也。"《左傳・桓公二年》："嘉耦曰妃，怨耦曰仇，古之命也。" 後來縮小專指皇帝的妾以及太子、王、侯的妻。《吕氏春秋・季春纪》："后妃齋戒，親東鄉躬桑。" 高誘注："王者一后三夫人，妃即夫人。"

臭 本指一切氣味。例如《詩經・大雅・文王》："上天之載，無聲無臭。" 鄭玄箋："天之道，難知也。耳不聞聲音，鼻不聞香臭，儀法文王之事，則天下咸信而順之。" 後來縮小專指穢惡之氣。

子 古義爲孩子的總稱，不論男女都可叫子。例如《詩經・小雅・斯干》："乃生男子，載寢之牀……乃生女子，載寢之地。"《史記・淮南衡山列傳》："衡山王賜，王后乘舒生子三人，長男爽爲太子，次男孝，次女無采。" 其中 "子" 均包括女兒。《論語・公冶長》："（孔子）以其兄之子妻之。"《韓非子・説林上》："衛人嫁其子而教之曰：‘必私積聚。爲人婦而出，常也；其成居，幸也。’”以上二例中的“子”均指女兒。後來“子”義縮小，單指兒子。

愛 古代愛有喜歡、慈惠、吝嗇等義。《周易·繫辭上》：“旁行而不流，樂天知命，故不憂；安土敦乎仁，故能愛。”其中“愛”爲“慈惠”。《詩經·邶風·靜女》：“愛而不見，搔首踟躕。”其中“愛”爲“喜歡”。《孟子·梁惠王上》：“齊國雖褊小，吾何愛一牛？”其中“愛”爲“吝嗇”。後來詞義縮小，吝嗇之義一般不再使用。

蟲 本是一切動物的通稱。《説文·蟲部》：“蟲，有足謂之蟲，無足謂之豸。”《大戴禮記·曾子天圓》：“毛蟲之精者曰麟，羽蟲之精者曰鳳，介蟲之精者曰龜，鱗蟲之精者曰龍，倮蟲之精者曰聖人。”這種用法一直延續到近代漢語及今方言中，如《水滸傳》中稱老虎爲“大蟲”，方言中稱蛇爲“長蟲”。現在“蟲”單用時主要指昆蟲。

丈夫 本是男子的通稱。《孟子·滕文公上》：“彼，丈夫也；我，丈夫也。吾何畏彼哉？”《戰國策·趙策四》：“丈夫亦愛憐其少子乎？”《漢書·高帝紀》：“（高祖）喟然大息曰：‘嗟乎，大丈夫當如此矣！’”《史記·淮陰侯列傳》：“母怒曰：‘大丈夫不能自食，吾哀王孫而進食，豈望報乎？”其中“丈夫”均指成年男子。《國語·越語上》：“生丈夫，二壺酒，一犬；生女子，二壺酒，一豚。”其中“丈夫”指男孩。《戰國策·燕策一》：“其丈夫宦三年不歸，其妻愛人。”其中“丈夫”指“妻之夫”。後來詞義縮小，專指妻之夫。

朕 上古用作第一人稱的通稱，君主和一般人均可稱朕。《説文·舟部》：“朕，我也。”《列子·力命》：“北宫子謂西門子曰：‘朕與子並世也……朕衣則裋褐，食則粢糲，居則蓬室，出則徒行。子衣則文錦，食則粱肉，居則連欐，出則結駟。’”《楚辭·離騷》:“朕皇考曰伯庸。”自秦始皇開始,“朕”義縮小,專用作帝王的自稱。

3. 詞義轉移

詞義轉移是指詞義的内涵和外延發生了轉變,原來指甲事物,轉變后指乙事物。甲乙兩事物或相近,或相關。例如:

官 本爲房舍。《論語·子張》:“夫子之牆數仞,不得其門而入,不見宗廟之美,百官之富。”賈誼《新書·耳痺》:“百世名竇因閒官爲積。”引申指官府。徐灝《説文段注箋》:“官,爲官舍。”《禮記·玉藻》:“在官不俟屨,在外不俟車。”鄭玄注:“官謂朝廷治事處也。”後進一步轉移指官員。

錢 本爲一種農具的名稱。《説文·金部》:“錢,銚也,古田器。”《詩經·周頌·臣工》:“命我衆人,庤乃錢鎛。”後仿照這種農具的形狀鑄幣,於是轉指貨幣。

寺 本義指官署、官舍,如大理寺、太常寺等。《説文·寸部》:“寺,廷也。有法度者也。”東漢以後隨着佛學東漸,其義轉指僧衆供佛或居住之所。

墳 本指土堆或堤岸。《禮記·檀弓上》:“孔子既得合葬於防,曰:‘吾聞之,古也墓而不墳。今丘也,東西南北之人也,不可以弗識也。’”《楚辭·九章·哀郢》:“登大墳以遠望兮。”其中“墳”均指土堆。《詩經·周南·汝墳》:“遵彼汝墳。”“汝墳”指汝水的大堤。後來轉指墳墓。

涕 本指眼淚。《詩經·陳風·澤陂》:“有美一人,傷如之何?寤寐無爲,涕泗滂沱。”毛亨傳:“自目曰涕,自鼻曰泗。”《莊子·大宗師》:“顔回問仲尼曰:‘孟孫才,其母死,哭泣無涕,中心不戚,居喪不哀。’”後來轉移指稱鼻涕。

腳 上古指小腿。《説文·肉部》:“腳,脛也。”《墨子·明鬼》:“羊起而觸之,折其腳。”現在所説的脚,上古叫止,“止”

爲“趾”的古字。《漢書・刑法志》:“當斬左止者,笞五百。”顏師古注:“止,足也。”後來脚由小腿義轉指足,而趾的含義則由脚轉指脚趾。

兵 本義是兵器。《説文・廾部》:“兵,械也。從廾持斤,並力之皃。”“短兵相接”“棄甲曳兵”即是本義的保留。現在指士卒,軍隊。古義指物,今義指人,詞義轉移。

詞義變化的特點除了擴大、縮小、轉移外,還有感情色彩和輕重的差别。所謂感情色彩是指對人或事物褒貶揚抑的主觀評價,所謂輕重是指詞義在程度方面的加深或減弱。例如:

爪牙 先秦喻勇士、衛士或武將。褒義詞。《詩經・小雅・祈父》:“祈父,予王之爪牙。”《漢書・李廣傳》:“將軍者,國之爪牙。”《舊唐書・李勣傳》:“公等或家傳漢爵,或地協周親,或膺重寄於爪牙,或受顧命於宣室。言猶在耳,忠豈忘心?”後引申指黨羽或幫凶,成爲貶義詞。

復辟 古指失去權力的君主重新掌權。中性詞。《舊唐書・志・禮儀六》:“自神龍復辟,中宗嗣位,廟既偕作,饗亦並行。”現代指舊制度卷土重來或舊勢力重新上臺,成爲貶義詞。

玩弄 玩味,研習。中性詞。王充《論衡・案書》:“劉子政玩弄《左氏》,童僕妻子皆呻吟(呻吟:誦讀)之。”後引申指戲弄、耍弄,主要指侮辱女性,成爲貶義詞。

謗 古義是指責他人的過失。中性詞。《左傳・襄公十四年》:“大夫規誨,士傳言,庶人謗。”杜預注:“庶人不與政,聞君過則誹謗。”《戰國策・齊策一》:“能謗譏於市朝,聞寡人之耳者,受下賞。”後引申指毁謗,成爲貶義詞。

祥 吉凶的預兆。中性詞。《左傳・僖公十六年》:“是何祥也?吉凶焉在?”《論衡・異虚》:“善祥出,國必興;惡祥見,朝必亡。”引申爲善、吉利之義,成爲褒義詞,《左傳・僖公三十三年》:“違天不祥。”

感激 古義是憤激，感憤。詞義重。《太平廣記》:“世有紫姑神，古來相傳是人家妾，爲大婦所嫉，每以穢事相次役。正月十五日，感激而死。”韓愈《張中丞傳後叙》:“皆感激爲雲泣下。”今義爲“衷心感謝”，詞義轉移並變輕了。

病 古義指病重。程度重。《左傳·宣公十五年》:“疾病，則曰:‘必以爲殉。’”《論語·述而》:“子疾病，子路請禱。”今義指各種病，程度輕。

誅 古義爲指責，責備。程度輕。《廣雅·釋詁一》:“誅，責也。”《論語·公冶長》:“於予與何誅？”成語有“口誅筆伐”。後來引申爲“殺戮”，程度加重。

斃 古既有“倒下”義，又有“死”義。《左傳·成公二年》:“射其右，斃于車中。”《左傳·哀公二年》:“鄭人擊簡子，中肩，斃于車中。”杜預注曰:“斃，踣也。”踣即倒下，程度輕。《國語·晉語二》:“驪姬與犬肉，犬斃；飲小臣酒，亦斃。”韋昭注:“斃，死也。”“斃”今義僅指死，程度重。

第二節 詞的本義和引申義

古漢語中大多數詞的義項不止一個，在衆多的義項中，只有一個本義，其餘義項都是直接或間接從本義中引申出來的。本節主要介紹詞的本義、引申義以及如何探求本義、分析引申義等内容。

一、詞的本義

（一）什麽是詞的本義

所謂本義，是指古人在造字時所采用的意義，不一定指最原始的意義。例如：

月　甲骨文作。《説文・月部》："月，闕也，大陰之精，象形。"月的義項主要有：① 月亮。《詩經・小雅・天保》："如月之恒，如日之升。"② 計時單位，一年的十二分之一。《禮記・月令》："孟春之月，日在營室。"③ 月光，月色。杜甫《夢李白二首》其一："落月滿屋梁，猶疑照顔色。"④ 像月亮一樣的（顔色或形狀）。《新唐書・李光弼傳》："築月城以守。"⑤ 月事，月經。《素問・陰陽别論》："二陽之病發心脾，有不得隱曲，女子不月。"⑥ 懷胎的月份。《詩經・魯頌・閟宫》："無災無害，彌月不遲。"根據甲骨文字形和《説文》的釋義可知，在"月"的以上諸義中，本義爲"月亮"，其餘均爲引申義。

向　金文作。《説文・宀部》："向，北出牖也。"字形像房子的窗户。向的義項主要有：① 朝北的窗户。《詩經・豳風・七月》："塞向墐户。"② 朝向，向着。李白《贈崔郎中宗之》："日從海傍没，水向天邊流。"③ 趨向，奔向。《三國志・吴書・吴主傳》："是歲，權向合肥新城。"④ 從前，往昔。《莊子・山木》："向也不怒而今也怒，向也虚而今也實。"⑤ 仰慕，歸向。《韓非子・外儲説左下》："今西伯昌，人臣也，修義而人向之。"⑥ 假使，假如。柳宗元《黔之驢》："向不出其技，虎雖猛，疑畏，卒不敢取。"據金文字形和《説文》的釋義可知，在"向"的以上諸義中，本義是"朝北的窗户"，其餘義項均爲引申義。

元　甲骨文作，上方的一短横表示人頭。《説文・一部》："元，始也。"元的義項主要有：① 頭。《左傳・僖公三十三年》："狄人歸其元，面如生。"② 爲首的。《荀子・王制》："元惡不待教而誅。"③ 開始，第一。《公羊傳・隱公元年》："元年者何？君之始年也。"④ 天。《廣雅・釋言》："元，天也。"⑤ 善。《尚書・舜典》："柔遠能邇，惇德允元。"孔安國注："元，善之長。"⑥ 大。

《史記·龜策列傳》:“紂爲暴虐，而元龜不占。”⑦根源，根本。《文子·道德》:“夫道者，德之元，天之根，福之門，萬物待之而生。”根據甲骨文字形和《説文》的釋義可知，在以上諸義中，“頭”是“元”的本義，餘義均爲引申義。

（二）怎樣探求詞的本義

探求詞本義的方法主要有二：一是通過分析漢字的字形，因爲本義是指造字時采用的意義；一是通過古文獻，因爲一些古文獻記載了詞的本義。二者可以互證，其中分析字形是比較簡捷的方法。例如：

解 金文作。字形像宰牛，下方像牛身，上方像人的雙手抓住牛角絆倒以宰殺。《莊子·養生主》:“庖丁爲文惠君解牛。”《左傳·宣公四年》:“宰夫將解黿。”字形和文獻材料都説明“解”的本義是“宰牛”。

册 小篆作，字形像用繩子編在一起的竹簡。《尚書·周書·金縢》:“史乃册，祝曰：‘惟爾元孫某，遘厲虐疾。’”典籍中有時借“策”代替“册”，“策”的本義是竹製的馬鞭。根据字形和文獻材料可知，“册”的本義是“簡册”。

監 金文作，字形像人睁着眼睛朝下看，下面是一個盛着水的器皿。《尚書·周書·酒誥》:“古人有言曰：‘人無於水監，當於民監。’”根据字形和文獻材料可知，“監”爲“鑑”的古字，本義是“镜子”，即“水鑑”。由“鏡子”又引申出“照鏡子、照、借鑒、監察、監視、監督”等義。

鼓 甲骨文作，字形左邊爲一面豎立的鼓，右邊像一手執支擊鼓。“鼓”的本義爲擊鼓。在文獻中有用例，如《左傳·莊公十年》:“公將鼓之。劌曰：‘未可。’齊人三鼓，劌曰：‘可矣。’”根據字形和文獻材料可知，“鼓”的本義是“擊鼓”，由“擊鼓”引申出“敲擊樂器（鼓瑟、鼓琴）、振動、鼓動”等義。

益　小篆字形作，下爲器皿，上面是水，像器皿中的水溢出貌。《吕氏春秋·察今》："澭水暴益，荆人弗知。"根據字形和文獻材料可知，"益"爲"溢"的古字，本義爲"溢出"，由"溢出"引申出"增加、富裕、利益、更加"等義。

及　甲骨文作，金文作，字形像一隻手從後面把人抓住，表示追上的意思。《左傳·成公二年》："故不能推車而及。"《論語·顔淵》："子貢曰：'惜乎！夫子之説君子也，駟不及舌。'"根據字形和文獻材料可知，"及"的本義是"追上"，由"追上"引申出"到、涉及、參與"等義。

字　金文作，《説文·宀部》："字，乳也。从子在宀下，子亦聲。"字形像房子里有小孩。《山海經·中山經》："其上有木焉，名曰黄棘，黄華而員葉，其實如蘭。服之不字。"王充《論衡·氣壽》："婦人疏字者子活，數乳者子死。"根據字形和文獻材料可知，"字"的本義是"生孩子"，由"生孩子"進而引申出"養育、教化、撫愛、出嫁、文字"等義。

通過分析字形探求本義需要注意以下几个問題：

首先，所分析的字形最好是古文字字形，因爲古文字較多地保存了漢字象形的特點。古文字包括甲骨文、金文和小篆等。

其次，要多參考《説文解字》一書，因爲這部書不僅保存了九千多個小篆和一千多個小篆以前的古文，而且對每個字的本義和字形進行了説解。

再次，所分析的字形應没有發生過訛變，否則就會南轅北轍。《説文》一書雖然價值很高，但也存在着一些錯誤，包括根據訛變字形分析以及主觀臆斷等，故在參考時不必一味盲從，要同時查看有關文獻以驗證。

二、詞的引申義

（一）什麼是詞的引申義

引申義是指在本義的基礎上直接或間接派生出來的意義。引申義有遠近之分。凡直接由本義派生出來的意義叫近引申義或直接引申義，凡由近引申義再引申出來的意義叫遠引申義或間接引申義。例如：

從 ①跟從。《論語·微子》："子路從而後。"②順從。《左傳·莊公十年》："小惠未徧，民弗從也。"③由，從。《左傳·宣公二年》："晉靈公不君，厚斂以雕牆，從臺上彈人，而觀其辟丸也。"其中"跟從"爲本義，"順從"爲近引申義，"由，從"爲遠引申義。

道 ①路。《詩經·秦風·蒹葭》："溯洄從之，道阻且長。"②方法，手段。《論語·里仁》："富與貴，是人之所欲也；不以其道得之，不處也。"③政治主張或思想體系。《論語·衛靈公》："道不同，不相爲謀。"④道德，道義。《論語·陽貨》："君子學道則愛人，小人學道則易使也。"其中"路"爲本義，"方法，手段"爲近引申義，其餘義項均爲遠引申義。

繩 ①繩索。《周易·繫辭下》："上古結繩而治，後世聖人易之以書契。"②墨綫。《荀子·勸學》："木直中繩，輮以爲輪。"③準則，法度。《商君書·開塞》："王道有繩。"④正，直。《逸周書·武紀解》："不可以枉繩，失鄰家之交。"⑤衡量。《管子·七臣七主》："以繩七臣，得六過一是。"⑥懲辦。《史記·秦始皇本紀》："今上皆重法繩之。"其中"繩索"爲本義，墨綫爲近引申義，其餘義項均爲遠引申義。

（二）詞義引申的方式

從形式和相互關係的角度，可以把引申義分爲連鎖式、輻射式、綜合式三種類型。

1. 連鎖式引申

這種引申又稱爲遞進式引申，是指從本義出發，沿着同一個方向的遞相引申。上面所舉“從、道、繩”三字的引申方式即屬於連鎖式引申。又如：

題 ①額頭。《楚辭·招魂》：“雕題黑齒。”②物體的前端。《孟子·盡心下》：“堂高數仞，榱題數尺。”③題目。《宋史·晏殊傳》：“臣嘗私習此賦，請試他題。”“題”的義項關係爲：額頭⟶前端⟶題目

習 ①習飛。《禮記·月令》：“鷹乃學習。”②復習。《論語·學而》：“學而時習之，不亦説乎？”③熟悉。《戰國策·齊策四》：“誰習計會，能爲文收責於薛者乎？”④習慣。王安石《答司馬諫議書》：“人習於苟且非一日。”“習”的義項關係爲：習飛⟶復習⟶熟悉⟶習慣

2. 輻射式引申

這種引申又稱並列式引申，是指以本義或基礎義（基礎義指遠引申所由出的近引申義）爲中心，同時朝不同方向派生出的幾個引申義。輻射引申出的義項在地位上是平等的。

引 ①開弓。《孟子·盡心上》：“君子引而不發，躍如也。”②拉，牽引。《淮南子·脩務訓》：“引之不來，推之不往。”③伸長，延長。《詩經·小雅·楚茨》：“子子孫孫，勿替引之。”《左傳·成公十三年》：“我君景公引領西望。”④導引，率領。《史記·秦始皇本紀》：“引兵欲攻燕。”⑤撤軍，撤退。《三國志·吴書·諸葛恪傳》：“恪引軍而去。”“引”的義項關係如下圖：

伸長，延長

↑

拉，牽引 ← 開弓 → 導引，率领

↓

撤軍，撤退

節　① 竹節。《史記·龜策列傳》："竹，外有節理，中直空虛。" ② 泛指草木條幹間堅實結節的部分。《周易·説卦》："艮爲山……其於木也，爲堅多節。" ③ 骨節。《莊子·養生主》："彼節者有閒，而刀刃者無厚。" ④ 季節，節氣。《史記·太史公自序》："夫陰陽、四時、八位、十二度、二十四節各有教令。" ⑤ 節奏。陸機《擬東城高且長》："長歌赴促節，哀響逐高徽。" ⑥ 準則，法度。《禮記·曲禮上》："禮不踰節，不侵侮，不好狎。" ⑦ 節操，氣節。《左傳·成公十五年》："聖達節，次守節，下失節。" ⑧ 符節。《漢書·蘇建傳附蘇武》："（蘇武）杖漢節牧羊，臥起操持，節旄盡落。" ⑨ 節制，管束。《論語·學而》："不以禮節之，亦不可行也。" "節" 的義項關係如下圖：

符節　節操　節制

↖　↑　↗

法度 ← 竹節 → 木節

↙　↓　↘

節奏　骨節　時節

3. 綜合式引申

這種引申是指在一個詞的義項系統中，既有連鎖式引申又有輻射式引申。

歸　① 女子出嫁。《詩經·周南·桃夭》："之子于歸，宜其室家。" ② 回家，返回。陶淵明《歸去來兮辭》："田園將蕪胡不歸？" ③ 回娘家。《詩經·邶風·燕燕》："之子於歸，遠送于野。"

毛亨傳："歸，歸宗也。"④ 返回。《尚書·舜典》："十有一月朔巡守……歸，格于藝祖，用特。"⑤ 歸附。《孟子·梁惠王上》："民歸之，由水之就下，沛然誰能禦之？"⑥ 自首。《漢書·申屠嘉傳》："嘉聞錯穿宗廟垣，爲奏請誅錯。客有語錯，錯恐，夜入宫上謁，自歸上。"⑦ 歸屬。《荀子·王制》："雖王公士大夫之子孫也，不能屬於禮義，則歸之庶人。"⑧ 稱許。《論語·顔淵》："一日克己復禮，天下歸仁焉。"⑨ 委任。《後漢書·孝順帝紀》："今刺史、二千石之選，歸任三司。"⑩ 歸還。《史記·廉頗藺相如列傳》："臣請完璧歸趙。"⑪ 趨向。《孟子·梁惠王下》："仁人也，不可失也，從之者如歸市。"⑫ 匯聚。《論語·子張》："天下之惡皆歸焉。"⑬ 藏。《周易·説卦》："坎者，水也……萬物之所歸也。"孔穎達疏："冬時萬物閉藏，納受爲勞，是坎爲勞卦也。"⑭ 本，宗旨。《史記·李斯列傳》："斯知六藝之歸，不務明政，以補主上之缺。"⑮ 結局，歸宿。《周易·繫辭下》："天下同歸而殊塗。"⑯ 終，最後。《孟子·萬章上》："聖人之行不同也，或遠或近，或去或不去，歸潔其身而已矣。"⑰ 死亡。《論衡·論死》："人死精神升天，骸骨歸土，故謂之鬼。鬼者，歸也。""歸"的引申關係如下圖：

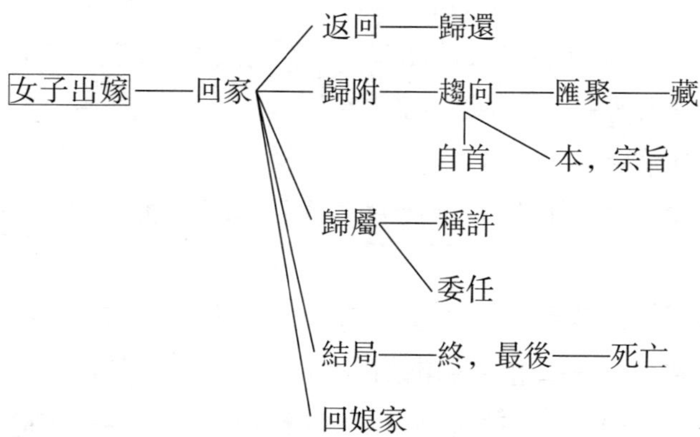

（三）引申義的引申方式

所謂引申方式是指如何從本義引申出新義的聯想依據和特點，主要有相似引申、關聯引申和比喻引申三種。

1. 相似引申

相似引申是指用表示這一事物的詞引申去表示在形狀、作用、特點等方面與之相似的另一事物。例如：

牢 本義是關養牲畜的欄圈。《詩經・大雅・公劉》："執豕于牢，酌之用匏。"由於功能相似，引申爲監獄。司馬遷《報任安書》："故士有畫地爲牢，勢不可入。"

斗 本義爲盛酒器。《詩經・大雅・行葦》："酌以大斗，以祈黄耇。"由於形狀相似，引申爲北斗星。《淮南子・齊俗訓》："夫乘舟而惑者，不知東西，見斗極則寤矣。"

2. 關聯引申

關聯引申是指用表示這一事物的詞引申去表示與之在動作、處所、時間、工具、結果等方面相關的另一事物。

齒 本義爲牙齒。《公羊傳・僖公二年》："脣亡則齒寒。"由於牙齒和年齡有關，引申爲年齡。《禮記・鄉飲酒義》："賓酬主人，主人酬介，介酬衆賓，少長以齒。"

姝 本義爲美好。《詩經・邶風・静女》："静女其姝，俟我於城隅。"由於美好與美女相關，引申爲美女。《樂府詩集・陌上桑》："使君遣吏往，問是誰家姝？"

3. 比喻引申

比喻引申是指用表示此一事物的詞引申去比喻彼一事物。例如：

蔭 本義爲樹蔭。《荀子・勸學》："樹成蔭而衆鳥息焉。"樹蔭有遮蔽、保護作用，故用來比喻有功大臣對其後代所産生的庇護作用。《南齊書・王僧虔傳》："於時王家門中，優者則龍鳳，劣者猶虎豹，失蔭之後，豈龍虎之議？”《周書・蘇綽傳》：“今之選舉者，當不限資蔭，唯在得人。”

心腹 本義爲心臟和腹腔。《戰國策・秦策三》：“秦韓之地形，相錯如繡。秦之有韓，若木之有蠹，人之病心腹。”心腹於人是要害部位，故用來比喻事物的關鍵、人的親信或真意。《後漢書・馬援列傳》：“明年春，防遣司馬夏駿將五千人從大道向其前，潛遣司馬馬彭將五千人從閒道衝其心腹。”《漢書・辛慶忌傳》：“兩甄構言諸辛陰與衛子伯爲心腹，有背恩不説安漢公之謀。”《史記・魯仲連鄒陽列傳》：“今人主誠能去驕傲之心，懷可報之意，披心腹，見情素，墮肝膽，施德厚，終與之窮達，無愛於士，則桀之狗可使吠堯，而蹠之客可使刺由。”

第三節　同義詞辨析

同義詞是指在側重點、程度、感情色彩、語法功能以及使用對象場合等方面存在着細微差别的一組詞，了解古漢語一些常用同義詞之間的差别對於準確把握古書文意很有幫助。同義詞的差别主要表現在六個方面。

一、詞義側重點不同

恭、敬

此二詞均表示尊敬。不同之處在於：“恭”側重於外貌，主要表示待人接物謙恭有禮；“敬”則側重於内心，主要表示態度嚴肅不苟。《論語・子路》：“樊遲問仁。子曰：‘居處恭，執事敬，與人忠。雖之夷狄，不可棄也。’”朱熹注：“恭主容，敬主事。恭見於外，敬主乎中。”《論語・公冶長》：“其行己也恭，其事上也敬。”《論語·顏淵》:“君子敬而無失，與人恭而有禮。”

能、得

此二詞均表示可能，能够。不同之處在於:“能”字表示主觀能力所及;“得”表示客觀條件的許可。《論語·八佾》:“子曰:‘夏禮，吾能言之，杞不足徵也。殷禮，吾能言之，宋不足徵也。’”《論語·微子》:“孔子下，欲與之言。趨而避之，不得與之言。”

二、詞義輕重程度不同

飢、餓

此二詞均表示肚子餓。不同之處在於:“飢”指吃不飽肚子，詞義較輕;“餓”是嚴重的飢餓，有被餓死的危險。晁錯《論貴粟疏》:“人情，一日不再食則飢。”《左傳·宣公二年》:“初，宣子田於首山，舍于翳桑，見靈輒餓，問其病，曰:‘不食三日矣。’”《韓非子·飾邪》:“家有常業，雖飢不餓。”

疾、病

此二詞均表示生病。不同之處在於:“疾”指一般的病;“病”指重病或傷痛嚴重。例如《左傳·宣公十五年》:“初，魏武子有嬖妾，無子。武子疾，命顆曰:‘必嫁是。’疾病，則曰:‘必以爲殉。’”《左傳·成公二年》:“郤克傷於矢，流血及屨，未絶鼓音。曰:‘余病矣!’”

三、詞義範圍大小不同

法、律

此二詞均含有法令、法律義。不同之處在於:“法”一般指法則、制度，範圍大;“律”則多指具體的刑法條文，範圍小。例如《荀子·王制》:“王者之制，道不過三代，法不貳後王。”《吕氏春秋·察今》:“凡先王之法，有要於時也。時不與法俱至，法雖今而至，猶若不可法。”《漢書·高帝紀》:“天下既定，命蕭何次律令，韓信申軍法，張蒼定章程，叔孫通制禮儀，陸賈造《新語》。”

姓、氏

此二詞都當“姓氏”講，在秦漢之前有嚴格的區分。“姓”是血統、氏族的標志，用以别婚姻，範圍大;“氏”是“姓”的分支，用以别貴賤，範圍小，賤者無氏。《通志·氏族略·氏族序》:“三代之前，姓氏分而爲二。男子稱氏，婦人稱姓。氏所以别貴賤，貴者有氏，賤者有名無氏……姓所以别婚姻，故有同姓、異姓、庶姓之别。氏同姓不同者，婚姻可通；姓同氏不同者，婚姻不可通。三代之後，姓氏合而爲一，皆所以别婚姻，而以地望明贵贱。”以嬀姓爲例，其下共有陈袁氏、咸氏、舀氏、慶氏、夏氏、宗氏、來氏、儀氏、司徒氏、司城氏等十氏。

四、感情色彩的差異

征、伐、侵、襲

這四個詞都有武力進攻義。其不同之處在於:“征”一般對上伐下、有道伐無道而言，褒義色彩明顯。例如《左傳·僖公四年》:“五侯九伯，女實征之，以夾輔周室。”《商君書·開塞》:“湯武致强而征諸侯。”“伐”是大張旗鼓地公開進攻，進軍時鳴鐘擊鼓，屬於中性詞。《左傳·莊公十年》:“齊師伐我。”後來逐漸具有褒義色彩，表示討伐無道。“侵”是不宣而戰，無需藉口，不用鐘鼓。《左傳·莊公二十九年》:“凡師有鐘鼓曰伐，無曰侵。”《左傳·僖公四年》:“齊侯以諸侯之師侵蔡。”後來具有貶義色彩，表示侵犯。《三國志·蜀書·諸葛亮傳》:“人懷自厲，道不拾遺，彊不侵弱，風化肅然也。”“襲”是偷襲，乘人不備而進攻，比“侵”更具秘密性質。《左傳·隱公元年》:“繕甲兵，具卒乘，將襲鄭。”

人、民

此二詞都有“人民”義，可以互换，也可以連用。《左傳·襄公三十一年》：“孝伯曰：‘人生幾何？誰能無偷？’”《漢書·五行志中之上》引作“民生幾何，誰能毋偷？”《孟子·滕文公上》：“五穀熟而民人育。”二者的主要區别主要在於：“人”是中性詞，外延大，無論尊卑高低都可以用；“民”則含一定的貶義，多指愚昧無知的被統治者。例如《史記·孝文本紀》：“朕獲保宗廟，以微眇之身託于兆民君王之上，天下治亂，在朕一人。”徐鍇《說文解字繫傳》：“民者，氓也，萌而無識也。”

五、語法功能的差異

畏、懼

此二詞都有“懼怕”義。不同之處在於：“畏”爲及物動詞，後邊常帶賓語；“懼”爲不及物動詞，一般不帶賓語，一旦帶賓語，屬於使動用法。《戰國策·楚策》：“故北方之畏奚恤也，其實畏王之甲兵也，猶百獸之畏虎也。”《論語·顔淵》：“君子不憂不懼。”《左傳·僖公二十二年》：“阻而鼓之，不亦可乎？猶有懼焉。”《老子·七十四章》：“民不畏死，奈何以死懼之？”

往、適

此二詞都有“到某處去”的意思。不同之處在於：“往”不能帶賓語；“適”則必須帶賓語。《左傳·宣公二年》：“晨往，寢門闢矣。”《史記·滑稽列傳》：“幸來告語之，吾亦往送女。”《論語·子路》：“子適衛，冉有僕。”《孟子·滕文公上》：“雖使五尺之童適市，莫之或欺。”

六、使用对象的差異

殺、弑

此二詞都是“致命”的意思。不同之處在於使用對象有異：

“殺”的對象是一般人；“弑”的對象是父母、君主。《左傳·僖公二十三年》：“己則不明而殺人以逞，不亦難乎？”《孟子·梁惠王上》：“殺人以梃與刃，有以異乎？”《左傳·宣公二年》：“趙盾弑其君。”《史記·太史公自序》：“臣弑君，子弑父，非一旦一夕之故也。”

崩、薨、卒、不禄、死

這組詞都表示“人死”。不同之處也在於使用對象有異。《禮記·曲禮下》：“天子死曰崩，諸侯曰薨，大夫曰卒，士曰不禄，庶人曰死。”《左傳·僖公八年》：“冬十有二月丁未，天王崩。”《左傳·隱公十一年》：“故仲子歸於我，生桓公而惠公薨，是以隱公立而奉之。”《公羊傳·文公三年》：“夏五月，王子虎卒。王子虎者何？天子之大夫也。”《公羊傳·隐公三年》：“曷爲或言崩或言薨？天子曰崩，诸侯曰薨，大夫曰卒，士曰不禄。”《周易·下經》：“説以先民，民忘其勞。説以犯難，民忘其死。説之大，民勸矣哉！”

練 習 題

一、古今詞義的異同主要有哪幾種情況？請舉例説明。

二、詞義演變的規律主要有哪些？請舉例説明。

三、什麼是詞的本義？如何探求詞的本義？請舉例説明。

四、什麼是詞的引申義？引申義有哪幾種類型？請舉例説明。

五、查閲有關字典，對“行、絶、管、市”四字的詞義引申關係進行總結並列出示意圖。

六、試辨析下列幾組同義詞的異同。

項—頸　　之—往　　歲—年　　追—逐

諂—諛　　昏—暮　　言—語　　布衣—匹夫

七、解釋下列各句中加點詞的意義，並指出它在句中用的是本義、引申義還是假借義。

1.《詩經·齊風·南山》：“析薪如之何，匪斧不克。”

2.《荀子·富國》：“節其流，開其源。”

3.《戰國策·秦策一》：“張樂設飲，郊迎三十里。”

4.《左傳·宣公二年》：“宣子驟諫，公患之。使鉏麑賊之。”

5.《國語·周語下》：“今財亡民罷，莫不怨恨。”

6.《孟子·公孫丑上》：“信能行此五者，則鄰國之民仰之若父母矣。”

7.《論語·顔淵》：“子貢曰：‘惜乎！夫子之説君子也，駟不及舌。’”

8.《左傳·莊公八年》：“公懼，隊於車，傷足，喪履。”

八、在括號中填出意義相當的古詞。

脚（　）　偷（　）　快（　）　走（　）

臉（　）　再（　）　睡（　）　淚（　）

氣味（　）　官司（　）　男子（　）　抛棄（　）

脖子（　）　脖子前部（　）　脖子後部（　）　坐着打盹（　）

九、解釋下列句中帶點的字，並説明其古今意義的異同。

1.《楚辭・招魂》："招具該備，永嘯呼些。"

2.《後漢書・儒林傳》："（許慎）爲郡功曹，舉孝廉，再遷，除洨長。"

3.《戰國策・趙策》："鬼侯有子而好。"

4.《孟子・梁惠王下》："春省耕而補不足，秋省斂而助不給。"

5.《左傳・僖公三十三年》："公使陽處父追之，及諸河，則在舟中矣。"

6.《左傳・僖公三十二年》："穆公訪諸蹇叔。"

7.《左傳・僖公三十三年》："武夫力而拘諸原，婦人暫而免諸國。"

8.《左傳・僖公三十年》："若舍鄭以爲東道主，行李之往來，共其乏困。"

9.《戰國策・齊策四》："於是乘其車，揭其劍，過其友。"

10.《春秋・宣公十六年》："冬，大有年。"

參考文獻

（清）張玉書等《康熙字典》（點校整理本），上海辭書出版社，2008 年。

郭錫良等《古代漢語》，商務印書館，2009 年。

漢語大字典編輯委員會《漢語大字典》，四川辭書出版社、湖北辭書出版社，1992 年。

何九盈、蔣紹愚《古漢語詞彙講話》，中華書局，2010 年。

胡安順《春秋左傳集解釋要》，科學出版社，2015 年。
胡安順等《古代漢語》（第 3 版），中華書局，2014 年。
許嘉璐等《古代漢語》，高等教育出版社，1992 年。
蔣紹愚《古漢語詞彙綱要》，北京大學出版社，1989 年。
孫良明《詞的多義性跟詞義演變的關係和區別》，《中國語文》，1958 年（5）。
王力《漢語史稿》，中華書局，1980 年。
王力等《古代漢語》，中華書局，1999 年。
王力等《古漢語常用字字典》，商務印書館，2012 年。
楊伯峻《春秋左傳注》，中華書局，1981 年。
張聯榮《古漢語詞義論》，北京大學出版社，2000 年。
張永言《詞彙學簡論　訓詁學簡論》，復旦大學出版社，2015 年。
張永言《詞義演變二例》，《中國語文》，1960 年（1）。
趙克勤《古漢語詞彙概要》，浙江教育出版社，1987 年。
中國社會科學院語言所詞典編輯室《現代漢語詞典》（修訂本），商務印書館，1998 年。

附録

同義詞辨析舉例

兵、卒　此二詞都有“士兵”義。不同之处在於：“兵”本爲兵器，引申指士兵；“卒”的本義是衣服，引申指步兵，進而泛指士兵。《説文·衣部》：“卒，隸人給事者衣爲卒。”朱駿聲《説文通訓定聲》：“本訓當爲衣名，因即命箸此衣之人爲卒也。古以染衣題識，若救火衣及亭長箸絳衣之類，亦謂之赭。”戰國以前，“兵”一般用本義。《左傳·文公七年》：“訓卒利兵，秣馬蓐食，潛師夜起。”《左傳·隱公元年》：“大叔完聚，繕甲兵，聚卒乘，將襲鄭。”杜預注：“步曰卒，車曰乘。”自戰國開始，“兵”引申出軍隊義。例如《戰國策·趙策四》：“必以長安君爲質，兵乃出。”

徐、緩、慢　這組詞都有“緩慢”義。不同之處在於：“徐”本指行動從容不迫；“緩”本指推遲，延緩；“慢”本指傲慢不恭。《説文·彳部》：“徐，安行也。”《孟子·告子下》：“徐行後長者謂之弟，疾行先長者謂之不弟。”《左傳·莊公三年》：“夏五月，葬桓王，緩也。”《周易·繫辭上》：“上慢下暴，盜思伐之矣。”

宅、第　此二詞都有“住宅”義。不同之處在於：“宅”本指住宅；“第”本義爲次第，秦漢以後引申指高官豪門的大住宅。《爾雅·釋言》：“宅，居也。”《廣雅·釋詁》：“第，次也。”《尚書·商書·盤庚上》：“我王來，既爰宅于茲。”《史記·孝武本紀》：“賜列侯甲第，僮千人。”《漢書·霍光傳》：“賞賜前後黄金七千斤，錢六千萬，雜繒三萬匹，奴婢百七十人，馬二千匹，甲第一區。”

几、案、桌　這組詞都有“桌子”義。不同之處在於：“几、案”出現的時代較早。“几”是矮小的桌子，坐時用以支持身體。漢以後，其形制加寬，可用來放置物品或坐息；“案”本是盛食之具，矮而長，有足。《急就篇》顏師古注：“無足曰盤，有足曰案。”《史記·田叔列傳》：“（高祖）過趙，趙王張敖自持案進食，禮恭甚，高祖箕踞罵之。”“桌”是高腿的“几、案”，出現於由席地而坐的習慣改爲坐椅凳之後，且漸成爲此類用具的通稱。《明史·志·群臣家廟》：“堂設四龕，龕置一桌。”

哀、慟、悲 這組詞都有“悲傷”義。不同之處在於：“哀”是放聲大哭，有憐憫色彩。《禮記·檀弓下》：“孔子過泰山側，有婦人哭於墓者而哀。”《楚辭·九歎·逢紛》：“聲哀哀而懷高丘兮，心愁愁而思舊邦。”“慟”的悲痛程度大於哀。《論語·先進》：“顏淵死，子哭之慟。”馬融注：“慟，哀過也。”“悲”多因外物引起，亦有憐憫色彩。《荀子·樂論》：“故齊衰之服，哭泣之聲，使人之心悲。”《莊子·逍遥遊》：“而彭祖乃今以久特聞，衆人匹之，不亦悲乎！”

賓、客 此二詞都指“客人”，常連用。不同之處在於：“賓”的地位尊貴；“客”指外來的人或旅居他鄉的人，地位不一定尊貴。《史記·屈原列傳》：“出則接遇賓客，應對諸侯。”《詩經·小雅·鹿鳴》：“我有嘉賓，鼓瑟吹笙。”《荀子·禮論》：“賓出，主人拜送。”《周易·上經》：“上六，入于穴，有不速之客三人來，敬之終吉。”

捕、逮、捉 這組詞都有“捕捉”義。不同之處在於：“捕”的對象本是禽獸，捕人是比喻用法；“逮”的本義是追趕上，引申出拘捕義；“捉”的本義是“握”，引申出捕捉義。《左傳·襄公十四年》：“譬如捕鹿，晉人角之，諸戎掎之。”《公羊傳·成公二年》：“郤克昳魯衛之使，使以其辭而爲之請，然後許之，逮于袁婁而與之盟。”何休注：“逮，及也，追及國佐于袁婁也。”《三國志·蜀書·宗預傳》:"孫權捉預手，涕泣而別。"《三國志·魏書·方技傳》:"郡守果大怒，令人追捉殺佗。"

坐、跪、跽　這組詞都有"坐"義，共同點都是屈膝着地。不同之處在於:"坐"是臀部挨着脚跟，姿勢比較安穩；"跪"是臀部離開脚後跟，伸直腰股，比坐姿顯得恭敬有禮；"跽"是长跪，在跪姿基礎上挺直上身，表示恭敬或警惕。《墨子·非儒下》:"孔某與其門弟子閒坐。"《戰國策·魏策四》:"秦王色撓，長跪而謝之曰:'先生坐，何至於此，寡人諭矣。'"《荀子·大略》:"父南鄉而立，子北面而跪。"《戰國策·秦策三》:"秦王跪而請曰:'先生何以幸教寡人?'"《史記·項羽本紀》:"項王按劍而跽曰:'客何爲者?'"

恥、辱　此二詞都有"恥辱"義。不同之處在於:"恥"爲意動用法，釋爲"以……爲恥"，其賓語一般由動詞性詞組充當，是對事而言的；"辱"是使動用法，釋爲"使……受辱"，其賓語通常由名詞或代詞充當，是對人而言的。《論語·公冶長》:"敏而好學，不恥下問。"《荀子·非十二子》:"故君子恥不脩，不恥見汙；恥不信，不恥不見信；恥不能，不恥不見用。"司馬遷《報任安書》:"行莫醜於辱先，而詬莫大於宮刑。"《史記·廉頗藺相如列傳》:"我見相如，必辱之。"

領、頸、項　這組詞都有"脖子"義。不同之處在於:"領"的本義是脖子；"頸"的本義是脖子的前部；"項"的本義是脖子的後部。例如《左傳·成公十三年》:"及君之嗣也，我君景公引領西望。"《韓非子·十過》:"三奏之，延頸而鳴，舒翼而舞，音中宮商之聲，聲聞於天。"《史記·魏其武安侯列傳》:"籍福起爲謝，案灌夫項令謝。夫愈怒，不肯謝。"

貧、窮　此二詞都有"錢物短缺"義。不同之處在於:"貧"的本義是缺錢財；"窮"的本義是極盡，引申表示困窘或政治上不得志，進而引申表示生活困難。陶淵明《五柳先生傳》："不戚戚於貧賤，不汲汲於富貴。"《列子·湯問》："飛衛之矢先窮，紀昌遺一矢，既發，飛衛以棘刺之端扞之，而無差焉。"张湛注："窮，盡也。"《莊子·山木》："孔子窮於蔡陳之間，七日不火食。"《孟子·盡心上》："窮則獨善其身，達則兼濟天下。"

世、代 此二詞都表示"父子相繼"這一時間段。不同之處在於："世"的時長確定，爲三十年；"代"指"子代父"的時長不很確定，另外"代"又指朝代。《論語·子路》："如有王者，必世而後仁。"何晏《論語集解》引孔安國曰："三十年曰世。"王維《李陵咏》："漢家李將軍，三代將門子。"《史記·秦始皇本紀》："丞相李斯曰：'五帝不相復，三代不相襲，各以治，非其相反，時變異也。"

完、備 此二詞都有"完備"義。不同之處在於："完"側重事物的整體性，義爲完整；"備"側重事物的數量和品種方面，義爲齊全。例如《世説新語·言語》："大人豈見覆巢之下復有完卵乎？"杜甫《石壕吏》："有孫母未去，出入無完裙。"《孟子·滕文公下》："犧牲不成，粢盛不絜，衣服不備，不敢以祭。"《荀子·天論》："養備而動時，則天不能病。"《韓非子·外儲説左上》："今城郭不完，兵甲不備，不可以待不虞。"

廟、觀、寺、庵 這組詞都有"寺廟"義。不同之處在於："廟"本是祭祀祖先的地方，漢以後引申指供神的地方；"觀"本是臺觀，引申指稱道教的廟宇，供奉仙；"寺"本是官署名，東漢末佛教傳入中國後，引申指佛教的廟宇，供奉佛；"庵"本是圓形草屋，劉熙《釋名·釋宫室》："草圓屋曰蒲。蒲，敷也。總其上而敷下也。又謂之庵。"引申指佛教的小廟，多爲尼姑所居。《論語·先進》："宗廟之事，如會同，端章甫，願爲小相焉。"《詩經·大雅·思齊》："雝雝在宫，肅肅在廟。"《史記·封禪書》："於是作渭陽五帝廟。”劉禹錫《遊玄都觀》:“玄都觀里桃千樹，盡是劉郎去後栽。”杨衒之《洛陽伽藍記·王子坊》:“王侯第宅，多題爲寺。”韓愈《諫迎佛骨表》:“即不許度人爲僧尼道士，又不許創立寺觀。”徐弘祖《徐霞客遊記·遊天都》:“扶杖望硃砂庵而登。”

視、見、觀、察、看、望　這组詞都有“看”義。不同之處在於:“視”爲一般地看;“見”指看見，表結果;“觀”是有目的地看;“察”是仔細看;“看”本指仔細看，後引申出“看望，探訪”義，中古以後纔漸與“視”同義。“望”指向遠處看。《莊子·秋水》:“順流而東行，至於北海，東面而視，不見水端。”《莊子·養生主》:“始臣之解牛之時，所見無非牛者。”《禮記·大學》:“心不在焉，視而不見。”《莊子·人間世》:“其可以爲舟者旁十數，觀者如市，匠伯不顧，遂行不輟。”《韓非子·外儲説左下》:“梁車新爲鄴令，其姊往看之。”《左傳·莊公十年》:“吾視其轍亂，望其旗靡，故逐之。”《老子·八十章》:“鄰國相望，雞犬之聲相聞，民至老死不相往來。”

哭、泣、啼、號　這組詞都有“哭”義。不同之處在於:“哭”指出聲哭;“泣”是小聲哭或无声流泪，與“哭”經常連用，引申指眼淚;“啼”是放聲哭，又指動物的鳴叫;“號”是大聲哭，且帶着呼號或訴説。《論語·述而》:“子於是日哭，則不歌。”《戰國策·趙策四》:“媪之送燕后也，持其踵爲之泣。”《史記·項羽本紀》:“項王泣數行下，左右皆泣，莫能仰視。”《禮記·樂記》:“是故先王之制禮樂，人爲之節，衰麻哭泣，所以節喪紀也。”《禮記·喪大記》:“始卒，主人啼，兄弟哭，婦人哭踊。”《左傳·莊公八年》:“豕人立而啼。”《莊子·養生主》:“老聃死，秦失弔之，三號而出。”在上古，“泣”有時也指大聲哭，《尚書·虞書·益稷》:“啓呱呱而泣。”

肌、肉　此二詞都有“肌肉”義。不同之處在於:“肌”在先秦到中古指人的肉；“肉”在先秦一般指禽獸的肉，也可指人的肉，而“肌”不能指禽獸的肉。《韓非子·喻老》：“扁鵲復見曰：‘君之病在肌膚，不治將益深。’”《舊唐書·狄仁傑傳》：“官司不矜，期之必取，枷杖之下，痛切肌膚。”《孟子·梁惠王上》：“雞豚狗彘之畜，無失其時，七十者可以食肉矣。”《墨子·節葬》：“楚之南，有炎人國者，其親戚死，朽其肉而棄之，然後埋其骨，乃成爲孝子。”

城、郭 此二詞都有“城墻”義。不同之處在於：城”指内城墻；“郭”指内城外加筑的一道城墻。“城”“郭”連用時泛指城。《墨子·七患》：“城者，所以自守也。”《管子·度地》：“内爲之城，城外爲之郭。”《孟子·公孫丑下》：“城非不高也，池非不深也。”《左傳·成公九年》：“莒恃其陋，而不修城郭。”《禮記·禮運》：“大人世及以爲禮，城郭溝池以爲固。”

第五單元

文　選　一

召公諫厲王弭謗　　《國語》

【《國語》簡介】《國語》是我國第一部國别史，記載了春秋時期周王室和魯、齊、晉、鄭、楚、吴、越等八國在政治、經濟、軍事、文化、禮俗等方面的一些重要活動。成書大約在戰國初年，作者迄無定論，司馬遷在《報任安書》中認爲是左丘明，班固在《漢書·藝文志》也持此説，事實上可能是左丘明的弟子根據他的記載整理加工而成。全書 21 卷，記事始於周穆王，迄於魯悼公（前 967 年—前 453 年）。

漢代學者認爲《國語》和《左傳》一樣都是解釋《春秋》的，前者主要記言，後者主要記事，兩者互補，故稱《左傳》爲《春秋内傳》，稱《國語》爲《春秋外傳》。其實二者差異很大。在文學價值方面，《國語》遠不及《左傳》，其語言質樸，議論冗長，記事煩瑣，人物形象往往不够鮮明。至於在思想的傾向性方面，兩書基本相同，都有民本、愛國、忠君以及抑惡揚善等思想。

世傳《國語》最早的注本是三國時期吴國韋昭《國語解》，其後較有影響的注本是清人董增齡《國語正義》和近人徐元誥《國語集解》。

【題解】周厲王以高壓手段來對付人民的不滿情緒，且拒絕大臣的勸諫，最終落得被流放的結果。文章通過記載這一歷史事件旨在説明“防民之口，甚於防川”的道理。本文選自《國語·周語上》，以《國語》(上海古籍出版社 1978 年)爲底本，下同，題目是後加的。

厲王虐，國人謗王[①]。邵（shào）公告曰："民不堪命矣！"王怒，得衛巫[②]，使監謗者，以告，則殺之。國人莫敢言，道路以目。王喜，告召公曰："吾能弭（mǐ）謗矣[③]，乃不敢言。"邵公曰："是障之也。防民之口，甚於防川。川壅而潰，傷人必多，民亦如之。是故爲川者決之使導，爲民者宣之使言[④]。故天子聽政，使公卿至於列士獻詩，瞽獻曲[⑤]，史獻書，師箴，瞍（sǒu）賦，矇（méng）誦，百工諫，庶人傳語[⑥]，近臣盡規，親戚補察，瞽、史教誨，耆、艾修之[⑦]，而後王斟酌焉，是以事行而不悖。民之有口，猶土之有山川也，財用於是乎出；猶其原隰（xí）之有衍沃也[⑧]，衣食於是乎生。口之宣言也，善敗於是乎興，行善而備敗，其所以阜財用、衣食者也[⑨]。夫民慮之於心而宣之於口，成而行之，胡可壅也？若壅其口，其與能幾何[⑩]？"王不聽，於是國莫敢出言。三年，乃流王於彘[⑪]。

注　釋

① 厲王：即周厲王，西周第十位王（前 878 年—前 842 年在位），名胡，周夷王之子，在位三十七年。　謗：指責。

② 邵公：周王的卿士，召公奭的後代，名虎。“邵”，或作“召”。　不堪：

受不了。　衛巫：衛國的巫師。

③ 以目：用目示意，不敢出聲説話。　弭：平息，止息。

④ 障：阻塞。　壅：堵塞。　導：疏通。　宣：開放，使宣泄。

⑤ 公卿：即三公九卿，周朝的高級官員。三公指太師、太傅、太保，九卿指少師、少傅、少保、冢宰、司徒、宗伯、司馬、司寇、司空。　列士：地位低於大夫的官員，因有上、中、下之分，故稱列士。　瞽：無目爲瞽，古以瞽者爲樂師。　曲：樂曲。

⑥ 師：少師，樂官的一種。　箴：一種用於規諫的韻文，這裏意爲獻箴文。　瞍：盲人樂官，無眸子曰瞍。　賦：誦詩。　矇：盲人樂官，有眸子而不见曰矇。　誦：誦讀諷箴之語。　百工：百官。　庶人：一般百姓。　韋昭注："庶人卑賤，見時得失不得達，傳以語王。"

⑦ 耆、艾：指國王的師傅及朝中老臣。古稱六十歲的人叫"耆"，五十歲的人叫"艾"。

⑧ 原：寬闊平坦的土地。　隰：低下潮濕的土地。　衍：低下平坦的土地。　沃：肥美的土地。　韋昭注："廣平曰原，下濕曰隰，下平曰衍，有溉曰沃。"

⑨ 阜：大，厚，形容詞，這裏用作使動，意爲增大、增多。

⑩ 與：幫助，支持。

⑪ 彘：地名，故址在今山西霍州市境内。

周襄王弗許晉文公請隧　《國語》

【題解】晉文公幫助周王室平息叛亂有功，請求周襄王賜他享受天子的葬禮，意在與周王室抗禮。襄王斷然回絶，堅決維護了周王室的尊嚴。本文選自《國語·周語中》，題目爲編者所加。

晉文公既定襄王于郟（jiá）[①]，王勞之以地，辭，請隧焉[②]。王不許，曰："昔我先王之有天下也，規方千里以爲甸服，以供上帝山川百神之祀，以備百姓兆民之用，以待不庭不虞之患[③]。其餘以均分公侯伯子男，使各有寧宇，以順及天地，無逢其災害，先王豈有賴焉[④]。内官不過九御，外官不過九品，足以供給神祇（qí）而已，豈敢猒（yàn）縱其耳目心腹以亂百度[⑤]？亦唯是死生之服物采章以臨長百姓而輕重布之[⑥]，王何異之有？

注　釋

① 晉文公：名重耳，春秋時期晉國的國君，五霸之一。　定襄王：魯僖公二十四年夏，周襄王之弟叔帶叛亂，攻打襄王，襄王被迫避居到鄭國。魯僖公二十五年春，晉文公出師幫助襄王復位。　郟：周王城地名，在今河南洛陽市西。

② 勞：犒勞。　地：指周王室的陽樊、温、原、欑茅等地，在今河南洛陽市、濟源市、修武縣一帶。　隧：墓道。古代天子死後靈柩從墓道入葬，是天子特有的葬禮。　韋昭注："賈侍中云：'隧，王之葬禮，開地通路曰隧。'……唯天子有隧，諸侯則無也。"

③ 規：規劃。　甸服：古制稱離王城五百里的區域。　百姓：百官。　不庭：不來朝貢，指叛逆者。　不虞：意外事故。

④ 其餘：指甸服以外土地。　公侯伯子男：指各諸侯國。　寧宇：安居之所。　賴：指餘利。

⑤ 内官：宫中的女官屬。　九御：指九種嬪妃。　外官：朝臣。　九品：指九卿。　祇：地神。　猒：满足。　耳目心腹：指聲色慾望。　百度：各種法度。

⑥ 唯是：只是。　死生：活着和死後。　服物采章：服用之物的色彩花紋。以臨長百姓：用以表示是治理百姓的君長。　輕重布之：貴賤各有等差不同。

"今天降禍災於周室，余一人僅亦守府，又不佞以勤叔父[①]，而班先王之大物以賞私德，其叔父實應且憎，以非余一人，余一人豈敢有愛[②]？先民有言曰：‘改玉改行（xíng）[③]。’叔父若能光裕大德，更姓改物，以創制天下，自顯庸也，而縮取備物以鎮撫百姓[④]，余一人其流辟旅於裔土，何辭之有與[⑤]？若由是姬姓也[⑥]，尚將列爲公侯，以復先王之職，大物其未可改也[⑦]。叔父其懋昭明德，物將自至，余何敢以私勞變前之大章，以忝天下，其若先王與百姓何？何政令之爲也[⑧]？若不然，叔父有地而隧焉，余安能知之？”

文公遂不敢請，受地而還。

注　釋

① 余一人：帝王的謙稱。　府：先王的府庫。　不佞：不才，襄王謙稱。　勤：煩勞。　叔父：指晉文公。天子稱同姓諸侯爲叔父。

② 班：分給，賜給。　大物：指隧葬規格。　實應：即使接受。　憎：憎惡（這種違禮的賞賜）。　非：非議。　愛：捨不得。

③ 改玉改行：换了佩玉，就要改變步伐。古代貴族以佩玉區别身份，佩玉不同走路姿勢要發生相應的變化。　韋昭注：“玉，佩玉，所以節行步也。君臣尊卑，遲速有節，言服其服則行其禮，以言晉侯尚在臣位，不宜有隧也。”

④ 光裕：發揚。　裕：寬大。　更姓改物：指改朝换代。　改物：改正朔，易服色。　庸：功。或以爲“顯庸”即“顯融”，顯明之義。　縮取：同義連用，采用。　備物：指天子配用之物。

⑤ 其：將。　流辟：流放。　旅：羈旅。　裔：邊遠之地。　與：通“歟”，疑問語氣詞。

⑥ “若由”句：目前你還是姓姬。　若：你。　由：通“猶”，仍然。　是：此。　韋昭注：“謂文公未更姓而王也。”

⑦ “尚將”二句：仍將處在諸侯的地位，要維護先王賜給的名位。　大物：指天子的禮義。

⑧ 懋：勉力。　大章：指服物采章等禮儀制度。　忝：玷辱。

張儀説秦王 《戰國策》

【《戰國策》簡介】《戰國策》是一部記録戰國歷史的重要文獻，簡稱《國策》，又有《國事》《事語》《短長》《長書》等名稱，西漢時經劉向整理校注後定名爲《戰國策》。全書記載了戰國200多年間各國在政治、軍事、外交等領域的矛盾鬥争以及謀臣策士的策略與游説活動，共分33卷，497篇，約12萬字，按東周、西周、秦、齊、楚、趙、魏、韓、燕、宋、衛、中山等十二國編次。該書的語言生動流暢，人物形象鮮明突出，議論縱横恣肆，充分展現了戰國謀臣策士高超的論辯藝術和權謀機巧，對後世文學語言産生了深遠的影響。

《戰國策》的作者已不可考，戰國末期開始流行。東漢高誘、北宋曾鞏、南宋姚宏、鮑彪、元代吴師道曾先後爲該書做注。目前最流行的注本是中華書局出版的標點本《戰國策》，該書以姚本爲底本，匯集了鮑、吴之注以及清人黄丕烈的《戰國策札記》。1973年長沙馬王堆漢墓出土了類似《戰國策》的帛書，定名爲《戰國縱横家書》，可以互爲參考。

【題解】本文是縱横家張儀游説秦惠王的一篇説辭，從中可以看出張儀對當時天下形勢的熟悉程度以及口若懸河、極盡誇飾挑撥之能事的游説本領。全篇據實立論，旁徵博引，條分縷析，層層推進，極具説服力。本文選自《戰國策·秦策一》，以《戰國策》（上海古籍出版社1985年第2版）爲底本，下同。

張儀説秦王曰①："臣聞之，弗知而言爲不智，知而不言爲不忠。爲人臣不忠當死，言不審亦當死。雖然，臣願悉言所聞，大王裁其罪。臣聞，天下陰燕陽魏，連荆固齊，收餘韓成從，將西南以與秦爲難[②]，臣竊笑之。世有三亡，而天下得之，其此之謂乎？臣聞之曰：‘以亂攻治者亡，以邪攻正者亡，以逆攻順者亡。’今天下之府庫不盈，囷（qūn）倉空虛，悉其士民，張軍數千百萬，白刃在前，斧質在後[③]，而皆去走不能死。罪其百姓不能死也[④]，其上不能殺也。言賞則不與，言罰則不行，賞罰不行，故民不死也[⑤]。

注　釋

① 張儀，魏國人，惠王時曾爲秦相。　秦王：秦惠王，名駟，孝公之子、昭王之父。此章與《韓非子·初見秦》略同，學者或以爲出於韓非。

② 天下：後文“陰燕陽魏，連荊固齊，收餘韓”，則此“天下”當指趙國。　陰、陽：燕在趙北，魏在趙南，故稱“陰、陽”。或作“小、大”。　餘韓：指被削弱後的韓國。　成從：結成合縱聯盟。　南：字當爲“面”。　爲難：結仇。

③ 囷：國家儲備糧食的倉庫。　悉：全部，此處意爲全部出動。　張：擴張。　斧質：指重刑。　質：通“鑕”，古代腰斩人用的砧板。

④ 死：指戰死，拼死。　罪：“也非”二字之誤。此二句《韓非子·初見秦》作“而却走不能死也。非其士民不能死也”。

⑤ 殺：《韓非子·初見秦》作“故”，或以爲是“教”之誤。

“今秦出號令而行賞罰，不攻無攻相事也[①]。出其父母懷衽之中，生未嘗見寇也。聞戰，頓足徒裼（xī），犯白刃，蹈煨炭，斷死於前者比是也[②]。夫斷死與斷生也不同，而民爲之者是貴奮也[③]。一可以勝十，十可以勝百，百可以勝千，千可以勝萬，萬可以勝天下矣。今秦地形，斷長續短，方數千里，名師數百萬，秦之號令賞罰，地形利害，天下莫如也。以此與天下，天下不足兼而有也[④]。是知秦戰未嘗不勝，攻未嘗不取，所當未嘗不破也。開地數千里，此甚大功也。然而甲兵頓，士民病，蓄積索，田疇荒，囷倉虚，四鄰諸侯不服，伯（bà）王之名不成[⑤]，此無異故，謀臣皆不盡其忠也。

注　釋

① 不攻無攻：《韓非子・初見秦》作“有功無功”。　相事：論事。

② 徒裼：解衣露胸，勇敢的表現。　煁炭：火炭。　斷死：決死。　比是：都是如此。

③ 斷生：臨危難而求必生。　貴奮：提倡勇敢。

④ 名師：大軍。　與：匹敵。　不足：不難。

⑤ 頓：疲勞。　索：盡。　伯：義同“霸”，諸侯的盟主。

“臣敢言往昔。昔者齊南破荆，中破宋，西服秦，北破燕，中使韓魏之君[①]，地廣而兵强，戰勝攻取，詔令天下，濟清河濁，足以爲限，長城鉅坊[②]，足以爲塞。齊，五戰之國也。一戰不勝而無齊。故由此觀之，夫戰者萬乘之存亡也[③]。

注　釋

① 齊於前301年破楚，前286年破宋，前298年—前296年西服秦，前314年破燕，前301年“使韓魏之君”。

② 濟清河濁：濟水清，黄河濁。　限：王念孫《讀書雜志》以爲當作“阻”。　鉅：大。　坊：或作“防”。

③ 無齊：亡齊。按：前284年，燕上將樂毅帥燕、秦、魏、韓、趙五國之師攻入齊都臨淄，齊湣王走莒，被其相淖齒所殺。　萬乘：可以出萬乘兵車的大國。

“且臣聞之曰：‘削株掘根，無與禍鄰，禍乃不存。’秦與荆人戰，大破荆，襲郢，取洞庭、五都、江南①。荆王亡奔走，東伏於陳。當是之時，隨荆以兵②，則荆可舉。舉荆，則其民足貪也，地足利也。東以强齊、燕，中陵三晉③。然則是一舉而伯王之名可成也，四鄰諸侯可朝也。而謀臣不爲，引軍而退，與荆人和。今荆人收亡國，聚散民，立社主，置宗廟，令帥天下西面以與秦爲難，此固已無伯王之道一矣。天下有比志而軍華下，大王以詐破之，兵至梁郭④，圍梁數旬，則梁可拔。拔梁，則魏可舉。舉魏，則荆、趙之志絶。荆、趙之志絶，則趙危。趙危而荆孤。東以强齊、燕，中陵三晉，然則是一舉而伯王之名可成也，四鄰諸侯可朝也。而謀臣不爲，引軍而退，與魏氏和，令魏氏收亡國，聚散民，立社主，置宗廟，此固已無伯王之道二矣。前者穰侯之治秦也，用一國之兵而欲以成兩國之功，是故兵終身暴靈於外，士民潞病於内⑤，伯王之名不成，此固已無伯王之道三矣。

注釋

① 株：露出地面的樹根。　郢：楚都城，今湖北江陵縣東北。　五都：指鄢，今湖北宜城市南。　江南：指洞庭一帶地。　按：前279年，秦將白起攻楚，拔楚鄢、鄧、西陵。前278年，白起再攻楚，拔郢，燒夷陵。前277年，白起第三次攻楚，取巫郡、黔中，置黔中郡。

② 荆王：指楚頃襄王。　伏：棲身。　陳：陳地，今河南周口市淮陽區一帶。　隨荆：指繼續攻楚。

③ 民足貪、地足利：楚國的人民土地可以爲秦國所取用。　强齊、燕：强於齊、燕兩國。　中：當爲“中以”。　三晉：韓、趙、魏三國。此兩

句《韓非子·初見秦》作“東以弱齊、燕，中以陵三晉”。

④ 今:《韓非子·初見秦》作“令”。 比志：志同道合。 華下：指華陽邑之下，華陽故址在今河南新鄭市東南。 梁郭：魏都大梁外城。前273年，趙、魏攻韓華陽，秦救韓，大破趙、魏聯軍，魏割南陽以求和。

⑤ 穰侯：秦執政大臣魏冉，封穰侯，秦昭王母宣太后異父同母弟，曾助昭王奪取王位。 “而欲”句：高誘注“穰侯，魏人也。治，猶相也。穰侯相秦，欲與秦而安魏，故曰欲成兩國之功也”。 靈：或作“露”。潞：通“露”，羸弱。

“趙氏，中央之國也，雜民之所居也。其民輕而難用，號令不治，賞罰不信，地形不便①，上非能盡其民力。彼固亡國之形也，而不憂民氓②。悉其士民，軍於長平之下，以爭韓之上黨，大王以詐破之，拔武安③。當是時，趙氏上下不相親也，貴賤不相信，然則是邯鄲不守，拔邯鄲，完河間，引軍而去，西攻脩武，踰羊腸，降代④、上黨。代三十六縣，上黨十七縣，不用一領甲，不苦一民，皆秦之有也。代、上黨不戰而已爲秦矣，東陽、河外不戰而已反爲齊矣，中呼池以北不戰而已爲燕矣⑤。然則是舉趙則韓必亡，韓亡則荆、魏不能獨立。荆、魏不能獨立，則是一舉而壞韓，蠹魏，挾荆，以東弱齊、燕，決白馬之口，以流魏氏⑥。一舉而三晉亡，從者敗。大王拱手以須，天下徧隨而伏⑦，伯王之名可成也。而謀臣不爲，引軍而退，與趙氏爲和。以大王之明，秦兵之强，伯王之業，地尊不可得，乃取欺於亡國⑧，是謀臣之拙也。且夫趙當亡不亡，秦當伯不伯，天下固量秦之謀臣一矣⑨。乃復悉卒乃攻邯鄲，不能拔也，棄甲兵怒⑩，戰慄而卻，天下固量秦力二矣。軍乃引退，并於李下，大王又并軍而致與戰，非能厚勝之也，又交罷卻⑪，天下固量秦力三矣。内者量吾謀臣，外者極吾兵力。由是觀之，臣以天下之從，豈其難矣⑫。内者吾甲兵頓，士民病，蓄積索，田疇荒，囷倉虚；外者天下比志甚固。願大王有以慮之也。

注釋

① 中央之國：趙國首都邯鄲，位於燕之南、齊之西、魏之北、韓之东，故曰中央。 雜民：兼燕、齊、魏、韓四国之人，故曰雜。 民輕：人民輕視法令。 地形不便：指邯鄲無險要的地勢。

② 不憂民氓：不體恤人民。 氓：民，在野曰氓。

③ 長平：趙地，在今山西高平市西北。 上黨：韓地，在今山西東南部。 詐破：指長平之戰中秦國使用離間計等計謀多次欺騙趙國。 武安：趙地，在今河北西南。 按：前 262 年，韓國上黨郡守馮亭將上黨獻給趙國。前 260 年初，秦出兵攻取上黨，趙駐軍長平接應上黨的百姓，四月秦軍攻擊趙軍，導致長平之戰爆發。其間秦暗中換白起爲秦軍統帥，同時又用離間計使趙以趙括代替廉頗爲將，最終趙全軍覆没，被殲滅四十五萬餘人。

④ 邯鄲：地在今河北邯鄲市。 河間：趙邑，在今河北河間市東南。 脩武：趙邑，在今河南獲嘉縣。 踰：越過。 羊腸：趙險塞名，地在今山西壺關縣東南百里。 代：趙郡名，地在今河北蔚縣、山西東北部一帶。

⑤ 領：量詞，衣服、鎧甲一身爲一領。 東陽：趙地，屬清河郡，在今河北邢臺市一帶。 河外：指滹沱河外，趙地。 此句意謂：這些地方本屬趙所得齊地，今不戰即可使趙歸還於齊。 中呼池：《韓非子・初見秦》作“中山呼池”，趙地，在今河北滹沱河一帶。 此句意謂：燕乘趙敗之機可取之。

⑥ 蠹：損害。 白馬之口：指白馬津渡口，古軍事要地，在今河南滑縣西北。 流：灌。

⑦ 拱手以須：輕鬆地等待。 偏隨而伏：接連臣服。偏，《韓非子・初見

秦》作“編”。編隨，依次相連。伏，通“服”。

⑧ 地：或説應爲“也”，屬上句。　尊：應作“曾”，音 zēng，竟然。　取：被，受。　亡國：指趙。

⑨ 固量：小看，低看。固，鄙陋。

⑩ 怒：《韓非子·初見秦》作“弩”。　棄甲兵怒：《繹史·韓非子·初見秦》卷一百四十七作“棄甲負弩”。

⑪ 李下：邑名，屬河内郡，地在今河南北部一帶。　致：盡力，拼力。　厚：大。　交罷卻：既疲敝，又敗退。罷，通“疲”。

⑫ 量：“固量”的略語。　極：動詞，知……所限。　難：匹敵。

“且臣聞之：戰戰慄栗，日慎一日。苟慎其道，天下可有也。何以知其然也？昔者紂爲天子，帥天下將甲百萬，左飲於淇谷，右飲於洹（huán）水①，淇水竭而洹水不流，以與周武爲難。武王將素甲三千領，戰一日，破紂之國，禽其身，據其地，而有其民，天下莫不傷②。智伯帥三國之衆，以攻趙襄主於晉陽③，決水灌之，三年，城且拔矣。襄主錯龜數策占兆，以視利害，何國可降，而使張孟談④。於是潛行而出，反智伯之約，得兩國之衆，以攻智伯之國，禽其身，以成襄子之功。今秦地斷長續短，方數千里，名師數百萬，秦國號令賞罰，地形利害，天下莫如也。以此與天下，天下可兼而有也。

注　釋

① 淇谷：即今河南淇河。《韓非子·初見秦》作“淇溪”。　洹水：又名安陽河，在河南北部。

② 素甲：用絹素製的鎧甲。　禽：抓獲，後寫作“擒”。　莫不傷：《韓非子·初見秦》無“不”字。或以爲“不”乃“之”的訛誤。　傷：哀

愍，傷殷之滅亡。

③ 智伯：春秋末晉國四大卿族之一智家的族長。“智”，或作“知”。　三國：指智家和韓、魏兩大卿族。　趙襄主：即趙襄子，名毋恤，晉國四大卿族之一趙家的族長。　晉陽：趙家的封邑，地在今山西太原市。按：在春秋末晉國的四大卿族中，智家最强大，智伯聯合韓、魏兩家企圖滅掉趙家，結果趙家反而策反韓、魏兩家，滅掉了智家。

④ 錯龜：爲占卜設置龜甲。錯，通“措”。　數策：通過擺放蓍草以測吉凶的推算活動。策，古代占筮用的蓍草。　張孟談：趙家的家臣。

“臣昧死望見大王，言所以舉破天下之從①，舉趙亡韓，臣荆、魏，親齊、燕，以成伯王之名，朝四鄰諸侯之道。大王試聽其説，一舉而天下之從不破，趙不舉，韓不亡，荆、魏不臣，齊、燕不親，伯王之名不成，四鄰諸侯不朝，大王斬臣以徇於國，以主爲謀不忠者②。”

注　釋

① 昧死：冒死。　舉：或以爲當作“一舉”。

② 主：預示。或以爲是“正”字之誤。

文 選 二

句踐滅吴 《國語》

【題解】春秋後期，吴、越兩國日漸强大，而勢不兩立，多次交戰。魯哀公元年（前 494 年），吴王夫差攻入越國腹地，迫使越王句踐退守會稽山屈辱求和。隨後句踐一方面卑身事吴以麻痹吴王，另一方面實施富國强兵的策略，最終滅亡了吴國，盡雪前耻。本文記載了這一歷史事件的全過程，具有深刻的借鑒意义。本文選自《國語·越語上》，題目是後加的。

越王句（gōu）踐棲於會稽（kuài jī。會稽：山名，在今浙江紹興市南）之上，乃號令於三軍曰："凡我父兄昆弟及國子姓（國子姓：貴族子弟），有能助寡人謀而退吴者，吾與之共知（知：掌管）越國之政。"大夫種（越國大夫文種，本楚人）進對曰："臣聞之，賈人夏則資（資：囤積）皮，冬則資絺（chī。絺：細葛布），旱則資舟，水則資車，以待乏也。夫雖無四方之憂，然謀臣與爪牙之士（爪牙之士：勇士），不可不養而擇也。譬如蓑笠，時雨既至必求之。今君王既棲於會稽之上，然後乃求謀臣，無乃後（後：晚）乎？”句踐曰：“苟得聞子大夫之言，何後之有？”執其手而與之謀。

遂使之行成（行成：媾和）於吴，曰：“寡君句踐乏無所使，使其下臣種，不敢徹聲（徹聲：發聲。徹，達）聞於天王，私於下執事（下執事：低級辦事人員對吴王的敬稱）曰：寡君之師徒（師徒：軍隊）不足以辱君（辱君：辱勞君屈駕）矣，願以金玉、子女賂君之辱（酬謝君屈尊蒞臨），請句踐女女（nǚ。女：做婢女）於王，大夫女女於大夫，士女女於士。越國之寶器畢從（畢從：全部獻上），寡君帥越國之衆，以從君之師徒，唯君左右（左右：調遣）之。若以越國之罪爲不可赦也，將焚宗朝，係妻孥（妻孥：妻子兒女），沈（chén）金玉於江（不欲吴得之），有帶甲五千人將以致死，乃必有偶（指一人可敵二人）。是以帶甲萬人事（事：拼命的委婉語）君也，無乃即傷君王之所愛（所愛：指吴軍中的貴族子弟）乎？與其殺是人也，寧其得此國也，其孰利乎？”

夫差將欲聽與之成（成：媾和），子胥（吴大夫伍子胥，名員，本楚人，奔吴，曾助夫差之父闔閭奪取王位）諫曰：“不可。夫吴之與越也，仇讎敵戰之國也。三江（吴淞江、錢塘江、浦陽江）環之，民無所移（吴、越兩國百姓因三江環繞而不能向外遷徙），有吴則無越，有越則無吴（勢不兩立），將不可改於是矣。員聞之，陸人居陸，水人居水。夫上黨之國（指中原諸侯國），我攻而勝之，吾不能居其地，不能乘其車。夫越國，吾攻而勝之，吾能居其地，吾能乘其舟。此其利也，不可失也已，君必滅之。失此利也，雖悔之，必無及已。”

越人飾美女八人納（納：進獻）之太宰嚭（吴大夫，本楚人，奔吴），曰："子苟赦越國之罪，又有美於此者將進之。"太宰嚭諫曰："嚭聞古之伐國者，服之（使之投降順服）而已。今已服矣，又何求焉？"夫差與之成而去之。

句踐説（説：告）於國人曰："寡人不知其力之不足也，而又與大國（大國：指吴國）執讎（結仇），以暴露百姓之骨於中原（中原：野外），此則寡人之罪也。寡人請更（更：改正）。"於是葬死者，問（慰問）傷者，養生者，弔有憂，賀有喜，送往者，迎來者，去民之所惡，補民之不足。然後卑事夫差（降低身份做夫差臣僕），宦士（以士子爲奴僕）三百人於吴，其身親爲夫差前馬（前馬：馬前卒）。

句踐之地，南至於句（gōu）無（句無：山名，在今浙江諸暨市南），北至於禦兒（禦兒：地名，在今浙江桐鄉市西南），東至於鄞（yín。鄞：地名，在今浙江寧波市東南），西至於姑蔑（姑蔑：地名，在今浙江衢州市北），廣運（廣運：東西爲廣，南北爲運）百里。乃致（致：召集）其父母昆弟而誓之曰："寡人聞古之賢君，四方之民歸之，若水之歸下也。今寡人不能，將帥二三子（二三子：你們）夫婦以蕃（蕃：生育）。"令壯者無取（取："娶"的古字）老婦，令老者無取壯妻。女子十七不嫁，其父母有罪；丈夫二十不娶，其父母有罪。將免（免：分娩）者以告，公（官府）令醫守之。生丈夫（丈夫：男孩），二壺酒，一犬；生女子，二壺酒，一豚。生三人，公與之母（母：乳母）；生二人，公與之餼（xì。餼：糧食）。當室者（當室者：嫡長子）死，三年釋（釋：免除）其政（政：通"征"，徭役）；支子（支子：嫡妻的次子以下及妾子）死，三月釋其政。必哭泣葬埋之，如其子。

令孤子、寡婦、疾疹（chèn。疹：通"疢"，熱病）、貧病者，納宦其子（官府收容他們的兒子，安排他們學習）。其達士（達士：知名之士），絜（絜："潔"的古字）其居，美其服，飽其食，而摩厲之於義（在義理方面磨練他們）。四方之士來者，必廟禮之（在廟堂以禮歡迎）。句踐載稻與脂（脂：指肉）於舟以行，國之孺子（孺子：年輕人）之遊者（游學之人），無不餔（bǔ。餔：給食物）也，無不歠（chuò。歠：給水）也，必問其名。非其身之所種則不食，非其夫人之所織則不衣，十年不收（收：收税）於國，民俱有三年之食。

國之父兄請曰："昔者夫差恥吾君於諸侯之國（指句踐戰敗並赴吴做臣僕），今越國亦節（節：有節度，指國力已恢復）矣，請報之。"句踐辭曰："昔者之戰也，非二三子之罪也，寡人之罪也。如寡人者，安與知恥？請姑無庸戰（請暫且不用打仗）。"父兄又請曰："越四封（封：境）之内，親吾君也，猶父母也。子而思報父母之仇，臣而思報君之讎，其有敢不盡力者乎？請復戰。"句踐既許之，乃致其衆而誓之曰："寡人聞古之賢君，不患其衆之不足也，而患其志行（志行：意志行爲）之少恥也。今夫差衣水犀之甲者億（億：十萬。古又以十萬爲億）有三千，不患其志行之少恥也，而患其衆之不足也。今寡人將助天滅之。吾不欲匹夫之勇也，欲其旅進旅退（旅進旅退：共進共退。旅，俱，共同）也。進則思賞，退則思刑，如此則有常賞（常賞：國家規定的賞賜）。進不用命，退則無恥，如此則有常刑（常刑：嚴厲不變的刑罰）。"果行，國人皆勸（勸：勉力），父勉其子，兄勉其弟，婦勉其夫，曰："孰是君（誰像這樣好的國君）也，而可無死

（無死：拼死）乎？”是故敗吴於囿（在前478年。“囿”即笠澤，在今吴淞江一帶），又敗之於没（没：地名，今址不詳），又郊敗之（在前475年。“郊”指吴國城郊，吴國都城在今江蘇蘇州市）。

夫差行成，曰：“寡人之師徒，不足以辱君矣。請以金玉、子女賂君之辱。”句踐對曰：“昔天以越予吴，而吴不受命；今天以吴予越，越可以無聽天之命，而聽君之令乎？吾請達（達：送）王甬（甬：越地，在今浙江寧波市一帶）、句（gōu。句：句章，在今浙江寧波市下轄慈溪市西南）東，吾與君爲二君乎？”夫差對曰：“寡人禮先壹飯（壹飯：一飯之恩。指吴曾許越求和）矣，君若不忘周室（吴國與周王室同爲姬姓，希望句踐看在周王室的面子上與吴國議和），而爲弊邑宸宇（宸：屋簷。宇：邊。宸宇，喻庇蔭），亦寡人之願也。君若曰：‘吾將殘汝社稷，滅汝宗廟。’寡人請死，余何面目以視於天下乎！越君其（其：祈使語氣詞）次（次：舍）也（進駐吧）！”遂滅吴。

馮諼客孟嘗君

《戰國策》

【題解】孟嘗君，齊國貴族，姓田，名文，與楚春申君黄歇、趙平原君趙勝、魏信陵君魏無忌並稱“戰國四公子”。本章通過孟嘗君門客馮諼爲孟嘗君營造“三窟”的記述，展示了戰國策士多才多藝、深謀遠慮的非凡形象，同時表現了孟嘗君禮贤下士、寬宏大度的君子之風。本文選自《戰國策·齊策四》，題目是後加的。

齊人有馮諼（xuān）者，貧乏不能自存（自存：養活自己），使人屬（屬：囑託）孟嘗君（時爲齊相），願寄食門下。孟嘗君曰："客何好（hào）？"曰："客無好也。"曰："客何能？"曰："客無能也。"孟嘗君笑而受之曰："諾。"左右以君賤之也，食（sì。食：給……吃）以草具（粗劣的飯食）。

居有頃，倚柱彈其劍，歌曰："長鋏（長鋏：劍）歸來乎（回去吧）！食無魚。"左右以告。孟嘗君曰："食之，比（比：按照）門下之〔魚〕客（孟嘗君門客分爲三等，上等可吃肉乘車，中等有魚吃，下等無肉吃）。"居有頃，復彈其鋏，歌曰："長鋏歸來乎！出無車。"左右皆笑之，以告。孟嘗君曰："爲之駕（給他備車），比門下之車客。"於是乘其車，揭（揭：舉起）其劍，過（過：拜訪）其友曰："孟嘗君客（客：以賓客看待）我。"後有頃，復彈其劍鋏，歌曰："長鋏歸來乎！無以爲（爲：養）家。"左右皆惡之，以爲貪而不知足。孟嘗君問："馮公有親乎？"對曰："有老母。"孟嘗君使人給其食用，無使乏。於是馮諼不復歌。

後孟嘗君出記（記：布告），問門下諸客："誰習計會（kuài。計會：計算），能爲文收責（zhài。責：'債'的古字）於薛（薛：孟嘗君封邑，地在今山東滕州市東南）者乎？"馮諼署（署：署名）曰："能。"孟嘗君怪之，曰："此誰也？"左右曰："乃歌夫長鋏歸來者也。"孟嘗君笑曰："客果有能也，吾負（負：對不起）之，未嘗見也。"請而見之，謝（謝：道歉）曰："文倦於事，憒（kuì。憒：心亂）於憂，而性懧（懧：同'懦'）愚，沉於國家之事，開罪（開罪：得罪）於先生。先生不羞（不因有辱您而生氣），乃有意欲爲（wèi。'爲'後省'之'）收責於薛乎？"馮諼曰："願之。"於是約車（約車：套車）治裝，載券契（券契：債務契約）而行，辭曰："責畢收（畢收：收完），以何市（市：購買）而反（反：'返'的古字）？"孟嘗君曰："視吾家所寡有者。"

驅而之薛，使吏召諸民當償者（當償者：欠債者），悉來合券（合券：核對債券）。券徧（徧：同"遍"）合，起（起身），矯命以責賜諸民（假傳孟嘗君的命令免除了邑民的債務），因（因：於是）燒其券，民稱萬歲。

長驅（長驅：驅車不停）到齊，晨而求見。孟嘗君怪其疾也，衣冠（衣：穿好衣服。冠：戴好帽子）而見之，曰："責畢收乎？來何疾也？"曰："收畢矣。""以何市而反？"馮諼曰："君云'視吾家所寡有者'。臣竊計，君宫中積珍寶，狗馬實（實：充滿）外廄（jiù。廄：馬房），美人充下陳（下陳：堂下）。君家所寡有者以義耳！竊以爲（wèi）君市義。"孟嘗君曰："市義奈何（怎講）？"曰："今君有區區之薛，不拊（拊：同'撫'）愛子（子：像對待子女一樣對待）其民，因而賈（gǔ）利之（像商人一樣從他們身上牟利）。臣竊矯君命，以責賜諸民，因燒其券，民稱萬歲。乃臣所以爲君市義也。"孟嘗君不説（説：'悦'的古字），曰："諾，先生休矣（算了吧）！"

後期（jī）年，齊王謂孟嘗君曰："寡人不敢以先王之臣爲臣。"孟嘗君就國（就國：前往封邑）於薛，未至百里，民扶老攜幼，迎君道中。孟嘗君顧謂馮諼曰："先生所爲文市義者，乃今日見之。"馮諼曰："狡兔有三窟，僅得免其死耳。今君有一窟，未得高枕而卧也。請爲君復鑿二窟。"孟嘗君予車五十乘（shèng），金五百斤，西遊於梁（梁：即魏國，都城大梁），謂惠（惠：應作‘梁’）王曰：“齊放（放：放逐）其大臣孟嘗君於諸侯，諸侯先迎之者富而兵强。”於是梁王虚上位（虚上位：空出相位），以故相爲上將軍，遣使者，黄金千斤，車百乘，往聘孟嘗君。馮諼先驅誡孟嘗君曰：“千金，重幣也；百乘，顯使也。齊其（其：將）聞之矣。”梁使三反（三反：多次往返），孟嘗君固辭不往也。齊王聞之，君臣恐懼，遣太傅（高級官員）賫（jī。賫：帶上）黄金千斤，文車（有彩繪的高級車）二駟，服劍（服劍：佩劍）一，封書謝孟嘗君曰：“寡人不祥（不祥：不幸），被（被：遭受）於宗廟之祟（祟：鬼神降下的灾禍），沉（被蒙蔽）於諂諛之臣，開罪於君，寡人不足爲（不足爲：不值得輔佐）也。願君顧先王之宗廟，姑反國統萬人（統萬人：指繼續爲相）乎？”馮諼誡孟嘗君曰：“願請先王之祭器，立宗廟於薛（立宗廟意味着封邑不可變）。”廟成，還報孟嘗君曰：“三窟已就，君姑高枕爲樂矣。”

孟嘗君爲相數十年，無纖介（纖介：細微。介，通“芥”）之禍者，馮諼之計也。

齊宣王見顔斶 《戰國策》

【題解】文章通過顔斶與齊宣王有關誰尊誰卑的争論，表現了戰國時代士人不畏權勢、不爲名利所動的傲骨與氣節，同時反映了戰國時代士人階層的民本思想、對提高自身地位的要求以及統治者尊賢圖强的治國理念。本文選自《戰國策·齊策四》。

齊宣王見顔斶（chù。斶：齊人名），曰："斶前（前：上前來）！"斶亦曰："王前！"宣王不悦。左右曰："王，人君也；斶，人臣也。王曰'斶前'，〔斶〕亦曰'王前'，可乎？"斶對曰："夫斶前爲慕勢，王前爲趨士（趨士：禮賢下士）。與（與：與其）使斶爲趨（趨：或作'慕'）勢，不如使王爲趨士。"王忿然作色曰："王者貴乎？士貴乎？"對曰："士貴耳，王者不貴。"王曰："有説乎？"斶曰："有。昔者秦攻齊，令曰：'有敢去（去：距離）柳下季（即柳下惠，春秋時期魯國名士）壟（壟：墳）五十步而樵采者，死不赦。'令曰：'有能得齊王頭者，封萬户侯，賜金千鎰（鎰：二十兩或二十四兩爲一鎰）。'由是觀之，生王之頭，曾不若死士之壟也。"宣王默然不悦。

左右皆曰："斶來，斶來！大王據千乘之地，而建千石（石：一百二十斤爲一石）鐘（鐘：樂器），萬石簴（jù。簴：樂器架子兩側的立柱）。天下之士仁義皆來役處（役處：爲齊王服務），辯知（辯智之士）並進，莫不來語（語：出謀劃策）。東西南北，莫敢不服。求萬物無不備具，而百姓無不親附。今夫士之高者乃稱匹夫，徒步（徒步而行，無車可乘）而處農畝；下則鄙野（鄙野：邊遠偏僻之地）、監門（看守門户）閭里。士之賤也，亦甚矣！"

斶對曰："不然。斶聞古大禹之時，諸侯萬國。何則？德厚之道，得貴士之力也。故舜起農畝，出於野鄙而爲天子。及湯之時，諸侯三千。當今之世，南面稱寡者（稱王者）乃二十四。由此觀之，非得失（指得士、失士）之策與？稍稍（逐漸）誅滅，滅亡無族之時，欲爲監門閭里，安可得而有乎哉（‘滅亡’三句：諸侯日益滅亡，到了國破家亡時，即使想去爲人看守里巷大門，又哪裏辦得到）？是故《易傳》（佚書）不云乎：‘居上位，未得其實（無相應之德才），以（以：義同“而”）喜其爲名（名：指居上位之名）者，必以驕奢爲行。据（据：通“倨”）慢驕奢，則凶從之。是故無其實而喜其名者削，無德而望其福者約（約：困），無功而受其禄者辱，禍必握（握：通“渥”，多）。’故曰：‘矜功（矜功：好大功）不立，虚願（虚願：空想）不至（至：實現）。’此皆幸樂（樂：喜好）其名、華而無其實德者也（‘此皆’二句：這都指那些只務虚名、華而無實的人）。是以堯有九佐（九佐：九位官佐），舜有七友（七友：七位摯友），禹有五丞（五丞：五位賢佐，指益、稷、皋陶、垂、契），湯有三輔（三輔：三位輔臣，或説指誼伯、仲伯、咎單），自古及今而能虚成名於天下者無有（‘自古’句：從古到今能够僅凭虚名而有成就於天下的人是没有的）。是以君王無羞亟（qì）問（亟問：經常不恥下問），不媿（媿：同‘愧’）下學。是故成其道德而揚功名於後世者，堯、舜、禹、湯、周文王是也。故曰：‘無形者，形之君（君：主導）也。無端者，事之本也。’夫上見其原（原：本源），下通其流，至聖人（‘人’字衍）明學（非常聖哲且明達博學），何不吉之有哉？老子曰：‘雖貴，必以賤爲本；雖高，必以下爲基。是以侯王稱孤、寡、不穀，是其賤之本與（與：同“歟”），非夫？’（《老子·三十九章》：‘是其以賤爲本也，非歟？’）孤、寡者，人之困賤下位也，而侯王以自謂，豈非下人（下人：謙居人下）而尊貴士與？夫堯傳舜，舜傳禹，周成王任周公旦，而世世稱曰明主，是以明乎士之貴也。”

宣王曰："嗟乎！君子焉可侮哉？寡人自取病（取病：取辱）耳！及今聞君子之言，乃今（今日）聞細人之行（'乃今'句：方纔明白了不貴士是小人的行爲），願請受爲弟子。且顔（顔：'願'之誤）先生與寡人游，食必太牢（太牢：牛、羊、猪肉俱全爲太牢），出必乘車，妻子衣服麗都（都：美）。"

顔斶辭去曰："夫玉生於山，制則破焉（加工則會破開璞玉），非弗寶貴矣，然夫璞不完。士生乎鄙野，推選則禄焉（被選拔獲得禄位），非不得尊遂（遂：達，實現抱負）也，然而形神不全。斶願得歸，晚食以當肉，安步以當車，無罪以當貴，清静貞正以自虞（虞：娱）。制言（下詔令）者王也，盡忠直言者斶也。言要道已備矣（主要意思我都説完了），願得賜歸，安行而反臣之邑屋（邑屋：家鄉的住宅）。"則（於是）再拜而辭去也。

斶知足矣，歸反樸，則終身不辱也。

樂毅報燕惠王書　《戰國策》

【題解】公元前284年，燕昭王拜樂毅爲上將軍，聯合秦、韓、趙、魏、燕五國之師打敗齊國，因功封昌國君。昭王死後，乐毅因受到燕惠王的猜忌而奔趙。其後惠王後悔，欲請回樂毅，樂毅复信謝絶。信中除對昭王的知遇之恩表示感激之情外，着重指出了自己對燕國的重大貢獻，解釋了自己離開燕國的原因，同時對惠王的昏聵進行了含蓄批評，表現了其遠見卓識和"交絶不出惡聲""忠臣之去也不潔其名"的高尚品格。本文選自《戰國策·燕策二》，題目爲編者所加。

昌國君樂毅爲燕昭王合五國之兵而攻齊，下七十餘城，盡郡縣之以屬燕（將攻占的郡縣都劃歸燕國。之以：以之）。三城未下（三城：指聊、即墨、莒三邑。或以爲“三”是“二”之誤，唯“即墨、莒”未下），而燕昭王死。惠王（燕昭王之子）即位，用（因）齊人反間，疑樂毅，而使騎劫（騎劫：燕將）代之將。樂毅奔趙，趙封以爲望諸君。齊田單（田單：齊將）詐騎劫，卒敗燕軍，復收七十城以復齊。燕王悔，懼趙用樂毅承（承：通“乘”）燕之弊以伐燕。

燕王乃使人讓（讓：責備）樂毅，且謝（謝：道歉）之曰：“先王舉國而委將軍，將軍爲燕破齊，報先王之讎，天下莫不振動，寡人豈敢一日而忘將軍之功哉？會（適逢）先王棄群臣（棄群臣：‘死’的婉辭），寡人新即位，左右誤寡人。寡人之使騎劫代將軍者，爲將軍久暴露於外，故召將軍且休（且休：暫時休息）計事（計事：商議國事）。將軍過聽（過聽：誤聽信），以與寡人有郄（xì。郄：同‘隙’），遂捐燕而歸趙。將軍自爲計（自爲計：爲個人打算）則可矣，而亦何以報先王之所以遇（遇：對待）將軍之意乎？”

望諸君乃使人獻書報燕王曰：“臣不佞，不能奉承先王之教，以順左右（左右：對人不稱其名，只稱他的左右，表示尊敬。這裏指燕惠王）之心，恐抵（抵：觸犯）斧質之罪，以傷先王之明（知人善任之明），而又害於足下之義，故遁逃奔趙。自負以不肖（不肖：不賢）之罪，故不敢爲辭説（辭説：辯解）。今王使使者數之罪（數之罪：以罪責怪我），臣恐侍御者（侍御者：侍奉惠王者，實指惠王）之不察先王之所以畜幸（畜幸：收留重用）臣之理，而又不白（白：明白）於臣之所以事先王之心，故敢以書對。

“臣聞賢聖之君不以禄私其親，功多者授之；不以官隨（隨：任用）其愛，能當者處（處：擔任）之。故察能而授官者，成功之君也；論行而結交者，立名之士也。臣以所學者觀之，先王之舉錯（錯：通‘措’），有高世之心，故假節（假節：授予符節）於魏王，而以身得察於燕（‘故假’二句：所以在我擔任魏國使臣時，得到燕國的賞識。按：樂毅本魏人，出使燕國時被燕昭王留爲燕臣）。先王過舉（過舉：破格任用），擢之乎賓客之中，而立之乎群臣之上，不謀於父兄（不與同姓貴族商議），而使臣爲亞卿（亞卿：位次上卿）。臣自以爲奉令承教，可以幸無罪矣，故受命而不辭。

“先王命之曰：‘我有積怨深怒於齊（齊曾破燕，故恨齊），不量輕弱（輕弱：强弱），而欲以齊爲事（爲事：指攻齊）。’臣對曰：‘夫齊，霸國（齊桓公時期齊稱霸諸侯）之餘教（遺教，傳統）也，而驟（驟：屢次）勝之遺事（“夫齊”三句：齊國有霸主的傳統，又有多次戰勝的業績）也，閑（閑：通“嫻”）於兵甲，習於戰攻。王若欲攻之，則必舉天下而圖之。舉天下而圖之，莫徑（徑：快捷）於結趙矣。且又淮北、宋地（淮北、宋：當時屬齊），楚、魏之所同願也（楚欲得淮北，魏欲得宋）。趙若許約，楚、魏、宋盡力，四國攻之，齊可大破也。’先王曰：‘善。’臣乃口受令，具符節，南使臣於趙。顧（顧：還，待到）反命，起兵隨而攻齊，以天之道，先王之靈，河北之地（指處於該地的趙、魏之師）隨先王舉而有（有：攻占）之於濟上（濟上：濟水之上）。濟上之軍奉令擊齊，大勝之。輕卒鋭兵，長驅至國（國：指齊都，或作‘齊’）。齊王（齊閔王）逃遁走莒（莒：在今山東莒縣一帶），僅以身免。珠玉財寶，車甲珍器，盡收入燕。大呂（大呂：齊鐘名）陳於元英（元英：燕宮殿名），故鼎（齊所得燕鼎）反於曆室（曆室：燕宮殿名），齊器設於寧臺（寧臺：燕臺名）。薊丘（燕都）之植，植於（於：自）汶皇（汶皇：齊汶上之竹。皇，一本作'篁'）。自五伯以來，功未有及先王者也。先王以爲慊其志（慊其志：實現了自己的願望），以臣爲不頓命（不頓命：不辱命），故裂地而封之，使之得比乎小國諸侯。臣不佞，自以爲奉令承教，可以幸無罪矣，故受命而弗辭。

"臣聞賢明之君，功立而不廢，故著（著：記載）於春秋，蚤知之士（'蚤'通'早'），名成而不毀，故稱於後世。若先王之報怨雪耻，夷（掃平）萬乘之强國，收八百歲之蓄積（齊國受封到樂毅破齊，共782年），及至棄群臣之日，餘令詔後嗣之遺義（遺義：遺言），執政任事之臣，所以能循法令，順庶孽者（使庶子們順服），施及萌隸（萌隸：百姓。'萌'，通'氓'），皆可以教於後世（'施及'二句：應該推廣到平民百姓，都可以用來教導後世）。

"臣聞善作者（善作者：善創業者）不必（不一定）善成（善守業），善始者不必善終。昔者伍子胥説聽乎闔閭（闔閭：吴王，即公子光），故吴王遠迹（遠迹：遠征。迹，追踪）至於郢（楚都）。夫差（闔閭之子）弗是也，賜之鴟夷（鴟夷：皮囊）而浮之江（子胥屢諫阻夫差允許句踐求和，夫差怒而迫其自殺，並以鴟夷盛其尸沉於錢塘江）。故吴王夫差不悟先論（先論：預見）之可以立功，故沉子胥而不悔。子胥不蚤見主之不同量（量：氣量才識），故入江而不改。夫免身全功，以明先王之迹（迹：指功業）者，臣之上計也。離（離：通'罹'）毀辱之非，墮（huī。墮：敗壞）

先王之名者，臣之所大恐也。臨不測之罪，以幸爲利者（‘臨不’二句：面臨不測的重罪，而以僥幸獲利），義（從道理上講）之所不敢出（出：爲）也。

“臣聞古之君子，交絶不出惡聲；忠臣之去也，不潔（不標榜）其名。臣雖不佞，數奉教於君子矣。恐侍御者之親左右之説，而不察疏遠（疏遠：樂毅自指）之行也，故敢以書報，唯（唯：通‘惟’，希望）君之留意焉。”

古漢語基礎知識之七

漢字的起源與結構

“漢字的起源與結構”主要介紹漢字的起源、性質、結構及結構理論等内容。

第一節　漢字的起源與性質

文字是記録語言的書寫符號系統，它以視覺感知的形式記録語言，在時間和空間上擴大了語言交際的作用。漢字是世界上最古老的文字之一，從數千年前發展至今，是漢語的主要載體，也是中華文明的重要標志。

一、漢字的起源

漢字是中華民族獨立創造的文字，經歷了相當長的階段纔發展成爲完整的文字體系。關於漢字起源問題，從戰國到清末，人們一直十分關注，出現了多種的説法。

（一）關於漢字起源的各種説法

關於漢字起源的説法主要有結繩説、契刻説、倉頡造字説和八卦説等。

1. 結繩説

這種説法認爲漢字的前身是結繩，漢字是由結繩發展而來的。結繩是原始的實物記事方法之一，即通過在繩子上打結的方式幫助記憶。結繩記事的説法首見於《周易・繫辭下》："上古結繩而治。"其後在《莊子》《説文解字》等文獻中也有記載。《莊子・胠篋》："昔者容成氏、大庭氏、伯皇氏、中央氏、栗陸氏、驪畜氏、軒轅氏、赫胥氏、尊盧氏、祝融氏、伏羲氏、神農氏，當是時也，民結繩而用之。"許慎《説文解字・叙》："及神農氏結繩爲治而統其事。"關於結繩記事的具體方法，《周易正義》引鄭玄注曰："結繩爲約，事大，大結其繩；事小，小結其繩。"李鼎祚《周易集解》引《九家易》説："古者無文字，其有約誓之事，事大，大其繩，事小，小其繩，結之多少，隨物衆寡，各執以相考，亦足以相治也。"

2. 契刻説

刻木爲"契"，契刻是另一種原始實物記事方法。《周易・繫辭下》："上古結繩而治，後世聖人易之以書契。"唐陸德明《經典釋文》："書者，文字。契者，刻木而書其側。"據此可證，在發明文字之前，上古曾有過刻木記事的階段。除了《周易》的上述記載外，在先秦到漢代的一些其他文獻中，也可以看到古人刻木記事的記載。《周禮・地官・質人》："掌稽市之書契。"鄭玄注曰："書契取予市物之券也。其券之象，書兩札，刻其側。"《墨子・公孟》："是數人之齒，而以爲富。"俞樾《諸子平議》解釋説："齒者，契之齒也。古者刻竹木以記數，其刻處如齒，故謂之齒。《易林》所謂符左契右，相與合齒是也。《列子・説符》：'宋人有游於道得人遺契者，歸而藏之，密數其齒，告鄰人曰：吾富可待矣。'此正數人之齒以爲富者。"劉熙《釋名·釋書契》："契，刻也，刻識其數也。"

3. 倉頡造字説

在漢字起源的傳説中，倉頡造字説影響最大。這種説法最早出現於戰國時期的文獻中，且很普遍。《吕氏春秋·君守》："奚仲作車，倉頡作書，后稷作稼，皋陶作刑，昆吾作陶，夏鮌作城，此六人者，所作當矣。"《荀子·解蔽》："故好書者衆矣，而倉頡獨傳者，壹也。"《韓非子·五蠹》："古者倉頡之作書也，自環者謂之厶，背厶謂之公，公厶之相背，乃倉頡固以知之矣。"到了秦漢時代，倉頡造字説的流傳更廣，影響更大。例如《淮南子·本經訓》："昔者倉頡作書而天雨粟，鬼夜哭。"《論衡·骨相》："倉頡四目。"這些記載又使漢字的起源問題蒙上了一層神秘色彩。此外，秦代李斯以《倉頡篇》命名其所撰識字課本，許慎《説文解字·叙》記載："黄帝之史倉頡，見鳥獸蹏迒之迹，知分理之可相别異也，初造書契。……倉頡之初作書，蓋依類象形，故謂之文。其後形聲相益，即謂之字。"這些都説明倉頡造字説的影響是普遍而深遠的。

4. 八卦説

這種説法的出現時代較晚，也比較牽强。宋代鄭樵認爲漢字起源於"八卦"，他在《通志·六書略》中説："文字便從（縱）不便衡（横）。坎、離、坤，衡（横）卦也，以之爲字則必從（縱）。故☵必從（縱）而後成'水'，☲必從（縱）而後成'火'，☷必從（縱）而後成'川'。"近人劉師培也相信此説，他在《小学发微》中説："大約《易經》六十四卦，爲文字之祖矣。"又在《中國文學教科書》"象形釋例"一節中認爲："八卦爲文字之祖，乾坤坎離之卦形即天地水火之字形。"

（二）史前刻畫符號與漢字的起源

像漢字這樣獨立成熟的文字體系，其形成必然經歷了一個相當漫長的過程。自 20 世紀 30 年代以來，隨着現代考古事業的開展，人們在新石器時代的遺址里陸續發現了描繪或刻畫的原始符號，其中代表仰韶文化的西安半坡（圖一）、臨潼姜寨（圖二）兩處發現的符號最爲豐富和典型。此外，在屬於山東大汶口文化晚期的莒縣陵陽河遺址中出土的四個圖畫符號（圖三），象徵意義更爲明顯。這些符號單獨刻在陶器口沿附近，無從了解是否記録語言，但它們已具備了早期漢字的一些特點，屬於漢字的前身是可以肯定的。

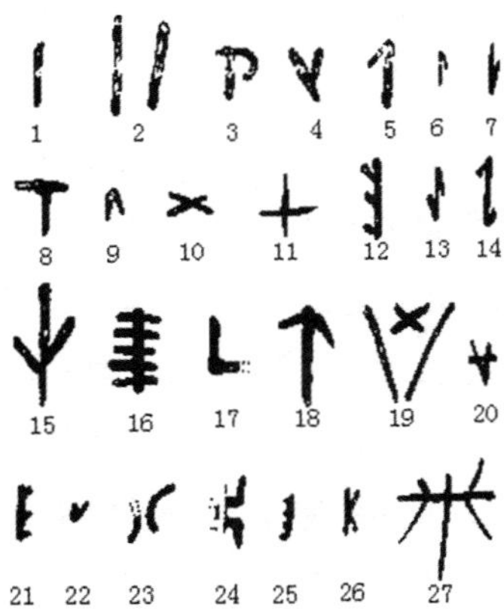

圖一　西安半坡遺址刻畫符號

圖二　臨潼姜寨遺址刻畫符號

圖三　莒縣陵陽河遺址圖畫符號

目前，有關史前刻畫符號與漢字起源關係的著述，主要有郭沫若《古代文字之辯證的發展》、于省吾《關於古文字研究的若干問題》、唐蘭《關於江西吴城文化遺址與文字的初步探索》、汪寧生《從原始記事到文字發明》、黄德寬《殷墟甲骨文之前的商代文字》、裘錫圭《文字學概要》和宋鎮豪《淺談夏商時代的文字與文體》等。

（三）文獻的産生與漢字的起源

據文獻的記述，商代之前應該是有文字和典册文獻的歷史時期。《尚書·周書·多士》云："惟殷先人，有册有典，殷革夏命。"《太平御覽》引《吕氏春秋》也有"桀將亡，太史令終古執其圖書而奔于商"這類記載。

從考古發現的諸多陶符資料來看，漢字産生的源頭是契刻和圖畫。一般認爲，圖畫與語言中的詞結合的契機是用作族名族徽的圖形。在原始社會裏，氏族林立，各個氏族的圖騰標識不盡相同。這些有"圖畫記事"性質的族名族徽後來大都轉化成爲了文字。這種轉化過程一般認爲是經過了下列三個步驟：一是指圖呼名，給予命名；二是簡化形體，使之符號化、抽象化；三是賦予意義。原始社會有衆多的氏族，就可能通過這種方法使得成百上千的不同圖騰標記陸續轉變爲文字。這是文字的自發産生階段。先民們總結運用族徽標識轉化爲文字的經驗，就可以觸類旁通地使更多的非族徽標識圖形轉化爲文字，從而進入文字的自覺創造階段。

近年來，學界逐漸將漢字字符來源和漢字體系的形成區分爲兩個相互關聯的命題，認爲漢字的字符來源、漢字構形技巧、漢字的結構布局等都經過了史前時期漫長的探索；而漢字系統的形成則是一個由量變到質變的過程，産生這一變化的真正原因是社會需求。總之，漢字起源於原始記事方法，圖畫和契刻與漢字起源有着密切的關係。漢字萌芽於仰韶文化時期，漢字成爲記録語言的符號系統應當在夏商之際，殷商時期的甲骨文已是能够系統記録漢語的成熟的漢字體系。

二、漢字的性質

根據記録語言的不同方法，世界上的文字主要分爲表意文字和表音文字兩大類型，漢字屬於表意文字。

世界上所有文字都是通過字音傳達字義的，漢字也是如此。所謂漢字的表意性，是指漢字構形主要根據的字義而不是字音。例如“冊”字，古人爲“冊”這個詞造字時，未考慮其語音形式，而是根據“冊”的意義和形體造出了最初的卌字。又如“刃”字，爲“刃”這個詞造字時同樣未考慮其語音形式，而是根據意義在“刀”字上加一點表示刀鋒所在。又如會意字“休”、形聲字“溢”，人們在造字時，同樣也都未嚴格考慮其語音形式，而是根據代表它們的意義構形的。其中“溢”字，雖然有聲符“益”，但這類聲符不是固定的，往往同一讀音却用了多個不同的聲符，例如“溢、軼、佾”；與此相反的是，一些讀音有别的字，卻使用了同一聲符，例如“疸、妲”“該、劾”。由此可見，漢字的構形方法雖然有多種，形體千變萬化，但構形原則始終是據義構形。漢字的形體總是帶有可供分析的意義信息，原因正在於此。

第二節　漢字的結構

根據文獻記載，有關漢字結構的分析，早在春秋戰國時代就已開始。《左傳・宣公十二年》：“夫文，止戈爲武。”《左傳・宣公十五年》：“故文，反正爲乏。”《左傳・昭公元年》：“于文，皿蟲爲蠱。"《说文解字·王部》:"孔子曰:一贯三爲王。"《韓非子·五蠹》:"古者倉頡之作書也,自環者謂之'私',背'私'謂之'公'。"這些關於漢字結構的解析,日漸增多,促進了漢字結構理論的探討。直到目前爲止,有關漢字結構的學説有多種,最主要的有"六書説"和"三書説"兩種,其中"六書説"不僅起源早,影響也最大。

一、"六書説"

(一)"六書"的由來

六書,是古人通過分析漢字結構而歸納出的六種條例。"六書"一詞,最早見於《周禮》。《周禮·地官·保氏》:"保氏掌諫王惡,而養國子以道,乃教之六藝:一曰五禮,二曰六樂,三曰五射,四曰五馭,五曰六書,六曰九數。"

《周禮》中雖然出現了"六書"的名稱,但未對其含義詳加解釋。直到漢代,班固、鄭衆和許慎三人纔對"六書"的内容進行了解釋。三家有關"六書"的名稱與序次各不同,具體見下:

> 班固《漢書·藝文志》:"古者,八歲入小學,故周官保氏掌養國子,教之六書。謂象形、象事、象意、象聲、轉注、假借,造字之本也。"
>
> 鄭衆《周禮·地官·保氏》注:"六書,象形、會意、轉注、處事、假借、諧聲也。"
>
> 許慎《説文解字·叙》:"《周禮》八歲入小學,保氏教國子先以六書:一曰指事,指事者,視而可識,察而見義,上下是也。二曰象形,象形者,畫成其物,隨體詰詘,日月是也。三曰形聲,形聲者,以事爲名,取譬相成,江河是也。四曰會意,會意者,比類合誼,以見指撝,武信是也。五曰轉注,轉注者,建類一首,同意相受,考老是也。六曰假借,

假借者，本無其字，依聲托事，令長是也。”

三家的解釋皆本於漢代大經學家劉歆。其中許慎不僅給“六書”下了定義，且列有例字，因而影響也最大。三人和劉歆的關係如下：

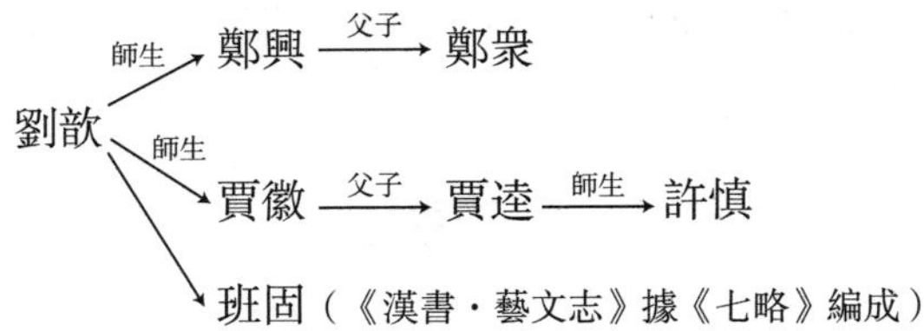

唐人張參在《五經文字序例》中稱“六書”爲“象形、指事、會意、形聲、轉注、假借”，采用許慎的名稱和班固的次序。清人王筠在《文字蒙求》中指出：“字因事造，而事由物起，牛羊物也，牟芈則事也；草木物也，出乇𠂹卤皆事也，故班書《蓺文志》曰：‘六書謂象形、象事、象意、象聲、轉注、假借’，其次第最允，《説文》及《周禮》鄭注皆不及也。”其後學界凡論及“六書”，一般都采用班固的序次、許慎的名稱和定義。

關於“六書”的功用，班固認爲是“造字之本”。清人戴震首次在《答江慎修先生論小學書》提出“四體二用”之説，認爲六書中的“指事、象形、會意、形聲”是造字之法，“轉注、假借”則是用字之法。這一説法得到後代多數學者的認可，清代“《説文》四大家”段玉裁、桂馥、王筠、朱駿聲均采用“四體二用”説。

（二）“六書説”解

1. 象形

《説文解字·叙》：“象形者，畫成其物，隨體詰詘，日月是也。”意思是：象形造字法是通過描畫實物的特征以構形，即順着物體的輪廓描寫，“日、月”就屬於這類字。象形又可分爲獨體象形與合體象形兩類。

（1）獨體象形

獨體象形，也稱純象形或單體象形。無論是選取物體的整體還是局部，其特徵鮮明，使人一眼便可認出所象的事物。獨體象形結構單純，區別性强。例如：

日		甲		金		小篆
月		甲		金		小篆
人		甲		金		小篆
女		甲		金		小篆
子		甲		金		小篆
目		甲		金		小篆
鳥		甲		金		小篆
隹		甲		金		小篆
魚		甲		金		小篆
虎		甲		金		小篆
牛		甲		金		小篆
羊		甲		金		小篆

常見的獨體象形字又如“豕、犬、馬、鹿、山、皿、舟、貝、口、舌、牙、耳、首、心、手、自、又、爪、大、止、水、火、川、土、田、衣、行、斤、刀、戈、弓、矢、戉、戌、木、竹、禾、門、户、象、鼠、燕、龜、龍、萬、虫、册、角、酉、鼎、缶、豆、鬲、壺、网、車、來”等。

（2）合體象形

合體象形，也稱烘托象形或依附象形，是將具有連帶關係的形體同實物本體一同描摹，以突出所象之物，即王筠所謂“其形不能顯白，因加同類字以顯之”。因此合體象形分爲兩個部件，一個部件描摹物體的本體形狀，即所象之物；另一個部件描摹相關的物體，屬於輔助成分。例如：

向 甲 金 小篆

《説文·宀部》:“向，北出牖也。从宀从口。”“宀”屬輔助成分。

牟 甲 小篆

《説文·牛部》:“牟，牛鳴也。从牛，象其聲气从口出。”“牛”屬輔助成分。

眉 甲 金 小篆

《説文·眉部》:“眉，目上毛也。从目，象眉之形，上象額理也。”“目”爲輔助成分。

果 金 小篆

《説文·木部》:“果，木實也。从木，象果形，在木之上。”“木”爲輔助成分。

常見的合體象形字又如“元、面、石、瓜、土、頁、泉、州、巢、尾”等。

2. 指事

《説文解字·叙》:“指事者，視而可識，察而見意，上下是也。”意思是：指事造字法所造的字看見其形體大體可以辨識，仔細觀察就能確知其字義所在，“上、下”就屬於這類字。王筠《説文釋例》:“視而可識，指字形言；察而見意，指字義言。”抽象概念無形可畫，便用“指事”法來補充象形的不足，所以，指事所造的字主要記録表示抽象概念的詞。指事也分爲獨體指事與合體指事兩類。

（1）獨體指事

獨體指事由單一的指事性符號構成。如甲骨文（上）（下），初看可辨識其大體，仔細觀察後發現，長短兩畫明顯有别，是用長短兩畫的相對位置來表示上下的方位關係。這類指事字多表示抽象的概念。又如：

一　二　三　亖

十　廿　卅　卌

這類指事字數量很少，多源於原始的刻畫符號。

（2）合體指事

如果要爲表示某物局部的詞造字，而這一局部又不便於描畫，於是在表示該物的字上增加一個符號，以指示字義所在，這就是合體指事。例如：

本　末　寸　叉　甘

刃　亦　厷　血　曰

合體指事字較獨體指事字要多一些。合體指事字的指事符號是表義的關鍵所在，但只有標識作用，參與構字而不能獨立使用。

從造字的角度看，指事是象形的進一步發展。由於指事的造字能力相對較弱，加之一些表示抽象概念的詞可以通過會意、形聲去解決記録問題，所以漢字中的指事字數量最少，所記録的主要是一些抽象名詞、數詞、方位詞、爲數不多的動詞和虚詞。王筠在《説文釋例》中指出："六書之中，指事最少，而又最難辨。"據他統計，《説文解字》中的指事字僅有129個。

3. 會意

《説文解字·叙》："會意者，比類合誼，以見指撝，武信是也。"意思是：會意造字法是把兩個或兩個以上表示事類的單字或偏旁進行組合，會合其義，从中體現出一個新義，"武、信"就屬於這類字。

會意造字法突破了象形、指事的局限，擴大了造字的範圍。象形和指事一般只能對單一、静態的人和事物進行描摹或示意，對於表現行爲動作特别是抽象概念的詞則難以勝任，於是古人便發明了通過組合多個單字構形的會意造字法。例如甲骨文的（武）字，由戈、止兩個單字組成。"止"本義爲足，與"戈"組合，會其意指人拿着武器進行軍事行動。再如小篆（信）字，《説文·言部》釋爲“誠也。从人、从言”，通過“人、言”兩個單字組合，會其意指人言要真實可信。會意造字可細分爲以形會意和以義會意兩類。

（1）以形會意

以形會意，或稱圖形式會意，即通過各部件在形體上的聯繫會意。部件的形體不同特徵及取向決定着字義的差異。例如：

宿　字形像房屋中有人睡在臥席上，會意住宿。

得　字形像在路上撿到貝，會意行有所得。

監　字形像人跪在器皿旁用眼看着水裏，會意照視、照影。

各　字形像脚趾朝向裏，會意到達、來到。

出　字形像脚趾朝向外，會意出門。

棄　字形像雙手持簸箕將嬰兒倒掉，會意拋棄。

寇　字形像房屋裏有人手持器物從後面擊人，會意入侵者。

即　字形像人面對食器坐着，會意就食。

既　字形像人背着食器要轉頭離開，會意食畢。

陟　字形像雙脚向上登山，會意登高。

降　字形像雙脚從山上往下走，會意自上而下。

步　字形像兩隻脚一前一後，會意行走。

兵　字形像雙手持斤，會意兵器。

祭　字形像手持肉放置於祭臺，會意祭祀。

常見的此類會意字又如“友、先、典、丞、采、封、國、家、侯、旅、保、報、執、解、休、牧、取、夾、企、及、衆、争、北、隻、鬥、秉、兼、孚、臽、舀、受、共、戒、弄、糞、具、伐、縣、益、吠、鳴、删、涉、婦、羅、寒、走、奔、逐、承、乘、爲、史、聿、射、韋、朢、祝、班、頪、要、寍、閒、莫、安、埶、明、蠱、罾、買、集、利、初、多、夙、興、宗、杲、杳、突、竄、閑、庫、原、困、折、析”等。

（2）以義會意

以義會意，是指通過各部件在意義上的聯繫會意，部件之間的意義關聯決定着字義，部件的形體特徵作用較弱或不起作用。這類會意字反映的是各事類之間的內在關係，認讀時需要通過聯想纔能準確把握所會之意。例如：

臭 《説文·犬部》：“臭，禽走，臭而知其迹者，犬也。从犬从自。”

雀 《説文·隹部》：“雀，依人小鳥也。从小隹。”

祟 《説文·示部》：“祟，神禍也。从示从出。”

塵 《説文·麤部》：“塵，鹿行揚土也。从麤从土。”

灋 《説文·廌部》：“灋，刑也。平之如水，从水；廌，所以觸不直者；去之，从去。”

以義會意的會意字在後起字中出現較多，如“劣、歪、套、嵩、尘、岩、袒、甦、楞、卡、忐、忑、夵、尖、籴、粜、氽、孬、嫑、嫐、灭、凭、奄、壘、掰、嬲”等。

除了以上兩類會意外，人們還從構件是否相同的角度，將會意分爲異文會意和同文會意兩類，這裏也略做介紹。

① 異文會意

或稱異體會意，即會合不同部件構成新字，表示新義。大多數會意字都屬於這種類型。例如：

臽	采	秉	兼	保
企	及	休	取	逐
析	益	卿	牧	典
莫	朝	寒	初	鼓

② 同文會意

或稱同體會意，即會合若干相同部件構成新字，表示新義。

例如：

林　炎　比　友　絲

棘　森　晶　品　焱

毳　鱻　羴　麤　猋

磊　垚　卉　淼　茻

會意以象形爲基礎，擴大了單純表意符號的使用範圍，解決了語言中很多詞的記録問題，因此會意字在漢字中的占比較多，僅次形聲字。

4. 形聲

《説文解字·叙》：“形聲者，以事爲名，取譬相成，江河是也。”意思是：形聲造字法是用兩個字構成一個字，其一取義，其一取聲，“江、河”就屬於這類字。形聲中代表意義的偏旁叫形符，也叫意符；代表讀音的偏旁叫聲符，也叫音符。

段玉裁在《説文解字注》中對形聲的定義做了進一步解釋：“事兼指事之事、象形之物，言物亦事也；名即‘古曰名今曰字’之名。譬者諭也，諭者告也。以事爲名，謂半義也；取譬相成，謂半聲也。江、河之字以水爲名，譬其聲如工、可，因取工、可成其名。”

需要指出的是，“江”（見東[①]）“河”（匣歌）二字的聲符“工”（見東）“可”（溪歌）在造字時代與“江”“河”的讀音是相同或者是近似，由於語音的變化，在今天看來它們的差別較大。

形聲字的形符、聲符在古文字時代是容易辨認的，經過隸變後，形符、聲符的變化較大，多數都不易辨識，需要借助古文字字形和古音的幫助纔能弄清楚。例如：

發　《説文·弓部》：“射發也。从弓癹聲。”

① “見東”分别是上古音的聲母、韻部名，下同。

 叔 《説文·又部》:“拾也。从又尗聲。”

 脩 《説文·肉部》:“脯也。从肉攸聲。”

 更 《説文·攴部》:“改也。从攴丙聲。”

 尚 《説文·八部》:“曾也,庶幾也。从八向聲。”

 存 《説文·子部》:“恤問也。从子才聲。”

 鳳 《説文·鳥部》:“神鳥也。……从鳥凡聲。”

 恭 《説文·心部》:“肅也。从心共聲。”

 唐 《説文·口部》:“大言也。从口庚聲。”

 徒 《説文·辵部》:“步行也。从辵土聲。”

 責 《説文·貝部》:“求也。从貝朿聲。”

 書 《説文·聿部》:“箸也。从聿者聲。”

形聲字的結構有些比較簡單,有些則比較複雜。可分爲一般結構和特殊結構兩類。一般結構主要包括以下八種類型:

(1)左形右聲,如“訪、任、握、沱、梧、峽、詞、阡、姑”等。

(2)右形左聲,如“視、期、顔、瓴、邵、頂、放、歎、鳩”等。

(3)上形下聲,如“箕、草、簡、茅、宇、罟、簡、霄、晨”等。

(4)下形上聲,如“辜、背、架、盲、煎、忠、憋、聾、鎏”等。

(5)内形外聲,如“問、聞、悶”等。

(6)外形内聲,如“閣、閨、閭、圓、國、固、圍”等。

(7)形占一角,如“雖、滕、勝、謄、騰、穀、轂、彀、栽、裁、載、哉、聖、雜、賴、修、脩、倏、穎、潁、務、疆”等。

(8)聲占一角,如“徒、從、徙、施、旗、旃、旌、聽”等。

此外,還有形符聲符互相穿插或分散開的,如隨(从辵隋聲)、游(从㫃汓聲)、衝(从行重聲)、術(从行朮聲)、彦(从彣厂聲)、哀(从口衣聲),辯、辨、瓣(分别从言刀瓜,辡聲)。

特殊結構主要指省形、省聲、亦聲三類字。

(1)省形字 是指爲了書寫方便或構形美觀,造字時將形符的一部分省去。

歠 《説文·歓部》:“歓也。从歓省,叕聲。”

氂 《説文·犛部》:“彊曲毛,可以箸起衣。从犛省,來聲。”

考 《説文·老部》:“老也。从老省,丂聲。”

耆 《説文·老部》:“老也。从老省,旨聲。”

寤 《説文·㝱部》:“寐覺而有信曰寤。从㝱省,吾聲。”

寐 《説文·㝱部》:“卧也。从㝱省,未聲。”

弑 《説文·殺部》:“臣弑君也。……从殺省,式聲。”

屐 《説文·履部》:“屩也。从履省,支聲。”

屨 《説文·履部》:“履也。从履省,婁聲。”

瓢 《説文·瓠部》:“蠡也。从瓠省,票聲。”

鹽 《説文·鹽部》:“河東鹽池。……从鹽省,古聲。”

玅 《説文·弦部》:“急戾也。从弦省,少聲。”

(2)省聲字　是指爲了書寫方便或構形美觀,在造字時將形聲字的聲符省去一部分。

紂 《説文·糸部》:“馬緧也。从系,肘省聲。”

狄 《説文·犬部》:“赤狄,本犬種。……从犬,亦省聲。”

榮 《説文·木部》:“桐木也。从木,熒省聲。”

秋 《説文·禾部》:“禾穀孰也。从禾,𪚲省聲。”

恬 《説文·心部》:“安也。从心,甛省聲。”

炊 《説文·火部》:“爨也。从火,吹省聲。”

疫 《説文·疒部》:“民皆疾也。从疒,役省聲。”

珊 《説文·玉部》:“珊瑚……从玉,删省聲。”

梓 《説文·木部》:“楸也。从木,宰省聲。”

産 《説文·生部》:“生也。从生,彦省聲。”

夜 《説文·夕部》:“舍也……从夕,亦省聲。”

嚳 《説文·告部》:“急告之甚也。从告,學省聲。”

（3）亦聲字　即會意兼形聲字。這類字的各部件在意義上有聯繫，是會意字；同時其中一個部件又充當了聲符，故又是形聲字。例如：

吏《説文·一部》："治人者也。从一从史，史亦聲。"

返《説文·辵部》："還也。从辵从反，反亦聲。"

授《説文·手部》："予也。从手从受，受亦聲。"

牭《説文·牛部》："四歲牛。从牛从四，四亦聲。"

娶《説文·女部》："取婦也。从女从取，取亦聲。"

婚《説文·女部》："婦家也。……从女从昏，昏亦聲。"

婢《説文·女部》："女之卑者也。从女从卑，卑亦聲。"

胖《説文·半部》："半體肉也。一曰廣肉。从肉从半，半亦聲。"

琥《説文·玉部》："發兵瑞玉，爲虎文。从玉从虎，虎亦聲。"

琀《説文·玉部》："送死口中玉也。从玉从含，含亦聲。"

忘《説文·心部》："不識也。从心从亡，亡亦聲。"

政《説文·攴部》："正也。从攴从正，正亦聲。"

亦聲字大多是因詞義引申而産生的後起字；多數是在原字的基礎上增加形符構成，故其聲符同時具有表意的作用。宋人王聖美發現聲符多在形聲字的右邊，且表意義，從而提出了"右文"説。北宋沈括《夢溪筆談》："王聖美治字學，演其義以爲右文。古之字書皆從左文，凡字其類在左，其義在右。如木類，其左皆從木。所謂右文者，如戔，小也。水之小者曰淺，金之小者曰錢，歹而小者曰殘，貝之小者曰賤。如此之類，皆以戔爲義也。""右文説"所指的形聲字其實多數都屬於因詞義引申而産生的後起字，故其聲符兼表意義。這類意義都屬於基礎義，只能指示字義所屬的範圍，例如從"戔"得聲的"淺、錢、殘、賤、棧、箋"等字都含有小義，從“侖”得聲的“輪、倫、論、淪”等字都含有條理、次序義，從“巠”得聲的“頸、經、徑、涇、脛”等字都含有直而長義。“右文説”根據聲符的這種特點主張據以推求形聲字的字義，具有較大的影響。元人戴侗，清人段玉裁、黄承吉、王念孫、章太炎，近人沈兼士等先後都對這一學説進行了闡發。

形聲突破了象形、指事、會意造字的局限，解決了許多無形可象、有意難會的詞的記録問題，彌補了象形、指事和會意不能直接表音的缺陷，完善了漢字的功能——兼表音義，因而具有很强的構字能力。據統計，甲骨文中的形聲字只有20%左右，金文中的形聲字已達到50%以上。到了小篆時期，形聲字已高達80%以上。而在今天，常用漢字中形聲字已占到了90%以上。漢字之所以歷經數千年綿延至今，形聲造字法無疑起了很大的作用。

5. 轉注

《説文解字·叙》:“轉注者，建類一首，同意相受，考老是也。”由於許慎給“轉注”的定義不够明確，《説文》對九千餘小篆字形的分析也未明確指出何字爲轉注，僅在這裏舉了“考”“老”二字，而此二字的構形又包含在“形聲”“象形”之中，所以導致學界對轉注的解釋衆説紛紜，主要有以下四種觀點:

（1）**部首説** 或稱“形轉説”。這種學説認爲“建類一首”的“首”是指《説文解字》的五百四十個部首，“建類一首”就是依據事類歸納出一個部首。每一部首下所説的“凡某之屬皆从某”就是指“同意相受”。這一學説的代表人物是南唐徐鍇和清人江聲。徐鍇《説文解字系傳》:“轉注者，建類一首，同意相受，謂老之别名有耆、有耋、有壽、有耄；又孝，子養老，是也。一首者，謂此孝等諸字皆取類於老，則皆從老；若松柏等皆木之别名，皆同受意於木，故皆從木。”

（2）**互訓説** 或稱“義轉説”。“互訓説”認爲轉注不是造字法，“同意相受”就是指同部首中的字，若意思相同，即可相互解释。這一學説的代表人物有清人戴震和段玉裁。戴震《答江慎修先生論小學書》：“震謂考、老二字屬諧聲會意者，字之體；引之言轉注者，字之用。轉注之云，古人以其語言立爲名類，通以今人語言，猶曰互訓云爾。轉相爲注，互相爲訓，古今語也。《説文》於‘考’字訓之曰‘老也’，於‘老’字訓之曰‘考也’，是以叙中論轉注舉之。”

（3）**引申説** “引申説”認爲轉注也不是造字法，而是指詞義引申。代表人物主要是清人朱駿聲。朱駿聲《説文通訓定聲·轉注》：“竊以轉注者，即一字而推廣其意，非合數字而雷同其訓……轉注者，體不改造，引意相受，令長是也。”

（4）**同源説** 或稱“音轉説”“同族説”。“同源説”同樣認爲“轉注”與造字無關，而是指一組聲音相同或相近、意義相類的同源字。這一學説的代表人物有清人章太炎、近人黄侃和陸宗達等。章太炎《轉注假借説》：“蓋字者，孳乳而浸多。字之未造，語言先之矣；以文字代語言，各循其聲。方語有殊，名義一也，其音或雙聲相轉，疊韻相迆，則爲更制一字，此所謂轉注也。……何謂‘建類一首’？類謂聲類。……以聲韻爲類，猶言律矣。首者，今所謂語基。”黄侃《文字聲韻訓詁筆記》：“同聲同義而異字，即轉注也。其或聲音小變，或界義稍異，亦得謂之轉注。”

根據多數學者的意見，可以認爲“轉注”雖屬“六書”之一，但非造字之法，而是用字之法。轉注應不是針對單個漢字結構的説明，因爲它并未産生新字。

6. 假借

《説文解字·叙》：“假借者，本無其字，依聲託事，令長是也。”意思是：假借造字法是指，語言中的有些詞尚無記録它的字，根據其讀音，借用與之音同或音近的字以記録之，“令、長”

就屬於這類字。許慎給假借的定義没有問題，但所舉“令”“長”二字則不符合假借的定義，因爲命令之“令”和縣令之“令”，長遠之“長”和長幼之“長”，均屬於詞義引申關係。詞義引申和假借最重要的區别是，引申義和本義（或基礎義）在意義上有聯繫，假借義和本義在意義上没有聯繫。和轉注一樣，假借也是一種用字法，因爲没有産生新字。

萬 《説文・内部》：“蟲也。从厹，象形。”借以記録數詞。

而 《説文・而部》：“頰毛也。象毛之形。”借以記録代詞、連詞。

然 《説文・火部》：“燒也。从火肰聲。”借以記録代詞、連詞。

何 《説文・人部》：“儋也。从人可聲。”借以記録代詞。

汝 《説文・水部》：“水。出弘農盧氏還歸山，東入淮。从水女聲。”借以記録代詞。

焉 《説文・烏部》：“焉鳥，黄色，出於江淮。象形。”借以記録語氣詞、代詞。

夫 《説文・夫部》：“丈夫也。从大，一以象簪也。周制以八寸爲尺，十尺爲丈。人長八尺，故曰丈夫。”借以記録語氣詞、代詞。

之 《説文・之部》：“出也。象艸過屮，枝莖益大，有所之。一者，地也。”借以記録語氣詞、連詞。

耳 《説文・耳部》：“主聽也。象形。”借以記録語氣詞。

來 《説文・來部》：“周所受瑞麥來麰。一來二縫，象芒朿之形。天所來也，故爲行來之來。”借以記録往來之“來”。

離 《説文・隹部》：“黄倉庚也。鳴則蠶生。从隹离聲。”借以記録分離之“離”。

易 《説文・易部》：“蜥易，蝘蜓，守宫也，象形。”借以記録難易之“易”。

 笨 《説文·竹部》:“竹裹也。从竹本聲。”借以記録粗笨之“笨”。

 舊 《説文·萑部》:“雖舊,舊留也。从萑臼聲。”借以記録新舊之“舊”。

假借突破了表意造字法的局限性,利用詞的同音關係,以已有的字記録新詞,省去了造字的麻煩,以一字代數字,控制了漢字字數的無限增長,提高了漢字的使用效率。

二、“三書説”

“三書説”是近人唐蘭最先提出的。他在《古文字學導論》(1935)中將漢字的結構類型分爲象形文字、象意文字和形聲文字。之後又在《中國文字學》(1949)中進一步闡述其“三書”理論:“象形象意是上古期的圖畫文字,形聲文字是近古期的聲符文字……象形、象意、形聲叫做三書,足以範圍一切中國文字。不歸於形,必歸於意,不歸於意,必歸於聲。形意聲是文字的三方面。”

唐蘭的“三書説”是關於漢字結構研究的新理論,它突破傳統“六書”理論的框架,對文字學的發展起到了推動作用,但此説也有缺陷,主要是把假借字排除在了漢字基本類型之外。

繼唐蘭之後,陳夢家、裘錫圭等人也先後提出各自的“三書説”。陳夢家在《殷墟卜辭綜述》(1956)中指出唐蘭“三書説”的問題并提出了新的“三書説”,即象形、假借和形聲。象形由形得義,假借由音得義,形聲由形和音得義。他將假借字納入“三書”,又把“六書”中的象形、指事、會意統稱爲象形。他認爲不管文字所象是物、是事還是意,都是用形象表達語言的内容,因此將三者合而爲一。他同時認爲象形、假借、形聲并不是三種預設的造字法則,只是文字發展的三個過程。漢字從象形字開始,在發展過程中變作音符,是爲假借字,再繼續發展就出現了形符與音符相結合的形聲字。形聲字是漢字發展的自然結果。

裘錫圭在《文字學概要》(1988)中指出:“陳氏的‘三書説’基本上是合理的,只是象形應該改爲表意(指用意符造字)。這樣纔能使漢字裏所有的表意字在‘三書説’里都有它們的位置。……三書中的假借不應該限制在本無其字的假借范圍里,應該把通假也包括進去。”於是裘錫圭對陳夢家的“三書説”進行了修正,把“象形”改爲“表意”,將通假納入假借,從而構建了他的“三書説”,即表意字、形聲字和假借字。在“三書説”的框架下,他又進而將表意字分爲抽象字、象物字、指示字、象物字式的象事字、會意字和變體字等六類;依有無本字的原則,將假借分爲無本字的假借、本字後造的假借、本有其字的假借三類。同時從産生的途徑、形旁與聲旁的關係及其作用等方面解釋形聲字的特點。另外還指出,少數字不能納入“三書”的範疇。

以上三説,共同點是都將轉注排除在漢字構形之外,不同之處在於對假借是否爲造字法的理解有所不同。“三書説”在指出“六書説”缺陷的同時,汲取了“六書”理論的合理内核,簡化“六書”爲“三書”,對於推進漢字構型理論的研究無疑具有積極意義。

練 習 題

一、結合商代之前的各類陶文符號，試論漢字起源是“漸變”還是“突變”。

二、名詞解釋。

1. 象形　2. 指事　3. 會意　4. 形聲　5. 轉注

6. 假借　7. 省形　8. 省聲　9.“三書説”　10.“四體二用説”

三、辨認下列甲骨文，寫出各字對應的楷書。

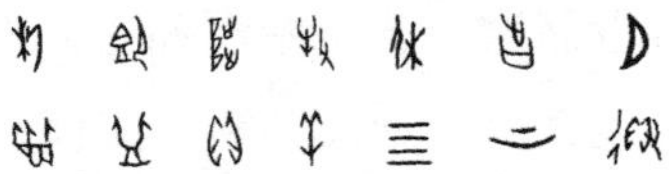

四、辨認下列小篆，寫出各字對應的楷書。

五、現代漢字形聲字比例較高，漢字的表意性質是否發生了變化?

六、對比“六書説”與“三書説”的優缺點并進行簡單述評。

七、參考《説文解字》及有關資料，分析下列字的形體構造並加以歸類。

天 美 修 裁 采 暴 冠 國 度 字 自 愛 物 賴 叔 游 甜

高 荊 責 聞 木 莫 輪 解 高 大 車 星 虎 从 雷 初 息

伐 戍 林 涉 逐 及 并 看 弇 討 丞 竟 具 隻 得 典 夙

香 實 集 錫 群 益 問 粉 斧 簡 漳 衷 腸 怡 年 報 尚

存 歲 旌 發 符 鳳 構 徒 哀 齊 即 本 鳥 通 見 上 悲

涉 旌 既 魚 歌 江 下 耳 陟 門 題 旦 視 疆 寸 馬 棄

丹 糞 户 牟 鬲 采 徒 廿 禾 十 指 步 鼎 魚 視 帛 羊

下 至 末 載 牧 寸 防 春 网 甘 手

八、甲骨文“妻”字像一女子跽坐，上爲散髮形，右旁爲“又”，學者或以爲像婦女以手束髮，可爲人妻，是合體象形字。《説文解字》釋爲:“婦與夫齊者也。从女从中从又。又，持事，妻職也。”有人據此將“妻”字歸於會意字。對此談談你的理解。

九、簡答題。

1. 簡述形聲字形符與聲符的功能。

2. 簡述學界關於轉注和假借的認識。

十、翻譯《説文解字·敘》。

古者庖犧氏之王天下也，仰則觀象於天，俯則觀法於地，視鳥獸之文與地之宜，近取諸身，遠取諸物，於是始作《易》八卦，以垂憲象。及神農氏，結繩爲治而統其事。庶業其繁，飾僞萌生，黄帝之史倉頡，見鳥獸蹏远之迹，知分理之可相别異也，初造書契。百工以乂，萬品以察，蓋取諸夬。夬，揚于王庭。言文者宣教明化于王者朝廷，君子所以施禄及下，居德則忌也。倉頡之初作書，蓋依類象形，故謂之文。其後形聲相益，即謂之字。字者，言孳乳而浸多也。著於竹帛謂之書，書者，如也。以迄五帝三王之世，改易殊體，封于泰山者，七十有二代，靡有同焉。

《周禮》八歲入小學，保氏教國子，先以六書:一曰指事，指事者，視而可識，察而可見，上下是也。二曰象形，象形者，畫成其物，隨體詰詘，日月是也。三曰形聲，形聲者，以事爲名，取譬相成，江河是也。四曰會意，會意者，比類合誼，以見指撝，武信是也。五曰轉注，轉注者，建類一首，同意相受，考老是也。六曰假借，假借者，本無其字，依聲托事，令長是也。及宣王太史籀，著大篆十五篇。與古文或異。至孔子書六經，左丘明述春秋傳，皆以古文，厥意可得而説。其後諸侯力政，不統於王，惡禮樂之害己，皆去其典籍。分爲七國，田疇異畮，車涂異軌，律令異法，衣冠異制，言語異聲，文字異形。秦始皇帝初兼天下，丞相李斯乃奏同之，罷其不與秦文合者。斯作《倉頡篇》，中車府令趙高作《爰歷篇》，太史令胡毋敬作《博學篇》，皆取史籀大篆，或頗省改，所謂小篆者也。是時秦燒滅經書，滌除舊典，大發隸卒，興役戍，官獄職務繁，初有隸書，以趣約易，而古文由此絶矣。自爾秦書有八體：一曰大篆，二曰小篆，三曰刻符，四曰蟲書，五曰摹印，六曰署書，七曰殳書，八曰隸書。

漢興有草書。尉律：學僮十七已上，始試，諷籀書九千字，乃得爲史。又以八體試之，郡移太史并課，最者以爲尚書史。書或不正，輒舉劾之。今雖有尉律，不課，小學不修，莫達其説久矣。孝宣時，召通倉頡讀者，張敞從受之。涼州刺史杜業、沛人爰禮、講學大夫秦近，亦能言之。孝平皇帝時，徵禮等百餘人，令説文字未央廷中，以禮爲小學元士，黄門侍郎揚雄采以作《訓纂篇》。凡《倉頡》以下十四篇，凡五千三百四十字，群書所載，略存之矣。及亡新居攝，使大司空甄豐等校文書之部，自以爲應制作，頗改定古文。時有六書：一曰古文，孔子壁中書也。二曰奇字，即古文而異者也。三曰篆書，即小篆，秦始皇帝使下杜人程邈所作也。四曰佐書，即秦隸書。五曰繆篆，所以摹印也；六曰鳥蟲書，所以書幡信也。

壁中書者，魯恭王壞孔子宅，而得《禮記》《尚書》《春秋》《論語》《孝經》。又北平侯張蒼獻《春秋左氏傳》，郡國亦往往於山川得鼎彝，其銘即前代之古文，皆自相似。雖叵復見遠流，其詳可得略説也。而世人大共非訾，以爲好奇者也，故詭更正文，鄉壁虚造不可知之書，變亂常行，以耀於世。諸生競説字解經誼，稱秦之隸書爲倉頡時書，云父子相傳，何得改易。乃猥曰："馬頭人爲長""人持十爲斗""虫者，屈中也"。廷尉説律，至以字斷法。苛人受錢，苛之字，止句也。若此者甚衆，皆不合孔氏古文，謬於史籀。俗儒啚夫，翫其所習，蔽所希聞，不見通學，未嘗覩字例之條，怪舊埶而善野言，以其所知爲秘妙，究洞聖人之微恉。又見《倉頡篇》中“幼子承詔”，因曰：古帝之所作也，其辭有神僊之術焉。其迷誤不諭，豈不悖哉！

《書》曰：“予欲觀古人之象。”言必遵修舊文而不穿鑿。孔子曰：“吾猶及史之闕文，今亡也夫！”蓋非其不知而不問。人用己私，是非無正，巧説衺辭，使天下學者疑。蓋文字者，經藝之本，王政之始，前人所以垂後，後人所以識古。故曰：本立而道生。知天下之至嘖而不可亂也。今敘篆文，合以古籀，博采通人。至於小大，信而有證，稽譔其説，將以理群類，解謬誤，曉學者，達神恉。分别部居，不相襍廁。萬物咸覩，靡不兼載，厥誼不昭，爰明以諭。其偁《易》，孟氏；《書》，孔氏；《詩》，毛氏；《禮》，周官；《春秋》，左氏；《論語》《孝經》，皆古文也。其於所不知，蓋闕如也。

參考文獻

班吉慶等《説文解字校訂本》，鳳凰出版社，2004 年。
董蓮池《説文解字考正》，作家出版社，2005 年。
段玉裁《説文解字注》（第 2 版），上海古籍出版社，1988 年。
高亨《文字形義學概論》，齊魯書社，1981 年。
高明《古文字類編》，中華書局，1980 年。
高明《中國古文字學通論》，文物出版社，1987 年。
胡安順等《説文部首段注疏義》，中華書局，2018 年。
許慎《説文解字》，中華書局，1963 年。
黄天樹《説文解字通論》，北京大學出版社，2014 年。
梁東漢《漢字的結構及其演變》，上海教育出版社，1959 年。
陸宗達《説文解字通論》，北京出版社，1981 年。
裘錫圭《文字學概要》，商務印書館，1988 年。

孫鈞錫《中國漢字學史》，學苑出版社，1991 年。

唐蘭《古文字學導論》，齊魯書社，1981 年。

唐蘭《中國文字學》，上海古籍出版社，1979 年。

王寧《漢字構形學講座》，上海教育出版社，2002 年。

王筠《文字蒙求》，中華書局，1962 年。

徐復　宋文民《説文五百四十部首正解》，江蘇古籍出版社，2003 年。

楊樹達《中國文字學概要・文字形義學》，上海古籍出版社，1988 年。

附録一

漢字結構分析舉例

象　形　字

文　《説文》:“錯畫也。象交文。”甲骨文作、、等，金文作、、等。或説像一個袒胸站立的人，胸腔上露出刻畫的花紋，像紋理縱橫交錯形。

人　《説文》:“天地之性最貴者也。此籀文。象臂脛之形。”甲骨文作、、等，金文作、、等。或説像人體的側視形。

女　《説文》:“婦人也。象形。”甲骨文作、、等，金文作、、等。像交手曲膝跪坐的婦女形。

目　《説文》:“人眼。象形。重童子也。”甲骨文作、、等，金文作、等。像人眼形。小篆改横爲直，形已失真。

臣　《説文》:“牽也。事君也。象屈服之形。”甲骨文作、、等，金文作、、等。或説像豎目形，本義爲眼睛，引申指奴隸，奴隸低頭時眼睛呈豎立狀。

自　《説文》:“自，鼻也。”甲骨文作、、等，金文作、等。像鼻形，本義是鼻子，引申出“開始”義。《韓非子·心度》:“法者，王之本也；刑者，愛之自也。”又引申出“自己”義。《詩經·小雅·节南山》:“不自爲政，卒勞百姓。”後加聲符作“鼻”以表其本義。

牛　《説文》："大牲也。牛，件也；件，事理也。象角頭三、封尾之形。"甲骨文作、、等，金文作、等。像牛頭的正視形。

羊　《説文》："祥也……象頭、角、足、尾之形。"甲骨文作、、等，金文作、、等。像羊頭的正視形。

木　《説文》："冒也。冒地而生。東方之行。从屮，下象其根。"甲骨文作等，金文作、等。像有枝、幹、根、梢的樹形。

水　《説文》云："準也。北方之行。象衆水並流，中有微陽之氣也。"甲骨文作、等，金文作、等。像流水形，中間爲水脈，兩旁似流水。

眉　《説文》："目上毛也。从目，象眉之形，上象頟理也。"甲骨文作、、等，金文作、、等。像眼目上的眉毛形。

果　《説文》："木實也。从木，象果形在木之上。"甲骨文作、等，金文作、等。像樹上結有果實形。

斤　《説文》："斫木也。"甲骨文作等，金文作、等。像斧斤形，上爲横刃，下爲曲柄，本義爲斧子。《莊子·徐無鬼》："運斤成風。"

行　《説文》："人之步趨也。"甲骨文作、等，金文作、等。像四通八達的道路。《詩經·周南·卷耳》："嗟我懷人，置彼周行。"

干　《説文》："犯也。从反入，从一。"甲骨文作、等，金文作、等。像盾牌、叉子一類的武器。

皿　《説文》："飯食之用器也。象形。"甲骨文作、等，金文作等。像碗、盆之類的食器。

弓　《説文》："以近窮遠。象形。古者揮作弓。《周禮》六弓：王弓、弧弓以射甲革甚質；夾弓、庾弓以射干侯鳥獸；唐弓、大弓以授學射者。”甲骨文作、等，金文作、等。像弓形，有弓背和弓弦。

羽 《説文》：“鳥長毛也。象形。”甲骨文作、、等，金文作、等。像鳥的長翎形。

心 《説文》：“人心，土藏，在身之中。象形。”甲骨文作、等，金文作、、等。像心形。

止 《説文》：“下基也。象草木出有址，故以止爲足。”按：《説文》誤，據甲骨文作、、等，金文作等。像人脚形，本義是脚。《漢書·刑法志》：“當斬左右止者，笞五百。”

大 《説文》：“天大，地大，人亦大，故大象人形。”甲骨文作、、等，金文作、、等。像人的正面形，有手有脚。

雨 《説文》：“水从雲下也。一象天，冂象雲，水霝其閒也。”甲骨文作、、等，金文作、等。像下雨形。

子 《説文》：“十一月陽氣動，萬物滋，人以爲偁。象形。”甲骨文作、等，金文作、、等。像小兒在繈褓中，有頭、身、臂膀，兩足並起貌。

禾 《説文》：“嘉穀也，二月始生，八月而孰，得時之中，故謂之禾。”甲骨文作、等，金文作、等。像垂穗的禾本科農作物。

來 《説文》：“周所受瑞麥。一來二縫，象芒朿之形。天所來也，故爲行來之來。《詩》曰：‘詒我來麥。’”甲骨文作、、等，金文作、等。像麥子形。後假借作“來去”的“來”。

貝 《説文》：“海介蟲也。居陸名猋，在水名蜬。象形。古者貨貝而寶龜，周而有泉，至秦廢貝行錢。”甲骨文作、等，金文作、等。像海貝形。古時以貝殼爲貨幣，又用作裝飾品。

豕　《説文》:“彘也，竭其尾，故謂之豕，象毛足而後有尾。”甲骨文作、、等，金文作、等。像猪形，長吻，大腹，四蹄，有尾。

舟　《説文》:“船也。古者，共鼓、貨狄，刳木爲舟，剡木爲楫，以濟不通。象形。”甲骨文作、、等，金文作、、等。像船形，兩邊像船幫，中間綫條代表船頭、船艙和船尾。

山　《説文》:“宣也。宣气散，生萬物，有石而高。象形。”甲骨文作、等，金文作、、等。像山峰並立貌。

鳥　《説文》:“長尾禽總名也。象形。鳥之足似匕，从匕。”甲骨文作、、等，金文作、、等。像長尾鳥形。

馬　《説文》:“怒也，武也。象馬頭、髦、尾、四足之形。”甲骨文作、、等，金文作、、等。像馬形，突出馬的腿鬃、尾等特徵。

龜　《説文》:“舊也。外骨内肉者也。从它，龜頭與它頭同。……象足、甲、尾之形。”甲骨文作、、等，金文作、等。像龜形。

鹿　《説文》:“獸也。象頭、角、四足之形。”甲骨文作、、等，金文作、等。像鹿形，突出鹿的頭、角、四足等特徵。

田　《説文》:“陳也，樹穀曰田，象四口十，阡陌之制也。”甲骨文作、等，金文作、等。像阡陌縱横的農田。

魚　《説文》:“水蟲也。象形。魚尾與燕尾相似。”甲骨文作、等，金文作、、等。像魚形。

永　《説文》:“長也。象水巠理之長。《詩》曰:‘江之永矣。’”甲骨文作、、等，金文作、、等。像水流曲折貌，表示水流長遠。

虎 《説文》:“山獸之君。从虍，虎足，象人足。象形。”甲骨文作、、等，金文作、、等。像虎形，突出虎牙、爪、紋等特徵。

角 《説文》:“獸角也。象形，角與刀、魚相似。”甲骨文作、、等。

象 《説文》:“長鼻牙，南越大獸，三年一乳。象耳、牙、四足之形。”甲骨文作、、等，金文作、、等。像大象，突出其長鼻。

虫（huǐ）《説文》:“一名蝮，博三寸，首大如擘指。象其臥形。物之微細，或行，或毛，或蠃，或介，或鱗，以虫爲象。”甲骨文作、等，金文作、、等。像蛇形，即虺，毒蛇的一種。

犬 《説文》:“狗之有縣蹏者也。象形。孔子曰：‘視犬之字如畫狗也。’”甲骨文作、、等，金文作、等。像犬形。

瓜 《説文》:“㼌也。象形。”金文作等，兩邊像瓜蔓，爲輔助性符號，中間是果實。

齒 《説文》:“口齗骨也。象口齒之形，止聲。”甲骨文作、、等，中間部分爲齒形，周邊像口，爲輔助性符號。金文作等。加了個聲符“止”，變爲形聲字。

欠 《説文》:“張口气悟也。象气从人上出之形。”甲骨文作等。像人張口打呵欠，小篆上部像人呼出的气。

隹 《説文》:“鳥之短尾總名也。”甲骨文作、、等，金文作、、等。像鳥形，與“鳥”字同源。

頁 《説文》:“頭也。”甲骨文作、等，金文作等。像人頭形，是“頭”的本字。

尸 《説文》:“陳也，象臥之形。”甲骨文作、、等，金文作、、等。像人横臥之形，與“人”義同，本義指祭祀時代表死者受祭的人。

阜　《説文》：“大陸，山無石者。象形。”甲骨文作、等。像山坡形，泛指山。

衣　《説文》：“依也。上曰衣，下曰裳。象覆二人之形。”甲骨文作、等，金文作、等。上衣形。上部像領口，兩旁像袖筒，下像兩襟左右相覆。

豆　《説文》：“古食肉器也。从口，象形。”甲骨文作、等，金文作、、等。古代盛放食物的容器。《詩經·大雅·生民》：“卬盛于豆，于豆于登。”毛亨傳：“木曰豆，瓦曰登。豆，薦菹醢也。”

我　《説文》：“施身自謂也。或説我，頃頓也。”甲骨文作、、等，金文作、、等。像兵器形，假借爲人稱代詞，本義久湮。

東　《説文》：“動也。从木。官溥説：从日在木中。”甲骨文作、、等，金文作、等。像囊橐形，本義是兩端開口的袋子。假借爲“東方”之“東”，本義久湮。

指　事　字

一　《説文》：“惟初太始，道立於一，造分天地，化成萬物。”甲骨文作、等，金文作等。用一横畫表示“一”，本義是記數符號。

二　《説文》：“地之數也。从偶一。”甲骨文作、等，金文作等。用兩横畫表示“二”，本義是記數符號。

三　《説文》：“天地人之道也。从三數。”甲骨文、等。用三横畫表示“三”，本義是記數符號。

四 《説文》：“陰數也。象四分之形。”甲骨文作、等，金文作、等。用四横畫表示“四”，本義是記數符號。金文又作、等形。

本 《説文》：“木下曰本。从木，一在其下。”徐鍇曰：“一，記其處也。與‘末’同義，指事也。”金文作等。木下加點指示樹根所在，本義指樹根。

末 《説文》：“木上曰末。从木，一在其上。”金文作、等。木上用一横畫指示樹梢所在，本義指樹梢。

朱 《説文》：“赤心木，松柏屬。从木，一在其中。”甲骨文作，金文作、等。其中一横最早是圓點，指樹中心是紅色的。或認爲指樹幹，後加木旁作“株”，表其本義。

上 《説文》：“高也。此古文上。指事也。”甲骨文作、等，金文作、等。下面的“一”表示界綫，綫上短横表示“上”。金文又作、等。

下 《説文》：“底也。指事。”甲骨文作、等，金文作、等。上面的“一”表示界綫，綫下短横表示“下”。金文又作、等。

刃 《説文》：“刀堅也。象刀有刃之形。”甲骨文作、等。在刀上加一點，指示刀鋒所在。

血 《説文》：“祭所薦牲血也。从皿，一象血形。”甲骨文作、、等。像器皿中有物，表示“血”。

甘 《説文》：“美也。从口，含一。一，道也。”甲骨文作、等。像口中有物，表示美味。

曰 《説文》：“詞也。从口，乙聲。亦象口氣出也。”甲骨文作、等，金文作、、等。像口中有“一”，表示口中説出話語。

寸　《説文》:"十分也。人手卻一寸動脈,謂之寸口。从又、一。"字中短横像指示手臂上寸口所在的位置。林義光《文源》:"又,象手形。一,識手後一寸之處。"

尺　《説文》:"十寸也。人手卻十分動脈爲寸口。十寸爲尺。尺,所以指尺規榘事也。从尸,从乙。乙,所識也。周制,寸、尺、咫、尋、常、仞諸度量,皆以人之體爲法。"金文作等。字中一點像指示手臂上距離手掌約一尺長的位置。

中　《説文》:"内也。从口、一,上下通。"甲骨文作、等,金文作、、等。像一豎綫的中央用圓圈指明中部所在。或说像旗杆,上下有旌旗和飄帶,旗杆正中豎立。

亦　《説文》:"人之臂亦也。从大,象兩亦之形。"甲骨文作、等,金文作、、等。均是在"大"(即人)字上加兩點,指示人的兩腋所在。高鴻縉《中國字例》:"即古腋字,从大,而以八指明其部位,正指其處,故爲指事字,名詞,後世假借爲副詞,有重複之意,久而爲借意所專,乃另造腋字。"

至　《説文》:"鳥飛从高下至地也。从一,一猶地也。"甲骨文作、等,金文作、等。字形像箭落地,"一"指示目的地。許慎之説疑誤。羅振玉《雪堂金石文字跋尾》:"象矢遠來降至地之形。不象鳥形。"

示　《説文》:"天垂象,見吉凶,所以示人也。从二。三垂,日月星也。觀乎天文,以察時變。示,神事也。"甲骨文作、、等,金文作等。字像神主之形。或説字形像朝天祭拜,上像祭台。許慎據小篆説解不合甲、金字形。

元　《説文》:"始也。从一,从兀。"徐鍇曰:"元者,善之長,故从一。"甲骨文作、等,金文作、、等。字像人,上部圓點指示人頭。或説爲象形字。許慎釋爲會意字疑誤。

會　意　字

武　《説文》:“楚莊王曰:‘夫武，定功戢兵。’故止戈爲武。”甲骨文作、等，金文作、、等。以“止戈”會意。上爲戈，下爲止(趾，即脚)，像拿上戈行動。《説文》是用春秋時期人們希望制止戰争的觀念解釋“武”字，故將“止”解作“停止”的“止”，與甲骨文、金文字形不符。

信　《説文》:“誠也。从人，从言，會意。”金文作。以“人言”會“信”之意，表示語言真實。金文又作、等，分别以“言身”“任心”會意。

步　《説文》:“行也。从止，少相背。”甲骨文作、等，金文作、、等。由“二止”會意，表示兩脚一前一後走路。

逐　《説文》:“追也。从辵，从豚省。”甲骨文作、等，金文作、等。以“止豕”或“辵豕”會意，表示追趕。

涉　《説文》:“徒行厲水也。从𣴠，从步。，篆文从水。”甲骨文作、、等，金文作、等。以“水步”會意，本義是徒步過河。

祝　《説文》:“祭主贊詞者。从示，从人、口。一曰从兑省。”甲骨文作、、等，金文作、、等。以“示人口”會意，像一個人跪在神前開口祈禱形，本義爲祭祀時主持祝告的人，後另分化出“咒”字。

臽　《説文》:“小阱也。从人，在臼上。”甲骨文作等，金文作、等。以“人臼”會意。像人掉入井内，爲“陷”的初文。

表　《説文》:“上衣也。从衣，从毛。古者衣裘，以毛爲表。”秦系簡牘文字作、等。以“衣毛”會意，古人穿皮衣，毛朝外面，本義爲外衣。

取 《説文》:“捕取也。从又，从耳。《周禮》:‘獲者取左耳。’《司馬法》曰:‘載獻聝。’聝者，耳也。”甲骨文作、、等，金文作、、等。以“耳又（手）”會意，本義爲用手割取耳朵。古代作戰，割取敵人左耳以計數獻功。

臭 《説文》:“禽走，臭而知其迹者，犬也。从犬，从自。”徐鉉注:“自，古鼻字。犬走以鼻知臭（氣味），故从自。”甲骨文作、。以“自犬”會意。

正 《説文》:“是也。从止、一以止。”甲骨文作、等，金文作、、等。以“口止”會意，“口”表目的地，“止”表行走，“正”爲“征”（遠行）的初文。

牧 《説文》:“養牛人也。从攴，从牛。《詩》曰:‘牧人乃夢。’”甲骨文作、、等，金文作、、等。以“牛（或羊）攴”會意，表示手拿棍棒放牛（或羊），本義爲放牧。

戒 《説文》:“警也。从廾，持戈，以戒不虞。”金文作、等。以“戈廾”會意。

兵 《説文》:“械也。从廾，持斤，并力之皃。”甲骨文作等，金文作、、等。以“斤廾”會意，表示兩手持戈，本義爲戒備。

析 《説文》:“破木也。一曰折也。从木，从斤。”甲骨文作、、等，金文作、等。以“木斤”會意，本義爲劈木頭。

折 《説文》:“斷也。从斤，斷艸，譚長説。，籀文折，从艸在仌中，仌寒，故折。，篆文折，从手。”甲骨文作、等，金文作、、等。從甲骨文、金文看，以“斤木”會意，“木”是斷木，小篆訛變爲手，本義爲用斧子砍斷樹木。許慎的説解不合甲、金字形。

从 《説文》:“相聽也。从二人。”金文作、等。以“二人”會意，像二人相从貌，本義爲跟從或聽從。

比 《説文》:“密也。二人爲从，反从爲比。”甲骨文作、等，金文作、、等。以“二人”會意，像二人比肩而行，表親密。

北 《説文》:“乖也。从二人，相背。”甲骨文作、、等，金文作、、等。以“二人”會意，像二人背對背，本義爲違背，假借表“北方”之“北”。

寇 《説文》:“暴也。从攴，从完。”甲骨文作、等，金文作、、等。以“宀元攴”會意，元爲人，字像盗入室以器擊人形。許慎説解意不明。

秉 《説文》:“禾束也。从又，持禾。”甲骨文作、等，金文作、、等。以“又禾”會意，即以手持禾表秉持義。

兼 《説文》:“并也。从又，持秝。兼持二禾，秉持一禾。”金文作等。以“又秝”會意，即以一手持兩禾表同時顧及義。

寒 《説文》:“涷也。从人，在宀下，以茻薦覆之，下有仌。”金文作、等。以“宀人茻仌”會意，即以人踡曲於寒室表寒冷義。

走 《説文》:“趨也。从夭、止。”金文作、、等。以“夭止”會意，“夭”爲擺動雙臂的人，“走”字像人奔跑貌。

莽 《説文》:“南昌謂犬善逐兔艸中爲莽。从犬，从茻，茻亦聲。”甲骨文作等。以“犬茻”會意，本義是犬於草中逐兔，引申指“草莽”之“莽”。

孚 《説文》:“卵孚也。从爪，从子。一曰信也。”金文作、、等。以“爪子”會意，像一手抓着一個孩子，是“俘”的初文。或以爲“像一只手撫在孩子頭上”，表示“孩子誠實可信”。

弄 《説文》:“玩也。从廾，持玉。”金文作、、等。以“廾玉”會意，表示雙手把玩玉器，本義爲用手把玩。

縣 《説文》:“繫也。从系持𥄉。”徐鉉:“此本是縣掛之縣，借爲州縣之縣。今俗加心别作懸，義無所取。”金文作、、等。以“系𥄉”會意，像人頭倒掛於樹上，是“懸”的初文。

印 《説文》:“執政所持信也。从爪，从卪。”金文作、等。以“爪卪”會意，像一人用手按另一個跪着的人，本義爲按抑。

辵 《説文》:“乍行乍止也。从彳，从止。”甲骨文作、、等。以“彳止”會意，本義爲走路。

及 《説文》:“逮也。从又，从人。”徐鍇:“及前人也。”甲骨文作、、等，金文作、、等。以“又人”會意，表示從後面用手抓住前面的人。本義爲追上。

監 《説文》:“臨下也。从臥，䘓省聲。”許慎釋爲形聲字，误。甲骨文作、等，金文作、、等。以“臣人皿”會意，像人跪在水盆邊照影子，是“鑑”的古字。許慎的説解與甲、金字形不合。

糞 《説文》:“棄除也。从廾，推華棄釆也。官溥説：似米而非米者，矢字。”甲骨文作、等。以“廾其矢”會意，“其”爲“箕”的本字，矢通“屎”，本義是雙手持簸箕倒垃圾。

企 《説文》:“舉踵也，从人，止聲。”段玉裁注:“按：此下本無聲字，有聲非也。今正。止部曰‘止爲足’。”甲骨文作、、等，金文作等。以“人止”會意，本義爲踮起脚跟，引申出企望義。

伐 《説文》:“擊也。从人，持戈。一曰敗也。”甲骨文作、、等，金文作、、等。以“人戈”會意，像用戈擊人頭，表殺伐。

韋 《説文》:“相背也。从舛，囗聲。獸皮之韋，可以束枉戾相韋背，故借以爲皮韋。”甲骨文作、、等，金文作等。以“囗止止”會意，“囗”代表城邑，二止表示人包圍城邑，本義爲包圍，是“圍”的古字。或説是“違”的初文。許慎的説解與甲、金字形不合。

婦 《説文》:“服也。从女，持帚灑掃也。”甲骨文作、等，金文作、、等。以“女帚”會意，像女持帚形，本義爲婦女。甲骨文或作，僅以“帚”表婦女。

疾 《説文》:“病也。从疒，矢聲。”甲骨文作、、等，金文作等。以“大（人）矢”會意，像人腋下中箭，本義爲傷病。段玉裁《説文解字注》:“矢能傷人，矢之去甚速，故从矢會意。”金文或作，人訛作疒，小篆承之，許慎據小篆説解。

乘 《説文》:“覆也。从入、桀。桀，黠也。”甲骨文作、、等，金文作、、等。以“大（人）木”會意，表示人上樹，本義爲登高。許慎的説解誤，“覆（加其上）”爲引申義。

旨 《説文》:“美也。从甘，匕聲。”甲骨文作、、等，金文作、、等。以“匕口”會意，上像匕（湯匙），下是口，以匙入口，表示味道好。小篆訛“口”爲“曰”。許慎誤釋爲形聲字。

君 《説文》:“尊也。从尹，發號，故从口。”甲骨文作、等，金文作、、等。以“尹口”會意。“尹”義爲主管，加口表發號令，本義爲君主。

仁 《説文》:“親也。从人，从二。”臣鉉等曰:“仁者兼愛，故从二。”甲骨文作，金文作。以“人二”會意，“二”是重文，構意表示人人平等。本義是君民同視，平等博愛。

告 《説文》:“牛觸人，角箸横木，所以告人也。从口，从牛。”甲骨文作、、等，金文作、、等。以“牛口”會意，“牛”表犧牲，“口”表祝禱，構意表示獻犧牲祝禱。許慎的説解似牵强。

邑　《説文》:“國也。从囗，先王之制，尊卑有大小，从卩。”甲骨文作、等，金文作、等。以“囗卩”會意，上爲囗（表地域），下爲人跪貌（表人口），合起來表城邑。

相　《説文》:“省視也。从目，从木。”甲骨文作、、等，金文作、、等。以“木目”會意，表示用眼睛觀察樹木。戴侗《六書故》:“相，度才也。工師用木，必相視其長短、曲直、陰陽、剛柔之所宜也。相之取義始於此。”

雀　《説文》:“依人小鳥也。从小、隹。”甲骨文作、、等。以“小隹”會意，本義指小鳥。

降　《説文》:“下也。从𨸏，夅聲。”甲骨文作、、等，金文作、等。以“𨸏止止”會意，表示雙脚从山上往下走。許慎的説解不合甲、金字形。

初　《説文》:“始也。从刀、衣。裁衣之始也。”甲骨文作、等，金文作、、等。以“刀衣”會意，表示用刀裁剪衣服。吴其昌《金文銘象疏證》:“初民無衣，大氐皆獸皮，以刀割裁而成，衣之新出於刀，是初義也，故初確系从刀。”

隶　《説文》:“及也。从又，从尾省。又，持尾者，从後及之也。”金文作。以“又尾”會意，表示一個人抓住了動物的尾巴，是“逮”的古字。其中“尾”字省去了“尸”。段玉裁注:“此與辵部逮音義皆同，逮專行而隶廢矣。”

益　《説文》:“饒也。从水、皿。皿，益之意也。”段玉裁注:“饒，飽也。凡有餘曰饒。”甲骨文作、、等，金文作、、等。以“水皿”會意，表示水從器中溢出，是“溢”的古字。

並　《説文》:“併也，从二立。”金文作、、等。

以“人人”會意，表示二人並排站在一起。林義光《文源》：“象二人並立形。”

林 《説文》：“平土有叢木曰林。从二木。”甲骨文作、等。以“木木”會意，表示成片的樹木。王筠《説文釋例》：“林从二木，非云止有二木也，取木與木連屬不絶之意也。”

采 《説文》：“捋取也。从木，从爪。”甲骨文作、、等，金文作、等。以“木爪”會意，表示手在樹上采摘果子，本義爲采摘。羅振玉《增訂殷虚書契考釋》：“象取果於木之形，故从爪、果，或省果从木。”

男 《説文》：“丈夫也。从田，从力，言男用力於田也。”甲骨文作、等，金文作、等。以“田力”會意，“力”即耒，甲骨文作，金文作，構意用耕作於田表示男子。許慎釋義與甲、金字形不合。

何 《説文》：“儋也。从人，可聲。”儋即擔字。甲骨文作、、等，金文作、等。以“人戈”會意，像人荷戈形，本義爲擔、挑。假借爲疑問代詞，另借荷花的“荷”表示其本義。許慎説解依據的是小篆字形。

嵩 《説文新附》：“中岳，嵩高山也。从山，从高，亦从松。韋昭《國語》注云：‘古通用崇字。’”以“山高”會意，本義是高山。

昶 《説文新附》：“日長也。从日、永，會意。”以“日永”會意，本義是白天時長。金文作、等。

形聲字

融 《説文》：“炊氣上出也。从鬲，蟲省聲。”

耆　《説文》:“老也，从老省，旨聲。”

雖　《説文》:“似蜥蜴而大，从虫，唯聲。”

騰　《説文》:“傳也。从馬，朕聲。一曰騰，犗馬也。”

雜　《説文》:“五采相合也，从衣，集聲。”段玉裁注:“五采彰施於五色，作服也。引申爲凡參錯之稱。”異體作“襍”。

彊　《説文》:“弓有力也。从弓，畺聲。”甲骨文作等，金文作等。“强”字从虫弘聲，本義是一種蟲子“蚚”，産生於戰國之後。由於“彊”與“强”同音，且“强”的本義極少使用，後世便借“强”爲“彊”，久借不還。

更　《説文》:“改也。从攴，丙聲。”甲骨文作等，金文作、、等。

臨　《説文》:“監臨也。从臥，品聲。”金文作、、等。

題　《説文》:“頟也。从頁，是聲。”“頟”同“額”。

脩　《説文》:“脯也。从肉，攸聲。”“肉”字後變爲“月”旁。

造　《説文》:“就也。从辵，告聲。”金文作、、等。

都　《説文》:“有先君之舊宗廟曰都。从邑，者聲。《周禮》:距國五百里爲都。”金文作、、等。

道　《説文》:“所行道。从辵，从首。或从辵，首聲。”金文作、、等。

復　《説文》:“往來也。从彳，复聲。”甲骨文作、等，从止从郭，表示往返城门。金文作、、等，加意符“彳”，今天又简化爲“复”。

廉　《説文》:“仄也。从广（yǎn），兼聲。”本義爲狹窄，或説爲堂屋側邊。“广”爲依山建造的房屋。

所　《説文》:“伐木聲也。从斤，户聲。《詩》曰:‘伐木所所。’”金文作、、等。

斯　《説文》:“析也。从斤，其聲。《詩》曰:‘斧以斯之。'"金文作、等。

術 《説文》:"邑中道也。从行，术聲。"此字本不同於"术"字，後簡化合併。

裹 《説文》:"衣内也，从衣，里聲。"金文作、等。此字義指衣服的内層，與"邑里"之"里"爲兩個字，後簡化合併。

物 《説文》:"萬物也。牛爲大物，天地之數，起於牽牛，故从牛，勿聲。"甲骨文作、、等。本義爲雜色牛。其中"勿"是一種雜色旗，在字中兼表意。

陽 《説文》:"高明也。从𨸏，昜聲。"甲骨文作、等，金文作、、等。

家 《説文》:"居也。从宀，豭省聲。"甲骨文作、、等，金文作、、等。此字或以爲是會意字，或以爲是形聲兼會意。多數看法以爲古人多在家中養猪，猪是家的重要標志，故以豕作爲構件。

珊 《説文》:"珊瑚，色赤，生於海，或生於山。从玉，删省聲。"

榮 《説文》:"桐木也。从木，熒省聲。一曰屋梠之兩頭起者爲榮。"金文作、、等，像兩支花或穗头。本義爲梧桐，或以爲是草木的花。

屨 《説文》:"履也。从履省，婁聲。一曰鞮也。"本義指古代用麻葛製成的一種鞋。此句説解，段玉裁《説文解字注》作:"屨也。从履省，婁聲。一曰鞮也。"改"履"爲"屨"。"屨"同"履"。

婢 《説文》:"女之卑者也。从女，从卑，卑亦聲。"

婚 《説文》:"婦家也。禮，娶婦以昏時，婦人陰也，故曰婚。从女，从昏，昏亦聲。"按：婦家稱婚，婿家稱姻。或説古代娶婦以昏時，故"昏"引申出"娶親"義，後加"女"構成形聲字。

睡　《説文》："坐寐也。从目、垂。"徐鍇《説文解字繫傳》："坐寐也。从目，垂聲。"段玉裁注："知爲坐寐者，以其字從垂也。……此以會意包形聲也。目垂者，目瞼垂而下，坐則爾。"據《繫傳》及《段注》，"睡"應爲會意兼形聲字。

珥　《説文》："瑱也。从玉、耳，耳亦聲。"《文選·枚乘〈七發〉》："九寡之珥以爲約。"李善注引《倉頡篇》曰："珥，珠在耳也。"

附録二

《説文解字》部首選

説明：正文爲《説文解字》的原文及徐鉉根據唐人孫愐《唐韻》所加的反切。正文中不帶括號的小字爲李陽冰、徐鉉、徐鍇等人的原注，帶括號的小字以及〇號後的内容爲本書編者所加。

1. 一　一 yī　惟初太始（"太始"段注作"大極"），道立於一（天地未分開前的混沌狀態），造（開始）分天地，化成萬物。凡一之屬皆从一。弌古文一。於悉切。〇甲文一。金文一。

2. 丄　丄 shàng　高也。此古文上（段注作"丄"），指事也。凡丄（段注作"二"，下同）之屬皆从丄。上（段注作"丄"）篆文上。時掌切。〇甲文二。金文二、上。

3. 示　示 shì　天垂（段注作"𠂹"，下同）象，見吉凶，所以示人也。从二。（二，古文上字）三垂，日月星也。觀乎天文，以察時變。示神事也。凡示之屬皆从示。𡔜古文示。神至切。〇甲文示、示。金文示。

4. 三　三 sān　（段注有"數名"）天地人之道也。从三數（段注作"於文一耦二爲三，成數也"）。凡三之屬皆从三。弎古文三从弋。穌甘切。〇甲文三。金文三。

5. 王　王 wáng　天下所歸往也。董仲舒曰："古之造文者，三畫而連其中謂之王。三者，天地人也，而參通之者，王也。"孔子曰："一貫三爲王。"凡王之屬皆从王。李陽冰曰："中畫近上。王者，則天之義。"𤣩古文王。雨方切。〇甲文王、王。金文王、王。

6. 玉　王 yù　石之美。有五德（段注有"者"）：潤澤以温，仁之方也；䚡理自外，可以知中，義之方也；其聲舒揚，尃（段注作“專”）以遠聞，智之方也；不橈（段注作“撓”）而折，勇之方也；鋭廉而不技（段注作“忮”），絜之方也。象三玉之連。丨其貫也。凡玉之屬皆从玉。陽冰曰：“三畫正均如貫玉也。”古文玉。魚欲切。○甲文、。金文。

7. 玨 jué 二玉相合爲一玨。凡玨之屬皆从玨。玨或从㱿（què，从上擊下）。古岳切。○甲文、。金文。

8. 气 qì 雲气也。象形。凡气之屬皆从气。去既切。○甲文。金文、。

9. 士 shì 事也。數始於一，終於十。从一，从（段注無“从”）十。孔子曰：“推十合一爲士。”凡士之屬皆从士。鉏里切。○金文、。

10. 丨 gǔn 上下通也。引而上行讀若囟（xìn，囟門），引而下行讀若逻。凡丨之屬皆从丨。古本切。

11. 屮 chè 艸木初生也。象丨（gǔn）出形，有枝莖也。古文或以爲艸字。讀若徹。凡屮之屬皆从屮。尹彤（漢代學者，生平不詳）説。臣鉉等曰：“丨，上下通也，象艸木萌芽通徹地上也。”丑列切。○甲文。金文。

12. 艸 cǎo 百芔（卉）也。从二屮。凡艸之屬皆从艸。倉老切。

13. 蓐 rù 陳艸復生也。从艸，辱聲。一曰蔟也。凡蓐之屬皆从蓐。籀文蓐，从茻（mǎng，今作莽）。而蜀切。○甲文、、。

14. 茻 mǎng 衆艸也。从四屮。凡茻之屬皆从茻。讀（段注有“若”）與冈（wǎng）同。模朗切。

15. 小 xiǎo 物之微也。从八，丨（gǔn）見而分之。凡小之屬皆从小。私兆切。○甲文。金文、。

16. 八 bā 别也。象分别相背之形。凡八之屬皆从八。博拔切。○甲文。金文。

17. 釆 biàn 辨别也。象獸指爪分别也。凡釆之屬皆从釆。讀若辨。古文釆。蒲莧切。○甲文、。金文、。

18. 半 bàn 物中分也。从八，从（段注無“从”）牛。牛爲物大，可以分也。凡半之屬皆从半。博幔切。○金文。

19. 牛 níu 大牲也。牛，件（大物）也；件，事理（能做事，可分解）也。象角頭三、封（肩）、尾之形（段注有“也”）。凡牛之屬皆从牛。徐鍇曰：“件，若言物一件二件也。封，高起也。”語求切。○甲文、。金文、。

20. 犛 máo 西南夷長髦牛也。从牛，𠩺（xī，裂開）聲。凡犛之屬皆从犛。莫交切。

21. 告 gào 牛觸人，角箸（zhuó，捆縛）横木，所以告人也。从口，从牛。《易》曰：“僮牛（牛犢）之告（《周易·大畜》六四爻辭作“童牛之牿”）。”凡告之屬皆从告。古奥切。○甲文、、、。金文。

22. 口 kǒu 人所以言食也。象形。凡口之屬皆从口。苦后切。○甲文。金文。

23. 凵 kǎn 張口也。象形。凡凵之屬皆从凵。口犯切。

24. 吅 xuǎn 驚嘑也。从二口。凡吅之屬皆从吅。讀若讙。臣鉉等曰：“或通用讙。今俗别作喧，非是。”况袁切。

25. 哭 kū 哀聲也。从吅，（段注有“从”）獄省聲。凡哭之屬皆从哭。苦屋切。

26. 走 zǒu 趨也。从夭、止。夭止（段注無“止”）者，屈也。凡走之屬皆从走。徐鍇曰：“走則足屈，故从夭。”子苟切。○甲文。金文、、。

27. 止 zhǐ 下基也。象艸木出有址（段注作“阯”），故以止爲足。凡止之屬皆从止。諸市切。○甲文、。金文。

28. 癶　bō　足剌（là）癶（剌癶，又作剌犮、狼跋，即今北方話裏的“咧巴”，走路兩腿八叉開、兩足外翻貌）也。从止少。凡癶之屬皆从癶。讀若撥。北末切。

29. 步　bù　行也。从止少相背。凡步之屬皆从步。薄故切。○甲文、。金文、、。

30. 此　cǐ　止也。从止从匕（bǐ）。匕，相比次也。凡此之屬皆从此。雌氏切。○甲文。金文、、。

31. 正　zhèng　是也。从止（段注作“一”），一以止。凡正之屬皆从正。徐鍇曰：“守一以止也。”古文正，从二，二，古上字。古文正，从一、足，足者（段注無“者”）亦止也。之盛切。○甲文、、。金文、、。

32. 是　shì　直也。从日、正。凡是之屬皆从是。籒文是，从古文正。承旨切。○金文、、、。

33. 辵　chuò　乍行乍止也。从彳，从（段注無“从”）止。凡辵之屬皆从辵。讀若《春秋公羊傳》（段注作“《春秋傳》”）曰“辵階而走”。丑略切。

34. 彳　chì　小步也。象人脛三屬相連也。凡彳之屬皆从彳。丑亦切。

35. 廴　yǐn　長行也。从彳引之。凡廴之屬皆从廴。余忍切。

36. 㢟　chān　安步㢟㢟也。从廴（yǐn，引長），从止。凡㢟之屬皆从㢟。丑連切。○甲文、。金文、、。

37. 行　xíng　人之步趨也。从彳，从（段注無“从”）亍。凡行之屬皆从行。户庚切。○甲文、。

38. 齒　chǐ　口齗（同“齦”）骨也。象口齒之形，止聲。凡齒之屬皆从齒。（段注作“”）古文齒字。昌里切。○甲文、、、。金文、。

39. 牙　yá　牡（段注作“壯”）齒也。象上下相錯之形。凡牙之屬皆从牙。古文牙。五加切。〇金文。

40. 足 zú 人之足也，在下。从止、口（段注作“口、止”）。凡足之屬皆从足。徐鍇曰：“口象股脛之形。”即玉切。〇金文、。

41. 疋 shū 足也。上象腓腸（腓腸：小腿肚），下从止。《弟子職》曰：“問疋何止。”古文以爲《詩·大疋（段注作“雅”）》字。亦以爲足字。或曰胥字。一曰：疋，記也。凡疋之屬皆从疋。所菹切。〇甲文、、。金文。

42. 品 pǐn 衆庶也。从三口。凡品之屬皆从品。丕飲切。〇甲文、。金文、。

43. 龠 yuè 樂之竹管，三孔，以和衆聲也。从品、侖。侖，理也。凡龠之屬皆从龠。以灼切。〇甲文、。金文、、。

44. 册 cè 符命也。諸矦（侯）進受於王（段注有“者”）也。象其札一長一短，中有二編之形。凡册之屬皆从册。古文册，从竹。楚革切。〇甲文、、。金文、、、。

45. 㗊 jí 衆口也。从四口。凡㗊之屬皆从㗊。讀若戢（jí，收藏兵器），又讀若（“又讀若”段注作“一曰”）呶（náo）。阻立切。〇甲文。

46. 舌 shé 在口，所以言也（段注無“也”）、别味（段注有“者”）也。从干，从（段注無“从”）口，干亦聲。凡舌之屬皆从舌。徐鍇曰：“凡物入口，必干於舌，故从干。”食列切。〇甲文、、。金文、。

47. 干 gān 犯也。从反入，从一（“从反”二句段注作“从一，从反入”）。凡干之屬皆从干。古寒切。〇甲文、。金文、。

48. 谷 jué 口上阿（ē，凹曲處）也。从口，上象其理。凡谷之屬皆从谷。或如此。或从肉从豦（此句段注作“谷或从豦、肉”。豦音jù，獮猴類動物）。其虐切。〇金文。

49. 只 zhǐ 語巳（已）詞也。从口，象气下引之形。凡只之屬皆从只。諸氏切。

50. 㕯 nè 言之訥也。从口从（段注無“从”）内。凡㕯之屬皆从㕯。女滑切。

51. 句 gōu/jù 曲也。从口，丩（jiū，纏繞糾結）聲。凡句之屬皆从句。古矦切。又九遇切。〇甲文、、。

52. 丩 jiū 相糾繚也。一曰：瓜瓠結丩起。象形。凡丩之屬皆从丩。居虯切。〇甲文。金文、。

53. 古 gǔ 故也。从十、口。識前言者也。凡古之屬皆从古。臣鉉等曰：“十口所傳，是前言也。”古文古。公户切。〇甲文、。金文、。

54. 十 shí 數之具（完備）也。一爲東西，丨爲南北，則四方中央備矣。凡十之屬皆从十。是執切。〇甲文。金文、。

55. 卅 sà 三十并也。古文省。凡卅之屬皆从卅。蘇沓切。〇甲文、、。金文、、。

56. 言 yán 直言曰言，論難曰語。从口，䇂（qiān，罪過）聲。凡言之屬皆从言。語軒切。〇甲文、。金文。

57. 誩 jìng 競言也。从二言。凡誩之屬皆从誩。讀若競。渠慶切。

58. 音 yīn 聲也。生於心，有節於外，謂之音。宫商角徵（zhǐ）羽，聲（段注有“也”）；絲竹金石匏土革木，音也。从言含一。凡音之屬皆从音。於今切。〇金文、。

59. 䇂 qiān 辠（罪）也。从干、二。二，古文上字。凡䇂之屬皆从䇂。讀若愆（qiān）。張林（生平不詳）説。去虔切。〇甲文、、。

60. 丵 zhuó 叢生艸也。象丵嶽（嶽：最高峰）相竝出也。凡丵之屬皆从丵。讀若浞（zhuó，沾濕）。士角切。

61. 菐 pú 瀆菐（瀆菐：煩瑣，煩縟）也。从丵（zhuó，草叢生貌）从廾，廾亦聲。凡菐之屬皆从菐。臣鉉等曰："瀆，讀爲煩瀆之瀆。一本注云：'丵，衆多也。兩手奉之，是煩瀆也。'" 蒲沃切。

62. 廾 gǒng 竦（sǒng）手也。从𠂇从又（此句段注作"从𠂇、彐"）。凡廾之屬皆从廾。楊雄（即揚雄）説，廾从兩手。居竦切。〇甲文。金文、。

63. 𠬜（攀）pān 引也。从反廾。凡𠬜之屬皆从𠬜。（徐鉉曰："今變隸作'大'。"）𠬜或从手，从樊。普班切。

64. 共 gòng 同也。从廿、廾。凡共之屬皆从共。古文共。渠用切。〇甲文。金文、、。

65. 異 yì 分也。从廾，从（段注無"从"）畀。畀，予也。凡異之屬皆从異。徐鍇曰："將欲與物，先分異之也。《禮》曰：'賜君子小人不同日。'" 羊吏切。〇甲文、、。金文。

66. 舁 yú 共舉也。从臼（jū，叉手）从（段注無"从"）廾。凡舁之屬皆从舁。讀若余。以諸切。

67. 臼 jū 叉手也。从𦥑、彐。凡臼之屬皆从臼。居玉切。

68. 晨 chén 早昧爽也。从臼（jū）从（段注無"从"）辰。辰，時也。辰亦聲。丮（jǐ，握持）夕爲𡖊（夙），臼（jū）辰爲晨，皆同意。凡晨之屬皆从晨。食鄰切。〇甲文。金文、、。

69. 爨 cuàn 齊謂之（段注無"之"）炊爨。臼（jū，段注作"𦥑"）象持甑（zèng，陶製炊器），冂爲竈口，廾推林内火。凡爨之屬皆从爨。籀文爨省。七亂切。

70. 革 gé 獸皮治去其毛革，更之（"獸皮"兩句段注作："獸皮治去其毛曰革。革，更也。"）。象古文革之形。凡革之屬皆从革。古文革，从三十（"三十"段注作"卅"，下同），三十年爲一世，而道更也。臼（jū）聲。古覈切。〇甲文、。金文、。

71. 鬲 lì 鼎屬（段注有"也"）。實五觳（hú，古量器）。斗二升曰鬷。象腹交文，三足。凡鬲之屬皆从鬲。 鬲或从瓦。 漢令鬲（漢代法令中的“鬲”字寫作“䥶”），从瓦，厤聲。郎激切。〇甲文、、。金文、、、。

72. 䰜 lì 䥶（lì，同“鬲”）也。古文亦鬲字。象孰（熟）飪五味，气上出也。凡䰜之屬皆从䰜。郎激切。

73. 爪 zhǎo 丮（jǐ，握持）也。覆手曰爪。象形。凡爪之屬皆从爪。側狡切。〇甲文。金文、。

74. 丮 jí 持也。象手有所丮據也。凡丮之屬皆从丮。讀若戟（戟）。几劇切。〇甲文、。金文、。

75. 鬥 dòu 兩士相對，兵杖在後，象鬥之形。凡鬥之屬皆从鬥。都豆切。〇甲文、。

76. 又 yòu 手也。象形。三指者，手之㓚（列），多略不過三也。凡又之屬皆从又。于救切。〇甲文。金文。

77. 𠂇 zuǒ 𠂇手也。象形。凡𠂇之屬皆从𠂇。臧可切。〇甲文。金文。

78. 史 shǐ 記事者也。从又（又，手也）持中。中，正也。凡史之屬皆从史。疏士切。〇甲文。金文。

79. 支 zhī 去竹之枝也。从手持半竹。凡支之屬皆从支。 古文支。章移切。

80. 聿 niè 手之疌（同“捷”，迅疾）巧也。从又持巾。凡聿之屬皆从聿。尼輒切。

81. 聿 yù 所以書也。楚謂之聿，吴謂之不律，燕謂之弗。从聿（niè）一聲（段注無“聲”）。凡聿之屬皆从聿。余律切。〇甲文、。金文、。

82. 畫 huà 界（段注作“介”）也。（段注有“从聿”）象田四界。聿，所以畫之。凡畫之屬皆从畫。 古文畫省（段注無“省”）。 亦古文畫。胡麥切。〇甲文、。金文、。

83. 隶 dài 及也。从又，从（段注無“从”）尾省。又持尾者，从後及之也。凡隶之屬皆从隶。徒耐切。○金文。

84. 臤 qiān 堅也。从又，臣聲。凡臤之屬皆从臤。讀若鏗鏘之鏗（段注無“之鏗”）。古文以爲賢字。苦閑切。○甲文。金文。

85. 臣 chén 牽也。事君也（段注作“者”）。象屈服之形。凡臣之屬皆从臣。植鄰切。○甲文、。金文、。

86. 殳 shū 以杸（段注作“杖”）殊（隔開）人也。《（段注有“周”）禮》：“殳以積竹，八觚（gū。觚：多角棱的器物），長丈二尺，建於兵車，車旅賁（官名）以先驅。”从又几（shū，鳥的短羽）聲。凡殳之屬皆从殳。市朱切。○甲文。金文。

87. 殺 shā 戮也。从殳，殺聲。凡殺之屬皆从殺。（臣鉉等曰：“《説文》無‘杀’字，相傳云音‘察’，未知所出。”（段注本有“，古文殺”）古文殺。古文殺。古文殺。（段注有“，籀文殺”。）所八切。○金文、。

88. 几 shū 鳥之短羽飛几几也。象形。凡几之屬皆从几。讀若殊。市朱切。

89. 寸 cùn 十分也。人手卻（退後）一寸動衇（脈），謂之寸口。从又从（段注無“从”）一。凡寸之屬皆从寸。倉困切。

90. 皮 pí 剥取獸革者謂之皮。从又，爲省聲。凡皮之屬皆从皮。古文皮。籀文皮。符羈切。○金文、。

91. 瓷 ruǎn 柔韋也。从北，从皮省，从（段注無“从”）夐（xuàn，營求）省（段注有“聲”）。凡瓷之屬皆从瓷。讀若耎（ruǎn）。一曰若儁（jùn）。臣鉉等曰：“北者，反覆柔治之也，夐，營也。”）古文瓷。籀文瓷。从夐省。而兖切。

92. 攴 pū 小擊也。从又卜聲。凡攴之屬皆从攴。普木切。○甲文。

93. 教 jiào 上所施、下所效也。从攴，从孝。凡教之屬皆从教。古文教。亦古文教。古孝切。○甲文、。金文、。

94. 卜 bǔ 灼剥龜也。象灸龜之形。一曰象龜兆之從横（段注作“縱衡”）也。凡卜之屬皆从卜。古文卜。博木切。○甲文、。金文。

95. 用 yòng 可施行也。从卜，从（段注無“从”）中。衞宏（東漢人，著有《漢官儀》）説。凡用之屬皆从用。臣鉉等曰：“卜中乃可用也。”古文用。余訟切。○甲文、。金文、。

96. 爻 yáo 交也。象《易》六爻頭交也。凡爻之屬皆从爻。胡茅切。○甲文，金文、。

97. 㸚 lǐ 二爻也。凡㸚之屬皆从㸚。力几切。

98. 旻 xuè 舉目使人也。从攴，从（段注無“从”）目。凡旻之屬皆从旻。讀若颰（xuè，小風）。火劣切。

99. 目 mù 人眼（段注有“也”）。象形。重童（瞳）子也。凡目之屬皆从目。古文目。莫六切。○甲文。金文。

100. 䀠 jù 左右（段注作“𠂇又”）視也。从二目。凡䀠之屬皆从䀠。讀若拘。又若良士瞿瞿。九遇切。○金文。

101. 眉 méi 目上毛也。从目，象眉之形，上象頟（額）理也。凡眉之屬皆从眉。武悲切。○甲文、。金文、。

102. 盾 dùn 瞂（fá，盾牌）也。所以扞（同“捍”，保護）身蔽目。（段注有“从目”）象形。凡盾之屬皆从盾。食問切。○甲文、。金文。

103. 自 zì 鼻也。象鼻形。凡自之屬皆从自。古文自。疾二切。○甲文。金文。

104. 白 zì 此亦自字也。省自者，詞言之气从鼻出，與口相助也（段注無“也”）。凡白之屬皆从白。疾二切。

105. 鼻 bí （段注有"所以"）引气自畀（bì，給予）也。从自、畀。凡鼻之屬皆从鼻。父二切。○甲文。

106. 皕 bì 二百也。凡皕之屬皆从皕。讀若祕（段注作"逼"）。彼力切。

107. 習 xí 數飛也。从羽，从白（段注作"白聲"）。凡習之屬皆从習。似入切。○甲文。

108. 羽 yǔ 鳥長毛也。象形。凡羽之屬皆从羽。王矩切。○甲文。金文。

109. 隹 zhuī 鳥之短尾總名也。象形。凡隹之屬皆从隹。職追切。○甲文、。金文、。

110. 奞 suī 鳥張毛羽自奮（段注有"奞"）也。从大，从（段注無"从"）隹。凡奞之屬皆从奞。讀若睢（suī）。息遺切。○金文。

111. 雈 huán 鴟（chī，鷂子）屬。从隹，从𦫳（guǎ，羊角），有毛角。所鳴，其民有旤（huò，禍）。凡雈之屬皆从雈。讀若和。胡官切。○甲文。

112. 𦫳 guǎ 羊角也。象形。凡𦫳之屬皆从𦫳。讀若乖（乖）。工瓦切。

113. 𥄕 miè（今音mò） 目不正也。从𦫳（guǎ）从（段注無"从"）目。凡𥄕之屬皆从𥄕。莧（huán，細角山羊）从此（段注無"莧从此"）。讀若末。徐鍇曰："𦫳，角戾也。"模結切。

114. 羊 yáng 祥也。从𦫳（guǎ），象頭角足尾之形（此句段注作"象四足尾之形"）。孔子曰："牛羊之字，以形舉也。"凡羊之屬皆从羊。與章切。○甲文，金文。

115. 羴 shān 羊臭也。从三羊。凡羴之屬皆从羴。羶羴或从亶。式連切。○甲文。金文。

116. 瞿 jù 鷹（段注作"雁"）隼之視也。从隹，从（段注無

“从”）䀠（jù），䀠亦聲。凡瞿之屬皆从瞿。讀若章句之句。（段注有“又音衢”）九遇切。又音衢。

117. 雔 chóu 雙鳥也。从二隹。凡雔之屬皆从雔。讀若醻（段注作“醻”，同“醻”）。市流切。○金文。

118. 雥 zá 羣鳥也。从三隹。凡雥之屬皆从雥。徂合切。○甲文。

119. 鳥 niǎo 長尾禽總名也。象形。鳥之足似匕，从匕。凡鳥之屬皆从鳥。都了切。○甲文、、。金文、。

120. 烏 wū 孝鳥也。象形。孔子曰：“烏，盱（段注作“亏”，同“于”）呼也。”取其助气，故以爲烏呼。凡烏之屬皆从烏。臣鉉等曰：“今俗作‘鳴’，非是。”古文烏，象形。象古文烏省。哀都切。○金文、、。

121. 華 bān 箕屬，所以推棄（段注作“糞”）之器也。象形。凡華之屬皆从華。官溥（生平不詳）説。北潘切。○金文。

122. 冓 gòu 交積材也。象對交之形。凡冓之屬皆从冓。古候切。○甲文、。金文、。

123. 幺 yāo 小也。象子初生之形。凡幺之屬皆从幺。於堯切。○金文、。

124. 𢆶 yōu 微也。从二幺。凡𢆶之屬皆从𢆶。於虯切。○甲文、。金文、。

125. 叀 zhuān 專（段注無“專”），小謹也。从幺省（段注有“从屮”二字）。屮，財（通“纔”，始）見也；（段注有“田象謹形”四字）屮亦聲。凡叀之屬皆从叀。古文叀。亦古文叀。職緣切。○甲文、、。金文、、。

126. 玄 xuán 幽遠也。黑而有赤色者爲玄。象幽而入覆之也（“黑而”兩句段注作“象幽而入覆之也。黑而有赤色者爲玄”）。凡玄之屬皆从玄。古文玄（段注無“玄”）。胡涓切。○金文。

127. 予 yǔ 推予也。象相予之形。凡予之屬皆从予。余吕切。○金文、。

128. 放 fàng 逐也。从攴，方聲。凡放之屬皆从放。甫妄切。○金文。

129. 𠬪 biào 物落（段注有“也”），上下相付也。从爪，从（段注無“从”）又。凡𠬪之屬皆从𠬪。讀若《詩》“摽有梅”。平小切。

130. 𣦼 cán 殘穿也。从又，从（段注無“从”）歺（段注作“𣦵”，後有“𣦵亦聲”三字。歺音 è，去肉後的殘骨）。凡𣦼之屬皆从𣦼。讀若殘。昨干切。○甲文、。

131. 歺 è 𠛱（裂）骨之殘也。从半冎（guǎ）。凡歺之屬皆从歺。讀若櫱（niè）岸之櫱。（徐鍇曰：“冎，剔肉置骨也。歺，殘骨也，故从半冎。”臣鉉等曰：“義不應有中一，秦刻石文有之。”）古文歺。五割切。○甲文。

132. 死 sǐ 澌（sī，盡）也，人所離也。从歺（段注作“𣦵”）从（段注無“从”）人。凡死之屬皆从死。古文死如此。息姊切。○甲文、。金文、。

133. 冎 guǎ 剔人肉置其骨也。象形。頭隆骨也。凡冎之屬皆从冎。古瓦切。○甲文。金文。

134. 骨 gǔ 肉之覈（hé，内核）也。从冎（guǎ，剔肉離骨）有肉。凡骨之屬皆从骨。古忽切。○甲文。金文。今按：冎、骨本一字。

135. 肉 ròu 胾（zì，切成大塊的肉）肉。象形。凡肉之屬皆从肉。如六切。○甲文、。

136. 筋 jīn 肉之力也。从力，从肉（段注作“从肉、力”）从竹。竹，物之多筋者。凡筋之屬皆从筋。居銀切。

137. 刀 dāo 兵也。象形。凡刀之屬皆从刀。都牢切。○

甲文。金文。

138. 刃 rèn 刀堅（段注作“鋻”）也。象刀有刃之形。凡刃之屬皆从刃。而振切。〇甲文。

139. 㓞 qià 巧㓞也。从刀，丯（jiè，野草）聲。凡㓞之屬皆从㓞。恪入切。〇甲文。金文。

140. 丯 jiè 艸蔡也。象艸生之㪔（“㪔”同“散”）亂也。凡丯之屬皆从丯。讀若介。古拜切。

141. 耒 lěi 手（段注無“手”）耕曲木也。从木推丯。古者垂（垂：傳爲堯時巧匠）作耒枱（sì，耒端，挖土農具。段注作“梠”），以振民也。凡耒之屬皆从耒。盧對切。〇金文。

142. 角 jiǎo 獸角也。象形，角與刀、魚相似。凡角之屬皆从角。古岳切。〇甲文、。金文、。

143. 竹 zhú 冬生艸也。象形。下垂（段注作“𠂹”）者箁（póu）箬（ruò。箁箬：竹子的枝葉）也。凡竹之屬皆从竹。陟玉切。

144. 箕 jī （段注有“所以”）簸（段注有“者”）也。从竹。𠀠，象形。下其丌（jī，基座）也（此句段注作“丌其下也”）。凡箕之屬皆从箕。古文箕省（段注無“省”）。亦古文箕。亦古文箕。籀文箕。籀文箕。居之切。〇甲文、、。金文、、。

145. 丌 jī 下基也。薦物之丌。象形。凡丌之屬皆从丌。讀若箕同。居之切。〇金文、。

146. 左 zuǒ 手相左助也（段注此句作“𠂇手相左也”）。从𠂇、工。凡左之屬皆从左。臣鉉等曰：“今俗别作佐。”則箇切。〇甲文。金文、。

147. 工 gōng 巧飾也。象人有規榘（矩）也（段注無“也”）。與巫同意。凡工之屬皆从工。徐鍇曰：“爲巧必遵規榘法度，然後爲工，否則目巧也。巫事無形，失在於詭，亦當遵規榘，故曰與巫同意。”

古文工从彡。古紅切。○甲文。金文。

148. 㠭　zhǎn　極巧視之也。从四工。凡㠭之屬皆从㠭。知衍切。

149. 巫　wū　（段注有"巫"）祝也。女能事無形以舞降神者也。象人兩褎（袖）舞形，與工同意。古者巫咸初作巫。凡巫之屬皆从巫。古文巫。武扶切。○甲文。金文。

150. 甘　gān　美也。从口含一。一，道也。凡甘之屬皆从甘。古三切。○甲文。

古代漢語

胡安順 主編

下册

创于1897
商務印書館
The Commercial Press

目　　録

第六單元

第七單元

第八單元

第九單元

第十單元

第十一單元

第六單元

文選一

賢賢易色 《論語》

【《論語》簡介】《論語》是一部記録孔子及其弟子言行的書，由孔子弟子及其再傳弟子編纂而成。全書 21 篇，内容涉及儒家的政治教育思想、倫理道德以及處世原則等，是研究我國古代思想史、文化史和教育史的重要資料。

西漢時期《論語》有三種傳本，即《古論》《魯論》和《齊論》。其中《古論》《齊論》亡佚，《魯論》一直流傳到今天。《論語》最早的注本是三國時期魏人何晏《論語集解》，該書匯集了魏以前各家對《論語》的注釋資料。唐以後《論語》注本主要有宋人邢昺《論語注疏》、朱熹《論語集注》以及清人劉寶楠《論語正義》等。今人楊伯峻的《論語譯注》簡明扼要，通俗易懂。

【題解】本節反映了儒家修身處世的基本原則和家國情懷。選自《論語・學而第一》，題目爲編者所加。本節以清人阮元《十三經注疏・論語注疏》校刻本（中華書局 2009 年影印本）爲底本，下同。

子夏曰[①]：“賢賢易色[②]；事父母，能竭其力；事君，能致其身[③]；與朋友交，言而有信。雖曰未學，吾必謂之學矣。”

注　釋

① 子夏：姓卜，名商，字子夏，孔子學生，比孔子小 44 歲，“孔門十哲”之一。

② 賢賢：第一個“賢”字作動詞用，義爲尊賢。　易：輕視，指輕視女色。

③ 致其身：奉獻其生命。致，獻納。

貧而無諂　《論語》

【題解】本節反映了儒家“富貴不能淫，貧賤不能移”以及安貧樂道、富而好禮的思想。選自《論語·學而第一》，題目爲編者所加。

子貢曰：“貧而無諂[①]，富而無驕，何如？”子曰：“可也。未若貧而樂[②]，富而好禮者也。”子貢曰：“《詩》云：‘如切如磋，如琢如磨。’[③]其斯之謂與？”子曰：“賜也[④]，始可與言《詩》已矣，告諸往而知來者。”

注　釋

① 諂：巴結，奉承。

② 未若：不如。　貧而樂：一本作“貧而樂道”。

③ 如切如磋，如琢如磨：見於《詩經·衛風·淇奥》，取意精益求精。“切磋琢磨”指加工獸骨和玉石的工藝。　漢人王充《論衡·量知》：“骨曰切，象曰瑳，玉曰琢，石曰磨；切瑳琢磨，乃成寳器。”

④ 賜：子貢之名。

子夏問孝　《論語》

【題解】本節反映了儒家關於孝道的具體主張，要從内心尊老敬老，而非僅僅表現在形式上。選自《論語·爲政第二》，題目爲編者所加。

子夏問孝。子曰："色難[①]。有事，弟子服其勞，有酒食，先生饌[②]，曾是以爲孝乎？"[③]

注　釋

① 色難：（在父母面前）始終保持和顔悦色很難。色，指好臉色。
② 弟子：指年幼者。　服其勞：效勞，承擔其事。　先生：指長者。　饌：使動用法，供給吃喝。
③ 曾是以：竟然以此。曾，副詞。

巧言令色足恭　《論語》

【題解】本節反映了儒家光明磊落、襟懷坦蕩的思想情操。選自《論語·公冶長第五》，題目爲編者所加。

子曰："巧言、令色、足恭[①]，左丘明恥之[②]，丘亦恥之。匿怨而友其人，左丘明恥之，丘亦恥之。"

注　釋

① 令色：諂媚的臉色。　足恭：過分恭敬。

② 恥：意動用法。 左丘明：姓左丘，名明，春秋時期魯國人，相傳是《左傳》一書的作者。

博施於民而能濟衆 《論語》

【題解】本節論説“仁”的具體内容，指出仁道就是能够設身處地地爲他人着想。選自《論語·雍也第六》，題目爲編者所加。

子貢曰：“如有博施於民而能濟衆，何如？可謂仁乎？”子曰：“何事於仁？必也聖乎①？堯舜其猶病諸②？夫仁者，己欲立而立人，己欲達而達人。能近取譬③，可謂仁之方也已。”

注釋

① “何事”二句：爲何僅用“仁”來評價？如果一定要評價的話，那已是“聖”了吧？

② “堯舜”句：堯舜尚且都會感到困難吧？ 其：表推測的語氣副詞，大概。 猶：副詞，尚且。 諸：代詞“之”和語氣詞“乎”的合音。

③ 能近取譬：能够近從自身打比方，即推己及人的意思。

曾子有疾 《論語》

【題解】本節記述曾子關於孝道的主張。曾子認爲愛惜自己的身體，避免遭受刑罰，是子女孝順父母的重要内容之一。選自《論語·泰伯第八》，題目爲編者所加。

曾子有疾，召門弟子曰："啓予足[①]！啓予手！《詩》云：'戰戰兢兢，如臨深淵，如履薄冰。'[②]而今而後，吾知免夫，小子！"[③]

注 釋

① 曾子：孔子學生，名參，字子輿，誠實守信，爲人三思而行。 啓：開。 曾子讓學生掀開被子看自己的手脚。

② 孔安國注："言此詩者，喻己常戒慎，恐有所毁傷。"以上三句引自《詩經·小雅·小旻》。

③ "吾知"句：我知道自己身體將免於毁傷了。 夫：代詞，指毁傷身體。 小子：對弟子、晚輩的稱呼。 周生烈注："乃今日後，我自知免於患難矣。"

篤信好學 《論語》

【題解】本節闡述立身出仕的原則，反映了儒家潔身自好的節操及榮辱觀。選自《論語·泰伯第八》，題目爲編者所加。

子曰："篤信好學，守死善道。危邦不入，亂邦不居。天下有道則見（xiàn）[①]，無道則隱。邦有道，貧且賤焉，耻也；邦無道，富且貴焉，耻也。"

注 釋

① 見："現"的古字。

仰之彌高 《論語》

【題解】本節是顏淵對孔子的贊美，稱頌孔子博學善教，非一般人所能及。選自《論語·子罕第九》，題目爲編者所加。

顏淵喟然歎曰："仰之彌高，鑽之彌堅，瞻之在前，忽焉在後①。夫子循循然善誘人②，博我以文，約我以禮，欲罷不能。既竭吾才，如有所立。卓爾，雖欲從之，末由也已。"③

注　釋

① "瞻之"三句：形容孔子知識淵博，自己完全被包圍。　鑽：鑽研。

② 夫子：古代對男子的敬稱，相當於"您"。　循循然：有次序貌。

③ "既竭"五句：我竭盡才力，這纔取得了一些成績。至於更高的成就，即使我想跟着先生學習，也是無法達到的。　如：副詞，乃，這纔。卓爾：超群貌。　末：無。　由：途徑。　也已：語氣助詞，表肯定。

顏淵問仁 《論語》

【題解】本節是孔子關於"仁"的重要學説，指出實現"仁"的重要途徑是"克己復禮"。選自《論語·顏淵第十二》，題目爲編者所加。

顏淵問仁。子曰："克己復禮爲仁①。一日克己復禮，天下歸仁焉②。爲仁由己，而由人乎哉？"顏淵曰：

“請問其目。”③子曰：“非禮勿視，非禮勿聽，非禮勿言，非禮勿動。”顏淵曰：“回雖不敏，請事斯語矣。”④

注 釋

① 克己復禮：克己，約束自己。復禮，使自己的言行符合禮的要求。

② 歸仁：歸附於仁政。 邢昺疏：“言人君若能一日行克己復禮，則天下皆歸此仁德之君也。一日猶見歸，況終身行仁乎？”

③ 目：具體條目，指具體做法。

④ 事：從事，照着去做。

仲弓問仁 《論語》

【題解】本節提出了實現“仁”的一些具體做法，總體原則是“己所不欲，勿施於人”。選自《論語·顏淵第十二》，題目爲編者所加。

仲弓問仁①。子曰：“出門如見大賓，使民如承大祭②；己所不欲，勿施於人；在邦無怨，在家無怨③。”仲弓曰：“雍雖不敏，請事斯語矣。”

注 釋

① 仲弓：孔子弟子，即冉雍，字仲弓。

② “出門”二句：出門逢人要像迎接貴賓那樣恭敬，治理百姓要像進行大祭那樣嚴肅。

③ “在邦”二句：在諸侯國任職時不出怨言，在卿大夫手下任職時也不出怨言。 邦：指諸侯國。 家：指卿大夫。 包咸注：“在邦爲諸侯，在家爲卿大夫。”

樊遲問仁 《論語》

【題解】本節反映了儒家愛人知人、選賢任能的爲政理念。選自《論語·顏淵第十二》，題目爲編者所加。

樊遲問仁。子曰："愛人。"問知。子曰："知人。"① 樊遲未達。子曰："舉直錯諸枉，能使枉者直。"② 樊遲退，見子夏，曰："鄉（xiàng）也，吾見於夫子而問知③，子曰'舉直錯諸枉，能使枉者直'，何謂也？"子夏曰："富哉，言乎！舜有天下，選於衆，舉皋陶（gāo yáo），④ 不仁者遠矣。湯有天下，選於衆，舉伊尹⑤，不仁者遠矣。"

注釋

① 樊遲：孔子弟子，名須，字子遲。 （問）知："智"的古字。

② "舉直"二句：提拔正直的人使其處於邪僻者之上，這樣就會矯正邪僻者。 錯：通"措"，放置。 枉：邪曲，不正直。

③ 鄉：義同"嚮"，此前。

④ 皋陶：舜的法官。

⑤ 伊尹：商湯的國相。

何如斯可以從政 《論語》

【題解】本節論説爲政之道。主張"尊五美""屏四惡"，認爲從政者只要自尊自愛，就會不怒而威。選自《論語·堯曰第二十》，題目爲編者所加。

子張問於孔子曰："何如斯可以從政矣？"子曰："尊五美，屏（bǐng）四惡①，斯可以從政矣。"子張曰："何謂五美？"子曰："君子惠而不費②，勞而不怨，欲而不貪，泰而不驕③，威而不猛。"子張曰："何謂惠而不費？"子曰："因民之所利而利之，斯不亦惠而不費乎？擇可勞而勞之，又誰怨？欲仁而得仁，又焉貪？君子無衆寡，無小大，無敢慢④，斯不亦泰而不驕乎？君子正其衣冠，尊其瞻視⑤，儼然人望而畏之，斯不亦威而不猛乎？"子張曰："何謂四惡？"子曰："不教而殺謂之虐；不戒視成謂之暴；慢令致期謂之賊⑥；猶之與人也，出納之吝謂之有司。"⑦

注　釋

① 屏：摒除，捨棄。

② "惠而"句：給人民恩惠，自己却無所浪費。　費：鋪張浪費。

③ "勞而"句：役使百姓，而百姓無怨言。　"泰而"句：矜持安閒而不傲慢。　泰：泰然，安然。

④ "君子"三句：君子無論對方人多人少，勢力大小，從不怠慢。　孔安國注："言君子不以寡小而慢也。"

⑤ 尊：看重。　瞻視：指外觀，儀表。

⑥ 不戒：不訓誡。　視成：責其成功。　慢令：始而鬆弛不嚴的命令。　致期：其後限期完成。　孔安國注："與民無信而虛刻期。"　賊：殘害。

⑦ "猶之"二句：就好像送人財物一樣，統治者如出手刻吝就把自己降格成一般官吏了。　出納：偏義複詞。　有司：主管一個部門的官員。

曾子寢疾 《禮記》

【《禮記》簡介】《禮記》是一部解釋和補充《儀禮》的資料匯編，近10萬字，屬儒家的經典著作，多數出自孔子弟子及再傳弟子之手。《儀禮》是關於冠、婚、喪、祭、飲、射、燕、聘、覲等禮儀的著作，内容瑣細而枯燥。禮學家在傳習《儀禮》的同時，編寫了一些教學參考資料，西漢學者戴德將這些資料輯録成書，世稱《大戴禮記》，共85篇。據《隋書・經籍志》，戴德從兄之子戴勝將《大戴禮記》删定爲49篇，世稱《小戴禮記》，這就是流傳至今的《禮記》。也有學者認爲《小戴禮記》獨立成編，並非删《大戴禮記》而成，《隋書》不足據。東漢時，鄭玄給《小戴禮記》做注，使《禮記》的影響得到擴大，唐時《禮記》被列入經部。由於字數較多，《禮記》與《左傳》一起被稱爲"大經"。《禮記》的内容豐富，思想深刻，文字通暢易懂，是研究中國古代社會和儒家思想的重要文獻，其地位和影響後來超過了《儀禮》和《周禮》。

《禮記》的著名注本是《禮記正義》（東漢鄭玄注、唐孔穎達正義），今人楊天宇《禮記譯注》比較通俗易懂。

【題解】本文記述了曾子臨終易簀之事。曾子在病危之際還要堅持更换與自己身份地位不符的牀席，表現了曾子恪守禮法、嚴於律己的堅定信念。選自《禮記・檀弓上》，題目爲編者所加。本文以清人阮元《十三經注疏・禮記正義》校刻本（中華書局2009年影印本）爲底本，下同。

曾子寢疾，病①。樂（yuè）正子春坐於牀下，曾元、曾申坐於足[②]，童子隅坐而執燭。童子曰："華而睆（huǎn），大夫之簀（zé）與？"[③]子春曰："止！"曾子聞之，瞿（jù）然曰："呼（xū）！"[④]曰[⑤]："華而睆，大夫之簀與？"曾子曰："然。斯季孫之賜也[⑥]，我未之能易也。元，起易簀。"曾元曰："夫子之病革（jí）矣[⑦]，不可以變。幸而至於旦，請敬易之。"曾子曰："爾之愛我也不如彼[⑧]。君子之愛人也以德，細人之愛人也以姑息。吾何求哉？吾得正而斃焉，斯已矣。"舉扶而易之。反席未安而没[⑨]。

注　釋

① 曾子（前505年—前435年）：名參，字子輿，孔子學生，春秋末儒家學派代表人物之一，元時被封爲"郕國宗聖公"，相傳《大學》《孝經》爲其所著。曾子以孝悌、誠信著稱，留下了"齧指痛心""曾子殺豬"等故事。　寢疾：卧病在牀。　病：病危。

② 樂正子春：曾子學生，姓樂正，名子春。　曾元、曾申：曾子之子。

③ 華：指牀席上的花紋。　睆：光滑貌。　簀：用竹條或蘆葦編成的牀席。

④ 瞿然：驚懼貌。　呼：嘆詞，通"籲"，表驚嘆。

⑤ 曰：主語爲童子。

⑥ 季孫：季孫氏，春秋時期魯國的權臣。

⑦ 革：通"亟"，危急。

⑧ 彼：指童子。

⑨ 反席：换席。

學　記

《禮記》

【題解】本文是一篇討論教育和教學問題的專論，内容涉及教育目的、教育作用、教育制度、教學方法、學習方法、教師作用、師生關係以及同學關係等方面，較全面系統地總結了上古的教育理念和經驗，言簡意賅，比喻貼切生動，具有很强的借鑒意義和現實意義。本文節選自《禮記·學記》。

發慮憲，求善良，足以謏（xiǎo）聞，不足以動衆[①]。就賢體遠[②]，足以動衆，未足以化民。君子如欲化民成俗，其必由學乎？

玉不琢，不成器。人不學，不知道。是故古之王者，建國君民，教學爲先。《兑（yuè）命》曰："念終始，典于學。"[③]其此之謂乎？

雖有嘉肴，弗食，不知其旨也；雖有至道，弗學，不知其善也。是故學然後知不足，教然後知困。知不足，然後能自反也。知困，然後能自强也。故曰教學相長也。《兑命》曰："學（xiào）學半。"[④]其此之謂乎？

注　釋

① "發慮"四句：思考問題合乎法度，任用賢良，就足以取得一些名聲，但不足以感動民衆。　發慮：思慮，思考。　憲：合法，依法。　謏：音義均同"小"。

② 體遠：體恤關係疏遠的臣民。

③《兑命》：或説當爲《説命》，爲《尚書》篇名。《僞古文尚書》有《説命》上中下三篇，内容是武丁的文告、傅説等群臣向武丁的進言等。　念：想着，考慮。　典：經常從事。

④ 學（斆）：同"敩"，教導，教授。　學學半：教别人，同時也會使自己獲得知識。

古之教者，家有塾，黨有庠，術（suì）有序[①]，國有學。比年入學，中年考校[②]。一年視離經辨志，三年視敬業樂羣[③]，五年視博習親師，七年視論學取友，謂之小成；九年知類通達[④]，强立而不反，謂之大成。

夫然後足以化民易俗，近者説服，而遠者懷之。此大學之道也。《記》曰："蛾（yǐ）子時術之。"[⑤]其此之謂乎？

……

注　釋

① 家：古代卿大夫的食邑。　黨：古行政區劃單位，五百家爲黨。　術：通"遂"，古行政區劃單位，一萬二千五百家爲遂。　塾、庠、序：均古學校名。

② 比年：每年。　中年：隔年。中，猶"間"。

③ "一年"二句：入學一年考察其讀經斷句的能力和志趣所在，入學三年考察其重視學習和團結同學的狀態。　離經：閲讀經書，識文斷句。　志：心志，興趣。

④ 知類通達：識别事物，觸類旁通。

⑤ "蛾子"句：小蟻不斷學習銜土堆垤。　蛾：蟻的幼蟲。　術："銜"字之誤。銜，用作動詞，學習銜土。

大學之法，禁於未發之謂豫，當其可之謂時，不陵節而施之謂孫[①]，相觀而善之謂摩。此四者，教之所由興也。

發然後禁，則扞（hàn）格而不勝；時過然後學，則勤苦而難成；雜施而不孫，則壞亂而不脩；獨學而無友，則孤陋而寡聞；燕朋逆其師；燕辟廢其學[②]。此六者，教之所由廢也。

君子既知教之所由興，又知教之所由廢，然後可以爲人師也。故君子之教喻也，道而弗牽，强而弗抑，開而弗達[③]。道而弗牽則和，强而弗抑則易[④]，開而弗達則思。和易以思，可謂善喻矣。

注　釋

① 不陵節：不超越階段。　孫：順。　孔穎達正義："謂教人之法，當隨其年才，若年長而聰明者，則教以大事，而多與之；若年幼又頑鈍者，當教以小事，又與之少，是不越其節分而教之，所謂'孫，順也'，從其人而設教也。"

② 扞格：互相抵觸。　燕朋：不走正道的朋友。　燕辟：邪僻。燕，輕慢，不正。辟，"僻"的古字。

③ 道："導"的古字。　强：使動用法，使堅强，鼓勵。　弗達：不説透。

④ 和：指親和，關係融洽。　易：指易於接受。

學者有四失，教者必知之。人之學也，或失則多，或失則寡，或失則易，或失則止。此四者，心之莫同也。知其心，然後能救其失也。教也者，長善而救其失者也。善歌者使人繼其聲，善教者使人繼其志。其言也約而達，微而臧，罕譬而喻，可謂繼志矣[①]。

……

注　釋

① "微而"三句：精深而美好，比喻少而清楚，可以讓人繼承其事業了。微：精深，奥妙。　志：指學識或事業。

善學者，師逸而功倍，又從而庸之[①]。不善學者，師勤而功半，又從而怨之。善問者，如攻堅木，先其易者，後其節目，及其久也，相説以解[②]。不善問者反此。善待問者如撞鐘，叩之以小者則小鳴，叩之以大者則大鳴，待其從容然後盡其聲[③]。不善答問者反此。此皆進學之道也。

記問之學[④]，不足以爲人師。必也其聽語乎，力不能問，然後語之[⑤]；語之而不知，雖舍之可也。

注　釋

① 庸：功，用作動詞，取得新的功效。

② 節目：樹木枝幹交接處堅硬糾結處。　說：通“脱”。

③ “待其”句：待扣鐘者慢慢停下來鐘聲也就隨之而止。　從容：指逐漸停下來。

④ 記問之學：指臨時背誦的知識。

⑤ “必也”三句：必須等到學生請教時再給以解惑，在學生還無能力提問題情況下，老師可直接給以解釋。　聽語：指學生有意願聽老師解釋。鄭玄注：“必待其問乃説之。”

良冶之子必學爲裘[①]，良弓之子必學爲箕[②]。始駕馬者反之，車在馬前[③]。君子察於此三者，可以有志於學矣。

古之學者比物醜類[④]。鼓無當於五聲，五聲弗得不和[⑤]。水無當於五色，五色弗得不章。學無當於五官[⑥]，五官弗得不治。師無當於五服，五服弗得不親[⑦]。

注　釋

① 必學爲裘：皮匠和鐵匠的工作有近似性，都是先通過火燒或水泡使材料變軟，然後製器。由於皮匠的活計小孩容易做到，故先學爲裘，取得經驗，觸類旁通。

② 必學爲箕：製作弓與簸箕也有近似性，製作簸箕相對容易，故先從做

簸箕學起。

③ “始駕”二句：開始訓練馬駒駕車，與馬在前車在後的形式相反，而是讓馬車走在前面，讓馬駒跟在後面看。 孔穎達正義：“始駕者，謂馬子始學駕車之時。反之者，駕馬之法：大馬本駕在車前，今將馬子繫隨車後而行，故云‘反之，車在馬前’。所以然者，此駒既未曾駕車，若忽駕之，必當驚奔，今以大馬牽車於前，而繫駒於後，使此駒日日見車之行，其駒慣習而後駕之，不復驚也。言學者亦須先教小事操縵之屬，然後乃示其業，則道乃易成也。”

④ 比物醜類：類比各類事物。醜，比並。

⑤ “鼓無”二句：鼓不同於五聲，但是五聲如果没有鼓的節制就不會和諧。 當於：同於。 五聲：指宫、商、角、徵、羽五音。 孔穎達正義：“言鼓之爲聲，不宫不商，故言‘無當於五聲’……五聲不得鼓，則無諧和之節，故云‘弗得不和’也。”

⑥ 五官：殷周時分掌政事的五種高級官職，即司徒、司馬、司空、司士、司寇，這裏泛指政府官員。

⑦ “五服”句：五服親屬如果没得到老師的幫助就不懂得親近。 五服：古代以親疏爲差等的五種喪服，即斬衰、齊衰、大功、小功和緦麻，這裏指五服内的親屬。

君子曰：大德不官，大道不器，大信不約，大時不齊[①]。察於此四者，可以有志於學矣。

三王之祭川也，皆先河而後海，或源也，或委也[②]，此之謂務本。

注　　釋

① 不官：不做一般官員。 不約：不訂立盟約。 “大時”句：把握大時機的人不追求完備。

② 三王：指夏、商、周三代的開國君主。 或源：(事物)有的爲源頭。或，代詞，指河。 或委：有的爲歸宿。或，指海。委，水流匯聚處。

文 選 二

用之則行　《論語》

【題解】本節反映了孔子靈活的處世態度，主張變通趨時，謹慎行事，反對不知進退、有勇無謀的莽魯行爲。選自《論語·述而第七》，題目爲編者所加。

子謂顏淵曰："用之則行，舍之則藏（藏：指退職家居），唯我與爾有是夫！"子路曰："子行（行：指行令，統領）三軍，則誰與（與誰共事）？"子曰："暴虎馮（píng）河（暴虎：不乘車徒手搏虎。馮河：不用船徒步過河），死而無悔者，吾不與也。必也臨事而懼，好謀而成者也。"

孔子於鄉黨　《論語》

【題解】本節記述孔子在不同場合的言談舉止，表現了孔子謙謹守禮隨時懷有敬畏之心的君子風範。選自《論語·鄉黨第十》，題目爲編者所加。

孔子於鄉黨，恂恂（xún，温和恭順貌）如也，似不能言者。其在宗廟、朝廷，便便（pián，言辭流暢貌）言，唯謹爾。

朝，與下大夫言，侃侃如（和悦貌）也；與上大夫言，誾誾（yín）如（謹慎鄭重貌）也。君在，踧踖（cù jí）如（恭敬貌）也，與與（yù）如（威儀合度貌）也。

君召使擯（bìn。擯：通“儐”，接待賓客），色勃如（神色莊重貌）也；足躩（jué）如（快步貌）也。揖所與立，左右手，衣前後，襜（chān）如（整齊貌。鄭玄注：“揖左人，左其手；揖右人，右其手。一俯一仰，衣前後襜如也。”）也。趨進，翼如（鳥展翅貌）也。賓退，必復命曰：“賓不顧矣。”

入公門，鞠躬如（謹慎恭敬貌）也，如不容。立不中門，行不履閾（yù。閾：門檻）。過位，色勃如也，足躩如也，其言似不足者。攝齊（shè zī，提起衣擺。攝，提起。齊，古指長衣下部的緝邊）升堂，鞠躬如也，屏氣似不息者。出，降一等（從臺階上走下一級），逞（舒展）顔色，怡怡如也。没階（走完臺階），趨進，翼如也。復其位，踧踖如也。

執圭（圭：一種上圓下方的玉器，舉行典禮時，不同身份的官員拿着不同的圭出席。如出使鄰國，執圭作爲憑信），鞠躬如也，如不勝。上如揖，下如授。勃如戰色（戰戰兢兢貌），足蹜蹜（sù，小步走路貌），如有循（好像沿着物體行走）。

享禮（使臣向聘問國行禮的儀式。享，進獻），有容色。私覿（dí，會見），愉愉如（和悦貌）也。

子路曾晳冉有公西華侍坐 《論語》

【題解】本節記述了孔子和學生子路、曾晳、冉有、公西華關於理想的一次談話，反映了子路等人的不同性格及志向。本文選自《論語·先進第十一》，題目是後加的。

子路、曾晳（名點，字子晳，曾參之父）、冉有（即冉求）、公西華（名赤）侍坐。子曰："以吾一日長乎爾，毋吾以也（因爲我比你們年長，没有人用我了）。居（平日家居）則曰：'不吾知也！'如或知爾，則何以哉？"子路率爾而對曰："千乘之國，攝（夾於）乎大國之間，加之以師旅，因之（繼之）以饑饉，由也爲之，比及三年，可使有勇，且知方（道理）也。"夫子哂（shěn，微笑）之。"求，爾何如？"對曰："方六七十（方圓六七十里），如（或者）五六十，求也爲之，比及三年，可使足民。如其禮樂，以俟君子。""赤，爾何如？"對曰："非曰能之，願學焉。宗廟之事（指諸侯祭祀宗廟），如會同（諸侯盟會），端章甫（端：玄端，禮服名。章甫：禮帽。此處均用作動詞），願爲小相（司儀）焉。""點，爾何如？"鼓瑟希（希：指瑟聲稀疏，接近尾聲），鏗爾（瑟鏗然作響），舍瑟而作（站起來），對曰："異乎三子者之撰（志向）。"子曰："何傷乎？亦各言其志也。"曰："莫（'暮'的古字）春者，春服既成，冠者（成年人）五六人，童子六七人，浴乎沂（沂水），風乎舞雩（yú。舞雩：祭天求雨的高臺，在今山東曲阜市），詠而歸。"夫子喟然歎曰："吾與點也！"三子者出，曾晳後。曾晳曰："夫三子者之言何如？"子曰："亦各言其志也已矣。"曰："夫子何哂由也？"曰："爲國以禮。其言不讓，是故哂之。""唯（發語詞，可譯爲'那'）求則非邦也與？""安見方六七十如（如：或）五六十而非邦也者？""唯赤則非邦也與？""宗廟會同，非諸侯而何？赤也爲之小，孰能爲之大？"

子貢問政 《論語》

【題解】本節强調了誠信於理政的重要性。選自《論語·顔淵第十二》，題目是後加的。

子貢問政。子曰："足食，足兵，民信之矣。"子貢曰："必不得已而去，於斯三者何先？"曰："去兵。"子貢曰："必不得已而去，於斯二者何先？"曰："去食。自古皆有死，民無信不立。"

齊景公問政於孔子 《論語》

【題解】本節反映了儒家維護尊卑有序的禮制思想。選自《論語·顔淵第十二》，題目爲編者所加。

齊景公〔名杵臼（chǔ jiù），春秋時齊國國君〕問政於孔子。孔子對曰："君君、臣臣、父父、子子。"公曰："善哉！信如君不君，臣不臣，父不父，子不子，雖有粟，吾得而食諸？”

子問公叔文子於公明賈 《論語》

【題解】本節反映了衛國公叔文子嚴於律己的優秀品質。選自《論語·憲問第十四》，題目爲編者所加。

子問公叔文子〔即衛國賢大夫公孫發（或作“拔”），衛獻公孫〕於公明賈（衛國人，時在公叔文子手下任職）曰：“信乎，夫子（指公叔文子）不言，不笑，不取乎？”公明賈對曰：“以（因）告者過（指傳言有誤）也。夫子時然後言，人不厭其言；樂然後笑，人不厭其笑；義然後取，人不厭其取。”子曰：“其然？豈其然乎（是這麼回事？難道真是這樣）？”

躬自厚而薄責於人 《論語》

【題解】本節反映了儒家注重自身修養的重要思想和方法。選自《論語·衛靈公第十五》，題目爲編者所加。

子曰：“躬自厚而薄責於人，則遠怨矣。”子曰：“不曰‘如之何，如之何’者，吾末（末：義同‘未’）如之何也已矣。”（不考慮“怎麼辦，怎麼辦”的人，我拿這種人也不知道怎麼辦了。）子曰：“羣居終日，言不及義，好行小慧，難矣哉！”子曰："君子義以爲質（準則），禮以行之，孫（xùn，恭順）以出之，信以成之。君子哉！"子曰："君子病（擔心）無能焉，不病人之不己知也。"子曰："君子疾（憂慮）没世而名不稱焉。"子曰："君子求諸己，小人求諸人。"子曰："君子矜（jīn，莊重）而不争，羣而不黨。"子曰："君子不以言舉人，不以人廢言。"子貢問曰："有一言（一個詞）而可以終身行之者乎？"子曰："其'恕'乎？己所不欲，勿施於人。"

季氏將伐顓臾 《論語》

【題解】本節通過對冉有、子路的指責，反映了孔子維護周禮的思想以及"不患貧而患不均，不患寡而患不安"的治國理念。選自《論語·季氏第十六》，題目是後加的。

季氏（季桓子，名斯，時爲魯國權臣）將伐顓臾（風姓之國，時爲魯國附庸，地在今山東費縣西）。冉有、季路（即子路。二人時爲季氏家臣）見於孔子曰："季氏將有事（指軍事行動，季氏欲吞併顓臾）於顓臾。"孔子曰："求！無乃爾是過與？夫顓臾，昔者先王以爲東蒙主（主祭蒙山的祀主。東蒙，即蒙山，因在魯國之東，故稱'東蒙'），且在邦域之中（在魯國疆域之内）矣，是社稷之臣也。何以伐爲？"冉有曰："夫子（指季氏）欲之，吾二臣者皆不欲也。"孔子曰："求！周任（周代史官名）有言曰：'陳力就列（恪盡職守），不能者止。'危而不持，顛而不扶，則將焉用彼相（攙扶盲人的人叫‘相’。此以相爲喻）矣？且爾言過矣，虎兕（一種似犀牛的獸，或説即雌犀）出於柙（關野獸的木籠），龜玉毁於櫝（藏龜玉的匣子）中，是誰之過與？”冉有曰：“今夫顓臾，固而近於費（季氏的采邑）。今不取，後世必爲子孫憂。”孔子曰：“求！君子疾夫舍曰欲之而必爲之辭。丘也聞有國有家者，不患寡而患不均，不患貧而患不安（據下文，‘寡、貧’是‘貧、寡’二字的倒置）。蓋均無貧，和無寡，安無傾。夫如是，故遠人不服，則脩文德以來之。既來之，則安之。今由與求也，相夫子，遠人不服而不能來也，邦分崩離析（指魯國當時政局不穩）而不能守也；而謀動干戈於邦内。吾恐季孫之憂，不在顓臾，而在蕭牆（宫室内作爲屏障的矮墻，指宫廷之内。時季氏家臣陽虎欲爲亂，於魯定公五年囚季桓子）之内也。”

大　同

《禮記》

【題解】本文描述了儒家心目中的理想社會和人際關係。“大同世界”及“天下爲公”的思想就是在本文中提出的，影響深遠。本文選自《禮記·禮運》，題目是後加的。

昔者仲尼與（yù。與：參與）於蜡（zhà。蜡：古代年終大祭叫“蜡”）賓（陪祭者），事畢，出遊於觀（觀：宗廟門外兩旁的建築物，即“闕”）之上，喟然而歎。仲尼之歎，蓋歎魯也。言偃（孔子學生，字子遊）在側曰：“君子（指孔子）何歎？”孔子曰：

大道（指五帝時代的社會制度，即下文的大同世界）之行也，與三代之英（指夏、商、周三代的開國君禹湯文武），丘未之逮（趕上）也，而有志焉（有志恢復之）。

大道之行也，天下爲公。選賢與（與：通“舉”）能，講信脩睦。故人不獨親其親，不獨子其子，使老有所終（善終），壯有所用，幼有所長，矜（guān，通“鰥”）寡孤獨廢疾者皆有所養，男有分（fèn。分：職業），女有歸（歸：出嫁）。貨惡（wù，厭惡，不願意看到）其棄於地也，不必藏於己（據爲己有）；力惡其不出於身也，不必爲己（爲自己出力）。是故謀（權謀）閉而不興（出現），盜竊亂賊而不作（發生），故外户（出門時從外面把門合上）而不閉，是謂大同。

今大道既隱，天下爲家（把天下看成是私家的）。各親其親，各子其子，貨力爲己；大人（指國君）世及（父子相傳叫“世”，兄弟相傳叫“及”）以爲禮（制度），城郭溝池以爲固，禮義以爲紀（紀：綱紀，準則），以（省去代詞“之”，指禮）正君臣，以篤父子，以睦兄弟，以和夫婦，以設制度，以立田里，以賢勇知（依禮視勇敢智慧的人爲賢能。知：“智”的古字），以功爲己（依禮爲個人建立功業）。故謀用是作，而兵由此起。禹、湯、文、武、成王、周公，由此（此：指這種社會制度）其選（選拔出的人物）也。此六君子者，未有不謹於禮者也。以著（宣揚）其義，以考（成）其信，著（揭露）有過，刑仁（以仁爲法則。刑，法則）講讓（提倡禮讓），示民有常（常法）。如有不由此（指禮）者，在埶（埶：“勢”的古字，權位）者去，衆以爲殃（禍害），是謂小康（小安社會，對大同社會而言。鄭玄注：“康，安也。大道之人以禮，於忠信爲薄，言小安者失之，則賊亂將作矣。”）。

君子素其位而行 《禮記》

【題解】本文表現了“君子素其位而行，不願乎其外”的思想情操，束身踐行，安然自得，不陵下援上，不怨天尤人，正己而不求於人。本文節選自《禮記·中庸》，題目爲編者所加。

君子素（素：基於，處於）其位而行，不願乎其外（不抱非分之想）。素富貴，行乎富貴；素貧賤，行乎貧賤；素夷狄，行乎夷狄（身在夷狄即做夷狄所做的事）；素患難，行乎患難（身在患難中即做患難中應做的事）。君子無入（無所）而不自得焉。在上位，不陵下；在下位，不援上。正己而不求於人，則無怨。上不怨天，下不尤人。故君子居易以俟命（處心平易以聽天命），小人行險以徼幸。子曰：“射有似乎君子，失諸正鵠（gǔ，箭靶），反求諸其身。”

大　學 《禮記》

【題解】本文是一篇關於學習的重要論述。文章提出了學習在於“明德”“親民”“止於至善”的總目標和“格物”“致知”“誠意”“正心”“修身”“齊家”“治國”“平天下”等具體要求，强調“慎獨”功夫，表現了先秦儒家治學的基本理念以及加强自身修養的目標、原則和方法，影響深遠。本文節選自《禮記·大學》。

大學（旨在從政的高等學習。鄭玄注：“大學者，以其記博學，可以爲政也。”）之道，在明明德，在親民（或説“親”當作“新”。新民，使民自新），在止於（處於，達到）至善。知止而後有定，定而後能静，静而後能安，安而後能慮，慮而後能得。物有本末，事有終始，知所先後，則近道矣。

古之欲明明德於天下者，先治其國；欲治其國者，先齊其家；欲齊其家者，先脩（“脩”同“修”）其身；欲脩其身者，先正其心；欲正其心者，先誠其意；欲誠其意者，先致其知（先建立其正確的認知觀）。致知在格物（探究事物的原理。格，研究，探求）。物格而後知至，知至而後意誠，意誠而後心正，心正而後身脩，身脩而後家齊，家齊而後國治，國治而後天下平。

自天子以至於庶人，壹是（一概）皆以脩身爲本。其本（指修身）亂而末（指家、國、天下）治者，否矣（不可能）。其所厚者薄（用力深厚却反而得到微薄的結果），而其所薄者厚，未之有也。此謂知本，此謂知之至也。

所謂誠其意者，毋自欺也，如惡（wù）惡（è）臭（xiù），如好（hào）好（hǎo）色，此之謂自謙（qiè。自謙：自知，自足。謙，通“慊”，滿足）。故君子必慎其獨也。小人閒居爲不善，無所不至，見君子而後厭然（厭然：躲藏貌），揜其不善而著其善。人之視己，如見其肺肝然，則何益矣？此謂誠於中，形於外，故君子必慎其獨也。曾子曰：“十目所視，十手所指，其嚴乎！”富潤屋，德潤身，心廣體胖（pán。胖：安舒），故君子必誠其意。

……

所謂脩身在正其心者，身有所忿懥（zhì，憤怒）則不得其正，有所恐懼則不得其正，有所好樂則不得其正，有所憂患則不得其正。心不在焉，視而不見，聽而不聞，食而不知其味。此謂脩身在正其心。

所謂齊其家在脩其身者，人之其所親愛而辟（pì。辟：偏斜，偏差）焉，之其所賤惡而辟焉，之其所畏敬而辟焉，之其所哀矜而辟焉，之其所敖惰（傲慢）而辟焉。故好而知其惡（è）、惡（wù）而知其美者，天下鮮矣。故諺有之曰："人莫知其子之惡，莫知其苗之碩（肥壯）。"此謂身不脩不可以齊其家。

所謂治國必先齊其家者，其家不可教而能教人者無之，故君子不出家而成教於國。孝者所以事君也，弟（tì。弟："悌"的古字）者所以事長也，慈者所以使衆也。《康誥》（《尚書·周書》中的篇目）曰："如保赤子。"心誠求之，雖不中，不遠矣。未有學養子而後嫁者也（未有先學會撫養兒女然後再出嫁的。此言撫愛子女是出於本有的天性）。一家仁，一國興（興起，重視）仁；一家讓，一國興讓；一人貪戾，一國作亂。其機（關鍵）如此。此謂一言僨（fèn。僨：敗壞，倒下）事，一人定國。堯、舜率天下以仁，而民從之；桀、紂率天下以暴，而民從之。其所令反其所好，而民不從。是故君子有諸己而後求諸人（所以君子自己做到了然後纔能要求别人去做），無諸己而後非諸人（自身不沾染然後纔能禁止别人）。所藏乎身不恕而能喻諸人者（自身不仁而能教育人的情況。恕，仁愛待物），未之有也。故治國在齊其家。《詩》云："桃之夭夭，其葉蓁蓁。之子于歸，宜其家人。"（《詩經·周南·桃夭》）宜其家人，而後可以教國人。《詩》云："宜兄宜弟。"（《詩經·小雅·蓼蕭》）宜兄宜弟，而後可以教國人。《詩》云：“其儀不忒，正是四國。”（《詩經·曹風·尸鳩》）其爲父子兄弟足法，而後民法之也。此謂治國在齊其家。

所謂平天下在治其國者，上老老而民興孝，上長長而民興弟，上恤孤而民不倍（倍：通“背”），是以君子有絜（xié。絜：用繩量筒形物的粗細）矩（絜矩：守法）之道也。所惡於上（憎惡來自上級），毋以使下；所惡於下，毋以事上；所惡於前，毋以先後；所惡於後，毋以從前；所惡於右，毋以交（交：遷怒）於左；所惡於左，毋以交於右。此之謂絜矩之道。《詩》云：“樂只君子，民之父母。”（《詩經·小雅·南山有臺》）民之所好好之，民之所惡惡之，此之謂民之父母。《詩》云：“節彼南山，維石巖巖。赫赫師尹，民具爾瞻。”（《詩經·小雅·節南山》）有國者不可以不慎，辟（pì，邪僻，偏離正道）則爲天下僇（僇：通“戮”）矣。《詩》云：“殷之未喪師，克配上帝。儀（或作‘宜’）監于殷，峻命（大命，指天命）不易。”（《詩經·大雅·文王》）道得衆則得國，失衆則失國。是故君子先慎乎德。有德此（此：就，就會）有人，有人此有土，有土此有財，有財此有用。德者本也，財者末也。外本内末，爭民施奪，是故財聚則民散，財散則民聚。是故言悖而出者，亦悖而入；貨悖而入者，亦悖而出……見賢而不能舉，舉而不能先，命（màn。命：輕慢。鄭玄注：“命讀爲‘慢’，聲之誤也。舉賢而不能使君以先己，是輕慢於舉人也。”）也；見不善而不能退，退而不能遠，過也。好人之所惡，惡人之所好，是謂拂人之性，菑必逮夫身。是故君子有大道，必忠信以得之，驕泰以失之。

古漢語基礎知識之八

漢字的形體演變

漢字是記録漢語的書寫符號系統，屬於表意文字。如果從殷商甲骨文算起，漢字已經有了3400多年的歷史。在漫長的發展演變歷史中，漢字以其特有的超地域超方言的作用和藝術魅力，爲記録漢語、記録中華民族悠久燦爛的歷史和文化做出了重要貢獻，成爲我們民族的瑰寶。

漢字的形體自漢字産生起一直都處於變化之中，即使在漢字體系形成後，也先後出現至少九種字體。漢字形體的變化主要表現在字形和字體两個方面。字形的變化指單個字外形的變化，其實質是結構的繁簡和訛變等；字體變化指字形特點和書寫風格上的變化，其實質是筆勢（筆畫的形態）的差異。

從殷商甲骨文到今天，漢字形體發生了重大的變化。根據學術界的一般看法，漢字形體演變的歷史可以劃分爲两個階段，即古文字階段和今文字階段。古文字階段自商至秦，歷經甲骨文、金文、戰國文字、小篆等五種字體。今文字階段自漢至今，有隸書、草書、楷書、行書四種字體。

“古文字”是一個約定俗成的説法，相對於“今文字”而言，主要指秦及秦以前的各種古代漢字的總稱，時間範圍大體就是先秦時期。根據時代的不同，古文字可分爲殷商文字、西周春秋文字、戰國文字（包括秦大篆和六國古文）、秦小篆，有的學者認爲還應當包括先秦古隸書。根據書寫材料的不同，古文字可分爲甲骨文、金文、陶文、玉石文、簡帛文、璽印文和貨幣文等。專門研究古文字的學科叫“古文字學”。古文字的共同特點是以象形示意爲構字基礎，字形接近客觀事物，象形色彩濃厚，結構隨意，筆順繁複，没有形成系統的點畫。

第一節　商周甲骨文

一、甲骨文概説

刻在龜甲及獸骨上的古文字叫“甲骨文”，主要指河南安陽小屯殷墟遺址出土的甲骨文。最初其名稱並不統一，有龜版文、龜甲文、契文、甲骨刻辭、龜甲獸骨文字、貞卜文字、甲骨卜辭、殷墟卜辭、殷墟書契和殷墟文字等叫法，後來纔比較統一地稱爲“甲骨文”。除河南安陽殷墟小屯之外，陝西、山東、河北、山西等省也有少量商周甲骨文出土，其中陝西周原鳳雛遺址1977年出土甲骨17 000多片（有字甲骨280多片），2008年周公廟遺址又出土有字卜甲685片。周原甲骨在形態、辭例和内容等方面都與殷墟甲骨文有很大的不同，應該是周人占卜的遺留。

據《史記·龜策列傳》“聞古五帝三王，發動舉事，必先決蓍龜”的記載可知，利用龜甲獸骨占卜早在新石器時代就已經普遍存在。甲骨文是殷商王室及其族屬占卜活動的記録。在殷商時期，人們以爲神靈主宰着一切，大凡有關年歲（農業）、天象（風雨）、旬夕（吉凶）、祭祀、征伐（方國）、田獵（漁牧）、疾夢、使令、往來、婚娶等現象或活動，都要通過占卜向神靈卜問吉凶。占卜之前的龜甲（主要是龜腹甲）獸骨（主要是牛肩胛骨）要經過鋸削、剮磨等程式進行整治。占卜時先在甲骨背面鑽鑿，在鑽鑿處用火灼燒，使甲骨正面呈現裂紋，這就是“卜兆”。王或史官根據卜兆來判斷吉凶。占卜結束後，將占卜時間、占卜者、占問内容、占卜結果以及是否應驗等情況刻記在甲骨上（例見圖一、圖二）。甲骨卜辭有相對固定的格式，一條完整的卜辭包括前辭（占卜時間、占卜者名字）、命辭（所問之事）、占辭（據卜兆做出的吉凶判斷）和驗辭（占卜後是否應驗的記録）。

圖一

圖二

甲骨文主要是商朝王室卜辭，同時也有非王卜辭以及方國諸侯卜辭。前者一般叫“王卜辭”，後者一般叫“非王卜辭”。甲骨文的内容除了占卜記録外，也有記事刻辭，如甲橋和甲尾刻辭、背甲刻辭、骨臼和骨面刻辭等。記事刻辭主要記載甲骨的來源、數量、納貢者和保管者的姓名等，此外還有祀譜（圖三）、家譜、干支表（圖四）等。

甲骨上的文字絶大多數是用刀刻的，也有極少數是用毛筆寫的，包括墨書、朱書（圖五）。甲骨文中“筆”字寫作（即聿字），像手握毛筆。《尚書·周書·多士》：“惟殷先人，有册有典。”這説明早在商代，毛筆和竹簡已開始使用，只是由於竹簡容易腐爛，難以保存到今天。

圖三

圖四

H24:297反，朱书

圖五

二、甲骨的數量和甲骨文的字數

自19世紀末甲骨文被發現到目前爲止，在120多年裏，出土甲骨數量爲10萬至15萬片。已發現的甲骨主要收藏於國内外公私機構，也有不少爲美、日、英、法、德、俄、比利時、瑞士、瑞典、韓等國公私機構收藏。匯集甲骨文資料較完備的著作是郭沫若主編、胡厚宣擔任總編輯的《甲骨文合集》(13 册，中華書局 1978 年—1983 年)，共收録甲骨 41 956 片。另外，彭邦炯等編纂的《甲骨文合集補編》(7 册，語文出版社 1999 年)，收録《甲骨文合集》遺漏、未選用及其他未公開發表的資料 10 000 多片。其他甲骨著録書尚有中國社會科學院考古研究所編《小屯南地甲骨》(3 册，中華書局 1980 年—1983 年)，李學勤、齊文心、艾蘭編《英國所藏甲骨集》(5 册，中華書局 1980 年)，中國社會科學院考古研究所《殷墟花園莊東地甲骨》(6 册，雲南人民出版社 2003 年)等。黄天樹主編的《甲骨文摹本大系》(北京大學出版社 2022 年)，全書包括圖版 28 册、釋文 10 册、索引 5 册，共 43 册，以摹本形式收録有字甲骨 70 659 片，這是迄今收録甲骨數量最多的大型甲骨著録書。

據李宗焜《甲骨文字編》統計，截至 2010 年底，所見的殷墟甲骨文字共含單字 4378 號，其中可隸定者爲 2369 號，可釋者 1682 號，收入《漢語大字典》者 1365 號[①]。

三、甲骨文的字體與結構特點

大量甲骨文字的發現，表明殷商時期漢字就已經發展到比較成熟的階段，其書寫、構形特點主要有如下幾個方面：

1. “六書”中的象形、指事、會意、形聲四類字已經具備，以象形、會意爲主。另外，假借現象十分普遍。例如：

象形：山、羊、泉、豆、車　指事：上、亦、甘、面、員

會意：牧、衆、伐、得、逐　形聲：星、追、河、杞、姓

假借：來、其、隹、東、南、西、北

---

① 李宗焜：《甲骨文字編》，中華書局 2012 年。

2. 保留着早期文字的圖畫特徵。例如：

虎：　牛：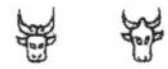　車：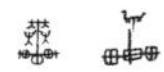

魚：　鼎：　象：

鹿：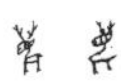　鳥：　馬：

3. 形體結構没有完全定型，構件數量、功用、位置等靈活多樣。例如：

（1）構成成分多少不確定。例如：

星：　漁：　得：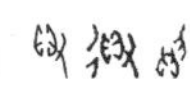

（2）構件功用不確定。同一個字，其意義構件可以更换。例如：

沉：　牢：　逐：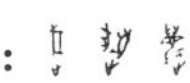

（3）構件的朝向和造型不固定。同一個字可以正寫、反寫、倒寫、側寫，結構較自由。例如：

龜：　帝：　好：

4. 合文較多。所謂"合文"是指將幾個字合寫成一體，形似一個字，但認讀時仍按幾個字對待。合文大多是數字或殷商先公先王的廟號。例如：

五十：　二百：　四千：　五千：　十一月：　報丙：　大甲：

5. 筆畫多爲細瘦的直筆。甲骨文是用刀刻寫在堅硬的甲骨上，故綫條瘦硬，多爲直筆，轉彎之處多是硬角。例如表示太陽的"日"本應爲圓形，却刻成了方形。有些本來應該填實的肥筆，實際却只刻了輪廓，或改用綫條代替，例如"天"。商代金文"天"則寫成圓形的肥筆。

儘管如此，甲骨文已發展成爲一種比較成熟的文字符號系統。

第二節　商周金文

一、青銅器與金文概説

金文，是鑄刻在青銅器上的文字。又稱“鐘鼎文”“吉金文字”“彝銘”“彝器款識”“彝器文字”“銅器銘文”等。其中“銅器銘文”比較確切，簡稱“金文”。

廣義的金文包括殷商、西周、春秋、戰國、秦漢時期的銅器銘文，狹義的金文僅指西周時期的銅器銘文。

金文的載體是青銅器。青銅器是一個含義豐富的名詞，凡以青銅鑄造的一切禮器、兵器、生産工具、生活用具等都可以統稱作“青銅器”。商周青銅器一般分爲食器、酒器、水器、樂器、兵器、車馬器、日用器具和雜器（貨幣、璽印、符節、量器、鏡、帶鉤等）。中國青銅器的製造有悠久的歷史。文獻記載始於黄帝、蚩尤，例如《吕氏春秋·古樂》：“黄帝又命伶倫與榮將鑄十二鐘以和五音。”《管子·地數》：“葛廬之山發而出水，金從之。蚩尤受而制之，以爲劍、鎧、矛、戟。”文獻中關於夏代有銅器的記載也屢見不鮮，如《左傳·宣公三年》：“昔夏之方有德也，遠方圖物，貢金九牧，鑄鼎象物。”《史記·孝武本紀》：“禹收九牧之金，鑄九鼎。”距今5000—4000年的甘肅馬家窯、齊家文化發現有銅刀、斧、鑿等。河南偃師二里頭遺址時在夏代，已發現有銅刀、鏃、魚鉤及青銅爵。商代以後，青銅器鑄造術有了長足發展，尤其商代後期都城殷墟的青銅器鑄造術已達到鼎盛時期，青銅器種類繁多，形體高大，花紋繁縟。西周時期，青銅器的數量大大超過商代，器類更多，銘文加長，内容多樣。平王東遷之後，青銅禮器衰落，王室器減少，列國器大增。到了戰國時期，青銅日用器大增，劍、編鐘普遍，銅幣、璽印、符節流行，銅器銘文多屬“物勒工名”一類，長篇罕見。戰國之後，銅器多被鐵器、漆器、瓷器所取代。銅製品通常爲日用器皿，輕便、精巧、實用，花紋幾乎全廢。銘文多爲器物紀年、作坊名、工官名等。

二、金文的主要内容

《禮記·祭統》云:“夫鼎有銘，銘者，自名也。自名，以稱揚其先祖之美，而明著之後世者也。”青銅器銘文除了記録做器者、受祭祀者名號外，主要是用來記録祭祀典禮、頌揚先祖、征伐紀功、賞賜册命、訓誥臣下、刑典契約以及器物製造者和擁有者的名字等，以便傳諸後世子孫。

大約從商代中期開始，青銅器上開始出現銘文，多爲一字或兩三字（圖六），内容爲族氏名、做器者私名、受祭父祖名等。從商代晚期開始出現少量十幾字至四十幾字的較長銘文（圖七），是研究殷商語言文字和歷史文化的重要資料。

圖六　商代中期銅器銘文

圖七　商代晚期銅器銘文

西周是金文的鼎盛時期，相比於商代金文有着明顯的發展與進步，表現在器物種類、數量、篇幅、字數以及記事内容的豐富程度等方面。西周金文的長銘較前大爲增加，百字左右的比比皆是（圖八）。超過 100 字的也較常見，例如大盂鼎（圖九）有 291 字，史墻盤（圖十）284 字，散氏盤 350 字，曶鼎現存 380 餘字。西周末宣王時期的毛公鼎（圖十一）更是多達 497 字，屬於銅器銘文中最長的一篇。

西周金文有些記載了重大的歷史事件，如利簋銘文記武王滅商，可與《尚書·周書·武成》《逸周書·世俘》篇參證。何尊銘文記載成王繼承武王遺訓遷都成周，銘文“宅兹中國”與《尚書·周書·洛誥》的記載一致。有些記載了西周的祭祀、封賞、攻伐、慶功、訴訟等活動以及土地制度、册命制度等禮制，反映周人崇尚天命、注重禮儀的觀念。西周金文的文學色彩濃厚，不少篇章遣詞斟酌，謀篇合理，且多是韻文，例如虢季子白盤（圖十二），用韻與《詩經》接近。

利簋

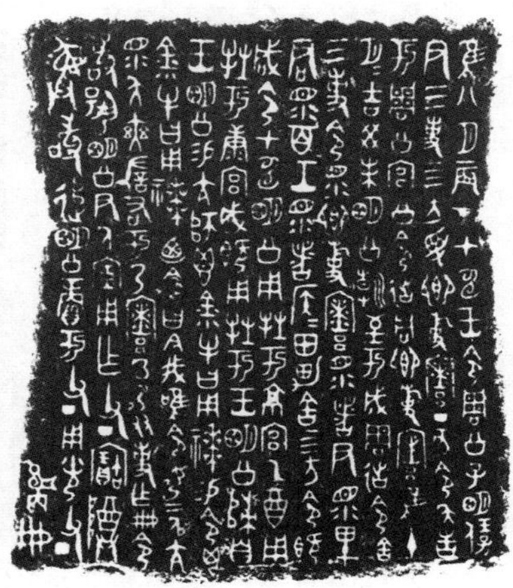

作册令方彝

圖八　西周早期銅器銘文

圖九　大盂鼎

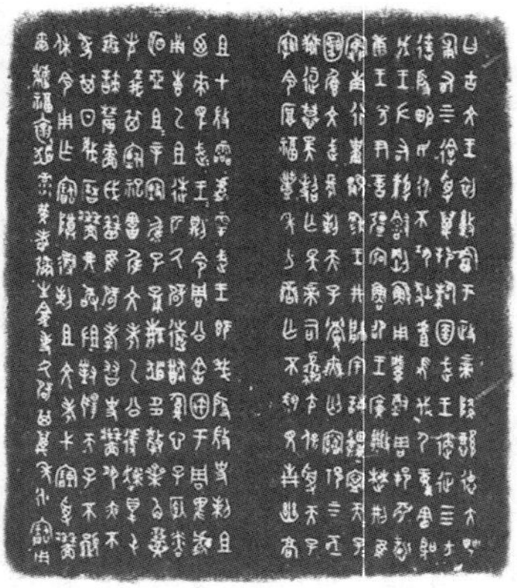

圖十　史墻盤

圖十一　毛公鼎

圖十二　虢季子白盤

春秋時期王室没落而勢同諸侯，晉、齊、秦、楚等諸侯國日益强大。“諸侯力政，不統於王”（《説文解字·叙》），王室器少而諸侯國青銅器多，禮器減少而日用器漸多，加上此時竹帛已廣泛使用，文字應用日繁，澆鑄銘文終不及書於竹帛方便，故有銘器少，無銘器多。在爲數不多的有銘器中，銘文亦日趨簡短，主要是“物勒工名”式的短銘，刻記器物監造者、工匠的名字以及器物容量斤兩等。

三、金文的字體與結構特點

金文不像甲骨文那樣直接用刀把文字刻在堅硬的甲骨上，而是先用毛筆將字寫在模具上，然後刻好鑄造出來，故具有肥厚粗壯、圓渾豐潤、莊重美觀、富於變化等特點。商代金文字體多作首尾尖、中間粗的波磔體，雄渾有力。西周初期，金文承商代遺風，多波磔，筆畫粗重；中期以後，筆畫粗細均勻，行款排列整齊，布局合理，或秀美，或凝重，或恣肆，或渾厚，風格漸趨多元。到了春秋初期，金文多承西周晚期風格，稍後諸侯國逐漸形成了各自的特點。秦文字與西周金文一脉相承，三晉、齊、楚的金文風格各不相同，均異於秦文字，其中楚文字出現了裝飾化傾向，是戰國鳥蟲書的濫觴。

西周金文形體結構的總體特點有以下幾個方面：

1. 筆畫豐滿粗壯，多用肥筆和圓筆，字形長圓，莊嚴厚重。

2. 象形字的象形色彩開始減弱，趨向綫條化和符號化。形聲字大量增加。

3. 書寫較規範，字形大小基本一致。字體結構逐漸定型，異體字減少。

4. 合文大量減少，且組合方式相對固定，常見的是上下組合式。例如：

五朋：　文王：　小子：　父癸：　至於：
寡人：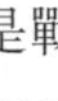

5. 行款漸趨固定，多爲直書左行，奠定了後代漢字書寫的款式。

總體來看，西周金文和殷商甲骨文在結構、風格上都有較大差異，規範化、符號化增强。不過也有一些金文字形結構比較複雜，比甲骨文還象形，更像表現事物形體的圖畫。

第三節　戰國文字（上）——六國文字

戰國文字是戰國時期周王室和各諸侯國所用文字的統稱。戰國文字的品類衆多，包括銅器（禮器、樂器、量器、符節、兵器、車馬器等）、漆器、金銀器、竹簡、木牘、玉石銘刻、帛書、璽印、封泥、陶文、貨幣等。字體也極爲繁雜，無論哪種載體上的字體都不能代表這一時期的所有文字，故不能像商代甲骨文、西周金文那樣以載體命名，只能統稱爲“戰國文字”。戰國是中國社會大分裂、大動蕩、大變革的時期，長期的分裂導致各國在政治、經濟、文化等方面逐漸自成體系，文字因之也出現了分系發展的局面。

王國維最早根據結構和書寫風格把戰國文字分爲秦國文字和東方六國文字，即秦系文字和六國文字兩大系統。其後又出現了戰國文字“五系説”，即齊系、燕系、晉系、楚系和秦系。各系文字除指本國文字外，還包括地域和文化上接近的一些國家的文字，如齊系除齊國文字以外，還包括魯、邾等國文字；晉系除韓、趙、魏文字之外，還包括中山、鄭、衛等國文字；楚系除楚國文字外，還包括曾、吴、越、徐、蔡、宋等國文字。

一、六國文字的發現

六國文字又叫“東土文字”“東方六國文字”“六國古文”“古文”等，是指戰國時期流行於秦國以外齊、楚、燕、韓、趙、魏等六國的文字。六國文字資料主要包括漢代在孔子舊宅壁中發現的“壁中書”、《説文解字》收録的古文、曹魏時期的《三體石經》（圖十三）、西晉武帝咸寧五年（279年）河南出土的汲冢竹書、宋郭忠恕據傳抄古文材料所編《汗簡》、宋夏竦《古文四聲韻》中所收録或刻寫的古文以及後代新出土的六國簡帛、金石文字和陶文等。

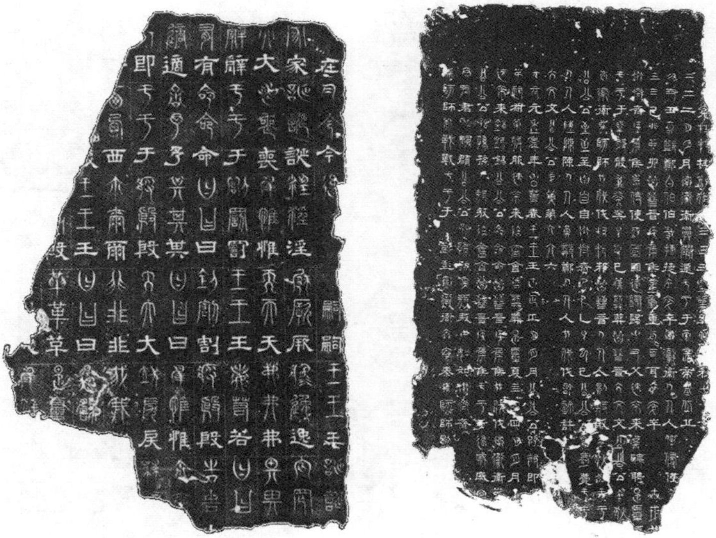

圖十三　三體石經殘石拓片

晚清至今，新出土的六國文字資料主要有戰國早期田齊標準器陳侯四器（圖十四）、洛陽金村古墓出土的魏國標準器屭羌鐘（圖十五）、安徽壽縣朱家集出土的楚國銅器群、湖南長沙子彈庫出土的楚帛書（圖十六）、鄂君啓節、侯馬盟書、温縣盟書、中山國銅器群（圖十七）等。這一時期出土的戰國文字資料數量之多，内容之豐富，超過了歷史上任何一個時期，尤其 20 世紀 80 年代以來，戰國楚簡頻出，引人注目，如湖北荊門包山竹簡、郭店楚簡等。除了出土，這一時期還購回了一些流失在海外的六國文字資料，包括上海博物館所藏戰國竹書楚簡、清華大學所藏戰國楚竹書以及安徽大學所藏戰國竹簡等。

圖十四　陳侯午敦

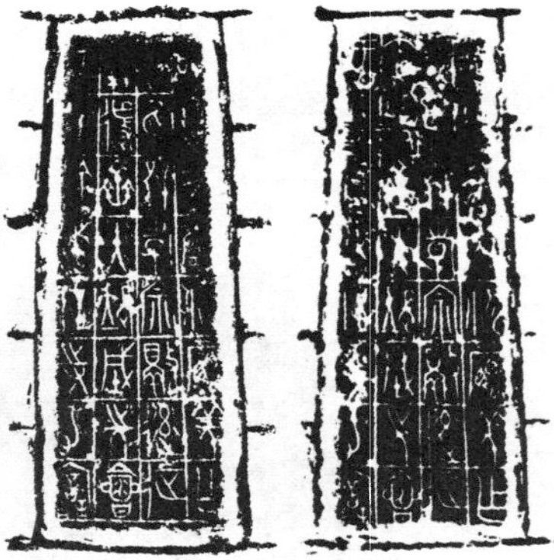

圖十五　驫羌鐘

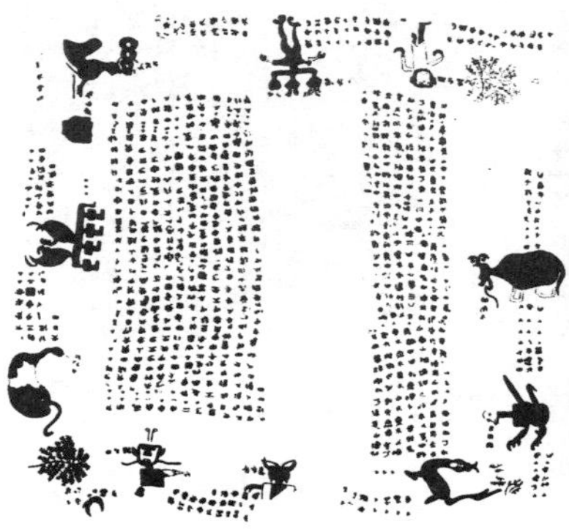

圖十六　楚帛書摹本圖

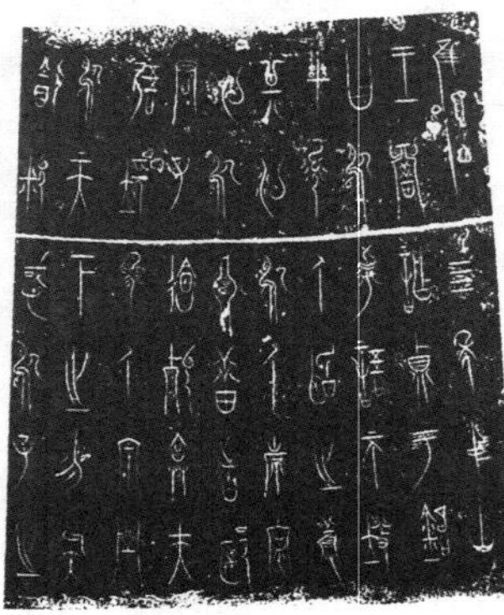

圖十七　中山王圓壺銘文

二、六國文字的結構和形體特點

戰國是個大變革的時代，經過春秋數百年的分合，形成了戰國秦、齊、楚、燕、韓、趙、魏七個大國和宗周、宋、衛、中山等幾個小國的局面。隨着社會的劇烈變化，語言文字的地域性差異也日益加劇，所謂"言語異聲，文字異形"(《說文解字·叙》)，六國文字就是這種社會背景下的産物。

六國文字在結構和書寫風格上與周秦系文字明顯不同，普遍繼承了省訛的俗字，與書寫較爲規範的傳統寫法大相逕庭。例如（表一，取自陳昭容《秦系文字研究》）：

表一

	齊	楚	燕	晉	秦
馬				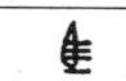	
	璽 0025	鄂君啓節	璽 0060	璽 0057	秦簡
襄	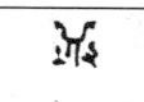			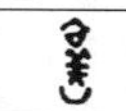	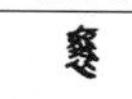
	璽 5294	鄂君啓節	璽 0125	璽 0077	秦簡
安	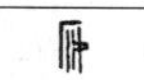	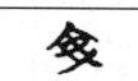	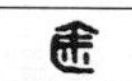	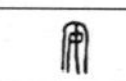	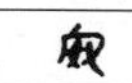
	陳純釜	楚簡	璽 0012	璽 2760	秦簡
乘				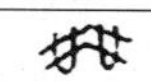	
	陶 3.207	鄂君啓節	璽 0251	中山刻石	秦簡
市		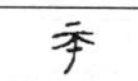		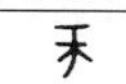	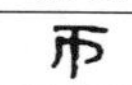
	陳純釜	酓忎鼎	璽 0158	鄭令戈	秦簡
昌				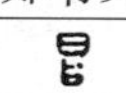	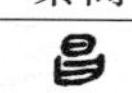
	璽 5390	璽 0178	璽 0882	璽 0006	秦簡

六國文字中的合體字、異體字、形聲字、假借字均比較普遍，形體省變訛變現象突出。其中三晉（韓、趙、魏）文字和西周、春秋時期的文字差距不大。從書寫風格上看，三晉文字端莊整飭，用筆纖巧細膩；楚文字縱横恣意、疏闊遒勁；燕文字工整而呆板，多用方折；齊文字體式修長，筆畫匀整，好用繁飾。下面通過實例看看六國文字内部的具體差異，可分爲四個方面：

1. 結構和書寫風格的差異，同一個字的構型和書寫風格在不同國家甚至不同地區存在明顯差異。例如（表二、表三）：

表二

	楚	齊	燕	三晉	秦
者	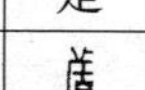	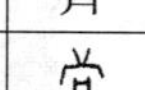	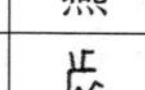	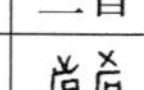	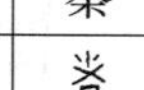
市	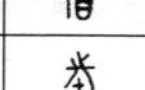	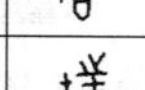	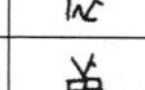	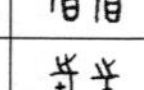	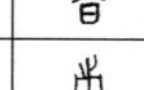

表三

	楚	燕	三晉	秦
秋				

2. 異體字、俗體字較多。例如《侯馬盟書》中“嘉”“敢”二字的部分寫法：

嘉：　敢：

3. 書寫形式隨意，省變嚴重，缺乏規律性，難以看出傳承關係及構形理據。例如（表四）：

表四

	秦	齊	楚	燕	韓	趙	魏
馬			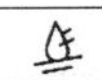				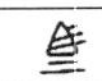
安	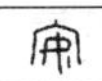	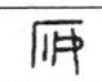	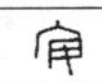	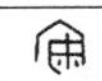	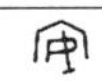	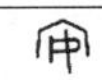	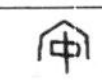

4. 部分字的裝飾性強，表現出追求審美效果的傾向。從春秋末年開始，南方的吳、越、蔡、楚等國的兵器銘文中多出現此類字。例如（圖十八）：

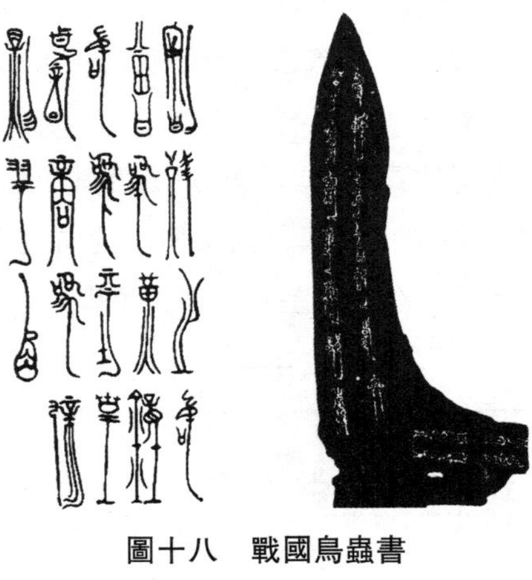

圖十八　戰國鳥蟲書

第四節　戰國文字（下）——秦系文字與小篆

秦系文字包括春秋戰國（春秋末年至秦統一之前）至秦漢之際的秦文字，上限爲西周晚期，下限爲秦漢之際。

一、秦文字資料與研究

有文獻記載的秦文字資料包括泰山、芝罘、琅琊臺、東觀、碣石、會稽刻石等（見《史記·秦始皇本紀》）。最早著録秦石刻文字的著作爲班固《漢書·藝文志》。此外，《説文解字》中也收録了一些秦石刻文字。

《隋書·經籍志》著録了南北朝劉宋時會稽太守褚淡所著《秦帝刻石文》，這是最早有明確記載編者和年代的秦石刻文字著作。中華人民共和國成立後至今，秦文字資料層出不窮，其中重要的秦文字資料有雲夢睡虎地秦簡、天水放馬灘秦簡、里耶秦簡、岳麓書院藏秦簡、北京大學藏秦簡、銅器和兵器銘文、秦始皇陵園遺址出土的各類文字資料、相家巷等地出土的秦封泥等。

秦文字的發現與研究肇始於隋唐時期。20世紀中期以後，隨着秦文字資料的不斷發現，尤其是大批秦簡、封泥文字資料、銅器、兵器銘文的接連出土，秦文字無論在數量上還是在品質上，都成爲戰國文字資料的大宗，也成爲戰國文字研究的重要領域。著録和研究秦文字的著作主要有羅振玉《秦金石刻辭》、劉體智《善齋吉金録》《小校經閣金文拓本》、容庚《秦漢金文録》、王國維《戰國時秦用籀文六國用古文説》、王輝等《秦銅器銘文編年集釋》《秦文字集證》《秦出土文獻編年》《秦出土文獻編年訂補》

《秦文字通論》、王偉等《秦出土文獻編年續補》等。

二、秦系文字的資料和書寫風格

由於秦國地處西周故地，受西周文化的影響，秦系文字與西周金文一脈相承，除了書寫風格更加規整勻稱之外，結構上的變化並不明顯。秦系文字有大篆、小篆之分。大篆是小篆的先河，得名於周宣王時期太史籀所作的《史籀》15 篇。大篆作品有《史籀》、《石鼓文》（圖十九）、《詛楚文》（圖二十）等。《史籀》篇早已亡佚，只是在《說文解字》裏保存了 200 多個籀文。石鼓文是春秋時期秦人刻在十個鼓形石頭上的文字，唐初發現於天興縣（今陝西寶雞市鳳翔區），原刻有 600 多字，後歷經搬遷磨損，現僅存 300 多字。石鼓文結構端莊嚴謹，大小一致，布局頗有法度，偏旁部首的寫法和位置基本定型，筆道粗細均勻，已基本實現綫條化，風格已與小篆接近。

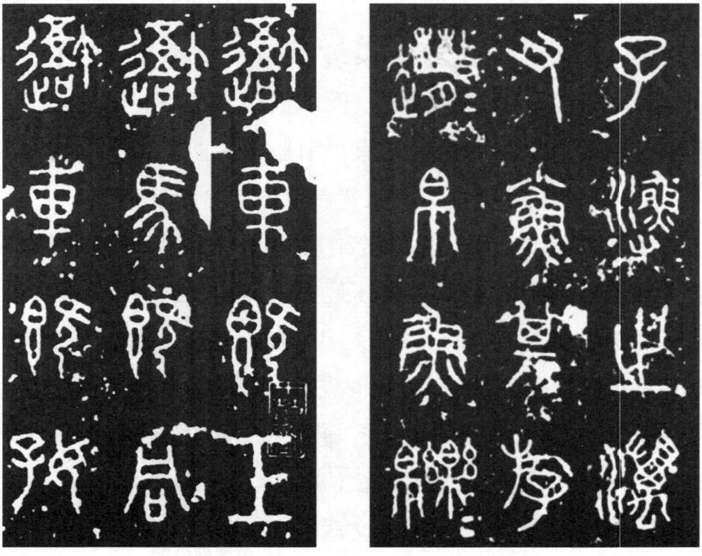

圖十九　石鼓文

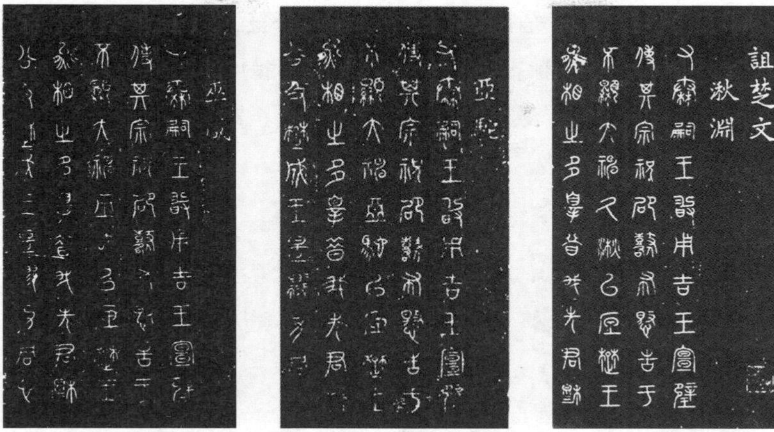

圖二十　詛楚文（三種）

春秋時期的秦系文字雖然也略呈地方性的變化，但總體説來，其上承西周文字，在結體上很少變化，書風嚴謹工整，雍容大度，迥異於漸趨詭異的東土文字。

從戰國中晚期開始，秦系文字也開始變化，經歷了分化與簡化的過程，出現正體和俗體的風格差異，如大良造鞅戟（圖二十一）的文字筆畫簡省，轉折處不追求圓潤對稱，出現隸書化傾向。

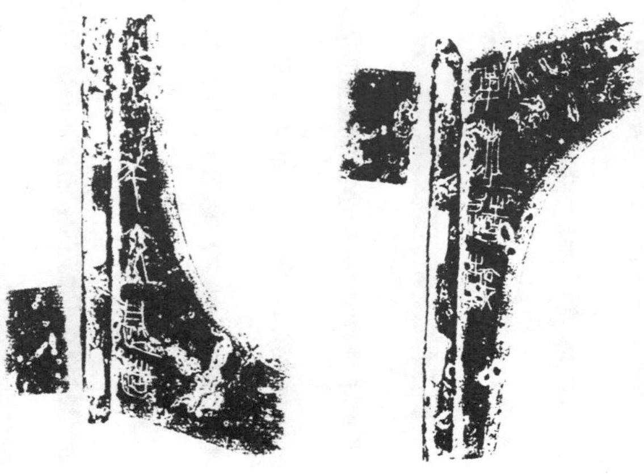

圖二十一　大良造鞅戟銘文

所謂“正體”，是指簡化、分化後的工整文字，即小篆。所謂“俗體”，是指逐漸隸書化的民間字體。俗體可以雲夢睡虎地秦簡（圖二十二）作爲代表。這種字體既保持了正體的基本結構，又開創了隸書的筆勢風格。

圖二十二　雲夢睡虎地秦簡・秦律十八種（效律）

三、小篆的形成及其結構特點

小篆是秦“書同文字”頒行的標準字體，由大篆省改整理而成，即“取史籀大篆或頗省改”“罷其不與秦文合者”（《説文解字・叙》）。李斯《倉頡篇》、趙高《爰歷篇》、胡毋敬《博學篇》均采用小篆書寫，作爲文字範本加以推行。小篆的資料主要有以下五種：

1. 秦刻石。秦始皇曾在嶧山（圖二十三）、泰山（圖二十四）、琅琊臺、芝罘、碣石、會稽等地刻石記功。這些刻石上的文字都是標準的小篆，相傳出自李斯之手。

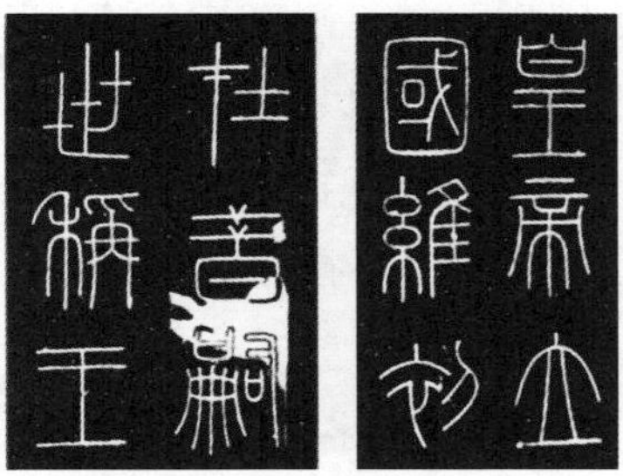

圖二十三　嶧山刻石

圖二十四　泰山刻石

2. 銅器文字。如新郪虎符（圖二十五）、陽陵虎、秦權、詔版（圖二十六）、璽印封泥（圖二十七）上的文字。

圖二十五　新郪虎符

圖二十六　秦始皇詔版

圖二十七　秦璽印封泥

3. 記録《倉頡篇》《爰歷篇》《博學篇》的文字。據《漢書·藝文志》,《蒼頡篇》《爰歷篇》《博學篇》三篇合計 55 章，共收字 3300 個，原書久佚。

4.《説文解字》正文所收的 9353 個篆文。

5.《三體石經》中的小篆。《三體石經》立於三國魏正始年間，共用古文、小篆、漢隸三種字體寫成，原石已毁，宋以來屢有殘石出土。

小篆與大篆一脉相承，繼承了漢字的構形理據，經官方提倡，很快在全國通行開來。創造小篆的具體方法主要有三種：

1. 固定字形。具體方法包括：

（1）固定字的筆畫數及形體。例如“皇”字，西周金文函皇父匜作，王孫遺者鐘作，樂書缶作，秦石刻、詔版中“皇”的筆畫數和形體基本統一，作等。

（2）固定構件的形體。例如構件“辵”，戰國文字或省寫或反寫，小篆統一作“辵”。

（3）固定構件在字中的位置。例如“女”，作爲偏旁，六國文字或置於字的右側，秦小篆置於字的左側，例如。

2. 簡化字形。簡化的方法主要有減少構件、换用筆畫少的偏旁、簡化寫法三種。例如（表五）：

表五

	《説文解字》籀文	《説文解字》小篆
秦		

續表

	《説文解字》籀文	《説文解字》小篆
栗		
則		
中		

3. 廢除異體。對於異體字，只選用其中一種作爲正字，將其餘的廢除。例如“體”字，《中山王壺》從身作軆，《睡虎地秦簡》從“肉”作，小篆從骨作，將前兩種廢除。

小篆的形體特點主要有：

1. 字形均呈長圓態勢，已初具方塊氣象，端莊，工整，布局嚴謹。

2. 筆畫流暢自然，粗細均匀，圓潤，無明顯的頓挫和棱角。

3. 字形統一，廢除了異體，簡化了複雜的結構。

4. 象形性減弱，符號性增强，筆畫徹底綫條化。

5. 形聲字大量增加。例如“謂”字，帛書《老子》甲、乙本等均作“胃”，小篆加“言”作“謂”。

小篆是漢字史上第一次政策性的大規模的規範化運動，它結束了漢字長期以來字無定形、書寫混亂的局面，減少了閱讀障礙，美化了漢字，達到了“正字形”和“正字用”的雙重效果，爲隸變及楷書産生奠定了基礎，同時起到了維繫漢語和國家統一的重要作用。

第五節　漢及漢以後的今文字

今文字是漢以後出現的各種文字的總稱，包括漢隸、草書、楷書和行書等，其共同特點是字形筆畫化、簡明化，抛棄了象形特徵。

一、隸書

隸書也稱“佐書”“史書”“八分”等，是由小篆演變而成的一種新型簡易書體，以點、横、掠、波磔等點畫結構取代篆書的綫條結構。有古隸（又稱“秦隸”）和今隸（又稱“漢隸”）之分，一般所説的隸書都是指漢隸。簡牘資料顯示，漢隸都以綫條方折平直、形體簡約平易爲主。

隸書較之秦官方通用的小篆，比較潦草，但書寫方便，適應社會發展的需要。

隸書的創制一般以爲與秦時的徒隸（即犯人）有關。《漢書·藝文志》説隸書“起於官獄多事，苟趨省易，施之於徒隸也”。《説文解字·叙》稱秦“大發隸卒，興役戍，官獄職務繁，初有隸書，以趣約易”。晉衛恒《四體書勢》（見《晉書·衛瓘傳》）、唐顔師古（《漢書·藝文志》注）、唐張懷瓘（引漢蔡邕《聖皇篇》）等文獻都認爲隸書爲秦下杜人程邈所創。據已出土的文字資料來看，早在戰國中期，民間已出現了隸書的萌芽——小篆的草率寫法。《楚帛書》的字體已具有隸書筆意（圖二十八），戰國末年的《雲夢睡虎地秦簡》（圖二十九）和秦統一後的里耶文書木牘（圖三十）字體與隸書幾無區别，可見當時隸書的雛形已經出現，程邈應該是在此基礎上做了收集整理與改造工作，新增了一些波勢和挑法。

到了漢代，隸書由於其實用性强、易於書寫等優點，最終取代小篆的地位，成爲主要字體（圖三十一）。東漢中期順帝後的《石門頌》（圖三十二）、《孔廟禮器碑》（圖三十三）、《西岳華山廟碑》（圖三十四）、《史晨前後碑》（圖三十五）、《曹全碑》（圖三十六）等都是典型的漢隸。

圖二十八　戰國楚帛書

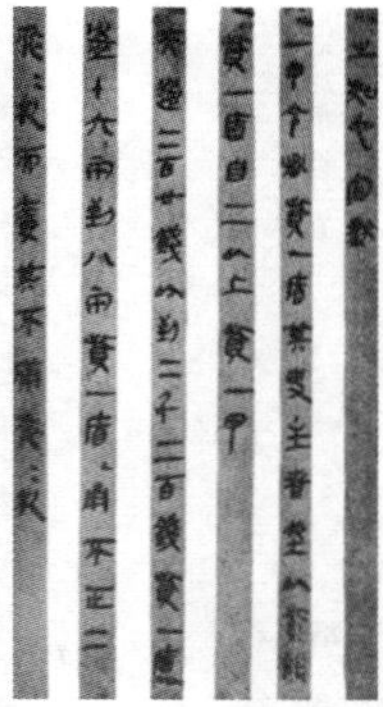

圖二十九　睡虎地秦簡

圖三十　里耶木牘

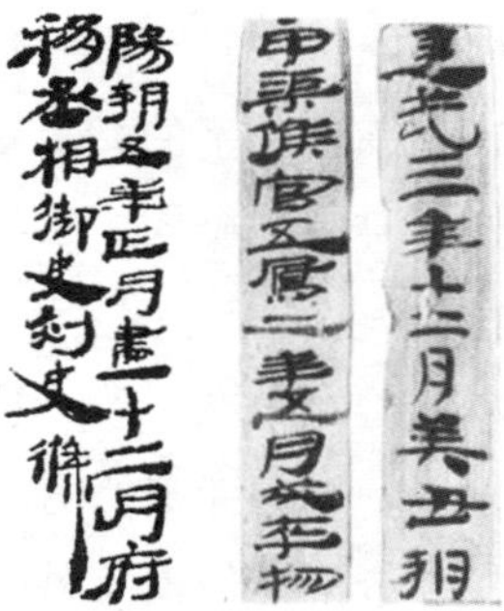

圖三十一　居延漢簡

圖三十二　石門頌

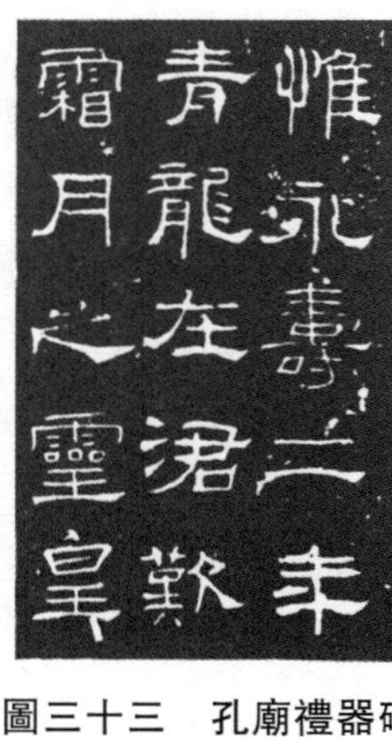

圖三十三　孔廟禮器碑

圖三十四　西岳華山廟碑

圖三十五　史晨碑

圖三十六　曹全碑

由小篆演變爲隸書，是漢字形體演變過程中一次具有劃時代意義的重大變化，同時也是漢字由古文字演變爲今文字的轉折點和分水嶺，後人稱作“隸變”。所謂“隸變”，是指從戰國中後期開始，秦系文字的篆書經由古隸到今隸的演變。

隸書放棄了古文字的象形原則，將篆文形體由長圓形改造成扁方形，將篆文筆畫由綫條化改造成筆畫化，變圓轉弧形爲方折平直形，對不少構件進行了省改歸併。這些改造不僅使漢字外形發生了極大變化，同時也對漢字結構産生了重大影響，爲楷書的形成奠定了基礎。具體方法主要有以下幾個方面：

1. 改曲爲直。放棄象形原則，圓形綫條一律變爲方形，曲綫綫條變成横撇捺等平直的筆畫。

2. 省併。往往把篆文兩筆併爲一筆，或把兩個以上的構件合併。例如將篆文大（大）的兩臂併作“一”，身軀和左腿併作“丿”。

3. 省改。省去或改造篆文的某一部分。例如：

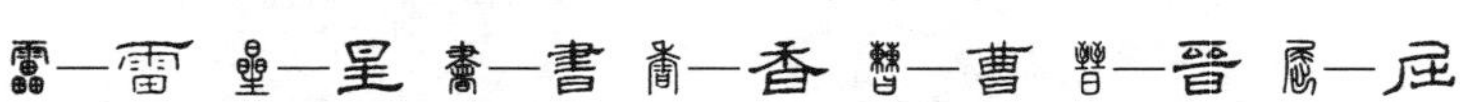

4. 替换。用簡單的構件替换複雜的構件。例如：

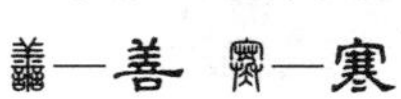

5. 合併偏旁。將小篆中不同的偏旁合併成同一偏旁。例如：

魚—魚　燕—燕　鳥—鳥　馬—馬　黃—黃

6. 分化偏旁。將小篆同一偏旁改成幾種不同寫法，用於不同的字中。例如：

炙—炙　赤—赤　然—然　尉—尉　光—光　黑—黑

想—想　恨—恨　恭—恭　心—心

7. 結構重組。以新的結構代替小篆原來的結構。例如：

更（從攴丙聲）—更　重（從壬東聲）—重　表（從衣從毛）—表

“隸變”是漢字發展史上的偉大變革，其最大貢獻是對漢字進行了大規模的簡化，提高了書寫速度，適應了社會發展的需要。但它同時也影響到一些漢字形義關係的統一，給瞭解漢字的構造理據帶來一定困難。

二、楷書

楷書又稱“真書”“正書”，是由隸書演變而成的一種新字體。楷書産生於漢末，發展於魏晉南北朝，成熟於隋唐，並一直沿用至今。有學者認爲是漢代王次仲首創，也有學者認爲是三國魏鍾繇所創。楷書的産生是追求書寫便捷和美觀規整的結果，因爲隸書的蠶頭雁尾和波勢挑法影響了書寫速度，而草書任意揮灑簡省的寫法使得字形難以辨認。

早期的楷書隸意猶存，有些學者稱爲“隸楷”。後經過發展，其字形固定爲隋唐以後的體式（圖三十七—圖三十九）。楷書的結構與漢隸區别不大，差異表現在字勢和運筆上，主要有以下三個方面：

1. 在形體上，楷書變隸書的扁方字體爲正方字體，顯得端莊大方。

2. 在筆法上，楷書改隸書横筆爲收鋒，不再上挑；撇改爲尖斜向下；改彎鉤爲硬鉤。同時還增加了斜鉤、挑等基本筆畫。

3. 進一步合併構件，同時增加了記號字和記號構件，增强了符號性。

楷書具備了簡便、典正、美觀等諸多優點，完全適應了漢語發展的需要。正因爲如此，漢字發展到楷書階段纔得以正式定型。

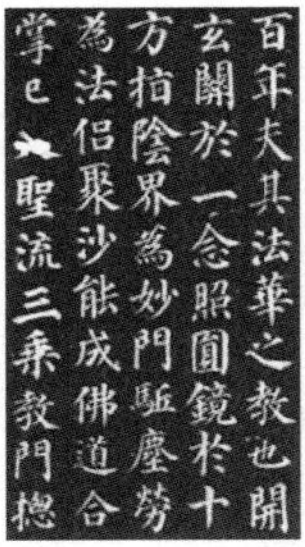

圖三十七　多寶塔碑

圖三十八　玄秘塔碑

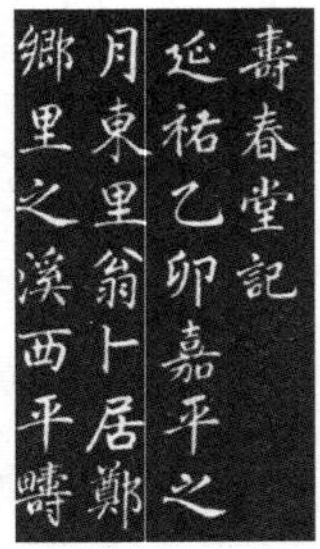

圖三十九　壽春堂記

楷書出現以後，漢字再也没有產生新的字體。至於草書和行書，只是隸書和楷書的草率寫法，屬於旁支。其特點僅在於書寫風格上，在形體結構、表意方式等方面與隸書、楷書並無本質區别。

三、草書

東漢時期，日常書寫的草率隸書成爲新的手寫體，由此產生了草書和行書。草書分爲章草、今草和狂草（圖四十）三類。

章草是漢隸的草化，相傳由西漢史遊首創，東漢章帝劉炟特准推廣，故世稱“章草”。章草筆畫帶草意，有連筆，仍保留隸書的“波磔”，字字獨立，不相連屬，布局較匀稱，書寫比隸書簡便迅速。

今草亦稱“小草”，相傳由東漢張芝首創，係改造章草而成。今草進一步省減章草的點畫波磔，筆畫連綿回繞，字間貫通一氣，顧盼呼應，書寫靈活流暢，簡易快速，但有些不易辨認。

狂草是在今草基礎上將點畫連綿書寫，筆勢相連圓轉，字形狂放多變，簡略自由，書法任意揮灑，詭奇潦草，宜於彰顯個性，體現藝術觀賞價值，但多數不易辨認，實用性不足。

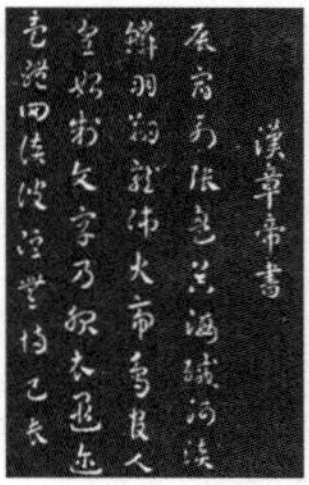

章草

今草

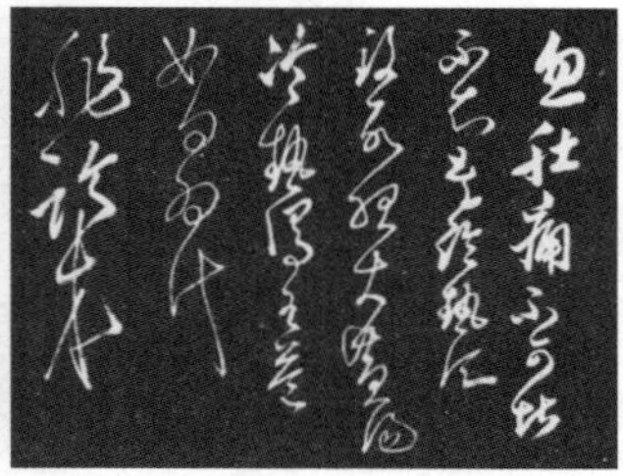

狂草

圖四十　草書

四、行書

行書取“行雲流水”之意，是介於楷書和草書之間的書體（圖四十一），筆勢没有楷書那樣工整，也不像草書那樣潦草。楷法多於草法的叫“行楷”，草法多於楷法的叫“行草”。行書相傳始於漢末，由劉德升所創，流行至今。

王羲之《蘭亭序》

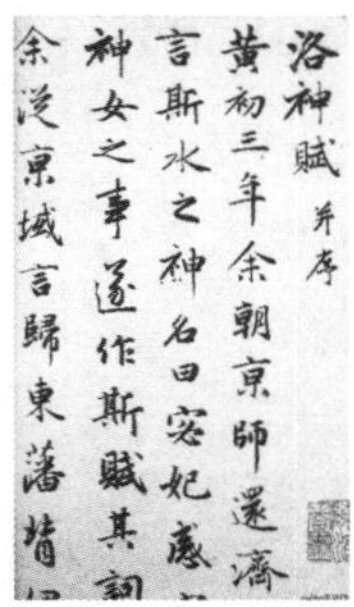

趙孟頫《洛神賦》

圖四十一　行書

通過以上介紹可以看出，作爲記録漢語的工具，漢字形體發展的總趨勢是向簡約、實用的方向發展，字形由圖畫性的象形體系轉變成了由“横、豎、撇、點、折、鉤”等筆畫組成的符號性體系，構形由繁複變爲簡單，筆畫由圓轉變爲平直，字形逐漸固定統一。這些變化多屬於字形變化，較少關乎表意的結構變化。儘管簡化運動改變了一些漢字的結構，使形意的聯繫受到影響，但多數漢字的結構没有改變，所有漢字與其所記字義之間的聯繫也没有改變，也就是説漢字的性質並没有改變，具有極强的穩定性。

古漢語基礎知識之九

古書中的用字

在漢字漫長的發展過程中，因受時地、詞義變化等多種因素的影響，出現了古今字、異體字、繁簡字、通假字等不同用法，瞭解這些不同用法，對於閱讀古籍非常必要。

一、古今字

“古今字”這一名稱最早出現於漢代。《漢書·藝文志》著録有《古今字》1卷，已佚。最早使用“古今字”這一名稱的學者是東漢鄭玄，例如《禮記·曲禮下》：“君天下曰天子，朝諸侯、分職、授政、任功，曰‘予一人’。”鄭玄注：“《覲禮》曰：‘伯父實來，余一人嘉之。’余、予，古今字。”

古今字，狹義上是對前代數詞數義共用的通用字與後代另造的分化字的合稱；廣義上是指記録同一詞而先後出現的不同字。以下所講的古今字屬於前者。所謂“古今”，是相對的説法，時代較早的字叫“古字”，時代較晚的字叫“今字”。段玉裁在《説文解字注》“誼”字下指出：“古今無定時。周爲古，則漢爲今；漢爲古，則晉宋爲今。隨時異用者謂之古今字，非如今人所言古文籀文爲古字，小篆隸書爲今字也。”

古字一般兼記多個詞或多個義項，今字分擔的只是古字所記詞或部分義項，因此古今字之間不能畫等號。例如：

例一 舍 / 捨

舍 shè ①房屋，居室。②旅館，客舍。③軍營。④量詞，古代行軍以三十里爲一舍。⑤量詞，古稱軍隊住宿一夜爲舍。⑥星次。⑦置，安置。⑧居住，住宿。⑨休息，止息。⑩指河道。

shě ①放棄，捨棄。②開釋，赦免。③施捨。

捨 shě ①捨棄，放下。②赦免，釋放。③施予，布施。

例二 反 / 返

反 ①覆，翻轉。②相反。③違背。④還歸，回。⑤往返。⑥重複。⑦回報，覆命。⑧類推。⑨反對。⑩反叛，造反。⑪指身軀，軀體。

返 ①還歸，回。②往返。

今字産生的原因主要有以下三種情况：

1. 爲將兼詞從字形上區分開來而另造新字。例如：

①《戰國策·齊策四》：“孟嘗君笑而受之。”

②《戰國策·秦策一》：“趙王大説，封爲武安君，受相印。”

①中的“受”義爲“接受”，②中的“受”義爲“授予”。二者同字不同詞，後來人們另造了一個區别字“授”以表“授予”義，於是“受、授”便成了古今字。

2. 爲使引申義獨立成詞而另造新字。例如：

①《詩經·陳風·東門之楊》：“昏以爲期，明星煌煌。”

②《詩經·邶風·谷風》：“宴爾新昏，不我屑以。”

①中的“昏”義爲“黄昏”，②中的“昏”義爲“結婚”。二者是本義和引申義的關係，後來人們另造“婚”字以表“結婚”

義，使之獨立成詞，於是“昏、婚”便成了古今字。

3. 爲使本義獨立成詞而另造新字。例如：

①《詩經・衛風・芄蘭》：“芄蘭之支，童子佩觿。”

②《詩經・大雅・文王》：“文王孫子，本支百世。”

① 中的“支”義爲枝條，② 中的“支”義爲分支，二者屬於本義和引申義的關係，後來人們另造“枝”字以表“枝條”義，使之獨立成詞，於是“支、枝”便成了古今字。

此類古今字又如：

責 / 債　弟 / 悌　解 / 懈　坐 / 座　中 / 仲　赴 / 訃　伏 / 孵　舍 / 捨

4. 爲使假借字與本字在形體上區分開來而另造新字。例如：

①《禮記・間傳》：“故父母之喪，既殯食粥，朝一溢米，莫一溢米。”

②《詩經・邶風・終風》：“莫往莫來，悠悠我思。”

① 中的“莫”義爲“傍晚”，② 中的“莫”爲副詞，義爲“不”。二者爲本字和假借字的關係。後來人們另造“暮”字以表“傍晚”義，這是爲本字另造新字。又如：

③《禮記・明堂位》：“朱干玉戚，冕而舞大武。”

④《詩經・小雅・小明》：“心之憂矣，自詒伊戚。”

③ 中的“戚”義爲古兵器名，④ 中的“戚”義爲悲傷。③ 與 ④ 中的“戚”屬於本字和假借字的關係，後來人們另造“慼（或慽）”以表“悲傷”義，這是爲假借字另造新字。

古今字多數是一對一的關係，不過一對多的現象也不少，例如和古字“支”對應的今字除了“枝”外還有“肢”，和古字“氣”對應的今字有“氣、餼”，和古字“采”對應的今字有“採、彩、綵”，等等。今字的構成大體有以下幾種情況：

1. 給古字增加意符，構成形聲字，這種結構最常見。例如：

禽 / 擒　康 / 糠　虛 / 墟　要 / 腰　昏 / 婚　求 / 裘　弟 / 悌　責 / 債

屬/囑 孰/熟 文/紋 取/娶 景/影 莫/暮 止/趾 州/洲 知/智 然/燃 奉/捧 两/輛 解/懈 益/溢 何/荷 縣/懸 坐/座 田/畋 反/返 冉/髯 北/背 共/供恭拱 辟/僻癖避譬嬖

2. 給古字增加聲符，構成形聲字，這種結構很少。例如：

網/罔 自/鼻 晶/星（曐）

3. 改换古字的偏旁。例如：

説/悦 錯/措 振/賑 適/嫡 壻/婿 陳/陣 張/脹 赴/訃 唱/倡 滑/猾

4. 對古字略加改造。例如：

大/太 不/丕 母/毋

5. 與古字形體完全不同。

戰/顫 北/敗 獸/狩 闕/缺 要/邀 伯/霸 祝/咒 亦/腋

二、異體字

異體字，是指音同義同而形不同的一組字，古稱“重文”“或體”。異體字可以分爲两類：一是两者都是常見的並行字，如“咏、詠”“嘆、歎”“綫、線”等。一是一者常見，一者罕見，如“時、旹”“哲、喆”“笑、咲”等。

在異體字中，多數人習用且被官方確定爲規範字的字形稱爲“正體”，其餘的稱爲“異體”。異體字的出現，和時代、地域以及人們求新求異求美的不同心理等因素都有關係。異體字在結構上的分歧主要有以下幾種情况：

1. 會意字和形聲字之别。例如：

泪/淚 凭/憑 岩/巖 岳/嶽 埜/野 尘/塵

2. 同爲形聲字而意符不同。例如：

睹/覩 磚/甎 歎/嘆 嘯/歗 歌/謌 暖/煖 韈/韤

3. 同爲形聲字而聲符不同。例如：

綫 / 線 蚓 / 螾 褲 / 袴 烟 / 煙 笋 / 筍 猿 / 猨

4. 同爲形聲字，意符、聲符均不同。例如：

賸 / 剩 鮮 / 尟 栽 / 菑 村 / 邨 訴 / 愬 迹 / 蹟

5. 同爲形聲字，意符和聲符的位置不同。例如：

翅 / 翄 够 / 夠 朗 / 朖 和 / 咊 群 / 羣 鵝 / 䳘 / 鵞

6. 字形稍有變化。例如：

久 / 乆 凡 / 凢 污 / 汙 凄 / 淒 肯 / 肎

需要注意的是，以下三種情况不能認爲是異體字：

1. 古音不同且義項只是部分相同的古通用字。例如：

置 / 寘 二字上古音不同，且“置”的義項多，“寘”的義項少，二字只是在“放置”“捨棄”等少數義項上相通。

實 / 寔 二字上古音不同，“實”的義項多，“寔”的義項少。“寔”通“實”，亦通“是、寘”等字。

2. 古音相同而義項只是部分相同的古通用字。例如：

雕 / 彫 / 凋 三字上古音相同，都是端母幽部，但意義不全同。“雕”的本義是鳥名；“彫”的本義是彫琢，常寫作“雕”；“凋”的本義是凋零，常寫作“彫”。這類情況又如“迸、逬”“沽、酤”等字。

3. 通假字和本字不能認爲是異體字。例如：

亡 / 無 蚤 / 早 矢 / 誓 拂 / 弼

三、繁簡字

繁簡字是繁體字與簡體字的合稱。趨簡是漢字發展的重要方向，貫穿於漢字的整個發展過程，所以簡體字不是今天纔有的，在古代就大量存在，例如“弃”字，早在戰國時期就出現了。又如從小篆到隸書，更是一次大規模的簡化整理活動。簡體字和繁體字的關係有時比較複雜，並非都是一對一的關係，閱讀古書，應瞭解繁簡字的對應關係以及簡化漢字所采取的一些方法。

1. 繁簡字的對應關係

（1）一個繁體字對應一個簡體字。例如：

辦/办 達/达 竊/窃 繭/茧 報/报 積/积 虧/亏 奮/奋 臨/临

（2）幾個繁體字對應一個簡體字。例如：

後后/后 幾几/几 發髮/发 昇陞升/升 鬦鬭鬥斗/斗 繫係系/系

2. 漢字的簡化方法

1949年以來簡化漢字的方法主要有以下幾種：

（1）采用古代的簡體字或俗體。例如：

亂/乱 寶/宝 棄/弃 塵/尘 聲/声

（2）采用解放區和1949年後創造的簡化字。例如：

隊/队 擊/击 講/讲 護/护 產/产 擁/拥

（3）采用古字。例如：

雲/云 禮/礼 無/无 個/个 氣/气

（4）同音代替。例如：

醜/丑 裏/里 鬥鬭/斗 穀/谷 昇/升 後/后

（5）草書楷化。例如：

/书 /为 /乐 /东 /专

四、通假字

通假字，就是同音替代字。古籍中特别是先秦两漢的典籍中通假字比較多，給學習或研究帶來很大麻煩。通假字和本字的讀音相同或相近，在字義上則不相干。所謂“讀音”是指先秦两漢的上古音，而非唐宋時期的中古音，更不是今音。例如：

①《尚書·夏書·胤征》:“沈亂于酒,畔官離次。”

②《禮記·檀弓上》:“夫子之病革(jí)矣,不可以變。”

③《史記·項羽本紀》:“旦日不可不蚤自來謝項王。”

④(漢)賈誼《論積貯疏》:“罷夫羸老易子而咬其骨。”

⑤《莊子·逍遥遊》:“若夫乘天地之正,而禦六氣之辯。”

⑥《孟子·告子下》:“入則無法家拂士,出則無敵國外患者,國恒亡。”

⑦《漢書·李陵蘇武傳》:“終不得歸漢,空自苦亡人之地。”

例①中“畔”通“叛”,二字古音同屬並母元部。②中“革”通“亟”,二字古音同屬見母職部。③中“蚤”通“早”,二字古音同屬精母幽部。④中“罷”通“疲”,二字古音同屬並母歌部。⑤中“辯”通“變”。“辯”古音並母元部,“變”古音幫母元部,二字古音相近。⑥中“拂”通“弼”。“拂”古音並母物部,“弼”古音並母質部,二字古音相近。⑦中“亡”通“無”。“亡”古音明母陽部,“無”古音明母魚部,二字古音本相同或相近,後發生對轉性音變。

通假字的産生,起初是由於寫字的人一時想不起本字,臨時寫了同音字去代替,這在先秦是很普遍的事情,人們習以爲常。到了漢代,出於崇古的心理,典籍中的通假字仍然大量存在,不過比先秦減少了,原因是國家通過劉向等人校書,對文字進行了一定的規範化工作。漢代以後,通假字更是越來越少了。

通假字和假借字是不同的。二者的區别是:假借字的産生是旨在解決新詞的記録問題,因爲上古漢字較少,不能完全滿足記録漢語的需要,人們通過已有的同音字去解決詞的記録問題,這是所謂“本無其字”的假借,例如借用本義是口袋的“東”字記録“東方”之“東”。通假字的産生是由於書寫時没有寫本字而寫了别字,是所謂“本有其字”的假借,例如“永錫爾類”中的

“錫”，寫“錫”時“賜”字已經存在，試比較“公賜之食”。通假字和假借字的共同點是，二者和本字的讀音都相同或相近。有些書上把假借字、通假字統稱“通假字”或“假借字”，這是稱呼問題，其内容實則迥異，不可混爲一談。

除了以上四類字外，古書中的“同源字”也值得注意。瞭解同源字可以幫助我們觸類旁通地把握一些字的字義。所謂“同源字”是指來自同一語源的一組字。正由於來自同一語源，所以其基本意義是相通的，讀音（指古音）也相同、相近或相關，只是字形不同。例如：

取/娶 食/飼 疏/梳 曲/局 鈇/膚 逼/迫 洗/跣 決/玦/缺/闕 枯/涸/渴/竭 句/鉤/枸/笱/軥/拘/痀/朐

同源字最初共用一個詞根，後來由於意義分化、語音演變、字形改變等原因，逐漸變成了一群形體不同的字。同源字的共同特點具體如下：

1. 讀音相同或音近。同源字的上古讀音相同、相近或相關。例如“取、娶”，古音同爲清母侯部；“曲、局”，古音分别爲溪母屋部、羣母屋部；“洗、跣”，古音分别爲生母支部、心母文部，二者韻部雖不同，但聲符相同，且聲母同爲齒音，可知原來讀音相同或相近，後來發生了對轉等變化。

2. 意義相通。同源字由於是同源的，故其基本意義是相通的，各自的意義是核心意義的延伸和分化。例如“取、娶”都有“取回”義，“曲、局”都有“屈曲”義，“洗、跣”都有“去净”義，“聽、廳”都“用耳聽”義，“句、鉤、枸、笱、軥、拘、痀、朐”都有“彎曲”義。

3. 字形或相近似。不少同源字共用同一構件，故字形相近，例見上，又如：

祀/祠 沽/酤 家/嫁 跟/根 悟/寤 四/駟 右/佑/祐

才/材/財　脱/捝/蜕　含/晗/頷

根據同源字的定義，可以肯定古今字中的今字一般都是同源字，例如“取、娶”。通假字與本字則不屬於同源字，因爲通假字只是基於音同或音近的臨時借用，意義上和本字没有聯繫，例如“蚤、早”。同義詞也不一定是同源字，因爲同義詞不一定同源，讀音也不必相同或相近，例如“關、閉”。

練　習　題

一、解釋詞語。

1. 甲骨文　2. 金文　3. 戰國文字　4. 大篆　5. 小篆　6. 石鼓文　7. 簡帛文字　8. 隸變

二、簡述古文字和今文字的内容。

三、簡述秦文字和六國文字的内容和差異。

四、舉例説明什麽是古今字、異體字、繁簡字和通假字。

五、同源字是不是異體字？請舉例説明。

六、翻譯下段古文。

壁中書者，魯恭王壞孔子宅而得《禮記》《尚書》《春秋》《論語》《孝經》。又北平侯張蒼獻《春秋左氏傳》，郡國亦往往於山川得鼎彝，其銘即前代之古文，皆自相似。雖叵復見遠流，其詳可得略説也。而世人大共非訾，以爲好奇者也，故詭更正文，鄉壁虚造不可知之書，變亂常行，以耀於世。諸生競説字解經誼，稱秦之隸書爲倉頡時書，云父子相傳，何得改易？乃猥曰"馬頭人爲長""人持十爲斗""蟲者，屈中也"。廷尉説律，至以字斷法，"苛人受錢"，"苛"之字止句也。若此者甚衆，皆不合孔氏古文，謬於史籒。俗儒啚夫，翫其所習，蔽所希聞，不見通學，未嘗覩字例之條。怪舊埶而善野言，以其所知爲祕妙，究洞聖人之微恉。又見《倉頡篇》中"幼子承詔"，因號："古帝之所作也，其辭有神仙之術焉。"其迷誤不諭，豈不悖哉？

《書》曰："予欲觀古人之象。"言必遵修舊文而不穿鑿。孔子曰："吾猶及史之闕文，今亡也夫！"蓋非其不知而不問，人用己私，是非無正，巧説衺辭，使天下學者疑。蓋文字者，經藝之本，王政之始，前人所以垂後，後人所以識古。故曰："本立而道生。""知天下之至嘖而不可亂也。"今叙篆文，合以古籀，博采通人，至於小大，信而有證。稽譔其説，將以理群類，解謬誤，曉學者，達神怡。分别部居，不相雜廁。萬物咸覩，靡不兼載。厥誼不昭，爰明以諭。其稱《易》，孟氏；《書》，孔氏；《詩》，毛氏；《禮》；《周官》；《春秋》，左氏；《論語》；《孝經》；皆古文也。其於所不知，蓋闕如也。此十四篇，五百四十部，九千三百五十三文，重一千一百六十三，解説凡十三萬三千四百四十一字。其建首也，立一爲耑。方以類聚，物以群分。同牽條屬，共理相貫。雜而不越，據形系聯。引而申之，以究萬原。畢終於亥，知化窮冥。

於時大漢，聖德熙明。承天稽唐，敷崇殷中。遐邇被澤，渥衍沛滂。廣業甄微，學士知方。探嘖索隱，厥誼可傳。粵在永元，困頓之年。孟陬之月，朔日甲申。曾曾小子，祖自炎神。縉雲相黄，共承高辛。太岳佐夏，吕叔作藩。俾侯於許，世祚遺靈。自彼徂召，宅此汝瀕。竊卬景行，敢涉聖門。其弘如何，節彼南山。欲罷不能，既竭愚才。惜道之味，聞疑載疑。演贊其志，次列微辭。知此者稀，儻昭所尤。庶有達者，理而董之。——《説文解字·後叙》(下)

参考文獻

曹先擢、蘇培成等《漢字形義分析字典》，北京大學出版社 1999 年。

高亨《古字通假會典》，齊魯書社 1989 年。

洪成玉《古今字》，語文出版社 1995 年。

黄偉嘉、敖群《漢字部首例解》，商務印書館 2012 年。

劉又辛、方有國《漢字發展史綱要》，中國大百科全書出版社 2000 年。

馬天祥、蕭嘉祉《古漢語通假字字典》，陝西人民出版社 1991 年。

王初慶《漢字結構析論》，中華書局 2010 年。

王鳳陽《漢字學》，吉林文史出版社 1989 年。

王輝《古文字通假字典》，中華書局 2008 年。

王輝等《秦文字通論》，中華書局 2016 年。

王力《同源字典》，商務印書館 1982 年。

王寧《漢字構形學導論》，商務印書館 2015 年。

張書巖等《簡化字溯源》，語文出版社 1997 年。

附録一

甲骨學基本知識

一、甲骨文與甲骨學

1949年以前，出土甲骨文的地點只有殷墟一處，因此很少有人在“甲骨文”這個名稱上再加上“殷墟”二字。1949年以後，甲骨在其他地區也相繼被發現。1953年在鄭州二里崗出土了少量商代甲骨文（《文物參考資料》1954年5期）。接着，1954年在山西洪趙縣坊堆村发现有字卜骨（《山西洪趙縣坊堆村古遺址墓群清理簡報》,《文物參考資料》1955年4期）。1956年在陝西西安市長安區張家坡出土甲骨（《長安張家坡村西周遺址的重要發現》,《文物參考資料》1956年3期;《灃西發掘報告》，文物出版社1963年）。1975年在北京昌平白浮西周墓出土甲骨（《北京地區的又一重要考古收穫——昌平白浮西周木槨墓的新啓示》,《考古》1976年4期）。1977年在陝西岐山縣鳳雛村出土甲骨（《陝西岐山鳳雛村發現周初甲骨文》,《文物》1979年10期）。1988年在湖北襄樊檀溪村出土甲骨（《西周有字卜骨在襄樊出土》,《中國文物報》1989年2月24日）。1991年在河北邢臺南小汪出土甲骨（《邢臺南小汪周代遺址西周遺存的發掘》,《文物春秋》1992年增刊）。1995年—1996年在北京房山琉璃河遺址出土甲骨（《北京琉璃河遺址發掘又獲重大成果》,《中國文物報》1997年1月12日）。上述各地先後出土了一些周代甲骨文，不過數量一般都很少。只有在岐山、扶風兩縣間的周原遺址所出數量最多，僅岐山縣鳳雛一地就發現甲骨1萬多片，其中有字甲骨近300片。

這些甲骨上的文字一般都較少而且字體纖小，需放大5倍才能辨認（王宇信《西周甲骨探論》，中國社會科學出版社1984年；徐錫臺《周原甲骨文綜述》，三秦出版社1987年）。因此，今天所説的“甲骨文”，其時間和空间都發生了改變。它不僅指商代，也包括周代刻（偶爾也有寫的）在龜甲獸骨上的文字。這裏所要介紹的只限於殷墟甲骨文。

“殷墟”是商王朝晚期都城的遺址，在今天河南安陽市西北小屯村一帶。《史記·殷本紀》正義引《竹書紀年》曰：“盤庚遷殷，至紂之滅，二百七十三年，更不徙都。”殷墟當時作爲晚商都城，共經8代12王，歷時273年。年代當公元前14世紀至公元前11世紀。

甲骨文的名稱叫法很多，例如“甲文”“龜甲文”“龜版文”“龜甲文字”“龜刻文”等。由於甲骨文不僅刻寫在龜甲上，而且有寫刻在獸骨上的，稱“甲文”等顯然不够全面。又叫作“契文”“殷墟書契”“殷契”等。由於甲骨文不僅有用刀契刻的，還有少量用毛筆寫的，所以稱“契文”等同樣不够全面。又叫作“貞卜文字”“甲骨卜辭”“殷墟卜辭”等。但是，甲骨文除多爲占卜之辭外，還有少量是記事刻辭，故“卜辭”這種名稱也談不上確切。相比之下，“甲骨文”是最恰當的名稱。所謂“甲”就是龜甲，主要使用龜腹甲，間或用龜背甲；所謂“骨”，主要指牛的肩胛骨。

甲骨文的數量是以“片”來統計的。甲骨埋藏於地下，歷經三千年之久，質地脆弱，出土後往往一版斷爲數片。到了古董商手中，又被分售數家，不斷流動轉手，所以要精確統計是很不容易的。20世紀50年代初，陳夢家曾估計爲10萬片（《解放後甲骨的新資料和整理研究》，《文物參考資料》1954年6期）。近年來，胡厚宣根據新的統計指出，目前全世界收藏的甲骨有15萬片左右。若每片以 10 字計算，總字數已超過 100 萬字，它大體上能够反映商代後期一般使用文字的情況（《八十五年來甲骨文材料之再統計》，《史學月刊》1984 年 5 期；《90 年來甲骨資料的新情況》，《中國文物報》1989 年 9 月 1 日）。

甲骨文不重複的單字大概有多少呢？于省吾指出："截至現在爲止，甲骨文不重複的字約共四千五百多個，我們所認識的還超不過一千字。"（《關於古文字研究的若干問題》，《文物》1973 年第 2 期，第 33 頁）據黄天樹、吴麗婉編著的《甲骨文字新編》（中西書局 2025 年）最新統計，截至現在，已發現的的甲骨文字，其不重複的字頭總計爲 3600 個左右，其中已被確認的字頭還不到三分之一。

甲骨文的出現促使了一門學科的誕生，這就是"甲骨學"。"甲骨學"這個詞是何人何時首創的？據胡厚宣《五十年甲骨學論著目》一書所載，率先以"甲骨學"楬櫫於論著標題的是朱芳圃。朱氏是王國維在清華的弟子，他在 1933 年出版了專著《甲骨學文字編》，1935 年又出版了《甲骨學商史編》。此後"甲骨學"作爲學科名稱便廣泛流行起來。

甲骨學的内涵有狹義與廣義之分。狹義的甲骨學特指甲骨及其文字本身的研究。廣義的甲骨學則包括以甲骨文爲材料的歷史文化研究。這裏所講的"甲骨學"單指前者。

二、甲骨的整治與刻辭

甲骨主要是古代占卜的遺物。在殷代，崇拜祖先神和自然神的原始宗教是占據統治地位的意識形態。殷人遇到疑難的事情一定要求神問卜，燒灼龜甲或獸骨，令其表面出現兆象（裂紋），以便據之預測吉凶禍福。這種巫術在中國起源甚早，在商代非常盛行。

甲骨文絶大多數是占卜時所刻之辭。要通讀卜辭，必須要先了解有關甲骨的基礎知識，知道卜法的程式等。李學勤曾寫有《關於甲骨的基礎知識》(《歷史教學》1957年7期）一文，可以參看。殷代占卜所用的材料除龜的腹甲、背甲或牛的肩胛骨外，有時也用少量的羊、猪、鹿的肩胛骨。占卜之前，甲骨須先經過整治。整治過程大致如下：

第一步，鋸削磨平。先將龜從腹甲和背甲之間的甲橋（龜腹甲中部之兩邊，有與背甲相連接的骨骼，因像自腹甲過渡到背甲的橋梁，故學者稱作甲橋）處鋸開。對於鋸下的腹甲，先削平甲橋，再將其刮磨平整。背甲則從中脊處一剖爲二，再鋸去首尾兩端，使之成爲鞋底形的“改制背甲”。對於牛胛骨，需要鋸去突出的臼角和背面凸起的胛岡。最後將甲骨正、反面打磨光滑。

第二步，製造“鑽鑿”。在龜甲的內面或骨的反面（原有胛岡的一面），先用刀挖刻出長約一厘米的橢圓形凹槽，叫“鑿”。再在其一側用小圓鑽鑽出一個和橢圓形凹槽通連的圓形窪洞，叫“鑽”。也有先鑽一個圓形窪洞，再在圓形窪洞裏挖“鑿”，像貓眼形。加工好的甲骨成品，交付管理占卜的卜人保管，以備卜用。

第三步，灼兆刻辭。鑽鑿的目的是便於控制卜兆的走向。鑽鑿的排列布局是整齊有序的。鑽鑿之後，用暗火炷燒灼鑽鑿，被烤灼的甲骨因受熱，其正面便出現裂紋，這就是兆璺。見兆之後，一般由商王或貴族依據卜兆的形狀來判斷其吉凶，然後刻上卜辭。甲骨上的卜兆以在正面者居多，故卜辭亦多刻於正面。龜甲主要用腹甲，其背面鑽鑿是“左半向右，右半向左”（左半甲上鑽鑿被灼烤後其兆枝的方向一律向右，右半甲上鑽鑿被灼烤後其兆枝的方向一律向左）。少量用背甲，背甲一般從中脊平分對剖，背甲上的內面鑽鑿也是“左半（甲）向右，右半（甲）向左”。胛骨一左一右爲一對，其背面鑽鑿也是“左半（胛骨）向右，右半（胛骨）向左”。燒灼鑽鑿之後，龜腹甲、背甲、胛骨正面卜兆的走向也是

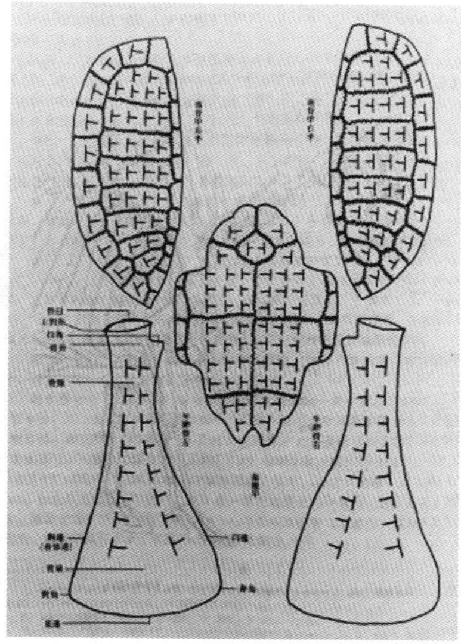

圖四十二

“左半向右，右半向左”。（見圖四十二，黄天樹《黄天樹甲骨金文論集》，學苑出版社2014年，第354頁）

刻寫卜辭有一定規律。一般是“迎兆刻辭”。龜腹甲右側（左右是以人爲基準）卜兆向左，文字右行；左側卜兆向右，文字左行；甲首及甲尾部分，或近甲橋邊緣部分，卜辭由外向内行。背甲與之相同。商人占卜往往從正反兩個方面問疑，反映在龜甲上則有位置相應的左右“對貞”。殷墟刻辭一般有以下八個部分：前辭（又叫“叙辭”）、命辭（又叫“貞辭”）、占辭、驗辭、兆辭、序辭（序數辭）、用辭、署辭。但並不是每次占卜都記全的，而是常常省略其中的某一部分。例如《甲骨文合集》第643片（同於黄天樹《甲骨文摹本大系》第8359片，見圖四十三）龜腹甲的右甲首上刻有一條只有前、命、占、驗四部分的卜辭。辭中説：“癸巳卜賓貞：臣執？王占曰：‘吉，其

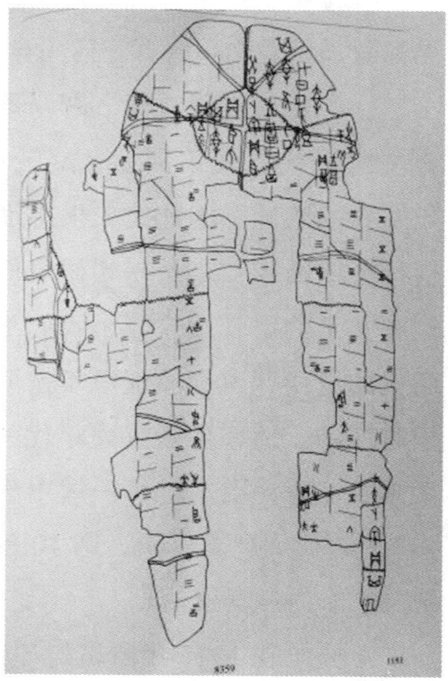

圖四十三

執唯乙、丁。’七日丁亥既執。”其中“癸巳卜賓貞”是前辭，先記録占卜的日子和占卜者（貞人或卜人）等。“臣執”是命辭，即命龜之辭，指占卜時向鬼神發問的話。“王占曰：吉，其執唯乙、丁”屬占辭，是記在卜辭之後的判斷吉凶的話。“七日丁亥既執”屬驗辭，是占卜之後記録應驗的刻辭。兆辭是指刻於兆側的“小告”“二告”等占卜術語，是記載甲骨所呈現的卜兆狀況的。序數辭是一種刻在甲骨上的“一、二、三、四”等數目字，其刻寫位置通常是靠在卜辭附近的卜兆左上端或右上端，它們是用來標記占卜順序的。用辭是指占卜結果取用與否的專用辭。這類詞記於命辭、占辭之後，或記於兆旁，如“茲用”“不用”“不”等。署辭是記録甲骨的來源與數量的刻辭。

三、殷墟甲骨斷代

殷墟出土的甲骨文是商王盤庚遷殷以後的文字。現在甲骨學界都認爲甲骨文包含武丁至帝辛各代卜辭。但是對於是否有盤庚、小辛、小乙這幾個時代卜辭，不少學者表示懷疑。即使只確認甲骨文的時代自武丁開始，終於紂王，也已經歷了 8 世 12 王 200 年左右的時間。因此，如果想進行深入的研究，就需要把甲骨文進行分期斷代，這是一切研究的基礎。也就是説，對於一片具體刻有文字的甲骨片來説，我們不能只滿足於知道這是三千多年前商代的東西，還應該進一步辨明，它究竟是晚商 200 多年中哪一個時期的。這種判斷具體年代的工作，就叫作斷代。用董作賓的話來説，就是要“把每一塊甲骨上所記的史實，還它個原有的時代”。斷代問題不解決，則 10 萬片甲骨依然是一堆“斷爛朝報”，缺少應有的科學價值。

王國維在 1917 年所寫的《殷卜辭中所見先公先王考》和《續考》兩篇名文中，首先用卜辭中的稱謂與《史記·殷本紀》所載世系相對照來斷定甲骨的年代，開啓了甲骨斷代的先河。而甲骨斷代學説的創立，則要到1935年董作賓發表《甲骨文斷代研究例》纔真正發軔。

董氏依據十項標準，即世系、稱謂、貞人、坑位、方國、人物、事類、文法、字形、字體，把甲骨文分成以下五期：

第一期　盤庚、小辛、小乙、武丁，二世四王

第二期　祖庚、祖甲，一世二王

第三期　廩辛、康丁，一世二王

第四期　武乙、文丁，二世二王

第五期　帝乙、帝辛，二世二王

董氏的五期斷代學説把甲骨文研究推進到一個新的階段，大大提高了甲骨文作爲歷史和語言資料的科學價值，具有極爲深遠的意義。但是，他的五期分法也存在着弊病，就是把甲骨本身的分類和王世的推定混在一起了。五期斷代學説把殷墟甲骨分爲五大類，認爲第一類的書寫風格雄偉，第二類謹飭，第三類頹靡，第四類勁峭，第五類嚴整。然後機械地將其分别定在“盤庚至武丁”“祖庚、祖甲”“廩辛、康丁”“武乙、文丁”“帝乙、帝辛”五個時期。甲骨斷代應以甲骨卜辭本身顯示出來的特點爲根據，既不能機械地把時代界綫劃在兩王交替之際，也不能完全依靠貞人來斷代。

隨着殷墟發掘的繼續進行，甲骨的出土不斷增多。今天多數甲骨學者逐漸認識到，所謂“甲骨斷代研究”實質上包括兩個方面：即“甲骨分類”和“確定每類甲骨所在的年代”。“甲骨分類”是指根據字體等特徵把殷墟甲骨劃分爲若干類，“確定年代”是指要確定每類甲骨處在什麽王世。後者要對每類甲骨中所見到的全部稱謂加以歸納，總結成“稱謂系統”，再用這種“稱謂系統”（祖、妣、父、母等）同商王世系進行對照以確定每類甲骨所處的

年代。此外，諸如貞人、出土層位、人名事類等也是稱謂系統之外的確定年代的原始依據。

20世紀50年代初，陳夢家（1911年—1966年）在進行甲骨斷代研究時，已經多少意識到董氏五期分法簡單按王世劃分甲骨的缺陷。因此，他在《甲骨斷代與坑位——甲骨斷代學丁篇》一文中創用了賓組、出組等名稱，其方法主要是通過貞人（陳氏稱爲“卜人”）的系聯來給甲骨分組（文見《中國考古學報》第5册，1951年；後收入《殷虚卜辭綜述》）。在甲骨上人們經常可以看到兩個或者兩個以上貞人同在一版上進行占卜的所謂“同版並卜”現象。例如貞人“賓”有時同貞人“㱿”同版並卜，貞人“㱿”有時又同貞人“争”同版並卜。陳氏根據貞人與貞人同版並卜的互相聯繫，把互見同版而可系聯的一群貞人如“賓”“㱿”“争”“亘”“韋”等系聯成一個貞人集團，再選擇其中一位貞人的名字“賓”把這個貞人集團命名爲“賓組”。“出組”“何組”等組也是用同樣的方法整理出來的。從表面上看，陳氏所説的“貞人組”與董氏在《甲骨文斷代研究例》中所説的“貞人集團”似乎没有什麽區别，但是實際上，他們二人研究甲骨斷代的方法是很不相同的。陳氏認爲在字體等方面具有某些共同特點的不同貞人組的卜辭可以屬於同一時代，如“賓組”“𠂤組”“子組”“午組”等都屬於武丁時代。這實際上已經初步意識到要把卜辭的分類和斷代分成兩步來進行。其研究方法比董氏科學得多。陳氏雖没有十分明確地提出分類與斷代是兩個不同的步驟，但至少在研究武丁卜辭的斷代問題時已經這樣做了。陳氏分類的標準側重於貞人，這當然是不足的，不過陳氏在不能根據貞人系聯來給某些卜辭分類的時候，仍然以王名來爲之命名。對此，李學勤批評説：“卜辭的分類與斷代是兩個不同的步驟，我們應先根據字體、字形等特徵分卜辭爲若干類，然後分别判定各類所屬

時代。”（李學勤《評陳夢家殷虚卜辭綜述》,《考古學報》1957 年 3 期）

20 世紀 70 年代以後，在討論甲骨分期有關問題時，李學勤在《論“婦好”墓的年代及有關問題》(《文物》1977 年 11 期）一文中提出“歷組”的名稱；後來又在《小屯南地甲骨與甲骨分期》(《文物》1981 年 5 期）一文中提出了“無名組”的名稱。所謂“無名組”是指該組全無卜人。在後一篇文章裏，李先生認爲殷墟卜辭主要可分爲下列九組，即陳氏所分的“賓組”“𠂤組”“子組”“午組”“出組”“何組”“黄組”，再加上他的“歷組”和“無名組”。詳見表六：

表六　李學勤、董作賓、陳夢家三家甲骨分期分組對照表

李學勤	董作賓	陳夢家
賓組	一期	賓組，武丁卜辭
𠂤組	四期，文武丁卜辭	𠂤組，武丁晚期
子組	四期，文武丁卜辭	子組
午組	四期，文武丁卜辭	午組
歷組	四期	武文卜辭
出組	二期	出組，庚甲卜辭
無名組	三期	康丁卜辭
何組	三期	何組，廩辛卜辭
黄組	五期	乙辛卜辭

参考文獻

陳夢家《殷虚卜辭綜述》，科學出版社 1956 年。

復旦大學出土文獻與古文字研究中心《出土文獻與古文字教程・商周甲骨文選讀》，中西書局 2024 年。

郭沫若《卜辭通纂》,《郭沫若全集・考古編》(第 2 卷)，科學出版社 1983 年。

郭沫若主編《甲骨文合集》(全13册)，中華書局1978年—1982年。
黄天樹《殷墟王卜辭的分類與斷代》，臺北文津出版社1991年。
黄天樹主編《甲骨文摹本大系》(全43册)，北京大學出版社2022年。
李學勤《李學勤文集》，江西教育出版社2023年。
李學勤、彭裕商《殷墟甲骨分期研究》，上海古籍出版社1996年。
林澐《林澐文集》，上海古籍出版社2019年。
彭裕商《殷墟甲骨斷代》，中國社會科學出版社1994年。
裘錫圭《裘錫圭學術文集》，復旦大學出版社2012年。
于省吾主編《甲骨文字詁林》(全4册)，中華書局1996年。

附録二

甲骨學發展概要

甲骨文不僅是中國目前所發現的最早的成系統的文字，也是全世界最古老的四大文字之一[①]。甲骨文很古老，但甲骨學却很年輕，它是以有字龜甲和獸骨爲研究對象的一門學問。

甲骨文自從1899年被發現以來，引起了國内外學術界的矚目，經過幾代人的研究，今天已發展成爲一門系統而科學的成熟學科。甲骨學和語言學、漢語史、歷史學、考古學以及古代科學技術史等學科都有密切關係，其主要分支學科有材料著録、字形整理、文字釋讀、詞義訓釋、語法分析、綴合研究、排譜研究、卜法文例研究、分期斷代研究、分組分類研究、歷史文化考證、工具書編纂、資料庫建設、甲骨學史研究以及甲骨文書法藝術研究，等等。

一百多年來的甲骨學研究，共經歷了“非科學發掘階段和草創時期”（1899年—1928年）、“科學發掘階段和發展時期”（1928年—1937年）、“低潮時期”（1937年—1948年）、“全面研究時期”（1949年—1978年）和“全面深入研究時期”（1978年至今）五個階段，取得了巨大成就。

一、非科學發掘階段和草創時期（1899年—1928年）

在甲骨被發現的初期，安陽小屯村村民争相私挖出售。民間挖掘的甲骨多經古董商之手轉售，其中大部分被王懿榮、劉鶚、

① 世界四大古文字包括蘇美爾人的楔形文字、古埃及人的聖書體、中美洲的瑪雅文字和中國的甲骨文。

王襄、羅振玉、黄濬、徐枋、劉體智以及加拿大明義士（James Mellon Menzies）、美國方法斂（Frank Herring Chalfant）、日本林泰輔（Hayashi Taisuk）、英國庫壽齡（Samuel Couling）和金璋（Lionel Charles Hopkins）等人購得，只有一小部分轉到政府部門。“私人挖掘”時期共獲殷墟甲骨文約 10 萬片。

1899 年，王懿榮對有字甲骨做出了初步的鑒定，並先後從古董商那裏購得 1400 多片甲骨。1902 年，王氏長子王翰甫因還債將家中 1000 多片有字甲骨全部轉賣給劉鶚。劉氏本人也收藏了不少甲骨，共 5000 餘片。1903 年，劉鶚選拓 1058 片編成《鐵雲藏龜》一書，這是甲骨文第一本著録書。1911 年至 1916 年，羅振玉先後出版《殷虛書契》《殷虛書契菁華》《鐵雲藏龜之餘》和《殷虛書契後編》。

1904 年，孫詒讓撰成第一部甲骨文研究著作《契文舉例》。1914 年，羅振玉出版《殷虛書契考釋》。這兩部書的問世，標志着甲骨文已從收集著録時期進入到文字研究時期。經過孫詒讓、羅振玉、王國維、葉玉森等人的相繼努力，甲骨文字逐漸被釋讀出來。1920 年，王襄《簠室殷契類纂》出版，該書收入可識字 873 個。1923 年，商承祚《殷虛文字類編》出版，該書收入可識字 789 個。

1917 年，王國維撰成《殷卜辭中所見先公先王考》和《續考》两篇論文，文章通過甲骨文與司馬遷《史記・殷本紀》所載内容互證，證明了商朝的存在。

二、科學發掘階段和發展時期（1928 年—1937 年）

1928 年至 1937 年，由前“中央研究院”歷史語言研究所主持，陸續對安陽殷墟進行了十五次大規模的發掘，取得了豐碩成果。由於這一時期將近代考古學的科學方法引入到了甲骨學領域，使得甲骨學研究突破了傳統金石學和史料學的局限，進入到了科學發展時期。

1933 年，前“中央研究院”董作賓發表了《甲骨文斷代研究例》一文，提出了十項斷代標準，同時將殷墟甲骨文分爲五個不同時期，奠定了甲骨文分期斷代的基礎。1948 年，董氏出版《殷虚文字甲編》一書（簡稱《甲編》），收録殷墟第一次至第九次發掘所得的有字甲骨拓影共 3942 片，這是第一部根據科學發掘資料出版的甲骨文著録書。1953 年，董氏出版《殷虚文字乙編》，收録殷墟第十三次至第十五次發掘所得的甲骨 9105 片。董氏先後共九次參加、主持或監察殷墟甲骨的科學發掘工作，並對刻辭内容進行了創造性的研究。

三、低潮時期（1937 年—1948 年）

1937 年抗戰爆發至 1948 年，甲骨科學發掘工作被迫停止，導致小屯一帶的私人盜掘之風再次盛行。這一時期有關甲骨的研究成果較少，只有胡厚宣《甲骨學商史論叢初集》（1944）、《甲骨學商史論叢二集》（1945）和于省吾稿本《契文例》（1940—1943）。另外，這一時期胡厚宣把從流入到古董商店鋪裏的部分甲骨收集起來，編成《戰後寧滬新獲甲骨集》《戰後南北所見甲骨録》《戰後京津新獲甲骨集》《甲骨續存》等著作，於 1951 年至 1955 年先後出版。

四、全面研究時期（1949 年—1978 年）

1949 年以後，新的甲骨文材料不斷被發現和挖掘。最令人注目的是 1973 年在小屯南地的發掘，共出土甲骨 7150 片，由中國社會科學院考古研究所編成《小屯南地甲骨》3 册於 1980 年出版。1977 年，陝西周原發現了成批有字甲骨，這一重要發現推動了西周甲骨學的研究工作，形成了甲骨學研究領域的新分支學科。

隨着甲骨材料的不斷增加，涉及文字考釋、語法探討、甲骨分期斷代以及利用甲骨文考察商代社會等系列研究也全面開展起來。1955 年，郭沫若以馬克思主義觀點爲指導，借助甲骨文資料撰成《中國古代社會史論》等著作。1953 年，管燮初發表《殷墟甲骨刻辭語法研究》一文，這是第一部全面地探討甲骨文語法的專著。這一時期代表性的甲骨研究成果還有陳夢家《殷虛卜辭綜述》（1956），臺北“中央研究院”史語所李孝定《甲骨文字集釋》（1965）和〔日〕島邦男《殷墟卜辭綜類》（1967）等。

五、全面深入研究時期（1978 年至今）

1978 年之後，甲骨學的各個分支都進入到全面深入研究的階段，並取得了豐碩成果。1978 年 11 月，中國古文字研究會成立，至今已經舉辦會議 25 屆，有力推動了甲骨學的發展。1987 年，中國殷商文化學會成立，標志着殷商文化研究進入到系統化、國際化的新階段。2006 年，殷墟申遺成功，進入《世界文化遺産名録》。2017 年，甲骨文入選聯合國教科文組織的《世界記憶名録》。

這一時期甲骨材料搜集和著録的成果最爲突出。1978 年 10 月—1982 年 12 月，陸續出版了由郭沫若主編的《甲骨文合集》13 巨册，共收甲骨 41 956 片。這部書是對 80 多年來出土甲骨材料的總結，也是當時收録甲骨最多的一部大型著録書，被譽爲“甲骨學史上里程碑式的著作”。1984 年，臺灣學者嚴一萍在《甲骨文合集》的基礎上，整理出版了《商周甲骨文總集》16 册。1999 年，彭邦炯、謝濟、馬季凡所編《甲骨文合集補編》出版，該書是繼《甲骨文合集》之後的又一部大型甲骨文匯編，主要收録了《甲骨文合集》未收和漏收的材料，共計 13 450 片。2003 年，中國社會科學院考古研究所編《殷墟花園莊東地甲骨》出版，該書收録 1991 年在殷墟花園莊東地發掘的甲骨 1583 片。2022 年，黄天樹等人所編《甲骨文摹本大系》出版，該書共收録有字甲骨 70 659 片，是迄今收録甲骨數量最多的大型甲骨著録書。

1978 年，李學勤提出了有關甲骨文斷代的“兩系説”。同類研究成果其后還有黄天樹《殷墟王卜辭的分類與斷代》（1991），彭裕商《殷墟甲骨斷代》（1994），李學勤、彭裕商《殷墟甲骨分期研究》（1996）等。

這一時期在甲骨文釋讀、考釋、詞彙語法研究以及甲骨綴合、殷商史探討、工具書編纂等方面也均取得了重要成就。

其中從事甲骨刻辭釋讀研究的學者有姚孝遂、胡厚宣、曹錦炎、陳年福等人，代表性成果有姚孝遂《殷墟甲骨刻辭摹釋總集》（1988）、胡厚宣等《甲骨文合集釋文》（1999）、曹錦炎《甲骨文校釋總集》（2006）、陳年福《殷墟甲骨文摹釋全編》（2010）等。

從事甲骨文字考釋並取得重要成績的學者有于省吾、姚孝遂、裘錫圭、林澐、黄德寬、吴振武、王藴智、劉釗、李宗焜、趙平安、陳劍、蔣玉斌、王子楊等人。代表性成果當數于省吾《甲骨文字釋林》（1979），該書共考釋字 300 多個。1993 年，〔日〕松丸道雄、〔加〕高嶋謙一合編的《甲骨文字字釋綜覽》出版，該書匯集了不少海外甲骨學者的釋字見解。1996 年，中華書局出版了于省吾主編的《甲骨文字詁林》，這是近百年來甲骨文字考釋成果的匯總。2017 年，何景成《甲骨文字詁林補編》出版，這是對《甲骨文字詁林》補正釋義、增補考釋性的著作。

從事甲骨文詞彙、語法研究的學者有陳年福、朱歧祥、沈培、張玉金、喻遂生、楊逢彬、鄧飛、齊航福以及域外〔美〕吉德煒（David N. Keightley）、〔美〕倪德衛（David S. Nivison）、〔加〕高嶋謙一（Ken-ichi Takashima）等人。成果主要有陳年福《甲骨動詞彙研究》（2001）、《甲骨文詞義論稿》（2007）、朱歧祥《殷虚卜辞句法论稿》（1990）、沈培《殷墟甲骨卜辭語序研究》（1992）、張玉金《甲骨文虚詞詞典》（1994）《甲骨文語法學》（2001）、喻遂生《甲金語言文字研究論集》（2002）、楊逢彬《殷墟甲骨刻辭詞類研究》（2003）等。

從事甲骨綴合研究的學者有蔡哲茂、黄天樹、林宏明等人。成果主要有蔡哲茂《甲骨綴合集》（1999）、《甲骨綴合續集》（2004）、《甲骨綴合三集》（2022）；林宏明《醉古集——甲骨的綴合与研究》（2011）、《契合集》（2013）；黄天樹等《甲骨拼合集》系列，包括《甲骨拼合集》（2010）、《甲骨拼合續集》（2011）、《甲骨拼合三集》（2013）、《甲骨拼合四集》（2016）、《甲骨拼合五集》（2019）、《甲骨拼合六集》（2024），其中《甲骨拼合六集》首次收録了電腦綴合成果。

这一時期結合甲骨文探討殷商史的學者有胡厚宣、楊升南、朱鳳瀚、宋鎮豪、晁福林、王暉、王震中、李雪山、朱彦民、劉源、孫亞冰、李發等人。代表性成果是宋鎮豪等十一卷本《商代史》（2011）。

隨着研究資料和成果的不斷湧現，這一時期從事有關甲骨文工具書編纂的學者也比較多，成果主要有中國社會科學院考古研究所《甲骨文编》（1985），趙誠《甲骨文簡明詞典》（1988），徐中舒《甲骨文字典》（1989），姚孝遂《殷墟甲骨新刻辭類纂》（1989），宋鎮豪《百年甲骨學論著目》（1999），宋鎮豪、段志洪等《甲骨文獻集成》（2001），沈建華《甲骨文字形表》（2008），甲骨文研究資料彙編編委會《甲骨文研究資料彙編》（2008），孟世凱《甲骨學辭典》（2009），李宗焜《甲骨文字編》（2012），劉釗《新甲骨文編》（2014），陳年福《甲骨文字編》（2017），《實用甲骨文字典》（2019），郭旭東《殷墟甲骨學大辭典》（2020）等。

1985 年，武漢大學將甲骨文輸入電子計算機，其後多種甲骨文檢索資料庫相繼誕生，例如香港中文大學“漢達文庫甲骨文數據庫”、臺北“中央研究院”史語所“甲骨文數位典藏”、安陽师范學院“殷契文淵”等。

回顧甲骨學的發展，一百多年來，從事甲骨學研究的人數衆多，成就斐然，最著名的學者當屬“甲骨四堂”與“甲骨八老”。“甲骨四堂”是羅振玉（號雪堂）、王國維（號觀堂）、郭沫若（字鼎堂）、董作賓（字彥堂），“甲骨八老”是指容庚、于省吾、唐蘭、商承祚、陳夢家、胡厚宣、嚴一萍和饒宗頤。宋鎮豪、段志洪等《甲骨文獻集成》一書匯集影印了一百年來有關甲骨文著録、文字考釋、商史研究等論著數千種。據宋鎮豪《百年甲骨學論著目》（1999）一書統計，截至 1999 年，一百年來有關甲骨學的論著超過 1 萬種，研究隊伍達到 3833 人，分布於中國大陸、港澳、臺灣以及海外十四個國家。其中中國（包括臺灣、港澳地區）3332 人；外國 502 人，包括日本 290 人，美國 93 人，韓國 40 人，英國 27 人，法國 16 人，德國 9 人，加拿大 9 人，俄國 7 人，瑞典 4 人，澳大利亞 3 人，瑞士、義大利、匈牙利、新加坡各 1 人。1999 年至今，又有大批學者和研究成果湧現。截至 2024 年，中國社會科學院甲骨文大數據平臺“殷契文淵”收録的甲骨學論著已超過 3.3 萬种。

由以上介紹可以看出，甲骨學雖然很年輕，但已迅速發展成爲一門研究人數衆多、内容豐富、成果豐碩，融合多門學科知識和研究方法的綜合性、國際性的顯學。

參考文獻

漢字文明傳承傳播與教育研究中心、鄭州大學漢字文明研究中心《甲骨春秋——紀念甲骨文發現一百二十周年》，商務印書館 2019 年。

李學勤《建國六十年來甲骨學研究的回顧與展望》，《殷都學刊》2010

年 1 期。
王宇信《西周甲骨探論》，中國社會科學出版社 1984 年。
王宇信《中國甲骨學》，上海人民出版社 2009 年。
王宇信《甲骨學通論》，中國社會科學出版社 2015 年。
王宇信、〔韓〕具隆會《甲骨學發展 120 年》，中國社會科學出版社 2019 年。
王宇信、楊升南《甲骨學一百年》，社會科學文獻出版社 1999 年。
吳浩坤、潘悠《中國甲骨學史》，上海人民出版社 2006 年。

附録三

金文學概要

“金文”或稱“鐘鼎文”“吉金文字”“銅器銘文”“彝器款識”等，通常指商周時代鑄造或刻寫在青銅器上的銘文，有商代金文、西周金文、春秋金文和戰國金文之别。

金文研究發軔較早。在秦漢之世，即有青銅器出土。這些青銅器上的銘文自然會引起當時學者的注意，如《漢書·郊祀志》記載，漢宣帝時“美陽得鼎”，張敞對鼎上的銘文進行了釋讀。可見，金文研究遠在漢代即已開始了。

到了宋代，金石學大興，金文的整理與研究初具規模。先後出現了吕大臨《考古圖》、趙九成《續考古圖》、王黼《宣和博古圖》、薛尚功《歷代鐘鼎彝器款識法帖》、王俅《嘯堂集古録》、王厚之《鐘鼎款識》等著作。這些著作均摹寫了青銅器銘文，有些還摹繪了青銅器的器形，有些附有釋文或考證，其研究方法和著録形式對後世産生了重要影響。當然，由於時代的限制，宋人的研究尚存在着諸多問題，但導夫先路，篳路藍縷，功不可没。

元、明兩代，金文的整理與研究整體上趨於沉寂，對金石感興趣的學者較少，成果也較少，且深度不足。其中明代較元代有一定進步，在收藏鑒賞方面有一定貢獻，主要有曹昭《格古要論》、楊慎《金石古文》等著作。

清代漢學復興，小學昌明，好古之風熾盛，流風所及，對金文的整理與研究遠超前代，成果蜂出。其中乾隆皇帝敕令梁詩正、蔣溥等人編撰的《西清古鑒》《寧壽鑒古》《西清續鑒甲編》《西清續鑒乙編》，合稱“西清四鑒”，收録清宫所藏商周青銅器1500餘件，既摹繪器形，又摹寫銘文，具有極高的史學和藝術價值。除此而外，代表性的著録書尚有阮元《積古齋鐘鼎彝器款識》、吴式芬《攈古録金文》、劉心源《奇觚室吉金文述》、吴大澂《愙齋集古録》、端方《陶齋吉金録》等。清代研究金文的著作主要有吴大澂《説文古籀補》、孫詒讓《古籀拾遺》《古籀餘論》等。其中《説文古籀補》用商周金文、陶器、璽印等古文字材料訂正《説文解字》的訛誤，補充其未收之古文字，所補古文字中金文占絶大多數，被視爲是利用古文字研究《説文》的開創性著作。《古籀拾遺》《古籀餘論》兩書考釋商周青銅器銘文，有意識地運用了偏旁分析等比較科學的方法，是古文字考釋科學化的開端。

民國時期，金文整理研究工作在清人的基礎上又取得了一系列重要成果。著録著作有鄒安《周金文存》(1916)、羅振玉《殷文存》(1917)、《貞松堂集古遺文》(1930—1934)、《三代吉金文存》(1937)、劉體智《小校經閣金文拓本》(1935)等。其中《三代吉金文存》是金文資料的集大成之作。研究著作有王國維《王國維遺書》(1983，含金文研究成果)，容庚《金文編》(1925)、《商周彝器通考》(1941)，郭沫若《殷周青銅器銘文研究》(1931)、《金文叢考》(1932)、《兩周金文辭大系》(1932)，于省吾《雙劍誃吉金文選》(1933)等。其中《金文編》系統整理金文字形，所收字形豐富，釋字嚴謹，摹寫精準，成爲金文標準工具書。《兩周字形辭大系》創建了科學的研究法“標準器系聯法”，並運用該方法將散亂的青銅器資料系聯起來，建立了青銅器分期、分域體系，影響深遠。

1949年至今，隨着商周青銅器的陸續大量出土和科研隊伍的不斷壯大，金文的整理研究工作得以全面展開，所取得的成績也是空前的，尤其20世紀80年代以來，著述如林。

這一時期的金文著録成果不斷湧現，内容豐富，方法多樣，後出轉精。主要有嚴一萍《金文總集》(1983)，中國社會科學院考古研究所《殷周金文集成》(1984—1994)，劉雨、盧岩《近出殷周金文集録》(2002)，鍾柏生等《新收殷周青銅器銘文暨器影彙編》(2006)，劉雨、嚴志斌《近出殷周金文集録二編》(2010)，張桂光等《商周金文摹釋總集》(2010)，吴鎮烽《商周青銅器銘文暨圖像集成》(2012)、《商周青銅器銘文暨圖像集成續編》(2016)、《商周青銅器銘文暨圖像集成三編》(2020)等。其中《殷周金文集成》收録商周至戰國金文1萬餘篇，奠定了金文研究的基礎。吴鎮烽以上三書收録了2019年12月前所公布的絶大部分金文，堪稱當今金文資料的集大成者。此外，近年來金文整理與計算機技術的密切結合，催生了一批有關金文的數據庫，其中吴鎮烽的《商周金文資料通鑒》(2020)，資料豐富翔實，操作方便，是這類檢索系統的代表，爲學界提供了極大便利。

這一時期的金文研究成果也頗爲豐碩，内容涉及文字、詞彙、語法、官制、歷史、文化、斷代、工具書編纂等諸多領域。其中有關字詞研究的著作主要有楊懷源《西周金文詞彙研究》(2008)、武振玉《兩周金文動詞詞彙研究》(2017)、田煒《西周金文字詞關係研究》(2016)等；有關語法研究的著作主要有管燮初《西周金文語法研究》(1981)、潘玉坤《西周金文語序研究》(2005)、武振玉《兩周金文虚詞研究》(2010)和《兩周金文語法研究》(2023)等；有關銘文專題研究的著作主要有張亞初和劉雨《西周金文官制研究》(2004)、吴鎮烽《金文人名彙編》(2006)、陳英傑《西周金文作器用途銘辭研究》(2008)、何景成《商周青銅器族氏銘文研究》(2009)、董珊《吴越題銘研究》(2014)等；有關青銅器斷代研究的論著主要有唐蘭《西周銅器斷代中的"康宫"問題》(1962)和《西周青銅器銘文分代史徵》(嚴志斌整理，2024)、王世民等《西周青銅器分期斷代研究》(1999)、陳夢家

《西周銅器斷代》(2004)、嚴志斌《商代青銅器銘文分期斷代研究》(2014)等；有關銘文選讀的著作主要有馬承源等《商周青銅器銘文選》(1986—1990)、王輝《商周金文》(2006)等；有關銘文集釋的著作主要有周寶宏《西周青銅重器銘文集釋》(2007)、董蓮池《商周金文辭彙釋》(2013)等；有關金文的工具書類著作主要有周法高等《金文詁林》(1975)、陳初生《金文常用字典》(2004)、張世超等《金文形義通解》(1996)、董蓮池《新金文編》(2011)、張桂光《商周金文辭類纂》(2014)等；有關金文的綜合性研究著作主要有唐蘭《唐蘭先生金文論集》(1995)、楊樹達《積微居金文説》(2007)、陳劍《甲骨金文考釋論集》(2007)、趙平安《金文釋讀與文明探索》(2011)、裘錫圭《裘錫圭學術文集·金文及其他古文字卷》(2015)、李學勤《新出青銅器研究》(增訂版，2016)、嚴志斌《商代青銅器銘文研究》(2017)、謝明文《商代金文研究》(2022)等。

參考文獻

陳世輝、湯餘惠《古文字學概要》，吉林大學出版社 1988 年。

陳煒湛、唐鈺明《古文字學綱要》，中山大學出版社 2009 年。

復旦大學出土文獻與古文字研究中心《出土文獻與古文字教程》，中西書局 2024 年。

黃德寬、陳秉新《漢語文字學史》，安徽教育出版社 2006 年。

黃德寬《古文字學》，上海古籍出版社 2015 年。

趙誠《二十世紀金文研究述要》，書海出版社 2003 年。

朱鳳瀚《中國青銅器綜論》，上海古籍出版社 2009 年。

附録四

《説文》學概要

《説文解字》，簡稱《説文》，是中國第一部通過分析漢字字形以探求本義的字書。作者許慎，字叔重，東漢汝南召陵（今河南漯河市召陵區）人，東漢著名經學家和文字學家，師從賈逵，爲人淳篤仁孝，博學多才，爲馬融所推敬，時人譽曰"'五經'無雙許叔重"。青年時被舉爲孝廉，歷官郡功曹、洨長、南閣祭酒等職。

《説文》於東漢和帝永元十二年（100 年）撰成初稿，許慎於安帝建光元年（121 年）病重時派兒子許沖將定稿獻給朝廷。

《説文》按照"六書"理論系統分析了漢字的構形原理及漢字形、音、義的關係，首創以部首統攝文字的編排體例，奠定了漢字學的理論框架，影響深遠，涉及經學、訓詁學、音韻學、古文獻學等領域。全書共 15 卷，收字 9353 個，歸納漢字部首 540 個，其中第十五卷爲許慎的叙文。2000 多年來，學界圍繞《説文》的校勘、注釋、考證、修正與理論研究，形成了蔚爲大觀的"《説文》學"。

一、傳承與早期注釋（漢代至宋元）

《説文》通過小篆字形分析溯源漢字本義，同時大量引用《詩》《書》《禮》《易》等先秦典籍以爲證，有力駁斥了今文經學派的穿鑿附會，維護了古文經學派的學説，故在成書不久，即被漢代古文經學家奉爲圭臬。經學大師鄭玄注《周禮》《儀禮》《禮記》時，曾屢次引用《説文》以佐證字義。

東漢至三國時期，《説文》的流傳都是以傳抄手寫本爲主，加之戰亂頻仍，文本的散佚和訛變相當嚴重。基於這種情況，南北朝至唐宋時期，人們對《説文》的研究側重於整理，糾謬補缺，且逐漸呈現出系統化、官學化的傾向。例如佚名《説文音隱》，首次系統標注了字音。又如唐代李陽冰整理刊定的《説文》30卷，廣爲流傳，成爲當時科舉考試的標準用書。五代至宋初，徐鉉、徐鍇兄弟致力於恢復《説文》原貌。徐鍇在南唐撰成《説文解字繫傳》40卷，世稱“小徐本”。書中采用了朱翱的反切注音，首創“通釋”“部敘”“通論”“袪妄”“類聚”“錯綜”“疑義”“系述”等八體注釋體系，既駁正了李陽冰諸多擅改臆説之誤，又通過形聲相生、義類相從之説闡釋了漢字的演變規律。徐鉉於宋初奉宋太宗之詔完成《説文》的校訂，世稱“大徐本”。其貢獻主要是據唐孫愐《唐韻》增補《説文》所收字的反切注音和增加注釋，同時補録《説文》未收而經典常用之字（新附字）402個。由於體例完備等優點，此書成了後世的通行版本。

宋元時期，由於金石學的興起，學者開始關注古文字與《説文》小篆的關係，並把《説文》作爲研究古文字的重要參考。其中北宋郭忠恕《汗簡》輯録戰國古文，間引《説文》的古文進行對照。夏竦《古文四聲韻》借鑒《説文》的研究成果和方法以解釋古文字的形體、字義並注音。鄭樵《通志・六書略》按照“六書”的分類排列所收字，將“六書”進一步細分到12類，如“形兼声”“形兼意”等，同時提出了“子母相生”的漢字衍生理論。元代戴侗《六書故》以金文、石刻文字補證《説文》，指出了諸多許慎誤釋的字形，如“爲”字本義爲“役象”，而許氏誤釋爲“母猴”。此階段研究受材料限制，整體仍以校勘、輯佚和引證爲主，專論著作較少。

二、《説文》學的鼎盛时期（清代）

清代是樸學的昌盛時期，乾嘉學派旨在摒棄宋明理學，復興注重實證的漢學，研究方法注重考據。在《説文》研究方面群星璀璨，著述如林，例如江聲《六書説》、段玉裁《説文解字注》、桂馥《説文解字義證》、錢坫《説文解字斠詮》、孫星衍覆刻宋本《説文解字》、陳昌治所刻一篆一行本《説文解字》、潘任《説文粹言疏證》、姚文田《説文聲系》、鈕樹玉《説文新附考》《説文段注訂》、張惠言《説文諧聲譜》、嚴可均《説文校議》、苗夔《説文聲訂》《説文系傳校勘記》、王筠《説文釋例》《説文句讀》、朱駿聲《説文通訓定聲》、沈濤《説文古本考》、鄭珍《説文逸字》、馮桂芬《説文解字段注考證》、吴大澂《説文古籀補》等。其中段玉裁、桂馥、朱駿聲、王筠四人的研究最爲深入精細，號稱"《説文》四大家"。以下是這四家的簡況。

段玉裁（1735 年—1815 年），字若膺，號懋堂等。江蘇金壇（今江蘇常州市金壇區）人，清代文字、音韻、訓詁學家、經學家，"《説文》四大家"之首。於乾隆二十五年（1760 年）中舉，曾師事戴震。先後任國子監教習，貴州玉屏和四川富順、南溪、巫山等縣知事。段玉裁的著作除《説文解字注》（1815）外，尚有《六書音均表》《詩經小學》《汲古閣説文訂》《古文尚書撰異》《毛詩故訓傳定本》《周禮漢讀考》《儀禮漢讀考》《經韻樓集》等。《説文解字注》歷時 30 餘年完成，其特點主要有三：一是注重形體考證，内容包括辨析篆文與古文的差異等。二是注重音韻考證與形、音、義的聯繫，提出了"聲與義同源，故諧聲偏旁多與字義相近""凡同聲多同義""同諧聲者必同部"等著名學説，突破了以往詮釋字義以形爲主的研究模式。三是注重詞義的演變研究，辨析詞的本義、引申義和假借義。

桂馥（1736 年—1805 年），字冬卉，號未谷，山東曲阜（今山東曲阜市）人，清代著名文字學家、書法家。於乾隆五十五年（1790 年）中進士，歷任山東長山縣訓導和雲南永平縣、順寧縣知縣。除《説文解字義證》(1833)外，尚有《晚學集》《月午樓詩鈔》等。《説文解字義證》的主要特點是引用經史文獻實證《説文》的説解，旁徵博引，體例嚴謹，注重形訓，提出了諸多新説，不足之處是過度拘泥許説，未能充分辨正訛誤。

王筠(1784年—1854年)，字貫山，號菉友，山東安丘(今山東安丘市)人，清代著名的語言學家、文字學家，出身於官宦之家、書香門第。道光元年(1821年)中舉，先後任山西鄉寧縣知縣，權知曲沃、徐溝二縣。一生研究《説文》近30年，除有《説文釋例》《説文句讀》外，尚有《文字蒙求》《説文韻譜校》《説文屬》等。《説文句讀》注重對《説文》的句讀分析，廣泛參考段玉裁《説文解字注》、桂馥《説文解字義證》等人研究成果，語言簡潔明瞭，通俗易懂。《説文釋例》旨在歸納《説文》的説解條例，爲閲讀和研究《説文》一書提供了重要參考。

朱駿聲(1788年—1858年)，字豐芑，號允倩，江蘇吴縣(今江蘇蘇州市)人，文字、音韻、訓詁學家。自幼聰慧，十歲遍讀"四書""五經"，十三歲通讀《説文》，有"神童"之譽。曾師事錢大昕，嘉慶二十三年(1818年)中舉，繼而選授徽州黟縣訓導。咸豐元年(1851年)向朝廷進呈所著《説文通訓定聲》，因獲賜國子監博士銜，旋任揚州府學教授，因疾未赴任。朱駿聲博學多藝，兼通天文、數學，且擅長詩文，著述甚豐，著有《説文通訓定聲》(1833)外，尚有《説雅》、《古今韻準》(附於《説文通訓定聲》書末)、《春秋左傳識小録》、《小學識餘》、《六十四卦經解》、《夏小正補傳》等。《説文通訓定聲》的主要特點是，打破《説文》部首編排體例，將《説文》所收字按朱氏自己所分的古韻十八部排列，每部内部凡聲符相同的字類聚相次，各字標出《廣韻》韻目，旨在以音韻統攝字義，觀察字音與字義的聯繫。每字之下，除釋本意外，分列假借、轉注、別義、聲訓、古韻、轉音諸項，輯録有關該字本義、引申義及音韻通假等項的書證材料。書首撰文提出“轉注”“假借”新解，將“轉注”定義爲“轉注者，體不改造，引意相受，令長是也”，將“假借”定義爲“假借者，本無其意，依聲託字，朋來是也”。另外，各部之末附録“《説文》不録字”總計 7000 餘個，全書收字約 17 000 個。

三、考證與整理（民國時期）

民國時期，隨着甲骨文、金文、簡帛文字的大量出土以及西學東漸，一些新的研究方法如二重證法、統計法、比較法、方言印證法、跨學科研究等被廣泛運用。有關《説文》的研究不再局限於《説文》本身的説解，而是通過不同材料和方法考釋字的形義以印證《説文》的説解，或指正許慎之誤，從而提高了結論的準確性和可信度。與此同時，對前人有關漢字的説解以及出土文字進行整理匯集工作。在漢字理論研究方面，這一時期也有不少建樹，例如唐蘭在批判“六書説”的基礎上提出了象形、象意、形聲的“三書説”，沈兼士對“右文説”進行了全面總結和推闡。這一時期的研究成果主要有章太炎《新方言》《文始》、王國維《史籀篇疏證》《〈説文〉今敘篆文合以古籀説》《〈説文〉所謂古文説》、丁福保《説文解字詁林》、馬叙倫《説文解字六書疏證》《説文解字研究法》、沈兼士《右文説在訓詁學上之沿革及其推闡》、唐蘭《古文字學導論》、楊樹達《積微居小學金石論叢》（1—2 卷）和《積微居小學述林》（1—5 卷）、商承祚《説文中之古文考》、黄侃《説文略説》（收入《黄侃論學雜著》）和《説文箋識四種》《説文解字斠詮》《説文段注小箋》（此二種屬於講義）等。其中《積微居小學金石論叢》和《積微居小學述林》共釋字多達 200 個以上；《説文解字詁林》匯集歷代注釋《説文》的文獻 182 種，按字目分列衆説，堪稱《説文》百科全書；《説文解字六書疏證》對《説文》深入疏證，除采納《説文解字詁林》所收諸書觀點外，還增加了近人有關《説文》的論著以及甲骨文等材料，系統展現了漢字的形、音、義及其演變規律，爲讀者提供了豐富的研究資料。

四、多元化數字化研究（1949 年至今）

這一時期特別是 20 世紀 80 年代以後的研究，在充分運用新出土古文字材料的基礎上，不斷擴大範圍，更新方法，多角度、多層面地將《説文》研究推向新的階段。從總體上看，這一時期側重於對材料的全面整理比對、《説文》的注釋推普工作以及軟件的開發等。在研究方法上注重多學科的交叉融合，包括與音韻學、訓詁學、考古學、歷史學等學科的結合，借助現代科技手段加快研究速度和準確性，例如建立相關資料庫和數據庫，對古文字材料、《説文》材料以及歷代研究成果進行數位化和數字化處理，等等。這一時期在研究理論上也有諸多突破，如陳夢家、裘錫圭繼唐蘭之後各提出了有關漢字結構的“三書説”（象形、假借、形聲；表意、假借、形聲）；梁東漢指出漢字存在着結構的内部平衡律和新陳代謝現象及其變化規律；王寧在《説文》基礎上建立了“漢字構形學”理論，指出漢字構件由成字構件和非成字構件兩類，漢字構形存在着平面結構、層次結構、形義統一等多種要素。這一時期研究《説文》的成果主要有周祖謨《許慎和他的〈説文解字〉》、陸宗達《説文解字通論》、姚孝遂《許慎與〈説文解字〉》、張舜徽《説文解字約注》、郭子直《六書初探》、王寧《説文解字與漢字學》《漢字構形學導論》、王夢華《説文解字釋要》、王世賢《説文解字導論》、湯可敬《説文解字今釋》、胡安順等《〈説文〉部首段注疏義》、臧克和《説文解字新訂》、董蓮池《説文解字考正》、董蓮池等《説文解字研究文獻集成》、劉仿《説文古音譜》、張學城《〈説文〉古文研究》、〔日〕白川静《説文新義》、〔日〕林泰輔《説文解字注箋》、〔韓〕李源朝《説文解字考異》、王寧等“數位化《説文解字》研究與應用平臺”、臧克和等“《説文解字》全文檢索”、珠海栗子網絡科技有限公司“《説文解字》APP”等。

參考文獻

（漢）許慎《説文解字》，中華書局 1963 年。
（南唐）徐鍇（説文解字繫傳》，中華書局 1987 年。
（清）段玉裁《説文解字注》，上海古籍出版社 1988 年。
（清）桂馥《説文解字義證》，中華書局 1987 年。
（清）王筠《説文釋例》，中華書局 1987 年。
（清）王筠《説文解字句讀》，中華書局 1988 年。
（清）嚴可均、姚文田《説文校議》，廣文書局 1972 年。
（清）朱駿聲《説文通訓定聲》，中華書局 1984 年。
丁福保《説文解字詁林》，雲南人民出版社 2006 年。
董蓮池《説文解字考正》，作家出版社 2005 年。
胡安順等《説文部首段注疏義》，中華書局 2018 年。
陸宗達《説文解字通論》，北京出版社 1981 年。
湯可敬《説文解字今釋》，岳麓書社 1997 年。
楊樹達《積微居小學述林》，中國科學院 1954 年。
姚孝遂《許慎與説文解字》，中華書局 1983 年。

第七單元

文 選 一

我善養吾浩然之氣　《孟子》

【《孟子》簡介】《孟子》一書記録了孟子一生的言行，是儒家的經典著作，由孟子及其弟子共同完成。《漢書·藝文志》著録《孟子》11篇，今存7篇，各分上下，即《梁惠王》《公孫丑》《滕文公》《離婁》《萬章》《告子》《盡心》。孟子（約前372年—前289年），名軻，字子輿，鄒（今山東鄒城市）人，是孔子之孫孔伋的再傳弟子，中國古代偉大的思想家、教育家，儒家學派的代表人物，與孔子並稱“孔孟”。孟子的學説以“仁”爲核心，主張德治，提出“仁政”“王道”“民貴君輕”等重要思想。

《孟子》最早的傳世注本是東漢趙岐《孟子章句》。其後的注本主要有北宋孫奭《孟子音義》、南宋朱熹《孟子集注》、清焦循《孟子正義》等。近人楊伯峻《孟子譯注》以朱熹《孟子集注》和焦循《孟子正義》爲基礎，通俗易懂。

【題解】浩然之氣是孟子提出的一種精神，即正大光明、剛正不屈、充滿天地之間的凛然正氣。本文通過問答的形式闡述了什麼是浩然之氣及培養浩然之氣的方法，强調要始終不懈地堅持仁義道德，既不能放任不管，也不能揠苗助長。同時論述了孟子關於聖人的認識，指出孔子的偉大無人能及，即使百代之後，也不會有人超越孔子。

本文節選自《孟子·公孫丑上》，以清人阮元《十三經注疏·孟子注疏》校刻本（中華書局2009年影印本）爲底本，下同。題目爲編者所加，注釋采用古注加今注的形式。古注采用趙岐注，今注爲編者的注，今注前加○號以示區别。

公孫丑問曰："夫子加齊之卿相，得行道焉，雖由此霸王，不異矣。如此，則動心否乎？"①

孟子曰："否。我四十不動心。"②

曰："若是，則夫子過孟賁（bēn）遠矣。"③

曰："是不難，告子先我不動心。"④

注釋

① 加：猶居也。丑問孟子，如使夫子得居齊卿相之位，行其道德，雖用此臣位，輔君行之，亦不異於古霸王之君矣。如是，寧動心畏難，自恐不能行否耶？丑以此爲大道不易，人當畏懼之，不敢欲行也。○公孫丑：孟子的學生，戰國時齊國人，與萬章等人參與了《孟子》一書的編寫。　加：擔任。　朱熹《四書集注》："任大責重如此，亦有所恐懼疑惑而動其心乎？"

② 孟子言：禮，四十强而仕，我志氣已定，不妄動心有所畏也。

③ 丑曰：若此，夫子志意堅勇過孟賁。　賁：勇士也。孟子勇於德。○孟賁：戰國時勇士。

④ 孟子言是不難也，告子之勇，未四十而不動心矣。　○告子：戰國思想家，兼治儒墨之學，有辯才，曾和孟子辯論多次。

曰:“不動心有道乎?”①

曰:“有②。北宫黝之養勇也:不膚橈(náo),不目逃。思以一豪挫於人,若撻之於市朝;不受於褐寬博,亦不受於萬乘之君;視刺萬乘之君,若刺褐夫;無嚴諸侯,惡聲至,必反之③。孟施舍之所養勇也,曰:‘視不勝猶勝也。量敵而後進,慮勝而後會,是畏三軍者也。舍豈能爲必勝哉?能無懼而已矣!’④孟施舍似曾子,北宫黝似子夏。夫二子之勇,未知其孰賢,然而孟施舍守約也⑤。昔者曾子謂子襄曰:‘子好勇乎?吾嘗聞大勇於夫子矣:自反而不縮,雖褐寬博,吾不惴焉。自反而縮,雖千萬人吾往矣。’孟施舍之守氣,又不如曾子之守約也。”⑥

注　釋

① 丑問:不動心之道云何?

② 孟子欲爲言之。

③ 北宫:姓;黝:名也。人刺其肌膚,不爲橈却;刺其目,目不轉睛逃避之矣。人拔一毛,若見捶撻於市朝之中矣。　褐寬博:獨夫被褐者。嚴:尊也。無有尊嚴諸侯可敬者也,以惡聲加己,己必惡聲報之。　言所養育勇氣如是也。　○北宫黝:戰國時齊國勇士。　橈:或作“撓”,屈服。　褐寬博:指卑賤者。　嚴:畏懼。

④ 孟:姓;舍:名;施:發音也。施舍自言其名,則但曰舍。舍豈能爲必勝哉?要不恐懼而已也。以爲量敵少而進,慮勝者足勝乃會。若此,畏三軍之衆者耳,非勇者也。　○孟施舍:人名,餘不詳。　“視不”句:對能戰勝的敵人和不能戰勝的敵人同樣看待(均敢迎敵)。　會:指接戰。

⑤ 孟子以爲曾子長於孝。孝,百行之本。子夏知道雖衆,不如曾子孝之大也,故以舍譬曾子,黝譬子夏,以施舍要之,以不懼爲約要也。

○曾子：孔子學生，即曾參，以孝行著稱，後世尊稱爲“宗聖”，參與《論語》編寫，並撰《大學》《孝經》《曾子十篇》等著作。 子夏：孔子學生，即卜商，爲人謹慎，善於思考。 守約：指方法簡易。

⑥ 子襄：曾子弟子也。 夫子：謂孔子也。 縮：義也。 惴：懼也。《詩》云：“惴惴其慄。”曾子謂子襄，言孔子告我大勇之道，人加惡於己，己内自省，有不義不直之心，雖敵人被褐寬博一夫，不當輕，驚懼之也。自省有義，雖敵家千萬人，我直往突之，言義之强也。施舍雖守勇氣，不如曾子守義之爲約也。 ○自反：自省。 縮：直，道義。不惴：不挑釁。惴，使動用法，使之懼。

曰：“敢問夫子之不動心，與告子之不動心，可得聞與？”①

“告子曰：‘不得於言，勿求於心；不得於心，勿求於氣。’不得於心，勿求於氣，可。不得於言，勿求於心，不可②。夫志，氣之帥也。氣，體之充也③。夫志至焉，氣次焉④。故曰：‘持其志，無暴其氣。’”⑤

“既曰‘志至焉，氣次焉’，又曰‘持其志，無暴其氣’者，何也？”⑥

曰：“志壹則動氣，氣壹則動志也。今夫蹶（jué）者趨者，是氣也，而反動其心⑦。”

注　釋

① 丑曰：不動心之勇，其意豈可得聞與？

② 不得者：不得人之善心善言也。 求者：取也。告子爲人勇而無慮，不原其情，人有不善之言加於己，不復取，其心有善也，直怒之矣。孟子以爲不可也。告子知人之有惡心，雖以善辭氣來加己，亦直怒之矣，孟子以爲則可，言人當以心爲正也。告子非純賢，其不動心之事，一可用，一不可用也。 ○“不得”四句：言辭上達不到的，不必奢求

於心中；心中没有達到的，不必奢求於情感。　氣：血氣，情感。

③ 志：心所念慮也。　氣：所以充滿形體，爲喜怒也。志帥氣而行之，度其可否也。　〇志：心志，思想。　氣之帥：思想感情的主導。　體之充：存在於身體之中。

④ 志爲至要之本，氣爲其次焉。

⑤ 暴：亂也。言志所嚮，氣隨之當正。持其志，無亂其氣，妄以喜怒加人也。　〇暴：指亂用。

⑥ 丑問：暴亂其氣云何？

⑦ 孟子言壹者，志氣閉而爲壹也。志閉塞則氣不行，氣閉塞則志不通。蹶者相動，今夫行而蹶者，氣閉不能自持，故志氣顛倒。顛倒之間，無不動心而恐矣，則志氣之相動也。　〇壹：專注。　動：觸動，影響。　"今夫"三句：比如跌倒或奔跑，這是血氣在起作用，但反過來也會影響到思想情緒。

"敢問夫子惡乎長？"①

曰："我知言，我善養吾浩然之氣。"②

"敢問何謂浩然之氣？"③

曰："難言也。其爲氣也，至大至剛，以直養而無害，則塞於天地之間④。其爲氣也，配義與道。無是，餒也⑤。是集義所生者，非義襲而取之也⑥。行有不慊（qiè）於心，則餒矣⑦。我故曰，告子未嘗知義，以其外之也⑧。必有事焉而勿正，心勿忘，勿助長也⑨。無若宋人然。宋人有閔其苗之不長而揠（yà）之者，芒芒然歸。謂其人曰：'今日病矣，予助苗長矣。'其子趨而往視之，苗則槁矣⑩。天下之不助苗長者寡矣。以爲無益而舍之者，不耘苗者也。助之長者，揠苗者也，非徒無益，而又害之。"⑪

注　釋

① 丑問：孟子才志所長何等？

② 孟子云：我聞人言，能知其情所趨，我能自養育我之所有浩然之大氣也。　○知言：善於判斷别人的言辭。

③ 丑問：浩然之氣狀如何？

④ 言此至大至剛，正直之氣也。然而貫洞纖微，洽於神明，故言之難也。養之以義，不以邪事干害之，則可使滋蔓，塞滿天地之閒，布施德教，無窮極也。　○以直養：指用正義培養。　無害：不加傷害。

⑤ 重説是氣，言此氣與道義相配偶俱行。義謂仁義，可以立德之本也。道謂陰陽，大道無形而生有形，舒之彌六合，卷之不盈握，包落天地，稟授群生者也。言能養此道氣而行義理，常以充滿五藏。若其無此，則腹腸飢虚，若人之餒餓也。　○餒：挨餓，這裏比喻乾癟，收縮。

⑥ 集：雜也。密聲取敵曰襲。言此浩然之氣，與義雜生，從内而出。人生受氣所自有者。　○義襲：偷取義，假借義。

⑦ 慊：快也。自省所行，仁義不備，干害浩氣，則心腹飢餒矣。　○不慊：不快，愧怍。

⑧ 孟子曰：仁義皆出於内，而告子嘗以爲仁内義外，故言其未嘗知義也。

⑨ 言人行仁義之事，必有福在其中，而勿正，但以爲福。故爲義也，但心勿忘其爲福，而亦勿汲汲助長其福也。汲汲則似宋人也。　○事：服事。　正：停止。孫奭疏："謂必有事於集義而不可止也。"《詩經·邶風·終風序》："見侮慢而不能正也。"鄭玄注："正，猶止也。"

⑩ 揠：挺拔之，欲亟長也。　病：罷也。　芒芒然：罷倦之貌。　其人：家人也。　其子：揠苗者之子也。　趨：走也。　槁：乾枯也。以喻人之情，邀福者必有害。若欲急長苗，而反使之枯死也。　○閔："憫"的古字。

⑪ 天下人行善者，皆欲速得其福，恬然者少也。以爲福禄在天，求之無益，舍置仁義，不求爲善，是由農夫任天，不復耘治其苗也。其遲福欲急得之者，由此揠苗人也。非徒無益於苗，乃反害之。言告子外義，常恐其行義欲急得其福，故爲丑言人之行，當内治善，不當急欲求其福，亦若此揠苗者矣。

"何謂知言？"①

曰："詖（bì）辭知其所蔽，淫辭知其所陷，邪辭知其所離，遁辭知其所窮②。生於其心，害於其政。發於其政，害於其事。聖人復起，必從吾言矣。"③

"宰我、子貢善爲説辭，冉牛、閔子、顏淵善言德行。孔子兼之，曰：'我於辭命則不能也。'④然則夫子既聖矣乎？"⑤

曰："惡！是何言也？昔者子貢問於孔子曰：'夫子聖矣乎？'孔子曰：'聖則吾不能，我學不厭而教不倦也。'子貢曰：'學不厭，智也；教不倦，仁也。仁且智，夫子既聖矣乎！'夫聖，孔子不居，是何言也⑥？"

注　釋

① 丑問：知言之意謂何？

② 孟子曰：人有險詖之言，引事以褒人，若賓孟言雄鷄自斷其尾之事，能知其欲以譽子朝蔽子猛也。有淫美不信之辭，若驪姬勸晉獻公與申生之事，能知欲以陷害之也。有邪辟不正之辭，若竪牛勸仲壬賜環之事，能知其欲行譖毁，以離之於叔孫也。有隱遁之辭，若秦客之廋辭於朝，能知其欲以窮晉諸大夫也。若此四者之類，我聞能知其所趨也。○詖：偏頗，不正。　所蔽：局限所在。　淫：過度，過分。　所陷：失誤所在。　所離：偏離正道。　遁：躲閃。

③ 生於其心：譬若人君有好殘賊嚴酷心，必妨害仁政不得行之也。發於其政者，若出令欲以非時田獵、築作宫室，必妨害民之農事，使百姓有飢寒之患也。吾見其端，欲防而止之。如使聖人復興，必從我言也。

④ 言人各有能，我於辭言教命，則不能如二子。　○宰我、子貢、冉牛、閔子、顏淵：皆孔子學生。宰我即宰予，爲人勇於質疑，不盲從；子貢即端木賜，爲人極有口才，且善於經商；冉牛即冉耕，字伯牛，爲人穩重，以孝著稱；閔子即閔子騫，事迹不詳；顏淵即顏回，以好學

德行著稱。　辭命：辭令。　按："我於"句説明孔子很謙虚。

⑤ 丑見孟子但言不能辭命，不言不能德行，謂孟子欲自比孔子，故曰夫子既已聖矣乎？　○楊伯峻《孟子譯注》："孔子則兼有兩長，但是他還説：'我對於辭令，太不擅長。'〔而您既善於分析别人的言辭，又善於養浩然之氣，言語道德兼而有之，〕那麼，您已經是位聖人了吧？"

⑥ 惡者：不安事之嘆辭也。　孟子答丑，言往者子貢、孔子相答如此，孔子尚不敢安居於聖，我何敢自謂爲聖，故再言"是何言也"。　○惡：嘆詞，表驚訝，哪裏。　"孔子不居"二句：孔子尚且不敢當，（我哪裏當得起？）你這是什麼話啊？

"昔者竊聞之：子夏、子游、子張皆有聖人之一體，冉牛、閔子、顔淵則具體而微①。敢問所安？"②

曰："姑舍是。"③

曰："伯夷、伊尹何如？"④

曰："不同道⑤，非其君不事，非其民不使；治則進，亂則退，伯夷也⑥。何事非君，何使非民；治亦進，亂亦進，伊尹也⑦。可以仕則仕，可以止則止，可以久則久，可以速則速，孔子也⑧。皆古聖人也，吾未能有行焉；乃所願，則學孔子也。"⑨

注　釋

① 體者：四肢股肱也。孟子言昔日竊聞師言也，丑方問欲知孟子之德，故謙辭言竊聞也。一體者，得一肢也。具體者，四肢皆具。　微：小也，比聖人之體微小耳。體以喻德也。　○竊：表謙副詞。　子游、子張：孔子學生。子游即言偃，以文學著稱；子張即顓孫師，爲人勇武、不媚俗。　一體：指部分優點。　具體而微：具有其整體優點但相距甚遠。

② 丑問：孟子所安比也？　○所安：指孟子和孔子相比處在哪種境界。

③ 姑：且也。　孟子曰：且置是，我不願比也。　○姑舍是：暫時不談

這個。 舍："捨"的古字。

④ 丑曰：伯夷之行何如，孟子心可願比伯夷否？ ○伯夷：上古賢人。伯夷與其弟叔齊爲孤竹君之子，互相讓位，後義不食周粟，餓死於首陽山。 伊尹：古賢人，商湯之相。 孫奭疏："丑見孟子不比數者，又問之以伯夷、伊尹，二者可比之何如？"

⑤ 言伯夷之行，不與孔子、伊尹同道也。 ○孫奭疏："孟子答之，以爲伯夷之行，不與伊尹、孔子同道也。"

⑥ 非其君：非己所好之君也。 非其民：不以正道而得民，伯夷不願使之，故謂之非其民也。

⑦ 伊尹曰：事非其君者，何傷也？使非其民者，何傷也？要欲爲天理物，冀得行道而已矣。 ○"何事"二句：何君不可以事奉，何民不可以使用？二句爲"何君非事，何民非使"的倒置。

⑧ 止：處也。 久：留也。 速：疾去也。 ○止：指退身。

⑨ 此皆古之聖人，我未能有所行。若此乃言我心之所庶幾，則願欲學孔子，所履進退無常，量時爲宜也。 ○乃：連詞，至於，至若。

"伯夷、伊尹於孔子，若是班乎？"①

曰："否。自有生民以來，未有孔子也。"②

曰："然則有同與？"③

曰："有。得百里之地而君之，皆能以朝諸侯，有天下；行一不義，殺一不辜，而得天下，皆不爲也。是則同。"④

曰："敢問其所以異？"⑤

曰："宰我、子貢、有若，智足以知聖人，汙（wū）不至阿其所好⑥。宰我曰：'以予觀於夫子，賢於堯舜遠矣。'⑦子貢曰：'見其禮而知其政，聞其樂而知其德。由百世之後，等百世之王，莫之能違也。自生民以來，未有夫子也。'⑧有若曰：'豈惟民哉？麒麟之於走獸，鳳凰之於飛鳥，太山之於丘垤（dié），河海之於行潦（lǎo），類也。聖人之於民，亦類也。出於其類，拔乎其萃，自生民以來，未有盛於孔子也。’”⑨

注　釋

① 班：齊等之貌也。　丑嫌伯夷、伊尹與孔子相比，問此三人之德班然而等乎？

② 孟子曰：不等也。從有生民以來，非純聖人，則未有與孔子齊德也。

③ 丑曰：然則此三人有同者邪？

④ 孟子曰：此三人君國，皆能使鄰國諸侯尊敬其德而朝之，不以其義得之，皆不爲也，是則孔子同之矣。　○朝：使動用法。

⑤ 丑問：孔子與二人異謂何？

⑥ 孟子曰：宰我等三人之智，足以識聖人。　汙：下也。言三人雖小汙不平，亦不至阿其所好以非其事，阿私所愛而空譽之，其言有可用者。欲爲丑陳三子之道孔子也。　○有若：孔子學生，即有子，好學深思，擅長文學。孔子去世後，孔門部分弟子曾有意推有若爲領袖。　○“汙不”句：認識不深刻但不至於因其所好而有所偏向。　汙：鄙陋，卑下。

⑦ 予：宰我名也。以爲孔子賢於堯舜，以孔子但爲聖，不王天下，而能製作素王之道，故美之。如使當堯舜之世，賢之遠矣。

⑧ 見其製作之禮，知其政之可以致太平也。聽聞其《雅》《頌》之樂，而知其德之可與文、武同也。《春秋外傳》曰“五聲昭德”，言五音之樂聲可以明德也。從孔子後百世，上推等其德於前百世之聖王，無能違離孔子道者。自從生民以來，未有能備若孔子也。

⑨ 垤：蟻封也。　行潦：道傍流潦也。　萃：聚也。有若以爲萬類之中，各有殊異。至於人類卓絶，未有盛美過於孔子者也。若三子之言孔子，所以以異於伯夷、伊尹也。夫聖之道，同符合契，前聖後聖，其揆一也，不得相喻。云生民以來無有者，此三人皆孔子弟子，緣孔子聖德高美，而盛稱之也。孟子知其言大過，故貶謂之汙下，但不以無爲有耳。因事則褒，辭在其中矣，亦以明師徒之義得相褒揚也。　○垤：小土堆。　潦：道旁積水。　類：指屬於同類。　萃：群。

勸 學

《荀子》

【《荀子》簡介】《荀子》共32篇，《漢書·藝文志》稱《孫卿子》，唐人楊倞重排篇次，分爲20卷，改名《荀子》。全書内容十分豐富，涵蓋了哲學、倫理、政治、經濟、軍事、教育以及語言、文學等多個方面，邏輯嚴密，議論深刻，善用比喻，詞鋒犀利，對中國社會産生了深刻影響。其中大部分文章爲荀況本人所著，《大略》以下六篇是荀況弟子所記荀況語録及雜録傳記。

荀子（約前313年—前238年），名况，字卿，戰國時期趙國（出生地有今山西臨汾市、運城市和河北邯鄲市等説）人，曾三次出任齊國稷下（齊國都城淄城的稷門）學宫祭酒，後爲楚蘭陵（今山東臨沂市蘭陵縣）令。西漢時因避漢宣帝劉詢諱而改稱“孫卿”。荀子是我國古代偉大的唯物主義哲學家、思想家和教育家，先秦諸子的集大成者。他總結了先秦以來的學術思想，發展了唯物主義，反對天命，反對神鬼迷信。提出了“人定勝天”“性惡論”等重要學説，强調人對自然界的積極作用，後天環境和教育對人的影響。在政治上，他主張“法後王”，禮法兼用。在語言和民俗方面，他提出了著名的“約定俗成”説，影響深遠。

《荀子》最早的注本是唐人楊倞《荀子注》，其後的注本主要有清人王先謙《荀子集解》、梁啓雄《荀子簡釋》、章詩同《荀子簡注》、張覺《荀子譯注》、熊公哲《荀子今注今譯》、樓宇烈《荀子新注》等。

【題解】本文較系統闡述了荀子的教育思想，强調了後天學習的重要性和環境對教育的影響。全文語言精練，善用譬喻，大量運用了排比句和對偶句，警句連篇，不僅具有啓迪意義，而且具有濃厚的文學色彩，爲後世廣泛傳誦。本文節選自《荀子·勸學》，以王先謙《荀子集解》爲底本，下同。注釋采用古注加今注的形式，古注采用楊倞的注，〇後爲編者的注。

是故無冥冥之志者，無昭昭之明；無惛惛之事者，無赫赫之功[①]。行衢道者不至，事两君者不容[②]。目不能两視而明，耳不能两聽而聰。螣蛇無足而飛[③]，梧（shí）鼠五技而窮[④]。《詩》曰："尸鳩在桑，其子七兮。淑人君子，其儀一兮。其儀一兮，心如結兮！"故君子結於一也[⑤]。

注　釋

① 冥冥、惛惛：皆專默精誠之謂也。　〇冥冥、惛惛：幽暗不明，這裏形容專心致志。

②《爾雅》云："四達謂之衢。"　孫炎云："衢，交道四出也。"　或曰：衢道，两道也。　不至，不能有所至。　下篇有"楊朱哭衢塗"，今秦俗猶以两爲衢，古之遺言歟？　〇衢道：十字路口，指歧道。

③《爾雅》云："螣，螣蛇。"　郭璞云："龍類，能興雲霧而游其中也。"

④ 梧鼠，當爲"鼫鼠"，蓋本誤爲"鼯"字，傳寫誤爲"梧"耳。　技，才能也。言技能雖多而不能如螣蛇專一，故窮。　五技，謂能飛不能上屋，能緣不能窮木，能遊不能渡谷，能穴不能掩身，能走不能先人。〇螣蛇：古時傳説一種能飛的蛇。　梧鼠：一種形體像兔的鼠類。

⑤《詩·曹風·尸鳩》之篇。　毛云："尸鳩，鴶鞠也。　尸鳩之養七子，旦從上而下，暮從下而上，平均如一。"　善人君子，其執義亦當如尸鳩之一。執義一則用心堅固。"故曰"心如結"也。　〇尸鳩：布穀鳥。

昔者瓠（hù）巴鼓瑟而流魚出聽[①]，伯牙鼓琴而六馬仰秣（mò）②。故聲無小而不聞，行無隱而不形③。玉在山而草木潤，淵生珠而崖不枯。爲善不積邪，安有不聞者乎④？

注　　釋

① 瓠巴：古之善鼓瑟者，不知何代人。　流魚：中流之魚也。《列子》云："瓠巴鼓琴，鳥舞魚躍。"

② 伯牙：古之善鼓琴者，亦不知何代人。　六馬：天子路車之馬也。《漢書》曰："乾六車，坤六馬。"《白虎通》曰："天子之馬六者，示有事於天地四方也。" 張衡《西京賦》曰："天子駕彫軫，六駿駮。" 又曰："六玄虯之奕奕，齊騰驤而沛艾。" 仰首而秣，聽其聲也。　○仰秣：指抬起頭吃飼料。

③ 形：謂有形可見。

④ 崖：岸。　枯：燥。

學惡（wū）乎始？惡乎終①？曰：其數則始乎誦經，終乎讀禮②；其義則始乎爲士，終乎爲聖人③。真積力久則入④，學至乎没而後止也⑤。故學數有終，若其義則不可須臾舍也。爲之人也，舍之禽獸也。故《書》者，政事之紀也⑥；《詩》者，中聲之所止也⑦；《禮》者，法之大分、類之綱紀也⑧。故學至乎《禮》而止矣。夫是之謂道德之極。《禮》之敬文也⑨，《樂》之中和也⑩，《詩》《書》之博也⑪，《春秋》之微也⑫，在天地之間者畢矣。

注　　釋

① 假設問也。

② 數：術也。　經：謂《詩》《書》。　禮：謂典禮之屬也。　○數：指

學習的科目。

③ 義：謂學之意，言在乎脩身也。 ○義：指志向。

④ 真：誠也。 力：力行也。 誠積力久，則能入於學也。

⑤ 生則不可怠惰。 ○没："殁"的古字，死。

⑥《書》所以紀政事。 此説"六經"之意。 ○《書》：指《尚書》。

⑦《詩》謂樂章，所以節聲音，至乎中而止，不使流淫也。《春秋傳》曰："中聲已降，五降之後，不容彈矣。" ○《詩》：指《詩經》。 中聲：符合標準的音樂。

⑧ 禮所以爲典法之大分，統類之綱紀。 "類"謂禮法所無，觸類而長者，猶律條之比附，《方言》云"齊謂法爲類"也。 ○大分：總綱。 類：指法律條目。

⑨《禮》有周旋揖讓之敬、車服等級之文也。 ○敬文：指注重禮節儀式。

⑩ 中和：謂使人得中和悦也。 ○中和：即致中和，達到和諧境界。《樂》：指《樂經》，儒家"六經"之一，據傳《樂經》所載内容是中國上古和三皇五帝時期的樂舞，後失傳，或説僅存《樂記》一篇，收入《禮記》。

⑪ 博：謂廣記土風、鳥獸、草木及政事也。

⑫ 微：謂褒貶沮勸，微而顯、志而晦之類也。 ○微：精微。

君子之學也，入乎耳，箸乎心，布乎四體，形乎動静①，端而言，蝡（rú）而動，一可以爲法則②。小人之學也，入乎耳，出乎口③。口耳之間則四寸耳，曷足以美七尺之軀哉④？古之學者爲己，今之學者爲人。君子之學也以美其身，小人之學也以爲禽犢⑤。故不問而告謂之傲⑥，問一而告二謂之囋（zá）⑦。傲，非也；囋，非也。君子如嚮矣⑧。

注　釋

① 所謂"古之學者爲己"。 入乎耳，箸乎心：謂聞則志而不忘也。 布乎四體：謂有威儀潤身也。 形乎動静：謂知所措履也。

② 端：讀爲喘。 喘：微言也。 蝡：微動也。 一：皆也。 或喘息微言，

或蝡蠢蝡動，皆可以爲法則。 蝡：人允反。或曰“端而言”謂端莊而言也。 ○“端而”三句：言語得當，行動審慎，全都可以成爲别人效法的楷模。 端：通“喘”，小聲説話貌。 蝡：同“蠕”，行動緩慢貌。 一：都。

③ 所謂“今之學者爲人”，“道聽塗説”也。

④ 韓侍郎云：“則，當爲財，與纔同。” ○“口耳”二句：口耳之間四寸小的地方，（據口耳相傳，道聽途説）怎麼能够滿足七尺之軀的修養呢？

⑤ 禽犢：餽獻之物也。 ○“古之”四句：古人學習是爲了充實自己，今人學習是爲了向人炫耀。君子學習是爲了完善自身，小人學習是爲了把學問當作進身的禮物。 禽犢：家禽和小牛，古人習慣用作餽贈禮品。

⑥ 傲：喧噪也。言與戲傲無異。 或曰：讀爲嗷，口嗷嗷然也。嗷與敖通。 ○傲：急躁，冒失。

⑦ 囋：即讚字也，謂以言强讚助之。 今贊禮謂之讚。 “囋”古字口與言多通。 ○囋：嘮叨，啰唆。

⑧ 嚮與響同，如響應聲。 ○嚮：通“響”，回聲。

學莫便乎近其人[①]。《禮》《樂》法而不説[②]，《詩》《書》故而不切[③]，《春秋》約而不速[④]。方其人之習君子之説，則尊以徧矣，周於世矣[⑤]。故曰：學莫便乎近其人。

注　釋

① 謂賢師也。 ○便：簡便，方便。 其人：指良師益友。

② 有大法而不曲説也。 ○法：法度，禮制。 説：解説。

③《詩》《書》但論先王故事，而不委曲切近於人。 故曰“學《詩》三百，使於四方，不能專對”也。 ○故：指故事，歷史。 不切：指不具體。

④ 文義隱約，褒貶難明，不能使人速曉其意也。 ○“學莫”四句：學習没有比接近良師更便捷的。《禮經》《樂經》記載了禮儀制度而未詳細解説，《詩經》《尚書》記載了古代的事迹而不够具體；《春秋》文辭簡約而不能使人迅速把握其大義。

⑤ 當其人習説之時，則尊高而徧周於世事矣，“六經”則不能然矣。○“方其”三句：仿效良師並學習君子的學説，就能提高自己的品位且擴大眼界，就能應付世事了。 之：連詞，和，而。 尊：指品位尊崇。 徧：用作動詞，義爲全面觀察事物。 周：用作動詞，周旋，應付。

學之經莫速乎好其人，隆禮次之①。上不能好其人，下不能隆禮，安特將學雜識志，順《詩》《書》而已耳。則末世窮年，不免爲陋儒而已②。將原先王，本仁義，則禮正其經緯蹊徑也③。若挈裘領，詘五指而頓之，順者不可勝數也④。不道禮憲，以《詩》《書》爲之⑤，譬之猶以指測河也，以戈舂黍也，以錐飡餐壺也，不可以得之矣⑥。故隆禮，雖未明，法士也；不隆禮，雖察辯，散儒也⑦。

注 釋

① 學之大經，莫速於好近賢人，若無其人，則隆禮爲次之。 ○好其人：直接討教於良師益友。 隆禮：尊崇禮儀。 次之：緊隨其後。

② 安：語助，猶言抑也。 或作“安”，或作“案”，《荀子》多用此字，《禮記·三年問》作“焉”。《戰國策》：“謂趙王曰：‘秦與韓爲上交，秦禍案移於梁矣；秦與梁爲上交，秦禍案攘於趙矣。’”《吕氏春秋》：“吴起謂商文曰：‘今置質爲臣，其主安重；釋璽辭官，其主安輕。’”蓋當時人通以“安”爲語助，或方言耳。 特：猶言直也。 “雜識志”謂雜志記書，百家之説也。 言既不能好其人，又不能隆禮，直學雜説，順《詩》《書》而已，豈免爲陋儒乎！言不知通變也。 ○安：連詞，作用同“乃”。 特：只，僅僅。

③ 所成、所出皆在於禮也。 ○“將原”三句：想要研究先王，追尋仁義的根本，那麼禮正是四通八達的道路。 經緯：南北爲經，東西爲緯。 蹊徑：這裏指門徑。

④ 言禮亦爲人之綱領。 挈：舉也。 詘：與“屈”同。 頓：挈也。順者不可勝數，言禮皆順也。 ○挈：用手提起。 頓：抖摟。

⑤ 道：言説也。 憲：標表也。 ○道：遵循。 憲：法令。

⑥ ○“不道”六句：不遵循禮法，而僅根據《詩經》《尚書》行事，就好像用手指測量河水的深淺，用長戈舂搗黍米，用錐子從壺中取食一樣，是不可能達到目的。

⑦ 散：謂不自檢束。《莊子》以不材木爲散木也。 ○“故隆”六句：所以尊崇禮義，即使有所不明白，也算是有法度的讀書人；如果不尊崇禮義，即使明察善辯，也不過是不知检束的儒生。 散儒：指不守禮法的儒生。

問楛（kǔ）者勿告也[①]，告楛者勿問也，説楛者勿聽也，有争氣者勿與辯也。故必由其道至然後接之，非其道則避之[②]。故禮恭而後可與言道之方，辭順而後可與言道之理，色從而後可與言道之致[③]。故未可與言而言謂之傲[④]，可與言而不言謂之隱，不觀氣色而言謂瞽（gǔ）[⑤]。故君子不傲、不隱、不瞽，謹順其身[⑥]。《詩》曰：“匪交匪舒，天子所予。”此之謂也[⑦]。

注　　釋

① 楛與“苦”同，惡也。 問楛：謂所問非禮義也。凡器物堅好者謂之功，濫惡者謂之楛。《國語》曰“辨其功苦”，韋昭曰“堅曰功，脆曰苦”，故《西京賦》曰“鬻良雜苦”，《史記》曰“器不苦窳”。 或曰：楛讀爲沽，《儀禮》有“沽功”，鄭玄曰“沽，粗也。” ○楛：器物粗劣不堅，這里指不合禮法。

② 道不至則不接。

③ 致：極也。此謂道至而後接之也。 ○致：終點。

④ 傲：亦戲傲也。《論語》曰：“言未及而言謂之躁。”

⑤ ○“故未”三句：所以和不可以與之交談的人交談，這叫作“冒失”，可以與之交談却不交談，這叫作“隱諱”，不看對方臉色便交談，這叫作“瞎眼”。

⑥ 瞽者不識人之顏色。 ○順：通“慎”。

⑦《詩·小雅·采菽》之篇。“匪交”當爲“彼交”，言彼與人交接不敢舒緩，故受天子之賜予也。 ○交：或説通“絞”，急切。

百發失一，不足謂善射；千里蹞（kuǐ）步不至，不足謂善御[①]；倫類不通，仁義不一，不足謂善學[②]。學也者，固學一之也。一出焉，一入焉，涂巷之人也[③]。其善者少，不善者多，桀、紂、盗跖（zhí）也[④]。全之盡之，然後學者也。[⑤]

注釋

① 未能全盡。 ○蹞：同“跬”，半步。

② 通倫類：謂雖禮法所未該，以其等倫比類而通之。 謂一以貫之，觸類而長也。 一仁義：謂造次不離，他術不能亂也。 ○倫類：事物之条理次序。 不一：不能一以貫之。

③ 或善或否。 ○“學也”五句：所謂“學習”，本來就是要始終如一地堅持用功。一會兒拋開它，一會兒又撿起它，這是平庸的市井之人。

④ 盗跖：柳下季之弟，聚徒九千人於太山之傍，侵諸侯，孔子説之而不入者也。 ○涂巷：道路，街坊。

⑤ 學然後全盡。 ○“其善”五句：學習得益少，而惡行多，就像夏桀、商紂、盗跖這樣的人。所以只有竭盡全力去學習，然後稱得上學者。

君子知夫不全不粹之不足以爲美也，故誦數以貫之[①]，思索以通之[②]，爲其人以處之[③]，除其害者以持養之，使目非是無欲見也，使耳非是無欲聞也，使口非是無欲言也，使心非是無欲慮也[④]。及至其致好之也，目好之五色，耳好之五聲，口好之五味，心利之有天下[⑤]。是故權利不能傾也，群衆不能移也，天下不能蕩也[⑥]。生乎由是，死乎由是，夫是之謂德操[⑦]。德操然後能定，能定然後能應⑧。能定能應，夫是之謂成人⑨。天見其明，地見其光，君子貴其全也⑩。

注　釋

① 使習《禮》《樂》《詩》《書》之數以貫穿之。　○貫：復習，鞏固。

② 思求其意也。

③ 爲擇賢人與之處也。　○處：指行動，實踐。

④ 是猶此也，謂學也。　或曰："是"謂正道也。　○"君子"九句：君子知道學習達不到全面、純粹就談不上完美，所以反復誦讀以鞏固，用心思索以通曉，效法良師付諸行動，克服缺點以加强修養，使眼睛不想看不正確的事物，使耳朵不想聽不正確的事物，使嘴巴不想說不正確的事物，使内心不想考慮不正確的事物。

⑤ 致：極也。謂不學，極恣其性，欲不可禁也，心利之有天下之富也。或曰：學成之後必受榮貴，故能盡其欲也。　○"及至"五句：等達到學習的最高境界，那時就像目喜觀五色，耳喜聞五音，口喜食五味，心中滿足像擁有世界一樣。　致好之：指最高境界。　按：據楊倞注，此數句意正相反，今不從。

⑥ 蕩：動也。覆説爲學。學則物不能傾移矣。　○"是故"三句：因此權利不能使他傾倒，衆人不能改變其行動，天下不能動摇其信念。

⑦ 死生必由於學，是乃德之操行。

⑧ 我能定，故能應物也。　○定：堅定。

⑨ 内自定而外應物，乃爲成就之人也。　○成人：完美的人。

⑩ 見：顯也。　明：謂日月。　光：謂水火金玉。天顯其日月之明，而地顯其水火金玉之光，君子則貴其德之全也。　○見："現"的古字。光：通"廣"。

修　身

《荀子》

【題解】本文系統闡述了如何修身以提高思想境界的學説，内容包括向善棄惡、治氣養心、講誠守信、秉持禮義、謙恭愛人、勇於吃苦、好事能讓、言行審慎等，其觀點在今天看來仍有一定的積極意義和現實意義。本文節選自《荀子·修身》，注釋采用古注加今注的形式，古注采用楊倞的注，○後爲編者的注。

見善，修然必以自存也[①]；見不善，愀（qiǎo）然必以自省也[②]。善在身，介然必以自好也[③]；不善在身，菑（zī）然必以自惡也[④]。故非我而當者，吾師也；是我而當者，吾友也；諂諛我者，吾賊也。故君子隆師而親友，以致惡其賊[⑤]。好善無厭，受諫而能誡，雖欲無進，得乎哉？小人反是，致亂而惡人之非己也，致不肖而欲人之賢己也，心如虎狼，行如禽獸，而又惡人之賊己也。諂諛者親，諫争者疏，修正爲笑，至忠爲賊，雖欲無滅亡，得乎哉[⑥]？《詩》曰："噏（xī）噏呰（zǐ）呰，亦孔之哀。謀之其臧，則具是違；謀之不臧，則具是依。"[⑦]此之謂也。

注　釋

① 修然：整飭貌。　言見善必自整飭，使存於身也。　○存：省察。

② 愀然：憂懼貌。　自省其過也。　○愀然：憂慮恐懼貌。

③ 介然：堅固貌。《易》曰："介如石焉。"　自好：自樂其善也。　○自好：自以爲美好。

④ 菑：讀爲災。　災然：災害在身之貌。　○菑然：被汙貌。菑，通"緇"，黑色。

⑤ 致：猶極也，下同。　○致：極其。

⑥ 至忠反以爲賊。

⑦《詩·小雅·小旻》之篇。　毛云："潝潝然患其上，訿訿然不思稱乎

上。" 鄭云:"臣不事君，亂之階也，故甚可哀。" 潝:許急反。訾音紫。　○"噏噏"六句:一會兒附和一會兒誹謗，真是可悲。正確的謀劃，他們全都反對；錯誤的主張，他們全都擁護。　噏噏:附和貌。呰呰:詆毁貌。　孔:非常。　臧:善。

扁善之度，以治氣養生則後彭祖，以修身自名則配堯禹[①]。宜於時通，利以處窮，禮信是也[②]。凡用血氣、志意、知慮，由禮則治通，不由禮則勃亂提僈[③]；食飲、衣服、居處、動静，由禮則和節，不由禮則觸陷生疾；容貌、態度、進退、趨行，由禮則雅，不由禮則夷固、僻違、庸衆而野[④]。故人無禮則不生，事無禮則不成，國家無禮則不寧。《詩》曰:"禮儀卒度，笑語卒獲。"此之謂也[⑤]。

注　釋

① 扁:讀爲辨。《韓詩外傳》曰"君子有辨善之度"，言君子有辨别善之法，即謂禮也。　言若用禮治氣養生，壽則不及於彭祖，若以脩身自爲名號，則壽配堯禹不朽矣。　言禮雖不能治氣養生而長於脩身自名，以此辨之則善可知也。　彭祖:堯臣，名鏗，封於彭城，經虞夏至商，壽 700 歲也。　○"扁善"三句:遵循常道，用它來調氣養生就能成爲彭祖，用它來修身養性就能名敵堯禹。　扁:通"徧"。

② 信:誠也。言所用脩身及時通處窮，禮誠是也。　孟子曰:"君子窮則獨善其身，達則兼善天下。"

③ 提:舒緩也。《爾雅》"媞媞，安也"，《詩》曰"好人提提"，皆舒緩之義也。　○"凡用"三句:比如血氣、意志和思慮，遵循禮義就會平和通順，不遵循禮義就會顛倒混亂。　勃:通"悖"。　僈:通"慢"。

④ 夷:倨也。《論語》曰:"原壤夷俟。" 固:陋也。　庸:凡庸。　衆:衆人。　野:郊野之人。　○夷固:倨傲，傲慢。　僻違:邪僻背理。庸衆:平庸。

⑤《詩·小雅·楚茨》之篇。 卒：盡也。 獲：得也。 〇卒度：完全合乎法度。卒，完全。 獲：得當。

以善先人者謂之教，以善和人者謂之順[①]；以不善先人者謂之諂，以不善和人者謂之諛[②]。是是非非謂之知[③]，非是是非謂之愚[④]。傷良曰讒，害良曰賊。是謂是、非謂非曰直。竊貨曰盜，匿行曰詐，易言曰誕，趣舍無定謂之無常[⑤]，保利非義謂之至賊[⑥]。多聞曰博，少聞曰淺。多見曰閑[⑦]，少見曰陋。難進曰偍（tí）[⑧]，易忘曰漏。少而理曰治，多而亂曰秏（mào）[⑨]。

注　釋

① 先：謂首唱也。 和：胡臥反，下同。 〇先：引導。 和：附和。

② 諂之言陷也，謂以佞言陷之。 諛與俞義同，故爲不善和人也。

③ 能辨是爲是，非爲非，謂之智也。

④ 以非爲是，以是爲非，則謂之愚。

⑤ 不恒之人。 〇易言：説話輕率。 趣：義同"趨"。

⑥ 保：安。

⑦ 閑：習也。 能習其事則不迫遽也。 〇閑：博大。

⑧ 偍與提、媞皆同，謂弛緩也。 〇偍：行動弛緩。

⑨ 少：謂舉其要，而有條理謂之治。 秏：虚竭也，凡物多而易盡曰秏。 〇秏：通"眊"，昏亂。

治氣養心之術[①]：血氣剛强則柔之以調和，知慮漸深則一之以易良[②]，勇膽猛戾則輔之以道順[③]，齊給便利則節之以動止[④]，狹隘褊小則廓之以廣大，卑溼重遲貪利則抗之以高志[⑤]，庸衆駑散則刦之以師友[⑥]，怠慢僄（piào）棄則炤（zhāo）之以禍災[⑦]，愚款端慤

（què）則合之以禮樂，通之以思索⑧。凡治氣養心之術，莫徑由禮，莫要得師，莫神一好⑨。夫是之謂治氣養心之術也。

注 釋

① 言以禮修身，是亦治氣養心之術，不必如彭祖也。 ○治氣：調理血氣。

② 漸：進也。 或曰：漸，浸也，子廉反。《詩》曰“漸車帷裳”，言智慮深則近險詐，故一之以易良也。 ○“血氣”二句：如果血氣剛强就用折中使之柔順，如果思慮過度就要設法淡化使之專一。 漸深：過度。 漸：加劇。 易良：平易，淡化。

③ 膽：有膽氣。 戾：忿惡也。 此性多不順，故以道順輔之也。 ○猛戾：兇暴。 道順：訓導。道，“導”的古字。順，通“訓”。

④《爾雅》云：“齊，疾也。” 齊給便利：皆捷速也。 懼其太陵遽，故節之使安徐也。 ○齊給便利：行爲敏捷。 動止：指行止合度。

⑤ 卑：謂謙下。 溼亦謂自卑下如地之下溼然也。《方言》：“濕，優也。自關而西，凡志而不得、欲而不獲、高而不墜、行而中止，皆謂之濕。”卑濕謂過謙恭而無禮者。 重遲：寬緩也。 夫過恭則無威儀，寬緩常不及機事，貪利則苟得也，故皆抗之高志也。 或曰：卑濕亦謂遲緩也，言遲緩之人如有卑濕之疾，不能運動也。 ○褊小：氣量小。卑溼：卑下。 重遲：遲鈍，不敏捷。 抗之：激發，使之提高。

⑥ 庸衆：已解上。 駑：謂材下如駑馬者也。 散：不拘檢者也。 刦：奪去也。言以師友去其舊性也。 ○庸衆：平庸，一般人。 駑散：才能低下而又懶散。 刦：同“劫”，强迫。

⑦ 僄：輕也，謂自輕其身也。音匹妙反。《方言》：“楚謂相輕薄爲僄。”炤之以禍災：謂以禍災照燭之使知懼也。 炤與“照”同。 ○僄棄：輕狂怠棄，自輕其身。僄，輕狂。 炤：同“昭”，曉喻，使明白。

⑧ 款：誠款也。《説文》云：“款，意有所欲也。”愚款端愨，多無潤色，故“合之以禮樂”。 此皆言修身之術在攻其所短也。 ○愚款：單純樸實。 端愨：端正誠懇。愨，忠厚。 合之：使其言行符合。 通之以思索：清人俞樾認爲此五字爲衍文。

⑨ 徑：捷速也。 神：神明也。 一好：謂好善不怒惡也。 ○“莫徑”

三句：没有什麽捷徑優於遵禮，没有什麽要領優於得到良師，没有什麽神方優於專心致志。　一好：專心其事，所好無二。

志意修則驕富貴，道義重則輕王公，内省而外物輕矣。傳曰："君子役物，小人役於物。"① 此之謂矣。身勞而心安，爲之；利少而義多，爲之；事亂君而通，不如事窮君而順焉②。故良農不爲水旱不耕，良賈不爲折（shé）閲不市③，士君子不爲貧窮怠乎道。

注　釋

① 君子能役物，小人爲物所役。　凡言"傳曰"，皆舊所傳聞之言也。○役物：役使外物。　役於物：被外物所役使。

② 窮君：小國迫脅之君也。言事大國暴亂之君違道而通，不如事小國之君順行其道也。　○亂君：昏君。　通：指政治上得志。　窮君：指弱國小國之君。　順：指自己的政治抱負得以實現。

③ 賈：音古。　折：損也。　閲：賣也。謂損所閲賣之物價也。　○折閲：虧本，降價出售。

體恭敬而心忠信，術禮義而情愛人①，横行天下，雖困四夷，人莫不貴②。勞苦之事則争先，饒樂之事則能讓，端慤誠信，拘守而詳③，横行天下，雖困四夷，人莫不任。體倨固而心執詐，術順墨而精雜汙④，横行天下，雖達四方，人莫不賤。勞苦之事則偷儒轉脱⑤，饒樂之事則佞兑（ruì）而不曲⑥，辟（pì）違而不慤⑦，程役而不録⑧，横行天下，雖達四方，人莫不棄。

注 釋

① 術：法也。

② 横行：不順理而行也。 困：窮也。言所至皆貴也。 ○“横行”三句：即使横行天下，受困於四方邊遠之地，人没有不敬重的。

③ 拘守謂守而勿失。詳謂審於事也。 ○饒樂：富足享樂。 拘守而詳：謹守法度，言行審慎。詳，審慎。

④ 倨：傲也。 固：鄙固。 “順墨”：當爲“慎、墨”。慎，謂齊宣王時處士慎到也，其術本黄、老，歸刑名，先申、韓，其意相似，多明不尚賢、不使能之道，著書四十一篇。 墨翟，宋人，號墨子。墨子著書三十五篇，其術多務儉嗇。 “精”當爲“情”。 雜汙：謂非禮義之言也。 ○倨固：傲慢固執。 慎到：戰國時趙人，在齊國做官並講學於稷下，早期法家人物。 精雜汙：思想雜於邪汙。精，通“情”，思想。

⑤ 偷：謂苟避於事，儒亦謂懦弱畏事，皆嬾惰之義。 或曰：“偷”當爲“輸”。揚子雲《方言》云：“偷輸，愚也。”郭璞注謂“愞撰也”。 又云：“轉脱”者，謂偷儒之人苟求免於事之義。 ○偷儒：懶惰。儒，通“懦”，懦弱畏事。 轉脱：取巧逃避。

⑥ 兑：悦也。 言佞悦於人以求饒樂之事。 不曲謂直取之也。 ○“勞苦”二句：遇到勞苦之事就偷姦逃避，遇到享樂之事則不擇手段去争搶。 佞兑：巧言争搶。兑，義同“鋭”。 不曲：直取，走捷徑。

⑦ 乖僻違背，不能端慤誠信。 辟：讀爲僻。 ○辟：“僻”的古字。

⑧ 程：功程。 役：勞役。 録：檢束也。於功程及勞役之事怠隋而不檢束，言不能拘守而詳也。 ○“辟違”二句：乖僻而不誠，逞欲而不檢束。 程：通“逞”。 役：通“欲”。

文 選 二

齊桓晉文之事

《孟子》

【題解】本文通過孟子與齊宣王的對話，闡述了孟子的治國主張——實行王道，亦即實行仁政。具體措施是讓百姓具有恒産，達到安居樂業，同時加强禮義孝悌的教育以提高國民的素質。孟子認爲這樣纔可以得到百姓擁護，進而稱王於天下。就是在這篇文章中，孟子提出了“老吾老，以及人之老；幼吾幼，以及人之幼”的著名學説。本文節録自《孟子·梁惠王上》，題目是後加的。

齊宣王問曰：“齊桓、晉文之事（指稱霸諸侯）可得聞乎？”

孟子對曰：“仲尼之徒無道桓、文之事者，是以後世無傳焉，臣未之聞也。無以（不得已。以，通‘已’），則王（談談王道）乎？”

曰：“德何如則可以王（成爲天下之王）矣？”

曰：“保民而王，莫之能禦也。”

曰："若寡人者，可以保民乎哉？"

曰："可。"

曰："何由知吾可也？"

曰："臣聞之胡齕（hé。胡齕：齊宣王近臣）曰，王坐於堂上，有牽牛而過堂下者。王見之，曰：'牛何之？'對曰：'將以釁（xìn）鐘。'王曰：'舍之！吾不忍其觳觫（hú sù。觳觫：恐懼顫抖貌），若無罪而就死地。'對曰：'然則廢釁鐘與？'曰：'何可廢也？以羊易之！'——不識有諸？"

曰："有之。"

曰："是心足以王矣。百姓皆以王爲愛（愛：吝惜）也，臣固知王之不忍也。"

王曰："然。誠有百姓者！齊國雖褊（biǎn。褊：狹窄）小，吾何愛一牛？即不忍其觳觫，若無罪而就死地，故以羊易之也。"

曰："王無異（無異：不要感到奇怪）於百姓之以王爲愛也。以小易大，彼惡（wū）知之？王若隱（隱：惻隱）其無罪而就死地，則牛羊何擇焉？"

王笑曰："是誠何心哉？我非愛其財而易之以羊也，宜乎百姓之謂我愛也。"

曰："無傷（無妨）也，是乃仁術也，見牛未見羊也。君子之於禽獸也，見其生不忍見其死，聞其聲不忍食其肉。是以君子遠庖廚（將廚房置於離自己較遠的地方）也。"

王說（yuè）。曰："《詩》云：'他人有心，予忖度（cǔn duó。忖度：推測）之。'夫子之謂也。夫我乃行之，反而求之，不得吾心。夫子言之，於我心有戚戚（戚戚：心動貌）

焉。此心之所以合於王者，何也？”

曰：“有復（復：告）於王者曰：‘吾力足以舉百鈞（鈞：量詞，一鈞三十斤），而不足以舉一羽；明足以察秋毫之末，而不見輿薪。’則王許（許：認同）之乎？”

曰：“否。”

“今恩足以及禽獸，而功不至於百姓者，獨何與（偏偏又是爲何呢）？然則一羽之不舉，爲不用力焉；輿薪之不見，爲不用明焉；百姓之不見保（保：安撫，養育），爲不用恩焉。故王之不王，不爲也，非不能也。”

曰：“不爲者與不能者之形何以異？”

曰：“挾太山（太山：即泰山）以超北海（超：越過。北海：即渤海），語（yù）人曰‘我不能’，是誠不能也。爲長者折枝（折枝：有三種解釋：① 折取樹枝；② 彎腰行禮；③ 按摩。枝，通‘肢’），語人曰‘我不能’，是不爲也，非不能也。故王之不王，非挾太山以超北海之類也；王之不王，是折枝之類也。老吾老，以及人之老；幼吾幼，以及人之幼。天下可運於掌。《詩》云：‘刑（通“型”，示範）于寡妻，至于兄弟，以御于家邦。’言舉斯心加諸彼而已。故推恩足以保四海，不推恩無以保妻子。古之人所以大過人者，無他焉，善推其所爲而已矣。今恩足以及禽獸，而功不至於百姓者，獨何與？權（稱量），然後知輕重；度，然後知長短。物皆然，心爲甚。王請度之。抑王興甲兵，危士臣，構怨於諸侯，然後快於心與？”

王曰：“否。吾何快於是？將以求吾所大欲也。”

曰：“王之所大欲可得聞與？”

王笑而不言。

曰："爲肥甘不足於口與？輕煖（煖：同'暖'）不足於體與？抑爲采（采：'彩'的古字）色不足視於目與？聲音不足聽於耳與？便嬖（pián bì。便嬖：君主身邊受寵的小臣）不足使令於前與？王之諸臣皆足以供之，而王豈爲是哉？"

曰："否。吾不爲是也。"

曰："然則王之所大欲可知已，欲辟（辟：'闢'的古字）土地，朝秦楚（使秦楚朝拜），莅中國而撫四夷也。以若（若：如此）所爲求若所欲，猶緣木而求魚也。"

王曰："若是其甚與（'其甚若是與'的倒裝）？"

曰："殆（恐怕）有甚焉。緣木求魚，雖不得魚，無後災。以若所爲求若所欲，盡心力而爲之，後必有災。"

曰："可得聞與？"

曰："鄒（即邾國，地在今山東鄒城市）人與楚人戰，則王以爲孰勝？"

曰："楚人勝。"

曰："然則小固不可以敵大，寡固不可以敵衆，弱固不可以敵强。海内之地方千里者九，齊集（齊國土地總算起來）有其一。以一服（服：對付）八，何以異於鄒敵楚哉？蓋（hé。蓋：通'盍'，何不）亦反其本（本：指實行仁政）矣。今王發政施仁，使天下仕者皆欲立於王之朝，耕者皆欲耕於王之野，商賈皆欲藏於王之市，行旅皆欲出於王之塗，天下之欲疾（疾：怨恨）其君者，皆欲赴愬（愬：同'訴'）於王。其若是，孰能禦之？"

王曰："吾惛（惛：神志不清，糊涂），不能進於是矣。願夫子輔吾志，明以教我。我雖不敏，請嘗試之。”

曰：“無恒産而有恒心者，惟士（士：指有操守的讀書人）爲能。若（至於）民，則（如果）無恒産，因無恒心。苟無恒心，放辟（pì。放辟：放縱邪僻）邪侈（不正），無不爲已。及陷於罪，然後從而刑之，是罔（罔：‘網’的古字，陷害）民也。焉有仁人在位罔民而可爲也？是故明君制民之産，必使仰足以事父母，俯足以畜妻子，樂歲終身飽，凶年免於死亡。然後驅而之善，故民之從之也輕（輕：容易）。今也制民之産，仰不足以事父母，俯不足以畜妻子；樂歲終身苦，凶年不免於死亡。此惟救死而恐不贍（贍：足），奚暇（哪有閒暇）治禮義哉？王欲行之，則盍反其本矣：五畝之宅，樹之以桑，五十者可以衣帛矣。雞豚狗彘之畜，無（通‘毋’）失其時，七十者可以食肉矣。百畝之田，勿奪其時，八口之家可以無飢矣。謹庠序（庠序：上古的地方學校，商代曰序，周代曰庠）之教，申（不斷强調）之以孝悌之義，頒白（鬚髮花白。頒，‘斑’的古字）者不負戴於道路矣。老者衣帛食肉，黎民不飢不寒，然而不王者，未之有也。”

許　　行

《孟子》

【題解】本文記録了孟子和農家學派許行門徒陳相的一場辯論。農家學派反對剥削，主張人人勞動，自食其力，所使用的一切物品都應該自己生産。孟子對這種學説進行了嚴厲批駁，指出社會分工是社會存在的必要條件，如果没有分工，社會將會處於無序的混亂狀態，這種思想出現在两千多年前是難能可貴的。因受時代的局限，文中也存在着一些錯誤認識，如“勞心者治人，勞力者治於人；治於人者食人，治人者食於人”“吾聞用夏變夷者，未聞變於夷者也”等。本文選自《孟子·滕文公上》，題目是後加的。

有爲神農之言者許行，自楚之滕，踵門而告文公曰：“遠方之人聞君行仁政，願受一廛（chán。廛：古代平民一家人的房和地）而爲氓（氓：指移民）。”文公與之處。其徒數十人，皆衣褐（褐：粗布衣），捆屨（jù。捆屨：織鞋。屨，一種鞋，用麻、葛等材料織成）織席以爲食。

陳良（楚人，信奉儒學）之徒陳相與其弟辛負耒耜（lěi sì。耒耜：两種翻土的農具）而自宋之滕，曰：“聞君行聖人之政，是亦聖人也，願爲聖人氓。”

陳相見許行而大悦，盡棄其學而學焉。陳相見孟子，道許行之言曰：“滕君則誠賢君也；雖然，未聞道也。賢者與民並耕而食（並耕而食：一起耕作一起生活），饔飧（yōng sūn）而治（親自做飯，同時治理國家。早飯曰饔，晚飯曰飧）。今也滕有倉廩府庫，則是厲（厲：損害）民而以自養也，惡得賢？”

孟子曰：“許子必種粟而後食乎？”

曰：“然。”

“許子必織布而後衣乎？”

曰：“否；許子衣褐。”

“許子冠乎？”

曰：“冠。”

曰："奚冠？"

曰："冠素。"

曰："自織之與？"

曰："否；以粟易之。"

曰："許子奚爲不自識？"

曰："害（妨礙）於耕。"

曰："許子以釜甑（zèng。釜甑：蒸食炊器）爨（cuàn。爨：燒火做飯），以鐵（鐵：指鐵製的農具）耕乎？"

曰："然。"

"自爲之與？"

曰："否。以粟易之。"

"以粟易械器者，不爲厲陶冶；陶冶亦以其械器易粟者，豈爲厲農夫哉？且許子何不爲陶冶，舍（疑問代詞，義同"何"）皆取諸其宫（宫：室，房子）中而用之？何爲紛紛然與百工交易？何許子之不憚煩？"

曰："百工之事固不可耕且爲也。"

"然則治天下獨可耕且爲與？有大人之事，有小人之事。且一人之身，而百工之所爲備（各種工匠製造的產品都得用），如必自爲而後用之，是率天下而路（路：疲於奔命）也。故曰：或勞心，或勞力。勞心者治人，勞力者治於人；治於人者食人，治人者食於人。天下之通義也。

"當堯之時，天下猶未平（平：安定）。洪水横流，氾濫於天下。草木暢茂，禽獸繁殖，五穀不登（不登：没收成），禽獸偪（偪：同'逼'）人。獸蹄鳥迹之道，交於中國（中國：中原）。堯獨憂之，舉舜而敷（fū。敷：治理）治焉。舜使益（益：即伯益，堯舜時的大臣）掌火，益烈山澤而焚之，禽獸逃匿。禹疏九河，瀹（yuè，疏導）濟漯（jǐ tà。濟漯：二水名）而注諸海，決汝漢，排淮泗，而注之江，然後中國可得而食也。當是時也，禹八年於外，三過其門而不入，雖欲耕，得乎？

“后稷（名棄，周的始祖）教民稼穡，樹藝（種植）五穀，五穀熟而民人育。人之有道也（人作爲人的道理），飽食、煖（煖：同‘暖’）衣、逸居而無教，則近於禽獸。聖人有（有：通‘又’）憂之，使契（契：傳説爲商的祖先，帝嚳之子）爲司徒（掌管土地和教化），教以人倫：父子有親，君臣有義，夫婦有別，長幼有敘，朋友有信。放勳（堯的名）曰：‘勞（安撫）之來（來：招撫）之，匡之直之，輔之翼之，使自得之（找回其本有的善心），又從而振德（振德：救濟）之。’聖人之憂民如此，而暇耕乎？

“堯以不得舜爲己憂，舜以不得禹、皋陶（皋陶：舜的法官）爲己憂。夫以百畝之不易（不易：指耕種不好）爲己憂者，農夫也。分人以財謂之惠，教人以善謂之忠，爲天下得人者謂之仁。是故以天下與人易，爲天下得人難。孔子曰：‘大哉，堯之爲君！惟天爲大，惟堯則（則：效法）之，蕩蕩（博大貌）乎，民無能名焉！君哉，舜也！巍巍乎，有天下而不與（yù。不與：不據爲己有）焉！’堯舜之治天下，豈無所用其心哉？亦不用於耕耳！

“吾聞用夏變（變：改變）夷者，未聞變於夷者也。陳良，楚産（産：出生）也，悦周公、仲尼之道，北學於中國。北方之學者，未能或之先也。彼所謂豪傑之士也。

子之兄弟事之數十年，師死而遂倍（倍：通‘背’）之！昔者孔子没（没：‘歿’的古字，死），三年之外（守孝三年以後），門人（學生）治任（收拾行李）將歸，入揖（揖：拱手行禮）於子貢，相向而哭，皆失聲，然後歸。子貢反，築室於場（場：孔子墓旁的空地），獨居三年，然後歸。他日，子夏、子張、子游以有若似聖人（有若：孔子學生，相貌、氣質像孔子），欲以所事孔子（事奉孔子之禮）事之，强曾子（强勸曾參同意）。曾子曰：‘不可。江漢以濯之，秋陽（秋陽：烈日。本文用周曆，周曆秋陽相當夏曆五六月的太陽）以暴（pù。暴：晒）之，皓皓乎（高潔貌）不可尚已。’今也南蠻鴃（jué。鴃：伯勞鳥）舌之人，非先王之道，子倍子之師而學之，亦異於曾子矣。吾聞出於幽谷遷於喬木者，未聞下喬木而入於幽谷者。《魯頌》曰：‘戎狄是膺（膺：打擊），荆舒（春秋時的楚國和舒國，當時均屬南方落後國，舒在今安徽廬江縣境）是懲。’周公方且膺之，子是之學，亦爲不善變矣。”

“從許子之道，則市賈（賈：‘價’的古字）不貳，國中無僞。雖使五尺（春秋時一尺相當於今天的七寸）之童適市，莫（没有人）之或欺。布帛長短同，則賈相若。麻縷絲絮輕重同，則賈相若。五穀多寡同，則賈相若。屨大小同，則賈相若。”

曰：“夫物之不齊，物之情（情：特點）也；或相（相：相差）倍蓰（xǐ。蓰：五倍），或相什伯（bǎi。什：十。伯：通‘百’），或相千萬。子比（比：並列）而同之，是亂天下也。巨屨小屨同賈，人豈爲之哉？從許子之道，相率而爲僞者也，惡（wū）能治國家？”

古漢語基礎知識之十

訓　詁　學

訓詁學是中國傳統語言學的一個重要分支，通過對古代文獻中的字詞句進行解釋，以幫助人們閱讀古代典籍。本節側重介紹訓詁學的研究概況、内容和作用、體式、術語、體例等五個方面。

一、訓詁學的研究概況

傳統訓詁學萌芽於春秋戰國時期，在《左傳》《韓非子》等文獻中即出現了對個别字詞的零星解釋。例如《左傳·宣公十二年》："夫文，止戈爲武。"《左傳·宣公十五年》："故文，反正爲乏。"《韓非子·五蠹》："自環者謂之'私'，背'私'謂之'公'。"

傳統訓詁學正式興起於漢代，漢代不但出現了許多訓詁名著，確立了隨文釋義的古注形式，同時出現了通釋語義的著作。

秦以前的古籍傳到漢代，當時一般人已不能完全讀懂，於是就有學者專門做注釋工作，這些學者主要有毛亨、孔安國、劉歆、馬融、鄭衆、賈逵、鄭玄、服虔、何休、趙岐、高誘、王逸等人，其中鄭玄是東漢經學的集大成者。西漢時期的注釋對象僅限於儒家經典，從東漢開始由經書擴大到史書、詩集等。两漢時期的注釋名著主要有毛亨《毛詩故訓傳》、孔安國《古文尚書傳》、鄭衆《國語章句》、賈逵《國語解詁》、鄭玄《毛詩箋》《儀禮注》《周禮注》《禮記注》、服虔《春秋左氏傳解誼》《漢書音訓》、何休《公羊傳解詁》《論語注訓》、趙岐《孟子章句》、高誘《戰國策注》、王逸《楚辭章句》等。在通釋語義方面，漢代出現了四大名著，即《爾雅》《方言》《説文解字》和《釋名》。

魏晉南北朝到隋唐五代，是傳統訓詁學的發展期，出現了注疏體、集解體及音義體等不同類型的著作，注釋對象由經書擴大到史、子、集及佛經。這一時期的注疏體著作主要有孔穎達等人奉敕所撰《五經正義》(《周易正義》《尚書正義》《毛詩正義》《禮記正義》《春秋左傳正義》)、賈公彦《周禮注疏》、徐彦《春秋公羊傳注疏》、楊士勛《春秋穀梁傳注疏》等。這些注本基本上秉承的是“疏不破注”原則，内容豐富，注重考據。集解體著作主要有何晏《論語集解》、杜預《春秋左傳集解》、裴駰《史記集解》、顔師古《漢書注》等。音義體著作有陸德明《經典釋文》等。這一時期出現的其他重要注本有郭璞《爾雅注》《方言注》《山海經注》《穆天子傳注》、酈道元《水經注》、李善《文選注》、楊倞《荀子注》、成玄英《南華真經注疏》、司馬貞《史記索隱》、張守節《史記正義》、李賢《後漢書注》、玄應《衆經音義》、慧琳《一切經音義》等。其中李善《文選注》以徵引廣博和考證嚴謹著稱，是“徵引式”注體的濫觴。

宋代是傳統訓詁學的變革期，學者們受理學思潮的影響求變求新，並利用金石學成就拓寬了訓詁的道路，在文字意義關係方面提出了具有重要影響的“右文説”，在注釋方面不輕信漢唐舊注而代之以理學説教，甚至隨意懷疑和改動經書原文。這種風氣在一定程度上破壞了漢代以來求實的樸學傳統，使訓詁成了理學的工具。從積極的方面看，這種現象打破了漢唐時期“注不違經、疏不破注”的守舊局面，解放了學術思想，開創了訓詁的新時期。宋代對訓詁做出重要貢獻的學者主要有朱熹、邢昺、孫奭、洪興祖和金代王若虛等人。其中朱熹是宋代理學的集大成者，同時也是訓詁大家，撰有《周易本義》、《詩集傳》、《四書章句集注》(《論語集注》《孟子集注》《大學章句》《中庸章句》)、《楚辭集注》等書，注重根據義理和古音探求文義，創獲豐多。其餘各家的著作主要有邢昺《爾雅注疏》《論語注疏》《孝經注疏》、孫奭《孟子注疏》、蘇轍《詩集傳》、洪興祖《楚辭補注》、王若虛《滹南遺老集》等。在文字整理方面，南唐到宋代出現了兩部重要的著作，即徐鍇《説文解字繫傳》和徐鉉校訂本《説文解字》。

元明時代是傳統訓詁學的衰落期，這一時期的成果較少，主要有胡三省《資治通鑒音注》、戴侗《六書故》、梅膺祚《字彙》、張自烈《正字通》、朱謀㙔《駢雅》、方以智《通雅》、黃生《字詁》《義府》等。

清代是傳統訓詁學的鼎盛期，訓釋體式完備，成就輝煌，著述如林，訓釋典籍遍及經、子、史、集及小學。其中經書的重要注本有惠棟《周易述》、焦循《孟子正義》、劉寶楠《論語正義》、陳奐《詩毛氏傳疏》、孫星衍《尚書今古文注疏》、孫詒讓《周禮正義》、胡培翬《儀禮正義》等。史書的重要注本有董增齡《國語正義》、王先謙《漢書補注》《後漢書集解》、郝懿行《山海經箋疏》等。子書的重要注本有畢沅《墨子注》、郭慶藩《莊子集釋》、王先謙《莊子集解》《荀子集解》、王先慎《韓非子集解》、孫詒讓《墨子閒詁》等。詩集的重要注本有王琦《李太白集注》、仇兆鰲《杜詩詳注》等。小學的重要注本有段玉裁《説文解字注》、朱駿聲《説文通訓定聲》、桂馥《説文解字義證》、王筠《説文釋例》《説文句讀》、王念孫《廣雅疏證》、郝懿行《爾雅義疏》、邵晉涵《爾雅正義》、戴震《方言疏證》、畢沅《釋名疏證》、王先謙《釋名疏證補》等。訓詁專集和研究性著作有王念孫《讀書雜志》、王引之《經義述聞》《經傳釋詞》、阮元《經籍籑詁》、章太炎《國故論衡》《文始》《新方言》《小學答問》、楊樹達《積微居小學金石論叢》、黃侃《黃侃論學雜著》《訓詁學講詞》、朱起鳳《辭通》等。此外，阮元、盧文弨、孫星衍、黃以周、畢沅、嚴可均、顧廣圻等人還做過許多古籍的校訂工作。其中阮元主持完成了《十三經注疏》的合刻重印及校勘工作①，這是公認的善本。在此之前，《十三經注疏》有宋十行本、明嘉靖閩本、萬曆監本、崇禎毛氏汲古閣本、清武英殿本等不同版本，阮刻本以十行本爲主，以唐石經等古本校勘，附《校勘記》於諸經卷末。

清代在訓詁方面取得輝煌成就的原因主要有四：1. 研究方法科學，采用了因聲求義和綜合比較法；2. 樹立了古今有別的歷史觀念；3. 恢復了求實的樸學精神，注重證據，不墨守故訓；4. 借鑒了古音學、文字學、語法學、金石學等學科取得的新成就。縱觀傳統訓詁學的發展，兩漢是一個高峰，清代是另一個高峰。

傳統訓詁學屬於"小學"的一個門類，側重訓詁實踐，初期旨在爲經學服務，是經學的附庸，後來注釋和整理的内容擴大到

① 《十三經注疏》的具體内容如下：《周易正義》，魏王弼、晉韓康伯注，唐孔穎達正義；《尚書正義》，漢孔安國傳，唐孔穎達正義；《毛詩正義》，西漢毛亨傳，東漢鄭玄箋，唐孔穎達正義；《周禮注疏》，東漢鄭玄注，唐賈公彦疏；《儀禮注疏》，東漢鄭玄注，唐賈公彦疏；《禮記正義》，東漢鄭玄注，唐孔穎達正義；《春秋左傳正義》，晉杜預注，唐孔穎達正義；《春秋公羊傳注疏》，東漢何休注，唐徐彦疏；《春秋穀梁傳注疏》，晉范甯注，唐楊士勛疏；《論語注疏》，魏何晏注，宋邢昺疏；《孝經注疏》，唐李隆基注，宋邢昺疏；《爾雅注疏》，晉郭璞注，宋邢昺疏；《孟子注疏》，東漢趙岐注，宋邢昺疏。

經書以外的文獻。對訓詁學作現代意義學科界定的學者首推清末國學大師章太炎。章氏受西方語言學理論的影響，極力主張將傳統小學從經學附庸的地位中獨立出來。1906年他在《國粹學報》上發表了《論語言文字之學》一文，明確提出將“小學”易名爲“語言文字之學”。其後黄侃撰成第一部訓詁學講義《訓詁學講詞》，明確了新訓詁學的性質、研究範圍和研究方法等問題，初步確立了現代訓詁學的體系。

1937年胡樸安《中國訓詁學史》出版，1943年齊佩瑢《訓詁學概要》出版，標志着傳統訓詁學已走向現代。胡樸安側重對中國訓詁學史的總結和方法研究，提倡學術創新；齊佩瑢則側重論述訓詁學的性質、範圍、起因、功用、基本概念、研究方法以及傳統訓詁學的淵源流派等問題。1947年，王力發表《新訓詁學》一文，對“新訓詁學”提出了一些新主張。1962年，王力又發表《訓詁學上的一些問題》一文，討論了訓詁學的幾個原則問題，批判了訓詁工作中不科學的研究態度，使新訓詁學理論體系進一步得到完善。經過幾代人數十年的努力，至此時新訓詁學的體系已完全走向成熟，成爲一門研究訓詁理論和實踐的獨立語言學科。

20世紀80年代以來，隨着語言學的發展，訓詁學隊伍不斷壯大，研究不斷深入，湧現出了許多訓詁學著作，諸如陸宗達《訓詁簡論》(1980)，陸宗達、王寧《訓詁方法論》(1983)，洪誠《訓詁學》(1984)，張永言《訓詁學簡論》(1985)，郭在貽《訓詁學》(1986)，許威漢《訓詁學導論》(1987)，趙振鐸《訓詁學綱要》(1987)，王寧《訓詁學原理》(1996)、《訓詁學》(2008)，方一新《訓詁學概論》(2008)，等等。這些著作涉及訓詁學的基本理論、研究方法、研究對象、訓詁實踐以及與相鄰學科的關係等諸多方面，不僅普及了訓詁學知識，同時在理論和方法上有很大創新，使訓詁學研究達到一個新的階段，爲古籍整理工作提供了理論指導。

二、訓詁學的内容和作用

訓詁學具體内容包括標點、校勘、解字、標音、釋詞、解句、補釋、串講、翻譯、分析語法、考辨疑誤、闡發要旨、發凡起例、考補史料等。前代的典籍後代人看不懂了，學者們便進行注釋，再到後來，人們對前代的注釋也可能看不懂了，於是又有學者對前代的注釋也進行注釋。古代學者對其前代典籍的注解，或稱“舊注”，這是訓詁學的基本内容。由於古注作者距其前代典籍的時間較近，對當時的語言文字、典章制度、文化禮俗等情況的瞭解比較直接，所以其注釋的可信度相對較高，對今人閱讀古書有很大幫助。例如：

①吉士思秋，實感物化。（《文選·張華〈勵志〉》）

李善注：“思，悲也。”

“思”在古代有“悲傷”義，這一義項在今天已不用，如果没有李善的解釋，今人對“吉士思秋”的理解就會出現偏誤。同樣的例子又如《禮記·樂記》：“亡國之音哀以思，其民困。”唐白居易《琵琶行》：“弦弦掩抑聲聲思，似訴平生不得意。”韓愈《與鄂州柳中丞書》之二：“夫遠征軍士，行者有羇旅離别之思，居者有怨曠騷動之憂。”

②月出皎兮，佼人僚兮，舒窈糾兮，勞心悄兮。

月出皓兮，佼人懰兮，舒懮受兮，勞心慅兮。

月出照兮，佼人燎兮，舒夭紹兮，勞心慘兮。（《詩經·陳風·月出》）

毛亨傳：“《月出》刺好色也。在位不好德，而説美色焉。（一章）興也。皎：月光也。僚：好貌。舒：遲也。窈糾：舒之姿也。悄，憂也。”

唐陸德明《經典釋文》:“(一章)皦,古了反,本又作‘皎’。皙,星歷反。佼,字又作‘姣’,古卯反。《方言》云:‘自關而東,河、儕之間,凡好謂之姣。’僚,本亦作‘嫽’,同音了。窈,烏了反,又於表反。糾,其趙反,又其小反,一音其了反。《說文》音已小反,又居酉反。悄,七小反。(三章)皓,胡老反。劉,本又作‘懰’,力久反,好貌。《埤蒼》作‘嬼’,嬼,妖也。懮,於久反,舒貌。慅,七老反,憂也。燎,力召反,又力弔反。夭,於表反。慘,七感反,憂也。”

朱熹《詩集傳》:“(一章)興也。皎,月光也。佼人,美人也……(三章)興也。燎:明也。夭紹,糾緊之意。慘,憂也。”

此詩中有不少詞的含義難以把握,一看毛亨等人的注釋便豁然開朗,例如“佼人”原來就是“姣人”,亦即美人。又如“僚、懰、燎”三詞字形不同而義近,都是“漂亮”,“僚、懰”爲“好貌”;“燎”爲“明”,“明”即明麗,明艷。

三、訓詁的體式

由於注釋目的和側重點的不同,訓詁的體式有多種類型,主要有傳注體、章句體、義疏體、集解體和音義體等。

1. 傳注體

傳注體包括傳、注、箋三種注釋。所謂“傳”,是指秦漢之際對儒家經典的解釋,例如《毛詩故訓傳》,就是毛亨對《詩經》的解釋。大約從東漢開始,把“傳”改稱“注”,“注”後來成了古注的通稱,例如《荀子注》《淮南子注》等。所謂“箋”,是指在前人注釋基礎上所做的補充性、發揮性注釋。“箋”在形式上置於前人注釋之後,二者不混。傳注體的名著有東漢鄭玄《毛詩箋》、清胡承珙《毛詩後箋》等。

2. 章句體

章句體是通過分章析句注釋古書的一種訓詁體式，始於東漢。這種體式以離章辨句爲重要特點，把句子作爲基本注釋單位，字詞的注釋每融進句子的直譯中，同時要在解釋字詞的基礎上串講文章大意，歸納章旨。章句體的名著有東漢趙岐《孟子章句》、王逸《楚辭章句》和宋朱熹《大學章句》等。

3. 義疏體

義疏體是一種既釋經文又兼釋前人注文的注釋，始於魏晉南北朝時期。魏晉以後人們不僅讀不懂先秦典籍，甚至連讀漢代的傳注也有困難，於是就出現了義疏體。義疏體有疏、注疏、正義等稱呼，“疏”是疏通文義的意思，“注疏”是注和疏的並稱，“正義”是解釋經傳以求其正確之義的意思。

義疏體一般包含原文、注和疏三部分，其間有明顯的標記相隔，清人阮元刻印的《十三經注疏》還收入了唐陸德明《經典釋文》中的注音材料。義疏體有一個原則是“疏不破注”，即對前人的注文只做闡發和補證，不違背其基本觀點。義疏體的優點是旁徵博引，羅列大量材料以證明經文和前人之注；不足是煩瑣冗長，讓人目眩。義疏體的名著有唐賈公彦《周禮注疏》《儀禮注疏》、孔穎達《五經正義》、張守節《史記正義》和清郝懿行《爾雅義疏》等。

4. 集解體

集解體注釋是匯集衆説並加上注者個人見解的注釋，名稱有集注、集傳、集釋之異。集解體的特點是展示不同的觀點或材料，便於讀者瞭解全貌和分析比較。集解體的名著有三國魏何晏《論語集解》、宋朱熹《孟子集注》、清郭慶藩《莊子集釋》等。需要指出的是，晉杜預《春秋經傳集解》雖名曰“集解”，實際上是將

《春秋》和《左氏傳》合在一起注解，與匯集衆説的“集解”名同而實異。

5. 補注體

補注體類似於箋，是側重對前人注釋做補充、訂正工作，有補、補疏、補釋、補義、補正等多種名稱。由於補注體側重於補，故往往能爲閲讀原文提供一些新材料或提出一些新見解。補注體的名著有宋洪興祖《楚辭補注》和清王先謙《漢書補注》、焦循《論語補疏》等。

6. 音義體

音義體是側重讀音考證同時兼顧字義訓解的注釋，代表作是唐陸德明《經典釋文》。該書匯集前人注釋《周易》《古文尚書》《毛詩》《周禮》《儀禮》《禮記》《春秋左氏傳》《公羊傳》《穀梁傳》《孝經》《論語》《老子》《莊子》《爾雅》等十四部典籍的音義材料而成，共收録漢魏六朝共二百三十餘家的音切和釋義。

四、訓詁的術語

訓詁有一些專用術語，閲讀古代典籍不可不瞭解其特定的含義和用法，下面介紹幾種常見的術語。

猶 表示釋詞和被釋詞之間是同義或近義關係，義爲“等於説”或“相當於”。例如：

《詩經·邶風·式微》：“式微式微。”朱熹注：“微，猶衰也。”

《文選·陸機〈嘆逝賦〉》：“何視天之芒芒。”李善注：“芒芒，猶夢夢也。”

《漢書·項籍傳》：“良與俱見沛公，因伯自解於羽。”顔師古注：“自解，猶今言分疏也。”

謂 表示釋詞是被釋詞的實際含義或具體含義，義爲“指的是”“説的是”等。例如：

《論語·學而》:“子曰:學而時習之,不亦説乎!”何晏集解:“馬融曰:‘子者,男子之通稱,謂孔子也。’”

《楚辭·離騷》:“恐美人之遲暮。”王逸章句:“美人,謂懷王也。”

《楚辭·離騷》:“昔三后之純粹兮。”王逸章句:“后,君也,謂禹、湯、文王也。”

爲、曰、謂之 這組術語用法相同,表示釋詞是對被釋詞的辨析,同中求别,義爲“叫作”。例如:

《楚辭·離騷》:“各興心而嫉妒。”王逸章句:“害賢爲嫉,害色爲妒。”

《楚辭·招魂》:“步騎羅些。”王逸章句:“徒行爲步,乘馬爲騎。”

《詩經·魏風·碩鼠》:“逝將去女,適彼樂郊。”鄭玄箋:“郭外曰郊。”

《禮記·學記》:“古之教者,家有塾,黨有庠,術有序,國有學。”鄭玄注:“門側之堂謂之塾。”

貌 表示被釋詞屬於某種性質或狀態,義爲“……的樣子”。例如:

《論語·陽貨》:“夫子莞爾而笑。”何晏集解:“莞爾,小笑貌。”

《楚辭·九歌·湘夫人》:“嫋嫋兮秋風。”王逸章句:“嫋嫋,秋風摇木貌。”

《莊子·應帝王》:“於事無與親,彫琢復樸,塊然獨以其形立。紛而封哉,一以是終。”唐陸德明《經典釋文》:“紛,芳云反。崔云:‘亂貌。’”

《荀子·解蔽》:“涫涫紛紛,孰知其形?明參日月,大滿八極,夫是之謂大人。夫惡有蔽矣哉?”楊倞注:“涫涫,沸貌。紛紛，雜亂貌。"

之言、之爲言 這兩個術語用法相同，都表示聲訓。聲訓是用與被釋詞音同或音近的詞語進行釋義，旨在揭示被釋詞得名的由來，義爲"……的意思是"等。例如：

《禮記·祭法》："大凡生於天地之間者皆曰命，其萬物死皆曰折，人死曰鬼。"鄭玄注："鬼之言歸也。"

《禮記·檀弓》："子張病，召申祥而語之曰："君子曰終，小人曰死。"鄭玄注："死之言澌也，事卒爲終，消盡爲澌。"

南宋蔡節《論語集説·學而》："子曰：'爲政以德，譬如北辰，居其所而衆星共之。'集曰：'政之爲言正也，所以正夫人也；德之爲言得也，先得夫人心。'"

讀爲、讀曰 這兩個術語用法相同，一般表示被釋詞是通假字，釋詞是本字本義。例如：

《詩經·衛風·氓》："淇則有岸，隰則有泮。"鄭玄箋："泮，讀爲畔。"

《禮記·曲禮下》："國君則平衡，大夫則綏之，士則提之。"鄭玄箋："綏，讀曰妥。妥之，謂下於心。"

《史記·五帝本紀》："汝后稷播時百穀。"裴駰集解："鄭玄曰：'時，讀曰蒔。'"

《漢書·賈誼傳》："一脛之大幾如要，一指之大幾如股，平居不可屈信。"顔師古注："信，讀曰伸。"

讀如、讀若 這兩個術語用法相同，多數情況下表示釋詞是給被釋詞注音。例如：

《詩經·邶風·北風》："其虚其邪，既亟只且。"鄭玄箋："邪，讀如徐。"

《楚辭·九歌·國殤》："霾兩輪兮縶四馬，援玉枹兮擊鳴鼓。"王逸章句："霾，一作埋。"洪興祖補注："霾，讀若埋。"

《説文解字》:“亼，三合也。讀若集。”

“讀如”“讀若”有時候也用來指出通假字的本字。例如:

《左傳·宣公十二年》:“王曰:‘其君能下人，必能信用其民矣，庸可幾乎?’退三十里，而許之平。”唐陸德明《經典釋文》:“幾，音冀。”孔穎達正義:“幾，讀如冀。言用可冀幸而得之乎?”

《荀子·賦》:“有物於此，𠑶𠑶兮其狀，屢化如神，功被天下，爲萬世文。”楊倞注:“𠑶，讀如‘其蟲倮’之‘倮’。𠑶𠑶，無毛羽之貌。”

言　表示解釋詞語在句中特定含義的術語，也用於串講或闡發文意，隨文立訓，義爲“是説”“是指”。例如:

《詩經·大雅·韓奕》:“諸娣從之，祁祁如雲。”毛亨傳:“如雲，言衆多也。”

《詩經·邶風·谷風》:“凡民有喪，匍匐救之。”鄭玄箋:“匍匐，言盡力也。”

《楚辭·九歌·山鬼》:“若有人兮山之阿，被薜荔兮帶女蘿。”王逸章句:“言山鬼仿佛若人，見於山之阿，被薜荔之衣，以兔絲爲帶也。”

詞、辭、語辭　這三個術語用法相同，用以表示虛詞的含義。例如:

《説文解字》:“皆，俱詞也。”“者，别事詞也。”“只，語已詞也。”“些，語辭也。”“誒，可惡之辭。”

衍文、衍字、衍、羡文　這四個術語用法相同，表示古籍在傳抄刊刻過程中多出來的文字。例如:

《國語·晉語一》:“驪姬問焉，曰:‘吾欲作大事，而難三公子之徒，如何?’”徐元誥《國語集解》:“三公子，申生、重耳、夷吾也。王引之曰:‘難，患也。言所患者三公子也。“之徒”二字，衍文也。’”

脱文、奪文、闕文 這三個術語用法相同，表示古籍在傳抄刊刻過程中丢失的文字。例如：

《戰國策·秦策一》：“楚知横門君之善用兵。”

清黄丕烈所刊匯注本：“姚本‘一本有門字’。横門君，秦將。鮑本原作‘横君’，注有門字，知爲脱文。蓋秦將也。《劄記》‘横’下有門字。”

文中“姚”指姚宏，“鮑”指鮑彪，均南宋人，前者對《戰國策》做過續注，後者對《戰國策》做過新注。

乙正 是表示改正古籍中誤倒字詞的術語。乙，勾轉倒誤。例如：

《墨子·尚賢下》：“而天下和，庶民阜，是以近者安之，遠者歸之。日月之所照，舟車之所及，雨露之所漸，粒食之所養。”（……上欲中聖王之道，下欲中國家百姓之利。）

孫詒讓《墨子閒詁》：“王（念孫）云：‘自“而天下和”至此，凡三十七字，舊本誤入下文“國家百姓之利”之下，今移置於此。’案：王校是也，今依乙正。”

五、訓詁的體例

訓詁的體例是指古人注釋常用的格式，包括一些用語、標記、符號、行文特點等。下面通過《毛詩正義·陳風·月出》（《十三經注疏》）的注釋體例加以説明。

《月出》，刺好色也。在位不好德，而説美色焉①。○②好，呼報反，序同。説音悦，《澤陂》詩同。

〔**疏**〕“《月出》三章，章四句”至“色焉”。○正義曰③：人於德、色不得並時好之。心既好色則不復好德，故經之所陳，唯言好色而已。序言不好德者，以見作詩之意耳，於經無所當也。經三章，皆言在位好色之事。

月出皎兮[④]，興也。皎，月光也。箋云[⑤]：興者，喻婦人有美色之白皙。○皦，古了反，本又作“皎”。皙，星歷反。**佼人僚兮。舒窈糾兮，**僚，好貌。舒，遲也。窈糾，舒之姿也。○佼，字又作“姣”，古卯反，《方言》云：“自關而東，河、儕之間[⑥]，凡好謂之姣。”僚，本亦作“嫽”，同音了。窈，烏了反，又於表反。糾，其趙反，又其小反，一音其了反，《説文》音已小反，又居酉反。**勞心悄兮。**悄，憂也。箋云：思而不見則憂。○悄，七小反。

〔疏〕“月出”至“悄兮”○正義曰：言月之初出，其光皎然而白兮，以興婦人白皙，其色亦皎然而白兮。非徒面色白皙，又是佼好之人，其形貌僚然而好兮，行止舒遲，姿容又窈糾然而美兮。思之既甚，而不能見之，勤勞我心，悄然而憂悶兮。在位如是，故陳其事以刺之。○傳“皎，月光”。○正義曰：《大車》云“有如皦日”，則皦亦日光。言月光者，皦是日光之名耳，以其與月出其文[⑦]，故爲月光。○傳“僚，好”至“之姿”。○正義曰：皎兮喻面色皎然，謂其形貌。僚爲好貌，謂其形貌好，言色美身復美也。舒者，遲緩之言，婦人行步，貴在舒緩。言舒時窈糾兮，故知窈糾是舒遲之姿容。○傳“悄，憂”。正義曰：《釋訓》云“悄悄，慍也”，故爲憂。

月出皓兮，佼人懰兮。舒懮受兮，勞心慅兮。

月出照兮，佼人燎兮。舒夭紹兮，勞心慘兮。○皓，胡老反。劉，本又作“懰”，力久反，好貌。《埤蒼》作“嬼”，嬼，妖也。懮，於久反，舒貌。慅，七老反，憂也。燎，力召反，又力弔反。夭，於表反。慘，七感反，憂也。

《月出》三章，章四句[⑧]。

説明：

① 這幾句話是毛亨（或以爲是子夏）爲《月出》這篇詩所

寫的小序，以較大號字表示。小序旨在説明詩的題旨。

② ○之後是唐陸德明《經典釋文》中的注音或釋義，清人阮元在刻印《十三經註疏》時加進。注音有反切和同音字两種，下同。

③〔疏〕是孔穎達疏的標志。其後所列"'《月出》三章，章四句'至'色焉'"主要表示對上文疏的範圍。"正義曰"後是疏的内容，下同。

④ 這是《月出》的原文，以較大號字表示。緊接原文之後的話是毛亨的注文，下同。

⑤ "箋云"是鄭玄箋的標志，其後是箋的内容，下同。

⑥ 儕：應爲"濟"。《方言》卷一："娥、媙，好也……自關而東，河、濟之間謂之媌，或謂之姣。"

⑦ 共：或作"其"，誤。

⑧ 這幾句話是鄭玄對本詩章數、句數的説明，以較大號字表示。

練　習　題

一、簡述傳統訓詁學的研究概況。

二、背誦《十三經注疏》中的書名及注疏者的名字。

三、請列舉出十五位古代訓詁名家，並簡要介紹其生平及代表作。

四、解釋下列訓詁術語。

1. 傳　2. 箋　3. 疏　4. 正義　5. 謂　6. 曰　7. 貌　8. 之爲言　9. 讀爲　10. 讀如　11. 衍文　12. 乙正

五、舉例説明訓詁體式主要有哪些類型。

六、請給下文的注疏標點，並指出其中毛傳、鄭箋、孔疏及《經典釋文》注音的内容（可在相關内容之下加不同綫條表示）。

《漢廣》德廣所及也文王之道被於南國美化行乎江漢之域無思犯禮求而不可得也紂時淫風徧於天下維江漢之域先受文王之教化○漢廣漢水名也尚書云嶓塚導漾水東流爲漢被皮義反紂直九反殷王也徧邊見反疏漢廣三章章八句至不可得○正義曰作漢廣詩者言德廣所及也言文王之道初致桃夭芣苢之化今被於南國美化行於江漢之域故男無思犯禮女求而不可得此由德廣所及然也此與桃夭皆文王之化后妃所贊於此言文王者因經陳江漢指言其處爲遠辭遂變后妃而言文王爲遠近積漸之義敘於此既言德廣汝墳亦廣可知故直云道化行耳此既言美化下篇不嫌不美故直言文王之化不言美也言南國則六州猶羔羊序云召南之國也彼言召南此不言周南者以天子事廣故直言南彼論諸侯故止言召南之國化無思犯禮求而不可得摠序三章之義也○箋紂時至教化○正義曰言先者以其餘三州未被文王之化故以江漢之域爲先被也定本先被作先受因經序有江漢之文

故言之耳其實六州共被文王之化非江漢獨先也

南有喬木不可休息漢有遊女不可求思興也南方之木美喬上竦也思辭也漢上游女無求思者箋云不可者本有可道也木以高其枝葉之故故人不得就而止息也興者喻賢女雖出遊流水之上人無欲求犯禮者亦由貞絜使之然○喬木亦作橋渠驕反徐又紀橋反休息並如字古本皆爾本或作休思此以意改爾竦粟勇反流水本或作漢水

漢之廣矣不可泳思江之永矣不可方思潛行爲泳永長方泭也箋云漢也江也其欲渡之者必有潛行乘泭之道今以廣長之故故不可也又喻女之貞絜犯禮而往將不至也泳音詠泭芳於反本亦作游又作桴或作柎並同沈旋音附方言云泭謂之篺篺謂之筏筏秦晉通語也孫炎注爾雅云方木置水爲柎栰也郭璞云水中篺筏也又云木曰篺竹曰筏小筏曰泭篺音皮佳反柎筏同音伐樊光《爾雅》本作柎疏南有至方思○正義曰木所以庇廕本有可息之道今南方有喬木以上竦之故不可就而止息以興女以定情本有可求之時今漢上有遊女以貞絜之故不可犯禮而求是爲木以高其枝葉人無休息者女由持其絜清人無求思者此言遊女尚不可求則在室無敢犯禮可知也（《詩經・周南・漢廣》）

參考文獻

方一新《訓詁學概論》，江蘇教育出版社 2008 年。
郭芹納《訓詁學》，高等教育出版社 2005 年。
陸宗達《訓詁簡論》，北京出版社 2002 年。
齊佩瑢《訓詁學概論》，中華書局 2004 年。
王力《龍蟲並雕齋文集》（第 1 册），中華書局 2015 年。
王寧《訓詁學》，高等教育出版社 2009 年。
王寧《訓詁學原理》（增補本），中華書局 2023 年。

古漢語基礎知識之十一

古書的標點

古人寫書不加標點，所以古人讀書需要自己先進行斷句，在句尾加上標記。其原因大體如清人劉沅《十三經恒解》所説："古無今紙，大事書之於方，小事書之簡策。簡，竹簡，剖竹而書之；策，竹片，編册以韋聯屬之，亦名爲篇章。則文義顯然成章，可以稍節之也。節義亦然。然古人著書，不以此分得失。後人誦習，乃斤斤於句讀之間，恐其誤解，必分章節句，以便初學。"能够正確給書籍斷句是讀書人學識修養和水準的重要體現，故古人非常重視。今人閲讀古書，也存在斷句標點的問題。古代的典籍浩如煙海，其所謂"標點"只是舊式的句讀，經過今人整理標點的只是一部分，未經整理的是大多數，故讀者需要瞭解一定的句讀知識及標點技巧，以便正確理解文意。本節主要介紹古代標點的發展情況，並討論古書標點的基本方法以及古書標點中的常見錯誤。

一、古書標點的發展概況

標點符號起源很早，在殷周金文中就出現了雙短橫號 =，起劃分層次、表示重複等作用。先秦文獻中的符號有鉤識√、竪綫｜以及雙短横＝等，各有分辭、斷句、分章、標示重文和篇章名等功能。两漢時期標點符號進一步發展，新産生的標點符號有頓號、逗號等十三種，其中頓號、逗號、句號、括號、三角號一直延續到現代漢語中。魏晉至隋唐五代時期，又出現了雙圓圈、卜字號、省略號（四個圓點連用）、圈點等符號。到了宋代，標點符號趨於成熟，應用廣泛，符號中的鉤號變成了圓圈，且有大、中、小之分。《宋史·何基傳》："凡所讀，無不加標點，義顯意明，有不待論説而自見者。"南宋真德秀《批點法》、黄榦《勉齋批點四書例》對宋代標點符號的使用和發展均有研究和貢獻。

宋代以前的典籍本身不帶標點，一般都是讀書人閱讀時自己加上去的，這種工作叫作"句讀"。"句讀"一詞始見於東漢何休《春秋公羊傳解詁·序》，後來或稱"句逗"，始見於《法華經》。句讀只起斷句作用，與現在的標點符號不盡相同。標點符號不但起斷句作用，而且能顯示句子的語氣或句子間的結構關係。

句讀是古代小學的重要教學内容之一。《禮記·學記》："古之教者，家有塾，黨有庠，術有序，國有學。比年入學，中年考校。一年視離經辨志，三年視敬業樂群。"鄭玄注："離經，斷句絶也。"孔穎達疏："謂學者初入學一年，鄉、遂大夫於年終之時考視其業。離經，謂離析經理，使章句斷絶也。"高誘《淮南子注·序》："自誘之少，從故侍中同縣盧君受其句讀。"在漢代，研究句讀的"章句之學"是經師們首先要面對的課題，因爲斷句錯誤以致曲解文意的現象普遍存在，正如何休《春秋公羊傳解詁·序》所載："其中多非常異義可怪之論，説者疑惑，至有倍經、任意、反傳違戾者。其勢惟問不得不廣，是以講誦師言至於百萬猶有不解，時加釀嘲辭，援引他經失其句讀，以無爲有，甚可閔笑者，不可勝記也。"漢代以降，無論訓詁還是教學，歷代繼續以明句讀爲先務，這從韓愈《師説》可見一斑："彼童子之師，授之書而習其句讀者，非吾所謂傳其道解其惑者也。句讀之不知，惑之不解，或師焉，或不焉。"

唐以前，"句"與"讀"的作用相同，都指將句子斷開，只是叫法不同。唐以後，"句"與"讀"有了明確區分。唐天臺沙門湛然《法華文句記》："凡經文語絶處謂之'句'，語未絶而點之以便誦詠謂之'讀'。"此處"句"相當於今天的句號，"讀"相當於今天的逗號。宋元時期，隨着雕版印刷術的發明，人們無論讀書還是校書、刻書，一般都采用句讀斷句。需要指出的是，宋代雖然出現了加句讀的刻本書籍，但只限於子書、文集、詩詞、民間文學、啓蒙讀物之類，經書史書等重要典籍官方刻書仍不加句讀，這種情況一直持續到清末。

清代出現了一批具有句讀學性質的專書，如吴英《四書章句集注家塾讀本句讀》、錢繹《十三經斷句考》、武億《句讀叙述》等。同時在一些學者的著作中涉及古書句讀，如顧炎武《日知録》、王念孫《讀書雜志》等。這一時期根據詞義、語法和音韻等方面的研究成果，學者們糾正了漢唐以來在典籍斷句中存在的許多錯誤。

1949年以來，國家重視古籍整理，儒家經典、諸子、"二十四史"等大量典籍采用新式標點符號整理出版，給讀者閲讀和研究帶來了極大方便。

二、標點古文的基本方法

1. 通讀全文

標點古文前先應通讀全文，逐字逐句地揣摩文意，理清前後文的邏輯聯繫。凡感覺不通的地方務必倍加小心，分清詞義古今的差别，力避以今律古。標點完成後尚需再次閲讀和調整，做到文通字順，合乎情理。

2. 利用虚詞

不少虚詞用在句子的開頭或末尾處，是句子的標志，標點古文時應加以利用，例如“唯、蓋、今夫、且夫、若夫”等詞常用於句首，“夫”既用於句首也用於句尾，“也、矣、焉、耳、乎、與（歟）、耶（邪）、諸、哉、矣”等詞常用於句尾。另外，表示關聯的詞語如“又、亦、並、且、而、因、遂、猶、便、即、乃、則、然、况、尚、或、將、抑、非、但、顧、而况、以故、是故、以是、所以、之所以”以及“非徒……而又……”“非……則……”“非……即……”“雖……然……”等也都會給標點古文帶來幫助。

3. 借助修辭

古人好用四字句、對偶句、排比句等修辭手段以增强表達效果。這類句子的字數一般相同或比較接近，可據以標點。例如：

當此之時，天下之大，萬民之衆，王侯之威，謀臣之權，皆欲决於蘇秦之策。不費斗糧，未煩一兵，未戰一士，未絶一弦，未折一矢，諸侯相親，賢於兄弟。夫賢人任而天下服，一人用而天下從。故曰：“式於政，不式於勇；式於廊廟之内，不式於四境之外。”當秦之隆，黄金萬鎰爲用，轉轂連騎，炫熿於道，山東之國，從風而服，使趙大重。且夫蘇秦，特窮巷掘門、桑户棬樞之士耳。伏軾撙銜，横歷天下，廷説諸侯之主，杜左右之口，天下莫之能伉。（《戰國策·秦策一》）

往古之時，四極廢，九州裂，天不兼覆，地不周載。火爁炎而不滅，水浩洋而不息，猛獸食顓民，鷙鳥攫老弱。（《淮南子·覽冥訓》）

4. 參考古注

注家給古文加注在於釋義，且多數是以句爲單位，故注語可以幫助我們斷句。例如：

我下軹，道南陽，封冀，包兩周。(《史記・蘇秦列傳》，中華書局1982年)

此例是秦國威脅魏國的話，其中“我”指秦國。司馬貞索隱：“又下軹道，是河内軹縣，言‘道’者，亦衍字。……魏之南陽即河内也。封，封陵也。冀，冀邑。皆在魏境。”據此可知，“道”屬衍字，“封”“冀”爲魏二地名。標點本在“下軹”後用逗號，又將“封冀”連爲一詞，均誤。此例正確的標點應是：

我下軹、南陽、封、冀，包兩周。

標點古文屬於“古代漢語”課的基本内容。提高標點古文的能力，涉及古代文化、典制、習俗、名物以及語言等多個方面的知識，需要多閱讀古書，增强語感，多做練習，不斷積累經驗。

三、古書標點中的常見錯誤

今人對古書的標點多數都是正確的，但由於種種原因，錯誤也在所難免，常見的情況有以下幾種：

1. 不明語義致誤

不明語義，包括不明詞義、不通文理、缺乏古代文化常識以及不知典故等多種情況。例如：

①(元帝)因問明帝：“汝意謂長安何如日遠？”答曰：“日遠。不聞人從日邊來。”居然可知，元帝異之。(《魏晉南北朝小説選注・語林・日近長安遠》，上海古籍出版社1984年)

原注：“居然：表示出乎意料之外。”這一解釋是錯誤的，以今律古。“居然”在魏晉南北朝時期有一個常用義項是“顯然、自然”，例如《三國志・魏書・何夔傳》：“顯忠直之賞，明公實之報，則賢不肖之分，居然别矣。”《三國志・魏書・崔浩傳》：“假令國家棄恒山以南，裕必不能發吴越之兵與官軍争守河北也，居

然可知。”這两句中的“居然”均爲“顯然”之義。“居然”表示“竟然，出乎意料”這一義項始於唐朝，例如裴度《雪中訝諸公不相訪》:“滿空亂雪花相似，何事居然無賞心？”由此可知，原文中“居然可知”是指太陽比長安遠的道理顯然可知，仍爲明帝答語，故應放入引號内，正確的標點應爲:

（元帝）因問明帝:“汝意謂長安何如日遠？”答曰:“日遠。不聞人從日邊來，居然可知。”元帝異之。

② 先王疆理天下物土之宜，而布其利。（《春秋經傳集解·成公二年》，上海人民出版社 1977 年）

例中“物”義爲“觀察”。用例如《周禮·地官·載師》:“掌任土之法，以物地事授地職，而待其政令。”鄭玄注:“物，物色之，以知其所宜之事而授農牧衡虞。”《左傳·昭公三十二年》:“計丈數，揣高卑，度厚薄，仞溝洫，物土方，議遠邇。”杜預注:“物，相也，相取土之方面遠近之宜。”《淮南子·繆稱訓》:“欲知天道察其數，欲知地道物其樹，欲知人道從其欲。”標點本由於不明“物”義而在該斷開的地方没有斷開，正確的標點應爲:

先王疆理天下，物土之宜而布其利。

③ 鄆州闞司倉者，家在荆州。其女乳母鈕氏，有一子，妻愛之，與其子均焉，衣物飲食悉等。忽一日，妻偶得林檎一蔕，戲與己子，乳母乃怒曰:“小娘子成長，忘我矣。常有物與我子，停今何容偏？”因嚙吻攘臂，再三反覆主人之子。（《酉陽雜俎·諾臯記》，中華書局 1981 年）

例中“停”通“亭”。“亭”有“平均”之義。例如《史記·秦始皇本紀》:“決河亭水，放之海。”張守節《史記正義》:“亭，平也。”《淮南子·原道訓》:“味者，甘立而五味亭矣。”高誘注:“亭，平也。”上例“常有”二句的意思是説“平日有東西與我的兒子平分，今日怎麽能偏心呢？”故正確的標點應爲:

常有物與我子停，今何容偏？

④ 天明，母重啓濟曰："昨又夢如此，雖云夢不足怪，此何太適，適亦何惜不一驗之？"（《魏晋南北朝小説選注·列異傳·謳士孫阿》，上海古籍出版社1984年）

例中"適適"實爲一詞。"適"音dí，通"的"。"適適"義同"的的"，分明貌。標點者不明此義而將"適適"斷開，致使二句語意不明。"此何"二句的正確標點是：

此何太適適，亦何惜不一驗之？

2. 不明語法致誤

古代漢語語法有許多特點與現代漢語不同，如詞類活用、語序、虚詞的特殊用法等，如不瞭解就可能導致標點錯誤。例如：

① 熙寧十年秋，河决澶淵，注巨野，入淮泗，自澶、魏以北皆絶流而濟，楚大被其害。（《蘇東坡詩詞選》，人民文學出版社1960年）

例中"皆絶流而濟"一句語意不通。"濟"義爲"濟州"，標點者誤以"濟"爲動詞，故致誤。此句正確的標點爲：

自澶、魏以北皆絶流，而濟、楚大被其害。

② 刑部尚書李日知自爲畿赤，不曾打杖行罸，其事亦濟。及爲刑部尚書，有令史受敕三日，忘不行者。尚書索杖剥衣，唤令史總集，欲决之。（《朝野僉載》，中華書局1979年）

例中"有令史受敕三日，忘不行者"爲"者"字結構，中間不宜斷開。"有令"二句的大意爲"有一個接受命令已三日却忘了執行的令史"。此例的正確標點爲：

刑部尚書李日知自爲畿赤，不曾打杖行罸，其事亦濟。及爲刑部尚書，有令史受敕三日忘不行者，尚書索杖剥衣，唤令史總集，欲决之。

③ 郗公曰："汝正當欲得吾錢耳！"迺開庫一日，令任意

用。郗公始正謂損數百萬許，嘉賓遂一日乞與親友，周旋略盡。郗公聞之，驚怪不能已已。(《世説新語箋疏·俭嗇》，中華書局 1983 年)

例中“周旋”用作名詞，義爲“有交往的人”。標點者以爲是動詞而致誤。此例正確的標點是：

郗公曰：“汝正當欲得吾錢耳！”迺開庫一日，令任意用。郗公始正謂損數百萬許，嘉賓遂一日乞與親友、周旋略盡。郗公聞之，驚怪不能已已。

④ 魘臥寐不寤者。皆魂魄外遊。爲邪所執。録欲還未得所。(葛洪《葛洪肘後備急方·治卒魘寐不寤方》，人民衛生出版社 1963 年。該書僅斷句，未用新式標點)

例中“執録”實爲一詞，同義並列，是當時的習用語。“録”有“執拿、拘捕”義，標點者不明其義故誤斷句。“爲邪”二句的正確標點是：

爲邪所執録，欲還未得所。

3. 不明音韻致誤

今音不同於古音，標點者由於不明音韻，以今律古而致錯誤。例如：

① 養氣自守，適食則酒。閉明塞聰，愛精自保。適輔服藥引導，庶冀性命可延。斯須不老，既晚無還，垂書示後。(《論衡·自紀》，中華書局 1954 年)

本段屬於韻文，韻脚字是“守、酒、保、導、老、後”。除了“後”字在上古是侯部字外，其餘字均屬幽部。“後”與其餘韻脚字屬於合韻關係。標點者因不明古音及韻例而致誤。此例的正確標點是：

養氣自守，適食則酒，閉明塞聰，愛精自保，適輔服藥引導。庶冀性命可延，斯須不老。既晚無還，垂書示後。

② 夫功者難成而易敗，時者難得而易失也。時乎，時不再來。願足下詳察之。(《史記·淮陰侯列傳》,《中華活頁文選》合訂本，中華書局 1962 年)

這是蒯通勸説韓信反漢一段話中的最後幾句，其中“時、來”二字押韻，上古同屬之韻部。標點者因不明“時”與“來”的古音而致誤。“時乎”二句是當時的熟語，正確的標點是：

時乎時，不再來！

練　習　題

一、判斷下列句子中的標點是否有誤，如果有誤，請指出並予以改正。

1. 建一官而三物成，能舉善也夫。唯善，故能舉其類。(《左傳・襄公三年》)

2. 三十輻，共一轂。當其無有，車之用。(《老子・十一章》)

3. 相如既歸，趙王以爲賢大夫使不辱於諸侯，拜相如爲上大夫。(《史記・廉頗藺相如列傳》)

4. 項籍少時，學書不成，去學劍，又不成。(《史記・項羽本紀》)

5. 牽牛爲犧牲。其北河鼓。河鼓大星。上將左右。左右將。(《史記・天官書》)

6. 復與兩錢散，成得藥去。五六歲，親中人有病如成者，謂成曰："卿今强健，我欲死，何忍無急去藥，以待不祥？先持貸我，我差，爲卿從華佗更索。"(《三國志・魏書・華佗傳》)

二、標點並翻譯下列兩段文字。

魏王欲攻邯鄲季梁聞之中道而反衣焦不申頭塵不去往見王曰今者臣來見人於大行方北面而持其駕告臣曰我欲之楚臣曰君之楚將奚爲北面曰吾馬良臣曰馬雖良此非楚之路也曰吾用多臣曰用雖多此非楚之路也曰吾禦者善此數者愈善而離楚愈遠耳今王動欲成霸王舉欲信於天下恃王國之大兵之精鋭而攻邯鄲以廣地尊名王之動愈數而離王愈遠耳猶至楚而北行也(《戰國策・魏策四》)

項羽既定河北率諸侯兵欲西入關先是諸侯吏卒繇使屯戍過秦

中者秦中吏卒遇之多無狀及章邯以秦軍降諸侯諸侯吏卒乘勝多奴虜使之輕折辱秦吏卒秦吏卒多怨竊言曰章將軍等詐吾屬降諸侯今能入關破秦大善即不能諸侯虜吾屬而東秦又盡誅吾父母妻子奈何諸將微聞其計以告項羽項羽召黥布蒲將軍計曰秦吏卒尚衆其心不服至關不聽事必危不如擊殺之而獨與章邯長史欣都尉翳入秦於是楚軍夜擊坑秦卒二十餘萬人新安城南（《資治通鑒·漢紀》）

參考文獻

管敏義《怎樣標點古書》，書目文獻出版社 1985 年。

管錫華《中國古代標點符號發展史》，巴蜀書社 2002 年。

季永興《古漢語句讀》，商務印書館 2001 年。

吕叔湘《標點古書評議》，《吕叔湘全集》（第 9 卷），遼寧教育出版社 2002 年。

楊樹達《古書句讀釋例》，中華書局 1983 年。

俞樾等《古書疑義舉例五種》，中華書局 1956 年。

第八單元

文 選 一

道 可 道 《老子》

【《老子》簡介】《老子》是先秦道家學派的經典著作，一般認爲成書於戰國時期，是老子的後學根據其學説整理補充而成。全書分上下兩篇，上篇《道經》，下篇《德經》，共 81 章，5000 字。

老子的核心思想是“道”，認爲世間萬物均由“道”而生。“道”的本質是自然，人應該按照道的規律辦事，順應自然，清静無爲，知足寡欲，等等。在方法論方面，老子具有樸素的辯證法思想，認爲事物都有對立的兩個方面，對立的雙方互相依存，互相轉化。在政治上，老子反對法令制度，反對科學文化，反對醜惡不公的現實社會，希望回到小國寡民的原始社會，反映了其在政治上厭惡社會現實而追求恬静自然的復古思想。老子的思想對後世影響很大，六朝時期，《老子》與《莊子》《周易》一起被奉爲“玄學”的經典著作。

【作者簡介】老子，姓李，名耳，字聃，春秋末楚國苦縣厲鄉曲仁里（今河南鹿邑縣東）人，曾任周守藏室史。孔子適周時曾問禮於老子。

《老子》的最早注本是魏王弼《老子注》。其後的著名注本有假托漢河上公《老子章句》、近人馬叙倫《老子校詁》等。今人的注本有朱謙之《老子校釋》、任繼愈《老子新譯》、陳鼓應《老子注譯及評介》等。1973年長沙馬王堆三號漢墓出土了帛書《老子》，内容與傳世本頗有出入，是瞭解《老子》一書原貌及在漢代流傳情況的重要資料。

【題解】文章認爲“道”是萬物的本原，神秘莫測且不可名，萬物的發生發展都從屬於“道”的自然法則。本文爲《老子·一章》，以任繼愈《老子新譯》(上海古籍出版社1985年修訂本)爲底本，下同。○後爲編者的注。

道可道，非常道；名可名，非常名①。無名，天地之始；有名，萬物之母②。故常無，欲以觀其妙；常有，欲以觀其徼(jiào)③。此兩者同出而異名④，同謂之玄。玄之又玄，衆妙之門⑤。

注釋

① 非常名：不是永恒的名。常，帛書《老子》作“恒”，漢代因避孝文帝劉恒諱，改“恒”爲“常”。

② 無名：指道。　有名：指天地萬物起初的命名。　按：“無名”四句或標作“無，名天地之始；有，名萬物之母”。

③ 徼：邊界，終極。　按：“故常”四句或標作“故常無欲，以觀其妙；常有欲，以觀其徼”。

④ 兩者：指“無名”和“有名”。

⑤ 玄：深奥的道理。　衆妙之門：各種微妙的門徑，源泉，指“道”。

天下皆知美之爲美

《老子》

【題解】文章以美與醜、善與惡爲例，説明一切事情都是在對立中顯現出其個性特點的。對立的雙方又是互相依存、相反相成的，在一定條件下可以互相轉化。本文爲《老子・二章》。

天下皆知美之爲美，斯惡已①；皆知善之爲善，斯不善已。故有無相生，難易相成②，長短相形，高下相傾③，音聲相和，前後相隨④。是以聖人處無爲之事，行不言之教，萬物作焉而不辭⑤，生而不有，爲而不恃，功成而弗居⑥。夫唯不居，是以不去⑦。

注　釋

① “天下”二句：如果天下的人都知道什麽是美，那麽醜的事物就顯露出來了。　斯：指示代詞，這。　惡：醜陋。　已：音義同“矣”。

② “故有”二句：所以“有”和“無”相互依存而産生，“難”和“易”相互依存而形成。

③ 形：顯現。　傾：依靠。

④ “音聲”二句：“音”和“聲”相互配合纔顯示出了其音色的不同，“前”和“後”相連接纔顯示出了其前、後的位置。　音聲：音樂。音，或説指單音；聲，或説指和聲。　隨：連接，接續。

⑤ “是以”二句：因此聖人用“無爲”的理念做事，用“不言”的理念施教。　作：出現。　不辭：不拒絶。《老子新譯》作“不爲始”，《諸子集成》本作“不辭”。

⑥ 不有：不據爲私有。　爲：指做成了事。　不恃：不恃功。

⑦ 夫：發語詞。　唯：連詞，因爲。　不去：不失去功勞。

天長地久 《老子》

【題解】文章以天地不自生而長生、聖人後其身而身先、外其身而身存爲喻，説明事物相反相成的道理。本文爲《老子·七章》。

天長地久。天地所以能長且久者，以其不自生[①]，故能長生。是以聖人後其身而身先，外其身而身存[②]。非以其無私邪？故能成其私[③]。

注釋

① 不自生：不爲自己生存。

② 後、外：均使動用法。

③ 非：不正是。帛書《老子》作“不”。 邪：語氣詞，表反問。 成其私：成就自己。

持而盈之 《老子》

【題解】文章認爲凡事應適可而止，方可保持長久。反映了道家知進退、有分寸、明福禍的處世哲學。本文爲《老子·九章》。

持而盈之，不如其已[①]。揣（zhuī）而鋭之[②]，不可長保。金玉滿堂，莫之能守。富貴而驕，自遺其咎[③]。功遂身退，天之道[④]。

注 釋

① 盈：滿。 已：停止，放手。 〇其：特指“持而盈之”。或以爲是語氣詞。

② 揣：捶擊。 鋭：使之尖利。《諸子集成》本作“棁”。

③ 莫：否定性無指代詞，没有人。 遺：留。 咎：灾禍。

④ 遂：成。 天之道：指萬事萬物發展到成熟階段後必然要走向衰退。

絶聖棄智 《老子》

【題解】文章認爲社會的醜惡現象都是聖人和智者造成的，只有絶聖棄智，絶仁棄義，絶巧棄利，民風纔會淳樸，國家纔會安定。文章反映了道家對社會現實的不滿情緒。本文爲《老子·十九章》。

絶聖棄智，民利百倍；絶仁棄義，民復孝慈；絶巧棄利[①]，盗賊無有。此三者以爲文不足，故令有所屬[②]：見素抱樸，少私寡欲[③]。

注 釋

① 仁、義：指儒家的學説。 巧：取巧，僞詐。

② “此三”二句：以此三者制定禮樂是不够的，所以要立身於根本。 三者：指崇尚聖智、仁義、巧利的社會風氣。 文：指禮樂制度。 所屬：指基礎，根本。

③ 見素：呈現本質，不尚文飾。 抱樸：保持本真。

曲則全 《老子》

【題解】文章旨在説明事物相反相成的道理，反映了道家樸素的辯證法思想。本文爲《老子·二十二章》。

曲則全，枉則直，窪（wā）則盈，敝則新，少則得，多則惑。是以聖人抱一爲天下式[①]。不自見，故明。不自是，故彰。不自伐，故有功。不自矜，故長[②]。夫唯不争，故天下莫能與之争。古之所謂“曲則全”者，豈虚言哉？誠全而歸之[③]。

注　釋

① 一：表示數量極少，或説指“道”。　式：法式，法則。
② 不自見：不以自己所看到的爲是。　伐：誇耀。　矜：自恃。　長：成爲長上。
③ 誠：確實。　全而歸之：使人能得到保全。

知人者智　《老子》

【題解】文章强調了自知自勝知足自守的重要作用。本文爲《老子·三十三章》。

知人者智，自知者明。勝人者有力，自勝者强。知足者富，强行者有志[①]，不失其所者久，死而不亡者壽[②]。

注　釋

① 自勝：克服自身的弱點。　强行：堅持力行。　有志：有大志。
② 不亡：指道行或名聲不亡。

哀 駘 它

《莊子》

【《莊子》簡介】《莊子》是道家學派的經典著作。《漢書・藝文志》載《莊子》52篇，現存33篇，包括内篇7篇，外篇15篇，雜篇11篇。内篇的思想風格比較統一，應爲莊周所作，外篇和雜篇的思想觀點與内篇多有出入，應爲莊周弟子及其後學所作。

莊子主張人應該順應自然，清静無爲，忘掉榮辱得失，逍遥自得。莊子痛恨“竊鉤者誅，竊國者爲諸侯”的現實社會，拒絶和統治者合作，鄙視功名利禄，但反對社會變革和進步，否定文化知識與科學技術，希望毁掉一切文明，恢復到古樸的原始社會，表現出了其逃避現實的思想。

莊子的文章説理透徹，想象力豐富，浪漫色彩濃厚，語言生動形象，汪洋恣肆，頗多幽默諷刺意味，對後世哲學、文學與語言均産生了重要影響。

《莊子》的重要注本有晉郭象《莊子注》、唐成玄英《莊子疏》、清郭慶藩《莊子集釋》和王先謙《莊子集解》，近人劉武《莊子集解 莊子集解内篇補正》所收材料比較全面，陳鼓應《莊子今注今譯》、曹礎基《莊子淺注》通俗易懂，便於初學。

【作者簡介】莊子，名周，戰國中期宋國蒙邑（今河南商丘市）人，曾做過宋國蒙邑漆園吏，是老子之後道家學派的代表人物。

【題解】文章以哀駘它雖貌醜而德行高尚、受人愛戴的事實爲例，説明了“才全而德不形”的道理。不受“死生、存亡、窮達”等外物干擾，順應自然，心態始終平和愉悦，就是“才全”；以止水爲法，平静含蓄而不外露，就是“德不形”。文章反映了道家注重内在修養的思想。本文選自《莊子・内篇・德充符》，題目爲編者所加，以曹礎基《莊子淺注》（中華書局1982年）爲底本，下同。

魯哀公問於仲尼曰："衛有惡（è）人焉，曰哀駘它（tái tuó）①。丈夫與之處者，思而不能去也②。婦人見之，請於父母曰：'與爲人妻，寧爲夫子妾'者，十數而未止也③。未嘗有聞其唱者也，常和人而已矣④。無君人之位以濟乎人之死，無聚祿以望人之腹⑤，又以惡駭天下，和而不唱，知不出乎四域，且而雌雄合乎前⑥，是必有異乎人者也。寡人召而觀之，果以惡駭天下。與寡人處，不至以月數，而寡人有意乎其爲人也⑦。不至乎期（jī）年，而寡人信之。國無宰，而寡人傳國焉，悶然而後應，氾（而）若辭⑧。寡人醜乎，卒授之國。無幾何也，去寡人而行，寡人恤焉若有亡也，若無與樂是國也⑨。是何人者也？"

注釋

① 惡：貌醜。　哀駘它：人名。

② 丈夫：古代男子的通稱。　思：思慕，崇拜。　去：離開。

③ "與爲"二句：與其做別人的妻子，不如做哀駘它的妾。　"十數"句：這樣的人已有十多個了，還在繼續增加。

④ 其：指哀駘它。　唱："倡"的古字，倡導。　和：附和。

⑤ "無君"二句：没有君主的權位來拯救他人於死亡，没有大量的俸祿使他人吃飽肚子。　望：本義指月滿，此處義爲使填飽，使動用法。

⑥ 駭天下：使天下人吃驚。　知：指知名度。　且而：却能使。且，連詞，表轉折。　雌雄：指男女。　合：團結，親近。

⑦ 月數：一個月。　有意：産生好感。

⑧ 宰：國相。　悶然：無反應貌。　氾：同"汎"，漠然貌。有的版本"氾"後有"而"。　若辭：像要拒絕。

⑨ 恤焉：憂慮貌。 “若無”句：好像再没人能和我樂享此國似的。

仲尼曰：“丘也嘗使於楚矣，適見㹠（tún）子食於其死母者①。少焉眴（shùn）若，皆棄之而走，不見己焉爾，不得其類焉爾②。所愛其母者，非愛其形也，愛使其形者也③。戰而死者，其人之葬也，不以翣（shà）資；刖者之屨（jù），無爲愛之④。皆無其本矣。爲天子之諸御，不爪翦，不穿耳；取妻者止於外，不得復使⑤。形全猶足以爲爾⑥，而況全德之人乎？今哀駘它未言而信，無功而親，使人授己國，唯恐其不受也，是必才全而德不形者也。”⑦

注 釋

① 㹠子：小猪。 “㹠”或作“豚”。 食：食乳。

② 眴若：驚恐貌。“眴”，或作“瞬”。 不見己：指小猪發現死猪不看自己。 焉爾：語氣詞，罷了。 不得其類：看不到其活着時的狀態。

③ 使其形者：指支配行爲的精氣，元神。

④ 翣資：雕刻棺飾翣的錢財。翣，棺材上的裝飾，象徵武功，傳説武王所創。郭慶藩《莊子集釋》：“翣者，武所資也。戰而死者，無武也，翣將安施！” 無爲愛之：没有人會因刖者而愛之。無，無指代詞。“爲”後省“之”

⑤ 諸御：女侍從，嬪妃。 爪翦：修剪指甲。翦，“剪”的古字。 取妻者：娶過妻子的男子。 止於外：指不得到宫内當侍從。

⑥ 形全：指女不爪翦不穿耳者，男未結婚者。 爲爾：指入宫做侍從。

⑦ 才全：才品完美。 德不形：德不體現在外形上。

哀公曰：“何謂才全？” 仲尼曰：“死生、存亡、窮達、貧富、賢與不肖、毁譽、飢渴、寒暑，是事之變、命之行也[①]。日夜相代乎前，而知不能規乎其始者也[②]。故不足以滑（gǔ）和，不可入於靈府[③]。使之和豫，通而不失於兑（yuè）。使日夜無郤，而與物爲春，是接而生時於心者也[④]。是之謂才全。”“何謂德不形？”曰：“平者，水停之盛也。其可以爲法也，内保之而外不蕩也[⑤]。德者，成和之脩也。德不形者，物不能離也。”[⑥]

注　釋

① 命之行：自然的運行。

② “日夜”二句：就像日夜在我們面前交替，人的智慧却不能察知它們的起因。　知：“智”的古字。　規：通“窺”。　始：指何以發生。

③ “故不”二句：所以這些都不應擾亂情緒的平和，不應該侵入人的心靈。　滑：亂，攪亂。　靈府：心中。

④ “使之”五句：使心境平和安適，通暢而不失歡悦。　讓這種心情日夜保持不失，與物接觸就像生活在春天，這就是接觸外物而能産生良時於心中的道理。　使之和豫：要保持和順快樂。　兑：“悦”的古字。　郤：通“隙”。

⑤ 盛：指絶對静止的狀態。　蕩：動蕩。

⑥ 成和：調和，融合。　物不能離：外物不會離開它。劉武《莊子集解》：“含德之厚，人樂親之。”

哀公異日以告閔子曰：“始也吾以南面而君天下，執民之紀而憂其死，吾自以爲至通矣[①]。今吾聞至人之言，恐吾無其實，輕用吾身而亡吾國。吾與孔丘，非君臣也，德友而已矣。”[②]

注　釋

① 異日：他日。　閔子：即閔子騫，魯人，孔子學生。　紀：法紀。　至

通：精通，最明白。

② “恐吾”二句：我擔心自己没有相應的才德，自不量力爲政而導致國家滅亡。 德友：以德相交的朋友。

在宥天下 《莊子》

【題解】本文認爲堯舜和夏桀一樣，都破壞了人的情性，喜和怒一樣都會破壞人的情性，明、聰、仁、義、禮、樂、聖、智等是擾亂天下之物。聖人智者如同鏈接枷鎖的附件，仁義如同桎梏的孔枘，曾史的行爲如同桀、跖的先聲，所以只有絶聖棄知，天下纔能得到大治。君子治理天下是采取“無爲而治”的辦法，在宥天下，不淫其性，不遷其德。尸居龍見，淵默雷聲，神動天隨。文章反映了道家崇尚自然、“無爲而治”的思想主張。本文節選自《莊子·外篇·在宥》，題目爲編者所加。

聞在宥（yòu）天下，不聞治天下也①。在之也者，恐天下之淫其性也；宥之也者，恐天下之遷其德也②。天下不淫其性，不遷其德，有治天下者哉③？昔堯之治天下也，使天下欣欣焉人樂其性，是不恬也；桀之治天下也，使天下瘁（cuì）瘁焉人苦其性，是不愉也④。夫不恬不愉，非德也。非德也而可長久者，天下無之。

注 釋

① “聞在”二句：聽説讓天下人自在寬鬆，没聽説要治理控制天下。 在：自在。 宥：寬鬆。

② “在之”四句：讓天下人自在地生活，是擔心天下人會放縱其本性；讓

天下人保持寬鬆狀態，是擔心天下人會改變自己的德性。 淫：過度，放縱。 遷：改變。

③ “有治”句：還有治理天下的必要嗎？

④ 樂其性：感到身心快樂。 恬：静。 瘁瘁焉：身心疲憊貌。 苦其性：感到憂愁苦悶。

人大喜邪？毗（pí）於陽[①]；大怒邪？毗於陰。陰陽並毗，四時不至，寒暑之和不成，其反傷人之形乎！使人喜怒失位，居處無常，思慮不自得，中道不成章，於是乎天下始喬詰（jí）卓鷙（zhì），而後有盗跖、曾、史之行[②]。故舉天下以賞其善者不足，舉天下以罰其惡者不給（jǐ），故天下之大，不足以賞罰。自三代以下者，匈匈焉終以賞罰爲事，彼何暇安其性命之情哉[③]？

注　釋

① 毗於陽：傷陽氣。毗，損傷。

② “思慮”四句：思考不得其道，做事中途而廢，於是天下開始有了不公和醜惡行爲，繼而便出現了盗跖、曾參、史鰌（qiū）這類人物。 喬詰：不平，扭曲。 卓鷙：行爲乖戾。 曾：曾參，孔子學生，以孝著稱。 史：史鰌，春秋時衛國大夫，以正直著稱。

③ “自三”三句：自夏、商、周三代以來，天下紛擾始終以賞罰爲治國之能事，統治者哪有閒暇考慮保持人的天性呢？ 匈匈焉：喧嘩紛亂貌。 彼：或説指百姓。 安：使安穩，保持。 性命之情：本性，天性。

而且説（yuè）明邪？是淫於色也[①]。説聰邪？是淫於聲也。説仁邪？是亂於德也。説義邪？是悖於理也。説禮邪？是相於技也[②]。説樂邪？是相於淫也。説聖邪？是相於藝也[③]。説知邪？是相於疵（cī）也[④]。天下將安其性命之情，之八者存可也，亡可也。天下將不安其性命之情，之八者乃始臠（luán）卷獊（cāng）囊而亂天下也[⑤]。而天下乃始尊之惜之，甚矣，天下之惑也！豈直過也而去之邪？乃齊（zhāi）戒以言之，跪坐以進之，鼓歌以儛之，吾若是何哉[⑥]？

注　釋

① “而且”二句：而且人爲何希望目明呢？這是因爲迷亂於美色。　説：“悦”的古字。

② “説義”四句：爲何崇尚道義呢？這是違背常理的結果。爲何制定禮儀呢？這是過於看重技法的結果。　相：注視，專注。　技：指技法，形式。

③ 藝：技能，聖人明哲，多才多藝。

④ 知：“智”的古字。“是相”句：這是過於看重弱智的結果。　疵：毛病。

⑤ “天下”五句：天下人如都能保持其本性，那麼明、聰、仁、義、禮、樂、聖、智這八樣東西，有也行，没有也行。天下人如不能保持其本性，那麼這八樣東西就會作亂肆行擾亂天下。　之：此。　八者：指上文明、聰、仁、義、禮、樂、聖、智等八種事物。　臠卷：拘束貌。獊囊：放縱貌。

⑥ “豈直”五句：豈只是認爲有過錯而抛棄它們呢？人們竟然還齋戒後談論它們，跪拜着向它們敬獻，用鼓樂歌舞贊美它們，這讓我怎麼説呢？　直：副詞，僅僅。　齊：“齋”的古字。　儛：同“舞”。

故君子不得已而臨莅天下，莫若無爲。無爲也而後安其性命之情。故曰：“貴以身爲天下，則可以託天下；愛以身爲天下，則可以寄天下。”[①]故君子苟能無解其五藏（zàng），無擢（zhuó）其聰明，尸居而龍見（xiàn），淵默而雷聲，神動而天隨，從容無爲而萬物炊累焉[②]。吾又何暇治天下哉！

注釋

① “貴以”四句：若能以珍重自身的態度去對待天下，那麼就可以將天下托付給他；若能以愛護自身的態度去對待天下，那麼就可以把天下委托給他。 貴以身：“以貴身”的倒置。 郭象注：“若夫輕身以赴利，棄我而殉物，則身且不能安，其如天下何？”

② “故君”六句：所以君子如果能不放縱其本性，不炫耀自己的聰明才智，就像受祭的神主一樣静居又像龍一樣現威，像深淵般沉默又像雷霆般發聲，精神活動順乎天理，從容無爲而萬物就會像炊氣般聚合升騰。 解：放開，放縱。 五藏：指肺、心、肝、脾、腎。五臟是本性的所在，這裏指本性。藏，“臟”的古字。 擢：拔高。 尸居：安居無爲。尸，代死者受祭的人，這裏名詞做狀語。 郭慶藩《莊子集釋》：“家世父（指郭嵩燾，郭慶藩的世叔）曰：尸居龍見，不見而章；淵默雷聲，不動而變；神動天隨，無爲而成。” 炊累：游塵升騰貌。

崔瞿問於老聃（dān）曰：“不治天下，安藏人心？”① 老聃曰：“女慎，無攖（yīng）人心②。人心排下而進上，上下囚殺，淖（chuò）約柔乎剛彊，廉劌（guì）雕琢，其熱焦火，其寒凝冰③。其疾俛仰之間而再撫四海之外，其居也淵而静，其動也縣而天④。僨（fèn）驕而不可係者⑤，其唯人心乎？昔者黄帝始以仁義攖人之心，堯舜於是乎股無胈（bá），脛無毛⑥，以養天下之形，愁其五藏以爲仁義，矜其血氣以規法度⑦。然猶有不勝（shēng）也，堯於是放讙兜（huān dōu）於崇山，投三苗於三峗（wéi），流共工於幽都，此不勝天下也⑧。

注釋

① 崔瞿：人名，餘不詳。 老聃：老子名。 藏：此處義爲獲得。或説

“藏”爲“臧”之誤，義爲“善”。

② 女：汝。 攖：擾亂。

③ “人心”六句：人心排斥下位而嚮往高處，上下牽制傷害，弱者順服於强者，各尖刻虛僞，熱時如烈火，冷時如冰霜。 囚殺：牽制，勾心鬪角。 淖約：柔弱。 廉劌：尖刻。 雕琢：做作。

④ “其疾”三句：人心變化之速俯仰之間就能往來於四海之外，其静止時深沉而安静，活動時高飛而衝天。 撫：觸及，涉及。 縣：“懸”的古字。郭象注：“静之可使如淵，動之則係天而踴躍也。”或説“縣”通“玄”，“而”義爲“如”。

⑤ 僨驕：奮發驕矜。

⑥ 股無胈、脛無毛：指堯舜由於終年奔波勞苦，累得大腿上没有了肉，小腿上磨掉了汗毛。股，大腿。胈，大腿根部的肉。

⑦ “以養”三句：以供養天下之人，殫精竭慮推行仁義，費盡心血建立法度。 愁其五藏：勞心，憂慮。 矜：苦。 規：建立。

⑧ 不勝：不堪，不太平。 讙兜：堯時人，與堯爲敵，被流放到崇山（今湖南張家界市）。 三苗：傳説中黄帝至堯舜禹時代的古部落名，號饕餮。 三峗：山名，或作“三危”，地在今甘肅敦煌市。 共工：堯時水官，即窮奇，堯時四凶（混沌、饕餮、窮奇、檮杌）之一。 幽都：古地名，即幽州。

“夫施（yì）及三王而天下大駭矣[①]。下有桀、跖，上有曾、史，而儒、墨畢起。於是乎喜怒相疑，愚知相欺，善否（pǐ）相非，誕信相譏[②]，而天下衰矣。大德不同，而性命爛漫矣[③]。天下好知，而百姓求竭矣[④]。於是乎釿（jīn）鋸制焉，繩墨殺焉，椎鑿決焉[⑤]。天下脊脊大亂[⑥]，罪在攖人心。故賢者伏處大山嵁（kān）巖之下，而萬乘之君憂慄乎廟堂之上[⑦]。今世殊死者相枕也，桁（háng）楊者相推也，刑戮者相望也，而儒、墨乃始離跂（qǐ）攘（rǎng）臂乎桎梏之間[⑧]。意，甚矣哉！其無愧而不知耻也甚矣！吾未知聖知之不爲桁楊椄槢（jié xí）也，仁義之不爲桎梏鑿枘（ruì）也，焉知曾、史之不爲桀、跖嚆（hāo）矢也⑨！故曰：絶聖棄知，而天下大治。”

注釋

① 施：延續。 三王：指夏、商、周三代的君王。 駭：驚擾。

② 否：惡。 誕：荒誕，虚妄。

③ 大德：指大道。 性命：指本性。 爛漫：散亂，亂套。

④ “天下”二句：天下崇尚智巧，百姓就會紛争起來。 求竭：連綿詞，紛亂貌，同“膠葛”“糾葛”。

⑤ 釿鋸：刑具。釿，斧頭，本作“斤”。 制：制裁。 繩墨：法度。 椎鑿：槌子和鑿子，此處指統治百姓的禮法。

⑥ 脊脊：混亂貌，互相踐踏貌。

⑦ 伏處：隱居。 嵁巖：險峻的山崖。 憂慄：憂愁恐懼。

⑧ 殊死：被砍頭處死。 殊：死，斷絶。 相枕：指屍體疊壓。 桁楊：古時一種夾脚、頸的刑具。 相推：相互推擠於道路，形容受刑人之多。 “而儒”句：而儒家墨家這纔在百姓的痛苦中奮力奔走呼號。 離跂：踮起脚跟，形容用力。 攘臂：捋起衣袖，伸出胳膊，表示激奮貌。 桎梏：枷鎖，戴在脚上的叫“桎”，戴在手上的叫“梏”。“桎梏”在這裏表示苦難。

⑨ “吾未”三句：我不知道聖人智者不是作爲刑具上的配件而存在的，仁義不是作爲桎梏上的關鍵而存在的，又哪裏知道曾參、史鰌輩不是作爲夏桀、盗跖響箭而出現的呢？ 椄槢：連接用的小木。 鑿枘：指桎梏的孔枘。 嚆矢：響箭，發射時聲先於箭而到，比喻開端、先聲。

文 選 二

上善若水 《老子》

【題解】文章反映了道家“以柔克剛、以退爲進、利萬物而不争”的處世哲學。本文爲《老子·八章》。

上善若水。水善利萬物而不争，處衆人之所惡（wù），故幾（jī）於道。居善地（善地：用作動詞，像水一樣擇地），心善淵（善淵：像水一樣深沉），與（交友）善仁，言善信，正（爲政）善治，事善能，動善時（時機）。夫唯不争，故無尤。

三十輻共一轂 《老子》

【題解】文章通過論述“有”和“無”的功用，表現了道家“有無相依相生”的辯證法思想。本文爲《老子·十一章》。

三十輻（fú。輻：車子的輻條）共一轂（gǔ。轂：車輪中心插軸的圓孔），當其無，有車之用（因爲是空的，纔有了車的功用）。埏埴（shān zhí）以爲器（和土製作陶器），當其無，有器之用。鑿户牖（yǒu，窗）以爲室，當其無，有室之用。故有之以爲利，無之以爲用（效用）。

大道廢有仁義 《老子》

【題解】文章通過舉例，闡述了事物“相互轉化”的道理。本文爲《老子·十八章》。

大道廢，有仁義。智慧出，有大僞。六親（父子、兄弟、夫婦）不和，有孝慈。國家昏亂，有忠臣。

將欲歙之 《老子》

【題解】文章闡述了事物“相反相成”的辯證思想。本文爲《老子·三十六章》。

將欲歙（xī。歙：收縮）之，必固（固：通“姑”）張之；將欲弱之，必固强之；將欲廢之，必固興之；將欲取之，必固與之。是謂微明（一般人不易看到的高明）。柔弱勝剛强。魚不可脱於淵，國之利器（利國之器）不可以示人。

上德不德 《老子》

【題解】文章指出儒家提倡的“德”“仁”“義”“禮”等道德規範，不過是“失道”“失德”“失仁”“失義”後的産物，主張做事應以“無爲”“上德”“處厚”“處實”爲原則。本文爲《老子·三十八章》。

上德（上等品德）不德（不表現其德），是以有德。下德（下等品德）不失德（表現其德），是以無德。上德無爲而無以爲（上德無爲是在以無所爲），下德無爲而有以爲（下德無爲而旨在有所爲）。上仁爲之而無以爲（上仁做好事而不在以表現仁）。上義爲之而有以爲（上義見義而爲是在以表現義）。上禮爲之而莫之應，則攘臂而扔之（扔之：强拉使人遵禮）。故失道而後德，失德而後仁，失仁而後義，失義而後禮。夫禮者，忠信之薄（衰微）而亂之首（開始）。前識者（有先見之明者），道之華而愚之始（不過是道的虚華、愚昧的開始而已）。是以大丈夫處其厚，不居其薄；處其實，不居其華。故去彼（薄、華）取此（厚、實）。

小國寡民 《老子》

【題解】文章描繪了一個理想淳樸的社會：國小民少，人皆甘其食，美其服，安其居，樂其俗，反映了道家在政治上厭惡社會現實而追求恬静自然的復古思想。本文爲《老子·八十章》。

小國寡民。使（即使）有什伯之器（功效十倍百倍的器具）而不用，使民重死（看重生命）而不遠徙。雖有舟輿（yú），無所乘之（無乘坐的必要）；雖有甲兵，無所陳之（無陳放之地）。使民復結繩而用之（通過結繩來記事和聯繫）。甘其食（甘：意動用法），美其服，安其居，樂（lè）其俗。鄰國相望，雞犬之聲相聞，民至老死不相往來。

北冥有魚　《莊子》

【題解】文章以大鵬和小鳩、大椿和朝菌、大舟和草芥、小智和大智、小年和大年等物爲喻，説明世間萬事萬物都有所依賴，因而受到不同制約，只有忘懷自我，放棄大小、榮辱、死生、壽夭等觀念，纔能獲得解脱，自由自在，無拘無束，無往不適，達到逍遥遊的境界。本文節選自《莊子·内篇·逍遥遊》，題目爲編者所加。

北冥有魚，其名爲鯤（kūn。鯤：小魚，莊子用以指稱大魚）。鯤之大，不知其幾千里也。化而爲鳥，其名爲鵬。鵬之背，不知其幾千里也；怒（奮起貌）而飛，其翼若垂天之雲。是鳥也，海運（海動）則將徙於南冥。南冥者，天池（天然形成的水池）也。《齊諧》（齊國志怪的書）者，志怪者也。《諧》之言曰："鵬之徙於南冥也，水擊三千里，摶（tuán。摶：環繞）扶摇（旋風）而上者九萬里。去以（以：憑藉）六月息（大風）者也。"野馬（指野外蒸騰的水氣）也，塵埃也，生物之以息（息：氣息）相吹也。天之蒼蒼，其正色邪？其遠而無所至極邪？其視下也，亦若是則已矣。

且夫水之積也不厚，則其負大舟也無力。覆杯水於坳堂（坳堂：堂上低凹處）之上，則芥（芥：小草）爲之舟；置杯焉則膠（膠：粘住），水淺而舟大也。風之積也不厚，則其負大翼也無力。故九萬里，則風斯在下矣，而後乃今培風（然後纔能乘風。培：憑藉，乘），背負青天而莫之夭閼（yāo è。夭閼：阻擋）者，而後乃今將圖南（圖南：計劃向南飛）。

蜩（tiáo，蟬）與學鳩（小斑鳩）笑之曰："我決（xuè。決：疾貌）起而飛，槍（qiāng，衝上）榆枋（fāng。枋：樹名）而止，時則不至，而控（跌落）於地而已矣，奚以之（之：往）九萬里而南爲？"適莽蒼（莽蒼：指近郊）者，三飡（飡：同"餐"）而反（"返"的古字），腹猶果然（果然：飽貌）；適百里者，宿舂（chōng）糧（隔夜舂糧做準備）；適千里者，三月聚糧。之（這）二蟲（指蜩與學鳩）又何知？

小知（知："智"的古字）不及大知，小年（壽命短的）不及大年（壽命長的）。奚以知其然也？朝菌（朝生暮死的菌類植物）不知晦朔（晦朔：一個月的時間），蟪蛄（寒蟬，春生夏死，夏生秋死）不知春秋，此小年也。楚之南有冥靈（冥靈：樹名）者，以五百歲爲春，五百歲爲秋；上古有大椿（大椿：樹名）者，以八千歲爲春，八千歲爲秋，此大年也。而彭祖（傳説中的長壽者，活了800歲）乃今以久特聞，衆人（一般人）匹之，不亦悲乎？

湯之問棘（jí。棘：湯時大夫，即夏革）也是已：窮髮（不毛之地）之北，有冥海者，天池也。有魚焉，其廣數千里，未有知其修（修：長）者，其名爲鯤，背若泰山，翼若垂天之雲，摶扶摇羊角（扶摇、羊角：均爲旋風）而上者九萬里，絶雲氣，負青天，然後圖南，且適（將往）南冥也。斥鴳（chì yàn，小麻雀）笑之曰："彼且奚適也？我騰躍而上，不過數仞而下，翱翔蓬蒿之間，此亦飛之至也。而彼且奚適也？"此小大之辯也。

故夫知（知："智"的古字）效一官（勝任一種官職），行比一鄉（品行可團結一鄉人），德合一君而徵一國（徵一國：得到一國人的信任。徵，取信）者，其自視也亦若此（若此：像斥鴳那樣得意）矣。而宋榮子（戰國時宋國賢人）猶然（微笑貌）笑之。且舉世而譽之而不加勸（不加勸：不會更加努力），舉世而非之而不加沮（不加沮：不會更加沮喪），定乎内外之分（確定了内在和外在的區别），辯（通"辨"）乎榮辱之境（界限），斯已矣（如此而已）。彼其於世未數數（shuò shuò）然（迫切貌）也。雖然，猶有未樹（未樹：未達到境界）也。

夫列子（戰國思想家，鄭國人，即列禦寇）御（乘）風而行，泠（líng）然（輕妙貌）善也，旬有五日而後反（十五日内往返）。彼於致福者，未數數然也。此雖免乎行，猶有所待（所待：所依賴）者也。若夫乘（掌握）天地之正（正：指道），而御六氣（指陰陽風雨晦明）之辯（辯：通"變"，變化），以遊無窮者，彼且惡乎（惡乎：於何，有何）待哉？故曰：至人無己（忘我順物），神人無功（不求有功），聖人無名（不求有名）。

胠篋

《莊子》

【題解】文章對"竊鉤者誅，竊國者爲諸侯，諸侯之門而仁義存焉”的不公現實進行了無情的揭露和抨擊。指出對立的事物存在着互爲因果的辯證關係，聖人制定的禮法和智者的發明是社會紛亂争鬥的根源，“聖人利之天下也少而害天下也多”“聖人不死，大盗不止”“大巧若拙”。主張“絶聖棄智”“塞瞽曠之耳”“膠離朱之目”“攦工倕之指”“削曾、史之行”“鉗楊、墨之口”，回到人人自由平等的原始社會。文章反映了道家對社會現實的不滿情緒、批判精神以及主張復古倒退的思想。本文節選自《莊子·外篇》。

將爲胠（qū。胠：從旁邊撬開）篋（qiè，箱子）探囊發匱（guì。匱："櫃”的古字）之盗而爲守備，則必攝（攝：勒緊）緘縢（jiān téng。繩子），固扃（jiōng。扃：關鈕）鐍（jué，鎖鑰），此世俗之所謂知（知：“智”的古字）也。然而巨盗至，則負匱揭（揭：舉起）篋擔囊而趨，唯恐緘縢扃鐍之不固也。然則鄉（鄉：“嚮”的古字，原先）之所謂知者，不乃爲大盗積者也？

故嘗試論之，世俗之所謂知者，有不爲大盗積者乎？所謂聖者，有不爲大盗守者乎？何以知其然邪？昔者齊國鄰邑相望，雞狗之音相聞，罔（wǎng，“網”的古字）罟（gǔ，網子的總稱）之所布（所布：指水域），耒（lěi，犁）耨（nòu，鋤頭）之所刺（指耕地），方二千餘里。闔（hé，合）四竟（竟：“境”的古字）之内，所以立宗廟社稷，治邑屋州閭鄉曲（屋州閭鄉曲：各類行政區劃。三夫爲屋，三屋爲井，四井爲邑，五家爲比，五比爲閭，四閭爲族，五族爲黨，五黨爲州，五州爲鄉。鄉曲，即鄉）者，曷嘗不法聖人哉？然而田成子（田成子：即田常，又稱“陳恒”，齊大夫，於魯哀公十四年殺齊簡公，專齊國之政，至其曾孫太公和取代齊君。田常先人陳完，本陳國公子，後入齊）一旦殺齊君而盜其國。所盜者豈獨其國邪？並與其聖知之法而盜之。故田成子有乎盜賊之名，而身處堯舜之安，小國不敢非，大國不敢誅，十二世有齊國。則是不乃竊齊國，並與其聖知之法以守其盜賊之身乎？

嘗試論之，世俗之所謂至知者，有不爲大盜積者乎？所謂至聖者，有不爲大盜守者乎？何以知其然邪？昔者龍逢（龍逢：夏代大臣關龍逢，因忠諫爲夏桀所殺）斬，比干（殷紂王叔父，因進諫遭剖心而死）剖，萇弘（萇弘爲周景王、敬王大臣劉文公的屬下大夫。劉氏與晉國范氏世爲婚姻，故幫助范氏，晉卿趙鞅因此問責周王室，周王室被迫殺死萇弘）胣（chǐ，車裂），子胥（即伍員，本楚人，後奔吴爲大夫，因諫阻吴王夫差許越求和而被殺）靡（通“縻”，縻爛。子胥死後，尸體被裝入馬皮袋中沉江，在江中縻爛），故四子之賢而身不免乎戮。故跖之徒問於跖曰：“盜亦有道乎？”跖曰：“何適而無有道邪？夫妄意（猜測）室中之藏，聖也；入先，勇也；出後，義也；知可否，知也；分均，仁也。五者不備而能成大盜者，天下未之有也。”由是觀之，善人不得聖人之道不立，跖不得聖人之道不行。天下之善人少而不善人多，則聖人之利天下也少而害天下也多。故曰：脣竭（竭：亡）則齒寒，魯酒薄而邯鄲圍（戰國時楚宣王召集盟會，魯恭公不但遲到，且所獻酒味不醇，宣王欲辱之，恭公不辭而歸。宣王怒，發兵攻魯。梁惠王曾欲伐趙而擔心魯相救，此時趁楚伐魯之機而出兵包圍了趙都邯鄲），聖人生而大盜起。掊（pǒu，打擊）擊聖人，縱舍（釋放）盜賊，而天下始治矣。夫川竭而谷虚（川流枯竭山谷就會空虚），丘夷（夷：平）而淵實。聖人已死，則大盜不起，天下平而無故（故：事）矣。

聖人不死，大盜不止。雖重聖人而治天下，則是重利盜跖也。爲之（爲天下人製造）斗斛（hú，十斗爲一斛）以量之，則並與斗斛而竊之；爲之權衡以稱之，則並與權衡而竊之；爲之符璽以信之，則並與符璽而竊之；爲之仁義以矯之，則並與仁義而竊之。何以知其然邪？彼竊鉤（鉤：衣帶鉤）者誅，竊國者爲諸侯，諸侯之門而仁義存焉，則是非竊仁義聖知邪？故逐於大盜、揭諸侯（被舉爲諸侯）、竊仁義並斗斛權衡符璽之利者，雖有軒冕之賞弗能勸（勸：鼓勵），斧鉞（指刑罰）之威弗能禁。此重利盜跖而使不可禁者，是乃聖人之過也。

故曰："魚不可脱於淵，國之利器不可以示人。"彼聖人者，天下之利器也，非所以明天下也。故絶聖棄知，大盜乃止；擿（zhì，拋擲）玉毁珠，小盜不起；焚符破璽，而民樸鄙；掊（pǒu）斗折衡，而民不争；殫（dān，盡）殘天下之聖法，而民始可與論議。擢（zhuó，攪亂）亂六律（六律：樂律學名詞。古代以竹管長短分别音階，共十二個管，稱作"十二律"，即十二調，陰陽各六，奇數稱"六律"，偶數稱"六吕"），鑠（shuò，銷毁）絶竽瑟，塞瞽曠（瞽曠：春秋時晉平公的盲人樂師）之耳，而天下始人含其聰矣；滅文章，散五采，膠（粘住）離朱（即離婁，相傳爲黄帝時視力最好的人）之目，而天下始人含其明矣；毁絶鉤繩而棄規矩，攦（lì，折斷）工倕（chuí。工倕：相傳爲堯時的巧匠）之指，而天下始人有其巧矣。故曰"大巧若拙"。削曾（曾參）、史（史鰌，即子魚，春秋衛國的忠臣）之行，鉗楊（楊朱）、墨（墨翟）之口，攘棄仁義，而天下之德始玄同（玄同：混同）矣。彼人含其明，則天下不鑠（鑠：通“爍”）矣；人含其聰，則天下不累（累：受害）矣；人含其知，則天下不惑矣；人含其德，則天下不僻矣。彼曾、史、楊、墨、師曠、工倕、離朱，皆外立其德（外立其德：另外表現其德行）而以爚（yuè，炫耀）亂天下者也，法之所無用也。

莊子將死 《莊子》

【題解】文章反映了道家無己、達觀、順應自然的思想。本文選自《莊子·雜篇·列禦寇》，題目爲編者所加。

莊子將死，弟子欲厚葬之。莊子曰：“吾以天地爲棺槨，以日月爲連璧（連璧：相連的两塊璧），星辰爲珠璣，萬物爲齎（jī）送（齎送：殉葬品）。吾葬具豈不備邪？何以加此？”

弟子曰：“吾恐烏鳶（鳶：老鷹）之食夫子也。”莊子曰：“在上爲烏鳶食，在下爲螻蟻食，奪彼與此，何其偏也？”

以不平平（把偏見視爲公平。不平：偏見），其平也不平；以不徵徵（不徵：不應驗的事物），其徵也不徵（其所謂“應驗”也是不可信的）。明者唯爲之使（聰明者只會被外物所驅使），神者徵之（神明者能預見事情的發展。徵：徵兆，此處義爲預見）。夫明之不勝神也久矣，而愚者恃其所見入於人（入於人：拘泥於人事），其功外也（其所爲只是表面的功夫），不亦悲乎？

賤而不可不任者 《莊子》

【題解】文章以大量事實證明了所有事物都存在着两面性，人是不可改變的，據此而提出了順應自然、“不助”“不累”“不謀”的“無爲”思想。本文選自《莊子·外篇·在宥》，題目爲編者所加。

賤而不可不任（任：用）者，物也；卑而不可不因（因：依靠）者，民也；匿（微小）而不可不爲者，事也；粗（疏）而不可不陳（陳：實施）者，法也；遠（指看不見摸不着）而不可不居（居：恪守）者，義也；親而不可不廣（廣：擴大）者，仁也；節（節制，規矩）而不可不積（積：繁多）者，禮也；中（指中等品行）而不可不高（高：高尚）者，德也；一（渾然一體）而不可不易（易：變化）者，道也；神（感到神秘）而不可不爲（爲：指順應）者，天也。故聖人觀於天而不助（不助：指不助天，即無爲），成於德而不累（不累：不爲所累），出於道（順於道）而不謀（不自謀劃），會（合）於仁而不恃，薄（近）於義而不積（不刻意增加），應於禮而不諱（不諱：不避），接於事而不辭，齊於法而不亂，恃於民而不輕（不輕：不輕視），因於物而不去（不去：不離開物）。物者莫足爲（莫足爲：不可過度去做）也，而不可不爲。不明於天者，不純於德；不通於道者，無自而可（無從做起）；不明於道者，悲夫！

古漢語基礎知識之十二

語法（上）

第一節　古漢語語法研究概況

中國古代没有現代科學意義上的語法學。先秦關於語法的研究處於萌芽狀態，如《公羊傳》《穀梁傳》《墨子》等著作中對一些虛詞用法進行了零星的解釋。漢代經師和語文學家如毛亨、鄭玄、揚雄、趙岐、許慎等基於解經和學術的需要，對虛詞的研究有所深入。唐宋時期，虛詞研究得到了進一步發展，例如孔穎達首次對實詞和虛詞進行了劃分並且給虛詞下了定義。宋人周煇《清波雜志》、張炎《詞源》、項安世《項氏家説》、王觀國《學林》等著作均涉及對俗語和方言虛詞的解説。元明以降，虛詞研究呈現出系統化、規模化的趨勢，元人盧以緯撰成我國第一部虛詞專著《助語辭》，清代更是湧現出了許多語法名著，如劉淇《助字辨略》、王引之《經傳釋詞》、楊樹達《詞詮》等。

古代的語法研究起初是爲解讀經書服務，附屬於訓詁，隨文釋義，偏重於虚詞與句讀的解釋，觀點散見於訓詁學著作中。古漢語語法作爲一門學科的獨立研究開始於20世紀初期，標志性的著作是馬建忠的《馬氏文通》。該書是我國第一部系統研究古漢語語法的著作，它采用現代語法學理論和方法研究古漢語語法，確立了漢語的詞類體系，使古漢語語法研究學從傳統經學中獨立出來，標志着漢語語法學的正式開始。自1898年《馬氏文通》問世以來，古漢語語法研究的歷程大致經歷了開創期、發展繁榮期、拓展深入期三個階段。可以分爲構建系統、歷史語法描寫研究以及歷史語法描寫研究與關注理論、尋求解釋並重三個時期。

一、開創期（1898年—20世紀30年代）

這一時期以馬建忠《馬氏文通》爲標志，開啓了系統研究古漢語語法的先河。研究特點主要是模仿西方語法體系以構建古漢語語法框架，用西方的語法理論和概念術語解釋古漢語的語言現象，從而奠定了古漢語語法研究的基礎，使古漢語語法研究從傳統小學中獨立出來，成爲一門專門的學科。繼《馬氏文通》之後，這一時期問世的古漢語語法名著還有章士釗《中等國文典》（1907）、劉復《中國文法通論》（1920）《中國文法講話》（1932）、金兆梓《國文法之研究》（1922）、陳承澤《國文法草創》（1922）、黎錦熙《新著國語文法》（1924）、楊樹達《詞詮》（1928）、《高等國文法》（1930）、裴學海《古書虚字集釋》（1932）、楊伯峻《中國文法語文通解》（1936）、何容《中國文法論》（1942）等。其中《新著國語文法》是我國第一部白話語法著作。

二、發展繁榮期（20世紀30年代末—80年代）

從20世紀30年代後期開始，隨着西方語言學的引進，漢語語法研究拓展到漢語語法學史、語法理論、現代語法諸領域，呈現出日漸繁榮的局面。1936 年，王力發表《中國文法學初探》一文，這是第一篇研究漢語語法發展史的論文，標志着漢語歷史語法研究的開始。其後以古漢語語法爲研究對象的學者接踵相繼，取得了一系列重要成果，代表論著主要有吕叔湘《中國文法要略》（1942）、王力《中國現代語法》（1943—1944）、《中國語法理論》（1946—1947）、《漢語史稿》（1957—1958）、高名凱《漢語語法論》（1948）等。

1949 年以後，漢語語法研究的領域進一步擴大，包括語法史、語法理論、語法專題、語法個案、斷代語法等，同時涉及語法普及教育工作，湧現出了一大批有影響的研究論著，諸如管燮初《殷墟甲骨刻辭的語法研究》（1953）、吕叔湘《漢語語法論文集》（1955）、楊伯峻《文言語法》（1955）、陳夢家《殷虚卜辭綜述》（1956）、馬漢麟《古漢語語法提要》（1957）、洪誠《論南北朝以前漢語中的系詞》（1957）、〔日〕太田辰夫《中國語歷史文法》（1958）、劉景農《漢語文言語法》（1958）、黄景欣《秦漢以前古漢語中的否定副詞"弗""不"研究》（1958）、方光燾《關於古漢語被動句基本形式的幾個疑問》（1961）、王力等《古代漢語》（語法部分）（1962）、黄盛璋《古代漢語人稱代詞研究》（1963）、許世瑛《論語二十篇句法研究》（1973）、周法高《中國古代語法》（1961—1973）、何樂士《文言虚詞淺釋》（1979）、馬真《先秦複音詞初探》（1980）、郭錫良等《古代漢語》（語法部分）（1981）等。

三、拓展深入期（20 世紀 80 年代至今）

這一時期的研究人數衆多，研究内容廣泛，方法科學先進，新論迭出，異彩紛呈。在理論上追究新的發現，建立新説，在方法上盛行歷史語法描寫法、材料窮盡式統計和定量分析等，特別是計算機的使用，數據庫的建設等，極大地提升了研究的效率和質量，使各項研究更加深入細致，而且研究範圍進一步拓展到南北朝漢語語法、近代漢語語法、西周金文語法、敦煌變文語法以及專書語法等領域。這一時期的研究成果層出不窮，種類繁多。其中有關漢語語法史和概論的著作有潘允中《漢語語法史概要》（1982）、孫玄常《漢語語法學簡史》（1983）、史存直《漢語語法史綱要》（1986）、王力《漢語語法史》（1989）、孫錫信《漢語歷史語法研究要略》（1992）、楊伯峻和何樂士《古漢語語法及其發展》（1992）、孫良明《古代漢語語法變化研究》（1994）、李佐豐《古代漢語語法學》（2004）、向熹《簡明漢語史》（2010）等。有關斷代語法與語法專題的著作主要有管燮初《西周金文語法研究》（1981）、洪成玉《古漢語複音虛詞和固定結構》（1983）、趙克誠《近代漢語語法》（1987）、王海棻《古漢語疑問詞語》（1987）、朱歧祥《殷墟卜辭句法論稿》（1990）、劉堅《近代漢語虛詞研究》（1992）、柳士鎮《魏晉南北朝歷史語法》（1992）、沈培《殷墟甲骨卜辭語序研究》（1992）、蔣紹愚《近代漢語研究概況》（1994）、曹廣順《近代漢語助詞》（1995）、吴福祥《敦煌變文語法研究》（1996）、馮春田《近代漢語語法問題研究》（2000）等。有關專書語法的著作主要有向熹《詩經語言研究》（1987）、管燮初《左傳句法研究》（1994）、盧烈紅《〈古尊宿語要〉代詞助詞研究》（1998）、何樂士《左傳虛詞研究》（2004）、廖序東《楚辭語法研究》（2006）、殷國光《〈吕氏春秋〉詞類研究》（2008）等。有關語法的論文主要有郭錫良《先秦語氣詞新探》（1980）、梅祖麟《現代漢語完成貌句式和詞尾的來源》（1981）、朱德熙《自指和轉指——漢語名詞化標記“的、者、所、之”的語法功能和語義功能》（1983）、張萬起《連詞“所以”產生的時代》（1984）、唐鈺明《論先秦漢語被動式的發展》（1985）、郭錫良

《一九九一年古漢語語法研究簡述》(1992)、江藍生《一九九一年近代漢語研究回顧》(1992)、王洪君《漢語表自指的名詞化標記"之"的消失》(1994)、孫良明《從〈古漢語研究〉評述十年來的古漢語語法研究》(1995)、郭錫良《介詞"于"的起源和發展》(1997)《介詞"以"的起源和發展》(1998)、林玉山《近二十年中國語法學研究概述》(1998)、宋紹年和郭錫良《二十世紀的古漢語語法研究》(2000)、王雲路和楚艷芳《中古漢語語法研究綜述》(2007)等。

第二節 代詞

具有代替或指示作用的詞叫作"代詞"。代詞可以代替名詞、動詞、形容詞、副詞以及詞組、句子等。與現代漢語一樣，古代漢語代詞主要分爲三類：人稱代詞、指示代詞和疑問代詞。與現代漢語不同的是，古代漢語中還有些比較特殊的代詞，如虛指代詞、特指代詞、無指代詞等。

一、人稱代詞

用來代替人或事物名稱的代詞叫作"人稱代詞"。人稱代詞主要包括第一人稱、第二人稱和第三人稱。

(一)第一人稱代詞

第一人稱代詞有"我、吾、予、余、台(yí)、卬(áng)、朕"等。

1. 我、吾、予、余

在上古漢語中，"我、予、余"可以用作主語、賓語和定語，其中"我"一直沿用到今天，"予"多用於《尚書》《詩經》《論語》《孟子》，“余”多用於《左傳》《國語》等書。“吾”一般用作主語和定語，魏晉以前做賓語的情況較少，只是在否定句中可以作前置賓語。例如：

① 子曰：“賜也，爾愛其羊，我愛其禮。”（《論語·八佾》）

② 遵彼汝墳，伐其條肄。既見君子，不我遐棄。（《詩經·周南·汝墳》）

③ 韓氏罷於兵，倉廩空，無以守城，吾收之以饑，不過一月必拔之。（《戰國策·西周》）

④ 子曰：“以吾一日長乎爾，毋吾以也。居則曰：‘不吾知也！’如或知爾，則何以哉？”（《論語·先進》）

⑤ 莊子曰：“夫子命從帥。欒伯，吾帥也，吾將從之。”（《左傳·襄公十四年》）

⑥ 予懋乃德，嘉乃丕績。（《尚書·虞書·大禹謨》）

⑦ 今女下民，或敢侮予。（《詩經·豳風·鴟鴞》）

⑧ 曾子有疾，召門弟子曰：“啓予足！啓予手！”（《論語·泰伯》）

⑨ 叔父其懋昭明德，物將自至，余何敢以私勞變前之大章，以忝天下，其若先王與百姓何？（《國語·周語中》）

⑩ 宗不余辟，余獨焉辟之？（《左傳·襄公二十八年》）

魏晉以後，“吾”可以在肯定句中做賓語。例如：

① 公等奉太子如事吾，柔遠能邇，緝和內外。（《南齊書·高帝紀下》）

② 卿昔稱吾於義興，吾常謂之見知。（《宋書·王微傳》）

2. 台、卬

“台”主要用於《尚書》，“卬”主要用於《詩經》，先秦其他典籍及以後的典籍中均很少見到。例如：

① 格爾衆庶，悉聽朕言。非台小子，敢行稱亂！（《尚

書·商書·湯誓》）

② 以台正於四方，台恐德弗類，茲故弗言。（《尚書·商書·説命上》）

③ 卬盛于豆，于豆于登。其香始升，上帝居歆。（《詩經·大雅·生民》）

④ 招招舟子，人涉卬否。人涉卬否，卬須我友。（《詩經·邶風·匏有苦葉》）

3. 朕

“朕”在先秦是天子和臣民都可以使用的第一人稱代詞。例如：

① 雲將曰：“朕也自以爲倡狂，而民隨予所往；朕也不得已於民，今則民之放也。願聞一言。”（《莊子·在宥》）

② 曾歔欷余鬱邑兮，哀朕時之不當。攬茹蕙以掩涕兮，霑余襟之浪浪。（《楚辭·離騷》）

③ 啓乃心，沃朕心，若藥弗瞑眩，厥疾弗瘳。（《尚書·商書·説命上》）

秦始皇統一天下後，規定只有皇帝的自稱纔能用“朕”，從此，“朕”成了帝王的專稱。例如：

① 堯曰：“朕在位七十載，汝能庸命，踐朕位？”（《史記·五帝本紀》）

② 詔曰：“方大臣誅諸呂迎朕，朕狐疑，皆止朕，唯中尉宋昌勸朕，朕已得保宗廟。”（《漢書·文帝紀》）

（二）第二人稱代詞

第二人稱代詞有“女（汝）、爾、若、而、乃”等，可以分爲兩類。

1. 女（汝）、爾、若

“女（汝）、爾、若”都可以做主語、賓語和定語。可稱呼下級、晚輩或平輩，不能稱呼上級或長輩。其中“若”在先秦不常用，僅見於《莊子》，其後《史記》中用得多一些。例如：

① 君命一宿，女即至。（《左傳·僖公二十四年》）

② 子曰："由，誨女知之乎？知之爲知之，不知爲不知，是知也。"（《論語·爲政》）

③ 時日曷喪，予及汝皆亡。（《尚書·商書·湯誓》）

④ 曾子曰："元，志之，吾語汝。"（《荀子·法行》）

⑤ 吾將殘汝社稷，滅汝宗廟。（《國語·越語上》）

⑥（宋）宣公死，繆公立，繆公逐其二子莊公馮與左師勃，曰："爾爲吾子，生毋相見，死毋相哭。"（《公羊傳·隱公三年》）

⑦（孟子）故曰："爾爲爾，我爲我；雖袒裼裸裎於我側，爾焉能浼我哉？"（《孟子·公孫丑上》）

⑧ 既使我與若辯矣，若勝我，我不若勝，若果是也，我果非也邪？我勝若，若不吾勝，我果是也，而果非也邪？（《莊子·齊物論》）

⑨ 子華曰："若能入火取錦者，從所得多少賞若。"（《列子·黄帝》）

⑩ 周苛罵曰："若不趣降漢，漢今虜若，若非漢敵也。"（《史記·項羽本紀》）

2. 而、乃

"而、乃"可以做主語和定語，不做賓語。"乃"含有尊敬義，多指稱上級或長輩。"而"基本上爲中性詞，也可用於上級或長輩。例如：

① 夫差！而忘越王之殺而父乎？（《左傳·定公十四年》）

② 滔滔者天下皆是也，而誰以易之？且而與其從辟人之士也，豈若從辟世之士哉？（《論語·微子》）

③ 今而言維格，余非廢善以自塞，維明戒是祗。（《逸周

書・大開武》)

④(齊)威王勃然怒曰:"叱嗟,而母婢也。"(《戰國策・趙策三》)

⑤ 乃一德一心,立定厥功,惟克永世。(《尚書・周書・泰誓》)

⑥ 王曰:"舅氏!余嘉乃勳!應乃懿德,謂督不忘。往踐乃職,無逆朕命!"(《左傳・僖公十二年》)

(三)第三人稱代詞

上古漢語没有真正的第三人稱代詞,當需要指稱第三方時,常常借用"之、其、厥、彼"等指示代詞表示。其中"之"一般做賓語,也可做定語和兼語;"其、厥"一般做定語,"其"又可做主語和兼語;"彼"可做主語、賓語和定語。例如:

① 戒之用休,董之用威,勸之以九歌,俾勿壞。(《尚書・虞書・大禹謨》)

② 使者歸報項王,項王乃疑范增與漢有私,稍奪之權。(《史記・項羽本紀》)

③ 聞之死,請往。(《禮記・檀弓下》)

④ 其爲政也,善因禍而爲福,轉敗而爲功。(《史記・管晏列傳》)

⑤ 工欲善其事,必先利其器。(《論語・衛靈公》)

⑥ 漢使兵距之鞏,令其不得西。(《史記・項羽本紀》)

⑦ 惟乃祖乃父,世篤忠貞,服勞王家,厥有成績,紀于太常。(《尚書・周書・君牙》)

⑧ 昭事上帝,聿懷多福。厥德不回,以受方國。(《詩經・大雅・大明》)

⑨ 斥鴳笑之曰:"彼且奚適也?我騰躍而上,不過數仞而下,翱翔蓬蒿之間,此亦飛之至也。而彼且奚適也?"此小大之辯也。(《莊子・逍遥遊》)

⑩ 曾子曰："爾之愛我也不如彼。君子之愛人也以德，細人之愛人也以姑息。吾何求哉？吾得正而斃焉，斯已矣。"(《禮記·檀弓上》)

⑪ 趙盾曰："彼宗競于楚，殆將斃矣。"(《左傳·宣公二年》)

"之、其"有時候還可以活用作第一人稱代詞或第二人稱代詞。例如：

① 士季曰："諫而不入，則莫之繼也。會請先，不入，則子繼之。"(《左傳·宣公二年》)

② 西門豹曰："至爲河伯娶婦時，願三老、巫祝、父老送女河上，幸來告語之，吾亦往送女。"(《史記·滑稽列傳》)

③ 備遣人慰勞之。瑜曰："有軍任，不可得委署，倘能屈威，誠副其所望。"(《三國志·蜀書·先主傳》裴松之注)

④ 此子材，吾受其賜；不材，吾怨子。(《史記·晉世家》)

例①中的"之"活用依次指第二(趙盾)、第一人稱(士季)，②中的"之"活用指第一人稱(西門豹)，③中的"其"活用指第一人稱(周瑜)，④中的"其"活用指第二人稱(趙盾)。

第三人稱如果不借用指示代詞，則主語常常會承前省略，或重復前面出現過的名稱。例如：

① 士會在秦三年，不見士伯。其人曰："能亡人於國，不能見於此，焉用之？"士季曰："吾與之同罪，非義之也，將何見焉？"及歸，遂不見(士伯)。(《左傳·文公七年》)

② 戰于郎，公叔禺人遇負杖入保者息，(公叔禺人)曰："使之雖病也，任之雖重也，君子不能爲謀也，士弗能死也，不可！我則既言矣。"(公叔禺人)與其鄰里汪踦往，皆死焉。(《禮記·檀弓下》)

③ 鄭昭公之敗北戎也，齊人將妻之，昭公辭。(《左

傳・桓公十一年》)

④ 賈季怨陽子之易其班也，而知其無援於晉也。九月，賈季使續鞫居殺陽處父。(《左傳・文公六年》)

東漢以後，出現了第三人稱代詞“伊、渠、他”等，可做主語、賓語、定語和兼語。從唐代開始，“他”廣泛應用於接近口語的詩詞、古白話一類的文學作品中，文言文中不多見。例如：

① 吾見張時，伊已六十。(《南史・陳慶之傳》)

② 過得兩年，院主見他孝順，教伊念《心經》。(《祖堂集》)

③ 女婿昨來，必是渠所竊。(《三國志・吴志・趙達傳》)

④ 僧後問石霜：“撥塵見佛時如何？”霜曰：“渠無國土，甚處逢渠？”(《五燈會元》)

⑤ 成吉思汗看王汗立處無人，説道：“他將我做燒飯般撇了。”(《元朝秘史》)

⑥ 此人狂暴，蹋殺我公。王問言曰：“汝以何故，枉殺他父？”(《賢愚經》)

(四) 人稱代詞的複數表示法

人稱代詞的複數表示法主要有兩種：一種是人稱代詞單複數同形（古代聲調可能不同），根據上下文確定其代表單數還是複數。例如：

① 鳥獸不可與同群，吾非斯人之徒與而誰與？(《論語・微子》)

② 晉欲求成於秦，趙穿曰：“我侵崇，秦急崇，必救之。吾以求成焉。”冬，趙穿侵崇，秦弗與成。(《左傳・宣公元年》)

③ 公曰：“爾有母遺，緊我獨無！”(《左傳・隱公元年》)

④ 我無爾詐，爾無我虞。(《左傳・宣公十五年》)

另一種是第一、第二人稱代詞後面可以加“儕、屬、曹、輩、等”等詞表示。其中加“儕”在先秦即已出現，加“屬、曹、輩、等”是在漢代以後纔出現。例如：

①（薳罢）對曰：“吾儕小人，食而聽事，猶懼不給命而不免於戾，焉與知政？”（《左傳·襄公三十年》）

②若入前爲壽，壽畢，請以劍舞，因擊沛公於坐，殺之。不者，若屬皆且爲所虜。（《史記·項羽本紀》）

③（沮）儁罵之曰：“汝等凶逆，逼迫天子，亂臣賊子，未有如汝者！”《後漢書·董卓列傳》

④（趙憙）顧謂仇曰：“爾曹若健，遠相避也。”（《後漢書·趙憙傳》）

⑤（王）衍曰：“聖人忘情，最下不及於情。然則情之所鍾，正在我輩。”（《晉書·王戎傳》）

“吾儕、若屬、汝等、爾曹、我輩”都是詞組，意義相當於“我們這些人”或“你們這些人”，其中“儕、屬、等、曹、輩”與人稱代詞結合比較鬆散，去掉這些詞對表義没有多大影響，這和現代漢語中“我們、你們”中的後綴“們”是不同的。“們”産生於10世紀到11世紀之間，例如唐人劉知幾《史通·雜説中》：“渠們、底箇，江左彼此之辭。”到了元曲裏，它被寫成“每”。例如：

①你每説到幾時？早不是臘月裏，不凍下我孤拐來。（《元曲選·范張鷄黍》）

②比及姐夫想他每兄弟呵，可著他回去了罷。（《元曲選·两軍師隔江鬬智》）

除了以上两種方法，第二人稱複數還常常用“二三子”“諸君”這類詞語代替，帶有敬意，大致相當於現代漢語的“諸位、各位”。例如：

①勾踐辭曰：“昔者之戰也，非二三子之罪也，寡人之罪也。”（《國語·越語上》）

②敢煩大夫謂二三子，戒爾車乘，敬爾君事，詰朝將

見。(《左傳·僖公二十八年》)

③ 今日固決死，願爲諸君快戰，必三勝之。(《史記·項羽本紀》)

下面附帶談談古代漢語中的謙稱和敬稱。

謙稱和敬稱是表示自謙或尊稱他人的詞語，多屬名詞、形容詞或詞組，有指代作用，而不是代詞。由於不是代詞，故不受代詞規律的限制。常見的謙稱詞語有“妾、僕、愚、孤、婢子、老婦、小人、寡人、不穀、牛馬走”等。例如：

① 夫人聞之，乃衰絰跣，曰：“妾兄弟不能相救，以辱君命。”(《史記·秦本紀》)

② 趙良曰：“僕聞之曰：‘非其位而居之曰貪位，非其名而有之曰貪名。’”(《史記·商君列傳》)

③(卜)式曰：“天子誅匈奴，愚以爲賢者宜死節於邊，有財者宜輸委，如此而匈奴可滅也。”(《史記·平準書》)

④ 今孤自省無桓公之德，而諸君諫諍未出於口，仍執嫌難。以此言之，孤於齊桓良優，未知諸君於管子何如耳？(《三國志·吴書·吴主傳》)

⑤ 若晉君朝以入，則婢子夕以死；夕以入，則朝以死。唯君裁之。(《左傳·僖公十五年》)

⑥ 太后明謂左右：“有復言令長安君爲質者，老婦必唾其面。”(《戰國策·趙策四》)

⑦(潁考叔)對曰：“小人有母，皆嘗小人之食矣。”(《左傳·隱公元年》)

⑧ 齊人伐燕，勝之。宣王問曰：“或謂寡人勿取，或謂寡人取之。”(《孟子·梁惠王下》)

⑨ 公子若反晉國，則何以報不穀？(《左傳·僖公二十三年》)

⑩ 太史公牛馬走司馬遷再拜言。(司馬遷《報任安書》)

此外，謙稱也用自稱其名表示。例如：

①臣密言："臣以險釁，夙遭閔凶。"（李密《陳情表》）

②臣亮言："先帝創業未半，而中道崩殂。"（諸葛亮《前出師表》）

常用的尊稱詞語有"大王、陛下、執事、先生、足下、君、子、公"等。例如：

①大王知其所以然乎？夫燕之所以不犯寇被甲兵者，以趙之爲蔽其南也。（《史記·蘇秦列傳》）

②今陛下興義兵，誅殘賊，平定天下，海内爲郡縣，法令由一統，自上古以來未嘗有，五帝所不及。（《史記·秦始皇本紀》）

③寡君聞君親舉玉趾，將辱於敝邑，使下臣犒執事。（《左傳·僖公二十六年》）

④秦王屏左右，宫中虚無人。秦王跪而請曰："先生何以幸教寡人？"（《戰國策·秦策三》）

⑤閻樂前即二世數曰："足下驕恣，誅殺無道，天下共畔足下，足下其自爲計。"（《史記·秦始皇本紀》）

⑥（潁考叔）對曰："君何患焉？若闕地及泉，隧而相見，其誰曰不然？"（《左傳·隱公元年》）

⑦冉求曰："非不説子之道，力不足也。"（《論語·雍也》）

⑧（宋義）曰："臣論武信君軍必敗。公徐行即免死，疾行則及禍。"（《史記·項羽本紀》）

此外，尊稱也可用稱字或官位的方法表示。

二、指示代詞

用來指示人或事物的代詞叫作"指示代詞"。指示代詞大致可以分爲近指、遠指、虚指、特指、無指、旁指六類。

（一）近指代詞

古漢語中的近指代詞有“是、此、斯、茲、之、時”等，義同“這”。其中“之、茲”在商代卜辭中已經出現，“是、斯”見於西周金文，“此、時”出現時間稍晚。例如：

①吾不能早用子，今急而求子，是寡人之過也。（《左傳·僖公三十年》）

②伯牛有疾，子問之，自牖執其手，曰：“亡之，命矣夫！斯人也而有斯疾也！斯人也而有斯疾也！”（《論語·雍也》）

③文王既没，文不在茲乎？（《論語·子罕》）

④之子于歸，遠送于野。（《詩經·邶風·燕燕》）

⑤滿招損，謙受益，時乃天道。（《尚書·虞書·大禹謨》）

⑥京師之野，于時處處，于時廬旅，于時言言，于時語語。（《詩經·大雅·公劉》）

（二）遠指代詞

古漢語中的遠指代詞有“彼、匪、其、夫”等，義同“那”。“彼”不見於甲骨文和西周金文，《詩經》應用較多。“匪”僅見於《詩經》。例如：

①是亦彼也，彼亦是也。彼亦一是非，此亦一是非。（《莊子·齊物論》）

②匪鶉匪鳶，翰飛戾天。（《詩經·小雅·四月》）

③其巫，老女子也，已年七十。（《史記·滑稽列傳》）

④此一是非，隅曲也；夫一是非，宇宙也。（《淮南子·齊俗訓》）

⑤子犯請擊之，公曰：“不可。微夫人之力不及此。”（《左傳·僖公三十年》）

（三）虛指代詞

虛指代詞所指内容較虛泛，在句中主要起强調動作和增加音節的作用，常見的只有有一個“之”字。例如：

① 公將鼓之。(《左傳·莊公十年》)

② 嗟嘆之不足，故不知手之舞之，足之蹈之也。(《禮記·樂記》)

③ 博學之，審問之，慎思之，明辨之，篤行之。(《禮記·中庸》)

（四）特指代詞

特指代詞所指内容是特定的人或事物，常見的只有一個“其”字，做定語。例如：

① 稱匪其人，惟爾不任。(《尚書·周書·周官》)

② 僕誠以著此書，藏之名山，傳之其人。(司馬遷《報任安書》)

③ 至其時，西門豹往會之河上。(《史記·滑稽列傳》)

（五）無指代詞

無指代詞或稱無定指代詞，所指的人或事物不够具體確定，主要有“或、某、莫、無、毋、靡”等。

1. 或、某

這兩個詞都是肯定性的無指代詞，“或”用來指代人或事物中的一部分，可譯爲“有人、有的、有時”等。“某”指代説話者不能、不便或不必説出的人或事物。例如：

① 齊人或爲孟氏謀。(《左傳·文公十五年》)

② 夫物之不齊，物之情也。或相倍蓰，或相什伯，或相千萬。(《孟子·滕文公上》)

③ 子告之曰：“某在斯，某在斯。”(《論語·衛靈公》)

④(張儀)乃出見使者，曰：“從某至某廣從六里。”使者曰：“臣聞六百里，不聞六里。”(《戰國策·秦策二》)

2. 莫、無、毋、靡

這四個詞都是否定性的無指代詞，現代漢語没有與之相當的代詞，可譯爲“没有誰、没有人”或“没有什麽”等。其中“莫”的使用頻率高，“無、毋、靡”的使用頻率低，“莫”字前面可以出現它所指代的名詞，也可以不出現。例如：

① 夫唯不争，故天下莫能與之争。（《老子·二十二章》）

② 過而能改，善莫大焉。（《左傳·宣公二年》）

③ 察鄰國之政，無如寡人之用心者。（《孟子·梁惠王上》）

④ 盡十二月，郡中毋聲，毋敢夜行，野無犬吠之盜。（《史記·酷吏列傳》）

⑤ 靡不有初，鮮克有終。（《詩經·大雅·蕩》）

“莫、無、毋、靡”同時又是否定副詞，相當於“不”或“勿”，且自漢代以後，作爲副詞的用法增多，逐漸成爲主要用法（參見“否定副詞”一節）。例如：

① 三歲貫女，莫我肯顧。（《詩經·魏風·碩鼠》）

② 方今之務，莫若使民務農而已矣。（晁錯《論貴粟疏》）

③ 無偏無黨，王道蕩蕩。無黨無偏，王道平平。（《尚書·周書·洪範》）

④ 毋教猱升木，如塗塗附。（《詩經·小雅·角弓》）

⑤ 太史公曰：秦以前尚略矣，其詳靡得而記焉。（《史記·外戚世家》）

（六）旁指代詞

旁指代詞所指内容是某種範圍以外的人或事物，主要有“他、它、佗”三個，可譯爲“别的、其他的”。例如：

① 子不我思，豈無他士？（《詩經·鄭風·褰裳》）

② 髧彼兩髦，實維我儀。之死矢靡它。母也天只，不諒人只！（《詩經·鄘風·柏舟》）

③ 公曰："制，巖邑也，虢叔死焉。佗邑唯命。"(《左傳·隱公元年》)

三、疑問代詞

指代所要詢問的人或事物的詞叫作"疑問代詞"。疑問代詞大致可以分爲三類：1. 誰、孰；2. 何、曷、胡、奚；3. 安、惡、焉。這三類在用法上也有交叉之處。

1. 誰、孰

這兩個詞主要問人，均可做主語、賓語和定語。不同之處是，"誰"可做謂語而"孰"不能，"孰"可做狀語而"誰"不能。例如：

① 誰生厲階，至今爲梗？(《詩經·大雅·桑柔》)

② 臣實不才，又誰敢怨？(《左傳·成公三年》)

③ 驂馬，誰馬也？(《戰國策·宋衛策》)

④ 子入太廟，每事問。或曰："孰謂鄹人之子知禮乎？入太廟，每事問。"(《論語·八佾》)

⑤ 聖王有百，吾孰法焉？(《荀子·非相》)

⑥ 臣敢不事君乎？孰王而可畔也？(《吕氏春秋·行論》)

⑦ 襄公傷於泓，君子孰稱？(《史記·太史公自序》)

例⑦中的"孰"做狀語，問原因，"孰稱"的意思是"爲什麽還會稱頌他"。

2. 何、曷、胡、奚

這幾個詞主要問事物，包括事物的性質、時間、原因、方式、處所等，可譯作"那個、哪裏、什麽、爲什麽"等。其中"何"最常見，意義和語法功能豐富，可以做主語、謂語、賓語、定語和狀語等。"曷、胡、奚"的使用範圍不及"何"，一般只做賓語和狀語，少數情況下做定語，"曷"可做主語。例如：

① 公曰："何貴何賤？"（《左傳·昭公三年》）

② 九月癸酉，地震。地震者何？動地也。（《公羊傳·文公九年》）

③ 無父何怙？無母何恃？（《詩經·小雅·蓼莪》）

④ 誰謂雀無角，何以穿我屋？（《詩經·召南·行露》）

⑤ 以此攻城，何城不克？（《左傳·僖公四年》）

⑥ 賜也何敢望回？回也聞一以知十，賜也聞一以知二。（《論語·公冶長》）

⑦ 曷謂中？曰：禮儀是也。（《荀子·儒效》）

⑧ 雖聞曷聞？雖見曷見？雖知曷知？（《吕氏春秋·任數》）

⑨ 汝曷弗告朕，而胥動以浮言，恐沈于衆？（《尚書·商書·盤庚上》）

⑩ 懷哉懷哉，曷月予還歸哉？（《詩經·王風·揚之水》）

⑪ 嗚呼！弗慮胡獲？弗爲胡成？（《尚書·商書·太甲下》）

⑫ 是皆率民而出於孝情者也，胡爲至今不朝也？（《戰國策·齊策四》）

⑬ 其得意若此，則胡禁不止？曷令不行？（《漢書·王褒傳》）

⑭ 此亦飛之至也。而彼且奚適也？（《莊子·逍遥遊》）

⑮ 君奚爲不見孟軻也？（《孟子·梁惠王下》）

⑯ 或謂孔子曰："子奚不爲政？"（《論語·爲政》）

⑰ 奚物而謂石？奚物而謂火？（《列子·黄帝》）

3. 安、惡、焉

這幾個詞主要詢問處所，或兼表反詰語氣，在句中做賓語或狀語，譯爲"哪裏、怎麽"等。例如：

① 行賢而去自賢之行，安往而不愛哉？（《莊子·山木》）

② 翟上無君上之事，下無耕農之難，吾安敢廢此？（《墨

子·貴義》)

③ 君子去仁,惡乎成名?(《論語·里仁》)

④ 今也滕有倉廩府庫,則是厲民而以自養也,惡得賢?(《孟子·滕文公上》)

⑤ 天下之父歸之,其子焉往?(《孟子·離婁上》)

⑥ 子曰:“衆惡之,必察焉;衆好之,必察焉。”(《論語·衛靈公》)

⑦ 姜氏欲之,焉辟害?(《左傳·隱公元年》)

第三節 副詞

副詞是表示程度、範圍、時間、語氣等概念的詞類,在句中做狀語或補語。古代漢語中的副詞比較豐富,一般分爲程度、範圍、時間、否定、語氣、情態、謙敬以及指代性副詞八類,其中“謙敬副詞”和“指代性副詞”現代漢語中很少使用。

一、程度副詞

程度副詞表示行爲變化以及性質、狀態的程度。一般分爲程度高、程度低、逐漸變化與表示比較四類。

(一)表示程度高

主要有“最、極、絶、至、尤、良、甚、孔、殊、頗”等,可譯爲“很”或“非常”。例如:

① 故農之用力最苦,而贏利少,不如商賈技巧之人。(《商君書·外内》)

② 洪泉極深,何以填之?(《楚辭·天問》)

③ 平王遂自娶秦女而絶愛幸之。(《史記·伍子胥列傳》)

④ 彭祖，至壽也。(《吕氏春秋・爲欲》)

⑤ 民爲姦，京師尤甚。(《史記・酷吏列傳》)

⑥ 始皇默然良久，曰："山鬼固不過知一歲事也。"(《史記・秦始皇本紀》)

⑦ 臣負羈紲從君巡於天下，臣之罪甚多矣。(《左傳・僖公二十四年》)

⑧ 玁狁孔熾，我是用急。(《詩經・小雅・六月》)

⑨ 老臣今者殊不欲食，乃自强步。(《戰國策・趙策四》)

⑩ 及誅諸吕，立孝文帝，陸生頗有力焉。(《史記・酈生陸賈列傳》)

（二）表示程度低

主要有"小、少、略、微、差、頗"幾個，可譯爲"稍微、略微"等。其中"少"與現代漢語"少"的含義、詞性均不同。例如：

① 民亦勞止，汔可小安。(《詩經・大雅・民勞》)

② 輔之以晉，可以少安。(《左傳・僖公五年》)

③ 於是項梁乃教籍兵法，籍大喜，略知其意，又不肯竟學。(《史記・項羽本紀》)

④ 莽色厲而言方，欲有所爲，微見風采，黨與承其指意而顯奏之。(《漢書・王莽傳上》)

⑤ 差有田地，耕田猶不足食。(《三國志・魏書・東夷傳》)

⑥ 臣願頗采古禮，與秦儀雜就之。(《史記・劉敬叔孫通列傳》)

（三）表示逐漸變化

主要有"稍、稍稍"兩個，可譯爲"逐漸"。例如：

① 項王乃疑范增與漢有私，稍奪之權。(《史記・項羽本紀》)

② 居七日，胡騎稍稍引去。(《漢書·韓王信傳》)

(四) 表示比較

主要有“尤、益、彌、愈、滋”等，表示程度比原來加深，可譯爲“更加”。例如：

① 慶忌居處恭儉，食飲被服尤節約，然性好輿馬。(《漢書·趙充國辛慶忌傳》)

② 如水益深，如火益熱。(《孟子·梁惠王下》)

③ 仰之彌高，鑽之彌堅。(《論語·子罕》)

④ 聖人不積，既以爲人己愈有，既以與人己愈多。(《老子·八十一章》)

⑤ 不戰而反，我罪滋厚。(《國語·晉語一》)

二、範圍副詞

範圍副詞表示行爲或性質、狀態的範圍，可以分爲表示總括、限制、共同、相互和遞相、單説和分表五類。

(一) 表示總括

主要有“凡、皆、咸、均、悉、舉、率、畢、俱(具)、遍、盡、備、共、一”等，表示範圍最大，無例外，可譯爲“全部、都”。例如：

① 凡用兵攻戰之本，在乎壹民。(《荀子·議兵》)

② 丘之所言，皆吾之所棄也。(《莊子·盗跖》)

③ 雷風相與，巽而動，剛柔皆應，恒。(《周易·下經·恒卦》)

④ 精神越渫，百病咸生。(枚乘《七發》)

⑤ 使吏召諸民當償者，悉來合券。(《戰國策·齊策四》)

⑥ 舉軍而争利，則不及。(《孫子兵法·軍争》

⑦ 故其著書十餘萬言，大抵率寓言也。(《史記·老子韓非列傳》)

⑧ 天子七月而葬，同軌畢至。(《左傳·隱公元年》)

⑨ 父母俱存，兄弟無故，一樂也。(《孟子·盡心上》)

⑩ 天下之亂物，具此而已矣。(《墨子·兼愛》)

⑪ 堯舜之仁不徧愛人，急親賢也。(《孟子·盡心上》)

⑫ 我王來，既爰宅于兹，重我民，無盡劉。(《尚書·商書·盤庚上》)

⑬ 險阻艱難，備嘗之矣。(《左傳·僖公二十八年》)

⑭ 天下共立義帝，北面事之。(《史記·高祖本紀》)

⑮ 王事敦我，政事一埤遺我。(《詩經·邶風·北門》)

(二) 表示限制

主要有“第、唯(維、惟)、僅、直、止、徒、但、特、獨”等，表示行爲動作限定在某一個範圍，可譯爲“儘管、只有、僅僅、獨、只是”等。例如：

① 君第重射，臣能令君勝。(《史記·孫子吴起列傳》)

② 惟明主愛權重信，而不以私害法。(《商君書·修權》)

③ 狡兔有三窟，僅得免其死耳。(《戰國策·齊策四》)

④ 直不百步耳，是亦走也。(《孟子·梁惠王上》)

⑤ 仁義，先王之蘧廬也，止可以一宿而不可久處。(《莊子·天運》)

⑥ 臣所以去親戚而事君者，徒慕君之高義也。(《史記·廉頗藺相如列傳》)

⑦ 天子所以貴者，但以聞聲，羣臣莫得見其面，故號曰“朕”。(《史記·李斯列傳》)

⑧ 人之所以爲人者，非特以二足而無毛也，以其有辨也。(《荀子·非相》)

⑨ 其人與骨皆已朽矣，獨其言在耳！(《史記·老子韓非列傳》)

值得注意的是，“僅”在唐代的詩文中用於數詞前時有“將近、幾乎、差不多”的意思，往程度高的方面説，宋時這種用法很少見，只用於接近口語的語録體中。例如：

①自足下謫江陵，至於今，凡枉贈答詩僅百篇。（白居易《與元九書》）

②江國踰千里，山城僅百層。（杜甫《泊岳陽城下》）

③初守睢陽時，士卒僅萬人，城中居人户亦且數萬，巡因一見問姓名，其後無不識者。（韓愈《張中丞傳後叙》）

④禹錫白：零陵守以函置足下書爰來，屑末三幅，小章書僅千言，申申亹亹，茂勉甚悉。（劉禹錫《答柳子厚書》）

⑤（志道禪師）初參六祖曰：“學人自出家覽《涅槃經》僅十餘載，未明大意，願和尚垂誨。”（《景德傳燈録·廣州志道禪師》）

（三）表示共同

主要有“偕、俱（具）、共、並、相、相與”等，表示共同施行某一行爲，可譯爲“共同、一起”等。例如：

①執子之手，與子偕老。（《詩經·邶風·擊鼓》）

②（項伯）欲呼張良與俱去，曰：“無從俱死也。”（《史記·項羽本紀》）

③靈公問其笑故，具告靈公。（《史記·鄭世家》）

④少事長，賤事貴，共帥時。（《禮記·内則》）

⑤山東豪俊遂並起而亡秦族矣。（賈誼《過秦論》）

⑥與其妾訕其良人，而相泣於中庭。（《孟子·離婁下》）

⑦聲子將如晉，遇之於鄭郊，班荆相與食，而言復故。（《左傳·襄公二十六年》）

（四）表示相互和遞相

主要有“相、相與、交相、更相”等，表示彼此交互或遞相施行某一行爲，可譯爲“互相、相繼”等。例如：

① 鄰國相望，雞犬之聲相聞，民至老死不相往來。（《老子·八十章》）

② 鄭人有相與爭年者。一人曰：“吾與堯同年。”其一人曰：“我與黄帝之兄同年。”（《韓非子·外儲説左上》）

③ 不令兄弟，交相爲瘉。（《詩經·小雅·角弓》）

④ 廷尉李斯議曰：“周文武所封子弟同姓甚衆，然後屬疏遠，相攻擊如仇讎，諸侯更相誅伐，周天子弗能禁止。”（《史記·秦始皇本紀》）

⑤ 天下者，高祖天下，父子相傳，此漢之約也。（《史記·魏其武安侯列傳》）

“相”在例①—③中表示互相行爲，在例④—⑤中表示遞相行爲。

（五）表示單説和分表

常見的有“每、各”兩個詞。“每”表示反復動作中的一次，“各”表示群體中每個人的行爲，具有指代作用。可譯爲“每次、各個、各自”等。例如：

① 齊侯免，求丑父，三入三出。每出，齊師以帥退。（《左傳·成公二年》）

② 每漢兵入匈奴，匈奴輒報償。（《漢書·匈奴傳上》）

③ 顔淵、季路侍。子曰：“盍各言爾志。”（《論語·公冶長》）

④ 天下集矣，即四海之内，皆讙然各自安樂其處。（《史記·秦始皇本紀》）

⑤ 餘人各復延至其家，皆出酒食。（陶淵明《桃花源記》）

三、時間副詞

時間副詞表示行爲動作發生的時間，大致可分爲六類。

（一）表示行爲動作已經發生，主要有“既、業、曾、嘗”等，可分爲两組。

1. 既、業

這組詞表示事情已經發生，可譯爲“已經”，常和“已”連用。例如：

① 既克，公問其故。(《左傳·莊公十年》)

② 良業爲取履，因長跪履之。(《史記·留侯世家》)

③ 子遊既已受業，爲武城宰。(《史記·仲尼弟子列傳》)

④ 使者業已受節，可至皮山而還。(《漢書·西域傳》)

2. 曾、嘗

這組詞表示事情曾經發生過，可譯爲“曾經”。例如：

① 老臣病足，曾不能疾走，不得見久矣。(《戰國策·趙策四》)

②(孟子)見於王，曰：“王嘗語莊子以好樂，有諸？”(《孟子·梁惠王下》)

（二）表示事情正在進行或正巧遇上某種情況，主要有“方、正、鼎、屬、適、會”等，可譯爲“正、正在、正巧”。例如：

① 晏子方食，景公使使者至。(《晏子春秋·内篇雜下》)

② 蔡昭公朝於楚，有美裘，正是日囊瓦求之，昭公不與。(《春秋穀梁傳·定公四年》)

③ 天子春秋鼎盛，行義未過，德澤有加焉，猶尚如是。(《漢書·賈誼傳》)

④ 下臣不幸，屬當戎行。(《左傳·成公二年》)

⑤ 此時魯仲連適遊趙，會秦圍趙。(《戰國策·趙策三》)

（三）表示行爲動作將要發生，主要有“行、將、垂、且”等，可譯爲“將、將要、將近”。例如：

① 彼都人士，狐裘黄黄。其容不改，出言有章。行歸于

周，萬民所望。(《詩經·小雅·都人士》)

② 今人乍見孺子將入於井，皆有怵惕惻隱之心。(《孟子·公孫丑上》)

③ 田單之守，不固於此也。棄垂成之功，陷不義之名，阜以死守之。(《三國志·魏書·楊阜傳》)

④ 壽畢，請以劍舞，因擊沛公於坐，殺之。不者，若屬皆且爲所虜。(《史記·項羽本紀》)

（四）表示時間的先後或接續，主要有“初、隨、輒、即、旋、尋、俄、俄而、終、竟、卒、遂、迄、乃”等，可細分爲四組。

1. 初

“初”表示動作行爲發生在過去，可譯爲“當初、從前”。例如：

初，鄭武公娶於申，曰武姜。(《左傳·隱公元年》)

2. 隨、輒、即、旋、尋、俄、俄而

這組詞表示一件事發生不久，另一件事接着發生了，可譯爲“隨即、不久”。例如：

① 今兄弟被侵必攻者廉也，知友被辱隨仇者貞也。(《韓非子·五蠹》)

② 諸吏卒民，非其部界，而擅入他部界，輒收。(《墨子·號令》)

③ 趙奢許諾，即發萬人趨之。(《史記·廉頗藺相如列傳》)

④ 卓既殺瓊、珌，旋亦悔之。(《後漢書·董卓列傳》)

⑤（陳寔）家貧，復爲郡西門亭長，尋轉功曹。(《後漢書·陳寔傳》)

⑥ 俄又置一石赤菽東門之外，而令之曰：“有能徙此於西門之外者，賜之如初。”(《韓非子·內儲説上》)

⑦ 趙襄主學御於王子期，俄而與於期逐，三易馬而三

後。(《韓非子·喻老》)

3. 終、竟、卒、遂、迄

這組詞表示行爲動作終究發生了，可譯爲“最終、終於”。例如：

① 爲蛇足者，終亡其酒。(《戰國策·齊策二》)

② 陳勝雖已死，其所置遣侯王將相竟亡秦。(《史記·陳涉世家》)

③ 大夫種輔翼越王，爲之深謀，卒擒强吴，據有東夷。(桓寬《鹽鐵論·非鞅》)

④(鄭人)乃曰：“吾忘持度。”反歸取之。及反，市罷，遂不得履。(《韓非子·外儲説左上》)

⑤ 融負其高氣，志在靖難；而才疏意廣，迄無成功。(《後漢書·孔融傳》)

4. 乃

表示两事相承或相因，可譯爲“於是、就、便”等。例如：

① 大子羞之，謂戲陽速曰：“從我而朝少君，少君見我，我顧，乃殺之。”(《左傳·定公十四年》)

② 两刃相割，利鈍乃知；二論相訂，是非乃見。(《論衡·案書》)

(五)表示行爲動作的持續或頻率，主要有“素、數、輒”等，可分爲两組。

1. 素

表示行爲動作或事態一向如此，可譯爲“向來、平素”。例如：

① 其衆素飽，不可謂老。(《左傳·僖公二十八年》)

② 膠西王素聞董仲舒有行，亦善待之。(《史記·儒林列傳》)

2. 數、輒

表示行爲動作頻率高，可譯爲“屢次、經常、總是”。例如：

① 扶蘇以數諫故，上使外將兵。(《史記·陳涉世家》)

② 光時休沐出，桀輒入代光決事。(《漢書·霍光金日磾傳》)

（六）表示時間短暫或動作快速，主要有“姑、且、聊、立、遽、暴、卒（猝）”等，可分爲三組。

1. 姑、且、聊

表示時間短暫，可譯爲“姑且、暫且”。例如：

① 我姑酌彼金罍，維以不永懷。(《詩經·周南·卷耳》)

② 先生且休矣，我將念之。(《史記·淮陰侯列傳》)

③ 優哉遊哉，聊以卒歲。(《左傳·襄公二十一年》)

2. 立、遽

表示動作行爲馬上發生，可譯爲“立即、立刻”。例如：

① 室家立殘，親戚不免乎刑戮。(《荀子·榮辱》)

② 楚人有涉江者，其劍自舟中墜於水，遽契其舟，曰：“是吾劍之所從墜。”(《吕氏春秋·察今》)

3. 暴、卒（猝）

表示行爲動作突然發生，可譯爲“突然”。例如：

① 景公使圉人養所愛馬，暴死。(《晏子春秋·内篇諫上》)

② 卒有驚事，中軍疾擊鼓者三，城上道路、里中巷街皆無得行，行者斬。(《墨子·號令》)

四、否定副詞

古代漢語中常見的否定副詞主要有“不、弗、毋（無）、勿、未、否、非、莫”等，可分爲六組：

1. 不、弗

“不”與“弗”的詞彙意義相同，均表示一般否定。其語法功能有別：“不”可以否定及物動詞，也可否定不及物動詞和形容詞，所否定的及物動詞可以帶賓語，也可以不帶；“弗”則一般只能否定不帶賓語的及物動詞。例如：

① 昭王南征而不復，寡人是問。(《左傳·僖公四年》)

② 仁者不憂，知者不惑，勇者不懼。(《論語·憲問》)

③ 胥童以甲劫欒書、中行偃於朝。矯曰：“不殺二子，憂必及君。”(《左傳·成公十七年》)

④ 石可破而不可奪堅，丹可磨而不可奪赤。(《三國志·魏書·文帝紀》裴松之注)

⑤ 富貴不能淫，貧賤不能移，威武不能屈。(《孟子·滕文公下》)

⑥ 衆怒不可蓄也，蓄而弗治，將薀。薀畜，民將生心。(《左傳·昭公二十五年》)

⑦ 一簞食，一豆羹，得之則生，弗得則死。(《孟子·告子上》)

⑧ 欲與大叔，臣請事之；若弗與，則請除之，無生民心。(《左傳·隱公元年》)

在先秦，“弗”後動詞也有帶賓語的情況，但很少見。例如：

① 用命，賞于祖；弗用命，戮于社。(《尚書·夏書·甘誓》)

② 始吾敬子，今子魯囚也，吾弗敬子矣。(《左傳·莊公十一年》)

③ 夫人情莫不愛其子，今弗愛其子，安能愛君？(《韓非子·難一》)

西漢以後，“弗”後動詞帶賓語的情況逐漸多起來，但仍以不用爲常見。例如：

① 長安中諸公莫弗稱之。(《史記·魏其武安侯列傳》)

② 公叔座召鞅謝曰：“今者王問可以爲相者，我言若，王色不許我。我方先君後臣，因謂王即弗用鞅，當殺之。”(《史記·商君列傳》)

2. 毋(無)、勿

“毋、勿”經常用於祈使句，表示禁止或勸阻，含義相當於現代漢語的“不要”或“别”，其中“毋”常寫作“無”。“毋”的語法功能和“不”相當，其後的動詞一般帶賓語；“勿”的語法功能和“弗”相當，其後的動詞一般不帶賓語。例如：

① 大毋侵小。(《左傳·襄公十九年》)

② 子絶四：毋意，毋必，毋固，毋我。(《論語·子罕》)

③ 不及黄泉，無相見也。(《左傳·隱公元年》)

④ 制法之人，不足與論變，君無疑矣。(《商君書·更法》)

⑤ 初九：潛龍，勿用。(《周易·上經·乾卦》)

⑥ 宋人請猛獲于衛，衛人欲勿與。(《左傳·莊公十二年》)

在先秦，“勿”後動詞也有帶賓語的情況，只是很少見。例如：

① 無作怨，勿用非謀非彝。(《尚書·周書·康誥》)

② 百畝之田，勿奪其時，八口之家可以無飢矣。(《孟子·梁惠王上》)

漢魏以後，“勿”的使用範圍擴大，與“毋”的差别逐漸消失，並代替了“毋”。例如：

① 各舉所知，勿有所遺。(曹操《舉賢勿拘品行令》)

② 且各守爾分，勿復空馳驅。(趙壹《刺世疾邪賦》)

“毋(無)、勿”有時也用於陳述句中，表示一般性否定，和“不”的用法相同。例如：

① 食肉毋食馬肝，未爲不知味也。(《史記·儒林列傳》)

② 用臣之計，毋戰而略地，不攻而下城，傳檄而千里定。”(《漢書·蒯通傳》)

③ 君子食無求飽，居無求安。(《論語·學而》)

④ 君子于役，如之何勿思？(《詩經·王風·君子于役》)

3. 未

否定謂語，表示行爲動作還没有發生，可譯爲“没有”或“還没有”等。例如：

① 辟耳目之欲，可謂能自强矣，未及思也。(《荀子·解蔽》)

② 孔子對曰：“俎豆之事，則嘗聞之矣；軍旅之事，未之學也。”(《論語·衛靈公》)

有時候，“未”字只表示一種委婉的否定，在這種情況下，它和“不”字含義相近。例如：

① 肉食者鄙，未能遠謀。(《左傳·莊公十年》)

② 人固未易知，知人亦未易也。(《史記·范雎蔡澤列傳》)

4. 否

表示對整件事情或行爲動作的否定，可以單獨做謂語，也可與肯定性的詞連用，表示否定的一面。例如：

① 二三子用我今日；否，亦今日。(《左傳·成公十八年》)

② 願君留意臣之計；否，必爲二子所禽矣！(《史記·淮陰侯列傳》)

③(靈輒)曰：“宦三年矣，未知母之存否。”(《左傳·宣公二年》)

④ 夫人朝夕退而遊焉，以議執政之善否。(《左傳·襄公三十一年》)

⑤ 夫子矢之曰：“予所否者，天厭之！天厭之！”(《論語·雍也》)

5. 非

否定整個謂語，或寫作“匪”，常用於判斷句的謂語之前，否定謂語和主語的關係，也可用於分句之首，表示對某種情況的否定，可譯爲“不是”。例如：

①今京不度，非制也，君將不堪。(《左傳·隱公元年》)

②兵者不祥之器，非君子之器，不得已而用之。(《老子·三十一章》)

③我心匪石，不可轉也。我心匪席，不可卷也。(《詩經·邶風·柏舟》)

④冉求曰："非不説子之道，力不足也。"(《論語·雍也》)

⑤匪來貿絲，來即我謀。(《詩經·衛風·氓》)

"非"同時表示假設性否定，用於分句，可譯爲"若無、若非"等。例如：

①君非姬氏，居不安，食不飽。(《左傳·僖公四年》)

②吾非至於子之門，則殆矣。(《莊子·秋水》)

6. 莫

"莫"在先秦主要作否定性無定代詞，詳見"無指代詞"一節。同時也是否定副詞，漢代以後，副詞逐漸成爲主要用法，既表示禁止或勸阻，也表示一般否定。例如：

①《詩》曰："不敢暴虎，不敢馮河。人知其一，莫知其他。"(《荀子·臣道》)

②願早定大計，莫用衆人之議也。(《三國志·吴書·周瑜魯肅吕蒙傳》)

五、語氣副詞

古代漢語中的語氣副詞常與句尾語氣詞配合使用，主要分爲反詰、測度、祈使、論斷和肯定語氣五類。

(一)表示反詰語氣

主要有"其、豈、獨、庸、寧、巨、詎、鉅"等，其中"巨"是"詎"的古字，"鉅"通"詎"，可譯爲"難道、豈"。例如：

①一之謂甚，其可再乎？(《左傳·僖公五年》)

② 豈曰無衣？與子同袍。(《詩經·秦風·無衣》)

③ 辛垣衍曰："先生獨未見夫僕乎？十人而從一人者，寧力不勝智不若耶？畏之也。"(《戰國策·趙策三》)

④ 君曰："追而不及，庸有罪乎？"(《韓詩外傳·節士》)

⑤ 此龜者，寧其死爲留骨而貴乎？寧其生而曳尾於塗中乎？(《莊子·秋水》)

⑥ 沛公不先破關中，公巨能入乎？(《漢書·高帝紀》)

⑦ 庸詎知吾所謂不知之非知邪？(《莊子·齊物論》)

⑧ 今俳優、侏儒、狎徒詈侮而不鬬者，是豈鉅知見侮之爲不辱哉？(《荀子·正論》)

(二) 表示測度語氣

主要有"蓋、其、或、殆、無乃、毋乃、得無、得微、得毋、得非"等，可譯爲"大概、莫非、恐怕、該不會"之類。其中"得非"出現時代較晚。例如：

① 列禦寇，蓋有道之士也。(《莊子·讓王》)

②《詩》曰："孝子不匱，永錫爾類。"其是之謂乎？(《左傳·隱公元年》)

③ 楚威王問於宋玉曰："先生其有遺行耶？何士民衆庶不譽之甚也？"(劉向《新序·雜事》)

④ 夫子之墻數仞，不得其門而入，不見宗廟之美，百官之富，得其門者或寡矣。(《論語·子張》)

⑤ 離外之患，而天不靖晉國，殆將啓之。(《左傳·僖公二十三年》)

⑥ 求！無乃爾是過與？(《論語·季氏》)

⑦ 今吾子以好來辱，而謂敝邑强奪商人，是教敝邑背盟誓也，毋乃不可乎？(《左傳·昭公十六年》)

⑧ 子曰："爲之難，言之得無訒乎？"(《論語·顏淵》)

⑨ 堂下得微有疾臣者乎？（《韓非子·内儲説下》）

⑩ 太后曰："老婦恃輦而行耳。"（觸龍）曰："食得毋衰乎？"（《史記·趙世家》）

⑪ 昔武王克商，遷殷頑民於洛邑，諸君得非其苗裔乎？（《晉書·華譚列傳》）

（三）表示祈使語氣

主要有"尚、其、苟"等，可譯爲"希望、應當、但願"。例如：

① 爾尚輔予一人，致天之罰，予其大賚汝。（《尚書·商書·湯誓》）

② 適爾皇祖某甫，以隮祔爾孫某甫。尚饗！（《儀禮·士虞禮》）

③ 吾子其無廢先君之功！（《左傳·隱公三年》）

④ 君子于役，苟無飢渴！（《詩經·王風·君子于役》）

（四）表示論斷語氣

只有一個"蓋"字。"蓋"既表示測度語氣，也表示論斷語氣。作爲論斷，重在做出判斷，可不譯。例如：

① 朕聞，蓋天下萬物之萌生，靡不有死。（《史記·孝文本紀》）

② 蓋聞善用兵者，必先修諸己，而後求諸人。（《淮南子·兵略》）

（五）表示肯定語氣

主要有"必、誠、定、洵、固、信、良"等，可譯爲"必定、一定、確實、的確"之類。例如：

① 戮而不已，又怒楚師，戰必不克。（《左傳·成公六年》）

② 勇士曰："嘻！子誠仁人也！"（《公羊傳·宣公六年》）

③ 項梁聞陳王定死，召諸別將會薛計事。（《史記·項羽本紀》）

④ 自牧歸荑，洵美且異。(《詩經・邶風・静女》)

⑤ 然則小固不可以敵大，寡固不可以敵衆，弱固不可以敵强。(《孟子・梁惠王上》)

⑥ 然明曰："蔑也今而後知吾子之信可事也。"(《左傳・襄公三十一年》)

⑦ 諸將以爲趙氏孤兒良已死，皆喜。(《史記・趙世家》)

六、情態副詞

情態副詞表示行爲動作的情狀和態勢，主要有"曾、竟、反、顧、幸、幸而、佯、陽、妄"等，可分爲五組。

1. 曾、竟

這兩個詞表示出乎意料，可譯爲"竟然、居然"。例如：

① 誰謂河廣？曾不容刀。(《詩經・衛風・河廣》)

②(韓信)曰破趙會食，臣等不服。然竟以勝，此何術也？(《史記・淮陰侯列傳》)

2. 反、顧

這兩個詞表示違反常理，可譯爲"反而"。例如：

① 爲將數歲，反不如一豎儒之功乎？(《史記・淮陰侯列傳》)

② 今三川周室，天下之市朝也，而王不争焉，顧争於戎狄，去王業遠矣。(《戰國策・秦策一》)

3. 幸、幸而

這兩個詞表示僥倖，可譯爲"幸虧、僥倖"。例如：

① 管仲曰："斧鉞之人也，幸以獲生，以屬其腰領，臣之禄也。"(《管子・小匡》)

② 旋入雷淵，爢散而不可止些！幸而得脱，其外曠宇些。(《楚辭・招魂》)

4. 佯、陽

這兩個詞詞字形不同而古音同，表示動作行爲是假裝的，可譯爲“假裝、表面上”。例如：

①故用兵之法：高陵勿向，背丘勿逆，佯北勿從，銳卒勿攻，餌兵勿食。(《孫子兵法·軍争》)

②是以箕子陽狂，接輿避世，恐遭此患也。(鄒陽《獄中上梁王書》)

5. 妄

表示動作行爲很隨意，不守規則，可譯爲“隨便、胡亂”。例如：

①釋法術而任心治，堯不能正一國；去規矩而妄意度，奚仲不能成一輪。(《韓非子·用人》)

②喜不可縱有罪，怒不可戮無辜，喜怒之事，不可妄行。(諸葛亮《便宜十六策》)

七、謙敬副詞

謙敬副詞用於自謙或敬稱他人，表示謙恭委婉的態度，主要有“伏、敢、謹、忝、竊、猥、請、敬、惠、幸”等，可分爲自謙和尊敬兩類。

(一)表示自謙

這類副詞有“伏、敢、謹、忝、竊、猥”等，有些可譯爲“斗膽、私下”，有些不好譯，不必譯。例如：

①臣伏計之，大王奉高祖宗廟最宜稱，雖天下諸侯萬民皆以爲宜。(《漢書·文帝紀》)

②史莫之知，敢問此何神也？(《左傳·昭公元年》)

③周公仰視見書曰：“唯唯，謹聞命矣。”(《尚書·周書·金縢》)

④ 臣受恩偏特，忝任師傅，不敢自同凡臣，括囊避咎。(《後漢書·楊震列傳》)

⑤ 臣竊計，君宫中積珍寶，狗馬實外廄，美人充下陳。(《戰國策·齊策四》)

⑥ 臣案國舊典，宦豎之官，本在給使省闥，司昏守夜，而今猥受過寵，執政操權。(《後漢書·楊震列傳》)

⑦ 猥以微賤，當侍東宫。(李密《陳情表》)

例①中的"伏"的原義是匍匐在地，作爲副詞表示極爲虔敬惶恐。②中的"敢"表示冒昧，斗膽。③中的"謹"表示小心謹慎。④中的"忝"表示有愧於任某職或做某事。⑤中的"竊"表示所言爲個人不成熟的私見。⑥⑦中的"猥"表示自認爲鄙陋，不足以任某職。

(二) 表示尊敬

這類副詞有"請、敬、惠、幸、辱"等，不好譯，可以不譯。例如：

① 欲與大叔，臣請事之；若弗與，則請除之。(《左傳·隱公元年》)

② 今上客有意存天下，安諸侯，寡人敬以國從。(《戰國策·趙策二》)

③ 君惠徼福於敝邑之社稷，辱收寡君，寡君之願也。(《左傳·僖公四年》)

④ 若斯之爲臣者，罪足以死固久矣。上幸盡其能力，乃得至今，願陛下察之。(《史記·李斯列傳》)

⑤ 嘉惠未至，唯襄公之辱臨我喪。(《左傳·昭公七年》)

例①中的"請"表示自己願做某事，請對方允許。②中的"敬"表示虔誠地願做某事。③中的"惠"表示對方的行爲是一種恩惠。④中的"幸"表示對方所做的事自己感到很幸運。⑤中的

“辱”表示對方的行爲委屈了其身份。

八、指代性副詞

這類副詞兼具指代人稱的性質，有“相、見”兩個。

1. 相

可指代第一、第二、第三人稱，分別譯爲“我、你、他”。例如：

①今王與耳旦暮且死，而公擁兵數萬，不肯相救，安在其相爲死？（《史記·張耳陳餘列傳》）

②子敬，孤持鞍下馬相迎，足以顯卿未？（《三國志·吴書·周瑜魯肅吕蒙傳》）

③武帝踐阼，進爵爲侯。雖寢疾十餘年，而時賢並相推薦。（《晉書·鄭袤列傳》）

例①—③中的“相”分別指第一、第二、第三人稱。

2. 見

可指代第一人稱，譯爲“自己”或“我”。例如：

①吾有筆在卿處多年，可以見還。（《南史·江淹傳》）

②少加孤露，母兄見驕，不涉經學，性復疏懶。（嵇康《與山巨源絶交書》）

練　習　題

一、解釋下列加點詞的詞性、詞義並翻譯全句。

① 樵彼桑薪，卬烘于煁。維彼碩人，實勞我心。（《詩經·小雅·白華》）

② 文王發政施仁，必先斯四者。（《孟子·梁惠王下》）

③ 壬戌，大敗宋師，以報其入鄭也。（《左傳·隱公十一年》）

④ 俾予從欲以治，四方風動，惟乃之休。（《尚書·虞書·大禹謨》）

⑤ 孰謂鄹人之子知禮乎？入太廟，每事問。（《論語·八佾》）

⑥ 彼以其富，我以吾仁，彼以其爵，我以吾義，吾何慊乎哉？（《孟子·公孫丑下》）

⑦ 格爾衆庶，悉聽朕言，非台小子，敢行稱亂！（《尚書·商書·湯誓》）

⑧ 夫民慮之於心而宣之於口，成而行之，胡可壅也？（《國語·周語上》）

⑨ 爾尚一乃心力，其克有勳。（《尚書·虞書·大禹謨》）

⑩ 吳犯間上國多矣，聞君親討焉，諸夏之人莫不欣喜，唯恐君志之不從，請入視之。（《左傳·哀公二十年》）

⑪ 衛君待子而爲政，子將奚先？（《論語·子路》）

⑫ 人之不善，何棄之有？（《老子·六十二章》）

二、翻譯下列句子並解釋其中帶點詞的詞性及用法。

① 昊天孔昭，我生靡樂。（《詩經·大雅·抑》）

② 子曰："弗如也！吾與女弗如也。"（《論語·公冶長》）

③ 客執骨而問曰："敢問骨何爲大？"（《國語·魯語下》）

④ 鴻雁于飛，集於中澤。之子于垣，百堵皆作。（《詩經·小雅·鴻雁》）

⑤ 今王之大臣父兄，好傷賢以爲資，厚賦斂諸臣百姓，使王見疾於民，非忠臣也。（《戰國策·楚策三》）

⑥ 仁義充塞，則率獸食人，人將相食。（《孟子·滕文公下》）

⑦ 衛侯不去其旗，是以甚敗。（《左傳·閔公二年》）

⑧ 孔子曰："其義則丘竊取之矣。"（《孟子·離婁下》）

⑨ 子絶四：毋意，毋必，毋固，毋我。（《論語·子罕》）

⑩ 魏使客將軍新垣衍間入邯鄲。（《戰國策·趙策三》）

⑪ 庸詎知吾所謂知之非不知邪？庸詎知吾所謂不知之非知邪？（《莊子·齊物論》）

⑫ 寡人胡服，子獨弗服，逆主罪莫大焉。（《戰國策·趙策二》）

三、標點並翻譯下段古文。

九月公至自楚孟僖子病不能相禮乃講學之苟能禮者從之及其將死也召其大夫曰禮人之幹也無禮無以立吾聞將有達者曰孔丘聖人之後也而滅於宋其祖弗父何以有宋而授厲公及正考父佐戴武宣三命茲益共故其鼎銘云一命而僂再命而傴三命而俯循牆而走亦莫余敢侮饘於是鬻於是以糊余口其共也如是臧孫紇有言曰聖人有明德者若不當世其後必有達人今其將在孔丘乎我若獲没必屬説與何忌於夫子使事之而學禮焉以定其位故孟懿子與南宫敬叔師事仲尼仲尼曰能補過者君子也詩曰君子是則是效孟僖子可則效已矣

第九單元

文選一

錯法　《商君書》

【《商君書》簡介】《商君書》又稱《商子》，商鞅撰，或認爲是戰國中後期法家學派的集體著作。書中記録了商鞅的政治思想和治國方略。商鞅在思想上認爲“治世不一道，便國不必法古”，在政治上主張加强中央集權，依法治國，重農抑商，獎勵耕戰，什伍連坐，廢除世卿世禄制，廢除井田制，承認土地私有，控制民衆思想和行爲，等等。

【作者簡介】商鞅（約前390年—前338年），法家學派的重要代表人物，戰國時期衛人，是衛國君主的庶孫，故又名衛鞅、公孫鞅。後入秦，得到秦孝公的信任，先後任左庶長、大良造。力推變法，使秦國迅速崛起，爲秦最終兼併天下打下了堅實的基礎。秦孝公死後，秦惠文王即位，商鞅因得罪秦國權貴，被車裂而死。

《商君書》今存26篇。注本主要有清人孫詒讓《商子校本》，今人朱師轍《商君書解詁定本》、高亨《商君書注釋》、蔣禮鴻《商君書錐指》等。

【題解】本文側重論述了法制對於治國的重要性，同時提出了實行法制的一些具體措施，包括錯法、舉事、行賞等。本文屬於《商君書·錯法第九》，以蔣禮鴻《商君書錐指》(中華書局 1986 年) 爲底本。

臣聞：古之明君，錯法而民無邪，舉事而材自練，賞行而兵彊[①]。此三者，治之本也。夫錯法而民無邪者，法明而民利之也。舉事而材自練者，功分明。功分明則民盡力，民盡力則材自練。行賞而兵彊者，爵禄之謂也。爵禄者，兵之實也[②]。是故人君之出爵禄也道明，道明則國日彊，道幽則國日削。故爵禄之所道，存亡之機也[③]。夫削國亡主，非無爵禄也，其所道過也。三王五霸，其所道不過爵禄，而功相萬者，其所道明也。是以明君之使其臣也，用必出於其勞[④]，賞必加於其功。功賞明則民競於功。爲國而能使其民盡力以競於功，則兵必彊矣。

注釋

① "古之"四句：古代英明的君主，建立法度民衆就不會有惡行，有所作爲人才就會得到歷練，推行獎賞制度軍隊就會强大。 錯：通"措"，建立，設置。

② "行賞"四句：推行獎賞制度軍隊就會强大，這是爵禄的效用；爵禄，是使軍隊强大的實質所在。 謂：指效用，結果。

③ "故爵"二句：所以授予爵禄的導向，是國家存亡的關鍵所在。 道："導"的古字。

④ 用：任用。

同列而相臣妾者，貧富之謂也。同實而相并兼者，彊弱之謂也。有地而君，或彊或弱者，亂治之謂也①。苟有道里②，地足容身，士民可致也。苟容市井，財貨可聚也③。有土者不可以言貧，有民者不可以言弱。地誠任④，不患無財；民誠用，不畏强暴。德明教行，則能以民之有爲己用矣。故明主者用非其有，使非其民。明主之所貴，惟爵其實，爵其實而榮顯之⑤。不榮則民不急列位，不顯則民不事爵。爵易得也，則民不貴上爵。列爵禄賞不道其門，則民不以死争位矣⑥。人情而有好惡，故民可治也⑦。人君不可以不審好惡。好惡者，賞罰之本也。夫人情好爵禄而惡刑罰，人君設二者以御民之志而立所欲焉。夫民力盡而爵隨之，功立而賞隨之，人君能使其民信於此如明日月，則兵無敵矣。

注 釋

① “同列”七句：地位相同的人一方讓另一方成了其臣妾，這是貧富發生變化的結果；大小相當的國家一方却能兼併另一方，這是强弱導致的結果；同樣，有地有君主的國家有的强大起來有的却貧弱了，這是亂治不同的結果。　臣妾：西周、春秋時對奴隶的称謂。男奴称“臣”，女奴称“妾”。

② 道里：道路村落。

③ “苟容”二句：如果能在市井取得一塊容身之地，財貨就可以積聚起來。聚：原本作“衆”，今據他本改之。

④ 誠任：指被充分利用。誠：實在，充分。

⑤ “明主”三句：明君所看重的，只是依據實際功效授予爵位；依據實際功效授予爵位使人榮耀尊貴。　惟：義同“唯”。　爵：動詞，授爵。

⑥ “不榮”六句：如果感覺不到榮耀就不會急於追求爵位，如果感覺不到顯赫就不會追求爵位。如果爵位很容易得到，那麼民衆就不會看重上

等爵位。如果賜予爵位俸禄奬賞可以不通過正當的門徑獲得，那麼民衆就不會爲爵位而拼死效力。 不由其門：不從正常的門徑。

⑦ 情：原本作“君”，據下文當作“情”，或以爲當作“生”。

人君有爵行而兵弱者，有禄行而國貧者，有法立而治亂者。此三者，國之患也。故人君者，先便請謁而後功力[①]，則爵行而兵弱矣。民不死犯難而利禄可致也，則禄行而國貧矣。法無度數而治日煩[②]，則法立而治亂矣。是以明君之使其民也，使必盡力以規其功[③]，功立而富貴隨之，無私德也，故教流成。如此則臣忠君明，治著而兵强矣。

注　釋

① 先便請謁：優先托請。功力：指從事耕戰的功勞和貢獻。

② 度數：標準，規則。

③ 規：謀求，謀劃。

故凡明君之治也，任其力[①]，不任其德，是以不憂不勞而功可立也。度數已立而法可修，故人君者不可不慎己也。夫離朱見秋豪百步之外，而不能以明目易人[②]；烏獲舉千鈞之重[③]，不能以多力易人。夫聖人之存體性[④]，不可以易人；然而功可得者，法之謂也。

注　釋

① 任：用，憑藉。

② 離朱：即離婁，相傳爲黄帝時視力最好的人。 以明目易人：把自己的明目換給别人（使人皆目明）。易，交换，交易。

③ 烏獲：戰國時期秦國的大力士，得到秦武王的賞識和重用。

④ 體性：稟性，天性。

疑 似 《呂氏春秋》

【《呂氏春秋》簡介】《呂氏春秋》由戰國時秦相呂不韋組織其門客編寫而成。全書分十二紀（每紀5篇）、六論（每論6篇）、八覧（每覽8篇），共含文章160篇，計20餘萬言，分爲26卷。因書中有“八覧”，故或稱《八覧》或《呂覽》。全書的思想傾向以道家爲基礎，主張君主“無爲而治”，重視民心向背，强調“天下非一人之天下，天下之天下也”，體現出了其民本思想；同時兼收儒、墨、法、名、農、兵等各派學説，故從東漢班固《漢書·藝文志》起，歷代都把此書列入雜家。《呂氏春秋》的行文均短小精悍，樸實平易，善於用寓言故事和神話傳説説明問題，“刻舟求劍”“掩耳盜鈴”“引嬰投江”“循表夜涉”“亡鈇者”等寓言即出自此書。

【作者簡介】呂不韋（？—前235年），戰國末趙國陽翟（今河南禹州市）大商人，後因謀劃立秦公子子楚爲太子有功而入秦，成爲莊襄王（子楚）的相國，封文信侯。秦始皇十年被免，在遷蜀途中被迫自殺。

最早爲《呂氏春秋》做注的學者是東漢高誘，其後的重要注本有近人許維遹《呂氏春秋集釋》、陳奇猷《呂氏春秋校釋》等。

【題解】文章對生活中的諸多疑似現象進行了分析和揭示，告誡人們似是而非的東西隨處可見，處理問題務必要多加觀察，仔細分辨，抓住本質，不可爲貌似的假象所迷惑，以致上當受騙，鑄成大錯。本文選自《呂氏春秋·卷二十二·慎行論》，以陳奇猷《呂氏春秋校釋》（上海古籍出版社1984年）爲底本，下同。

使人大迷惑者，必物之相似也。玉人之所患，患石之似玉者；相劍者之所患，患劍之似吴干者[①]；賢主之所患，患人之博聞辯言而似通者。亡國之主似智，亡國之臣似忠。相似之物，此愚者之所大惑而聖人之所加慮也。故墨子見練絲而泣之[②]。

注　釋

① 吴干：劍名，即干將，春秋時期吴國著名鑄劍師干將所造，故名。

② 練絲：未染色的熟絲。按：《淮南子・説林訓》："楊子見逵路而哭之，爲其可以南可以北；墨子見練絲而泣之，爲其可以黄可以黑。"據陳奇猷注，此句下有脱文"爲其可以黄可以黑"等語。楊子即楊朱，字子居，魏國人，古代著名的思想家和哲學家，道家楊朱學派的創始人，與墨翟同時或稍晚。其思想的核心是"貴己""重生"，主張"拔一毛而利天下，不爲也"。

周宅酆、鎬（hào）近戎人[①]，與諸侯約，爲高葆禱於王路[②]，置鼓其上，遠近相聞。即戎寇至，傳鼓相告，諸侯之兵皆至救天子。戎寇當至，幽王擊鼓，諸侯之兵皆至，褒姒大説而笑[③]，喜之。幽王欲褒姒之笑也，因數擊鼓，諸侯之兵數至而無寇。至於後戎寇真至，幽王擊鼓，諸侯兵不至。幽王之身乃死於麗山之下[④]，爲天下笑。此夫以無寇失真寇者也。賢者有小惡以致大惡[⑤]。褒姒之敗，乃令幽王好小説以致大滅。故形骸相離，三公九卿出走，此褒姒之所用死而平王所以東徙也，秦襄、晉文之所以勞王勞而賜地也[⑥]。

注 釋

① 宅：這裏指建都。 酆、鎬：即酆京、鎬京，西周都城。酆京位於陝西西安市鄠邑區北，鎬京位於陝西西安市西南灃水東岸，與酆京隔水相望。周武王滅商後，從酆京遷都到鎬京。 戎：戎族，古代西部少數民族。

② 葆禱：石頭築的小城堡。禱，通"壔"。 王路：大路。

③ 褒姒：周幽王的寵妃。 説："悦"的古字。"而笑"二字原本無，據他本補之。

④ 麗山：即"驪山"，地在今陝西臨潼東南。

⑤ "賢者"句：陳奇猷先生以爲此句有誤，據文意改作"賢者有小善以致大善，不肖者有小惡以致大惡"。

⑥ "褒姒"六句：褒姒釀成禍敗，是因爲她讓幽王玩物喪志而導致了滅亡。所以幽王身首分離，三公九卿逃亡，這就是褒姒被殺、周平王東遷的原因，同時也是秦襄公、晉文公因爲王室操勞而受封賜地的原因。秦襄：秦襄公，曾奉周王之命與犬戎作戰，派兵護送周平王東遷洛邑。因護駕有功，被平王封爲諸侯，賜給岐山以西土地。 晉文：晉文公，春秋五霸之一，曾幫助周襄王平定王子帶之亂。按：幫助周平王東遷的晉國國君是晉文侯，而非晉文公。

梁北有黎丘部，有奇鬼焉，喜効人之子姪、昆弟之狀。邑丈人有之市而醉歸者①，黎丘之鬼効其子之狀，扶而道苦之②。丈人歸，酒醒而誚（qiào）其子③，曰："吾爲汝父也，豈謂不慈哉？我醉，汝道苦我，何故？"其子泣而觸地曰："孽矣！無此事也，昔也往責於東邑④，人可問也。"其父信之，曰："譆！是必夫奇鬼也，我固嘗聞之矣。"明日端復飲於市⑤，欲遇而刺殺之。明旦之市而醉，其真子恐其父之不能反也，遂逝迎之⑥。丈人望其真子，拔劍而刺之。丈人智惑於似其子者，而殺於真子。

夫惑於似士者而失於真士，此黎丘丈人之智也。疑似之迹不可不察，察之必於其人也。舜爲御，堯爲左，禹爲右，入於澤而問牧童，入於水而問漁師，奚故也？其知之審也[⑦]。夫人子之相似者，其母常識之，知之審也。

注　　釋

① 梁北：梁國之北。　黎丘：地名。　部：義同“鄉”。　丈人：古代對老者的尊稱。

② 効：同“效”。　道苦之：一路上折磨丈人。

③ 誚：誚讓，責備。

④ 昔：指前一天。　責：“債”的古字，討債。

⑤ 端：特地，故意。

⑥ 反：“返”的古字。　逝：往。

⑦ “舜爲”七句：舜駕車，堯坐在車子左邊，禹坐在車子右邊，進入草澤地帶就向牧童請教，進入水域就向漁夫請教，這是什麼緣故呢？因爲牧童、漁夫對環境很熟悉。

兼　愛　上

《墨子》

【《墨子》簡介】《墨子》由墨子的學生據墨子的言行編纂而成。據《漢書·藝文志》載，《墨子》共71篇，今存53篇，分爲15卷。其中一至九卷包括墨子“尚賢、兼愛、非攻、節用、節葬、非樂、非命、非儒、貴義”等學説，代表了戰國時期中下層人們的追求和願望。十至十一卷是墨子對力學、光學、數學、杠杆原理等領域的研究，通常被稱爲《墨經》，具有豐富的科學知識。《墨子》文風質樸無華，以邏輯嚴密、説理透徹著稱，充分反映了墨家務實的作風，在當時即很受歡迎，被譽爲“顯學”。

【作者簡介】墨子（約前 468 年—前 376 年），名翟，戰國初魯國（一説宋國）人，思想家、教育家、科學家和軍事家，墨家學派的創立者。出身平民，早年學習儒術，後另立新説，聚徒講學，形成了墨家學派。

《墨子》的通行注本是清人孫詒讓《墨子閒詁》；今人的注本有李漁叔《墨子今註今譯》、吴毓江《墨子校注》，譚家健、孫中原《墨子今注今譯》，張永祥、肖霞《墨子譯注》等。

【題解】本文闡述了墨家的“兼愛”學説。文章認爲，人間相互侵害的罪惡根源是“不相愛”，若人人能“兼愛”，愛人猶愛己，則攻戰殺伐便不會産生，天下就會得到大治，這種願望在當時自然是不可能實現。本文屬《墨子・兼愛上》（卷四），以《諸子集成・墨子閒詁》（上海書店 1986 年影印）爲底本，下同。

聖人以治天下爲事者也，必知亂之所自起，焉能治之①；不知亂之所自起，則不能治。譬之如醫之攻人之疾者然，必知疾之所自起，焉能攻之；不知疾之所自起，則弗能攻。治亂者何獨不然？必知亂之所自起，焉能治之；不知亂之所自起，則弗能治。聖人以治天下爲事者也，不可不察亂之所自起。

注 釋

① 焉：連詞，於是，乃。

當察亂何自起①，起不相愛。臣子之不孝君父，所謂亂也。子自愛不愛父，故虧父而自利。弟自愛不愛兄，故虧兄而自利。臣自愛不愛君，故虧君而自利。此所謂亂也。雖父之不慈子，兄之不慈弟，君之不慈臣，此亦天下之所謂亂也[②]。父自愛也不愛子，故虧子而自利。兄自愛也不愛弟，故虧弟而自利。君自愛也不愛臣，故虧臣而自利。是何也？皆起不相愛。

注　釋

① 當：通“嘗”，嘗試。

② “雖父”四句：假如父親不慈愛兒子，兄長不慈愛弟弟，君主不慈愛臣子，這同樣也是天下人所説的禍亂。　雖：連詞，假如，即使。

雖至天下之爲盗賊者亦然[①]。盗愛其室不愛異室，故竊異室以利其室。賊愛其身不愛人，故賊人以利其身[②]。此何也？皆起不相愛。雖至大夫之相亂家[③]、諸侯之相攻國者亦然：大夫各愛其家不愛異家，故亂異家以利其家。諸侯各愛其國不愛異國，故攻異國以利其國。天下之亂物，具此而已矣[④]。察此何自起，皆起不相愛。

注　釋

① 雖：連詞，即使。

② 盗：小偷。　賊：强盗。（故）賊：毁壞，傷害。

③ 相亂家：相互危害對方的家族。家，指家族，或卿大夫的封邑。

④ 亂物：指禍亂。　具此：存在於此。

若使天下兼相愛，愛人若愛其身，猶有不孝者乎？視父兄與君若其身，惡（wū）施不孝？猶有不慈者乎？視弟子與臣若其身，惡施不慈？故不孝不慈亡（wú）

有，猶有盜賊乎①？故視人之室若其室，誰竊？視人身若其身，誰賊？故盜賊亡有，猶有大夫之相亂家、諸侯之相攻國者乎？視人家若其家，誰亂？視人國若其國，誰攻？故大夫之相亂家、諸侯之相攻國亡有。若使天下兼相愛，國與國不相攻，家與家不相亂，盜賊亡有，君臣父子皆能孝慈，若此，則天下治。故聖人以治天下爲事者，惡（wū）得不禁惡（wù）而勸愛②？故天下兼相愛則治，交相惡（wù）則亂。故子墨子曰“不可以不勸愛人”者③，此也。

注　釋

① 惡：疑問代詞，哪裏，怎麼。　猶：副詞，還能。

②（禁）惡：憎惡。

③ 子墨子：墨子弟子對墨子的尊稱。

秦人逢氏有子　《列子》

【《列子》簡介】據《漢書·藝文志》載，《列子》共 8 篇，列禦寇撰，或名《沖虛真經》《沖虛至德真經》，原書早佚，今傳《列子》八篇爲魏晉人搜集有關列禦寇的一些材料整理編輯而成。全書收録故事 130 餘則，强調順應自然、無爲而治、人應與自然和諧相處的道家核心觀念，同時也包含了儒家、墨家等學派的思想元素。其中有些神話傳説和寓言故事如《愚公移山》《小兒辯日》《歧路亡羊》《九方皋相馬》《杞人憂天》等，或表達了人類戰勝自然的堅定信念和偉大精神，或蘊含深刻的哲理，具有積極的教育意義。

【作者簡介】《列子》舊題列禦寇著，今人多認爲是後人托名整理而成。列禦寇（約前450年—前375年），或作圄寇，又名寇，字雲。鄭國圃田（今河南鄭州市）人，戰國道家學派代表人物，主張清静無爲，與老子、莊子並稱道家代表人物，被尊爲“沖虚真人”。

《列子》最早的注本是晉人張湛《列子注》，其後有唐盧重玄《列子注》，北宋江遹《沖虚至德真經解》，今人楊伯峻《列子集釋》，嚴北溟、嚴捷《列子譯注》，蕭登福《列子古注今譯》等。

【題解】本文借老聃的談話批評天下人都像秦逢氏之子一樣，精神失常，黑白顛倒，香臭不辨，甘苦不分，是非不明，反映了作者對當時社會的不滿。本文選自《列子·周穆王》，以楊伯峻《列子集釋》爲底本，題目爲編者所加。

秦人逢（páng）氏有子，少而惠，及壯而有迷罔之疾[①]。聞歌以爲哭，視白以爲黑，饗香以爲朽[②]，嘗甘以爲苦，行非以爲是。意之所之，天地、四方、水火、寒暑，無不倒錯者焉。楊氏告其父曰：“魯之君子多術藝，將能已乎？汝奚不訪焉？”其父之魯，過陳，遇老聃（dān），因告其子之證[③]。老聃曰：“汝庸知汝子之迷乎[④]？今天下之人皆惑於是非，昏於利害。同疾者多，固莫有覺者。且一身之迷不足傾一家，一家之迷不足傾一鄉，一鄉之迷不足傾一國，一國之迷不足傾天下。天下盡迷，孰傾（正）之哉[⑤]？向使天下之人其心盡如汝子，汝則反迷矣[⑥]。哀樂、聲色、臭味、是非，孰能正之？且吾之此言未必非迷，而況魯之君子迷之郵者[⑦]，焉能解人之迷哉？榮汝之糧，不若遄歸也。”⑧

注　釋

① 逢：或作“逄”。　惠：一本作“慧”。　迷罔：神經錯亂失常。罔，“惘”的古字。

② 饗：指宴會或祭祀用的食品。　朽：臭氣。

③ 老聃：即老子。　證：義同“症”。

④ “汝庸”句：你怎麽知道你兒子是真迷亂了呢？　庸：副詞，怎麽，哪裏。

⑤ “且一”六句：一個人的迷亂不會使整個家族傾覆，一個家族的迷亂不會使整個鄉里傾覆，一鄉人的迷亂不會使整個國家傾覆，一國人的迷亂不會使天下傾覆。現在全天下人都迷亂了，又有誰能糾正呢？　且：發語詞，用在句首，作用類似於“夫”。（孰）傾：應爲“正”，承上文而誤。

⑥ “向使”二句：假如天下人的神經都和你兒子一樣，那麽你保持清醒反而會被認爲是不正常了。

⑦ 郵：通“尤”，甚，更加。

⑧ 榮：通“嬴”，擔。或訓爲“棄”。　遄：快，迅速。

景公病久不愈欲誅祝史以謝晏子諫

《晏子春秋》

【《晏子春秋》簡介】《晏子春秋》是一部記録春秋齊國政治家晏嬰言行的著作，作者舊題晏嬰，實爲後人根據晏嬰的言行資料而撰。共8卷，包括内篇6卷（《諫上》《諫下》《問上》《問下》《雜上》《雜下》），外篇2卷，含文215篇，每篇記載一個和晏嬰相關的故事，爲研究晏子其人以及齊國歷史、政治、經濟、文化等方面提供了重要資料。書中兼有儒、墨兩家的思想傾向，强調君主應注重道德修養，施行仁政，以禮治國，勤政節儉，關心百姓疾苦，等等。全書語言簡潔明快，生動形象，通過事件和對話以及比喻、排比、誇張等手段，成功塑造了晏嬰睿智、正直、善良、能言善辯、愛國愛民的生動形象。

【作者簡介】晏嬰（？—前500年），字仲，謚號平，又名晏平仲，夷維（今山東高密市）人。春秋時期齊國名相、外交家、政治家和思想家。齊靈公二十六年（前556年）繼其父晏弱爲上大夫，先後輔佐靈公、莊公、景公三君，歷時50餘年。其節儉勤政，清廉自律，主張省刑薄斂、體恤百姓，勇於犯顔直諫，糾正齊景公的諸多過失，對齊國政治産生了積極影響。

《晏子春秋》的注本主要有清人孫星衍《晏子春秋音義》，近人蘇輿《校定晏子春秋》、吴則虞《晏子春秋集釋》，今人張純一《晏子春秋校注》、石磊《晏子春秋譯注》、盧守助《晏子春秋譯注》等。

【題解】本文記述了晏子借齊景公治病之機勸諫景公廣開言路、親近忠臣的故事，表現了晏子忠於國事、勇於犯顔直諫的精神。本文選自《晏子春秋·内篇諫上》，以吴則虞《晏子春秋集釋》爲底本。

景公疥且瘧①，期年不已。召會譴、梁丘據、晏子而問焉②，曰："寡人之病病矣，使史固與祝佗巡山川宗廟，犧牲珪璧莫不備具③，數其常多先君桓公，桓公一，則寡人再④。病不已，滋甚，予欲殺二子者以説於上帝，其可乎？"會譴、梁丘據曰："可。"晏子不對。公曰："晏子何如？"晏子曰："君以祝爲有益乎？"⑤公曰："然。""若以爲有益，則詛（zǔ）亦有損也。君疏輔而遠拂（bì）⑥，忠臣擁塞，諫言不出。臣聞之，近臣嘿，遠臣喑[⑦]，衆口鑠金。今自聊攝以東，姑尤以西者，此其人民衆矣，百姓之咎怨誹謗[⑧]，詛君于上帝者多矣。一國詛，兩人祝，雖善祝者不能勝也。且夫祝直言情，則謗吾君也；隱匿過，則欺上帝也。上帝神，則不可欺；上帝不神，祝亦無益。願君察之也。不然，刑無罪，夏、商所以滅也。"

注　釋

① 疥：疥瘡，一種瘙癢病。　瘧：瘧疾。

② 會譴、梁丘據：皆齊景公寵臣。會譴，姓會，名遣。

③ 病病：後一"病"義爲病情加劇。　史固：小史，名固。祝佗：祝官，名佗。按："史固"《左傳》作"史嚚"，"祝佗"《左傳》作"祝固"，故或説史固、祝佗，當爲史佗、祝固。　犧牲：祭祀用的猪、牛、羊等。　珪、璧：皆古代帝王諸侯舉行朝聘、祭祀、喪葬等隆重儀式時所用的玉制禮器。"珪"同"圭"，上尖下方。"璧"扁平而圓，中間有孔，邊闊大於孔徑。

④ "數其"三句：論祭品數量常多於先君桓公，桓公用一份，而寡人用兩份。　數其：或説當作"其數"。《左傳·昭公二十年》："梁丘據與裔款（裔款即會譴）言於公曰：'吾事鬼神豐，於先君有加矣。今君疾病，爲諸侯憂，是祝史之罪也。諸侯不知，其謂我不敬。君盍誅於祝固、史嚚以辭賓？'公説，告晏子。"

⑤ 祝：動詞，祝禱。

⑥ 詛：詛咒，咒罵。　輔、拂：義均爲輔佐。

⑦ 嘿：不作聲。　喑：緘默不語。

⑧ 聊攝、姑尤：皆齊地名。　咎：憎恨。　誹謗：怨望，指責。

公曰："善解余惑，加冠！"命會譴毋治齊國之政，梁丘據毋治賓客之事[①]，兼屬之乎晏子。晏子辭，不得命，受相退，把政，改月而君病悛（quān）[②]。公曰：

“昔吾先君桓公以管子爲有力，邑狐與穀，以共宗廟之鮮。賜其忠臣，則是多忠臣者③。子今忠臣也，寡人請賜子州款。”④辭曰：“管子有一美，嬰不如也；有一惡，嬰不忍爲也，其宗廟之養鮮也。”⑤終辭而不受。

注　釋

① 加冠：指給晏子加冠冕，以示獎賞。　賓客之事：接待賓客的事務。

② 受相：接受拜相。　把政：執政。　改月：到了下一月。　悛：止，指病愈。

③ “昔吾”五句：從前我們先君桓公認爲管仲有功，把狐、穀兩邑封給他，以便讓他能供上宗廟的祭肉。賞賜忠臣，這就是先君有很多忠臣的原因。　邑：動詞，封給城邑。　狐、穀：齊國的兩個城邑。　鮮：指新宰殺的牲肉。

④ 州款：齊邑名，今址不詳。

⑤ “管子”五句：管子有一個優點，我晏嬰比不上；管子也有一個缺點，我晏嬰不忍心去做。這個缺點就是他供奉宗廟的祭肉（過多）。　養鮮：即養羞，儲藏食物。或說“其宗廟之養鮮也”一語爲衍文。

勢　　篇

《孫子兵法》

【《孫子兵法》簡介】《孫子兵法》，春秋末齊國人孫武撰，是我國現存最早的兵書，軍事理論的經典，對中國古代軍事思想的發展産生了深遠影響，同時對世界軍事理論也産生了重要影響，被譯成多種語言在國際上廣泛傳播。全書共 13 篇，較系統地論述了古代戰争的戰略戰術問題，提出了許多著名的軍事理論。其思想理念和謀略不僅廣泛應用於軍事領域，而且在商業、管理、體育、外交等領域也被廣泛借鑒，具有重要的啓示指導意義。

【作者簡介】孫武（約前545年—前470年），字長卿，春秋末齊國樂安（今山東廣饒縣）人，我國古代著名的軍事家、政治家，百世兵家之師、東方兵學的鼻祖。後人尊稱“孫子”“孫武子”。

《孫子兵法》的注本主要有曹操等《十一家注孫子》（南宋吉天保匯編。十一家包括曹操、梁孟氏、李筌、賈林、杜佑、杜牧、陳皞、梅堯臣、王皙、何延錫和張預）、曹操等《孫子十家注》（十家包括曹操、梁孟氏、李筌、杜牧、陳皞、賈林、梅堯臣、王皙、何延錫和張預），《中國軍事史》編寫組《武經七書注譯》、中國人民解放軍軍事科學院戰爭理論研究部《孫子》注釋小組《孫子兵法新注》等。

【題解】本文側重論述態勢對於戰爭勝負的重要性，揭示了戰爭中“奇正相生”“亂生於治，怯生於勇”等規律，強調“善戰者，求之於勢，不責於人”“擇人而任勢”“以正合，以奇勝”的軍事思想。本文爲《孫子兵法》第五篇，以《諸子集成·孫子十家注》（上海書店1986年影印）爲底本。

孫子曰：凡治衆如治寡，分數是也①。鬥衆如鬥寡，形名是也②。三軍之衆，可使必受敵而無敗者，奇正是也③。兵之所加，如以碫（duàn）投卵者，虛實是也④。

注　釋

① “分數”句：靠的是軍事編制。　分數：指軍隊的組織編制。

② 形名：古代戰爭中使用的旌旗、金鼓等信號性的指揮工具。曹操注：“旌旗曰形，金鼓曰名。”

③ 奇正：指作戰中的非常規和常規陣法。

④ 碫：磨刀石，泛指石塊。

凡戰者，以正合，以奇勝[①]。故善出奇者，無窮如天地，不竭如江河。終而復始，日月是也。死而復生，四時是也。聲不過五，五聲之變，不可勝聽也。色不過五，五色之變，不可勝觀也。味不過五，五味之變，不可勝嘗也[②]。戰埶不過奇正，奇正之變，不可勝窮也。奇正相生，如循環之無端，孰能窮之？

注　釋

① “凡戰”三句：凡作戰，都是在正面與敵對陣，通過出奇兵取勝的。正、奇：分別指正面進攻和出奇兵。　合：接戰。

② 五聲：即五音，我國古代的五聲音階“宮、商、角、徵、羽”。　五色：青、赤、黄、白、黑五種顏色。　五味：酸、甜、苦、辣、鹹五種味道。　勝：盡。

激水之疾，至於漂石者，埶也。鷙（zhì）鳥之疾，至於毀折者，節也[①]。是故善戰者其埶險，其節短。埶如彍（guō）弩（nǔ），節如發機[②]。

注　釋

① “鷙鳥”三句：鷙鳥迅猛迅疾，以至毀折獵物，在於它的節奏。　鷙：以利爪和尖喙捕獵的猛禽。

② 彍：張滿弩弓。　弩：用機械發射的弓。　機：弩機，發射弓箭的扳機。

紛紛紜紜，鬥亂而不可亂也。渾渾沌沌，形圓而不可敗也[①]。亂生於治，怯生於勇，弱生於强。治亂數也，勇怯埶也，强弱形也[②]。故善動敵者，形之[③]敵必從之，予之敵必取之。以利動之，以卒待之。

注　釋

① 鬥亂：在混亂的環境中作戰。　渾渾沌沌：混亂不清。　形圓：指陣形嚴密，可對付向背左右。

② “亂生”六句：混亂產生於治理，膽怯產生於勇敢，弱小產生於強大。治亂的轉化是事物的規律，勇怯的轉化是形勢造成的，强弱的轉化體現於外形。　數：規律。

③ 動：調動。　形：用作動詞，示形，用假象迷惑敵人。

故善戰者，求之於埶，不責於人，故能擇人而任埶①。任埶者，其戰人也如轉木石②。木石之性安則静，危則動，方則止，圓則行。故善戰人之埶③，如轉圓石於千仞之山者，埶也。

注　釋

① 任埶：利用形勢。李筌注：“得勢而戰，人怯者能勇。”

② 戰人：使人去作戰。

③ 善：孫星衍注：“《通典》無善字。”

用　人　《韓非子》

【《韓非子》簡介】《韓非子》共55篇，戰國末韓非著，在中國古代思想史上占有重要地位。韓非子繼承了吴起和商鞅的法治思想、申不害的術治思想、慎到的勢治思想以及荀子反對天命强調人事的思想等，對戰國各國變法的教訓進行了全面總結，形成了自己的一套法治理論，如“世異則事異”“事異則備變”的發展观，君主通過“法、術、勢”駕馭臣民的統治理論，等等。其法治思想爲後代封建集權統治者提供了理論武器，影響深遠。韓非子的行文結構細密，邏輯嚴密，善於用比喻、對偶、排比等修辭手段以及寓言加强論證，語言冷峻、犀利，直擊要害，不加掩飾，具有極强的説服力和衝擊力，號稱“法家之劍”。出自《韓非子》一書的成語有“濫竽充數”“自相矛盾”“買櫝還珠”“鄭人買履”“老馬識途”“長袖善舞”“兵不厭詐”“吹毛求疵”“見微知著”“路不拾遺”“忠言逆耳”“多錢善賈”等。

【作者簡介】韓非子（約前280年—前233年），本名韓非，戰國末韓國都城新鄭（今河南新鄭市）人，韓國公子。爲人口吃而善著書，喜刑名法術之學，與李斯同師事荀卿。曾多次上書韓王變法而未被采用，遂發奮著《孤憤》《説難》《和氏》《説林》《内儲説》《外儲説》《五蠹》等10餘萬言以明志。後因受到秦王政賞識而被强邀入秦，繼而遭李斯、姚賈陷害，下獄自殺而死。韓非是著名的哲學家、思想家和散文家，法家的主要代表人物和集大成者。

《韓非子》的重要注本有清人王先慎《韓非子集解》，今人〔日〕太田方《韓非子翼毳》、陳奇猷《韓非子集釋》、梁啓雄《韓非子淺解》、周勛初《韓非子校注》、張覺《韓非子全譯》等。

【題解】本文論述了國君用人的基本原則，主張通過制度設計以實現治理目標。文中以“循天順人、明賞罰”爲綱，構建了不兼官、明賞罰、重法術、制度合理、職責明確、各守其職、望表而動等一套法治用人體系，表現了法家“以法治人”的用人哲學。本文爲《韓非子》第二十七篇，以梁啓雄《韓非子淺解》（中華書局1960年）爲底本，下同。

聞古之善用人者，必循天順人而明賞罰。循天則用力寡而功立，順人則刑罰省而令行，明賞罰則伯夷、盜跖不亂。如此則白黑分矣。治國之臣，效功於國以履位，見能於官以受職，盡力於權衡以任事①。人臣皆宜其能，勝其官，輕其任，而莫懷餘力於心，莫負兼官之責於君②。故内無伏怨之亂，外無馬服之患③。明君使事不相干，故莫訟。使士不兼官，故技長；使人不同功④，故莫争。争訟止，技長立，則彊弱不觳（jué）力，冰炭不合形⑤，天下莫得相傷，治之至也。

注　釋

① “治國”四句：法制建全之國的大臣，通過爲國立功來履職，在官位上展現才能以獲得新職，竭盡全力依法處理政務。　權衡：指法令，法度。

② “人臣”五句：臣下都各盡所能，勝任其官職，輕鬆履職，没有人感到有餘力而使不上，也没有人對君主負有兼職之責。　輕其任：不覺得在位壓力大。王先慎注：“不兼官也。”

③ 馬服之患：指戰敗。“馬服”指趙國名將馬服君趙奢之子趙括，在長平之戰中大敗。

④ 不相干：互不干擾。　不同功：各承擔不同的任務。

⑤ 觳：通“角”，較量。　不合形：不會合爲一體。

釋法術而任心治，堯不能正一國；去規矩而妄意度，奚仲不能成一輪①；廢尺寸而差短長，王爾不能半中②。使中主守法術，拙匠執規矩尺寸，則萬不失矣。君人者能去賢巧之所不能，守中拙之所萬不失，則人力盡而功名立。

注　釋

① 心治：憑主観辦事。　奚仲：相傳爲車的發明者，夏朝人。

② 差：比較。　王爾：相傳爲古代的巧匠。　半中：半數合乎標準。

明主立可爲之賞，設可避之罰。故賢者勸賞而不見子胥之禍[①]，不肖者少罪而不見傴（yǔ）剖背，盲者處平而不遇深谿，愚者守静而不陷險危[②]。如此則上下之恩結矣。古之人曰："其心難知，喜怒難中也。"故以表示目，以鼓語（yù）耳，以法教心。君人者釋三易之數，而行一難知之心[③]，如此則怒積於上而怨積於下，以積怒而御積怨，則兩危矣。

注　釋

① 子胥之禍：伍子胥因反對吴王夫差與越王勾踐議和，多次勸諫，被夫差賜死。

② 傴剖背：指受過刑罰變成駝背。　傴：駝背。　剖背：指背部受過鞭刑。剖，剖開。　險危：危險之地。

③ 三易之數：指"以表示目，以鼓語耳，以法教心"。　一難知之心：指"其心難知，喜怒難中"。

明主之表易見，故約立[①]；其教易知，故言用；其法易爲，故令行。三者立而上無私心，則下得循法而治，望表而動，隨繩而斲，因攢而縫[②]。如此則上無私威之毒，而下無愚拙之誅。故上君明而少怒，下盡忠而少罪。

注　釋

① 表：標杆，指賞罰的標準。　約：規則，法令條文。

② 繩：木工用的墨綫，指法規。　斲：砍，削，指執法。　因攢而縫：指有序，按部就班。攢，通"簪"，縫衣時，先用粗針將兩片衣料連綴在一起，然後用細針密縫。

聞之曰：“舉事無患者，堯不得也。”而世未嘗無事也。君人者不輕爵禄，不易富貴，不可與救危國①。故明主厲廉恥，招仁義②。昔者介子推無爵禄而義隨文公，不忍口腹而仁割其肌，故人主結其德，書圖著其名③。人主樂乎使人以公盡力，而苦乎以私奪威。人臣安乎以能受職，而苦乎以一負二④。故明主除人臣之所苦，而立人主之所樂，上下之利莫長如此。不察私門之内，輕慮重事，厚誅薄罪，久怨細過，長侮偷快，數以德追禍⑤，是斷手而續以玉也，故世有易身之患⑥。

注　釋

① “君人”三句：國君不輕視爵位俸禄，不輕易改變富貴地位，不可以和這樣的人一起挽救危國。

② 厲：“勵”的古字，勉勵。　招：提出，提倡。

③ “昔者”四句：從前介子推無爵禄只是出於道義而追隨晉文公出亡，不忍心文公挨餓而甘願割下自己的大腿肉給他吃，所以君主不忘他的恩德，在史書上記下了他的名字。按：介子推割股食重耳的故事不見於《左傳》。見於其他典籍，如《韓詩外傳》：“晉文公重耳亡過曹，裹鳧須從，因盜重耳資而亡。重耳無糧，餒不能行，子推割股肉以食重耳，然後能行。”　圖：畫像。

④ 奪威：指奪權。　以一負二：指一身兼多職。

⑤ 私門：指權貴之家。　長侮偷快：經常侮辱别人偷取一時之快。　數：多次。　以德追禍：施恩反而招來灾禍。王先慎注：“禍賊當誅而反以德報之也。”

⑥ “斷手”二句：這如同砍斷手掌而用玉來接續，所以世上便有了君臣易位的禍患。　易身：指君位被篡奪。

人主立難爲而罪不及，則私怨生；人臣失所長而奉難給，則伏怨結①。勞苦不撫循②，憂悲不哀憐，喜則譽小人，賢不肖俱賞，怒則毀君子，使伯夷與盜跖俱辱，故臣有叛主。

注釋

① “人主”四句：國君設立難以達到的目標而懲罰無罪的臣下，那麽私恨就會産生；臣下失其所長而去承擔難以勝任的工作，那麽就會積藏怨氣。

② 撫循：安慰。循，撫摩。

使燕王内憎其民而外愛魯人，則燕不用而魯不附。民見憎，不能盡力而務功；魯見説，而不能離死命而親他主[①]。如此則人臣爲隙穴，而人主獨立[②]。以隙穴之臣而事獨立之主，此之謂危殆。

注釋

① “使燕”六句：假使燕王對内憎恨本國百姓對外却偏愛魯國人，那麽燕國民衆不會爲他所用而魯國人也不會親附。本國百姓被憎惡，自然不會竭力做事；魯國人被喜愛，更不會拋開死生去親近他國君主。　離死命：不問死生。

② 爲隙穴：到山野洞穴居住，指叛離。　獨立：孤立。

釋儀的而妄發，雖中小不巧[①]；釋法制而妄怒，雖殺戮而姦人不恐。罪生甲，禍歸乙，伏怨乃結。故至治之國，有賞罰而無喜怒。故聖人極有刑法，而死無螫（shì）毒[②]。故姦人服，發矢中的，賞罰當符。故堯復生[③]，羿復立。如此則上無殷夏之患，下無比干之禍，君高枕而臣樂業，道蔽天地[④]，德極萬世矣。

注 釋

① 釋：離開，捨棄。 儀的：靶子，目標。 中小：指偶然射中。 不巧：不算技藝高超。

② 極：通“殛”，誅殺。 螫毒：比喻怨恨，危害。

③ 的：靶子。 當符：適當，適合。 故：副詞，乃。

④ 蔽：覆蓋。

夫人主不塞隙穴而勞力於赭堊（zhě è）①，暴雨疾風必壞。不去眉睫之禍而慕賁、育之死②，不謹蕭牆之患而固金城於遠境，不用近賢之謀而外結萬乘之交於千里，飄風一旦起，則賁、育不及救，而外交不及至，禍莫大於此。當今之世爲人主忠計者，必無使燕王説魯人，無使近世慕賢於古，無思越人以救中國溺者。如此則上下親，内功立，外名成。

注 釋

① 赭堊：赤土和白土，古代的建築材料。

② 賁、育：指孟賁、夏育，都是古代的大力士。孟賁，戰國人，水行不避蛟龍，陸行不避虎兕，後因受秦武王舉鼎絶臏牽連而被誅。夏育，春秋衛國人，力舉千鈞，追兕而殺之，其死因不明。

文 選 二

貴　　公　《呂氏春秋》

【題解】本文側重論述了治天下“必先公”的學説。文章指出，天道至公，“不長一類”“不私一物”“生而弗子”“成而弗有”“天下，非一人之天下也，天下之天下也”。據此，統治者對於國家的治理應合乎天道，去私奉公，“不阿一人”。如果行私貪戾，勢必會失去天下，雖聖人不能爲治。作者的思想屬於道家一派。本文選自《呂氏春秋·卷一》。

昔先聖王之治天下也，必先公。公則天下平（平：治理）矣。平得於公。嘗試觀於上志（上志：古代的記載），有得天下者衆矣，其得之以公，其失之必以偏（偏：私）。凡主（主：君主）之立也，生（出）於公。故《洪範》（《尚書》篇名）曰：“無（通‘毋’）偏無黨（黨：動詞，結黨），王道蕩蕩。無偏無頗，遵王之義（義：法）。無或作好（不要有私交），遵王之道。無或作惡，遵王之路。”（黨、蕩，頗、義，好、道，惡、路，分别押韻，上古音各在陽、歌、宵、鐸部）天下，非一人之天下也，天下之天下也。陰陽之和，不長一類（不只讓一種物類生長）；甘露時雨，不私一物；萬民之主，不阿（阿：偏向）一人。伯禽（周公長子，魯國的始封君）將行，請所以治魯。周公曰："利而勿利也（施惠給百姓而不要給自己謀私利）。"荆人有遺（遺：丢失）弓者，而不肯索（索：尋找），曰："荆人遺之，荆人得之，又何索焉？"孔子聞之曰："去其'荆'而可矣。"老聃聞之曰："去其'人'而可矣。"故老聃則至公矣。天地大矣，生而弗子，成而弗有，萬物皆被（被：接受）其澤，得其利，而莫知其所由始（所由始：來源），此三皇五帝之德也。

管仲有病，桓公往問之，曰："仲父之病矣。漬（zì，病重）甚，國人弗諱（弗諱：無法隱瞞），寡人將誰屬（zhǔ。屬：'囑'的古字）國？"管仲對曰："昔者臣盡力竭智，猶未足以知之也。今病在於朝夕之中，臣奚能言？"桓公曰："此大事也，願仲父之教寡人也。"管仲敬諾，曰："公誰欲相？"公曰："鮑叔牙可乎？"管仲對曰："不可。夷吾善鮑叔牙，鮑叔牙之爲人也，清廉潔直；視不己若者，不比於人（對人家不親近。比，親近）；一聞人之過，終身不忘。勿已（不得已）乎，則隰朋可乎？隰朋之爲人也，上志（有志向比自己强的人學習）而下求（下求：勇於向不如己的人求教），醜（慚愧）不若黄帝，而哀（哀：同情）不己若者。其於國也，有不聞也；其於物也，有不知（不知：不求知道）也；其於人也，有不見也（對别人的有些缺點假裝没有看見）。勿已乎，則隰朋可也。"

夫相，大官也。處大官者，不欲小察（小察：過於明察），不欲小智（小智：小聰明）。故曰：大匠不斲（不斲：不親自砍削），大庖不豆（不豆：不親自擺放祭器。豆，古代盛酒肉類的食器，形似高足盤），大勇不鬬（不鬬：不親自格鬬），大兵不寇（不寇：不爲寇盜劫掠之事）。桓公行公（行公：奉行公事）去私惡（wù），用管子而爲五伯長（bà zhǎng。五伯長：五霸之首。管仲曾助公子糾射傷桓公，桓公不計私仇，任管仲爲相，在管仲幫助下，桓公成爲春秋第一位霸主）；行私阿所愛，用豎刀（豎刀：即豎刁，桓公寵幸的宦官）而蟲出於户（桓公死後，其五個公子爭立，豎刁與桓公另外兩個寵臣易牙、開方作亂，無人安葬桓公，致使桓公尸放置三月，發臭生蛆，蛆蟲爬出户外）。

人之少也愚，其長也智。故智而用私，不若愚而用公。日醉而飾服（飾服：整理服裝。飾，通"飭"），私利而立公，貪戾（貪婪暴戾）而求王（wàng），舜弗能爲。

尚　賢　　《墨子》

【題解】本文針對當時的世卿世禄制度提出了用人唯賢的主張。文章指出尚賢事能是爲政之本，國家的治亂强弱均取决於人才的多寡。君主對待人才應該"舉義不辟貧賤"，且要"高予之爵，重予之禄，任之以事，斷予之令"，使他們有職有權，成爲君主的得力輔佐。同時應廢除終身制，使"官無常貴，而民無終賤。有能則舉之，無能則下之"。只有這樣，國家纔能得到治理，走向富强。這些主張反映了墨家爲平民爭取權利的思想。本文屬《墨子·尚賢上》。

子墨子言曰："今者王公大人爲政於國家者，皆欲國家之富，人民之衆，刑政之治（刑法政令得到實施），然而不得富而得貧，不得衆而得寡，不得治而得亂，則是本失其所欲，得其所惡。是其故何也？"

子墨子言曰："是在王公大人爲政於國家者，不能以尚賢事能爲政也。是故國有賢良之士衆，則國家之治厚（厚：得到加强）；賢良之士寡，則國家之治薄（薄：被削弱）。故大人之務，將在於衆賢（衆賢：使賢人增多）而已。"

曰："然則衆賢之術將奈何哉？"

子墨子言曰："譬若欲衆其國之善射御之士者，必將富之貴之，敬之譽（譽：表彰）之，然後國之善射御之士將可得而衆也。況又有賢良之士，厚乎（乎：用法同'於'）德行、辯乎言談、博乎道術（道術：學術）者乎？此固國家之珍而社稷之佐也，亦必且（且：助動詞，應要）富之貴之，敬之譽之，然后國之良士亦將可得而衆也。是故古者聖王之爲政也，言曰：'不義不富（不義的人不能讓他富裕），不義不貴，不義不親，不義不近。'是以國之富貴人聞之，皆退而謀曰：'始我所恃者，富貴也；今上舉義不辟（辟："避"的古字）貧賤，然則我不可不爲義。'親者聞之，亦退而謀曰：'始我所恃者，親也；今上舉義不辟疏，然則我不可不爲義。'近者聞之，亦退而謀曰：'始我所恃者，近也；今上舉義不避遠，然則我不可不爲義。'遠者聞之，亦退而謀曰：'我始以遠爲無恃，今上舉義不辟遠，然則我不可不爲義。'逮（及）至遠鄙（鄙：邊邑）郊外之臣、門庭庶子（守衛宮門的子弟）、國（國都）中之衆、四鄙之萌（萌：通‘氓’，平民）人聞之，皆競爲義。是其故何也？曰：上之所以使下者，一物（物：指義）也；下之所以事上者，一術（術：指義）也。譬之富者，有高牆深宮，牆立既（既：畢），謹上爲鑿一門。有盜人入，闔其自入（關閉他進來的門）而求之，盜其無自出。是其故何也？則上得要也。

“故古者聖王之爲政，列德（使有德的人居於官位）而尚賢。雖在農與工肆之人，有能則舉之。高予之爵，重予之禄，任之以事，斷予之令（予之斷令）。曰：‘爵位不高則民弗敬，蓄禄不厚則民不信，政令不斷則民不畏。’舉三者授之賢者，非爲賢賜也，欲其事之成。故當是時（‘是時’二字或衍）以德就列，以官服事，以勞殿（殿：評定）賞，量功而分禄。故官無常貴，而民無終賤。有能則舉之，無能則下之。舉公義，辟私怨，此若言（若言：指‘尚賢’）之謂也。故古者堯舉舜於服澤（服澤：古地名）之陽，授之政，天下平。禹舉益（伯益：夏末東夷族首領，助禹治水有功，被推爲繼承人，後被啓攻殺）於陰方（陰方：古地名）之中，授之政，九州成（成：安定）。湯舉伊尹（伊尹：商湯的國相，佐商滅夏）於庖廚之中，授之政，其謀得。文王舉閎夭、泰顛（閎夭、泰顛：均周文王之臣。按：或説此二人實爲一人，即太公望）於罝（jū）罔（罝罔：漁獵之網，指狩獵者。罔，‘網’的古字）之中，授之政，西土服。故當是時，雖在於厚禄尊位之臣，莫不敬懼而施（施：通‘惕’，小心謹慎）；雖在農與工肆之人，莫不競勸而尚意（尚意：尚德。‘意’爲‘德’之訛）。故士者，所以爲（爲：成爲）輔相承嗣（承嗣：即丞司，輔相之副）也。故得士則謀不困，體不勞。名立而功成，美章（章：‘彰’的古字）而惡不生，則由得士也。”

是故子墨子言曰：“得意（得意：得志）賢士不可不舉，不得意賢士不可不舉。尚（尚：上）欲祖述堯、舜、禹、湯之道，將不可以不尚賢。夫尚賢者，政之本也。”

五　蠹　《韓非子》

【題解】《五蠹》是韓非子的代表作，文章較全面地論述了法家的歷史觀和社會觀，包括“世異則事異”“事異則備變”的發展觀和以法治國、重農尚武、去除五蠹的政治主張等。五蠹指學者（儒家）、言談者（縱横家）、帶劍者（遊俠）、患御者（逃避兵役者，即近習）及商工之民。韓非子認爲這五種人没有創造物質財富，如同蠹蟲，對國家有害無益，應該去除。本文節選自《韓非子·五蠹》（卷四十九）。

上古之世，人民少而禽獸衆，人民不勝禽獸蟲蛇。有聖人作，構木爲巢以避群害，而民悦之，使王（wàng）天下，號之曰有巢氏。民食果蓏（luǒ。蓏：瓜類植物的果實）蜯蛤（gé），腥臊惡臭（xiù）而傷害腹胃，民多疾病。有聖人作，鑽燧（suì）取火以化腥臊，而民説（yuè）之，使王天下，號之曰燧人氏。中古之世，天下大水，而鯀（gǔn）禹決瀆（dú。決瀆：疏治河流。瀆，河川）。近古之世，桀紂暴亂，而湯武征伐。今（如果）有構木鑽燧於夏后氏之世者，必爲鯀禹笑矣。有決瀆於殷周之世者，必爲湯武笑矣。然則（這樣那麼）今有美堯、舜、湯、武、禹之道於當今之世者，必爲新聖笑矣。是以聖人不期脩古（脩古：效法古代。脩，通“修”），不法常可（常可：永遠適用的法令制度），論世之事，因爲之備（根據其實際制定相應的法令制度）。宋人有耕者，田中有株，兔走觸株，折頸而死。因釋其耒而守株，冀復得兔。兔不可復得，而身爲宋國笑。今欲以先王之政治當世之民，皆守株之類也。

古者丈夫（丈夫：古代男子的通稱）不耕，草木之實足食也；婦人不織，禽獸之皮足衣也。不事力而養（養：生活資料）足，人民少而財有餘，故民不爭。是以厚賞不行，重罰不用，而民自治。今人有五子不爲多，子又有五子，大父（祖父）未死而有二十五孫。是以人民衆而貨財寡，事力勞而供養薄，故民爭，雖倍賞累罰而不免於亂。

堯之王天下也，茅茨（cí）不翦，采椽（櫟木或柞木椽）不斫；糲粢（lì zī。糲粢：粗惡的飯食）之食，藜藿之羹；冬日麑（ní）裘（麑裘：鹿皮製成的衣服），夏日葛衣；雖監門（監門：守門人）之服養（服養：待遇）不虧（虧：少）於此矣。禹之王天下也，身執耒臿（chā。耒臿：插地起土的工具）以爲民先，股（大腿）無胈（bá。胈：腿上的細毛），脛（小腿）不生毛；雖臣虜（臣虜：奴隸）之勞不苦於此矣。以是言之，夫古之讓天子者，是去監門之養而離臣虜之勞也，故傳天下而不足多（多：稱道）也。今之縣令，一日身死，子孫累世絜（xié）駕（絜駕：指有乘車的權利），故人重之。是以人之於讓也，輕辭古之天子，難去今之縣令者，薄厚之實異也。夫山居而谷汲（谷汲：到谷底取水）者，膢（lóu）臘（膢臘：逢年過節）而相遺（wèi）以水；澤居苦水者，買庸（顧工）而決竇（決竇：排水）。故饑歲之春，幼弟不饟（xiǎng。饟：送食物給人）；穰歲（豐年）之秋，疏客（過客）必食。非疏骨肉愛過客也，多少之實異也。是以古之易（易：輕）財，非仁也，財多也；今之争奪，非鄙也，財寡也。輕辭天子，非高也，勢薄也；重争土橐（tuó。土橐：干托，走後門。土，蓋“干”之誤。橐，通“托”），非下也，權重也。故聖人議多少、論薄厚爲之政。故罰薄不爲慈，誅嚴不爲戾，稱（chèn）俗而行也。故事因（因：根據）於世，而備適於事。

古者文王處豐、鎬之間，地方百里，行仁義而懷西戎，遂王天下。徐偃王（西周時期徐國國君，僭稱王。徐偃王好行仁義，國力强盛，威脅到周王室，周穆王命楚國伐徐，徐偃王爲避免生靈塗炭，放棄抵抗，自己到彭城武原山下隱居）處漢東，地方五百里，行仁義，割地而朝者三十有六國。荆文王恐其害己也，舉兵伐徐，遂滅之。故文王行仁義而王天下，偃王行仁義而喪其國，是仁義用於古而不用於今也。故曰：世異則事異。當舜之時，有苗不服，禹將伐之。舜曰：“不可。上（通‘尚’）德不厚而行武，非道也。”乃修教三年，執干戚舞，有苗乃服。共工之戰（指共工與顓頊争奪最高領導權的戰争。共工，堯時水官，四凶之一），鐵銛（xiān。銛：魚叉）短者及乎敵，鎧甲不堅者傷乎體，是干戚用於古不用於今也。故曰：事異則備變。上古競於道德，中世逐於智謀，當今争於氣力。齊將攻魯，魯使子貢説（shuì）之。齊人曰：“子言非不辯也，吾所欲者土地也，非斯言所謂也。”遂舉兵伐魯，去門十里以爲界。故偃王仁義而徐亡，子貢辯智而魯削。以是言之，夫仁義辯智非所以持國也。去偃王之仁，息（停止）子貢之智，循徐、魯之力，使敵萬乘，則齊、荆之欲不得行（行：實現）於二國矣。

……

儒以文亂法，俠以武犯禁，而人主兼禮之，此所以亂也。夫離（離：通“罹”，觸犯）法者罪，而諸先生（指儒者）以文學取（取：被任用）；犯禁者誅，而群俠以私劍養（憑藉行刺而被人蓄養）。故法之所非，君之所取；吏之所誅，上之所養也。法趣（趣：通“取”，指君主的取向）上下，四相反也，而無所定，雖有十黄帝，不能治也。故行仁義者非所譽，譽之則害功。工文學者非所用，用之則亂法。楚之有直躬，其父竊羊而謁（謁：告發）之吏。令尹曰：“殺之！”以爲直於君而曲於父，報（判決）而罪之。以是觀之，夫君之直臣，父之暴子也。魯人從君戰，三戰三北，仲尼問其故，對曰：“吾有老父，身死，莫之養也。”仲尼以爲孝，舉而上之（上之：使被人用）。以是觀之，夫父之孝子，君之背臣也。故令尹誅而楚姦不上聞，仲尼賞而魯民易降北（北：逃跑）。上下之利若是其異也，而人主兼舉匹夫之行，而求致社稷之福，必不幾（jī。幾：實現）矣。

古者蒼頡之作書也，自環者謂之“私”，背“私”謂之“公”。公私之相背也，乃蒼頡固以知之矣。今以爲同利者，不察之患也。然則爲匹夫計者，莫如脩行（或以爲“行”爲“仁”之誤，下句同）義而習文學。行義脩則見信，見信則受事；文學習則爲明師，爲明師則顯榮。此匹夫之美也。然則無功而受事，無爵而顯榮，有政如此，則國必亂，主必危矣。故不相容之事不兩立也。斬敵者受賞，而高慈惠之行；拔城者受爵禄，而信廉（或以爲“廉”當爲“兼”）愛之説；堅甲厲兵以備難，而美薦（jìn）紳之飾（薦紳之飾：插笏於紳帶，儒家的服飾。薦，通“搢”，插）；富國以農，距（通“拒”）敵恃卒，而貴文學之士；廢敬上畏法之民，而養遊俠私劍之屬。舉行如此，治强不可得也。國平養儒俠，難至用介士，所利非所用，所用非所利。是故服事者簡（簡：懈怠）其業，而游學者日衆，是世之所以亂也。

……

今境内之民皆言治，藏商、管（商鞅、管仲）之法者家有之，而國愈貧。言耕者衆，執耒者寡也。境内皆言兵，藏孫、吴（孫武、孫臏、吴起）之書者家有之，而兵愈弱。言戰者多，被（pī）甲者少也。故明主用其力不聽其言，賞其功必禁無用。故民盡死力以從其上。夫耕之用力也勞，而民爲之者，曰“可得以富也”。戰之爲事也危，而民爲之者，曰“可得以貴也”。今修文學，習言談，則無耕之勞而有富之實，無戰之危而有貴之尊，則人孰不爲也？是以百人事智而一人用力。事智者衆則法敗，用力者寡則國貧。此世之所以亂也。故明主之國無書簡之文，以法爲教；無先王之語，以吏爲師；無私劍之捍（捍：通“悍”，勇猛），以斬首爲勇。是境内之民，其言談者必軌（軌：遵循）於法，動作者（想做事的人）歸之於功（功：指耕戰），爲勇者盡之於軍。是故無事則國富，有事則兵强，此之謂王資（資：憑藉），既畜（xù。畜：積蓄）王資而承（承：通“乘”）敵國之舋（xìn。舋：過失），超五帝侔（móu。侔：齊等）三王者，必此法也。

今則不然，士民縱恣於内，言談者（指縱横家）爲勢於外，外内稱惡以待强敵，不亦殆乎？故群臣之言外事者，非有分於從衡（衡：義同“横”）之黨，則有仇讎（chóu。讎：仇敵）之忠而借力於國也。從者，合衆弱以攻一强也；而衡者，事一强以攻衆弱也；皆非所以持國也。今人臣之言衡者皆曰：“不事大則遇敵受禍矣。”事大未必有實，則舉圖而委（將擬割讓地的地圖獻給大國。委，奉獻），效璽（奉獻玉璽）而請兵（請大國出兵援助）矣。獻圖則地削，效璽則名卑；地削則國削，名卑則政亂矣。事大爲衡，未見其利也，而亡地亂政矣。人臣之言從者皆曰：“不救小而伐大則失天下，失天下則國危，國危而主卑。”救小未必有實，則起兵而敵大矣。救小未必能存，而交大（交大：義同“敵大”）未必不有疏，有疏則爲强國制矣。出兵則軍敗，退守則城拔。救小爲從，未見其利而亡地敗軍矣。

……

民之政計，皆就安利如辟危窮。今爲之攻戰，進則死於敵，退則死於誅，則危矣。棄私家之事而必（必：專事）汗馬之勞，家困而上弗論，則窮矣。窮危之所在也，民安得勿避？故事私門（私門：指權貴）而完解舍（完解舍：完全解脱，指逃避兵役），解舍完則遠戰，遠戰則安。行貨賂而襲當塗者（襲：因，依靠。當塗者：指權貴）則求得，求得則私安，私安則利之所在，安得勿就？是以公民少而私人衆矣。

夫明王治國之政，使其商工游食之民少而名卑，以（因爲）寡趣（趣：通“趨”）本務而趨末作（本務：指耕戰。末作：指工商）。今世近習（近習：指君主或權貴身邊的服務人員）之請行（行：

盛行）則官爵可買，官爵可買則商工不卑矣。姦財貨賈（gǔ。詞序當作“姦賈財貨”）得用於市則商人不少矣，聚斂倍農而致尊過耕戰之士，則耿介之士寡而高價（高價：或作“商賈”）之民多矣。

是故亂國之俗，其學者則稱先王之道以籍（jiè）仁義，盛（shèng）容服（儒家的服飾，指儒家）而飾辯説，以疑當世之法而貳（貳：動摇）人主之心。其言古者（指縱横家。古，或以爲當爲“談”）爲（通“僞”）設詐稱，借於外力，以成其私而遺社稷之利。其帶劍者（指遊俠）聚徒屬，立節操，以顯其名而犯五官（五官：殷周時朝廷分掌政事的五種官職，泛指百官）之禁。其患御者（指逃避兵役者。御，或説是“役”字之訛）積於私門，盡貨賂而用重人之謁，退汗馬之勞（使有戰功的人反居其後）。其商工之民修治苦窳（gǔ yǔ。苦窳：品質粗劣的器具。苦，通“盬”，粗劣）之器，聚弗（fèi）靡（弗靡：奢侈）之財，蓄積待時而侔農夫之利。

此五者，邦之蠹也。人主不除此五蠹之民，不養耿介之士，則海内雖有破亡之國，削滅之朝，亦勿怪矣。

古漢語基礎知識之十三

語法（中）

第四節　介詞、連詞

一、介詞

介詞與它引進的對象共同組成介詞結構，在句中做狀語或補語，表示行爲動作的時間、處所、工具、方式、原因、目的、對象等。古漢語中常用的介詞有“于（於）、以、爲、與、乎、用、由、自、從”等，下面介紹“于（於）、以、爲、與、乎、用”六個。

1. 于（於）

“于、於”二字用法相同，上古讀音比較接近，只是有時代差異。“于”出現的時代早，甲骨文中用“于”不用“於”，《尚書》《詩經》一般也用“于”。“於”出現的時代較晚，《論語》《孟子》《荀子》等書多用“於”。《左傳》中“于、於”並用，使用頻率大致相等，“于”多用於引進地名，“於”多用於表示被動。由“于

(於)”構成的介詞結構在句中一般做補語，用法主要有以下五種：

第一，引進行爲動作發生的處所、時間或方面，可譯爲“在、到”或“在……方面”。例如：

① 之子于歸，遠送于野。瞻望弗及，泣涕如雨。(《詩經·邶風·燕燕》)

② 繁啟蕃長於春夏，蓄積收藏於秋冬。(荀子《天論》)

③ 敏於事而慎於言。(《論語·學而》)

④ 上古競於道德，中古逐於智謀，當今爭於氣力。(《韓非子·五蠹》)

第二，引進行爲動作施予的對象，可譯爲“向、給、對”或“對……來説”。例如：

① 吴人告敗於王，王惡其聞也，自剄七人於幕下。(《左傳·哀公十三年》)

② 季康子問政於孔子。(《論語·顏淵》)

③ 不義而富且貴，於我如浮雲。(《論語·述而》)

第三，引進比較的對象，可譯爲“比”或“與……相比”等。例如：

① 夫子曰：“小子識之，苛政猛於虎也。”(《禮記·檀弓下》)

② 在天者莫明於日月，在地者莫明於水火，在物者莫明於珠玉，在人者莫明於禮儀。(《荀子·天論》)

第四，用於被動句，引進行爲的主動者，可譯爲“被”。例如：

① 郤克傷於矢，流血及屨，未絶鼓音。(《左傳·成公二年》)

② 勞心者治人，勞力者治於人。(《孟子·滕文公上》)

③ 昔者彌子瑕見愛於衛君。(《史記·老莊申韓列傳》)

④ 是故有術則制人，無術則制於人。(《淮南子·主術訓》)

第五，引進行爲動作的原因，可譯爲“由於、因爲”。例如：

① 讓生於有餘，爭生於不足。(《論衡·問孔》)

② 業精于勤，荒于嬉；行成于思，毁于隨。(韓愈《進學解》)

2. 以

"以"本爲動詞，義爲"用"，後虚化成介詞，用法主要有五種：

第一，引進行爲動作使用的工具或憑藉的條件、資格等，可譯爲"用、拿、憑"。例如：

① 蛇出於其下，以肱擊之。(《左傳·成公二年》)

② 生，事之以禮；死，葬之以禮，祭之以禮。(《論語·爲政》)

③ 將軍蘇建，杜陵人，以校尉從衛將軍青。(《史記·衛將軍驃騎列傳》)

④ 會張邈、陳宫以兖州反操，而潛迎吕布。(《後漢書·荀彧傳》)

第二，引進行爲動作涉及的對象，可譯爲"把、用"。例如：

① 齊曰："必以長安君爲質，兵乃出。"(《戰國策·趙策四》)

② 復以弟子一人投河中。(《史記·滑稽列傳》)

③ 二年十月，丞相平卒，復以絳侯勃爲丞相。(《史記·孝文本紀》)

第三，引進行爲動作的偕同者，可譯爲"跟""同……一起"。例如：

① 王以鞏伯宴，而私賄之。(《左傳·成公二年》)

② 齊桓公獨以管仲謀伐莒，而國人知之。(《韓詩外傳》卷四)

第四，引進行爲發生的原因，可譯爲"因爲、由於"。例如：

① 君子不以言舉人，不以人廢言。(《論語·衛靈公》)

② 子産相鄭伯以如晉，晉侯以我喪故，未之見也。(《左傳·襄公三十一年》)

第五，引進動作行爲發生的時間或處所，可譯爲“在、從”。例如：

① 賞以春夏，刑以秋冬。(《左傳·襄公二十六年》)

② 敵以東方來，迎之東壇，壇高八尺。(《墨子·迎敵祠》)

除上述以外，介詞“以”還有兩種比較特殊的用法需要注意：

第一，“以”在句中可以省略。例如：

① 死馬且買之（以）五百金，況生馬乎？(《戰國策·燕策一》)

② 及項羽滅，高祖購求布（以）千金。(《史記·季布欒布列傳》)

第二，“以”的賓語可以前置或省略。例如：

① 子曰：“君子義以爲質，禮以行之，孫以出之，信以成之。”(《論語·衛靈公》)

② 大叔又收貳以（ ）爲己邑，至於廩延。(《左傳·隱公元年》)

③ 衣食所安，弗敢專也，必以（ ）分人。(《左傳·莊公十年》)

3. 爲

介詞“爲”由動詞“爲”虚化來，其用法主要有以下三種：

第一，引進行爲動作施予的對象，可譯爲“替、給、對、向”。例如：

① 吾日三省吾身：爲人謀而不忠乎？與朋友交而不信乎？傳不習乎？(《論語·學而》)

② 庖丁爲文惠君解牛。(《莊子·養生主》)

③ 沛公默然，曰：“固不如也，且爲之奈何？”(《史

記·項羽本紀》)

第二，引進行爲動作的原因或目的，可譯爲“因爲、由於、爲了”。例如：

① 天行有常，不爲堯存，不爲桀亡。(荀子《天論》)

② 良鄂然，欲毆之。爲其老，强忍，下取履。(《史記·留侯世家》)

③ 天下熙熙，皆爲利來；天下壤壤，皆爲利往。(《史記·貨殖列傳》)

④ 始知文章合爲時而著，歌詩合爲事而作。(《舊唐書·白居易列傳》)

第三，用於被動句，引進行爲動作的主動者。例如：

① 戰而不克，爲諸侯笑。(《左傳·襄公十年》)

② 身死人手，爲天下笑者，何也？(《史記·秦始皇本紀》)

“爲”的賓語也可以省略。例如：

① 君子不能爲(　)謀也。(《禮記·檀弓下》)

② 不者，若屬皆且爲(　)所虜。(《史記·項羽本紀》)

4. 與

介詞“與”也是由動詞虚化而來，用法主要有以下四種：

第一，引進行爲動作的偕同者，可譯爲“和、同、跟”。例如：

① 庶見素衣兮，我心傷悲兮，聊與子同歸兮。(《詩經·檜風·素冠》)

② 道者，令民與上同意也。故可以與之死，可以與之生，而不畏危。(《孫子兵法·計篇》)

③ 賢者與民並耕而食，饔飧而治。(《孟子·滕文公上》)

第二，引進行爲動作施予的對象，可譯爲“爲、替、給”等。例如：

① 今子與我取之，而不與我治之；與我置之，而不與我

祀之焉。(《韓非子·外儲説左上》)

② 陳涉少時，嘗與人佣耕。(《史記·陳涉世家》)

第三，引進比較的對象，可譯爲“比、和、跟”。例如：

① 子謂子貢曰：“女與回也孰愈？”(《論語·公冶長》)

② 陳賈曰：“王無患焉。王自以爲與周公孰仁且智？”(《孟子·公孫丑下》)

第四，引進行爲動作的根據、條件，可譯爲“根據、隨着”。例如：

① 不慕古，不留今，與時變，與俗化。(《管子·正世》)

② 三代之起也，不相襲而王。故聖人法與時變，禮與俗化。(《淮南子·氾論訓》)

③ 教與時變，備與敵化。守一而不易，不足以子民。(《新序·善謀下》)

“與”的賓語也可以省略。例如：

① 拘禮之人不足與（ ）言事，制法之人不足與（ ）論變。(《商君書·更法》)

② 項伯見沛公，沛公與（ ）飲爲壽，結賓婚。(《史記·留侯世家》)

5. 乎

“乎”與介詞“于（於）”的古音不同而用法大體相同。“乎”與“于（於）”區别在於：“乎”可引進動作直接涉及的對象，“于（於）”則不能；被動句中通常用“于（於）”不用“乎”。另外，“對於”不能换作“對乎”，“惡乎”也不能换成“惡於”。“乎”的用法主要有五種：

第一，引進行爲動作的處所或時間，可譯爲“在、從、到”。例如：

① 君子之學也，入乎耳，著乎心，布乎四體，形乎動

靜。(《荀子·勸學》)

② 奮乎百世之上，百世之下聞者莫不興起也。(《孟子·盡心下》)

③ 生乎吾前，其聞道也固先乎吾，吾從而師之。(韓愈《師説》)

第二，用於被動句，引進行爲動作的主動者，可譯爲“被”。例如：

① 俄則束乎有司而戮乎大市，莫不呼天啼哭。(《荀子·非相》)

② 有志乎古者希矣，志乎古必遺乎今。(韓愈《答李翊書》)

第三，引進行爲動作涉及的對象，可不譯。例如：

① 故以衆勇無畏乎孟賁矣，以衆力無畏乎烏獲矣，以衆視無畏乎離婁矣，以衆知無畏乎堯舜矣。(《吕氏春秋·用衆》)

② 與前世而皆然兮，吾又何怨乎今之人？(《楚辭·九章·涉江》)

第四，引進行爲動作施予的對象，可譯爲“給、對”。例如：

① 天子嫁女乎諸侯，必使諸侯同姓者主之。(《公羊傳·莊公元年》)

② 或問乎曾西曰：“吾子與子路孰賢？”(《孟子·公孫丑上》)

第五，引進比較的對象，可譯爲“比”等。例如：

① 以吾一日長乎爾，毋吾以也。(《論語·先進》)

② 孝子之至，莫大乎尊親；尊親之至，莫大乎以天下養。(《孟子·萬章上》)

6. 用

“用”作爲介詞，用法與“以”近似，主要有以下三種：

第一，引進行爲動作的工具或憑藉。例如：

① 子乃規規然而求之以察，索之以辯，是直用管窺天，用錐指地也。(《莊子·秋水》)

② 吾聞用夏變夷者，未聞變於夷者也。(《孟子·滕文公上》)

③ 故必將有師法之化，禮義之道，然後出於辭讓，合於文理，而歸於治。用此觀之，然則人之性惡明矣，其善者僞也。(《荀子·性惡》)

④ 魯朱家者，與高祖同時。魯人皆以儒教，而朱家用俠聞。(《史記·遊俠列傳》)

第二，引進行爲動作的原因。例如：

① 故謀用是作，而兵由此起。禹湯文武成王周公，由此其選也。(《禮記·禮運》)

② 孝文帝十四年，匈奴大入蕭關，而廣以良家子從軍擊胡，用善騎射，殺首虜多，爲漢中郎。(《史記·李將軍列傳》)

第三，引進行爲動作涉及的對象。例如：

① 單于既得翕侯，以爲自次王，用其姊妻之，與謀漢。(《史記·匈奴列傳》)

② 辟左右，親問禹以天變，因用吏民所言王氏事示禹。(《漢書·張禹傳》)

二、連詞

連詞起着連接詞、短語或句子的作用，以表示其間的各種邏輯關係，包括並列、遞進、選擇、轉折、因果、假設、條件等。古代漢語中常用連詞有“與、及、而、則、以、雖、雖然、然、然而、然則、如、若、苟、使、令、即、爲、倘（黨）、藉使、藉弟、弟（第）令、況、且、但、抑、故”等，下面分爲十二組介紹。

1. 與、及

這兩個詞連接詞與詞、詞與詞組、詞組和詞組，表示並列關係，可譯爲“和、跟、同”。例如：

①名與身孰親？身與貨孰多？（《老子·四十四章》）

②吾與日月參光，吾與天地爲常。（《莊子·在宥》）

③凡歲時有天患民病，則以節巡國中及郊野，而以王命施惠。（《周禮·地官司徒》）

④秦王大喜，傳以示美人及左右。（《史記·廉頗藺相如列傳》）

2. 而

“而”連接形容詞、動詞或動詞性詞組，也可以連接句子，一般不連接名詞或名詞性詞組，使用頻率高，詞義靈活，用法複雜，主要有六種：

第一，連接動詞、形容詞、動詞性詞組或分句，表示並列關係，可譯爲“又、且”，或不譯。例如：

①宋華父督見孔父之妻於路，目逆而送之，曰：“美而豔。”（《左傳·桓公元年》）

②雖有勝秦之名，而國破矣。是何故也？秦强而趙弱也。（《戰國策·齊策一》）

③是故明君貴五穀而賤金玉。（晁錯《論貴粟疏》）

④敏於事而慎於言。（《論語·學而》）

⑤子曰：“不有祝鮀之佞，而有宋朝之美，難乎免於今之世矣。”（《論語·雍也》）

第二，連接動詞、形容詞、動詞性詞組或分句，表示順承或逆接關係，可譯爲“便、然後”或“却”等。例如：

①（孟明）滅滑而還。（《左傳·僖公三十三年》）

②故察能而授官者，成功之君也；論行而結交者，立名之士也。（《戰國策·燕策二》）

③向使四君却客而不內，疏士而不用，是使國無富利之

實而秦無強大之名也。(《李斯《諫逐客書》)

④ 民不足而可治者，自古及今，未之嘗聞。(賈誼《論積貯疏》)

第三，用於偏正結構中，連接狀語和謂語，可譯爲“……地”，或不譯。例如：

① 子路率爾而對。(《論語·先進》)

② 妻側目而視，傾耳而聽。(《戰國策·秦策一》)

③ 昔者湯將往見伊尹，令彭氏之子御，彭氏之子半道而問曰：“君將何之？”(《墨子·貴義》)

第四，連接主語和謂語，表示假設或轉折關係，可譯爲“如果、却”。例如：

① 相鼠有皮，人而無儀。人而無儀，不死何爲？(《詩經·鄘風·相鼠》)

② 人而無信，不知其可也。(《論語·爲政》)

第五，連接分句，表示轉折關係，可譯爲“但是、却”。例如：

① 青，取之於藍，而青於藍；冰，水爲之，而寒於水。(《荀子·勸學》)

② 舟已行矣，而劍不行，求劍若此，不亦惑乎？(《吕氏春秋·察今》)

③ 狗彘食人食而不知檢，塗有餓莩而不知發。(《孟子·梁惠王上》)

第六，連接分句，表示遞進關係，可譯爲“而且”。例如：

① 楚師驟勝而驕，其師老矣，而不設備，子擊之，鄭師爲承，楚師必敗。(《左傳·宣公十二年》)

② 故善戰者，立於不敗之地，而不失敵之敗也。(《孫子兵法·形篇》)

需要指出的是，名詞或名詞性詞組一般不用“而”字連接，但在名詞用作動詞時就可能用“而”連接。例如：

① 不及時而日，渴葬也；不及時而不日，慢葬也。（未滿停喪時間却記載了下葬日期，這是急於下葬；未滿停喪時間且未記載下葬日期，這是輕慢葬禮。按：據禮，諸侯死後柩殯五個月纔安葬，宋穆公死後的柩殯時間不及此數）（《公羊傳·隱公三年》）

② 孟嘗君怪其疾也，衣冠而見之。（《戰國策·齊策四》）

3. 則

“則”多連接分句，用法主要有四種：

第一，同時用於並列複句兩個單句的對應位置，起强化對比的作用，可譯爲“在……方面”或“一方面”，有些不便譯。例如：

① 外則順於君長，内則以孝於親。（《禮記·祭統》）

② 子曰：“父母之年，不可不知也。一則以喜，一則以懼。”（《論語·里仁》）

③ 入則無法家拂士，出則無敵國外患者，國恒亡。（《孟子·告子下》）

第二，連接分句，表示順承關係，可譯爲“就、便”。例如：

① 名不正，則言不順。言不順，則事不成。事不成，則禮樂不興。禮樂不興，則刑罰不中。刑罰不中，則民無所措手足。（《論語·子路》）

② 歲終，則令群吏正歲會。月終，則令正月要。旬終，則令正日成。（《周禮·天官冢宰》）

第三，連接分句，表示前項是條件或原因，後項是推論結果或結論，可譯爲“那麽、所以”。例如：

① 君子篤於親，則民興於仁。故舊不遺，則民不偷。（《論語·泰伯》）

② 有天子存，則諸侯不得專地也。(《公羊傳·桓公元年》)

第四，連接分句，表示轉折關係，可譯爲“就會、却”等。例如：

①《象》曰：一人行，三則疑也。(《周易·損》)

② 使子路反見之，至則行矣。(《論語·微子》)

4. 以

“以”可以連接動詞、形容詞、動詞性詞組或分句，用法主要有以下五種：

第一，連接動詞、形容詞或動詞性詞組，表示並列關係，可譯爲“和、又、且”。例如：

① 季康子問：“使民敬忠以勸，如之何？”(《論語·爲政》)

② 其責己也重以周，其待人也輕以約。(韓愈《原毀》)

③ 狐偃，其舅也，而惠以有謀。趙衰，其先君之戎御，趙夙之弟也，而文以忠貞。賈佗，公族也，而多識以恭敬。(《國語·晉語四》)

第二，用於狀語和動詞之間，表示偏正關係，可譯爲“地、著”。例如：

① 順上之爲，從主之法，虛心以待令而無是非也。(《韓非子·有度》)

② 王曰：“吾惛，不能進於是矣。願夫子輔吾志，明以教我。”(《孟子·梁惠王上》)

第三，連接動詞或動詞性詞組，表示承接關係，可譯爲“以後、然後”等。例如：

① 余折以禦，左輪朱殷。(《左傳·成公二年》)

② 齊因乘勝盡破其軍，虜太子申以歸。(《史記·孫子吳起列傳》)

第四，連接分句，表示原因或結果，可譯爲“由於、以致”等。例如：

① 天地所以能長且久者，以其不自生，故能長生。（《老子·七章》）

② 昔秦繆公不從百里奚、蹇叔之言，以敗其師。（《漢書·息夫躬傳》）

第五，連接分句，表示目的，可譯爲“以免、以便、以求”等。例如：

① 故古者聖王，明天鬼之所欲，而避天鬼之所憎，以求興天下之利，除天下之害。（《墨子·尚同中》）

② 構木爲巢，以避群害。（《韓非子·五蠹》）

③ 誠宜開張聖聽，以光先帝遺德，恢弘志士之氣。（《三國志·蜀書·諸葛亮傳》）

5. 雖、雖然

“雖”連接分句，表示讓步，可譯爲“雖然、即使”。例如：

① 周雖舊邦，其命維新。（《詩經·大雅·文王》）

② 今人而無禮，雖能言，不亦禽獸之心乎？（《禮記·曲禮上》）

“雖然”與現代漢語連詞“雖然”不同，屬於固定詞組，連接分句，表示讓步，其中“然”指代既成的事實，可譯爲“雖然如此”或“即使如此”。例如：

① 公使謂之曰：“微子則不及此。雖然，子弑二君與一大夫，爲子君者不亦難乎？”（《左傳·僖公十年》）

② 敝邑易子而食，析骸以爨。雖然，城下之盟，有以國斃，不能從也。（《左傳·宣公十五年》）

③ 彼其於世未數數然也。雖然，猶有未樹也。（《莊子·逍遥遊》）

6. 然、然而、然則

“然”連接分句，表示轉折關係，可譯爲“但是、不過”。例如：

①自始合，苟有險，余必下推車，子豈識之？然子病矣。(《左傳·成公二年》)

②周勃重厚少文，然安劉氏者必勃也。(《史記·高祖本紀》)

“然而”有兩種屬性：一是固定詞組，由代詞“然”和連詞“而”構成，連接分句，表示轉折，可譯爲“如此、但”“如此、却”；一是連詞，表示轉折，無須譯 。例如：

①七十者衣帛食肉，黎民不饑不寒，然而不王者，未之有也。(《孟子·梁惠王上》)

②此世俗所謂知也。然而巨盗至，則負匱揭篋擔囊而趨，唯恐緘縢扃鐍之不固也。(《莊子·胠篋》)

③自直之箭、自圜之木，百世無有一，然而世皆乘車射禽者何也？隱栝之道用也。(《韓非子·顯學》)

“然則”屬於固定詞組，由代詞“然”和連詞“則”構成，連接句子，承接上文，推論下文，可譯爲“如此、那麽”。例如：

①(知罃)對曰：“臣實不才，又誰敢怨？”王曰：“然則德我乎？”(《左傳·成公三年》)

②東以弱齊燕，中以淩三晉，然則是一舉而霸王之名可成也，四鄰諸侯可朝也。(《韓非子·初見秦》)

7. 如、若、苟、使、令、即、爲、倘(黨)、藉使、藉弟(第)、弟(第)令

這組詞均連接分句，表示假設關係，可譯爲“如果、假如”。例如：

①惜乎，子不遇時！如令子當高帝時，萬户侯豈足道

哉？（《史記·李將軍列傳》）

② 王若隱其無罪而就死地，則牛羊何擇焉？（《孟子·梁惠王上》）

③ 孔子對曰："苟子之不欲，雖賞之不竊。"（《論語·顔淵》）

④ 使死者無知，則已矣；若其有知，吾何面目以見員也！（《國語·吴語》）

⑤ 文帝怒，曰："此人親驚吾馬！吾馬賴柔和！令他馬，固不敗傷我乎？"（《史記·張釋之馮唐列傳》）

⑥ 子即反國，何以報寡人？（《史記·晉世家》）

⑦ 孫叔敖疾，將死，戒其子曰："王亟封我矣，吾不受也。爲我死，王則封女，女必無受利地！"（《列子·説符》）

⑧ 夫日月之有蝕，風雨之不時，怪星之黨（tǎng）見，是無世而不常有之。（《荀子·天論》）

⑨ 藉使子嬰有庸主之材，僅得中佐，山東雖亂，秦之地可全而有；宗廟之禮祀未嘗絶也。（《史記·秦始皇本紀》）

⑩ 公等遇雨，皆已失期，失期當斬。藉弟令毋斬，而戍死者固十六七。（《史記·陳涉世家》）

⑪ 今大王與吴西鄉，弟令事成，兩主分争，患乃始結。（《史記·吴王濞列傳》）

8. 況

"況"連接分句，表示遞進關係，可譯爲"何況、況且"等。如：

① 公曰："一夫不可狃，況國乎？"（《左傳·僖公十五年》）

② 天地尚不能久，而況於人乎？（《老子·二十三章》）

9. 且

"且"連接詞、詞組或分句，表示並列或遞進關係，可譯爲

"又""邊……邊……"或"並且"。例如:

①道之以德,齊之以禮,有恥且格。(《論語·爲政》)

②陵軍五千人,兵矢既盡,士死者過半,而所殺傷匈奴亦萬餘人,且引且戰。(《史記·李將軍列傳》)

③公語之故,且告之悔。(《左傳·隱公元年》)

10. 但

"但"連接分句,表示轉折關係,可譯爲"只是、不過、但是"。例如:

①佗語普曰:"人體欲得勞動,但不當使極耳。"(《後漢書·方術列傳》)

②已成老翁,但未白頭耳。(曹丕《與吴質書》)

11. 抑

"抑"連接分句,表示選擇或轉折關係,可譯爲"或者"或"不過"。例如:

①爲肥甘不足於口與?輕煖不足於體與?抑爲采色不足視於目與?(《孟子·梁惠王上》)

②臣何力之有焉?抑臣願君安其樂而思其終也。(《左傳·襄公十一年》)

③言必信,行必果,硜硜然小人哉!抑亦可以爲次矣。(《論語·子路》)

12. 故

"故"連接分句,表示結果或原因,可譯爲"所以"或"由於"。例如:

①求也退,故進之;由也兼人,故退之。(《論語·先進》)

②真積力久則入,學至乎没身而後止也。故學數有終,若其義則不可須臾舍也。(《荀子·勸學》)

第五節 語氣詞、嘆詞、結構助詞

一、語氣詞

語氣詞有些書上稱作語氣助詞。根據在句中出現的位置，古漢語的語氣詞分爲句首語氣詞、句中語氣詞和句末語氣詞三類。

（一）句首語氣詞

在古代漢語中，有些語氣詞位於句首，起引發議論、引出時間等作用，有“夫、惟（唯、維）”兩個。

1. 夫

“夫”或稱發語詞，引出議論的內容，不便譯。例如：

① 既克，公問其故。對曰：“夫戰，勇氣也，一鼓作氣，再而衰，三而竭。”（《左傳・莊公十年》）

② 萬物作焉而不辭，生而不有，爲而不恃，成功而不居。夫唯不居，是以不去。（《老子・二章》）

2. 惟（唯、維）

“惟、唯、維”或稱助詞，三詞常通用，用法主要有三種：

第一，用於句首，引出時間，不便譯。例如：

① 惟十有一年，武王伐殷。（《尚書・周書・泰誓》）

② 維六年四月乙巳，皇帝使御史大夫湯廟立子胥爲廣陵王。（《史記・三王世家》）

第二，用於句首，引出話題，不便譯。例如：

① 惟彼陶唐，有此冀方。今失厥道，亂其紀綱，乃厎滅亡。（《尚書・夏書・五子之歌》）

② 唯或思或縱也。勇夫重閉，況國乎？（《左傳・成公八年》）

③維三代尚矣，年紀不可考，蓋取之譜牒舊聞。（《史記·太史公自序》）

第三，用於句首，表示希望語氣，可譯爲“請、希望”。例如：

①君之所欲也，誰敢違君？寡君將帥諸侯以見於城下，唯君圖之！（《左傳·襄公八年》）

②王翦謝曰：“老臣罷病悖亂，唯大王更擇賢將。”（《史記·白起王翦列傳》）

③今既下廷尉，廷尉，天下之平也，一傾而天下用法皆爲輕重，民安所措其手足？唯陛下察之。（《史記·張釋之馮唐列傳》）

（二）句中語氣詞

用於句子之中，起提頓或延緩語氣的作用，主要有“者、也、與、乎、其”五個。

1.者

“者”作爲句中語氣詞，用法主要有三種：

第一，用於判斷句的主語之後，表示提頓語氣，不便譯。這種用法的“者”有些書上認爲是助詞或代詞。例如：

①君者，舟也；庶人者，水也。水則載舟，水則覆舟。（《荀子·王制》）

②言者，風波也；行者，實喪也。夫風波易以動，實喪易以危。（《莊子·人間世》）

第二，用在時間詞“昔、今、日、曩”等詞語的後面，延緩語氣，不便譯。這種用法的“者”有些書上認爲是助詞或詞綴。例如：

①昔者，聖人之作《易》也，將以順性命之理。（《周易·說卦》）

②今者吾喪我，汝知之乎？（《莊子·齊物論》）

③ 日者，大將軍攻匈奴，斬首虜萬九千級。(《史記·平準書》)

④ 曩者辱賜書，教以慎於接物，推賢進士爲務。(《漢書·司馬遷傳》)

⑤ 莫春者，春服既成，冠者五六人，童子六七人，浴乎沂，風乎舞雩，詠而歸。(《論語·先進》)

第三，用於假設複句或因果複句的前一分句之後，舒緩語氣，提示下文，可不譯。例如：

① 欲農富其國者，境内之食必貴，而不農之徵必多，市利之租必重。(《商君書·外内》)

② 即有所取者，是商賈之人也，仲連不忍爲也。(《戰國策·趙策三》)

③ 然而不勝者，是天時不如地利也。(《孟子·公孫丑下》)

④ 井蛙不可以語於海者，拘於虚也；夏蟲不可以語於冰者，篤於時也；曲士不可以語於道者，束於教也。(《莊子·秋水》)

2. 也

"也"作爲句中語氣詞，用法主要有兩種：

第一，用在主語或狀語之後，延緩語氣，引起下文，可譯爲"啊、呢"或不譯。例如：

① 柴也愚，參也魯，師也辟，由也喭。(《論語·先進》)

② 今也國無常道，官無常法，是以國家日繆。(《慎子·威德》)

③ 人之生也柔弱，其死也堅强。(《老子·七十六章》)

第二，用在複句的前一分句或多個分句之後，延緩語氣，不便譯。例如：

① 且而與其從辟人之士也，豈若從辟世之士哉！(《論

語・微子》)

② 聽其言也，可以知其所好矣。(《大戴禮記・曾子立事》)

③ 天無私覆也，地無私載也，日月無私燭也，四時無私行也，行其德而萬物得遂長焉。(《吕氏春秋・去私》)

3. 與

用在主語、狀語或複句的前一分句之後，延緩語氣，可譯爲“呢、麼”等。例如：

①(漢王)又曰：“兵不得休八年，萬民與苦甚，今天下事畢，其赦天下殊死以下。”(《漢書・高帝紀》)

② 子曰：“朽木不可雕也，糞土之牆不可杇也；於予與何誅？”(《論語・公冶長》)

③ 我之大賢與，於人何所不容？我之不賢與，人將拒我，如之何其拒人也？(《論語・子張》)

4. 乎

“乎”用在句中，延緩語氣，有詠嘆意味，可譯爲“呢、呀”。例如：

① 式微式微，胡不歸？微君之故，胡爲乎中露！(《詩經・邶風・式微》)

② 孟子曰：“仕非爲貧也，而有時乎爲貧。”(《孟子・萬章下》)

5. 其

“其”用在句中，舒緩語氣，可譯爲“呀”，或不譯。這種用法有些書上稱作助詞。例如：

① 擊鼓其鏜，踴躍用兵。(《詩經・邶風・擊鼓》)

② 路曼曼其修遠兮，吾將上下而求索。(《楚辭・離騷》)

(三)句末語氣詞

句末語氣詞主要有“也、矣、乎、與(歟)、邪(耶)、耳、焉、哉、夫”等，下面分爲七組介紹。

1.也

“也”的基本作用是表示肯定或確認語氣，强調或强化句子本有的語氣，主要有以下五種情況：

第一，用於判斷句句尾，强調謂語和主語之間的關係，一般不譯，或譯作“的”。例如：

①農，天下之本也。(《漢書·景帝紀》)

②夫得高爵與免罪，人之所甚欲也。(晁錯《論貴粟疏》)

第二，用於因果複句的分句之末，强調原因或條件。例如：

①聖王在上，而民不凍飢者，非能耕而食之、織而衣之也，爲開其資財之道也。(晁錯《論貴粟疏》)

②强秦之所以不敢加兵於趙者，徒以吾兩人在也。(《史記·廉頗藺相如列傳》)

第三，用於祈使句之末，加强命令、請求等語氣。例如：

①子犯曰:“戰也。戰而捷，必得諸侯。”(《左傳·僖公二十八年》)

②(項伯)欲呼張良與俱去。曰:“毋從俱死也。”(《史記·項羽本紀》)

③失其所與，不知；以亂易整，不武。吾其還也。(《左傳·僖公三十年》)

第四，用於疑問句之末，强化疑問語氣，可譯爲“呢、啊”等。例如：

①孟嘗君怪之，曰:“此誰也？”(《戰國策·齊策四》)

②魯侯曰:“寡人懼不免於晉，今君曰‘將有亂’，敢問天道乎，抑人故也？”(《國語·周語下》)

③其母曰:“人盡夫也，父一而已，胡可比也？”(《左傳·桓公十五年》)

第五，用於感嘆句，强化感嘆語氣，可譯爲“啊、呀”等。例如：

①夫子曰：“小子識之，苛政猛於虎也！”（《禮記·檀弓下》）

②上退，謂左右曰：“甚矣，汲黯之戇也！”（《史記·汲黯列傳》）

2. 矣

“矣”的基本作用是表示已然或將然，同時有强化語氣的作用，相當於現代漢語的“了”，用法主要有以下四種：

第一，用於陳述句之末，表示已然或將然，可譯爲“了、過”，或不譯。例如：

①（潁考叔）對曰：“小人有母，皆嘗小人之食矣。”（《左傳·隱公元年》）

②子曰：“諾，吾將仕矣。”（《論語·陽貨》）

第二，用於祈使句之末，强化祈使語氣，可譯爲“吧”。例如：

①子乃規規然而求之以察，索之以辯，是直用管窺天，用錐指地也，不亦小乎！子往矣！（《莊子·秋水》）

②須臾，豹曰：“廷掾起矣。狀河伯留客之久，若皆罷去歸矣。”（《史記·滑稽列傳》）

第三，用於疑問句之末，强化疑問語氣，句中一般有疑問代詞或副詞的出現，可譯爲“了”或“呢”。例如：

①危而不持，顛而不扶，則將焉用彼相矣？（《論語·季氏》）

②子夏曰：“三王之德，參於天地，敢問‘何如斯可謂參於天地矣？’”（《禮記·孔子閒居》）

第四，用於感嘆句之末，或寫作“已”，强化感嘆語氣，可譯爲“啊、呀、了”。例如：

① 甚矣，吾衰也！久矣，吾不復夢見周公！（《論語·述而》）

② 念彼遠方，何其塞矣！（《荀子·賦》）

③ 天下皆知美之爲美，斯惡已；皆知善之爲善，斯不善已。"（《老子·二章》）

3. 乎、與（歟）、邪（耶）

這三個詞主要用於疑問句中，表示有疑而問、測度和反問語氣。其中"乎"的使用頻率高，疑問語氣也較强；"與（歟）、邪（耶）"的使用頻率較低，疑問語氣也相對較弱。其中"乎、邪（耶）"也可用於感嘆句之末，强化感嘆語氣，或用在分句之末，延緩語氣；"乎"又可用於祈使句之末，加强祈使語氣。用法可細分爲八種：

第一，用於是非問句之末，可譯爲"嗎"。例如：

① 子路曰："爲孔丘。"曰："是魯孔丘與？"（《論語·微子》）

② 賢人已與我共平之矣，而不與吾共安利之，可乎？（《漢書·高帝紀》）

第二，用於特指問句之末，句子本身有疑問代詞"誰、何、安、胡、孰、奚、盍"等，可譯爲"呢"。例如：

① 後孟嘗君出記，問門下諸客："誰習計會，能爲文收責於薛乎？"（《戰國策·齊策四》）

② 夫子有憂色，何邪？（《莊子·至樂》）

第三，用於選擇問句之末，可譯爲"呢"。例如：

① 滕文公問曰："滕，小國也，間於齊、楚。事齊乎？事楚乎？"（《孟子·梁惠王下》）

② 或曰："天道無親，常與善人。"若伯夷、叔齊，可謂善人者非邪？積仁絜行如此而餓死！（《史記·伯夷列傳》

第四，用於測度問句之末，表示較委婉的詢問語氣，常與語氣副詞“其、殆、無乃、得無”相呼應，可譯爲“吧”。例如：

①君子曰：“石碏，純臣也，惡州籲而厚與焉。‘大義滅親’，其是之謂乎？”（《左傳·隱公四年》）

②孝弟也者，其爲仁之本與？（《論語·學而》）

第五，用於反問句之末，常與詞組“不亦”、語氣副詞“獨、寧、豈”或疑問代詞配合使用，可譯爲“嗎”。例如：

①子曰：“學而時習之，不亦説乎？有朋自遠方來，不亦樂乎？人不知而不愠，不亦君子乎？”（《論語·學而》）

②沛公不先破關中，公豈敢入乎？（《史記·項羽本紀》）

③且以文王之德，百年而後崩，猶未洽於天下。武王、周公繼之，然後大行。今言王若易然，則文王不足法與？（《孟子·公孫丑上》）

④辛垣衍曰：“先生獨未見夫僕乎？十人而從一人者，寧力不勝智不若耶？畏之也。”（《戰國策·趙策三》）

⑤今聞荆兵日進而西，將軍雖病，獨忍棄寡人乎？（《史記·白起王翦列傳》）

第六，用於感嘆句之末，可譯爲“啊”。例如：

①（李廣）嘗從行，有所沖陷折關及格猛獸，而文帝曰：“惜乎！子不遇時！如令子當高帝時，萬户侯豈足道哉？”（《史記·李將軍列傳》）

②子在陳曰：“歸與歸與！”（《論語·公冶長》）

第七，“乎、邪（耶）”可用於分句之末，延緩語氣，作用大體同“也”，只是使用不够廣泛，可譯爲“吧”，或不必譯。例如：

①故孔子曰：“以容取人乎，失之子羽；以言取人乎，失之宰予。”（《韓非子·顯學》）

②荆軻雖遊於酒人乎，然其爲人沈深好書。（《史記·刺客列傳》）

③ 我欲屬之狂惑疾病邪，則不可，聖王又誅之。我欲屬之鳥鼠禽獸邪，則不可，其形體又人，而好惡多同。(《荀子·榮辱》)

④ 言君臣邪，固當諫争；語朋友邪，應有切磋。(《後漢書·馬援傳》)

第八，“乎”可用於祈使句之末，帶有商量的意味，可譯爲“吧”。例如：

①(晉文公)曰：“蒲城之役，君命一宿，女即至……雖有君命，何其速也？夫袪猶在，女其行乎！”(《左傳·僖公二十四年》)

② 急子至，曰：“我之求也。此何罪？請殺我乎！”(《左傳·桓公十六年》)

4. 耳

“耳”多用於陳述句之末，作用主要有二：一是表示肯定語氣，一是表示限止語氣。

第一，用於陳述句末，表示肯定或確認語氣，作用基本同“也”，不便譯，有些可譯爲“是……的”。例如：

① 堯舜之治天下，豈無所用其心哉？亦不用於耕耳。(《孟子·滕文公上》)

② 且壯士不死即已，死即舉大名耳，王侯將相寧有種乎？(《史記·陳涉世家》)

③ 何曰：“諸將易得耳。至如信者，國士無雙。”(《史記·淮陰侯列傳》)

第二，用在陳述句之末，表示限止語氣，可譯爲“罷了、而已”。例如：

① 天子、諸侯所親者，唯長子、母弟耳。(《春秋穀梁傳·襄公三十年》)

② 小人之學也，入乎耳，出乎口。口耳之間則四寸耳，曷足以美七尺之軀哉？（《荀子·勸學》）

③ 沛公謂張良曰："從此道至吾軍，不過二十里耳。度我至軍中，公乃入。"（《史記·項羽本紀》）

5. 焉

"焉"多作兼詞用，作爲語氣詞，可用於陳述句、感嘆句、疑問句之末，表示不同語氣。

第一，用於陳述句之末，帶有强調、肯定、判斷等語氣，可譯爲"了、的、啊"，有些不便譯。例如：

①（季隗）對曰："我二十五年矣，又如是而嫁，則就木焉。請待子。"（《左傳·僖公二十三年》）

② 卜偃使大夫拜。曰："君命大事。將有西師過軼我，擊之，必大捷焉。"（《左傳·僖公三十二年》）

③ 寒暑易節，始一反焉。（《列子·湯問》）

第二，用於疑問句之末，常與疑問代詞配合使用，强化疑問語氣，可譯爲"呢"。例如：

① 子玉之敗，子之舉也。舉以敗國，將何賀焉？（《左傳·僖公二十七年》）

② 王若隱其無罪而就死地，則牛羊何擇焉？（《孟子·梁惠王上》）

第三，用於感嘆句之末，强化感嘆、贊頌等語氣，可譯爲"啊"。例如：

孔子曰："大哉，堯之爲君！惟天爲大，惟堯則之，蕩蕩乎，民無能名焉！君哉舜也！巍巍乎，有天下而不與焉！"（《孟子·滕文公上》）

6. 哉

"哉"表示的感情色彩比較强烈，常用於感嘆句、反問句之末，也可用於特指問和祈使句之末。

第一，用於感嘆句之末，增强贊頌、驚訝、憤怒、感嘆、悲痛等語氣，可譯爲“啊”。例如：

①天位艱哉！德惟治，否德亂。與治同道，罔不興；與亂同事，罔不亡。(《尚書·商書·太甲下》)

②初，晉穆侯之夫人姜氏以條之役生太子，命之曰仇。其弟以千畝之戰生，命之曰成師。師服曰：“異哉！君之名子也！”(《左傳·桓公二年》)

③夏四月己丑，孔丘卒。公誄之曰：“旻天不弔，不憖遺一老。俾屏余一人以在位，煢煢余在疚。嗚呼哀哉！尼父。”(《左傳·哀公十六年》)

④景公之時，雨雪三日而不霽，公衣狐白之裘，坐堂側陛。晏子入見，立有間。公曰：“怪哉！雨雪三日而天不寒。”(《晏子春秋·諫上》)

⑤子曰：“大哉，堯之爲君也！巍巍乎！唯天爲大，唯堯則之。”(《論語·泰伯》)

第二，用於反問句之末，增强反詰語氣，常與語氣副詞“豈、獨”或疑問代詞配合使用，可譯爲“嗎、呢、啊”。例如：

①公曰：“晉，吾宗也，豈害我哉？”(《左傳·僖公五年》)

②相如雖駑，獨畏廉將軍哉？(《史記·廉頗藺相如列傳》)

③子曰：“默而識之，學而不厭，誨人不倦，何有於我哉？”(《論語·述而》)

④夫腹飢不得食，膚寒不得衣，雖慈母不能保其子，君安能以有其民哉？(晁錯《論貴粟疏》)

第三，用於特指問句之末，常與疑問代詞配合，可譯爲“呢、啊”。例如：

①莊周曰：“此何鳥哉？翼殷不逝，目大不睹？”(《莊

子·山木》)

② 季康子曰:"孔子何如人哉?"(冉有)對曰:"用之有名;播之百姓,質諸鬼神而無憾。"(《史記·孔子世家》)

第四,用於祈使句之末,可譯爲"吧、啊",多見於上古。例如:

① 無若殷王受之迷亂,酗於酒德哉!(《尚書·周書·無逸》)

② 何斯違斯,莫敢或遑?振振君子,歸哉歸哉!(《詩經·召南·殷其雷》)

7. 夫

作爲句尾語氣詞,"夫"表示的感情色彩也比較强烈,常用於感嘆句、疑問句之末以增强感嘆語氣或疑問語氣。

第一,用於感嘆句之末,表示憤怒、感慨、贊頌、悲哀等語氣,可譯爲"啊、呀"。例如:

① 江芈怒曰:"呼,役夫!宜君王之欲殺女而立職也。"(《左傳·文公元年》)

② 叔向曰:"辭之不可以已也如是夫!子産有辭,諸侯賴之,若之何其釋辭也?"(《左傳·襄公三十一年》)

③ 昔賈大夫惡,娶妻而美,三年不言不笑,御以如皋,射雉,獲之。其妻始笑而言。賈大夫曰:"才之不可以已,我不能射,女遂不言不笑夫!"(《左傳·昭公二十八年》)

④ 智襄子爲室美,士茁夕焉。智伯曰:"室美夫!"(《國語·晉語九》)

⑤ 子在川上曰:"逝者如斯夫,不舍晝夜!"(《論語·子罕》)

⑥ 孔子曰:"衛人之祔也,離之;魯人之祔也,合之,善夫!"(《禮記·檀弓下》)

⑦ 悲夫!百家往而不反,必不合矣!(《莊子·天下》)

第二，用於疑問句之末，增强疑問、測度、反詰等語氣，可譯爲“嗎、吧”。例如：

① 孔子曰：“吾歌可夫？”歌曰：“彼婦之口，可以出走；彼婦之謁，可以死敗。”（《史記·孔子世家》）

② 夫微之顯，誠之不可掩如此夫？（《禮記·中庸》）

③ 齊貌辨見宣王，王曰：“子，靖郭君之所聽愛夫？”（《戰國策·齊策一》）

二、嘆詞

古代漢語中的嘆詞很豐富，主要有“嗟、唯、諾、惡（wū）、噫、嘻、都、於（wū）、嗟乎、于（籲 xū）、于（籲）嗟、烏呼（嗚呼、烏乎）”等，用作應答語或感嘆語，一般獨立成句。下面分爲八組介紹。

1. 嗟、唯、諾

這組表示呼喚或應答，可譯爲“喂、是的、好的”。例如：

① 黔敖左奉食，右執飲，曰：“嗟，來食！”（《禮記·檀弓下》）

② 夫差使人立於庭，苟出入，必謂己曰：“夫差！而忘越王之殺而父乎？”則對曰：“唯，不敢忘！”（《左傳·定公十四年》）

③ 太后曰：“敬諾。年幾何矣？”（《戰國策·趙策四》）

④ 秦王跽而請曰：“先生何以幸教寡人？”范雎曰：“唯唯。”有間，秦王復跽而請曰：“先生何以幸教寡人？”范雎曰：“唯唯。”（《史記·范雎蔡澤列傳》）

2. 惡（wū）

“惡”表示驚訝或詫異，可譯爲“啊、哪裏”。例如：

① 仲尼曰：“惡！可不察與！夫哀莫大於心死，而人死亦

次之。"(《莊子·田子方》)

②然則夫子既聖矣乎!曰:"惡!是何言也?"(《孟子·公孫丑上》)

3. 噫

"噫"表示悲哀、惋惜或慨嘆,可譯爲"唉、哎呀"。例如:

①顔淵死,子曰:"噫!天喪予!天喪予!"(《論語·先進》)

②(子貢)曰:"今之從政者何如?"子曰:"噫!斗筲之人,何足算也?"

③(梁鴻)作《五噫之歌》曰:"陟彼北芒兮,噫!顧覽帝京兮,噫!宫室崔嵬兮,噫!人之劬勞兮,噫!遼遼未央兮,噫!"(《後漢書·逸民列傳》)

4. 嘻

"嘻"表示驚異、贊嘆、惱怒或悲哀,可譯爲"啊、嘿、咦、哼、唉"。例如:

①慶父聞之,曰:"嘻!此奚斯之聲也!"(《公羊傳·僖公元年》)

②勇士曰:"嘻!子誠仁人也!吾入子之大門,則無人焉。"(《公羊傳·宣公六年》)

③明日,列子與之(季咸)見壺子。出而謂列子曰:"嘻!子之先生死矣!弗活矣!"(《莊子·應帝王》)

5. 都、於(wū)

"都、於"表示肯定或稱頌,可譯爲"啊、對啊"。例如:

①皋陶曰:"都!在知人,在安民。"(《尚書·虞書·皋陶謨》)

②益曰:"都!帝德廣運,乃聖乃神,乃武乃文。"(《尚書·虞書·大禹謨》)

③ 僉曰："於！鯀哉！"（《尚書·虞書·堯典》）

④ 於！皇武王！無競維烈。允文文王，克開厥後。（《詩經·周頌·武》）

6. 嗟乎

"嗟乎"表示感慨、驚奇、悲憤等，可譯爲"啊、呀"。例如：

① 炮人呼天曰："嗟乎！臣有三罪，死而不自知乎！"（《韓非子·内儲説下》）

② 高祖常繇咸陽，縱觀，觀秦皇帝，喟然太息曰："嗟乎！大丈夫當如此也！"（《史記·高祖本紀》）

③ 伍子胥仰天歎曰："嗟乎！讒臣嚭爲亂矣，王乃反誅我。"（《史記·伍子胥列傳》）

7. 于（籲 xū）、于（籲）嗟

這組詞表示哀嘆、感慨或怨恨，可譯爲"唉、哎呀"。其中"于（籲）嗟"習慣上不獨立於句外。例如：

① 蔡澤曰："籲！何君見之晚也？夫四時之序，成功者去。"（《戰國策·秦策三》）

② 孔子喟然而嘆曰："籲！惡有滿而不覆者哉！"（《荀子·宥坐》）

③ 桑之未落，其葉沃若。于嗟鳩兮！無食桑葚。于嗟女兮！無與士耽。（《詩經·衛風·氓》）

④ 我無忠臣兮，何故棄國？自決中野兮，蒼天舉直！于嗟不可悔兮，寧蚤自財。（《史記·呂太后本紀》）

8. 烏呼（嗚呼、烏乎）

這組詞表示驚訝、感慨或哀傷，可譯爲"唉"。例如：

① 宣子曰："烏呼！'我之懷矣，自詒伊戚'，其我之謂矣！"（《左傳·宣公二年》）

② 嗚呼曷歸？予懷之悲。萬姓仇予，予將疇依？（《尚

書·夏書·五子之歌》)

三、結構助詞

古代漢語中的結構助詞主要有“之、者、所”三個，與詞或短語構成某種結構或用於句子成分之間表示某種關係。

1. 之

“之”在有些書上稱作介詞或連詞，其語法功能主要有以下四種：

第一，位於定語和中心語之間，表示修飾或領屬關係，可譯爲“的”。例如：

①宋華父督見孔父之妻於路，目逆而送之，曰：“美而豔。”(《左傳·桓公元年》)

②大學之道，在明明德，在親民，在止於至善。(《禮記·大學》)

③是故無冥冥之志者，無昭昭之明；無惛惛之事者，無赫赫之功。(《荀子·勸學》)

④陳涉太息曰：“嗟乎！燕雀安知鴻鵠之志哉！”(《史記·陳涉世家》)

第二，用於主謂詞組之間，將主謂詞組變爲名詞性的偏正詞組，以便充當句子的主語、賓語或狀語，不便譯。例如：

①《大誓》曰：“民之所欲，天必從之。”(《左傳·昭公元年》)

②(燭之武)辭曰：“臣之壯也，猶不如人，今老矣，無能爲也已。”(《左傳·僖公三十年》)

③王如知此，則無望民之多於鄰國也。(《孟子·梁惠王上》)

④民之歸仁也，猶水之就下獸之走壙也。(《孟子·離婁上》)

第三，用於分句的主語和謂語之間，取消分句的獨立性，表示語意未完，不便譯。例如：

① 我之不德，民將棄我，豈唯鄭？（《左傳·襄公九年》）

② 虢射曰："皮之不存，毛將安傅？"（《左傳·僖公十四年》）

③ 孔子對曰："苟子之不欲，雖賞之不竊。"（《論語·顏淵》）

④ 世之有飢穰，天之行也。（賈誼《論積貯疏》）

第四，用於前置賓語和謂詞之間，起提賓作用，不便譯。有些書上認爲是代詞，複指前置賓語。例如：

① 句踐曰："苟得聞子大夫之言，何後之有？"（《國語·越語上》）

② 子曰："吾以子爲異之問，曾由與求之問。"（《論語·先進》）

③ 子墨子起，再拜曰："請説之。吾從北方聞子爲梯，將以攻宋。宋何罪之有？"（《墨子·公輸》）

2. 者、所

"者、所"都可以和動詞或動詞性詞組構成名詞性結構，指代人或事物，有些書上稱作代詞。

"者"用於動詞、形容詞、數詞或詞組之後，構成"者"字結構，表示"……的人""……的事物"。例如：

① 飢者易爲食，渴者易爲飲。（《孟子·公孫丑上》）

② 彼竊鉤者誅，竊國者爲諸侯。（《莊子·胠篋》）

③ 人主有誘於事者，有壅於言者，二者不可不察也。（《韓非子·南面》）

④ 令民爲什伍，而相牧司連坐。不告奸者腰斬，告奸者與斬敵者同賞，匿奸者與降敵者同罰。（《史記·商君列傳》）

“所”的用法主要有三：

第一，用於動詞或動詞性詞組之前，構成“所”字結構，表示“……的人”“……的事”。例如：

① 其北陵，文王之所避風雨也。(《左傳・僖公三十二年》)

② 敢問：“敵衆整而將來，待之若何？”曰：“先奪其所愛，則聽矣。”(《孫子兵法・九地篇》)

③ 故法之所非，君之所取；吏之所誅，上之所養也。法趣上下，四相反也，而無所定，雖有十黄帝不能治也。(《韓非子・五蠹》)

第二，與介詞、動詞或動詞性詞組共同構成“所”字結構，指稱與行爲動作的處所、原因、工具、偕同者、涉及的對象等。例如：

① 楚人有涉江者，其劍自舟中墜於水，遽契其舟，曰：“是吾劍之所從墜。”(《吕氏春秋・察今》)

② 弊其力，竭其財，近其死，下之疾其上甚矣，此嬰之所爲不敢受也。(《晏子春秋・内篇雜下》)

③ 彼兵者，所以禁暴除害也。(《荀子・議兵》)

④ 吾聞：上君所與居，皆其所畏也；中君之所與居，皆其所愛也；下君之所與居，皆其所侮也。(《韓非子・外儲説左下》)

⑤ 梁乃召故所知豪吏，諭以所爲起大事，遂舉吴中兵。(《史記・項羽本紀》)

第三，用於被動句的行爲主動者和動詞之間，强調施事者與行爲動作的領屬關係。例如：

① 衛太子爲江充所敗。(《漢書・霍光傳》)

② 術怒，攻布，爲布所破。(《三國志・魏書・武帝紀》)

第六節 固定結構和固定格式

一、固定結構

固定結構用法相當於一個詞，古代漢語中常見的固定結構有“如何（若何、奈何）、如之何（若之何、奈之何）、何如、孰與（孰若）、何有”等。

1. 如何（若何、奈何）

“如何（若何、奈何）”相當於疑問代詞，有些書上稱作代詞或熟語。三者用法基本相同而字形有異，屬於讀音變體。用法主要有三：

第一，在句中做謂語，詢問行爲動作的方式，可譯爲“怎麼樣、怎麼辦”。例如：

① 伐柯如何？匪斧不克。取妻如何？匪媒不得。（《詩經·豳風·伐柯》）

② 齊侯曰："豈不穀是爲？先君之好是繼。與不穀同好，如何？"（《左傳·僖公四年》）

③ 騅不逝兮可奈何，虞兮虞兮奈若何？（《史記·項羽本紀》）

第二，在句中做賓語，詢問方式，可譯爲“怎樣”。例如：

① 文侯曰："敢問如何？"（《史記·樂書》）

② 今欲廢昏立明，公等以爲如何？（《周書·列傳·晉蕩公護》）

③ 孔父可謂義形於色矣。其義形於色奈何？（《公羊傳·桓公二年》）

第三，在句中做狀語，表示反問或詢問方式、原因，可譯爲“怎麼能、爲什麼”。例如：

① 明恥教戰，求殺敵也，傷未及死，如何勿重？若愛重傷，則如勿傷？（《左傳·僖公二十二年》）

②（孟子）曰：“敢問國君欲養君子，如何斯可謂養矣？”（《孟子·萬章下》）

③ 予臨兆民，懍乎若朽索之馭六馬，爲人上者，奈何不敬？（《尚書·夏書·五子之歌》）

2. 如之何（若之何、奈之何）

“如之何（若之何、奈之何）”相當於疑問代詞，有些書上稱作代詞或慣用詞組。用法主要有二：

第一，在句中做謂語，詢問行爲動作的方式，可譯爲“怎麼辦”。例如：

① 子欲居九夷，或曰：“陋，如之何？”子曰：“君子居之，何陋之有？”（《論語·子罕》）

② 公子呂曰：“國不堪貳，君將若之何？”（《左傳·隱公元年》）

③ 其知適足以知人之過，而不知其所以過。若然者，吾奈之何？（《莊子·人間世》）

第二，在句中做狀語（除“奈之何”），表示反問或詢問原因，可譯爲“怎麼能、爲什麼”。例如：

① 子路問：“聞斯行諸？”子曰：“有父兄在，如之何其聞斯行之？”（《論語·先進》）

② 秋，宋大水。公使弔焉，曰：“天作淫雨，害於粢盛，若之何不弔？”（《左傳·莊公十一年》

③ 盜賊之矢若傷君，是絶民望也。若之何不胄？（《左傳·哀公十六年》

3. 何如

“何如”相當於一個代詞。有些書上稱作代詞或慣用詞組。用法主要有三：

第一，在句中做謂語，詢問性狀或方法，可譯爲“怎樣、怎麽樣”等。例如：

① 德何如，則可以王矣？（《孟子·梁惠王上》）

② 求，爾何如？（《論語·先進》）

③ 鮑叔謂管仲曰：“異日者，公許子霸，今國彌亂，子將何如？”（《管子·大匡》）

第二，在句中做謂語，表示比較，可譯爲“與……相比怎麽樣”。例如：

① 王以爲何如其父？父子異心，願王勿遣。（《史記·廉頗藺相如列傳》）

②（元帝）因問明帝：“汝意長安何如日遠？”（《世説新語·夙慧》）

③ 桓玄爲太尉，朝臣畢集，問楨之：“我何如君亡叔？”（《晉書·王羲之列傳》）

第三，在句中做定語，表示性狀，可譯爲“什麽樣的、怎麽的”。例如：

① 文侯問李克曰：“吴起何如人哉？”李克曰：“起貪而好色，然用兵司馬穰苴不能過也。”（《史記·孫子吴起列傳》）

② 袁盎進曰：“陛下以丞相何如人？”上曰：“社稷臣。”（《史記·袁盎晁錯列傳》）

4. 孰與（孰若）

“孰與（孰若）”相當於動詞，“孰與”同時又是介詞結構。有些書上稱作固定詞組或慣用詞組。用法主要有三：

第一，作用同一般動詞，在選擇問句中做謂語，可譯爲“哪裏比得上”。例如：

① 大天而思之，孰與物畜而制之？從天而頌之，孰與制天命而用之？（荀子《天論》）

② 夫保全一身，孰若保全天下乎？（《後漢書·逸民列傳》）

③ 明公（袁術）雖奕世克昌，孰若有周之盛？漢室雖微，未至殷紂之敝也。（《後漢書·袁術列傳》）

④ 然不伐賊，王業亦亡，惟坐待亡，孰與伐之？是故托臣而弗疑也。（諸葛亮《後出師表》）

第二，作用同一般動詞，在疑問句中做謂語，表比較，可譯爲“與……相比怎麼樣”。例如：

① 藺相如固止之，曰：“公之視廉將軍孰與秦王？”（《史記·廉頗藺相如列傳》）

②（韓信）曰：“大王自料勇悍仁强孰與項王？”（《史記·淮陰侯列傳》）

③ 文帝（司馬昭）甚親重之（司馬陔），數與詮論時人。嘗問陳泰孰若其父群，陔各稱其所長，以爲群、泰略無優劣，帝然之。（《晉書·武陔列傳》）

第三，“孰與”又爲介詞結構，在反問句中做狀語，可譯爲“與誰”。例如：

① 竊恐一旦米盡民散，明公（李密）孰與成大業哉？（《資治通鑒·唐紀二·武德元年》）

② 而公屢以年高疾篤，致仕告退。惟從公志，則朕孰與諮謀？（《晉書·鄭沖列傳》）

5. 何有

“何有”是“何愛之有”或“何難之有”的略語，在句中做謂語，可譯爲“有什麼愛的、有什麼難的”。有些書上稱作慣用詞組。例如：

① 晉郤芮使夷吾重賂秦以求入，曰："人實有國，我何愛焉？入而能民，土於何有？"（《左傳·僖公九年》）

② 伯父若裂冠毁冕，拔本塞原，專棄謀主，雖戎狄，其何有余一人？（《左傳·昭公九年》）

③ 季康子問："仲由可使從政也與？"子曰："由也果，於從政乎何有？"（《論語·雍也》）

④ 當是時也，内無怨女，外無曠夫。王如好色，與百姓同之，於王何有？（《孟子·梁惠王下》）

二、固定格式

古代漢語中有些固定的行文格式，即套語，常見的有以下幾種：

1. 如（若、奈）……何

詢問行爲方式的習慣句式，由動詞"如（若、奈）"和代詞"何"組成，在其間插入賓語構成句子，可譯爲"怎麼辦""把……怎麼辦""把……怎麼樣"等。例如：

① 仲孫歸曰："不去慶父，魯難未已。"公曰："若之何而去之？"（《左傳·閔公元年》）

② 魏，負海之國也，地廣人衆，兵强士勇，雖有百秦，將無奈我何？（《戰國策·齊策一》）

③ 於是衛律爲單于謀："穿井築城，治樓以藏穀，與秦人守之。漢兵至，無奈我何？"（《漢書·匈奴傳》）

2. 不亦……乎

表示反問的習慣句式，由副詞"不""亦"和"語氣詞"乎"組成，在其間插入詞或詞組構成句子，可譯爲"不也……嗎"。例如：

① 秦大而近，足以爲援，母義子愛，足以威民，立之不亦可乎？（《左傳·文公六年》）

②鸚鵡能言，不離飛鳥。猩猩能言，不離禽獸。今人而無禮，雖能言，不亦禽獸之心乎？（《禮記·曲禮上》）

③仲弓曰："居敬而行簡，以臨其民，不亦可乎？"（《論語·雍也》）

3. 何……之有

表示反問的習慣句式，是"有何……"的倒裝，中間插入賓語構成句子，可譯爲"有什麼……""有何……的"。例如：

①夫晉，何厭之有？（《左傳·僖公三十年》）

②大夫種進對曰："臣聞之賈人，夏則資皮，冬則資絺，旱則資舟，水則資車，以待乏也……今君王既棲於會稽之上，然後乃求謀臣，無乃後乎？"句踐曰："苟得聞子大夫之言，何後之有？"（《國語·越語上》）

③天生萬民，必授之職。多男子而授之職，則何懼之有？富而使人分之，則何事之有？（《莊子·天地》）

4. 何以……爲

表示反詰語氣的習慣句式，由疑問代詞"何"、介詞"以"和動詞"爲"構成，中間插入賓語構成句子，可譯爲"用……做什麼""要……做什麼"。有些書上認爲"爲"已虛化成語氣詞。例如：

①吾何以天下爲哉？悲夫！子之不知余也。（《莊子·讓王》）

②項王笑曰："天之亡我，我何渡爲？"（《史記·項羽本紀》）

③人生不能行樂，死何以虛謚爲？（潘岳《笙賦》）

練　習　題

一、指出下列帶點詞的詞性及語法作用。

① 楚令尹子旗有德於王，不知度，與養氏比，而求無厭。（《左傳·昭公十四年》）

② 子曰："非吾徒也，小子鳴鼓而攻之，可也！"（《論語·先進》）

③ 若金，用汝作礪；若濟巨川，用汝作舟楫；若歲大旱，用汝作霖雨。（《尚書·商書·説命上》）

④（孟子）曰："許子奚爲不自織？"（《孟子·滕文公上》）

⑤ 鶴鳴于九皋，聲聞于野。魚潛在淵，或在于渚。（《詩經·小雅·鶴鳴》）

⑥ 道之以德，齊之以禮，有恥且格。（《論語·爲政》）

⑦ 維桑與梓，必恭敬止。靡瞻匪父，靡依匪母。（《詩經·小雅·小弁》）

⑧ 抑王興甲兵，危士臣，構怨於諸侯，然後快於心與？（《孟子·梁惠王上》）

⑨ 此於其親戚兄弟若此，而又況於仇讎之敵國也。（《戰國策·魏策三》）

⑩ 雖然，若必有以也，嘗以語我來！（《莊子·人間世》）

⑪ 力能則進，否則退，量力而行。（《左傳·昭公十五年》）

⑫ 若坐討賊而死，吾不恨也。（《後漢書·李章傳》）

二、翻譯下列句子，並指出句中加點詞的詞性及語法作用。

① 能哲而惠，何憂乎驩兜？何遷乎有苗？何畏乎巧言令色孔壬？（《尚書·虞書·皋陶謨》）

② 親仁善鄰，國之寶也。君其許鄭！（《左傳・隱公六年》）

③ 無處而餽之，是貨之也。焉有君子而可以貨取乎？（《孟子・公孫丑下》）

④ 子曰："温故而知新，可以爲師矣。"（《論語・爲政》）

⑤ 有卷者阿，飄風自南。（《詩經・大雅・卷阿》）

⑥ 孔張失位，吾子之恥也。（《左傳・昭公十六年》）

⑦ 孟子曰："然。夫時子惡知其不可也？如使予欲富，辭十萬而受萬，是爲欲富乎？"（《孟子・公孫丑下》）

⑧ 恥一國之士，又曰余納有道以臨女，無乃不可乎？（《國語・晉語三》）

⑨ 闔廬惟能用其民，以敗我於柏舉。（《左傳・哀公元年》）

⑩ 吾每念，常痛於骨髓，顧計不知所出耳。（《戰國策・燕策三》）

⑪ 先時者殺無赦，不及時者殺無赦。（《尚書・夏書・胤征》）

⑫ 視其所以，觀其所由，察其所安，人焉廋哉？人焉廋哉？（《論語・爲政》）

⑬ 夫禮者，忠信之薄，而亂之首。（《老子・三十八章》）

⑭ 天之蒼蒼，其正色邪？其遠而無所至極邪？（《莊子・逍遥遊》）

三、舉例説明"不、弗、毋、勿"四個副詞的語法功用。

四、先標點並翻譯下段古文，然後對照有關資料加以修改之。

初兄子嚴敦並喜譏議而通輕俠客援前在交阯還書誡之曰吾欲汝曹聞人過失如聞父母之名耳可得聞口不可得言也好論議人長短妄是非正法此吾所大惡也寧死不願聞子孫有此行也汝曹知吾惡之甚矣所以復言者施衿結褵申父母之戒欲使汝曹不忘之耳龍伯高敦厚周慎口無擇言謙約節儉廉公有威吾愛之重之願汝曹效之杜季良豪俠好義憂人之憂樂人之樂清濁無所失父喪致客數郡畢至吾愛之

重之不願汝曹效也效伯高不得猶爲謹敕之士所謂刻鵠不成尚類鶩者也效季良不得陷爲天下輕薄子所謂畫虎不成反類狗者也迄今季良尚未可知郡將下車輒切齒州郡以爲言吾常爲寒心是以不願子孫效也

季良名保京兆人時爲越騎司馬保仇人上書訟保爲行浮薄亂群惑衆伏波將軍萬里還書以誡兄子而梁松竇固以之交結將扇其輕僞敗亂諸夏書奏帝召責松固以訟書及援誡書示之松固叩頭流血而得不罪詔免保官伯高名述亦京兆人爲山都長由此擢拜零陵太守

初援在交阯常餌薏苡實用能輕身省欲以勝瘴氣南方薏苡實大援欲以爲種軍還載之一車時人以爲南土珍怪權貴皆望之援時方有寵故莫以聞及卒後有上書譖之者以爲前所載還皆明珠文犀馬武與於陵侯侯昱等皆以章言其狀帝益怒援妻孥惶懼不敢以喪還舊塋裁買城西數畝地槁葬而已賓客故人莫敢弔會嚴與援妻子草索相連詣闕請罪帝乃出松書以示之方知所坐上書訴冤前後六上辭甚哀切然後得葬（《後漢書·馬援列傳》）

第十單元

文選一

驃騎列傳 《史記》

【《史記》簡介】《史記》原名《太史公書》，西漢史學家司馬遷撰，是中國第一部紀傳體通史，被列爲“二十四史”之首，與《漢書》《後漢書》《三國志》合稱“前四史”。全書所記歷史上自傳説中的黄帝時代，下至漢武帝太初年間（前104年—前101年），共3000多年，内含文章130篇，包括十二本紀、三十世家、七十列傳、十表、八書，計52萬6500餘字。

《史記》對後代史學産生了深遠的影響。書中首創的紀傳體體例和記事原則爲其後歷代正史所傳承。《史記》同時又是一部優秀的文學著作，作者擅長描寫錯綜複雜的事件和宏大場面，通過具體細節和個性化語言展現人物性格。其行文善用修辭，質樸明快，簡練流暢，生動傳神，豐富多彩，極富表現力，在中國文學史上具有崇高的地位，被魯迅譽爲“史家之絶唱，無韻之《離騷》”。

《史記》的著名注本是“三家注”，即南朝宋裴駰《史記集解》、唐司馬貞《史記索隱》和張守節《史記正義》。今人的注本主要有〔日〕瀧川資言《史記會注考證》、趙生群等點校本《史記》、韓兆琦評注本《史記》、張大可《史記全本新注》、張新科等《宋本史記注譯》、王伯祥《史記選》、臺灣六十位教授合譯《白話史記》等。

【作者簡介】司馬遷（約前 145 年或前 135 年—？），字子長，西漢左馮翊夏陽（今陝西韓城市南）人，太史令司馬談之子，著名的史學家、散文家。司馬遷早年師從孔安國、董仲舒，曾漫游各地采集傳聞史料。初任郎中，於武帝元封三年（前 108 年）繼父司馬談出任太史令，於太初元年（前 104 年）承父志始撰《史記》。天漢二年（前 99 年）因替李陵敗降辯護而受宮刑，出獄後任中書令。於征和二年（前 91 年）撰成《史記》。

【題解】本文記載了一代名將霍去病短暫而輝煌的一生。霍去病自幼胸懷大志，不以家事爲重，在戰場上奮勇殺敵，縱橫馳騁，屢出奇制勝，爲保衛和開拓疆土立下了不朽的功勛。文章同時對霍去病少年得志、不够體恤士卒的缺點進行了適當批評，顯示了良史"不虚美，不隱惡"、忠於史實的記事原則。本文節選自《史記·衛將軍驃騎列傳》，題目爲編者所加，以三家注本《史記》（中華書局 1982 年第 2 版）爲底本，下同。

是歲也，大將軍姊子霍去病年十八①，幸，爲天子侍中②。善騎射，再從大將軍，受詔與壯士，爲剽姚（piāo yáo）校尉。與輕勇騎八百直弃大軍數百里赴利，斬捕首虜過當③。於是天子曰："剽姚校尉去病斬首虜二千二十八級，及相國、當户，斬單于大父行籍若侯産，生捕季父羅姑比，再冠軍④，以千六百户封去病爲冠軍侯。上谷太守郝賢四從大將軍，捕斬首虜二千餘人，以千一百户封賢爲衆利侯。"是歲，失兩將軍軍，亡翕侯，軍功不多，故大將軍不益封[⑤]。右將軍建至，天子不誅，赦其罪，贖爲庶人[⑥]。

……

注　釋

① 是歲：指元朔六年（前123年）。　大將軍：指衛青。　姊：指衛少兒。按：衛少兒、漢武帝皇后衛子夫、衛青三人同母異父，三人之母同爲衛媪，衛少兒、衛子夫之父不知名，衛青之父爲鄭季。

② 侍中：正式官職之外的加官名，侍從皇帝左右，參與朝政。

③ “善騎”六句：擅長騎射，第二次隨大將軍衛青出征時，依照皇帝的詔令撥給他壯士，任爲剽姚校尉，他與八百輕騎勇士將大軍拋在身後數百里去突襲敵營，斬殺和俘虜的匈奴人數超過己方的人數。　剽姚校尉：軍官名。剽姚，輕疾貌。　直弃：徑直離開。　赴利：争利，争取軍事優勢。

④ “剽姚”五句：剽姚校尉霍去病斬殺匈奴2028人，包括匈奴的相國、當户等高級官員，斬殺單于祖父輩的籍若侯産，生擒單于叔父羅姑比，這是他再次功冠三軍。　相國、當户：均匈奴官名。　大父行：祖父輩。　籍若侯：匈奴侯名。　産：人名。　季父：叔父。　羅姑比：單于叔父名。按：霍去病首次隨衛青出征是在元朔六年，因功封“冠軍侯”，“再冠軍”呼應其封號的由來。

⑤ 兩將軍：指前將軍趙信、右將軍蘇建。　亡翕侯：指翕侯趙信投降匈奴。　大將軍：指衛青。

⑥ 贖爲庶人：蘇建隻身逃回後，漢武帝赦免其敗軍之罪，准其納金贖爲平民。

冠軍侯去病既侯三歲，元狩二年春[①]，以冠軍侯去病爲驃騎將軍，將萬騎出隴西，有功。天子曰：“驃騎將軍率戎士踰烏盭（lì），討遬（sù）濮，涉狐奴[②]，歷五王國，輜重人衆懾慴（shè）者弗取，冀獲單于子[③]。轉戰六日，過焉支山千有餘里，合短兵[4]，殺折蘭王，斬盧胡王，誅全甲[5]，執渾邪王子及相國、都尉，首虜八千餘級，收休屠（chú）祭天金人[6]，益封去病二千户。”

注　釋

① 元狩二年：公元前121年。

② 踰：同“逾”，越過。　烏盭：即烏戾，山名，可能指烏鞘嶺，位於今甘肅天祝藏族自治縣境内。　遬濮：匈奴部族名。　狐奴：河名。

③ “歷五”三句：穿越五個匈奴王封地，對於糧草器械和百姓只要畏服者不去掠奪，而希望俘獲單于的兒子。　慴慴：畏服貌。

④ 焉支山：祁連山北麓，位於今甘肅山丹縣與永昌縣交界處。　合短兵：以短兵器交戰。合，會。

⑤ 折蘭王、盧胡王：均匈奴王名。　誅全甲：誅戮全甲國。全，一作“金”。

⑥ 休屠：休屠王。休屠地在今甘肅武威市、金昌市一帶。　祭天金人：祭天用的金屬偶像。或説今人爲佛像。

其夏，驃騎將軍與合騎侯敖俱出北地[1]，異道。博望侯張騫、郎中令李廣俱出右北平[2]，異道。皆擊匈奴。郎中令將四千騎先至，博望侯將萬騎在後至。匈奴左賢王將數萬騎圍郎中令，郎中令與戰二日，死者過半，所殺亦過當。博望侯至，匈奴兵引去。博望侯坐行留，當斬[3]，贖爲庶人。而驃騎將軍出北地，已遂深入，與合騎侯失道，不相得，驃騎將軍踰居延至祁連山[4]，捕首虜甚多。天子曰：“驃騎將軍踰居延，遂過小月氏[5]，攻祁連山，得酋塗王，以衆降者二千五百人，斬首虜三萬二百級，獲五王，五王母，單于閼氏、王子五十九人，相國、將軍、當户、都尉六十三人，師大率減什三[⑥]，益封去病五千户。賜校尉從至小月氏爵左庶長[⑦]。鷹擊司馬破奴再從驃騎將軍斬遬濮王，捕稽沮王，千騎將得王、王母各一人、王子以下四十一人，捕虜三千三百三十人，前行捕虜千四百人，以千五百户封破奴爲從驃侯[⑧]。校尉句（gōu）王高不識，從驃騎將軍捕呼于屠（chú）王王子以下十一人，捕虜千七百六十八人，以千一百户封不識爲宜冠侯。校尉僕多有功[⑨]，封爲煇渠侯。”合騎侯敖坐行留，不與驃騎會，當斬，贖爲庶人。諸宿將所將士馬兵亦不如驃騎，驃騎所將常選，然亦敢深入[⑩]，常與壯騎先其大（將）軍，軍亦有天幸，未嘗困絶也。然而諸宿將常坐留落不遇[⑪]。由此驃騎日以親貴，比[⑫]大將軍。

注　釋

① 合騎侯：名公孫敖。　北地：西漢時指今寧夏吴忠市、固原市及甘肅慶陽市部分地區。　異道：分兩路進軍。

② 右北平：地在今河北東北部和遼寧西部一帶。

③ 坐：因。　行留：行軍遲緩，貽誤戰機。　當：判處。

④ 失道：迷了路。　不相得：未能會合。　居延：地在今内蒙古阿拉善盟額濟納旗境内。

⑤ 小月氏：古族名，地在今敦煌、祁連山間。

⑥ 師：軍隊。　大率：大抵。　什三：十分之三。

⑦ “賜校”句：賞賜跟隨霍去病到達小月氏的校尉以左庶長爵位。

⑧ “鷹擊”八句：鷹擊司馬趙破奴兩次跟隨驃騎將軍出征，斬殺遬濮王，活捉稽沮王。千騎將俘虜匈奴王和其母親各一人、王子以下共 41 人，捕獲 3330 人。前軍捕獲 1400 人。皇帝封趙破奴爲從驃侯，食邑 1500 户。　鷹擊：官職前加的名號。　破奴：趙破奴，西漢名將，早年逃亡到匈奴，後歸漢，戰功卓著，曾俘獲樓蘭王。　遬濮王、稽沮王：均

匈奴王。 千騎將：軍官名號。 前行：前軍。

⑨ 句王高不識：本匈奴人，投漢，“句王”爲其名號。 呼于屠王：匈奴王，“呼于屠”爲名號。 僕多：人名。

⑩ 宿將：老將。 亦：皆。 常選：常經過選擇。 亦：確實，畢竟。

⑪ 留落：行動遲緩，落在後邊。 不遇：遇不到好的戰機。

⑫ 比：並列，同於。

其秋，單于怒渾邪王居西方數爲漢所破，亡數萬人，以驃騎之兵也。單于怒，欲召誅渾邪王。渾邪王與休屠王等謀欲降漢，使人先要邊①。是時大行李息將城河上，得渾邪王使，即馳傳以聞②。天子聞之，於是恐其以詐降而襲邊，乃令驃騎將軍將兵往迎之。驃騎既渡河，與渾邪王衆相望。渾邪王裨（pí）將見漢軍而多欲不降者，頗遁去③。驃騎乃馳入與渾邪王相見，斬其欲亡者八千人，遂獨遣渾邪王乘傳先詣行在所④，盡將其衆渡河，降者數萬，號稱十萬。既至長安，天子所以賞賜者數十巨萬。封渾邪王萬户，爲漯陰侯。封其裨王呼毒尼爲下摩侯，鷹庇爲煇渠侯，禽梨爲河綦侯，大當户銅離爲常樂侯⑤。於是天子嘉驃騎之功曰：“驃騎將軍去病率師攻匈奴西域王渾邪，王及厥衆萌咸相犇，率以軍糧接食⑥，並將控弦萬有餘人，誅獟（xiāo）駻⑦，獲首虜八千餘級，降異國之王三十二人，戰士不離傷，十萬之衆咸懷集服，仍與之勞。爰及河塞，庶幾無患，幸既永綏矣⑧。以千七百户益封驃騎將軍。”減隴西、北地、上郡戍卒之半，以寬天下之繇。

……

注 釋

① 先要邊：先於邊境邀會漢人，告訴降意。 要，約請。

② “是時”三句：當時大行令李息正帶兵在黄河岸邊修築城池，見到渾邪王的使者，立即派驛站的快車把情况報告給朝廷。 大行：即大行令，九卿之一，掌管接待外國使節聘問及屬國朝貢等事宜。 傳：驛站用的車駕。 以聞：將情况報告朝廷。

③ 裨將：副將。 頗遁去：都逃走。頗，皆，悉。

④ 行在所：天子駐留之地。

⑤ 下摩：或作“下麾”，地名。 大當户：匈奴官名。

⑥ 衆萌：衆民。 犇：來奔。 率：皆。 接食：接濟。

⑦ 控弦：指能拉弓的人，即士兵。 獟騂：强悍不馴之徒。

⑧ “戰士”六句：我軍將士没有傷亡，十萬大軍均懷順服之心，就繼續讓他們服役軍壘。至於黄河一帶邊塞地區，差不多没有禍患了，希望將永遠安定太平。 離：遭受。 集服：順服。 爰及：連詞，至於。 庶幾：差不多。 既：副詞，將。 綏：安定。

元狩四年春，上令大將軍青、驃騎將軍去病將各五萬騎，步兵轉者踵軍數十萬，而敢力戰深入之士皆屬驃騎①。驃騎始爲出定襄，當單于。捕虜言單于東，乃更令驃騎出代郡②，令大將軍出定襄。郎中令爲前將軍，太僕爲左將軍，主爵趙食其（yì jī）爲右將軍，平陽侯襄爲後將軍，皆屬大將軍③。兵即度幕④，人馬凡五萬騎，與驃騎等咸擊匈奴單于。趙信爲單于謀曰⑤：“漢兵既度幕，人馬罷（pí），匈奴可坐收虜耳。”乃悉遠北其輜重，皆以精兵待幕北。而適值大將軍軍出塞千餘里，見單于兵陳而待，於是大將軍令武剛車自環爲營⑥，而縱五千騎往當匈奴。匈奴亦縱可萬騎。會日且入，大風起，沙礫擊面，兩軍不相見，漢益縱左右翼繞單于。單于視漢兵多，而士馬尚彊，戰而匈奴不利，薄莫（mù），單于遂乘六贏[7]，壯騎可數百，直冒漢圍西北馳去。時已昏，漢匈奴相紛挐（rú）[8]，殺傷大當。漢軍左校捕虜言單于未昏而去，漢軍因發輕騎夜追之，大將軍軍因隨其後。匈奴兵亦散走。遲明，行二百餘里，不得單于，頗捕斬首虜萬餘級，遂至窴（tián）顏山趙信城[9]，得匈奴積粟食軍。軍留一日而還，悉燒其城餘粟以歸。

注　釋

① 元狩四年：公元前119年。　步兵轉者：步兵和轉運軍需物資的役夫。　踵：緊跟。　敢力戰：敢於拼死作戰。

② 定襄：地在今内蒙古和林格爾縣一帶。　代郡：地在今山西東北部和河北西北部一帶。

③ 郎中令：指飛將軍李廣。　太僕：九卿之一，掌管宮廷御馬畜牧等事，此指公孫賀，官至丞相。　主爵：掌管封爵的官員。　平陽侯襄：曹參曾孫曹襄。

④ 度幕：越過沙漠。幕，通“漠”。

⑤ 趙信：本匈奴人，任小王，降漢，被封爲翕侯，後因戰敗又降匈奴。

⑥ 武剛車：有防護的軍車。　自環爲營：漢軍以車排成環形陣營。

⑦ 薄莫：傍晚。莫，“暮”的古字。　六贏：六匹騾子拉的車。贏，同“騾”。

⑧ 紛挐：混戰。

⑨ 遲明：天將亮時。　窴顏山：位於今蒙古國境内，或認爲是今蒙古納柱特山。　趙信城：今名車車爾勒格。趙信降匈奴後建議匈奴單于所築之城，故址在今蒙古國杭愛山南麓、烏蘭巴托之西。

大將軍之與單于會也，而前將軍廣、右將軍食其軍別從東道，或失道，後擊單于[1]。大將軍引還過幕南[2]，乃得前將軍、右將軍。大將軍欲使使歸報，令長史簿責前將軍廣③，廣自殺。右將軍至，下吏，贖爲庶人。大將軍軍入塞，凡斬捕首虜萬九千級。

注 釋

① 會：會戰。 別從東道：另從東面的路綫進軍。 後擊單于：没有趕上會擊單于。

② 引：領兵。 幕南：即漠南，沙漠之南。

③ 使使：派使者。 歸報：回長安報告朝廷。 長史：大將軍衛青的屬官。 簿責：按照所記的罪狀一一審問。

是時匈奴衆失單于十餘日，右谷蠡王聞之，自立爲單于。單于後得其衆，右王乃去單于之號。

驃騎將軍亦將五萬騎，車重與大將軍軍等，而無裨將。悉以李敢等爲大校，當裨將，出代、右北平千餘里，直左方兵①，所斬捕功已多大將軍。軍既還，天子曰："驃騎將軍去病率師，躬將所獲葷粥（xūn yù）之士，約輕齎（zī），絶大幕，涉獲章渠，以誅比車耆，轉擊左大將，斬獲旗鼓②。歷涉離侯，濟弓閭，獲屯頭王、韓王等三人③，將軍、相國、當户、都尉八十三人，封狼居胥山，禪於姑衍，登臨翰海④。執鹵獲醜七萬有四百四十三級，師率減什三，取食於敵，逴（chuō）行殊遠而糧不絶⑤。以五千八百户益封驃騎將軍。"右北平太守路博德屬驃騎將軍，會與（yú）城，不失期，從至檮余（táo tú）山，斬首捕虜二千七百級，以千六百户封博德爲符離侯⑥。北地都尉邢山從驃騎將軍獲王，以千二百户封山爲義陽侯。故歸義因淳王復陸支、樓專王伊即軒皆從驃騎將軍有功，以千三百户封復陸支爲壯侯，以千八百户封伊即軒爲衆利侯[⑦]。從驃侯破奴、昌武侯安稽從驃騎有功[⑧]，益封各三百户。校尉敢得旗鼓[⑨]，爲關内侯，食邑二百户。校尉自爲爵大庶長[⑩]。軍吏卒爲官，賞賜甚多。而大將軍不得益封，軍吏卒皆無封侯者。

注　釋

① “悉以”四句：把李敢等人任命爲大校，級别相當於副將，從代郡、右北平出兵，向北行進1000餘里，碰上匈奴左賢王的軍隊。　李敢：李廣第三子。　直：當，對着。　左方兵：指左賢王的軍隊。

② “驃騎”八句：驃騎將軍霍去病率軍，親自帶領所俘獲的匈奴士兵，輕裝携帶少量輜重，横穿大漠，涉水擒獲章渠，繼而誅殺比車耆王，轉而攻打左大將，斬獲其旗鼓。　葷粥：匈奴的别稱。　約：捆束。　輕齎：輕資，少量輜重。齎，通“資”。　章渠：匈奴近臣。　比車耆：匈奴王號。　左大將：名雙。

③ 離侯：山名。　弓閭：水名。　屯頭王、韓王：皆匈奴王號。

④ 封：在山上築壇舉行祭天的儀式。　狼居胥：山名，今屬蒙古國境内肯特山。　禪：舉行祭祀山川土地的儀式。　姑衍：山名，在今蒙古國烏蘭巴托東。　翰海：指北海，即今貝加爾湖。

⑤ 鹵：通“虜”。　醜：衆。　逴：遠。

⑥ “右北”六句：右北平太守路博德隸屬驃騎將軍，相約在與城會師，没有延期，跟隨霍去病到達檮余山，斬殺和俘虜敵軍2700人，皇帝用食邑1600户封他爲符離侯。　路博德：西漢名將，後拜爲伏波將軍，於元鼎五年（前112年）參與平定南越國叛亂。　與城：地名。

⑦ “故歸”四句：原先歸順漢朝的匈奴因淳王復陸支、樓專王伊即軒也都隨驃騎將軍出征並立下戰功，皇帝用食邑1300户封復陸支爲壯侯，用食邑1800户封伊即軒爲衆利侯。　歸義：歸附正義，即歸順。

⑧ 從驃侯、昌武侯：均侯的名號。　安稽：本匈奴人，後降漢。

⑨ 敢：即李敢。　得旗鼓：獲得敵人的旗鼓。

⑩ 自爲：人名，姓徐。　大庶長：二十等爵中的第十八級（一等最小），僅次於關内侯。

兩軍之出塞，塞閲官及私馬凡十四萬匹，而復入塞者不滿三萬匹。乃益置大司馬位，大將軍、驃騎將軍皆爲大司馬[①]。定令：令驃騎將軍秩禄與大將軍等[②]。自是之後，大將軍青日退，而驃騎日益貴。舉大將軍故人門下多去事驃騎，輒得官爵，唯任安不肯[③]。

注　釋

① “兩軍”五句：（衛青、霍去病）兩路大軍出塞的時候，根據查檢，官馬和私人馬匹加起來共有 14 萬匹。但等到再次返回入關時，剩下的馬匹還不到 3 萬匹。這時朝廷首次增設了大司馬這一職位，大將軍衛青和驃騎將軍霍去病都被任命爲大司馬。　塞閲：出塞時查檢軍隊的人數和裝備。　乃：副詞，開始。　大司馬一職於武帝元狩四年（前 119 年）設，衛青、霍去病是在本官大將軍、驃騎將軍之外加大司馬之稱，其後掌權的外戚常授此官。

② 定令：下了專門的命令。　秩禄：官吏的品級與俸禄。

③ 舉：全部。　故人：老朋友。　門下：門客。　去：離開。　任安：衛青的舍人，在衛青舉薦下，得到漢武帝的任用，後因衛太子事件的牽連而被殺。

驃騎將軍爲人少言不泄，有氣敢任。天子嘗欲教之孫吴兵法，對曰：“顧方略何如耳，不至學古兵法。”[①]天子爲治第，令驃騎視之，對曰：“匈奴未滅，無以家爲也。”[②]由此上益重愛之。然少而侍中，貴，不省士[③]。其從軍，天子爲遣太官齎（jī）數十乘，既還，重車餘弃粱肉[④]，而士有飢者。其在塞外，卒乏糧，或不能自振，而驃騎尚穿域蹋鞠⑤。事多此類。大將軍爲人仁善退讓，以和柔自媚於上⑥，然天下未有稱也。

注釋

① “驃騎”五句：驃騎將軍爲人沉默寡言不泄露别人的話，有氣魄敢擔當。天子曾想要教他學習孫武、吴起兵法，他回答説：“關鍵看謀略如何罷了，不一定學習古代兵法。” 顧：看。 方略：謀略。 至：一定，必。

② 治第：建造府第。 無以：不用。 家爲：爲家，經營私家之事。

③ 侍中：官任侍中。 不省士：不體恤士卒。

④ “其從”四句：他出征時，天子派太官送去食物數十車，班師歸來時，從輜重車上拋棄了剩餘的穀物和肉食。 太官：主膳食的官員。 齎：贈送。

⑤ 自振：自救，自給。 穿域：整地作爲球場。 蹋鞠：踢球。

⑥ 媚於上：取悦皇上。

驃騎將軍自四年軍後三年，元狩六年而卒①。天子悼之，發屬國玄甲軍，陳自長安至茂陵，爲冢象祁連山②。謚之，並武與廣地曰景桓侯③。子嬗代侯。嬗少，字子侯，上愛之，幸其壯而將之④。居六歲，元封元年，嬗卒，謚哀侯。無子，絶，國除⑤。

注釋

① 四年：指元狩四年（前119年）。 軍：指率兵出擊匈奴。 元狩六年：公元前117年。

② “發屬”三句：徵調屬國的鐵甲兵，從長安列隊一直到茂陵，爲他修築的墳墓形狀像祁連山。 發：調遣。 屬國：指邊疆五郡。 玄甲軍：鐵甲兵。

③ 並：合併。 武與廣地：指霍去病勇武與擴大了國土。 謚法：“布義行剛曰景”“辟土服遠曰桓”。霍去病兼此二者，故合併謚號曰景桓侯。

④ 子嬗代侯：霍去病子霍嬗繼承侯爵。 幸：希望。

⑤ 元封：漢武帝第六個年號，元封元年爲公元前110年。

郅 都 傳

《史記》

【題解】本文記載了漢代名臣郅都以嚴刑峻法鎮壓不法豪强的事迹，在很大程度上肯定了漢代“酷吏”秉公執法、忠於國事、不避權貴、勇於嚴懲貪官污吏的精神。本文選自《史記·酷吏列傳》，題目爲編者所加。

郅（zhì）都者，楊人也。以郎事孝文帝①。孝景時，都爲中郎將，敢直諫，面折大臣於朝②。嘗從入上林，賈姬如厠，野彘卒入厠③。上目都，都不行。上欲自持兵救賈姬，都伏上前曰：“亡一姬復一姬進，天下所少寧賈姬等乎？陛下縱自輕，奈宗廟太后何？”④上還，彘亦去。太后聞之，賜都金百斤，由此重郅都。

注 釋

① 楊：地名，位於今山西洪洞縣東南。 郎：官名，有議郎、中郎、侍郎、郎中之分，分別負責顧問應對、宫廷宿衛等事。

② 中郎將：官名，負責宫廷宿衛及參與軍事行動。 面折：當面批評人。

③ 從：指侍從皇帝。 上林：即上林苑，漢代皇家園林，始建於秦，漢武帝建元三年（前138年）擴建，規模達340平方公里，地跨長安、鄠邑、咸陽、周至、藍田五區縣，包含八水繞長安的自然景觀。 賈姬：漢武帝的寵姬。 野彘：野猪。 卒：“猝”的古字，突然。

④ “陛下”二句：陛下縱然不顧個人安危，可是置國家和太后於何地呢？ 宗廟：帝王的祖廟，這裏指國家。

濟南瞯（xián）氏宗人三百餘家，豪猾，二千石莫能制，於是景帝乃拜都爲濟南太守。至則族滅瞯氏首惡，餘皆股栗[①]。居歲餘，郡中不拾遺。旁十餘郡守畏都如大府[②]。

注　　釋

① 豪猾：强横狡猾，不守法紀。　二千石：俸禄爲二千石的高官，指郡守。　股栗：大腿發抖，恐懼貌。栗，通“慄”。

② 大府：上級官府。按：濟南府本與周圍郡府屬同級，因懼怕郅都，故視濟南府爲上級官府。

都爲人勇，有氣力，公廉，不發私書，問遺（wèi）無所受，請寄無所聽[①]。常自稱曰：“已倍親而仕，身固當奉職死節官下，終不顧妻子矣。”[②]

注　　釋

① 私書：私人求情的信。　“問遺”句：不接受别人的賄賂。　問遺：指賄賂。　請寄：請托。

② 倍：通“背”。　奉職：奉公盡職。　死節：爲節操而死。　官下：官位上。　妻子：妻子和孩子。

郅都遷爲中尉，丞相條侯至貴倨也，而都揖丞相[①]。是時民朴，畏罪自重，而都獨先嚴酷[②]，致行法不避貴戚，列侯宗室見都側目而視，號曰“蒼鷹”。臨江王徵詣中尉府對簿，臨江王欲得刀筆爲書謝上[③]，而都禁吏不予。魏其侯使人以閒與臨江王。臨江王既爲書謝上，因自殺[④]。竇太后聞之，怒，以危法中都[⑤]，都免歸家。孝景帝乃使使持節拜都爲鴈門太守，而便道之官[⑥]，得以便宜從事。匈奴素聞郅都節[⑦]，居邊，爲引兵去，竟郅都死不近鴈門。匈奴至爲偶人象郅都，令騎馳射莫能中[⑧]，見憚如此。匈奴患之。竇太后乃竟中都以漢法[⑨]。景帝曰："都，忠臣。"欲釋之。竇太后曰："臨江王獨非忠臣邪？"於是遂斬郅都。

注　釋

① 中尉：統率禁衛軍負責京師治安警衛官員。　丞相條侯：指周亞夫。倨：傲慢。　揖：行拱手禮，不拜。

② 自重：尊重自己人格，謹言慎行。　獨先嚴酷：率先推行嚴刑酷法。

③ "臨江"二句：臨江王被傳到中尉府接受審問對質，臨江王想要用刀筆寫書向皇上謝罪。　臨江王：漢景帝之子劉榮，漢武帝劉徹兄，於景帝四年（前 153 年）爲太子，於景帝七年（前 150 年）被廢，史稱栗太子。　刀筆：古代的書寫工具，刀用於削去寫錯的字句。　徵詣：召往，相當於今天的下傳票。按：漢景帝中元二年（前 148 年），劉榮因侵佔宗廟地修建宮室犯罪，被傳受審。

④ "魏其"三句：魏其侯派人暗中把刀筆給了臨江王。臨江王寫完向皇上的謝罪書後，便自殺了。　魏其侯：即竇嬰，漢文帝竇皇后的堂侄，因平定"吴楚七國之亂"有功，被封爲魏其侯，任太傅、丞相等職，後遭丞相田蚡陷害被殺。　以閒：暗中，秘密地。

⑤ 竇太后：景帝母。　危法：嚴法。　中：中傷。

⑥ 持節：使臣奉命的凭证。　便道之官：直接從家裏取道上任，不必到朝廷謝恩。

⑦ 節：爲人的操守、原則。

⑧ 至：竟至。　偶人：木偶人。　莫能中：没有人能射中。

⑨ 乃竟：却竟然。　中都：構罪郅都。

汲　黯　傳

《史記》

【題解】本文通過記叙西漢名臣汲黯的事迹，表現了一個忠於國事、鐵骨錚錚的諍臣形象。汲黯居官以民爲本，反對征伐與苛法，處事簡要，識大體，不折騰。其爲人性倨少禮，内行修潔，守節仗義，蔑視權貴，正氣凜然，且勇於犯顔直諫，不惜得罪皇上。同僚多敬而遠之，雖武帝也避讓三分。本文選自《史記·汲鄭列傳》，題目爲編者所加。

汲黯，字長孺，濮陽人也。其先有寵於古之衛君[①]。至黯七世，世爲卿大夫。黯以父任，孝景時爲太子洗（xiǎn）馬[②]，以莊見憚。孝景帝崩，太子即位，黯爲謁者[③]。東越相攻[④]，上使黯往視之。不至，至吴而還，報曰："越人相攻，固其俗然，不足以辱天子之使。"河内失火[⑤]，延燒千餘家，上使黯往視之。還報曰："家人失火，屋比延燒，不足憂也。臣過河南，河南貧人傷水旱萬餘家，或父子相食，臣謹以便宜，持節發河南倉粟以振貧民[⑥]。臣請歸節，伏矯制之罪。"上賢而釋之，遷爲滎陽令[⑦]。黯耻爲令，病歸田里。上聞，乃召拜爲中大夫。以數切諫，不得久留内，遷爲東海太守[⑧]。黯學黄老之言，治官理民，好清静，擇丞史而任之。其治，責大指而已，不苛小。黯多病，卧閨閤内不出。歲餘，東海大治。稱之。上聞，召以爲主爵都尉[⑨]，列於九卿。治務在無爲而已，弘大體，不拘文法[⑩]。

注 釋

① 濮陽：漢代东郡治所所在地，东郡地今河南東北部、山東西部一帶。衛君：指戰國時衛國國君。

② 以父任：根據他父親的保舉。漢制，二千石官可任用其子爲郎。 太

子洗馬：太子屬官，太子出行時爲前導。

③ 謁者：官名，隸屬郎中令，負責传达召令、接待賓客使节諸事。

④ 東越相攻：東越（即甌越，都東甌，地在今浙江温州市）與閩越（都東冶，地今福建福州市）合稱東越。景帝三年（前154年）吴楚反叛，東越隨吴王濞反，吴王兵敗後又誘殺吴王。濞子逃入閩越，于武帝建元三年（前138年）勸閩越攻打東越，東越遂向朝廷求救。

⑤ 河内：郡名，治所在今河南武陟縣西南。

⑥ 比：毗鄰，緊挨着。　以便宜：根據情况自作主張。　振：通“賑”，救濟。

⑦ 滎陽：漢代县名，屬河南郡，地在今河南鄭州市西。

⑧ 東海：郡名，地在今山東東南部与江蘇東北部一帶。

⑨ 主爵都尉：負责掌管列侯的封爵及官員的陟黜等事务。

⑩ 弘大體：識大體，抓大事。　不拘文法：不墨守條文法規。

黯爲人性倨，少禮，面折①，不能容人之過。合己者善待之，不合己者不能忍見，士亦以此不附焉。然好學，游俠，任氣節②，内行（xíng）脩絜③，好直諫，數犯主之顏色，常慕傅柏、袁盎之爲人也④。善灌夫、鄭當時及宗正劉弃⑤。亦以數直諫，不得久居位。

注　釋

① 性倨：秉性高傲。　面折：當面駁斥頂撞。

② 忍見：忍耐着相見。　任氣節：看重志氣操守。

③ 内行：内在的品行。　脩絜：高尚純潔。脩，通“修”。絜，“潔”的古字。

④ 傅柏：梁孝王將，梁人。　袁盎：文帝、景帝時大臣，楚人。　傅、袁二人皆以剛直不阿，堅持原則著稱。

⑤ 灌夫、鄭當時：均西漢大臣。　灌夫在平定“吴楚七國之亂”中立下赫赫戰功。鄭當時先後任濟南太守、江都相、右内史、大司農等職，頗有政聲。　宗正：九卿之一，掌皇帝宗族事務。　劉弃：漢宗室，《漢

書》作“劉弃疾”。

當是時，太后弟武安侯蚡爲丞相[①]，中二千石來拜謁[②]，蚡不爲禮。然黯見蚡未嘗拜，常揖之。天子方招文學儒者，上曰吾欲云云[③]，黯對曰：“陛下内多欲而外施仁義，奈何欲效唐虞之治乎？”[④]上默然，怒，變色而罷朝。公卿皆爲黯懼。上退，謂左右曰：“甚矣，汲黯之戇（zhuàng）也！”群臣或數（shǔ）黯[⑤]，黯曰：“天子置公卿輔弼之臣，寧令從諛承意，陷主於不義乎？且已在其位，縱愛身，奈辱朝廷何？”

注釋

① 太后：武帝母王太后王娡。 蚡：即田蚡，王太后的同母異父弟。

② 中二千石：級別較高的官員，“中”義爲“滿”。漢代享受中二千石俸禄的官員主要爲九卿（奉常、郎中令、衛尉、太僕、廷尉、典客、宗正、治粟内史、少府）等中央機構的長官。

③ 云云：如此如此。裴駰《史記集解》：“張晏曰：‘所言欲施仁義也。’”荀悦《漢紀》載其言曰：“吾欲興政治，法堯、舜，如何？”

④ 奈何：怎麽。

⑤ 戇：迂直。 數：數落。

黯多病，病且滿三月，上常賜告者數[①]，終不愈。最後病，莊助爲請告[②]。上曰：“汲黯何如人哉？”助曰：“使黯任職居官，無以踰人。然至其輔少主，守城深堅[③]，招之不來，麾之不去，雖自謂賁、育亦不能奪之矣。”上曰：“然。古有社稷之臣，至如黯，近之矣。”

注 釋

① 賜告：皇帝恩遇休假。漢制，病假滿百日就要免職，漢武帝不想讓汲黯免職，故一再延長他的假期。

② 莊助：官任中大夫，會稽郡吳縣（今江蘇蘇州市）人，辭賦家，後因受淮南王劉安謀反案牽連被殺。　請告：請求賜告。

③ 守城：《漢書》作“守成”，保護已成的事業。《漢書·張馮汲鄭傳》：“然至其輔少主守成，雖自謂賁、育弗能奪也。”

大將軍青侍中，上踞厠而視之①。丞相弘燕見②，上或時不冠。至如黯見，上不冠不見也。上嘗坐武帳中③，黯前奏事，上不冠，望見黯，避帳中，使人可其奏。其見敬禮如此。

注 釋

① 青：衛青。　踞：蹲坐。　厠：通“側”，指床邊。

② 弘：指公孫弘。　燕見：平時有事進見，非上朝。

③ 武帳：皇帝升殿舉行隆重典禮時所用的帷帳，帳中置矛、戟、鉞、楯、弓矢五種兵器以示威武，稱爲武帳。

張湯方以更定律令爲廷尉①，黯數質責湯於上前，曰：“公爲正卿，上不能褒先帝之功業，下不能抑天下之邪心，安國富民，使囹圄空虛，二者無一焉。非苦就行，放析就功，何乃取高皇帝約束紛更之爲？公以此無種矣。”② 黯時與湯論議，湯辯常在文深小苛，黯伉厲守高不能屈③，忿發駡曰：“天下謂刀筆吏不可以爲公卿，果然。必湯也，令天下重（chóng）足而立④，側目而視矣！”

注釋

① 張湯：西漢名臣，酷吏，杜陵（今陝西西安市東南）人，爲人剛正清廉，歷任長安吏、茂陵尉、廷尉、御史大夫等職，後遭朱買臣等三長史陷害而被迫自殺。 以更定律令：以爲改定律令。

② “非苦”四句：以苦害人作爲行動目標，以破壞法紀追求個人功業，爲什麼要把高皇帝留下來的規章制度紛紛加以變更呢？您會因此而絕後的。 放析：破壞。 約束：指法令制度。 爲：語氣詞。

③ 在：注重。 文深：深入援引法律條文。 小苛：苛求細枝末節。 伉厲守高：剛直嚴厲，堅持原則。

④ 重足而立：兩隻脚疊起來站立，形容不敢邁步，唯恐觸法犯禁。

是時，漢方征匈奴，招懷四夷。黯務少事，乘上閒[①]，常言與胡和親，無起兵。上方向儒術，尊公孫弘[②]。及事益多，吏民巧弄。上分別文法，湯等數奏決讞（yàn）以幸[③]。而黯常毁儒，面觸弘等徒懷詐飾智以阿人主取容，而刀筆吏專深文巧詆[④]，陷人於罪，使不得反其真，以勝爲功。上愈益貴弘、湯，弘、湯深心疾黯，唯天子亦不説（yuè）也，欲誅之以事[⑤]。弘爲丞相，乃言上曰：“右内史界部中多貴人宗室[⑥]，難治，非素重臣不能任，請徙黯爲右内史。”爲右内史數歲，官事不廢。

注釋

① 務少事：主張少生事。 乘上閒：乘皇上閒暇時。閒，空隙，機會。

② 尊公孫弘：推重公孫弘的學説。公孫弘時任丞相，於《公羊傳》很有研究。

③ “及事”四句：等到國事日益增多時，官吏和百姓都投機取巧。皇上需要用不同的法律來處罰，張湯等人便多次將疑難案件的判決上奏以求

獲得皇上的寵信。 讞：將案情上報。

④ 巧詆：巧妙地詆毀、誣陷。

⑤ “唯天子”二句：即使天子也不喜歡他，想找個事由除掉他。 唯：連詞，即使。

⑥ 右内史：即京兆尹，京師行政長官。景帝時分内史爲左右，分别治理政務。 界部：所管轄的地區。

大將軍青既益尊，姊爲皇后，然黯與亢禮①。人或説黯曰：“自天子欲群臣下大將軍②，大將軍尊重益貴，君不可以不拜。”黯曰：“夫以大將軍有揖客，反不重邪？”大將軍聞，愈賢黯，數請問國家朝廷所疑，遇黯過於平生③。

注 釋

① 亢禮：行平等之禮。亢，“抗”的古字，匹敵、對等。

② 自：介詞，因爲。 下大將軍：對大將軍謙下。

③ 平生：指平素交往的人。

淮南王謀反①，憚黯，曰：“好直諫，守節死義，難惑以非②。至如説丞相弘，如發蒙振落耳。”③

注 釋

① 淮南王：指劉邦少子劉長之孫劉安，於漢武帝元狩元年（前122年）謀反，失敗後自殺。

② 難惑以非：難以用非法之事來誘惑他。

③ 發蒙：揭開蒙蓋物。 振落：振掉落葉。

天子既數征匈奴有功，黯之言益不用①。

始黯列爲九卿，而公孫弘、張湯爲小吏。及弘、湯稍益貴，與黯同位，黯又非毁弘、湯等。已而弘至丞相，封爲侯。湯至御史大夫，故黯時丞相史皆與黯同列[②]，或尊用過之。黯褊（biǎn）心，不能無少望[③]，見上，前言曰："陛下用群臣如積薪耳，後來者居上。"上默然。有閒黯罷[④]，上曰："人果不可以無學，觀黯之言也日益甚。"[⑤]

注釋

① 既：連詞，既然。　黯之言：指"少生事不折騰"的言論。

② 至：止於。　故：過去。　丞相史：應爲"丞史"，"相"係衍文，《漢書》作"丞史"。汲黯未做過丞相。

③ 褊心：心胸狹窄。　望：怨恨。

④ 閒：一會兒。　罷：退下。

⑤ 無學：没有學識。學，這裏特指儒學。　日益甚：指汲黯的言論一天比一天退步。

文 選 二

報 任 安 書

司馬遷

【題解】《報任安書》是司馬遷寫給朋友任安的一封信。漢武帝晚年多病，其時恰逢長安巫蠱術盛行。與太子劉據有隙的司隸校尉江充趁機陷害太子，僞造現場栽贓太子用巫蠱詛咒武帝。事發後，太子被迫起兵反抗，繼而兵敗自殺。太子起兵時，命令擔任守衛京師的北軍使者護軍任安發兵策應，任安雖然接受了命令但按兵未動。事件平息後任安被判處死刑。任安任益州刺史時曾寫信給司馬遷，希望他能借在朝廷的機會以“推賢進士”爲務。司馬遷因公務繁忙一直未作答，當得知任安將被執行死刑時，趕緊寫了這封回信。信中司馬遷主要叙述了自己因替李陵辯護而獲罪的過程，解釋了自己未能“推賢進士”的苦衷，特别是遭受宫刑而未自殺的原因——不是懼怕死亡，而是要忍辱完成《史記》的寫作以洗刷宫刑之耻。就是在這封信中，司馬遷提出了“人固有一死，死有重於泰山，或輕於鴻毛”的不朽名言，激勵了一代又一代的有志之士。本文選自《漢書·司馬遷傳》，題目是後加的，以顔師古注本《漢書》(中華書局1962年)爲底本。

少卿（任安字）足下：

曩者辱賜書，教以慎於接物，推賢進士爲務，意氣勤勤懇懇。若望（望：埋怨）僕不相師用，而（他本或有“用”）流俗人之言（此二句他本或作“若望僕不相師，而用流俗人之言”），僕非敢如此也。雖罷駑（罷：通“疲”，疲憊；駑：劣馬。比喻才能低下），亦嘗側聞（側聞：從旁聽説）長者遺風矣。顧（但念）自以爲身殘處穢，動而見尤（尤：責备，怪罪），欲益反損，是以抑鬱（yù）而無誰語。諺曰：“誰爲爲之？孰令聽之？”蓋鍾子期死，伯牙終身不復鼓琴。何則？士爲知己用，女爲説己容。若僕大質（大質：身體）已虧缺，雖材懷隨和（隨和：隨侯珠、和氏璧），行若由夷（由夷：許由、伯夷），終不可以爲榮，適足以發笑而自點（點：辱）耳。

書辭宜答，會東從上來（指司馬遷跟從武帝剛從甘泉宫返回長安。會：副詞，剛剛。在巫蠱事件中，太子劉據遭江充誣陷，逼迫誅殺江充，繼而起兵攻進丞相府。丞相劉屈氂倉皇出逃，並派長史向漢武帝報告。當時漢武帝在甘泉宫養病，獲悉後詔命劉屈氂平叛，自己也迅速趕回長安，司馬遷隨行。甘泉宫在今陕西淳化縣，位於長安西北方向），又迫賤事（賤事：謙稱自己的公務），相見日淺，卒卒（卒：通“猝”）無須臾之間，得竭指意。今少卿抱不測之罪，涉旬月，迫季冬（冬季爲漢代行刑之月），僕又薄從上上雍（薄從上上雍：臨近跟從皇帝到雍州的日子。按：甘泉宫在雍州境内），恐卒然不可爲諱（不可爲諱：不能为你隐讳，“死”的婉辞），是僕終已不得舒憤懣以曉左右（左右：指任安），則長逝者魂魄私恨無窮。請略陳固陋。闕然久不報，幸勿過。

僕聞之：修身者智之府也，愛施者仁之端也，取予者義之符（符：表現）也，恥辱者勇之決也，立名者行之極也。士有此五者，然後可以託於世，列於君子之林矣。故禍莫憯（憯：同“慘”）於欲利，悲莫痛於傷心，行莫醜於辱先，而詬（詬：耻）莫大於宮刑。刑餘之人，無所比數（不可與人相提並論），非一世也，所從來遠矣。昔衛靈公與雍渠（雍渠：春秋時衛國的宦官）同載，孔子適陳（孔子居衛時，得知靈公與夫人同車，令宦者雍渠陪坐，遂去衛之陳）；商鞅因景監（景監：秦孝公的宦官）見，趙良（秦國著名賢士，曾指責商鞅並勸其隱退）寒心；同子（指武帝朝宦官趙談，因與遷父同名，故諱稱同子）參乘，爰絲變色（爰絲：即袁盎。武帝曾讓趙談同車陪坐，被袁盎攔駕勸阻）：自古而恥之。夫中材之人，事關於宦豎，莫不傷氣，況忼（忼：同“慷”）慨之士乎！如今朝雖乏人，奈何令刀鋸之餘薦天下豪俊雋（俊：通“雋”）哉！

僕賴先人緒業，得待罪輦轂下，二十餘年矣。所以自惟（惟：思）：上之，不能納忠效信，有奇策才力之譽，自結明主；次之，又不能拾遺補闕，招賢進能，顯巖穴之士；外之，不能備行伍，攻城野戰，有斬將搴（qiān。搴：拔取）旗之功；下之，不能積日累勞，取尊官厚祿，以爲宗族交遊光寵。四者無一遂，苟合取容，無所短長之效，可見於此矣。鄉（“向”的古字，或作“嚮”）者，僕亦嘗厠下大夫（按：漢代太史令俸祿千石，比同下大夫）之列，陪外廷（外廷：朝堂）末議。不以此時引維綱（維綱：國家的法令），盡思慮，今已虧形爲埽除之隸，在闒（tà）茸（闒茸：卑微）之中，乃欲卬首信（信：通“伸”）眉，論列是非，不亦輕朝廷，羞當世之士邪？嗟乎！嗟乎！如僕尚何言哉！尚何言哉！

且事本末未易明也。僕少負不羈之才（不羈：不可羈縶），長無鄉曲之譽，主上幸以先人（先人：指司馬遷之父司馬談，任太史令）之故，使得奉薄技（奉薄技：進獻小技藝，指襲父親太史令之職），出入周衛（周衛：指宫廷）之中。僕以爲戴盆何以望天（指事不可兼施），故絶賓客之知，忘室家之業，日夜思竭其不肖之材力，務壹心營職，以求親媚於主上。而事乃有大謬不然者。

夫僕與李陵俱居門下（門下：蓋指在同一官署），素非相善也，趣（通"趨"）舍異路，未嘗銜盃酒接殷勤之歡。然僕觀其爲人，自（各本有"守"）奇士，事親孝，與士信，臨財廉，取予義，分别有讓，恭儉下人，常思奮不顧身以徇（徇：通"殉"，獻身）國家之急。其素所畜積也，僕以爲有國士之風。夫人臣出萬死不顧一生之計，赴公家之難，斯已奇矣。今舉事壹不當，而全軀保妻子之臣隨而媒孽（niè。媒孽：擴大。媒，酒母。孽，通"糵"，曲糵）其短，僕誠私心痛之。且李陵提步卒不滿五千，深踐戎馬之地，足歷王庭（王庭：匈奴王庭），垂餌虎口，横挑彊胡，卬億萬之師，與單于連戰十餘日，所殺過當（指所殺匈奴兵超過李陵所率人數）。虜救死扶傷不給，旃裘之君長（指匈奴王）咸震怖，乃悉徵左右賢王，舉引弓之民，一國共攻而圍之。轉鬭千里，矢盡道窮，救兵不至，士卒死傷如積。然陵一呼勞軍，士無不起，躬自流涕，沬（huì）血（以血洗面。沬，通"頮"，洗面）飲泣，更張空弮（quān。空弮：箭已射完，仅剩下弓。弮，弩弓），冒白刃，北首争死敵。陵未没時，使有來報，漢公卿王侯皆奉觴上壽。後數日，陵敗書聞，主上爲之食不甘味，聽朝不怡。大臣憂懼，不知所出。僕竊不自料其卑賤，見主上慘悽怛悼，誠欲效其款款（款款：忠誠貌）之愚。以爲李陵素與士大夫絶甘分少（於食謝絶甘美，與人分物自取其少），能得人之死力，雖古名將不過也。身雖陷敗，彼（副詞，義同“乃”）觀其意，且欲得其當而報漢。事已無可奈何（按：李陵兵敗被俘後，武帝聽説他投降了，並爲匈奴練兵，隨信以爲真，便處死李陵的母親、妻子和兒子），其所摧敗，功亦足以暴於天下。

僕懷欲陳之，而未有路。適會召問，卽以此指（指：即李陵是假投降，將會在適當機會報效漢朝）推言陵功，欲以廣（廣：寬慰）主上之意，塞睚眦（睚眦：瞋目怒視。指攻擊李陵者）之辭。未能盡明，明主不深曉，以爲僕沮（沮：詆毁）貳師〔指貳師將軍李廣利，漢武帝寵妃李夫人的哥哥。按：天漢二年（前 99 年），李廣利被命爲貳師將軍，統領約 3 萬大軍討伐匈奴，李陵作爲偏將率領約 5000 兵隨同出征。李陵被圍地約在今蒙古國杭愛山附近的浚稽山一帶，李廣利時約在今内蒙古額濟納旗受降城附近，兩地相距較遠，救援實不可能〕，而爲李陵游説，遂下於理（理：掌刑獄的官署）。拳拳（忠謹貌）之忠，終不能自列（列：陳述，辯白）。因爲誣上（於是判爲欺騙皇上罪），卒（最終）從吏議。家貧，財賂（錢財）不足以自贖（漢律，出錢可以贖罪），交遊莫救，左右親近（指皇帝身邊的人）不爲壹言。身非木石，獨與法吏爲伍，深幽囹圄之中，誰可告愬（sù。愬：同“訴”）者。此正少卿所親見，僕行事豈不然邪？李陵既生降，隤（tuí。隤：敗壞）其家聲，而僕又茸（rǒng。茸：推入）以（“茸以”：各本作“佴之”）蠶室（蠶室：養蠶之室温而密，腐刑患風，因稱行腐刑的密室爲蠶室），重爲天下觀笑。悲夫！悲夫！事未易一二爲俗人言也。

僕之先人非有剖符丹書之功，文史星曆近乎卜祝之間，固主上所戲弄（戲弄：輕侮），倡優畜之，流俗之所輕也。假令僕伏法受誅，若九牛亡一毛，與螻螘（螘：同“蟻”）何異？而世又不與能死節者比，特以爲智窮罪極，不能自免，卒就死耳。何也？素所自樹立使然。人固有一死，死有重於泰山，或輕於鴻毛，用之所趨異也。太上不辱先，其次不辱身，其次不辱理色（不辱理色：指不被傷臉），其次不辱辭令（不辱辭令：指不再言語上受辱），其次詘體（詘體：彎曲肢體，指被捆綁）受辱，其次易服（易服：换上罪犯的服裝，指受審）受辱，其次關木索（關木索：披枷帶鎖）被箠楚（遭受拷打。箠，棍杖。楚，荆條）受辱，其次鬄（tì。鬄：剃髮）毛髮嬰（嬰：套上，帶上）金鐵受辱，其次毁肌膚斷肢體（毁肌膚斷肢體：指黥刑刖刑之類）受辱，最下腐刑（腐刑：即宫刑，閹割男子）極矣。《傳》曰“刑不上大夫”，此言士節不可不厲也。猛虎處深山，百獸震恐，及其在穽（穽：同“阱”）檻之中，摇尾而求食，積威約之漸也（这是威勢長期受到約束逐漸形成的結果）。故士有畫地爲牢勢不入，削木爲吏議不（“議”指法官的質詢。各本有“可”）對，定計於鮮（義不受辱的决定很明確）也。今交手足，受木索，暴肌膚，受榜箠，幽於圜（yuán。圜：牢獄）牆之中，當此之時，見獄吏則頭槍（槍：義同“搶”）地，視徒隸則心惕息。何者？積威約之勢也。及已至此，言不辱者，所謂彊顔耳，曷足貴乎？

且西伯（姬昌），伯也，拘牖里（牖里：即羑里，商朝的監獄，商紂王曾囚禁西伯姬昌於此，地在今河南湯陰縣城北約 4 公里處）；李斯，相也，具於五刑（五刑：包括墨、劓、刵、宫、大辟等五種刑罰）；淮陰，王也，受械於陳。彭越、張敖（二人均劉邦臣下。彭越封梁王，後因人誣告被殺。張敖爲劉邦長女魯元公主之夫，襲位趙王，因謀反被捕，後被釋，降爲宣平侯），南鄉稱孤，繫獄具罪；絳侯（指周勃）誅諸吕，權傾五伯（bà），囚於請室（請室：請罪之室，屬於關押審訊的房子。按：吕后死後，吕氏集團仍掌控朝廷大權，周勃、陳平等人密謀誅滅了諸吕，迎立漢文帝，稳定了劉氏的政權。其後有人告發周勃謀反，於是漢文帝將周勃交由廷尉審理。在關押期間受到拷打凌辱，後通過賄賂獄吏找關係，得到公主、國舅等人的幫助而獲釋，恢復官職和爵位）；魏其（即魏其侯竇嬰，竇皇后的堂侄，景帝朝得到重用，“吴楚七國之亂”時被任爲大將軍，繼而升任宰相，武帝時在與丞相田蚡的鬥争中失勢被殺），大將也，衣赭（赭：犯人之服，赤色），關三木（三木：加在犯人頸、手、足上的三件刑具）；季布爲朱家鉗奴（鉗奴：被剃去頭髮並戴上鐵具的奴僕。按：季布本爲項羽麾下大將，劉邦取得天下後，懸賞千金捉拿季布，季布開始藏在濮陽周氏家中，繼而被扮作奴僕賣給魯地朱家，朱家通過汝陰侯夏侯嬰勸劉邦赦免了季布，且任命爲郎中，後又官中郎將、河東郡守等職）；灌夫受辱居室（居室：漢代少府下屬拘禁犯人的官署。按：“吴楚七國之亂”時，灌夫率領千人隨父灌孟平叛，勇立軍功被封爲中郎將，繼而任代國國相、淮陽太守等職，後因任性鬥狠並得罪宰相田蚡而被殺）。此人（這些人）皆身至王侯將相，聲聞鄰國，及罪至罔加，不能引決自財（財：通“裁”），在塵埃之中，古今一體，安在其不辱也？由此言之，勇怯，勢也；彊弱，形也。審矣，曷足怪乎？且人不能蚤（蚤：通“早”）自財繩墨之外，以稍凌夷，至於鞭箠之間，乃欲引節（引節：爲守節自殺），斯不亦遠乎？古人所以重（重：難）施刑於大夫者，殆爲此也。

夫人情莫不貪生惡死，念親戚，顧妻子，至激於義理者不然，乃有不得已也。今僕不幸，蚤失二親，無兄弟之親，獨身孤立，少卿視僕於妻子何如哉？且勇者不必死節，怯夫慕義，何處不勉焉？僕雖怯耎（耎：同“軟”），欲苟活，亦頗識去就之分矣！何至自湛（chén。湛：“沉”的古字）溺累紲（léi xiè。累紲：捆綁犯人的繩子，指監獄）之辱哉！且夫臧獲（臧獲：奴僕）婢妾猶能引決，況若僕之不得已乎？所以隱忍苟活，函糞土之中而不辭者，恨私心有所不盡，鄙沒世而文采不表於後也。

古者富貴而名摩滅，不可勝記，唯俶儻（俶儻：同“倜儻”）非常之人稱焉。蓋西伯拘而演《周易》；仲尼戹而作《春秋》；屈原放逐，乃賦《離騷》；左丘失明，厥有《國語》；孫子髕（髕：同“臏”）脚，《兵法》修列；不韋遷蜀，世傳《吕覽》；韓非囚秦，《説難》《孤憤》（均《韓非子》中的篇名）。《詩》三百篇，大氐賢聖發憤之所爲作也。此人皆意有所鬱結，不得通其道，故述往事，思來者。及如左丘明無目，孫子斷足，終不可用，退論書策以舒其憤，思垂空文以自見（xiàn）。

僕竊不遜，近自託於無能之辭，網羅天下放失（失：通“佚”）舊聞，考之行事，（各本有“综其终始”一語）稽其成敗興壞之理，（各本有“上計軒轅，下至於茲，爲十表，本紀十二，書八章，世家三十，列傳七十”數語）凡百三十篇。亦欲以究天人之際，通古今之變，成一家之言。草創未就，適會此禍，惜其不成，是以就極刑而無慍色。僕誠已著此書，藏之名山，傳之其人，通邑大都，則僕償前辱之責（責：“債”的古字），雖萬被戮，豈有悔哉？然此可爲智者道，難爲俗人言也。

且負下（負下：背負污名）未易居，下流（處在卑微地位）多謗議。僕以口語遇遭此禍，重爲鄉黨戮（戮：羞辱）笑，汙（同“污”）辱先人，亦何面目復上父母之丘墓乎？雖累百世，垢彌甚耳！是以腸一日而九回，居則忽忽若有所亡，出則不知所如往。每念斯恥，汗未嘗不發背霑衣也。身直爲閨閤之臣（閨閤之臣：特指宦官），寧得自引深臧於巖穴邪？故且從俗浮湛，與時俯仰，以通（通：抒發）其狂惑。今少卿乃教以推賢進士，無乃與僕之私指謬乎？今雖欲自彫瑑（zhuàn。瑑：雕刻瑑纹或文字），曼（美好）辭以自解，無益，於俗不信，袛（zhī，适，恰）取辱耳。要之，死日然後是非乃定。

書不能盡意，故略陳固陋。（各本有“謹再拜”一語）

張　湯　傳　　《史記》

【題解】張湯是漢武帝時期著名的酷吏，杜陵（今陝西西安市東南）人，歷任廷尉、御史大夫等職，曾參與制定律令、支持鹽鐵官營、打擊豪强等政策，後遭朱買臣等人陷害而自殺。本文記載了張湯一生升遷沉浮的事迹，贊頌其爲官清廉、不畏權貴、同情弱者的品格，同時對其舞智多詐、深文周納、不知進退、結怨過多的行徑進行了批評。本文選自《史記·酷吏列傳》。

張湯者，杜（杜縣，後改稱杜陵，地在今陝西西安市東南）人也。其父爲長安丞。出，湯爲兒守舍。還而鼠盜肉，其父怒，笞湯。湯掘窟得盜鼠及餘肉，劾（審判）鼠掠治（拷打審問），傳爰書（爰書：報請上級復審的法律文書），訊鞫（jū。鞫：審問）論報（把判決上報），并取鼠與肉，具獄（把審訊材料備齊以定案）磔（裂尸）堂下。其父見之，視其文辭如老獄吏，大驚，遂使書獄（書寫獄詞）。父死後，湯爲長安吏，久之。

周陽侯（田勝，景帝王皇后異父弟）始爲諸卿（諸卿：高級官員）時，嘗繫（被拘禁）長安，湯傾身爲（爲：救）之。及出爲侯，大與湯交，偏見（見：引見）湯貴人。湯給事内史，爲寧成（寧成：武帝時任濟南都尉、中尉等職，負責京城治安）掾。以湯爲無害，言大府，調爲茂陵尉，治方中（方中：天子生前營造的墓穴）。

武安侯（田蚡）爲丞相。徵湯爲史，時薦言之天子，補御史，使案事。治陳皇后蠱獄（按：陳皇后阿嬌爲漢武帝皇后，母爲景帝之姊館陶長公主。婚後陳皇后一直無子。衛子夫得寵後，陳皇后因妒生恨，指使女子楚服等人以巫蠱詛咒皇帝，事發後朝廷派張湯辦案，結果將楚服等梟首，連坐 300 餘人，陳皇后被黜貶入長門冷宫），深竟黨與（深究同案犯）。於是上以爲能，稍（逐漸）遷至太中大夫。與趙禹（趙禹：斄人，即今陝西武功縣西南人，著名的酷吏，爲政清廉）共定諸律令，務在深文，拘守職之吏。已而趙禹遷爲中尉，徙爲少府，而張湯爲廷尉，兩人交驩，而兄事禹。禹爲人廉倨。爲吏以來，舍毋食客（家中不納食客）。公卿相造（相造：前往）請禹，禹終不報謝，務在絶知友賓客之請，孤立行一意而已。見文法輒取，亦不覆案求官屬陰罪（“務在”四句：旨在杜絶朋友和賓客的請托，使自己能够獨立按自己的意志辦事罷了。接到法令文件便執行，不過也不復查追究屬吏的隱秘罪行）。湯爲人多詐，舞智（玩弄聰明）以御人。始爲小吏，乾没（收禮不辦事），與長安富賈田甲、魚翁叔之屬交私。及列九卿，收接（結交）天下名士大夫，己心内雖不合，然陽（陽：表面上）浮慕之。

是時上方鄉（鄉：通“向”，偏向，推重）文學（指儒家學説）。湯決大獄，欲傅古義，乃請博士弟子治《尚書》《春秋》補廷尉史，亭疑法（“湯決”四句：張湯判決重大案件時，想要援引古代的大義，於是就奏請將博士弟子中研習《尚書》《春秋》者補充廷尉府的屬吏，讓他們評判疑難案件。亭：分析判斷）。奏讞疑事，必豫先爲上分别其原（原：原委），上所是（是：認爲正確者），受而著讞決法，廷尉絜令（“受而”二句：領受並據以判決定案，以廷尉的名義發布正式公告。著：立。讞：判決。絜令，正式頒布的公告，這裏用作動詞），揚主之明。奏事即譴，湯應謝。鄉上意所便，必引正、監、掾史賢者（“奏事”四句：奏事時如受到責備，湯應和並謝罪。滿足皇上心中所想，一定會將那些賢能的正、監、掾史予以推薦。譴：責備。應：應和。鄉：偏向，滿足）。曰：“固爲臣議，如上責臣，臣弗用，愚抵於此。”（“固爲”四句：他們本來就向臣建議過，就像皇上責備臣那樣，臣没有采納這些建議，愚蠢到了這等地步）罪常釋。閒（有時）即奏事，上善之，曰：“臣非知爲此奏，乃正、監、掾史某爲之。”其欲薦吏，揚人之善蔽人之過如此。所治即上意所欲罪，予監史深禍者；即上意所欲釋，與監史輕平者（“所治”四句：對於皇上想嚴辦的案件，就把它交給執法嚴酷的監史辦案；對於皇上想寬釋的案件，就把它交給執法輕平的監史辦案）。所治即豪，必舞文巧詆；即下户羸弱，時口言，雖文致法，上財察（“即下”四句：如果是下層貧弱的案犯，時常只是口頭上奏，説是按照法律可以定罪，還請皇上酌情裁定。口言：口頭上奏。財：通“裁”）。於是往往釋湯所言（釋湯所言：按照張湯所言予以寬釋）。湯至於大吏，内行脩也。通賓客飲食。於故人子弟爲吏及貧昆弟，調護之尤厚。其造請諸公，不避寒暑。是以湯雖文深意忌不專平，然得此聲譽（“湯至”九句：張湯官做到高級官員，品德方面注意修養。交往賓客聚餐。對於老朋友中子弟做官的以及自己的窮兄弟，照顧得尤其周到。他拜訪公卿要員，無論寒暑從不間斷。因此執法即使嚴苛或心有忌恨不總是公平，但博得了好聲譽。通：交往）。而刻深吏多爲爪牙用者，依於文學之士（“而刻”二句：因此執法嚴苛的官吏多成爲張湯的得力幫手，張湯讓他們依附於儒學名士。爪牙：幫手，幫凶）。丞相弘（弘：公孫弘，精通《公羊傳》）數稱其美。及治淮南（淮南：淮南王劉安）、衡山（衡山王劉賜）、江都（江都王劉建）反獄（三人先後謀反，均失敗自殺），皆窮根本。嚴助（會稽郡吴縣人，即今江蘇蘇州市人，官中大夫、會稽太守等職。後因結交淮南王劉安被殺）及伍被（西漢楚人，淮南王劉安重要謀士。劉安謀反前，伍被曾多次勸阻，但因與劉安關係密切且未主動告發而被殺），上欲釋之。湯争曰：“伍被本畫反謀，而助親幸出入禁闥爪牙臣，乃交私諸侯如此，弗誅，後不可治。”於是上可論之，其治獄所排大臣自爲功，多此類。於是湯益尊任，遷爲御史大夫。

會渾邪等降〔匈奴渾邪王於漢武帝元狩二年（前121年）降漢〕，漢大興兵伐匈奴，山東水旱，貧民流徙，皆仰給縣官（縣官：官府），縣官空虚。於是丞（丞：通“承”）上指，請造白金（白金：銀子）及五銖錢（漢代一種錢幣，重五銖），籠天下鹽鐵。排富商大賈，出告緡（mín）令（一項法令，旨在解決財政困難，打擊富商大賈的逃税行爲。緡：穿錢的繩索，泛指錢），鉏（chú，清除）豪彊並兼之家，舞文巧詆以輔法。湯每朝奏事，語國家用，日晏（晏：晚），天子忘食。丞相（時李蔡、莊青翟爲相）取充位，天下事皆決於湯。百姓不安其生，騷動，縣官所興，未獲其利，姦吏並侵漁，於是痛繩（痛繩：嚴法。繩，法）以罪。則自公卿以下，至於庶人，咸指湯。湯嘗病，天子至自視病，其隆貴如此。

匈奴來請和親，羣臣議上前。博士狄山曰："和親便。"上問其便，山曰："兵者凶器，未易數動。高帝欲伐匈奴，大困平城，乃遂結和親〔按：公元前201年，韓王信在大同叛亂，勾結匈奴企圖攻漢。劉邦御駕親征，且親率輕騎追擊匈奴，至平城（即今山西大同市）東北時被匈奴大軍包圍七天七夜，後采用陳平之計賄賂匈奴閼氏得以解圍，同時采納劉敬建議與匈奴和親，每年向匈奴贈送大量財物〕。孝惠、高后時，天下安樂。及孝文帝欲事（事：指攻打）匈奴，北邊蕭然苦兵矣。孝景時，吴楚七國反，景帝往來兩宮（兩宮：指未央宮、長樂宮。前者爲皇帝的居所，後者自漢惠帝以後改爲太后的居所）閒，寒心者數月。吴楚已破，竟景帝不言兵，天下富實。今自陛下舉兵擊匈奴，中國以空虛，邊民大困貧。由此觀之，不如和親。"上問湯，湯曰："此愚儒，無知。"狄山曰："臣固愚忠，若御史大夫湯乃詐忠。若湯之治淮南、江都（指審理淮南王、江都王反叛案件），以深文痛詆諸侯，别疏骨肉，使蕃臣不自安。臣固知湯之爲詐忠。"於是上作色曰："吾使生居一郡，能無使虜入盗乎？"曰："不能。"曰："居一縣？"對曰："不能。"復曰："居一障（障：邊塞小城堡）閒？"山自度辯窮且下吏（下吏：由獄吏拘捕審理），曰："能。"於是上遣山乘（乘：前往）鄣，至月餘，匈奴斬山頭而去。自是以後，群臣震慴。

湯之客田甲，雖賈人，有賢操。始湯爲小吏時，與錢通（以利相交），及湯爲大吏，甲所以責湯行義過失，亦有烈士風。

湯爲御史大夫七歲，敗。

河東人李文嘗與湯有郤（xì。郤：通“隙”），已而爲御史中丞，恚，數從中文書事有可以傷湯者，不能爲地（“已而”四句：後来李文做了御史中丞，心懷怨恨，從公文中搜集可用以陷害張湯的事，不留餘地。數：搜集，聚合）。湯有所愛史魯謁居（魯謁居：張湯的心腹），知湯不平，使人上蜚變（蜚變：告發急變的文書）告文姦事。事下湯，湯治論殺文，而湯心知謁居爲之。上問曰：“言變事縱跡安起？”湯詳（詳：通“佯”）驚曰：“此殆文故人怨之。”謁居病卧閭里主人（閭里主人：里巷的房東），湯自往視疾，爲謁居摩足。趙國以冶鑄爲業，王數訟鐵官事，湯常排趙王（趙王：武帝之兄劉彭祖），趙王求湯陰事。謁居嘗案（案：檢舉）趙王，趙王怨之，並上書告：“湯，大臣也，史謁居有病，湯至爲摩足，疑與爲大姦。”事下廷尉。謁居病死，事連其弟，弟繫導官（其弟爲導官拘禁。導官，少府屬官，掌御用和祭祀用品）。湯亦治他囚導官，見謁居弟，欲陰爲之，而詳不省（“湯亦”四句：張湯當時也在導官署審理别的囚犯，見到魯謁居的弟弟，想暗中幫他，而假裝不認識）。謁居弟弗知，怨湯，使人上書告湯與謁居謀，共變告李文。事下減宣（減宣：西漢著名酷吏，楊縣人，即今山西洪洞縣人）。宣嘗與湯有郤，及得此事，窮竟其事，未奏也。會人有盜發孝文園瘞錢（陪葬的錢幣），丞相青翟（即莊青翟）朝，與湯約俱謝。至前，湯念獨丞相以四時行園，當謝，湯無與也，不謝。丞相謝，上使御史案其事。湯欲致其文丞相見知，丞相患之（“湯欲”二句：張湯打算上奏稱丞相四時巡園理應知情，丞相很是擔心）。三長史（丞相府的三位屬官，指下文朱買臣、王朝和邊通）皆害湯，欲陷之。

始，長史朱買臣（官至主爵都尉，因陷害張湯被殺，當年貧寒時曾以賣柴爲生），會稽人也，讀《春秋》。莊助（任中大夫，會稽郡人，擅長辭賦，受淮南王謀反事件牽連被殺）使人言（言：推薦）買臣，買臣以《楚辭》與助俱幸，侍中，爲太中大夫，用事。而湯乃爲小吏，跪伏使買臣等前。已而湯爲廷尉，治淮南獄，排擠莊助，買臣固心望（固心望：本來心中就怨恨）。及湯爲御史大夫，買臣以（以：由）會稽守爲主爵都尉，列於九卿。數年，坐法廢（因犯法免官），守（代理）長史。見湯，湯坐牀（椅子）上，丞史（張湯屬下）遇買臣弗爲禮。買臣楚士，深怨，常欲死之。王朝，齊人也，以術至右内史。邊通，學長短（長短：指縱橫術），剛暴彊人也，官再至濟南相。故（原來）皆居湯右，已而失官，守長史，詘體（屈服）於湯。湯數行丞相事，知此三長史素貴，常淩折之。以故三長史合謀（向莊青翟）曰：“始湯約與君謝，已而賣君；今欲劾君以宗廟事，此欲代君耳。吾知湯陰事。”使吏捕案湯左（左：指心腹）田信等，曰湯且欲奏請，信輒先知之，居物致富，與湯分之，及他姦事。事辭頗聞（把有關此事的説辭大量傳播出去），上問湯曰：“吾所爲，賈人輒先知之，益居其物，是類有以吾謀告之者。”湯不謝。湯又詳驚曰：“固宜（必然）有。”減宣亦奏謁居等事，天子果以湯懷詐面欺，使使八輩（八輩：八批）簿責湯。湯具自道無此，不服。於是上使趙禹責湯，禹至，讓（指責）

湯曰："君何不知分也？君所治夷滅者幾何人矣？今人言君皆有狀，天子重（重：看重，不忍）致（難以處理）君獄，欲令君自爲計，何多以對簿爲？"湯乃爲書謝曰："湯無尺寸功，起刀筆吏，陛下幸致爲三公，無以塞責，然謀陷湯罪者，三長史也。"遂自殺。

湯死，家産直（直："值"的古字）不過五百金，皆所得奉賜，無他業。昆弟諸子欲厚葬湯，湯母曰："湯爲天子大臣，被汙惡言而死，何厚葬乎？"載以牛車，有棺無椁。天子聞之，曰："非此母不能生此子。"乃盡案誅三長史。丞相青翟自殺。出（釋放）田信。上惜湯，稍遷其子安世（張安世：歷武帝、昭帝、宣帝三朝，爲人謹慎節儉，以清廉著稱，累官至大司馬，授光録勳，領尚書事，封富平侯）。

范滂傳　　《後漢書》

【《後漢書》簡介】《後漢書》，南朝范曄撰，"前四史"之一，是一部具有重要歷史地位和學術價值的史書。全書記載了東漢光武帝建武元年（25年）至漢獻帝建安二十五年（220年）計約195年的史事。爲十紀、八十列傳和八志（司馬彪續作），共120卷。《後漢書》爲研究東漢的政治、經濟、文化、軍事等領域以及文學、藝術創作提供了豐富資料。其編撰體例和寫作方法也對後世的史書編撰産生了重要影響。

【作者簡介】范曄（398年—446年），字蔚宗，南朝宋人，出生於士族世家，才高多識，精通文學、音律和書法，爲人傲岸不羈，因參與彭城王劉義康的謀反活動而被殺，年僅48歲。

《後漢書》的注本主要有南朝梁劉昭《後漢書注》，唐章懷太子李賢等《後漢書注》，清王先謙《後漢書集解》、束世澂《後漢書選》等。

【題解】范滂是東漢名士，汝南郡征羌縣（今河南漯河市召陵區）人，早年被舉爲孝廉，歷任冀州請詔使、光禄勳主事等職。畢生以清廉正直著稱，與劉表、陳翔、孔昱、范康（或苑康）、檀敷、張儉、岑晊等並稱“江夏八俊”，在東漢士人中享有極高聲譽。本文反映了范滂堅持節操、嫉惡如仇、不畏强權、勇於懲治貪官污吏而不計個人名利安危的士人精神和忠臣形象。面對朝廷誅殺黨人的危機，他没有選擇逃避和妥協，而是毅然選擇投案就義，絶不累及他人，展現出了視死如歸的英雄氣概和獨任禍患的高貴品質，赢得後世的敬仰和贊譽。本文選自《後漢書・黨錮列傳》，題目爲編者所加，以點校本《後漢書》（中華書局 1965 年）爲底本。

范滂字孟博，汝南征羌人也。少厲清節，爲州里所服，舉孝廉、光禄四行（敦厚、質樸、遜讓、節儉）。時冀州飢荒，盜賊羣起，乃以滂爲清詔使，案察之。滂登車攬轡（pèi），慨然有澄清天下之志。及至州境，守令自知臧汙，望風解印綬去。其所舉奏，莫不厭（yā）塞（厭塞：压倒）衆議。遷光禄勳主事。時陳蕃〔陳蕃：字仲舉，東漢名士，汝南平輿（今河南平輿縣北）人，官至太尉。後與大將軍竇武謀誅宦官，失敗被殺〕爲光禄勳，滂執公儀（公儀：正規的禮節）詣蕃，蕃不止之，滂懷恨，投版（版：笏板，官吏朝會時手執的條形小木版，用以記事）弃官而去。郭林宗（即郭泰，東漢名士，有“天下楷模”之譽，終年 42 歲）聞而讓蕃曰：“若范孟博者，豈宜以公禮格之？今成其去就之名，得無自取不優之譏也？”蕃乃謝焉。

復爲太尉黄瓊所辟（bì。辟：徵召，聘請）。後詔三府（三府：指三公。漢制，三公太師、太傅、太保皆可開府，因稱三公爲“三府”）掾屬舉謡言（舉謡言：搜集民间關於官員臧否歌謡或諺語），滂奏刺史、二千石權豪之黨二十餘人。尚書責滂所劾猥（猥：多）多，疑有私故。滂對曰：“臣之所舉，自非（如果不是）叨穢（叨穢：貪婪卑鄙）姦暴，深爲民害，豈以汙簡札哉？閒以會日（會日：指三公會議的日期，會議内容主要是考評官員）迫促，故先舉所急，其未審者，方更參實。臣聞農夫去草，嘉穀必茂；忠臣除姦，王道以清。若臣言有貳，甘受顯戮。”吏不能詰。

滂覩時方艱，知意不行，因投劾去（於是呈上指責自己的報告而離職）。

太守（汝南太守）宗資先聞其名，請署功曹（署：委任。功曹：輔助管理政務的官員），委任政事。滂在職，嚴整疾惡。其有行違孝悌，不軌仁義者，皆埽迹斥逐，不與共朝。顯薦異節，抽拔幽陋。滂外甥西平李頌，公族子孫，而爲鄉曲所弃，中常侍唐衡以頌請資，資用爲吏。滂以非其人，寢而不召。資遷怒，捶書佐（書佐：功曹的屬官，主管起草和繕寫文書）朱零。零仰曰：“范滂清裁（正確的決定），猶以利刃齒腐朽。今日寧受笞死，而滂不可違。”資乃止。郡中中人以下，莫不歸怨，乃指滂之所用以爲“范黨”。

後牢脩（牢脩：河内人，宦官，因引發黨錮之禍而聞名。漢桓帝時，牢脩上書誣告李膺等士人結黨，誹謗朝廷，導致李膺等200餘人被捕下獄）誣言鉤黨（鉤黨：結黨），滂坐繫黄門（黄門：黄門署，東漢宫廷中一個重要機構，設有多個政府部門）北寺獄。獄吏謂曰："凡坐繫皆祭皋陶（皋陶：帝舜時的司法官，司法鼻祖）。"滂曰："皋陶賢者，古之直臣。知滂無罪，將理之於帝；如其有罪，祭之何益？"衆人由此亦止。獄吏將加掠考（掠考：笞擊拷問），滂以同囚多嬰（嬰：染）病，乃請先就格（格：拷打），遂與同郡袁忠爭受楚毒（楚毒：以荆條毒打）。桓帝使中常侍王甫以次辨詰，滂等皆三木（三木：指頸、手、足均用刑具鎖住）囊頭（把頭蒙住），暴於階下。餘人在前，或對或否，滂、忠於後越次而進。王甫詰曰："君爲人臣，不惟忠國，而共造部黨，自相褒舉，評論朝廷，虚構無端，諸所謀結，並欲何爲？皆以情對，不得隱飾。"滂對曰："臣聞仲尼之言：'見善如不及，見惡如探湯。'欲使善善同其清，惡惡同其汙，謂王政之所願聞，不悟更以爲黨。"甫曰："卿更相拔舉，迭爲脣齒，有不合者，見則排斥，其意如何？"滂乃慷慨仰天曰："古之循善，自求多福；今之循善，身陷大戮。身死之日，願埋滂於首陽山（首陽山：一般指位於今河南洛陽市偃師區西北的一座山。按：商朝滅亡後，孤竹君之子伯夷和叔齊認爲周武王伐紂是不義之舉，故堅決不食周粟，逃到首陽山，采薇而食，最終餓死於此山，表現了他們堅守氣節和道德準則的精神）側，上不負皇天，下不愧夷、齊。"甫愍（mǐn。愍：憐憫）然爲之改容。乃得並解桎梏。

滂後事釋，南歸。始發京師，汝南、南陽士大夫迎之者數千兩（liàng。兩："輛"的古字，借指車）。同囚鄉人殷陶、黄穆，亦免俱歸，並衛侍於滂，應對賓客。滂顧謂陶等曰："今子相隨，是重吾禍也。"遂遁還鄉里。

初，滂等繫獄，尚書霍諝（xǔ。霍諝：魏郡鄴人，爲人公正，敢於直言進諫）理之。及得免，到京師，往候諝而不爲謝。或有讓滂者。對曰："昔叔向嬰罪，祁奚救之，未聞羊舌有謝恩之辭，祁老有自伐之色。"（按：《左傳·襄公二十一年》，晉上大夫叔向受欒盈之事的牽連而被關押待判，已退休家居的老臣祁奚聽説後，火速驅車前往國都説服執政范宣子赦免叔向，范宣子最終被打動，並和祁奚一起去拜見晉平公。當得知晉平公同意釋放叔向後，祁奚没有告訴叔向就回去了，叔向獲釋後也没有上門拜謝祁奚。晉人杜預分别評價祁奚、叔向二人的行爲曰："言爲國，非私叔向也。""不告謝之，明不爲己。"）竟無所言。

建寧二年（公元169年。建寧，東漢靈帝年號），遂大誅黨人，詔下急捕滂等。督郵（郡守的屬吏，負責傳達教令等事務）吴導至縣，抱詔書，閉傳舍（傳舍：供行人食宿的處所），伏牀而泣。滂聞之，曰："必爲我也。"卽自詣獄。縣令郭揖大驚，出解印綬，引與俱亡。曰："天下大矣，子何爲在此？"滂曰："滂死則禍塞，何敢以罪累君，又令老母流離乎？"其母就（就：前往獄所）與之訣。滂白母曰："仲博（滂弟）孝敬，足以供養，滂從龍舒君（龍舒君：滂父范顯，曾任龍舒侯相）歸黄泉，存亡各得其所。惟大人割不忍之恩，勿增感戚。"母曰："汝今得與李、杜（李、杜：指當時名士李膺、杜密）齊名，死亦何恨？卽有令名，復求壽考，可兼得乎？"滂跪受教，再拜而辭。顧謂其子曰："吾欲使汝爲惡，則惡不可爲；使汝爲善，則我不爲惡（但我一生從未做過坏事却落得如此下場）。"行路聞之，莫不流涕。時年三十三。

古漢語基礎知識之十四

語法（下）

第一節　詞類活用

詞類是根據詞的語法功能和語法意義劃分的類。在古代漢語裏，有些詞在一定的語言環境下會臨時改變它原來的語法功能，具備另一類詞的語法功能及詞彙意義，這種現象稱作“詞類活用”。例如《左傳・哀公十六年》：“子高曰：‘微二子者，楚不國矣。’”此處“國”義爲“成爲國家”，臨時具備了動詞的語法功能，即活用爲動詞。由於這種功能是臨時性的，所以離開了特定的環境，活用就不存在了。

爲什麼古代漢語會經常出現詞類活用？原因大致有二：一是早期没有爲一些行爲動作專造動詞，加之漢語本身没有形態變化，活用就應運而生。二是由於語言表達的需要。例如“春風又緑江南岸”，“緑”字的活用，不僅增加了形象感和生氣，新鮮别致，同時解決了詞的表達問題，且符合經濟原則。

一、名詞、形容詞、數詞用作一般動詞

詞類的活用具體表現爲名詞、形容詞、數詞、量詞、代詞、象聲詞等活用作一般動詞，動詞、形容詞活用作名詞。其中名詞活用作一般動詞的現象最爲普遍，其次是形容詞和數詞，活用作一般動詞的現象也比較多。

1. 名詞用作一般動詞

名詞活用作一般動詞時，詞義變成了與名詞義相關的動詞義。例如：

①譬如捕鹿，晉人角之，諸戎掎之，與晉踣之，戎何以不免？（《左傳·襄公十四年》）

②（原）憲問恥。子曰："邦有道，穀；邦無道，穀，恥也。"（《論語·憲問》）

③得百里之地而君之，皆能以朝諸侯。（《孟子·公孫丑上》）

④十有二月，吴子謁伐楚，門于巢，卒。（《公羊傳·襄公二十五年》）

⑤衛鞅曰："法之不行，自上犯之。"將法太子。（《史記·商君列傳》）

⑥孟嘗君不西則已，西入相秦，則天下歸之。（《史記·孟嘗君列傳》）

⑦夜行者掩目而前其手，涉水者解其馬載之舟。（《淮南子·説林》）

例①"角"義爲"抓住角"，例②"穀"義爲"接受俸禄"，例③"君"義爲"統治"，例④"門"義爲"攻打城門"，例⑤"法"義爲"依法處罰"，例⑥"西"義爲"西行"，例⑦"前"義爲"向前伸"。

2. 形容詞用作一般動詞

形容詞用作一般動詞時，詞義變成了與形容詞義相關的動詞

義。例如：

① 見其生，不忍見其死；聞其聲，不忍食其肉。是以君子遠庖廚也。(《孟子·梁惠王上》)

② 老吾老以及人之老，幼吾幼以及人之幼。(《孟子·梁惠王上》)

③ 夫以人言善我，必以人言罪我。(《韓非子·説林》)

④ 上求材，臣殘木；上求魚，臣乾谷。(《淮南子·説山》)

例①"遠"義爲"遠離"，例②"老""幼"分别義爲"孝敬""愛護"，例③"善"義爲"贊揚"，例④"殘""乾"分别義爲"毀壞""抽乾"。

3. 數詞用作一般動詞

數詞活用作一般動詞時，詞義變成了與數詞相關的動詞義。例如：

① 民參其力，二入於公，而衣食其一。(《左傳·昭公三年》)

②(桓)公曰："致天下之精材若何？"管子對曰："五而六之，九而十之。"(《管子·小問》)

③ 軍不五不攻，城不十不圍。(《史記·楚世家》)

例①"參"義爲"分成三份"，例②"六""十"分别義爲"出價六錢""出價十錢"，例③"五""十"分别義爲"達到五倍""達到十倍"。

二、動詞、形容詞用作名詞

1. 動詞用作名詞

動詞用作名詞時，詞義變成了與動詞相關的名詞義。例如：

① 子釣而不綱，弋不射宿。(《論語·述而》)

② 陳仲子豈不誠廉士哉？居於陵，三日不食，耳無聞，目無見也。(《孟子·滕文公下》)

③ 子産請其田里，三年而復之，反其田里及其入焉。(《左傳·襄公三十年》)

例①“宿”義爲“睡着的鳥”，例②“聞”“見”分别義爲“聽到的東西”“看到的東西”，例③“入”義爲“所收入的錢財”。

2. 形容詞用作名詞

形容詞用作名詞時，詞義變成了與形容詞相關的名詞義。例如：

① 舉直錯諸枉，則民服；舉枉錯諸直，則民不服。(《論語·爲政》)

② 以大事小者，樂天者也；以小事大者，畏天者也。(《孟子·梁惠王下》)

③ 齊威、宣之時，顯賢進士，國家富强，威行敵國。(《鹽鐵論·論儒》)

④ 樊噲曰："大行不顧細謹，大禮不辭小讓。"(《史記·項羽本紀》)

例①“直”義爲“正直的人”，例②“大”“小”分别義爲“大國”“小國”，例③“賢”義爲“賢者”，例④“細謹”義爲“細小的事”。

三、名詞做狀語

在古代漢語中，一般名詞和方位名詞都可以直接放在謂語前面做狀語，即作副詞用。名詞做狀語表示的内容主要有以下幾個方面：

1. 表示行爲動作的處所、方位、趨向或時間。例如：

① 秋，楚客聘於晉，過宋。大子知之，請野享之。(《左傳·襄公二十六年》)

② 曾元、曾申坐於足，童子隅坐而執燭。(《禮記·檀弓上》)

③ 梁惠王曰："晉國，天下莫强焉，叟之所知也。及寡人

之身，東敗於齊，長子死焉。（《孟子·梁惠王上》）

④ 扶蘇以數諫故，上使外將兵。（《史記·陳涉世家》）

⑤（司馬相如）至蜀，蜀太守以下郊迎。（《史記·司馬相如列傳》）

⑥ 足下右投則漢王勝，左投則項王勝。（《史記·淮陰侯列傳》）

⑦ 秋水時至，百川灌河。（《庄子·秋水》）

例①“野”義爲“在野外”，例②“隅”義爲“在角落”，例③“東”義爲“在東面”，例④“外”義爲“在外地”，例⑤“郊”義爲“到郊外”，例⑥“右”“左”分别義爲“向右”“向左”，例⑦“時”義爲“按時節”。

2. 表示行爲動作的工具或依據。例如：

①（北山愚公）遂率子孫荷擔者三夫，叩石墾壤，箕畚運於渤海之尾。（《列子·湯問》）

② 太子再拜而跪，膝行流涕。（《史記·刺客列傳》）

③ 萬乘之主，莫不屈體卑辭，重幣請交，此所謂天下名士也。（《鹽鐵論·褒賢》）

④ 武王已平殷亂，天下宗周，而伯夷、叔齊恥之，義不食周粟，隱於首陽山，采薇而食之。（《史記·伯夷列傳》）

例①“箕畚”義爲“用箕畚”，例②“膝”義爲“用膝”。例③“重幣”義爲“用重禮”，例④“義”義爲“依道義”。

3. 表示對人的態度。例如：

①（子思）摽使者出諸大門之外，北面稽首再拜而不受，曰：“今而後知君之犬馬畜伋（伋即子思）。”（《孟子·萬章下》）

② 范、中行氏皆衆人遇我，我故衆人報之。至於智伯，國士遇我，我固國士報之。（《史記·刺客列傳》）

③ 文史星曆，近乎卜祝之間，固主上所戲弄，倡優畜

之，流俗之所輕也。（《漢書·司馬遷傳》）

④ 劉豫臣事醜虜，南面稱王。（胡銓《戊午上高宗封事》）

例①"犬馬"義爲"像對待犬馬一樣"，例②"衆人""國士"分別義爲"像對待一般人那樣""像對待國士那樣"，例③"倡優"義爲"像對待倡優那樣"，例④"臣"義爲"以臣僕的身份"。

4. 比喻動作的狀態。例如：

① 尸居而龍見，淵默而雷聲。（《莊子·在宥》）

② 秦王爲人，隆準長目，鷙膺豺聲，少恩，虎視狼心，居約易以下人；得志亦輕視人。（《論衡·骨相》）

③ 逐馬鳴鑣，魚跨麋角。（枚乘《七發》）

④ 似龍蟠馬回，鳳去鸞歸，君王憑之，聖德日躋。（鄒陽《几賦》）

例①"尸""龍""淵""雷"分別義爲"像代神受祭的人那樣""像飛龍那樣""像深淵那樣""像雷聲那樣"，例②"虎"義爲"像虎那樣"，例③"魚""麋"分別義爲"像魚那樣""像麋那樣"，例④"龍""馬""鳳""鸞"分別義爲"像龍那樣""像馬那樣""像鳳那樣""像鸞那樣"。

需要指出的是，時間名詞"日、月、歲"做狀語時含義根據語境和位置的不同有以下差別：

第一，"日、月、歲"用在動詞前表示動作的經常性，含義分別爲"日日""月月""歲歲"或"每天""每月""每歲"等。例如：

① 子夏曰："日知其所亡，月無忘其所能，可謂好學也已矣。"（《論語·子張》）

② 良庖歲更刀，割也；族庖月更刀，折也。（《莊子·養生主》）

③ 吾詔書數下，歲勸民種樹，而功未興，是吏奉吾詔不勤，而勸民不明也。（《漢書·文帝紀》）

第二，“日”用在形容詞或表示發展變化的動詞前，義爲“逐漸地”“一天天地”等。例如：

① 事日急，諸公莫敢復明言於上。(《史記·魏其武安侯列傳》)

② 田單兵日益多，乘勝，燕日敗亡。(《資治通鑑·周紀四》)

第三，“日”單用在句首或和“者”字結合，表示追溯過去，義爲“從前”“往日”等。例如：

① 日衛不睦，故取其地；今已睦矣，可以歸之。(《左傳·文公七年》)

② 日我先君共王，引領北望，日月以冀。傳序相授，於今四王矣。(《左傳·昭公七年》)

③ 且二世之治豈不辭哉！日者，夷其兄弟而自立也，殺忠臣而貴賤人，作爲阿房之宫，賦斂天下。(《史記·李斯列傳》)

四、使動用法

使動用法是一種特殊的動賓關係，主語使賓語發出謂語所表示的動作，即“使賓語怎麼樣”，實際是用動賓結構表達現代漢語中遞系結構（兼語式）的内容。使動用法包括動詞的使動用法、形容詞的使動用法和名詞的使動用法三種類型。

1. 動詞的使動用法

動詞的使動用法是指，主語使賓語發出謂語動詞表示的行爲動作。這種用法的謂語多爲不及物動詞。例如：

① 宋人懼，使華元夜入楚師，登子反之牀，起之。(《左傳·宣公十五年》)

② 求也退，故進之；由也兼人，故退之。(《論語·季氏》)

③ 公能出我，我必厚謝公。(《史記·范雎蔡澤列傳》)

④ 且漢王不可必，身居項王掌握中數矣，項王憐而活

之。(《史記·淮陰侯列傳》)

⑤ 故天下盡以扁鵲爲能生死人。扁鵲曰:“越人非能生死人也,此自當生者,越人能使之起耳。”(《史記·扁鵲倉公列傳》)

⑥ 買臣見湯,坐床上弗爲禮。買臣深怨,常欲死之。(《漢書·朱買臣傳》)

這種用法中的賓語有時會承前省略。例如:

① 今由與求也,相夫子,遠人不服而不能來。(《論語·季氏》)

② 養備而動時,則天不能病。(《荀子·天論》)

及物動詞的使動用法比較少見,因爲及物動詞可以帶賓語。及物動詞使動用法的例子如:

① 乃生男子,載寢之床,載衣之裳,載弄之璋。(《詩經·小雅·斯干》)

② 晉侯飲趙盾酒。(《左傳·宣公二年》)

③ 夫樂不過以聽耳,而美不過以觀目。若聽樂而震,觀美而眩,患莫甚焉。(《國語·周語下》)

④ 武丁朝諸侯有天下,猶運之掌也。(《孟子·公孫丑上》)

⑤(彌子瑕)與君遊於果園,食桃而甘,不盡,以其半啖君。(《韓非子·説難》)

其中例③“聽耳”“觀目”分别義爲“讓耳朵聽”“讓眼睛看”,例④“朝諸侯”義爲“讓諸侯朝拜”。

2. 形容詞的使動用法

形容詞的使動用法是指,主語使賓語具有形容詞所表示的性質與狀態。例如:

① 晉侯謂慶鄭曰:“寇深矣,若之何?”對曰:“君實深之,可若何?”(《左傳·僖公十五年》)

② 蘧伯玉使人於孔子,孔子與之坐而問焉,曰:“夫子何

爲？”對曰：“夫子欲寡其過而未能也。”（《論語·憲問》）

③ 梁惠王以土地之故，糜爛其民而戰之，大敗。（《孟子·盡心下》）

④ 臣聞善厚家者取之於國，善厚國者取之於諸侯。（《史記·范雎蔡澤列傳》）

⑤ 王何不燒絶所過棧道，示天下無還心，以固項王意？（《史記·留侯世家》）

⑥ 明主不濫富貴其臣。（《商君書·畫策》）

⑦ 昔商君相秦也，内立法度，嚴刑罰，飭政教，姦僞無所容。（《鹽鐵論·非鞅》）

其中例①“深之”義爲“使寇深入（境内）”，例③“糜爛其民”義爲“使其民遭受蹂躪”，例④“厚家”“厚國”分别義爲“使家富足”“使國富足”。例⑥“富貴其臣”義爲“使其臣富貴”。

這種用法的賓語有些也可以省略。例如：

刻削之道：鼻莫如大，目莫如小。鼻大可小，小不可大也；目小可大，大不可小也。（《韓非子·説林下》）

3. 名詞的使動用法

名詞的使動用法是指，主語使賓語成爲或産生名詞所代表的人或事物。例如：

① 公若曰：“爾欲吴王我乎？”（《左傳·定公十年》）

②（楚令尹薳子馮）謂八人者曰：“吾見申叔，夫子所謂生死而肉骨也。”（《左傳·襄公二十二年》）

③ 故湯之於伊尹，學焉而後臣之，故不勞而王。（《孟子·公孫丑下》）

④ 桓公解管仲之束縛而相之。（《韓非子·難一》）

⑤ 楚强以威王此三人，秦民莫愛也。（《史記·淮陰侯列傳》）

⑥ 明主不官無功之臣，不賞不戰之士。（曹操《論吏士行能令》）

其中例①"吴王我"義爲"使我像吴王一樣（被刺殺）"，例②"肉骨"義爲"使白骨生出肉"，例③"臣之"義爲"使他成爲臣下"。

方位名詞也有使動用法，這種用法是指主語使賓語按照方位名詞表示的方向發出動作。例如：

① 今有馬於此，如驥之狀者，天下之至良也。然而驅之不前，却之不止，左之不左，右之不右。則臧獲雖賤，不托其足。（《韓非子·外儲説右上》）

② 築室百堵，西南其户。（《詩經·小雅·斯干》）

這種用法的賓語也可以省略。例如：

（原憲）天子不得而臣也，諸侯不得而友也。（劉向《新序·節士》）

五、意動用法

意動用法是主觀上的感覺，即主語認爲賓語怎麽樣。意動用法包括形容詞的意動用法和名詞的意動用法兩種類型。

1. 形容詞的意動用法

形容詞的意動用法是指，主語主觀上認爲賓語具有該形容詞所表示的性質或狀態。例如：

① 然則吾大天地而小毫末，可乎？（《莊子·秋水》）

② 是是非非謂之知，非是是非謂之愚。（《荀子·修身》）

③ 故烏獲輕千鈞而重其身，非其身重於千鈞，勢不便也。（《韓非子·觀行》

④ 夫差智太宰嚭而愚子胥，故滅於越。（《韓非子·難三》）

⑤（張）旄曰："韓强秦乎？强魏乎？"王曰："强秦。"

(《戰國策·魏策四》)

⑥ 諸侯聞之，皆知大王賤人而貴馬也。(《史記·滑稽列傳》)

⑦ 李斯相秦，席天下之勢，志小萬乘；及其囚於囹圄，車裂於雲陽之市，亦願負薪入東門，行上蔡曲街徑，不可得也。(《鹽鐵論·毀學》)

⑧ 秦之時，羞文學，好武勇，賤仁義之士，貴治獄之吏。(《漢書·路温舒傳》)

其中例②“是是”“非非”“非是”“是非”分别義爲“把正確視爲正確”“把錯誤視爲錯誤”“把正確視爲錯誤”“把錯誤視爲正確”，例⑦“小萬乘”義爲“把萬乘大國視爲蕞爾小邦”。

這種用法中的賓語有些也可以前置。例如：

齊桓公問管仲曰：“王者何貴？”曰：“貴天。”(《説苑·建本》)

2. 名詞的意動用法

名詞的意動用法是指，主語把賓語看成名詞所代表的人或事物。例如：

① 其謂之秦何？夷狄之也。(《公羊傳·僖公三十三年》)

② 子産曰：“何爲？夫人朝夕退而游焉，以議執政之善否。其所善者，吾則行之；其所惡者，吾則改之。是吾师也，若之何毁之……不如吾聞而藥之也。”(《左傳·襄公三十一年》)

③ 外黄富人女甚美，庸奴其夫。(《史記·張耳陳餘列傳》)

④(李固)對曰：“臣聞王者父天母地，寶有山川。”(《後漢書·李杜列传》)

⑤ 王參軍人倫之表，汝其師之。(《世説新語·賞譽》)

其中例①“夷狄之”義爲“把秦國視爲夷狄”，例②“藥之”義爲“把它看作良藥”。

這種用法中的賓語有些也會省略。例如：

貧窮則父母不子，富貴則親戚畏懼。(《戰國策・秦策一》)

除了使動用法、意動用法外，古代漢語中還有一種比較特殊的動賓關係值得注意，即賓語不是行爲動作的直接受事者，而是施予的對象。有些書上把這種動賓關係叫作動詞的“爲動用法”，其實這種稱呼不足以概括其全部内容。例如：

① 冥勤其官而水死，湯以寬治民而除其邪，稷勤百穀而山死。(《國語・魯語上》)

② 丁丑，作僖公主。作僖公主者何？爲僖公作主也。(《公羊傳・文公二年》)

③ 文學曰:“君子懷德，小人懷土。賢士徇（徇：通‘殉’）名，貪夫死利。”(《鹽鐵論・毀學》)

④ 當今縣令不請士，郡守不迎師，群卿不揖客，將相不俯眉，言奇者見疑，行殊者得辟。(揚雄《解嘲》)

⑤ 武安侯新欲用事爲相，卑下賓客，進名士家居者貴之，欲以傾魏其諸將相。(《史記・魏其武安侯列傳》)

⑥ 今朕夙興夜寐，勤勞天下，憂苦萬民。(《漢書・文帝紀》)

其中例①“勤其官”“勤百穀”分別義爲“爲盡其職責”“爲教民稼穡”，例②“作僖公主”義爲“爲僖公製作神主牌位”，例③“徇名”“死利”分別義爲“爲名殉身”“爲利死亡”，例④“揖客”義爲“向賓客作揖”，例⑤“卑下賓客”義爲“對賓客謙下”，例⑥“勤勞天下”“憂苦萬民”分別義爲“爲天下勤勞”“爲萬民憂苦”。

下面談談詞類活用的辨別方法。不少詞類活用現象有形式標志，對於初學者來説，了解這些形式標志有助於對句式做出正確判斷，以免誤解文意。

1. 關於名詞活用的辨別

名詞的活用有用作一般動詞、使動用法、意動用法三種。其中用作一般動詞的形式標志主要有以下幾種：

（1）名詞位於代詞之前，一般用作動詞。例如：

（韩厥）從左右，皆肘之。（《左傳·成公二年》）

（虎）稍近，益狎，蕩倚沖冒，驢不勝怒，蹄之。（柳宗元《黔之驴》）

（2）名詞位於副詞之後，一般用作動詞。例如：

晉靈公不君：厚斂以雕牆。（《左傳·宣公二年》）

（3）名詞位於助動詞之後，一般用作動詞。例如：

假舟楫者，非能水也，而絶江河。（《荀子·勸學》）

（4）名詞連用而非偏正結構或並列結構，一般用作動詞。例如：

杨朱之弟杨布衣素衣而出。（《韓非子·説林下》）

於諸侯之約，大王當王關中，關中民咸知之。（《史記·淮陰侯列传》）

（5）名詞位於介詞結構之後，一般用作動詞。例如：

（魏）南與楚境，西與韓境，北與趙境，東與齊境，卒戍四方，守亭障者參列。（《戰國策·魏策一》）

項王雖霸天下而臣諸侯，不居關中而都彭城。有背義帝之約，而以親愛王，諸侯不平。（《史記·淮陰侯列傳》）

（6）名詞位於介詞結構之前而不是主語，一般用作動詞。例如：

后妃率九嬪蠶於郊，桑於公田，是以春秋冬夏皆有麻枲絲繭之功，以力婦教也。（《吕氏春秋·上農》）

（7）名詞位於連詞“而”之後，一般用作動詞。例如：

往來浮游，不耕而食，不蠶而衣，巧僞良民，以奪農妨政。（《鹽鐵論·相刺》）

（項王）不居關中而都彭城。（《史記·淮陰侯列傳》）

（8）名詞位於連詞“而”之前而不是主語，一般用作動詞。例如：

孟嘗君怪其疾也，衣冠而見之。(《戰國策·齊策四》)

（9）名詞位於者字之前，與“者”構成“者”字結構，一般用作動詞。例如：

趙主之子孫侯者，其繼有在者乎？(《戰國策·趙策四》)

文王之囿方七十里，芻蕘者往焉，雉兔者往焉。(《孟子·梁惠王下》)

（10）名詞位於“所”字之後，與“所”構成“所”字結構，一般用作動詞。例如：

乃丹書帛曰“陳勝王”，置人所罾魚腹中。(《史記·陳涉世家》)

2. 關於動詞活用的辨别

動詞的活用法只有一種，即使動用法。無論及物動詞還是不及物動詞做謂語，如果其賓語是動作的實際發出者時，這類句式就是使動用方法。例如：

將戰，華元殺羊食士，其御羊斟不與。(《左傳·宣公二年》)

狂狡輅鄭人，鄭人入于井，倒戟而出之，獲狂狡。(《左傳·宣公二年》)

3. 關於形容詞活用的辨别

形容詞的活用有用作一般動詞、使動用法、意動用法三種。

（1）形容詞如果位於“所”字之後，一般用作動詞，與“所”構成“所字結構”。例如：

世之所高，莫若黄帝，黄帝尚不能全德，而戰涿鹿之野，流血百里。(《莊子·盜跖》)

（2）形容詞如果位於助動詞之後，一般爲使動用法。例如：

梁人高遂乃説魏其曰：“能富貴將軍者，上也；能親將軍

者，太后也。”（《史記·魏其武安侯列傳》）

司馬錯曰：“不然。臣聞之，欲富國者務廣其地，欲强兵者務富其民，欲王者務博其德，三資者備而王隨之矣。”（《史記·張儀列傳》）

形容詞如果位於名詞之前而不是定語，一般爲使動用法。例如：

今媪尊長安君之位，而封之以膏腴之地，多予之重器，而不及今令有功於國。（《戰國策·趙策四》）

（3）形容詞如果位於代詞之前，一般爲意動用法。例如：

吾妻之美我者，私我也；妾之美我者，畏我也；客之美我者，欲有求於我也。（《戰國策·齊策一》）

夫星之隊、木之鳴，是天地之變，陰陽之化，物之罕至者也，怪之可也，而畏之非也。（《荀子·天論》）

第二節　判斷句

古漢語中的判斷句一般不用判斷係詞，主要靠主語與謂語的語義關係進行判斷。例如：

陳勝者，陽城人也。（《史記·陳涉世家》）

楚雖大，非吾族也。（《左傳·成公四年》）

一、古漢語判斷句的表達方式

古漢語的判斷句雖然一般不用判斷係詞，但有特定的句式，這類句式共有以下四種類型：

1.“……者……也”式

在主語之後加語氣詞“者”表示提頓（或以爲“者”是代詞，起複指作用），在謂語後加語氣詞“也”，加强肯定語氣。例如：

①南冥者，天池也。(《莊子·逍遥遊》)

②君者，舟也；庶人者，水也。水則載舟，水則覆舟。(《荀子·王制》)

③廉頗者，趙之良將也。(《史記·廉頗藺相如列傳》)

2."……者"式

在主語後面加語氣詞"者"，表示提頓。例如：

①兵者，不祥之器。(《老子·三十一章》)

②粟者，民之所種。(晁錯《論貴粟疏》)

③陳軫者，遊説之士。(《史記·張儀列傳》)

④天下者，高祖天下。(《史記·魏其武安侯列傳》)

3."……也"式

在謂語後面加語氣詞"也"，增强確定語氣。例如：

①龍，德而隱者也。(《周易·乾》)

②制，巖邑也。(《左傳·隱公元年》)

③董狐，古之良史也。(《左傳·宣公二年》)

④孔子，賢人也。逐於魯，是人不隨。(《戰國策·趙策三》)

⑤張騫，漢中人也。(《漢書·張騫傳》)

⑥涿郡劉備，中山靖王之後也。(《資治通鑒·漢紀》)

4."……"式

主語之後不加"者"，謂語之後也不用"也"。例如：

①夫魯，齊晉之脣。(《左傳·哀公八年》)

②秦，虎狼之國。(《史記·屈原列傳》)

③荀卿，趙人。(《史記·孟軻荀卿列傳》)

④韓，天下之咽喉。(《戰國策·秦策四》)

⑤劉備，天下梟雄。(《資治通鑒·漢紀》)

否定判斷句是在謂語之前加否定副詞"非"表示。例如：

①(季文子)曰："非我族類，其心必異。楚雖大，非吾

族也。”(《左傳·成公四年》)

②(賊)遂入,殺孟陽於牀,曰:“非君也,不類。”(《左傳·莊公八年》)

③(韓)宣子謁諸鄭伯,子產弗與,曰:“非官府之守器也,寡君不知。”(《左傳·昭公十六年》)

④惠子曰:“子非魚,安知魚之樂?”莊子曰:“子非我,安知我不知魚之樂?”(《莊子·秋水》)

⑤此庸夫之怒也,非士之怒也。(《戰國策·魏策四》)

⑥(鍾離昧)乃罵信曰:“公非長者。”(《史記·淮陰侯列傳》)

二、“是”在判斷句中的詞性和語法作用

在上古,判斷句中的“是”在多數情況下都是指示代詞,做判斷句的主語,義爲“這”。和一般判斷句不同的是,這類判斷句中的主語“是”和謂語的聯繫比較緊密,中間沒有停頓。例如:

①公曰:“是吾寶也。”(《左傳·僖公二年》)

②夫顓臾,昔者先王以爲東蒙主,且在邦域之中矣,是社稷之臣也。(《論語·季氏》)

③王之不王,是折枝之類也。(《孟子·梁惠王上》)

④日月星辰瑞曆,是禹桀之所同也。(《荀子·天論》)

⑤是故服事者簡其業,而游學者日衆。是世之所以亂也。(《韓非子·五蠹》)

“是”作爲判斷係詞萌芽於先秦,用例很少。例如:

①惠公蠲其大德,謂我諸戎是四嶽之裔胄也。(《左傳·襄公十四年》)

②蔡人不知其是陳君也,而殺之。(《穀梁傳·桓公六年》)

③韓必德魏、愛魏、重魏、畏魏,韓必不敢反魏,韓是

魏之縣也。(《戰國策·魏策三》)

④(鄭縣人)問人曰:"此是何種也?"(《韓非子·外儲説左上》)

到了漢代,"是"作爲判斷係詞的現象仍然不多,只是魏晉以後纔逐漸普遍起來。例如:

① 襄子至橋,馬驚,襄子曰:"此必是豫讓也。"(《史記·刺客列傳》)

② 客人不知其是商君也,曰:"商君之法,舍人無驗者坐之。"(《史記·商君列傳》)

③ 天子識其手書,問其人,果是僞書。(《史記·封禪書》)

④ 有國者選衆而任賢,學者博覽而就善,何必是周公、孔子!(《鹽鐵論·申韓》)

⑤(杜回)夜夢見老父曰:"余是所嫁婦人之父也。"(《論衡·死僞》)

⑥ 時有女子從(韓)康買藥,康守價不移。女子怒曰:"公是韓伯休耶?乃不二價乎?"(《後漢書·隱逸傳》)

⑦ 問今是何世,乃不知有漢,無論魏晉。(陶淵明《桃花源記》)

⑧ 若枯即是榮,榮即是枯,則應榮時雕零,枯時結實。(范縝《神滅論》)

⑨ 豫章太守顧劭,是雍之子。(《世説新語·雅量》)

需要注意的是,有些詞很像判斷係詞,實際屬於動詞、語氣詞或副詞,如"維(惟)、爲、乃、即"等。例如:

① 王曰:"爾惟舊人,爾丕克遠省,爾知寧王若勤哉?"(《尚書·周書·大誥》)

②(天使)曰:"余爲伯儵。余,而祖也。"(《左傳·宣公三年》)

③ 晉爲盟主，諸侯或相侵也，則討之。(《左傳·襄公二十六年》)

④ 諺曰："狼子野心。"是乃狼也，其可畜乎？"(《左傳·宣公四年》)

⑤ 梁父即楚將項燕。(《史記·項羽本紀》)

例①中"惟"是語氣詞，起强化語氣和增加音節的作用。例②③中"爲"屬於動詞，分别義爲"任""叫"。例④⑤中"乃""即"都是副詞，作用在於加强肯定語氣。

三、判斷句主謂之間的特殊關係

有些判斷句其主語與謂語之間的關係比較特殊，而非一般的判斷關係，主要有以下兩種情況：

1. 主語和謂語之間是比喻關係，即用判斷句表達比喻關係。例如：

① 君子之德，風；小人之德，草。草上之風，必偃。(《論語·顔淵》)

② 君者，舟也；庶人者，水也。(《荀子·王制》)

③ 氣，水也；言，浮物也。(韓愈《答李翊書》)

2. 主語和謂語之間屬於因果關係或目的關係。例如：

① 良庖歲更刀，割也。族庖月更刀，折也。(《莊子·養生主》)

② 禮者，所以正身也；師者，所以正禮也。(《荀子·修身》)

第三節　被動句

和現代漢語一樣，古漢語中不少被動句也没有形式標志，這類被動句或稱爲“意念被動句”。例如：

① 蔓草猶不可除，况君之宠弟乎？（《左傳·隱公元年》）

② 屈原放逐，乃賦《離騷》。（《史記·太史公自序》）

③ 蒯通説不聽，已詳狂爲巫。（《史記·淮陰侯列傳》）

這裏介紹的是有形式標志的被動句，即“被動句式”。在古漢語中，作爲被動形式標志的詞較多，有“於（于）、爲、見、被”等，所構成的被動句式也較豐富，主要有以下幾種：

一、“……於（于）”式

這種句式是在謂語之後加介詞“於（于）”，引進行爲動作的施事者。例如：

① 郤克傷於矢，流血及屨。（《左傳·成公二年》）

② 夫惟無慮而易敵者，必擒於人。（《孫子兵法·行軍篇》）

③ 閔王毁於五國，桓公劫於魯莊。（《荀子·王制》）

④ 懷王以不知忠臣之分，故内惑於鄭袖，外欺於張儀。（《史記·屈原列傳》）

有些被動句和非被動句前後對應，突出對比關係。例如：

① 勞心者治人，勞力者治於人。（《孟子·滕文公上》）

② 物物而不物於物，則胡可得而累邪？（《莊子·山木》）

③ 君子役物，小人役於物。（《荀子·修身》）

④ 通者常制人，窮者常制於人。（《荀子·榮辱》）

⑤ 先發制人，後發制於人。（《漢書·陳勝項籍傳》）

這類被動句少數也用介詞“乎”引進行爲動作的主動者。例如：

① 昔者，伍子胥説聽乎闔閭，故吴王遠迹至於郢。（《戰國策·燕策二》）

② 有志乎古者希矣！志乎古必遺乎今。（韓愈《答李翊書》）

二、“爲……”式

這種句式是在謂語之前加介詞“爲”引進行爲動作的施事者，“爲”讀陽平聲。例如：

① 子曰：“出則事公卿，入則事父兄，喪事不敢不勉，不爲酒困，何有於我哉？”（《論語·子罕》）

②（州綽）射殖綽，中肩，兩矢夾脰，曰：“止，將爲三軍獲；不止，將取其衷。”（《左傳·襄公十八年》）

③ 道術將爲天下裂。（《莊子·天下》）

④ 兔不可復得，而身爲宋國笑。（韓非子《五蠹》）

⑤ 上笑曰：“多多益善，何爲爲我禽？”（《史記·淮陰侯列傳》）

三、“爲……所……”式

這種句式由“爲……”式發展而來，即在該式介詞“爲”的賓語（施事者）之後加了一個助詞“所”（或視爲代詞），“所”的作用是强調施事者與行爲動作的所屬關係。這種句式始見於戰國末期，至漢代盛行開來。例如：

① 夫直議者，不爲人所容，無所容，則危身。（《韓非子·外儲説左下》）

② 吾悔不用蒯通之計，乃爲兒女子所詐。（《史記·淮陰侯列傳》）

③ 先即制人，後則爲人所制。（《史記·項羽本紀》）

④ 梁父即楚將項燕，爲秦將王翦所戮者也。（《史記·項羽本紀》）

⑤ 范雎爲須賈所譲，魏齊僇之，折幹摺脅。（《論衡·變動》）

⑥征和二年，衛太子爲江充所敗。（《漢書·霍光金日磾傳》）

這種句式中的介詞賓語（施事者）在一些語境中可以被省略。例如：

①士會辭曰："晉人，虎狼也。若背其言，臣死，妻子爲戮，無益於君，不可悔也。"（《左傳·文公十三年》）

②（逢丑父）呼曰："自今無有代其君任患者，有一於此，將爲戮乎？"（《左傳·成公二年》）

③（荆軻）乃遂私見樊於期曰："秦之遇將軍可謂深矣，父母宗族，皆爲戮没。"（《戰國策·策燕三》）

④不者，若屬皆且爲所虜。（《史記·項羽本紀》）

四、"見……"式

這種句式是在謂語之前直接加助詞"見"表示被動。例如：

①盆成括仕於齊，孟子曰："死矣盆成括！"盆成括見殺。（《孟子·盡心下》）

②人皆以見侮爲辱，故鬭也。（《荀子·正論》）

③厚者爲戮，薄者見疑，則非知之難也，處之則難也。（《韓非子·説難》）

④舉世皆濁我獨清，衆人皆醉我獨醒，是以見放。（《楚辭·漁父》）

⑤《大雅》之所道曰："無言而不讎，無德而不報。投我以桃，報之以李。"即此言愛人者必見愛也，而惡人者必見惡也。（《墨子·兼愛下》）

由於"見"是助詞，故不能像介詞那樣引進行爲動作的主動者。

五、“見……於（于）……”式

這種句式由“……見”式發展而來，即在該式的謂語之後加介詞“於（于）”並引進行爲動作的施事者。這種句式也是始見於戰國，盛行於漢以後。例如：

①吾長見笑於大方之家。（《莊子·秋水》）

②蔡澤見逐於趙，而入韓、魏。（《戰國策·秦策三》）

③故桓公之兵橫行天下，爲五伯長，卒見弒於其臣。（《韓非子·十過》）

④且夫有高人之行者，固見負於世；有獨知之慮者，必見訾於民。（《商君書·更法》）

⑤且夫臣人與見臣於人，制人與見制於人，豈可同日道哉？（《史記·李斯列傳》）

⑥先絶齊而後責地，則必見欺於張儀。（《史記·楚世家》）

⑦臣誠恐見欺於王而負趙，故令人持璧歸，間至趙矣。（《史記·廉頗藺相如列傳》）

⑧然而公不見信於人，私不見助於友。（韓愈《進學解》）

六、“被……”式字

“被”在先秦有“遭受”義，屬於動詞。一些句子中的“被”貌似介詞“被”，其實都可以用“遭受”解釋。例如：

①國一日被攻，雖欲事秦，不可得也。（《戰國策·齊策一》）

②今兄弟被侵必攻者，廉也；知友被辱隨仇者，貞也。（《韓非子·五蠹》）

這種用法一直延續到漢代。例如：

①信而見疑，忠而被謗，能無怨乎？（《史記·屈原賈生

列傳》)

② 七國之亂，發怒於錯，錯卒以被戮。(《史記·酷吏列傳》)

③ 趙高昆弟數人，皆生隱宫，其母被刑僇，世世卑賤。(《史記·蒙恬列傳》)

④ 屈原，楚賢臣也，被讒放逐，作《離騷賦》。(《漢書·賈誼傳》)

⑤ 曾子見疑而吟，伯奇被逐而歌。(《論衡·感虚》)

"被"虚化爲介詞出現在被動句中的時間是在漢末。作爲介詞的標志是能够帶賓語，即能够引進行爲動作的施事者。例如：

① 議郎糞土臣邕頓首再拜上書皇帝陛下。今月十三，臣被尚書召問。(《全後漢文·蔡邕〈被收時上書自陳〉》)

② 玚、楨各被太祖辟爲丞相掾屬。(《三國志·魏書·王衛二劉傅傳》)

③ 禰衡被魏武謫爲鼓吏，正月半試鼓。(《世説新語·言語》)

④(顧士端)父子並有琴書之藝，尤妙丹青，常被元帝所使，每懷羞恨。(《顏氏家訓·雜藝》)

⑤(謝玄)後與王珣俱被桓温辟爲掾，並禮重之。(《晉書·謝安傳》)

第四節　詞序

詞序，也叫"語序"，是指語言中詞語組合的先後次序。從古到今，漢語的詞序没有太大變化，基本詞序都是"主語—謂語—賓語"。所不同的是，古代漢語中還有一些不同於現代漢語的詞序，主要有兩種，即賓語前置和定語後置，二者各有一定的條件限制。以下介紹的就是這兩種現象。

一、賓語前置

在古代漢語中，賓語在一定條件下可以位於謂語之前，主要有三種情況：

1. 在疑問句中，疑問代詞做賓語，賓語前置

這種句式的條件有二：一是疑問句，二是疑問代詞做賓語。在這種句式中，疑問代詞“誰、孰、何、曷、胡、惡、奚、焉、安”等做賓語時，一般都會前置到謂語或介詞的前面。例外很少。例如：

①臣實不才，又誰敢怨？（《左傳·成公三年》）

②盜者孰謂？謂陽虎也。（《公羊傳·定公元年》）

③我則無禮，何以戰乎？（《左傳·僖公二十八年》）

④孟嘗君曰：“客何好？”曰：“客無好也。”曰：“客何能？”曰：“客無能也。”（《戰國策·齊策四》）

⑤殺之則曷爲謂之克？大鄭伯之惡也。（《公羊傳·隱公元年》）

⑥是皆率民而出於孝情者也，胡为至今不朝也？（《战国策·齊策四》）

⑦學惡乎始，惡乎終？（《荀子·勸學》）

⑧我騰躍而上，不過數仞而下，翱翔蓬蒿之間，此亦飛之至也。彼且奚適也？（《莊子·逍遥遊》）

⑨天下之父歸之，其子焉往？（《孟子·離婁上》）

⑩項王曰：“沛公安在？”（《史記·項羽本紀》）

這種句式的例外在先秦也有，但很少。例如：

①今以君命奔齊之急，而受室以歸，是以師昏也。民其

謂我何？（《左傳·桓公六年》）

② 禮起於何也？（《荀子·禮論》）

2. 否定句中，代詞做賓語，賓語前置

這種句式的條件也有二：一是否定句，二是代詞做賓語。例如：

① 芄蘭之支，童子佩觿。雖則佩觿，能不我知。（《詩經·衛風·芄蘭》）

② 三歲貫女，莫我肯顧。（《詩經·魏風·碩鼠》）

③ 晉侯使欒枝對曰："寡君聞命矣。楚君之惠，未之敢忘，是以在此。爲大夫退，其敢當君乎？"（《左傳·僖公二十八年》）

④ 我無爾詐，爾無我虞。（《左傳·宣公十五年》）

⑤ 子皮曰："願，吾愛之，不吾叛也。使夫往而學焉，夫亦愈知治矣。"（《左傳·襄公三十一年》）

⑥ 子曰："不患人之不己知，患不知人也。"（《論語·學而》）

⑦ 衛靈公問陳於孔子。孔子對曰："俎豆之事，則嘗聞之矣；軍旅之事，未之學也。"（《論語·衛靈公》）

⑧ 雖使五尺之童適市，莫之或欺。（《孟子·滕文公上》）

這種句式的例外較多，不像疑問句中疑問代詞做賓語前置那樣嚴格。例如：

① 知我者，謂我心憂；不知我者，謂我何求？（《詩經·王風·黍離》）

② 有事而不告我，必不捷矣。（《左傳·襄公二十八年》）

③ "見侮不辱""聖人不愛己""殺盜非殺人也"，此惑於用名以亂名者也。（《荀子·正名》）

④ 罕羌聞之，喜曰："漢果不擊我矣。"（《漢書·趙充國傳》）

3. 賓語前置，其後用代詞複指

爲了强調賓語，將賓語前置，在賓語之後加“是、之、焉”等指示代詞（或説爲助詞）複指前置的賓語，其中“焉”的使用頻率較低。例如：

① 尹氏大師，維周之氐；秉國之鈞，四方是維。(《詩經·小雅·節南山》)

② 豈不穀是爲？先君之好是繼。(《左傳·僖公四年》)

③ 將虢是滅，何愛於虞？(《左傳·僖公五年》)

④ 我周之東遷，晉、鄭是依。(《國語·周語中》)

⑤ 廚子怒曰：“非子之求而蒲之愛，董澤之蒲，可勝既乎？”(《左傳·宣公十二年》)

⑥ 吾以子爲異之問，曾由與求之問。(《論語·先進》)

⑦ 前世不同教，何古之法？(《商君書·更法》)

⑧ 周桓公言於王曰：“我周之東遷，晉、鄭焉依。”(《左傳·隱公六年》)

其中例①中“四方是維”義爲“維繫四方”，例⑥中“異之問”“求之問”分别義爲“詢問别的”“詢問仲由與冉求”，例⑧中“晉、鄭焉依”義同於例④中“晉、鄭是依”，均爲“依仗晉、鄭二國”。

爲了强調行爲動作的單一性、排他性，常在這種前置賓語之前加“唯（惟）”，構成“唯……是（之、之爲）”的句式。例如：

①（宫之奇）對曰：“臣聞之，鬼神非人實親，惟德是依。故《周書》曰：‘皇天無親，惟德是輔。’”(《左傳·僖公五年》)

② 余雖與晉出入，余唯利是視。(《左傳·成公十三年》)

③ 諺曰：“非宅是卜，唯鄰是卜。”(《左傳·昭公三年》)

④ 人有言曰：“唯亂門之無過。”(《左傳·昭公二十二年》)

⑤（穆嬴）曰：“此子也才，吾受子之賜；不才，吾唯子

之怨。”(《左傳·文公七年》)

⑥唯仁之爲守,唯義之爲行。(《荀子·不苟》)

⑦君子行不貴苟難,説不貴苟察,名不貴苟傳,唯其當之爲貴。(《荀子·不苟》)

其中例①中“實”爲代詞,作用同“是”。

在這種句式中,如果賓語是代詞“是”,可直接前置,不用代詞複指。或者在“是”之後加“之”複指。例如:

①維葉莫莫,是刈是濩。(《詩經·周南·葛覃》)

②昭王南征而不復,寡人是問。(《左傳·僖公四年》)

③有令名矣,而終之以恥,(祁)午也是懼。吾子其不可以不戒!(《左傳·昭公元年》)

④《志》所謂“多行無禮,必自及也”,其是之謂乎?(《左傳·襄公四年》)

⑤《魯頌》曰:“戎狄是膺,荆舒是懲。”周公方且膺之,子是之學,亦爲不善變矣。(《孟子·滕文公上》)

此外,“以、於、與”等介詞的非疑問代詞賓語也可以前置,其中“以”的賓語前置現象比較普遍。例如:

①將子無怒,秋以爲期。(《詩經·衛風·氓》)

②《詩》三百,一言以蔽之,曰:“思無邪。”(《論語·爲政》)

③今雖欲自雕琢,曼辭以自飾,無益。(司馬遷《報任安書》)

④諺所謂“室於怒,市於色”者,楚之謂矣。(《左傳·昭公十九年》)

⑤啓乃淫溢康樂,野於飲食。(《墨子·非樂》)

⑥晉居深山,戎狄之與鄰,而遠於王室。(《左傳·昭公十五年》)

⑦夫子憮然曰:“鳥獸不可與同群,吾非斯人之徒與而誰

與？”（《論語·微子》）

關於介詞“以”的這類用法，參見“古漢語知識之十三”。

二、定語後置

在古漢語中，有些定語也可置於被修飾的中心語之後，這類定語大體有以下四種：

1. 定語多爲數量詞。例如：

① 舜有大功二十而爲天子。（《左傳·文公十八年》）

② 子産、子大叔相鄭伯以會。子産以幄幕九張行。（《左傳·昭公十三年》）

③ 行收兵，比至陳，車六七百乘，騎千餘，卒數萬人。（《史記·陳涉世家》）

④ 從弟子女十人所。（《史記·滑稽列傳》）

2. 定語多爲形容詞，其前加助詞“之”。例如：

① 蚓無爪牙之利，筋骨之强，上食埃土，下飲黄泉。（《荀子·勸學》）

② 帶長鋏之陸離兮，冠切雲之崔嵬。（《楚辭·九章·涉江》）

3. 定語爲“者”字結構。例如：

① 孟子曰：“今有人日攘其鄰之雞者，或告之曰：‘是非君子之道。’”（《孟子·滕文公下》）

② 莊周遊於雕陵之樊，覩一異鵲自南方來者，翼廣七尺，目大運寸。（《莊子·山木》）

③ 共工之戰，鐵銛短者及乎敵，鎧甲不堅者傷乎體。（《韓非子·五蠹》）

④ 信至國，召辱己之少年令出胯下者，以爲楚中尉。（《史記·淮陰侯列傳》）

4. 定語爲"者"字結構，其前加助詞"之"。例如：

① 子曰："居是邦也，事其大夫之賢者，友其士之仁者。"（《論語·衛靈公》）

② 人之塗其體、被濡衣而赴火者，左三千人，右三千人，此知必勝之勢也。（《韓非子·内儲説上》）

③ 其石之突怒偃蹇負土而出争爲奇狀者，殆不可數。（柳宗元《鈷鉧潭西小丘記》）

練　習　題

一、指出下列句子中的詞類活用現象，並説明屬於哪類活用。

① 子叔姬妃齊昭公，生舍。(《左傳・文公十四年》)

② 越國以鄙遠，君知其難也。(《左傳・宣公二年》)

③ 君子正其衣冠。(《論語・堯曰》)

④ 甘其食，美其服，安其居，樂其俗。(《老子・八十章》)

⑤ 從弟子女十人所，皆衣繒單衣。(《史記・滑稽列傳》)

⑥ 縱江東父兄憐而王我，我何面目見之？(《史記・項羽本紀》)

⑦ 今我在也，而人皆藉吾弟；令我百歲後，皆魚肉之矣。(《史記・魏其武安侯列傳》)

⑧ 天下雲集響應，贏糧而景從。(《史記・秦始皇本紀》)

⑨ 我欲先痛駡王武子，然後爵之。(《世説新語・方正》)

⑩ 天下方亂，群雄虎争。(《世説新語・識鑒》)

⑪ 襟三江而帶五湖，控蠻荆而引甌越。(王勃《滕王閣序》)

⑫ 因面峰腋寺，作爲草堂。(白居易《廬山草堂記》)

二、指出下列句中的詞類活用現象，説明活用的條件並翻譯全句。

① 榮成子曰："子股肱魯國，社稷之事，子實制之。"(《國語・魯語下》)

② 且鳥高飛以避矰弋之害，鼷鼠深穴乎神丘之下以避熏鑿之患。(《莊子・應帝王》)

③ 非博士官所職，天下敢有藏《詩》《書》、百家語者，悉詣守尉雜燒之。(《史記・秦始皇本紀》)

三、什麽是使動用法？什麽是意動用法？兩者有何異同？請舉例説明。

四、解釋下列各句中“是”字的詞性、詞義，並指出其在句中充當的成分。

① 夫是墨子之儉，將非孔子之侈也；是孔子之孝，將非墨子之戾也。(《韓非子·顯學》)

② 争一言以相殺，是貴義於其身也。(《墨子·貴義》)

③ 恃武者滅，恃文者亡，夫差、偃王是也。(《魏武帝集·〈孫子兵法〉序》)

五、指出下列文章中的被動句，並翻譯全文。

① 梁惠王曰：“晉國，天下莫强焉，叟之所知也。及寡人之身，東敗於齊，長子死焉；西喪地於秦七百里；南辱於楚。寡人恥之。願比死者一灑之，如之何則可？”(《孟子·梁惠王上》)

② 曾子曰：“同遊而不見愛者，吾必不仁也；交而不見敬者，吾必不長也；臨財而不見信者，吾必不信也。三者在身，曷怨人？怨人者窮，怨天者無識。失之己而反諸人，豈不亦迂哉！”(《荀子·法行》)

六、指出以下句子中的前置賓語，並説明前置的條件。

①《商書》曰：“無偏無黨，王道蕩蕩。”其祁奚之謂矣。(《左傳·襄公三年》)

②(陳國)則我周之自出，至於今是賴。(《左傳·襄公二十五年》)

③ 今鄭人貪賴其田，而不我與；我若求之，其與我乎？(《左傳·昭公十二年》)

④ 富而不驕者鮮，吾唯子之見。(《左傳·定公十三年》)

⑤(子)曰：“有慟乎？非夫人之爲慟而誰爲？”(《論語·先進》)

⑥ 甚矣，人之好怪也！不求其端，不訊其末，惟怪之欲聞。(韓愈《原道》)

七、給下文加上標點並譯成現代漢語。

夏四月戊午晉侯使吕相絶秦曰昔逮我獻公及穆公相好戮力同心申之以盟誓重之以昏姻天禍晉國文公如齊惠公如秦無禄獻公即世穆公不忘舊德俾我惠公用能奉祀于晉又不能成大勳而爲韓之師亦悔于厥心用集我文公是穆之成也文公躬擐甲冑跋履山川踰越險阻征東之諸侯虞夏商周之胤而朝諸秦則亦既報舊德矣鄭人怒君之疆埸我文公帥諸侯及秦圍鄭秦大夫不詢于我寡君擅及鄭盟諸侯疾之將致命于秦文公恐懼綏静諸侯秦師克還無害則是我有大造于西也無禄文公即世穆爲不弔蔑死我君寡我襄公迭我殽地奸絶我好伐我保城殄滅我費滑散離我兄弟撓亂我同盟傾覆我國家我襄公未忘君之舊勳而懼社稷之隕是以有殽之師猶願赦罪於穆公穆公弗聽而即楚謀我天誘其衷成王殞命穆公是以不克逞志于我穆襄即世康靈即位康公我之自出又欲闕翦我公室傾覆我社稷帥我蝥賊以來蕩摇我邊疆我是以有令狐之役康猶不悛入我河曲伐我涑川俘我王官翦我羈馬我是以有河曲之戰東道之不通則是康公絶我好也（《左傳·成公十三年》）

參考文獻

龔千炎《中國語法學史稿》，語文出版社 1987 年。

郭錫良《1991 年古漢語語法研究簡述》，《語文建設》1992 年。

郭錫良《古代漢語語法講稿》，語文出版社 2007 年。

郭錫良等《古代漢語》，商務印書館 1999 年。

韓崢嶸《古漢語虚詞手册》，吉林人民出版社 1984 年。

何樂士等《文言虚詞淺釋》，北京出版社 1979 年。

胡安順、郭芹納《古代漢語》（第 3 版），中華書局 2014 年。

解惠全、崔永琳、鄭天一《古書虚詞通解》，中華書局 2008 年。

劉堅、江藍生等《近代漢語虚詞研究》，語文出版社 1992 年。

劉景農《漢語文言語法》，中華書局 1994 年。
裴學海《古書虛字集釋》，中華書局 1954 年。
史存直《文言語法》，中華書局 2005 年。
王力《漢語史稿》，中華書局 2004 年。
王力《漢語語法史》，商務印書館 1989 年。
王力《中國語言學史》，復旦大學出版社 2007 年。
王力等《古代漢語》，中華書局 1999 年。
王寧等《古代漢語》，高等教育出版社 2012 年。
向熹《簡明漢語史》，商務印書館 2010 年。
楊伯峻、何樂士《古漢語語法及其發展》，語文出版社 1992 年。
楊伯峻《古漢語虛詞》，中華書局 1981 年。
中國社會科學院語言研究所古代漢語研究室《古代漢語虛詞詞典》，商務印書館 1999 年。
周法高《中國古代語法》，臺灣“中央研究院”1959 年。

第十一單元

文選一

子虛賦

司馬相如

【作者簡介】司馬相如（約前179年—前118年），字長卿，本名犬子，蜀郡成都（今四川成都市，或説爲南充市）人，西漢傑出的文學家和政治家，辭賦大家，漢賦奠基人。歷任武騎常侍，中郎將，孝文園令等。曾奉詔出使西南平定西南諸夷，有“安邊功臣”之譽。爲人口吃而善著書，不慕榮華，思想傾向道家，頗具策士遺風。其作品結構博大，氣勢恢宏，辭藻富麗，斑斕多姿，對後世影響極大，代表作有《子虛賦》《上林賦》《大人賦》《長門賦》等，後人尊爲“賦聖”和“辭宗”。其散文作品有《喻巴蜀檄》《難蜀父老》等。

【題解】《子虛賦》的基本内容是，楚臣子虛出使齊國，齊王邀請子虛一同打獵，車騎甚衆。繼而子虛拜訪齊人烏有先生，無是公在場。言談中，子虛介紹了打獵期間自己和齊王的對話。子虛以爲齊王的問話意在炫耀，故在回答其問話時不欲示弱，極言楚國的廣大和楚王的游獵之盛。烏有先生聽後指責子虛不言楚王之德而宣揚其淫樂侈靡之風，不足爲訓，同時稱道齊國的大好河山，意欲蓋過子虛。無是公對二人均提出批評，認爲他們都不明正諸侯之禮，徒争游獵之樂、苑囿之大，以奢侈相勝。如果論苑囿之大、游獵之樂，齊楚較之無與倫比的上林苑不過是小巫見大巫。在對上林苑做了一番海量描述之後，無是公進而指出："地方不過千里，而囿居九百，是草木不得墾辟，而民無所食也。夫以諸侯之細，而樂萬乘之所侈，僕恐百姓之被其尤也。"

子虛、烏有先生以及無是公三人及其争論均屬虛構，全文通過鋪陳誇張、先揚後抑、襯托推進等修辭手段，表現了深刻的諷喻之旨，期望統治者能够以修德爲重，節制欲望，禁止奢靡之風。《子虛賦》與《上林賦》的創作時間雖然不同，前後相隔十年，但内容相承，構思一貫，實屬一篇作品的上下段，《史記》將二者合爲一篇。本文除選取《子虛賦》全篇外，同時節選了《上林賦》的少數内容。本文選自《史記·司馬相如列傳》，以《史記》（中華書局 1982 年第 2 版）爲底本，題目是後加的。

楚使子虛使於齊，齊王悉發境内之士，備車騎之衆，與使者出田①。田罷，子虛過詫烏有先生，而無是公在焉②。坐定，烏有先生問曰："今日田樂乎？"子虛曰："樂。""獲多乎？"曰："少。""然則何樂？"曰："僕樂齊王之欲夸僕以車騎之衆，而僕對以雲夢之事也。"③曰："可得聞乎？"

注 釋

① 子虛：與下文烏有先生、無是公都是虛構人物，無是公《漢書·司馬相如傳》作"亡是公"。 田："畋"的古字，打獵。

② “田罷”三句：打獵結束後，子虛拜訪並向烏有先生講述打獵盛況，無是公也在場。　過：拜訪。　詫：告知，誇耀。

③ “僕樂”二句：我高興的是，齊王想用他衆多的車馬來向我炫耀，而我用雲夢澤的故事回答了他。

子虛曰：“可。王駕車千乘，選徒萬騎，田於海濱。列卒滿澤，罘（fú）罔彌山，掩（yǎn）兔轔鹿，射麋脚麟[①]。鶩於鹽浦，割鮮染輪[②]。射中獲多，矜而自功[③]。顧謂僕曰：‘楚亦有平原廣澤游獵之地饒樂若此者乎？楚王之獵孰與寡人？’僕下車對曰：‘臣，楚國之鄙人也，幸得宿衛十有餘年，時從出游，游於後園，覽於有無[④]，然猶未能徧覩也，又惡足以言其外澤者乎？’齊王曰：‘雖然，略以子之所聞見而言之。’

注　釋

① 罘罔：捕兔的網，泛指捕獵的網。　掩：罩住。　轔：用車輪輾壓。　麋：麋鹿。　脚：小腿，用作動詞，抓住小腿。　麟：大鹿。

② “鶩於”二句：車馬馳騁到海邊鹽灘，割殺獵物之血染紅了車輪。　鶩：馳騁，追逐。　鹽浦：海邊鹽灘。　鮮：新殺的鳥獸肉。

③ 矜：驕傲，誇耀。　自功：自誇功勞。

④ 覽於有無：指見到宫中所有的事物。

“僕對曰：‘唯唯。臣聞楚有七澤，嘗見其一，未覩其餘也。臣之所見，蓋特其小小者耳，名曰雲夢。雲夢者，方九百里，其中有山焉。其山則盤紆岪（fú）鬱[①]，隆崇嵂崒（lǜ zú）；岑巖參差[②]，日月蔽虧；交錯糾紛，上干青雲；罷（pí）池陂陁（tuó）[③]，下屬江河。其土則丹青赭堊，雌黄白坿（fù）④，錫碧金銀，衆色炫耀，照爛龍鱗⑤。其石則赤玉玫瑰，琳瑉（mín）琨珸⑥，瑊玏（jiān lè）玄厲⑦，碝（ruǎn）石武夫⑧。

注　　釋

① 盤紆：迂迴曲折。　茀鬱：山巒曲折貌。

② 隆崇、嵂崒、岑巖：均山勢高聳險峻貌。

③ 干：接觸。　罷池、陂陁：均山坡傾斜貌。

④ 雌黄：一種礦物名，可製成橙黄色染料。　白坿：石灰。

⑤ “錫碧”三句：錫、碧玉、金、銀，衆彩炫目，燦爛的光輝如同龍鱗般閃耀。

⑥ 琳瑉：精美的玉或石。　琨珸：即“琨”，一种美石。

⑦ 瑊玏：似玉的堅石。　玄厲：一種黑色石頭，可以磨刀。

⑧ 碝石：似玉的美石。　武夫：即碔砆，似玉的美石。

“‘其東則有蕙圃衡蘭，芷若射（yè）干①，芎藭（xiōng qióng）昌蒲，茳離麋蕪②，諸蔗猼（pò）且③。其南則有平原廣澤，登降陁（yí）靡，案衍壇曼④。緣以大江，限以巫山。其高燥則生葴（zhēn）菥苞荔⑤，薛莎青薠⑥。其卑溼則生藏莨（gèn）蒹葭，東薔雕胡⑦，蓮藕菰（gū）蘆、菴蕳（lǘ）軒芋⑧，衆物居之，不可勝圖。其西則有湧泉清池，激水推移，外發芙蓉蔆華，内隱鉅石白沙。其中則有神龜蛟鼉（tuó），瑇瑁（dài mào）鱉黿⑨。其北則有陰林巨樹，楩枏（pián nán）豫章，桂椒木蘭，蘗（bò）離朱楊⑩，樝（zhā）梸梬（lí yǐng）栗⑪，橘柚芬芳。其上則有赤猨蠷蝚（qú náo），鵷鶵（yuān chú）孔鸞，騰遠射干⑫。其下則有白虎玄豹，蟃蜒貙豻（chū àn），兕象野犀，窮奇獌狿[13]。

注 釋

① 蕙圃：蕙草園。 衡蘭芷若：四種香草名。衡，杜衡；蘭，蘭草；芷，白芷；若，杜若。 射干：多年生草本，葉劍形，排成兩行，橘紅色。

② 芎藭：一種香草，秋季開白花。 昌蒲：即菖蒲，水草名，夏季开花，淡黄色。 茳離、麋蕪：均水生香草名。

③ 諸蔗：即甘蔗。 獏且：蘘荷，一説爲芭蕉。

④ 登降：地勢起伏貌。 陁靡：山坡傾斜綿延貌。 案衍：地勢低下。 壇曼：地勢平坦。

⑤ 葴菥苞荔：四種草名。葴，馬藍；菥，像燕麥的草；苞，似茅，可縮酒、編席織鞋等；荔，一種草名，其根可製刷子。

⑥ 薛、莎：均爲蒿類植物。 青薠：一種形似莎的植物。

⑦ 藏莨：即狗尾巴草，也稱狼尾草。 東薔：草名，狀如蓬草。 雕胡：即菰米，俗稱茭白。

⑧ 菰：或作“苽”，多年生草本植物。 蘆：蘆葦。 菴藺：菊科植物。 軒芋：一種生於水中或濕地裏的草。

⑨ 鼉：鼉魚，俗稱揚子鰐。 瑇瑁：即玳瑁，龜類動物。 黿：大鱉。

⑩ 楩：南方大木。 枏：楠木。 豫章：樟木。 蘗：黄柏。 離：通“樆”，即山梨樹。 朱楊：生於水邊的赤莖柳。

⑪ 樝：山楂。 梸：即梨樹。 樗栗：即軟棗，似柿而小。

⑫ 蠷蝚：猿猴類動物。 鵷鶵：傳説中類似鸞鳳的鳥。 騰遠：疑爲“騰猿”之誤。 射干：似狐而小的動物。

⑬ 蟃蜒：傳説中的巨獸，長百尋。 貙豻：貙和豻，皆猛獸名。貙，似貍而大；豻，胡地野犬，似狐而小。 窮奇：傳説中的獸名，狀如牛，蝟毛，音如獆狗，食人。 獌狿：獸名，性狀不詳。

“‘於是乃使專諸之倫手格此獸[1]。楚王乃駕馴駁之駟，乘雕玉之輿，靡魚須之橈旃（náo zhān），曳明月之珠旗，建干將之雄戟，左烏嘷之雕弓，右夏服之勁箭[2]。

陽子驂乘，纖阿爲御，案節未舒，即陵狡獸[③]。轔邛（lìn qióng）邛，轥距虛，軼野馬而轊騊駼（wèi táo tú），乘遺風而射游騏[④]。儵眒（shū shēn）淒浰（lì），靁動熛（biāo）至[⑤]，星流霆擊，弓不虛發，中必決眥，洞胸達腋，絶乎心繫。獲若雨獸，揜草蔽地[⑥]。於是楚王乃弭節裴回，翱翔容與[⑦]。覽乎陰林，觀壯士之暴怒與猛獸之恐懼，徼䣖（jiǎo zhēn）受詘，殫睹衆物之變態[⑧]。

注　釋

① 專諸：春秋時吴國的著名刺客，曾刺殺吴王僚。此指像專諸一樣的勇士。

② “靡魚”五句：揮動以鯨魚須作爲旄飾的曲柄旌旗，飄動着綴有明月珠的旗幟，豎着利如干將般的雄戟，左手緊握烏嗥般的良弓，右邊是后羿所用的箭袋。 靡：披靡，此處義爲揮動。 魚須：指鯨魚須。 橈旃：曲柄旗。 建：樹立。 干將：古代著名的寶劍，春秋時吴國工匠干將鑄造。 烏嗥：即烏號，黄帝時代的良弓名。 夏服：即“夏箙”，指后羿所用的箭袋。

③ 陽子：指孫陽，即伯樂，春秋時秦穆公的臣下。 驂乘：陪乘者。 纖阿：傳説中爲月神駕車的仙女。 案節：按轡徐行。 未舒：未盡情馳驅。 即陵：侵凌，此指踐踏。

④ “轔邛”四句：輾軋邛邛，踐踏距虛，超野馬而過騊駼，乘千里而射游麒。 轔：輾軋。 邛邛：傳説中的怪獸，狀如馬，善奔走。 轥：同“蹴”。 距虛：一種善奔走的野獸，狀如驢。 軼：超過。 轊：同“轊”，践踏，此處義爲超越。 騊駼：良馬名。 遺風：特指駿馬。 游騏：野馬。

⑤ 儵眒、淒浰：均迅疾貌。 熛至：疾风驟至。熛，疾風。

⑥ “中必”五句：箭必射中眼眶，穿透胸膛直達腋下，切斷連心的血脉。獵獸之多像自天而降，覆蓋野草鋪滿大地。 眥：眼角。 心繫：舊稱繫心脏于胸腔中的筋脉。 揜：遮蔽，掩蓋。

⑦ 弭節：即案節。 裴回：徐行貌。 翱翔容與：從容自得貌。

⑧ “徼䣖”二句：捉拿精疲力竭的野獸，盡覽百獸恐懼的狼狽相。 徼：

纏繞，這裏義爲抓捕。 谻：疲倦，指疲倦的野獸。 受：獲得。 詘：窮盡，指精疲力竭的野獸。

“‘於是鄭女曼姬，被（pī）阿錫①，揄紵（yú zhù）縞，襍纖羅，垂霧縠（hú）②。襞（bì）積褰（qiān）縐，紆（yū）徐委曲，鬱橈（náo）谿谷③。衯（fēn）衯裶（fēi）裶，揚袘（yì）卹削，蜚纖垂髾（shāo）④。扶與猗靡，噏呷（xī xiā）萃蔡⑤。下摩蘭蕙，上拂羽蓋⑥。錯翡翠之威蕤，繆（liáo）繞玉綏⑦。縹乎忽忽，若神仙之仿佛。

注　釋

① 鄭女：指春秋時鄭國的女子，以美丽善舞著稱。 曼姬：美女。 被：通“披”。 阿錫：輕細的絲織品。因産於山東東阿縣，故名。 錫，通“緆”，細布。

② “揄紵”三句：她們身穿布帛和白絹，套着各種羅織物，垂掛着像薄霧一樣的縐紗。 揄：牽曳。 紵：麻布。 縞：白綢布。 纖羅：纖細有花紋的絲綢。 霧縠：輕柔的細紗。

③ “襞積”三句：衣裳多褶裙幅波皺，花紋婉曲多姿，就像曲谷中的溪流。 襞積：衣服上的褶裥。 褰縐：褶皺。 鬱橈：深曲貌。

④ “衯衯”三句：衣服寬鬆而長，衣擺整齊，飄帶纖細如燕尾下垂。 衯衯裶裶：衣長下垂貌。 揚：抬起。 袘：裙子下端的邊緣。 卹削：衣裙邊緣整齊貌。卹，或作“戌”。 蜚：通“飛”。 纖：婦女上衣的飄帶。 髾：婦女衣飾，像燕尾。

⑤ “扶與”二句：體態婀娜多姿，衣袂輕摩而出聲。 扶與：搖曳貌。 猗靡：婀娜貌。 噏呷：衣服擺動貌。 萃蔡：走路時衣服的摩擦聲。

⑥ “下摩”二句：裙擺摩擦着地上的蘭花蕙草，頭飾輕拂着翠羽車蓋。

⑦ “錯翡”二句：翡翠交错華美，玉帶繚繞。 威蕤：即“葳蕤”，華美艷麗貌。 繆繞：繚繞。 玉綏：用玉裝飾的帽帶。

“‘於是乃相與獠於蕙圃，媻（pán）珊勃窣（sū）[①]，上金隄，揜翡翠，射鵔鸃（jùn yí）[②]，微矰出，纖繳（zhuó）施[③]，弋白鵠，連駕鵝[④]，雙鶬下，玄鶴加[⑤]。怠而後發，游於清池。浮文鷁，揚桂枻（yì）[⑥]，張翠帷，建羽蓋，罔瑇瑁，釣紫貝。摐（chuāng）金鼓，吹鳴籟，榜人歌，聲流喝，水蟲駭，波鴻沸，湧泉起，奔揚會[⑦]，礧（léi）石相擊，硠（láng）硠磕（kē）磕[⑧]，若靁霆之聲，聞乎數百里之外。將息獠者，擊靈鼓，起烽燧。車案行，騎就隊[⑨]。纚（xǐ）乎淫淫，班乎裔裔[⑩]。

注　　釋

① 獠：夜間打獵。　媻珊：同“蹣跚”，走路緩慢貌。　勃窣：匍匐貌。

② 金隄：堤名，“隄”同“堤”。　翡翠：鳥名，嘴長而直，生活在水邊。　鵔鸃：即錦鷄，野鷄一類。

③ 矰：繫有絲繩的短箭。　繳：繫在箭上的繩綫，此處指繫有細繩的箭。　施：射出。

④ 弋：带絲繩的箭，此處用作動詞，射取。　白鵠：白天鵝。　連：連及。　駕鵝：野鵝。

⑤ 鶬：鳥名，形似雁，黑色。　玄鶴：黑鵝。　加：指射中。

⑥ 文鷁：指船頭繪有文鷁圖案的畫船。文，花紋。鷁，水鳥名。　枻：船槳。

⑦ “摐金”八句：敲擊金鼓，吹響籟笛，船夫高歌，聲音悲壯，魚類驚恐，水鳥鼎沸，湧泉時起，奔騰交匯。　摐：敲擊。　金：指鉦，似鐘而長，銅製，收兵時擊之。　籟：一種管樂器。　榜人：即舫人，船夫。　流喝：聲音悲涼嘶啞。　波鴻：水鳥。

⑧ 礧石：從高處投下以打擊野獸的石頭。礧，撞擊。　硠硠、磕磕：義均爲撞擊。

⑨ “將息”五句：田獵將結束時，敲起靈鼓，點燃烽火。車輛按行排列，騎兵歸隊集合。

⑩ 纚：接續不斷貌。　淫淫：行進貌。　班：依次而行。　裔裔：浩浩

蕩蕩、絡繹不絕貌。

“‘於是楚王乃登雲陽之臺①，泊乎無爲，澹乎自持②。勺藥之和具而後御之③，不若大王終日馳騁而不下輿，脟（luán）割輪淬（cuì）④，自以爲娛。臣竊觀之，齊殆不如。’於是王默然無以應僕也。”

注　釋

① 雲陽之臺：楚國臺榭名，在雲夢澤南部的巫山下。

② “泊乎”兩句：心中安然無事，淡然自得。　無爲：無事可做。

③ 勺藥：香草名，此處指具備五味調料的羹湯。　具：具備。　御：進食。

④ 脟割：切肉成塊。脟，通“臠”。　輪淬：轉着用火烤。淬，《漢書·司馬相如傳》作“焠”，燒灼。

烏有先生曰：“是何言之過也！足下不遠千里，來況齊國，王悉發境内之士，而備車騎之衆以出田，乃欲勠力致獲，以娛左右也①，何名爲夸哉？問楚地之有無者，願聞大國之風烈，先生之餘論也②。今足下不稱楚王之德厚，而盛推雲夢以爲高，奢言淫樂而顯侈靡，竊爲足下不取也。必若所言，固非楚國之美也。有而言之，是章君之惡；無而言之，是害足下之信。章君之惡而傷私義③，二者無一可，而先生行之，必且輕於齊而累於楚矣。

注　釋

① 況：通“貺”，惠賜。　勠力：齊心合力。　致獲：獲得獵物。　左右：對烏有先生的敬稱。

② 風：風範。 烈：功業。 餘論：宏論。

③ 章："彰"的古字。 私義：個人合乎道義的言行。

"且齊東陼（zhǔ）巨海，南有琅邪[①]，觀乎成山，射乎之罘（fú），浮勃澥（xiè）[②]，游孟諸，邪與肅慎爲鄰[③]，右以湯谷爲界[④]。秋田乎青丘，傍偟乎海外[⑤]，吞若雲夢者八九，其於胸中曾不蔕（dì）芥[⑥]。若乃俶（tì）儻瑰偉，異方殊類，珍怪鳥獸，萬端鱗萃充仞其中者[⑦]，不可勝記，禹不能名，契（xiè）不能計[⑧]。然在諸侯之位，不敢言游戲之樂、苑囿之大，先生又見客[⑨]，是以王辭而不復，何爲無用應哉？"

注　釋

① 陼：義同"渚"，水邊，水域。 琅邪：即"瑯琊山"，在今山東諸城縣東南海濱。

② 之罘：山名。或作"芝罘"，在今山東煙臺市北。 浮：行船。 勃澥：或作"渤澥"，即渤海。

③ 孟諸：古代大澤名，在今河南商丘市東北，今已淤塞消失。 邪：同"斜"，指側翼方向。 肅慎：古代國名，地在今東北地區。

④ 右：《文選·子虛賦》李善注以爲，"右"爲"左"之誤。 湯谷：即"旸谷"，神話傳説中太陽升起的地方。

⑤ 秋田：秋季打獵。田，"畋"的古字。 青丘：傳説中的海外國名。 傍偟：同"徬徨"，徘徊。

⑥ "其於"句：這在齊王心裏連芥蒂那樣的感覺都不曾有。 蔕芥：同"芥蒂"。

⑦ 俶儻：卓異非凡之物。 瑰偉：雄偉奇特。 鱗萃：像魚鱗般地聚集在一起。 充仞：充滿。

⑧ 契：商代的始祖，舜时佐禹治水有功，被任爲司徒。

⑨ 何況先生還要拜會他人。

無是公听（yǐn）然而笑①，曰："楚則失矣，齊亦未爲得也。夫使諸侯納貢者，非爲財幣，所以述職也；封疆畫界者，非爲守禦，所以禁淫也②。今齊列爲東藩，而外私肅慎，捐國踰限③，越海而田，其於義固未可也。且二君之論，不務明君臣之義而正諸侯之禮，徒事争游獵之樂，苑囿之大，欲以奢侈相勝，荒淫相越，此不可以揚名發譽④，而適足以貶君自損也。且夫齊楚之事又焉足道邪？君未睹夫巨麗也⑤，獨不聞天子之上林乎？

……

注　釋

① 听然：笑貌。

② "夫使"六句：（周天子）讓諸侯進獻貢物，不是爲了獲取財物，而是藉以讓他們嚮天子述職；劃分國界，不是爲了防守抵禦，而是用來禁止放縱越軌行爲。

③ "今齊"三句：如今齊國被封爲東方藩屬，却對外私下與肅慎往來，忘記本國跨越國界。　捐國：指忘記本國利益以幫助外國。

④ 發譽：傳播聲譽。

⑤ 巨麗：最豪華的景物。

"若夫終日暴露馳騁，勞神苦形，罷（pí）車馬之用，抏（wán）士卒之精①，費府庫之財，而無德厚之恩，務在獨樂，不顧衆庶，忘國家之政，而貪雉兔之獲，則仁者不由也。從此觀之，齊楚之事，豈不哀哉？地方不過千里，而囿居九百，是草木不得墾辟（pì）②，而民無所食也。夫以諸侯之細，而樂萬乘之所侈，僕恐百姓之被其尤也。"

於是二子愀（qiǎo）然改容[③]，超若自失，逡（qūn）巡避席曰[④]："鄙人固陋，不知忌諱，乃今日見教，謹聞命矣。"

注 釋

① 罷：通"疲"，疲憊。 抏：消耗。

② 辟：开垦，拓荒。

③ 愀然：容色改变貌。

④ 逡巡：却行退讓貌，表示恭順。

小 園 賦

庾 信

【作者簡介】庾信（513 年—581 年），字子山，北周時期人。南陽新野（今河南新野縣）人，與徐陵同爲南朝梁國的宫廷文人，早年詩賦多綺靡之作，號稱"徐庾體"。梁元帝時出使西魏，被强留在長安，直到去世。庾信因才高先後得到西魏和北周的優待，官至驃騎大將軍、開府儀同三司，但内心一直很矛盾和苦悶，作品中流露出濃厚的鄉關之思和羈宦之情，因而也形成了他獨特的文學創作風格，代表有《哀江南賦並序》《小園賦》《枯樹賦》等。

【題解】《小園賦》是庾信晚年羈留北周時的作品。文中通過對小園景物的回憶和描寫，表現了他思念故國的痛苦心境。全篇用典與白描結合，曲折隱晦，移情入景，情景交融，物我一體，頗具匠心。本文選自《庾子山集》卷一，以清人倪璠《庾子山集注》（中華書局 1980 年）爲底本。

若夫一枝之上，巢父得安巢之所①；一壺之中，壺公有容身之地②。況乎管寧藜牀，雖穿而可坐③；嵇康鍛竈④，既暖而堪眠。豈必連闥（tà）洞房，南陽樊重之第⑤；緑墀（chí）青鎖，西漢王根之宅⑥。余有數畝敝廬，寂寞人外，聊以擬伏臘⑦，聊以避風霜。

注　釋

① 巢父：傳説爲堯時的隱者，構巢於樹，故稱“巢父”。

② 壺公：傳説是東漢一位賣藥仙人，常在集市上懸掛藥壺行醫，收市後便跳入壺中隱去。“懸壺濟世”一語即源於此。

③ 管寧（158 年—241 年）：字幼安，東漢末高士，一生不慕榮華，清廉自守。　藜牀：藜莖編的牀榻。

④ 嵇康（224 年—263 年）：字叔夜，譙國銍縣（今安徽濉溪縣）人，三國曹魏時期文學家和音樂家，“竹林七賢”的精神領袖，官拜中散大夫。早年因不與司馬氏合作，隱居不仕，以打鐵彈琴著述爲樂。後因吕安案遭鍾會構陷而被殺。　鍛竈：打鐵用的爐竈。

⑤ 連闥洞房：指門户相連，屋舍相次。闥，小門。洞，深邃。　樊重：東漢南陽人，光武帝劉秀的舅舅，善經商，多田産。

⑥ 墀：臺階。　青鎖：裝飾宫廷門窗的青色連環花紋。　王根：漢元帝皇后王政君親族，漢成帝時五侯之一。

⑦ 擬伏臘：指度日。擬，權且。　伏臘，指伏祭和臘祭。

雖復晏嬰近市，不求朝夕之利①；潘岳面城②，且適閒居之樂。況乃黄鶴戒露，非有意於輪軒③；爰居避風，本無情於鐘鼓④。陸機則兄弟同居，韓康則舅甥不別⑤，蝸角蚊睫⑥，又足相容者也。

注　釋

① 晏嬰近市：春秋時，齊國晏嬰居於鬧市區，齊景公想替他换個好的

環境，被他婉言謝絶，且回復説："且小人近市，朝夕得所求，小人之利也。"

② 潘岳面城：晉代詩人潘岳作《閒居賦》，其中有句曰："於是退而閒居，於洛之涘。身齊逸民，名綴下士。陪京溯伊，面郊後市。"

③ 戒露：傳説鶴性警覺，每逢寒露來臨的時節即高鳴相警。 輪軒：古代高官乘坐的輕便車，喻禄位。春秋時衛懿公好鶴，給鶴配備大夫纔有資格乘坐的軒車，此處以輪軒比喻富貴生活。

④ 爰居：海鳥名，形似鳳凰。《國語・魯語上》："海鳥曰'爰居'，止於魯東門之外三日，臧文仲使國人祭之。" 鐘鼓：指宗廟音樂。這兩句比喻北朝給自己官做，但自己並不稱心。

⑤ "陸機"句：陸機與弟弟陸雲曾在洛陽同住三間瓦屋，陸機居西屋，弟弟居東屋。 "韓康"句：韓康伯是東晉玄學家、訓詁學家，官至吏部尚書，追贈太常。康伯的舅父殷浩精通《老子》《周易》，康伯幼年家貧時，得到殷浩的關懷，在學術上也深受其影響。殷浩被貶官後，韓康伯同樣和舅父親密無間，不分彼此。以上二句暗喻自己的過往。

⑥ 蝸角蚊睫：蝸牛的角，蚊子的睫毛，形容處地狹小。《莊子・則陽》："有國於蝸之左角者曰觸氏，有國於蝸之右角者曰蠻氏，時相與争地而戰，伏屍數萬，逐北旬有五日而後反。"《晏子春秋・外篇第八》："（景）公曰：'天下有極細者乎？'晏子對曰：'有。東海有蟲，巢於蚊睫，再乳再飛，而蚊不爲驚。臣嬰不知其名，而東海漁者，命曰焦冥。'"此句暗喻自己對名譽地位的輕視。

爾乃窟室徘徊，聊同鑿坯。桐間露落，柳下風來。琴號珠柱，書名《玉杯》①。有棠梨而無館，足酸棗而非臺②。猶得欹（qī）側八九丈③，縱横數十步，榆柳兩三行，梨桃百餘樹。撥蒙密兮見窗，行欹斜兮得路。蟬有翳（yì）兮不驚，雉無羅兮何懼？

注 釋

① "爾乃"六句：在窟室中活動，姑且鑿牆爲户而自得。桐樹間露珠間或

飄落，柳樹下的清風時而吹來。你的琴名爲“珠柱”，你的書名是《玉杯》。 爾乃：發語詞，無義。 鑿坯：鑿牆以爲門窗。 珠柱：琴名。 玉杯：文章名，董仲舒撰，收入《春秋繁露》。全文解讀《春秋》的“微言大義”，提出“重志輕事”的主張。

② “有棠”句：漢代甘泉宮外建有棠梨館。 酸棗：戰國時韓國的城名，地今河南延津縣北，城西有酸棗寺。此二句言園內雖有棠棣、酸棗，但無臺館建築。

③ 欹側：傾斜，指小園地形不正。

草樹混淆，枝格相交。山爲簣（kuì）覆，地有堂坳（ào）①。藏狸並窟，乳鵲重巢。連珠細茵，長柄寒匏（páo）②。可以療饑，可以棲遲，攲（qī）嶇兮狹室，穿漏兮茅茨（cí）③。簷直倚而妨帽④，户平行而礙眉。坐帳無鶴，支床有龜⑤。鳥多閒暇，花隨四時。心則歷陵枯木，髮則睢陽亂絲⑥。非夏日而可畏，異秋天而可悲⑦。

注 釋

① 格，樹的長枝。 簣覆：用竹筐倒土堆成的。簣，竹筐。 堂坳：堂上的低窪處。

② 連珠：形容叢生。 細茵：成片的嫩草。 長柄寒匏：長把葫蘆。

③ 攲嶇：崎嶇。 穿漏：屋頂漏雨。

④ 直倚：或直或曲。

⑤ 坐帳無鶴：據《神仙傳》，三國時吴人介象，是隱術鼻祖，通“五經”、百家之言及方術，孫權尊稱他爲“介君”，死後有白鶴飛來集於其座上。 支床有龜：據《史記·龜策列傳》，南方有老人用龜支床，20 多年後老人死，移床，發現龜尚生未死。

⑥ 歷陵：西漢縣名，盛産木材，屬豫章郡，地在今江西德安縣境内。 睢陽：戰國時宋地，墨子的故鄉。 亂絲：指頭髮已白，亂如絲。《吕氏春秋·當染》：“墨子見染素絲者而歎曰：‘染於蒼則蒼，染於黄則黄，所以入者變，其色亦變，五入而以爲五色矣。’故染不可不慎也。”

⑦ “非夏”二句：不是夏天却讓人感到夏日的可畏，異於秋天却有着秋天般的悲涼。

一寸二寸之魚，三竿兩竿之竹。雲氣蔭於叢蓍（shī），金精養於秋菊①。棗酸梨酢（cù），桃榹（sī）李薁（yù）②。落葉半牀，狂花滿屋。名爲野人之家③，是謂愚公之谷④。試偃息於茂林，乃久羡於抽簪⑤。雖有門而長閉，實無水而恒沉⑥。三春負鋤相識，五月披裘見尋。問葛洪之藥性，訪京房之卜林⑦。草無忘憂之意，花無長樂之心⑧。鳥何事而逐酒？魚何情而聽琴⑨？

注　釋

① 蓍：多年生草木植物，一本多莖，可入藥，古人用其莖占卜。傳説蓍草叢生的地方其上多雲。　金精：甘菊的别稱。

② 酢：同“醋”，酸澀。　桃榹：即榹桃，山桃。　李薁：酸李。

③ 野人之家：指隱士。《後漢書·逸民列傳》：“桓帝延熹中，幸竟陵，過雲夢，臨沔水，百姓莫不觀者，有老父獨耕不輟。尚書郎南陽張温異之，使問曰：‘人皆來觀，老父獨不輟，何也？’老父笑而不對。温下道百步，自與言。老父曰：‘我野人耳，不達斯語。請問天下亂而立天子邪？理而立天子邪？立天子以父天下邪？役天下以奉天子邪？昔聖王宰世，茅茨采椽，而萬人以寧。今子之君，勞人自縱，逸游無忌。吾爲子羞之，子何忍欲人觀之乎？’温大慚，問其姓名，不告而去。”

④ 愚公之谷：喻社會風氣不正。《説苑·政理》：“齊桓公出獵，逐鹿而走，入山谷之中，見一老公，而問之曰：‘是爲何谷？’對曰：‘爲愚公之谷。’桓公曰：‘何故？’對曰：‘以臣名之。’桓公曰：‘今視公之儀狀，非愚人也，何爲以公名？’對曰：‘臣請陳之，臣故畜牸牛，生子而大，賣之而買駒，少年曰：“牛不能生馬。”遂持駒去。傍鄰聞之，以臣爲愚，故名此谷爲愚公之谷。’”

⑤ 偃息：休息。　抽簪：抽下連繫冠髮的簪子，指棄官不仕。

⑥ 恒：常。　沉：指陸沉，即無水而沉，比喻隱居。《莊子·則陽》：“方

且與世違而心不屑与與俱。是陸沈（‘沈’同‘沉’）者也，是其市南宜僚邪？”宜僚，春秋時楚國勇士，姓熊，居於市南，號市南子。宜僚因曾拒絶參與楚平王之孫自公勝的謀反活動而成名。

⑦ “三春”四句：三春荷鋤勞作時與人相識，五月還穿着裘衣接待訪客。有人向我詢問葛洪所記藥物的療效，也有人向我請教京房的占卜書。　披裘：指隱士。《高士傳》記載，春秋時，吴公子季札出游，見到一個高士五月還穿着皮裘。　葛洪：字稚川，號抱朴子，東晉煉丹家和醫藥學家，著作有《抱朴子》《金匱藥方》等。　京房：字君明，西漢學者，在《周易》等領域有卓越貢獻，著作有《易傳》《周易章句》等。　卜林：指京房的占卜書，包括《周易占》《周易守林》《周易集林》《周易飛候》，合稱“卜林”，皆佚。

⑧ 忘憂：指忘憂草，即萱草，古醫書上説吃此草即可忘憂。　長樂：花名，紫色。

⑨ “鳥何”句：意謂海鳥因不適應被人供養的生活而死。《莊子・至樂》：“昔者海鳥止於魯郊，魯侯御而觴之於廟，奏《九韶》以爲樂，具太牢以爲膳。鳥乃眩視憂悲，不敢食一臠，不敢飲一杯，三日而死。”“魚何”句：意爲魚一旦離開水哪會聽琴呢？《韓詩外傳》卷六：“昔者瓠巴鼓瑟而潛魚出聽，伯牙鼓琴而六馬仰秣。”

加以寒暑異令，乖違德性。崔駰以不樂損年[①]，吴質以長愁養病[②]。鎮宅神以薶（mái）石[③]，厭山精而照鏡[④]。屢動莊舄（xì）之吟[⑤]，幾行魏顆之命[⑥]。薄晚閑闔[⑦]，老幼相攜；蓬頭王霸之子[⑧]，椎髻梁鴻之妻[⑨]。燋麥兩甕，寒菜一畦[⑩]。風騷騷而樹急，天慘慘而雲低[⑪]。聚空倉而雀噪，驚懶婦而蟬嘶[⑫]。

注　釋

① 崔駰：東漢辭賦家、學者，字亭伯，涿郡安平（今河北安平縣）人，任權臣竇憲主簿。竇憲擅權驕恣，崔駰數諫阻，爲憲不容，憂鬱而死。

② 吴質：字季重，兖州濟陰（今山東菏澤市定陶區）人，三國著名文學

家，著有《魏都賦》等，辭彩華麗，氣勢磅礴。歷任曹魏北中郎將、振威將軍等。建安二十三年（218年），曹丕作《又與吴質書》，告知王粲等人死訊以及自己當上太子一事。吴質回信表示願爲國家效力。信中説："今質已四十二矣，白髮生鬢，所慮日深，實不復若平日之時也。但欲保身勅行，不蹈有過之地，以爲知己之累耳。游宴之歡，難可再遇，盛年一過，實不可追。臣幸得下愚之才，值風雲之會，時邁齒载，猶欲觸胸奮首，展其割裂之用也。不勝慺慺，以來命備悉，故略陳至情，質死罪死罪。"

③ 薶石：古人歲暮於住宅四角埋下圓石，以爲可以鎮宅驅邪。薶，"埋"的古字。

④ 照鏡：古人以爲鏡子可以使妖精顯出原形。《抱樸子・登涉》："萬物之老者，其精悉能假託人形，以眩惑人目而常試人，唯不能於鏡中易其真形耳，是以古之入山道士，皆以明鏡九寸已上，懸於背後，則老魅不敢近人。"

⑤ 莊舄：戰國時越國人，在楚國做官，以"莊舄越吟"的典故而聞名。據《史記・張儀列傳》，莊舄雖身居高位，但思念故國，即使在楚多年，一旦生病，就會不自覺地用越方言吟唱。

⑥ 幾：幾乎。　魏顆之命：魏顆父親的昏亂命令。据《左傳・宣公十五年》記載：晉大夫魏武子有一寵妾，武子病時，曾命其子魏顆在他死後把此妾嫁人。武子臨終時，却又囑魏顆把此妾殉葬。武子死後，魏顆認爲父親臨終的囑咐是在頭腦昏亂時説的，不算其本意，於是把妾嫁人了。此句是説自己因思鄉神志幾乎昏亂。

⑦ 閑閨：指空閒下來的婦女。

⑧ 王霸：東漢太原廣武（今山西代縣西）人，隱士，朝廷屢招而不爲所動。據《後漢書・列女傳》，王霸與同郡令狐子伯爲友。其後令狐做了楚相，其子爲郡功曹。王霸命其子給王霸送信，車馬服從，舉止大方。王霸之子從田裏耕作回來，見到令狐子，自慚形穢，王霸也因此久臥不起。其妻勸王霸應保持高節，不慕榮利，霸聽後笑而復起，遂攜妻隱居。

⑨ 梁鴻：字伯鸞，東漢隱士，扶風（今陝西扶風縣）人，家貧博學。據《後漢書・逸民列傳》，梁鴻妻孟光初嫁時，盛裝入門，梁鴻七日不理她。孟光改爲椎髻，著布衣，梁鴻遂大喜。以上兩句是説自己妻兒雖

不顯貴，但皆質樸而有節操。

⑩ 燋麥：陳麥。燋，同“焦”。　寒菜：越冬的菜蔬。

⑪ 騷騷：風吹樹木聲。

⑫ 懶婦：蟋蟀的别名。古農諺有“蜻蛉鳴，衣裘成。蟋蟀鳴，懶婦驚”之語，故以懶婦名蟋蟀。

昔草濫於吹嘘，藉（jiè）《文言》之慶餘[①]。門有通德[②]，家承賜書[③]。或陪玄武之觀，時參鳳凰之墟[④]。觀受釐（xī）於宣室，賦長楊於直廬[⑤]。

注　釋

① “昔草”二句：昔日我以草莽之身濫竽充數，全靠《文言》所説的祖上遺澤。　草濫：草莽。　吹嘘：義同“吹竽”。　慶餘：指餘慶，留給子孫的德澤。《周易·乾卦·文言》：“積善之家，必有餘慶。”庾信之父庾肩吾是著名的文學家和書法理論家，甚得蕭綱賞識，官至度支尚書。

② 門有通德：指庾信祖父庾易有高士遺風。庾易爲南朝齊著名隱士，多次謝絶朝廷徵召，如東漢經學大師鄭玄。據《後漢書·鄭玄傳》，鄭玄屢被徵召而不就，地方官孔融特爲他建立一鄉，稱作“鄭公鄉”，其大門曰“通德門”。

③ 賜書：汉代班嗣、班彪兄弟親密無間，皇帝因此賜書給班氏兄弟以表彰。庾信的大伯父庾黔婁（“二十四孝”之一）、二伯父庾於陵和父親庾肩吾關係親密，堪比班氏兄弟，故引以爲喻。

④ “或陪”二句：時或陪侍到玄武闕觀賞景致，時或登上鳳凰殿游玩。　玄武：漢代未央宫北的闕名。　鳳凰：漢代建章宫的殿名。　此二句是説在北朝曾陪侍參與皇帝的游宴。

⑤ “觀受”二句：在宣室觀看受釐的場面，在直廬撰寫賦長楊類的作品。　受釐：漢制，皇帝派人祭祀天地五畤或郡國祭祀後，須將祭餘之肉歸致皇帝，以示受福，叫作“受釐”。釐，即“胙”。　宣室：指漢代未央宫前殿的正室，皇帝常於此召見大臣議事，漢文帝曾召見賈誼於宣室。　長楊：漢代宫名，地在今陝西周至縣東南，揚雄曾作《長楊賦》。　直廬：侍臣值宿的房舍。

遂乃山崩川竭，冰碎瓦裂，大盜潛移，長離永滅[①]。摧直轡於三危，碎平途於九折[②]。荆軻有寒水之悲，蘇武有秋風之别。關山則風月悽愴，隴水則肝腸斷絶[③]。

注　釋

① “遂乃”四句：繼而出現了如同山崩河竭，冰碎瓦裂般的動蕩局面，叛賊暗中謀權篡位，長離星永遠熄滅了。　山崩川竭：比喻侯景之亂。　冰碎瓦裂：比喻國家殘破不全。　大盜：指侯景。　長離：星宿名，南方朱雀七宿的第六宿，即“翼宿”，此處比喻梁國。梁武帝太清二年（548年），由西魏降梁的侯景發動叛亂，扶立蕭正德爲帝，己爲相國。於太清三年（549年）攻破臺城（在金陵，梁皇宫所在），軟禁梁武帝致其餓死，殺蕭正德而改立太子蕭綱爲帝，是爲簡文帝，於公元551年廢簡文帝，繼而殺之，立梁武帝曾孫蕭棟爲帝。公元552年，梁元帝蕭繹平定侯景之亂，殺蕭棟，並遷都江陵。侯景於敗逃中爲部將所殺，這場變亂正式結束。兩年後西魏攻破江陵，殺蕭繹，至公元557年，梁敬帝蕭方智被迫禪位於陳霸先，梁亡。

② “摧直”二句：行到三危山斷了繮繩，在九折阪失去了坦途。　摧：斷。　三危：西極山名，或説在西南境，山高而危。　九折：阪名，曲折多險。

③ 關山、隴水：樂府詩有《關山月》，表現傷離别的主題。又有《隴头歌辞》，表現愁思傷感的主題，詩句有“隴頭流水，鳴聲幽咽。遥望秦川，肝腸斷絶”。

龜言此地之寒，鶴訝今年之雪[①]。百齡兮倏忽，光華兮已晚。不雪雁門之踦（qī），先念鴻陸之遠[②]。非淮海兮可變，非金丹兮能轉[③]。不暴骨於龍門，終低頭於馬坂[④]。諒天造兮昧昧，嗟生民兮渾渾[⑤]！

注 釋

① “龜言”二句：烏龜説此地寒冷，鶴驚訝今年的大雪。按：據酈道元《水經注》引《秦書》記載，前秦皇帝苻堅建元十二年（376年），高陸縣民穿井得龜，背文負八卦古字。堅以石爲池養之，十六年而死。取其骨問吉凶，起名“客龜”。卜者夢龜言：“我將歸江南，不遇，死於秦。”卜者解曰：“龜三萬六千歲而終。終，必亡國之徵也。”其後前秦果爲東晉所敗亡。此句是説自己思歸江南，不欲客死秦地。據劉敬叔《異苑》記載，晉太康二年（281年）冬大寒。有二白鶴於橋下語曰：“今兹寒不減堯崩年也。”於是飛去。此句言堯崩，喻梁元帝死。

② “不雪”二句：未報雁門之恥，先念鴻雁遠飛。按：據《漢書·傅常鄭甘陳段傳》，漢段會宗爲雁門郡守，因法免職。後復爲都護，其友谷永勸告他説：“因循舊貫，毋求奇功，終更亟還，亦足以復雁門之踦。” 踦：過失。侯景之亂初，太子蕭綱命庾信率宫中文武千餘人防守。侯景兵至，庾信帥众先退，繼而逃奔江陵。 鴻陸：指高位。《周易·漸卦》九三爻辭：“鴻漸於陸，夫征不復。”這裏比喻自己到北朝被留不得歸。

③ “非淮”二句：不像淮水那樣可變爲海水，也不像金丹那樣能使人成仙。按：二句源於《國語》和《抱樸子》。《國語·晉語九》：“趙簡子嘆曰：‘雀入於海爲蛤，雉入於淮爲蜃。黿鼉魚鱉莫不能化，唯人不能，哀夫！’”《抱樸子·金丹》：“九轉之丹，服之三日得仙。”

④ “不暴”二句：不能像鯉魚那樣跳上龍門，最終只能像良馬低頭於阪坡。《太平廣記》引《三秦記》：“龍門山在河東界。禹鑿山斷門一里餘，黄河自中流下，兩岸不通車馬。魚登者化爲龍，不登者點額暴腮而返。”《戰國策·楚策四》：“汗明曰：‘君亦聞驥乎？夫驥之齒至矣，服鹽車而上太行。蹄申膝折，尾湛胕潰，漉汁灑地，白汗交流，中阪遷延，負轅不能上。伯樂遭之，下車攀而哭之，解紵衣以冪之。驥於是俯而噴，仰而鳴，聲達於天，若出金石聲者，何也？彼見伯樂之知己也。’”

⑤ 諒：信。 天造：天所造，此處指天道。 昧昧：不明貌。《周易·上經》：“天造草昧。” 渾渾：糊糊塗塗貌。

文　選　二

刺世疾邪賦　　趙　壹

【作者簡介】趙壹（122 年—196 年），字元叔，本名懿，《後漢書》爲避司馬懿諱而改。東漢陽郡西縣（今甘肅天水市秦州區）人，著名辭賦家，生活於桓、靈之世，與書法家張芝、思想家王符並稱“隴上三大家”。其體貌魁偉，美鬚眉，恃才傲物，遭鄉黨排斥，幾致喪命，得友人相救而幸免。曾名動京師，返里後，州郡公府十次徵辟，皆不就。

【題解】《刺世疾邪賦》是趙壹的代表作，對東漢末年外戚宦官專權、政治腐敗、士人遭受迫害以及官員争相舐痔拍馬的醜態進行了無情揭露和批判，情緒激烈，辭鋒犀利，痛快淋漓。該文是漢賦由鋪采摛文的大賦向抒情小賦轉變中的代表作，也是辭賦史上的政治抒情名篇，對阮籍《大人先生傳》有一定影響。此外，趙壹的賦作還有《窮鳥賦》，對禰衡《鸚鵡賦》、曹植《野田黄雀行》、何遜《窮鳥賦》等也都有所啓發。本文選自《後漢書・文苑列傳・趙壹》，以點校本《後漢書》（中華書局 1965 年）爲底本。

伊（發語詞）五帝（一説爲黄帝、顓頊、帝嚳、堯、舜）之不同禮，三王（夏、商、周三代開國之君）亦又不同樂。數（指天道）極自然變化，非是故相反駮（并非故意相互抵觸。駮，同“駁”）。德政不能救世溷（hùn）亂，賞罰豈足懲時清濁？春秋時禍敗之始，戰國愈增其荼毒。秦、漢無以相踰（踰：同“逾”）越，乃更加其怨酷（怨酷：殘暴）。寧計生民之命，唯利己而自足。

于茲迄今，情僞萬方。佞諂日熾，剛克（剛强正直的品德）消亡。舐痔結駟（《莊子·列禦寇》：“秦王有病召医，破痈溃痤者得车一乘，舐痔者得车五乘，所治愈下，得车愈多。”），正色徒行。嫗㑃（qǔ）名埶（卑躬屈膝於有名有勢者。嫗㑃：義同“傴僂”，此處指卑躬屈膝。埶：“勢”的古字），撫拍（拍馬）豪强。偃蹇（高傲）反俗（與世俗不合者），立致咎殃。捷懾（shè）逐物（急切追逐名利唯恐落後者。懾：害怕），日富月昌。渾然同惑，孰温孰涼（“渾然”二句：大家都完全迷惑了，不知熱冷）？邪夫顯進，直士幽藏。

原斯瘼（瘼：弊病）之所攸（攸：義同“所”）興，寔（shí，同“實”）執政之匪賢。女謁（通過有權勢的婦女請托）掩其視聽兮，近習（君主的親信或身邊服侍者，包括弄臣、宦官、車夫等）秉其威權。所好則鑽皮出其毛羽（對於喜歡的人提前重用就像打開蛋殼讓鳥羽趕快露出來），所惡則洗垢求其瘢痕。雖欲竭誠而盡忠，路絶嶮而靡緣。九重（指宫門）既不可啓，又群吠之狺（yín）狺。安危亡於旦夕，肆嗜慾（慾：音義同“欲”）於目前。奚異涉海之失柂（柂：音義同“舵”），坐積薪而待然（然：“燃”的古字）。榮納（受寵幸重用）由於閃揄（閃揄：奸巧谄媚貌），孰知辨其蚩妍（蚩、妍：醜惡、美好）？故法禁屈撓（náo。撓：屈服）於執族，恩澤不逮於單門（單門：寒門）。寧飢寒於堯舜之荒歲兮，不飽暖於當今之豐年。乘理（順理）雖死而非亡，違義雖生而匪存。

有秦客者，乃爲詩曰："河清不可俟，人命不可延。順風激（激：搖曳）靡草（此句言乘機攻擊人），富貴者稱賢。文籍雖滿腹，不如一囊錢。伊優（逢迎諂媚者）北堂上，抗髒（高亢耿直者）倚門邊。"魯生聞此辭，繫（接着）而作歌曰："執家多所宜，欬（同'咳'）唾自成珠。被褐（穿布衣者）懷金玉，蘭蕙化爲芻（芻：'蒭'的古字，飼草）。賢者雖獨悟，所困在群愚。且各守爾分，勿復空馳驅。哀哉復哀哉，此是命矣夫！"

别　賦　　江　淹

【作者簡介】江淹（444 年—505 年），字文通，濟陽考城（今河南民權縣）人，南朝著名政治家、文學家，歷宋、齊、梁三朝。少孤貧而好學，以打柴爲生，與母相依爲命。後入建平王劉景素幕府，曾多次勸阻劉景素謀反。南齊時歷任中書侍郎、驍騎將軍、建武將軍、廬陵内史、尚書左丞等職，梁時官至吏部尚書，封醴陵侯。爲官清正，有先見之明。晚年才思減退，傳夢中還郭璞五色筆，爾後作詩遂無美句，世稱"江郎才盡"。江淹是南朝辭賦大家，與鮑照並稱，代表作《别賦》《恨賦》頗負盛名，其詩歌善於擬古，幽深奇麗，《雜體詩三十首》膾炙人口。有《江文通集》傳世。

【題解】《别賦》是一篇抒情小賦。齊梁時期，賦擺脱傳統板滯凝重的形式向抒情言志的小賦發展過渡，多以描寫日常生活中的各種感受爲主題。這篇賦便是以抒情筆調描寫游子、官宦、劍客、征夫、使臣、夫婦、道士、情人離情別緒的作品，通過環境烘托、情緒渲染、心理刻劃等藝術方法生動具體地反映了齊梁時代社會動亂的側影，同時在以悲爲美的藝術境界中，概括出了人類別離的共有感情。本文選自《昭明文選》卷十六，以《昭明文選》(中華書局 1977 年)爲底本。

黯然銷魂者，唯別而已矣！況秦吴兮絶國，復燕宋兮千里。或春苔兮始生，乍秋風兮蹔（蹔：同"暫"）起。是以行子腸斷，百感悽惻。風蕭蕭而異響，雲漫漫而奇色。舟凝滯於水濱，車逶遲（逶遲：徘徊貌）於山側。櫂（zhào，船槳）容與（躊躇不前貌）而詎（詎：豈）前？馬寒鳴而不息。掩金觴而誰御（御：進食）？横玉柱（柱：指琴柱）而霑軾。居人愁臥，怳若有亡。日下壁而沈彩（沈彩：日光西沉光彩消失。沈，"沉"的古字），月上軒而飛光。見紅蘭之受露，望青楸之離（離：通"罹"，遭受）霜。巡曾（céng）楹（曾楹：指柱子間）而空揜（揜：同"掩"，指關門），撫錦幕而虛涼。知離夢之躑躅，意別魂之飛揚。

故別雖一緒，事乃萬族。至若龍馬銀鞍，朱軒繡軸，帳飲東都（東都：指長安東門。西漢疏廣告老還鄉時，公卿大夫故人車騎數百輛爲設祖道，送別於東都門外），送客金谷（金谷：西晉巨富石崇園名。石崇曾在此園爲征西將軍王詡回長安餞行）。琴羽張兮簫鼓陳，燕趙歌兮傷美人；珠與玉兮豔暮秋，羅與綺兮嬌上春。驚駟馬之仰秣，聳淵魚之赤鱗（《韓詩外傳》卷六記載，瓠巴鼓瑟，深淵中的魚也浮出水面聆聽；伯牙彈琴，六馬竟仰起頭來吃草料）。造（等到）分手而銜涕，感寂漠而傷神。

乃有劍客慙恩（慙恩：因受恩未報而慚愧。慙，同“慚”），少年報士，韓國趙厠（《史記·刺客列傳》記載，戰國時刺客聶政替嚴仲子報仇，潜入韓國相府，刺殺韓相俠累。刺客豫讓爲報答智伯知遇之恩，潜伏在趙宫中厠内刺殺智伯仇敵趙襄子而未遂），吴宫燕市（《史記·刺客列傳》記載，春秋时，刺客專諸爲幫助吴国公子光闔閭奪取王位，成功刺殺吴王僚。荆軻曾與狗屠及好友高漸離饮酒高歌於燕市，後答應替燕太子丹刺殺秦王嬴政，丹送荆軻至易水邊而餞别）。割慈忍愛，離邦去里，瀝泣共訣，抆（wěn，擦拭）血相視。驅征馬而不顧，見行塵之時起。方銜感（銜感：報恩）於一劍，非買價（買價：沽名）於泉裏（泉裏：九泉之下，指身後）。金石震而色變，骨肉悲而心死。

或乃邊郡未和，負羽（挾帶弓箭）從軍。遼水（指遼河，在遼寧境内）無極，鴈山（雁門山，在山西境内）參雲（高聳如雲）。閨中風暖，陌上草薰。日出天而耀景，露下地而騰文。鏡朱塵（朱塵：紅塵）之照爛（照爛：光明燦爛），襲青氣（青氣：春季的氣氛）之烟煴（yīn yūn。烟煴：雲烟弥漫貌）。攀桃李兮不忍别，送愛子兮霑羅裙。

至如一赴絶國，詎相見期？視喬木（喬木：比喻故鄉）兮故里，決北梁兮永辭（北梁：北邊的橋，指送别之地。漢王褒《九懷·陶壅》：“濟江海兮蟬蜕，絶北梁兮永辭。”）。左右兮魂動，親賓兮淚滋。可班荆（班荆：折荆條鋪地而坐。《左傳·襄公二十六年》：“（楚）伍舉奔鄭，將遂奔晉。聲子將如晉，遇之於鄭郊，班荆相與食。”兮贈恨（贈恨：傾訴離别之苦），惟罇酒兮叙悲。值秋鴈兮飛日，當白露兮下時，怨復怨兮遠山曲，去復去兮長河湄（湄：水邊）。

又若君居淄右（淄右：淄水西邊，古人以右爲西），妾家河陽（河陽：黄河北岸），同瓊珮之晨照（晨照：早晨照鏡子），共金爐之夕香（夕香：晚上點燃香料）。君結綬（結綬：指做官。綬，繫官印的絲帶）兮千里，惜瑶草（瑶草：仙草，喻閨中少婦）之徒芳。慙幽閨之琴瑟，晦高臺之流黄（"慙幽"二句：爲不能与愛人共享閨房琴瑟和鳴的歡樂而感到慚愧，感覺高臺上也暗然無光。晦：用作動詞，感覺灰暗。流黄：褐黄色）。春宫閟（bì。春宫：传说青帝所居處。閟：關閉）此青苔色，秋帳含兹明月光。夏簟清兮晝不暮，冬釭（gāng。釭：燈）凝兮夜何長！織錦曲（織錦曲：即迴文詩，縱横讀都有意義。《織錦迴文詩序》："竇韜秦州，被徙沙漠，其妻蘇氏。秦州臨去，别蘇，誓不更娶。至沙漠，便娶婦。蘇氏織錦，端中作此迴文詩贈之。"按：竇韜爲前秦秦州刺史，其妻蘇蕙。竇韜因受到符堅的猜忌而被流放沙州，沙洲即甘肃敦煌市。傳説迴文詩織在一張縱横僅八寸的錦帕上，共含840字，名曰《迴文詩璿璣圖》）兮泣已盡，迴文詩兮影獨傷。儻（同"倘"）有華陰（華陰：指華山）上士（上士：指得道者），服食還山（還山：得道成仙）。術既妙而猶學，道已寂（道已寂：指修道已進入很高境界，入於不生不滅之門）而未傳。守丹竈而不顧（不顧：指不顧世事），煉金鼎而方堅。駕鶴上漢（上漢：升天），驂鸞騰天。蹔遊萬里，少别千年。惟世間兮重别，謝（辭别）主人兮依然（依然：指像世人一樣不忍離别）。

下有（又有）芍藥之詩（指愛情詩。《詩經·鄭風·溱洧》："維士與女，伊其相謔，贈之以勺藥。"），佳人之謌（贊美佳人的詩。謌：同"歌"。《漢書·外戚傳》："延年侍上起舞，歌曰：'北方有佳人，絶世而獨立，一顧傾人城，再顧傾人國。'"），桑中衛女，上宫陳娥（桑中、上宫：均指情人約會處。陳娥：指戀愛中的少女。《詩經·鄘風·桑中》一章："爰采唐矣？沬之鄉矣。云誰之思？美孟姜矣。期我乎桑中，要我乎上宫，送我乎淇之上矣。”)。春草碧色，春水渌（lù。渌：清澈）波，送君南浦（南浦：古送别之地。《楚辭·九歌·河伯》：“子交手兮東行，送美人兮南浦。”），傷如之何！至乃秋露如珠，秋月如珪，明月白露，光陰往來，與子之别，思心徘徊。

是以别方不定，别理千名，有别必怨，有怨必盈（盈：指情緒高漲）。使人意奪神駭，心折骨驚，雖淵雲（淵：指王褒，字子淵。雲：指揚雄，字子雲。二人均爲西漢辭賦家）之墨妙，嚴樂（嚴：指嚴安。樂：指徐樂。二人均爲漢武帝時期文學家）之筆精，金閨（指西漢中央官署金馬門，漢武帝時爲文人的待詔之所）之諸彦，蘭臺（指漢代宫内藏書和討論學術的地方）之羣英，賦有淩雲之稱，辯有雕龍之聲，誰能摹暫離之狀，寫永訣之情者乎！

古漢語基礎知識之十五

修　辭　學

第一節　漢語修辭學研究概況

修辭學是關於修辭的學説，屬於語言學的一個分支學科。修辭活動源於人類對言語活動的準確、生動和形象的需求。修辭學的基本内容是對修辭内容、方法、效果的理論研究和總結。

一、我國古代的修辭研究

早在先秦時期，人們即對修辭問題有所關注。例如“修辭”一詞在《周易》中就已出現。《周易·乾卦·文言》：“子曰：‘君子進德修業。忠信所以進德也，修辭立其誠，所以居業也。’”不過这裏的“修辭”是指學習和培養文辭、言辭的能力，还不是修辭學中的“修辭”。在先秦，有關文辭表達能力的言論還有不少，例如《左傳·襄公二十五年》：“仲尼曰：‘《志》有之：“言以足志，文以足言。”不言，誰知其志？言之無文，行而不遠。’”《論語·衛靈公》:“子曰:‘辭達而已矣。’”《論語·憲問》:“子曰:‘爲命,裨諶草創之,世叔討論之,行人子羽修飾之,東里子産潤色之。’”《論語·雍也》:“子曰:‘質勝文則野,文勝質則史。文質彬彬,然後君子。’”《荀子·非相》:“談説之術:矜莊以莅之,端誠以處之,堅强以持之,分别以喻之,譬稱以明之,欣歡芬薌以送之,寶之珍之貴之神之。如是則説常無不受。”等等。

兩漢時期,關於修辭的討論有了進一步發展。例如《淮南子》一書提出了質情並重的修辭觀。例如:“必有其質,乃爲之文。”(《淮南子·本經》)“文者,所以接物也;情繫於中而欲發外者也。以文滅情則失情,以情滅文則失文。”(《淮南子·繆稱》)再如《春秋繁露》一書提出了質文兼備而以質爲主的修辭觀:“志爲質,物爲文。文著於質,質不居文,文安施質?質文兩備,然後其禮成。文質偏行,不得有我爾之名。俱不能備而偏行之,寧有質而無文。”(《春秋繁露·玉杯》)又如《説苑》强調了修辭的重要性和必要性:“夫辭者,乃所以尊君重身,安國全性者也;故辭不可不修,説不可不善。”(《説苑·善説》)

魏晉南北朝時期,修辭研究進入到一個重要的階段,出現了一批涉及修辭學的專著,初步建立了較系統的修辭學理論,例如魏曹丕《典論·論文》、晉陸機《文賦》、摯虞《文章流别論》、梁李充《翰林論》、劉勰《文心雕龍》、沈約《謝靈運傳論》、鍾嶸《詩品》等。其中《典論·論文》提出:“奏議宜雅,書論宜理,銘誄尚實,詩賦欲麗。”强調文體不同,風格各異,在文體學研究上具有開創之功。《文心雕龍》的問世標志着古代修辭學的正式建立,書中提出了内容决定形式的修辭觀:“辭爲膚根,志實骨髓。”(《文心雕龍·體性》)“故情者,文之經;辭者,理之緯。經正而後緯成,理定而後辭暢,此立文之本源也。”(《文心雕龍·情采》)此外,該書還專設《麗辭》《比興》《誇飾》《事類》《隱秀》

《物色》等篇討論修辭格問題，同時在《諧隱》《明詩》《聲律》等篇中論及析字、飛白等辭格。所論深刻全面，在中國修辭學史上占有極其重要的地位。

唐宋時期詩詞盛行，修辭學理論也隨之獲得了新的發展。例如劉知幾《史通》一書在《言語》《浮詞》《叙事》《鑒識》《模擬》《雜説》等篇章中都論及修辭問題，提出了不少重要主張，諸如："夫史之叙事也，當辨而不華，質而不俚，其文直，其事核。"（《史通・鑒識》）"夫國史之美者，以叙事爲工；而叙事之工者，以簡爲主……然則文約而事豐，此述作之尤美者也。"（《史通・叙事》）等。這一時期涉及修辭的文論專著有唐司空圖《二十四詩品》、日僧遍照金剛《文鏡秘府論》、南宋王灼《碧鷄漫志》、陳騤《文則》等。其中《文則》是我國古代第一部專論修辭的著作，書中不僅提出了一系列重要的修辭原則，同時論及語言風格、辭格和文體等問題。例如："辭以意爲主，故辭有緩有急，有輕有重，皆生乎意也。"（《文則・乙五》）"言簡而不疏，旨深而不晦。"（《文則・己一》）"文出於己，作之固難。語借於古，用亦不易。"（《文則・戊九》）"事以簡爲上，言以簡爲當……文簡而理周，斯得其簡也。"（《文則・甲四》）等等。全書所論系統而深入，堪稱我國修辭學發展史上的里程碑。另外，這一時期許多作家也通過文章或詩歌發表了有關修辭的重要見解，例如王昌齡："凡詩，物色兼意下爲好；若有物色，無意興，雖巧亦無處用之。"（《詩格・論文意》，一説作者爲崔融，又見遍照金剛《文鏡秘府論》）李白："清水出芙蓉，天然去雕飾。"（《贈江夏韋太守》）杜甫："不薄今人愛古人，清詞麗句必爲鄰。"（《戲爲六絶句》其五）白居易："詩者根情苗言，華聲實義。"（《與元九書》），等等。

元明清三代，戲曲、小説空前繁榮。這一時期的語言材料豐富，作家衆多，修辭研究呈現出以詩文、戲曲、小説爲對象的新局面。金末元好問《論詩三十首》，明人朱權《太和正音譜》、李東陽《麓堂詩話》、楊慎《詞品》、何良俊《曲論》、徐渭《南詞叙録》、王世貞《藝苑卮言》、王驥德《曲律》、胡震亨《唐音癸籤》、馮夢龍《太霞曲語》，清人李漁《閒情偶寄》、袁枚《隨園詩話》、黄周星《制曲枝語》等，都是關涉修辭的專論性著作。其中胡震亨《唐音癸籤》是我國第一部斷代修辭學資料匯編，廣收歷代名家的詩論卓見，包括討論詩體以及用字、用句、儷對、篇法、用韻、用事、則古、砭疵等修辭材料。關於修辭批評和修辭總結類的研究，這一時期出現了清章學誠《文史通義》和劉熙載《藝概》，前者在“文德”“文理”部分討論了修辭的理論問題，後者繼承並總結了前人及時人的修辭成就，反映了清人已把修辭學視爲獨立學科的傾向。

二、我國現代的修辭研究

我國現代修辭學萌芽於清末。龍伯純《文字發凡·修辭》（1905）和湯振常《修辭學教科書》（1905）是我國現代修辭學最早的論著，兩書都有明顯照搬日人學説的缺點。其後的修辭學專著有唐鉞《修辭格》（1923），王易《修辭學》（1926）、《修辭學通詮》（1931），陳介白《修辭學》（1931）、《新著修辭學》（1936），陳望道《修辭學發凡》（1932）等。其中唐鉞《修辭格》受到西方修辭學理論的影響，屬於中國現代修辭學的先驅之一。全書借鑒西方修辭學中對各種修辭手法的分類和分析，對漢語修辭格進行了細緻的梳理和闡釋。陳望道《修辭學發凡》是中國現代修辭學的奠基之作，標志着現代修辭學的正式建立，在學術界引起了巨大反響，極大地推動了修辭學的發展。該書的主要貢獻是，在理論上將修辭學定位在語言文字的範圍之内，使之與文學批評、文章學區分開來，成爲一門獨立的學科，在實踐上爲現代修辭學構建了一個以語辭、辭格、文體風格爲基本内容的嚴密體系，同時指出了消極修辭和積極修辭兩大分野。繼《修辭學發凡》之後，鄭奠《中國修辭學研究法》和楊樹達《中國修辭學》問世。鄭書的最大特點是匯集了古人豐富的修辭論説，間或加按語評析。楊書的志趣在於鉤稽中國古代修辭的特點和方法，弘揚民族傳統。

1949 年以後，修辭學的研究基本上經歷了普及和發展創新的兩個時期。20 世紀 50 到 60 年代是普及時期，80 年代以後至今是發展創新時期。

普及時期代表性的著作是吕叔湘、朱德熙《語法修辭講話》。該書對於普及修辭學知識起到了推動作用，其突出特點是分析病句，並從主客觀兩方面尋找原因，使用的語料是白話文。這一時期出版的同類著作還有張瓌一《修辭概要》、張梅安《修辭講話》、周振甫《通俗修辭講話》、林裕文《詞彙語法修辭》、張弓《現代漢語修辭學》、周遲明《漢語修辭》等。

發展創新時期從事漢語修辭研究的隊伍壯大，研究深入、廣泛，方法多樣，重視理論建設，涉及理論體系、辭格、篇章修辭、語體風格、古漢語修辭、修辭學史以及專題研究多個領域，成果豐碩。其中專論古漢語修辭的著作有李維琦《修辭學》、李維琦等《古漢語同義修辭》，常棣、蔡鏡浩《文言修辭概要》，戴錫琦、戴金波《古詩文修辭藝術概觀》等。研究修辭理論的著作主要有王希傑《漢語修辭學》《修辭學新論》《修辭學通論》，宗廷虎等《修辭新論》，王德春、陳晨《現代修辭學》，譚永祥《漢語修辭美學》，劉焕輝《修辭學綱要》，駱小所《現代修辭學》，姚亞平《當代中國修辭學》，吴禮權《現代漢語修辭學》，王占馥《語法修辭新論》等。研究漢語修辭學史的著作主要有易蒲、李金苓《漢語修辭學史綱》，袁暉、宗廷虎《漢語修辭學史》，周振甫《中國修辭學史》，宗廷虎《中國現代修辭學史》，李運富、林定川

《二十世紀漢語修辭學綜觀》等。

這一時期，港臺及海外學者研究漢語修辭也取得了顯著成績，論著主要有黃永武《字句鍛煉法》、傅隸樸《修辭學》、徐芹庭《修辭學發微》、黃慶萱《修辭學》、董季棠《修辭析論》、沈謙《〈文心雕龍〉與現代修辭學》《修辭學》、蔡宗陽《陳騤〈文則〉新論》、張春榮《修辭散步》、黃亦真《〈文心雕龍〉比喻技巧研究》（以上臺灣），譚全基《〈文則〉研究》，鄭奠、譚全基《古漢語修辭學資料彙編》（以上香港），鄭子瑜《中國修辭學史稿》《唐宋八大家古文修辭偶疏舉要》（以上新加坡）等。

第二節　古代漢語中常見的修辭格

修辭格是指修辭活動的具體表現和方式，簡稱辭格。古代漢語中的修辭格非常豐富，下面介紹十種不常見於現代漢語的修辭格。

一、析字

析字或稱拆字、謬語、隱語、離合、增損、字隱、借形、借音、雙反、代换、牽附等，是根據漢字形、音、義關係對字形進行分拆以達到諧音、衍義等效果的辭格。可分爲拆字、增損兩類。

1. 拆字

拆字是通過分拆字形以求實現某種不便直説的表達效果。例如：

①及王莽篡位，忌惡劉氏，以錢文有金刀，故改爲貨泉。或以貨泉字文爲“白水真人”。（《後漢書·光武帝紀下》）

②嵇康與吕安善，每一相思，千里命駕。安後來，值康不在，喜（嵇喜，嵇康兄）出户延之，不入，題門上作“鳳”

字而去。喜不覺，猶以爲欣。故作“鳳”字，凡鳥也。(《世説新語·簡傲》)

③ 獻帝踐阼之初，京都童謡曰：“千里草，何青青。十日卜，不得生。”(《後漢書·志·五行一》)

④ 日月明朝昏，山風嵐自起。石皮破仍堅，古木枯不死。可人何當來，意若重千里。永言詠黄鵠，志士心未已。”(劉一止《苕溪集》卷四)

例①中“泉”字拆開就是“白水”二字，例②中“鳳”字拆開就是“凡鳥”二字，例③中“千里草”合起來是“董”字，“十日卜”合起來是“卓”字，例④中“日月”“山風”“石皮”“古木”“可人”“千里”“永言”“士心”分别合爲“明”“嵐”“破”“枯”“何”“重”“詠”“志”八字，這八字拆開用增强了詩的情調，别有意趣。

2. 增損

增損就是通過增加或減少漢字構件的手段，將一個字變成另一字，藉以表達特定的意義。例如：

① 茂初在廣漢，夢坐大殿，極上有三穗禾，茂跳取之，得其中穗，輒復失之。以問主簿郭賀，賀離席慶曰：“大殿者，宫府之形象也。極而有禾，人臣之上禄也。取中穗，是中台之位也。於字禾失爲秩，雖曰失之，乃所以得禄秩也。‘袞職有闕’，君其補之。”旬月而茂徵焉，乃辟賀爲掾。(《後漢書·蔡茂傳》)

② 西（指西蜀）使張奉於權前，列尚書闞澤姓名以嘲澤，澤不能答。綜下行酒，因勸酒曰：“蜀者，何也？有犬爲獨，無犬爲蜀。横目苟身，蟲入其腹。”(《三國志·吴書·薛綜傳》)

例①中“禾失”應上文“輒復失之”，例②中拆“獨”作解，意在貶斥蜀國，其中“苟”有卑下義。

二、對偶

對偶也稱對仗、駢儷或麗辭，是把字數相等、結構相同、意義相關的兩個句子或短語相對排列以構成對比辭格。對偶從内容上可以分爲正對、反對、串對三種。

1. 正對

正對是將字數相等、結構相同、語義相應的兩個句子或短語對稱排列，旨在從不同方面説明同一事理，或描寫同一情景，二者在内容上是互爲補充、互相映襯的關係。例如：

① 神莫大於化道，福莫長於無禍。（《荀子・勸學》）

② 毛嬙障袂，不足程式；西施掩面，比之無色。（宋玉《神女賦》）

③ 修容乎禮園，翱翔乎書圃。（司馬相如《上林賦》）

④ 晴川歷歷漢陽樹，芳草萋萋鸚鵡洲。（崔顥《黄鶴樓》）

2. 反對

反對是將字數相等、結構相同、語義相反的兩個句子或短語對稱排列，旨在從相反的方面説明事物的對立性，二者在内容上是互爲排斥的關係。例如：

① 滿招損，謙受益。（《尚書・虞書・大禹謨》）

② 君子喻於義，小人喻於利。（《論語・里仁》）

③ 善有章，雖賤，賞也；惡有釁，雖貴，罰也。（《國語・魯語上》）

④ 智者千慮，必有一失；愚者千慮，必有一得。（《史記・淮陰侯列傳》）

3. 串對

串對或稱流水對，在形式上和正對没有明顯差異，但相對的成分在意義上屬於承接、因果、條件、假設等關係，一般兩者合起來纔能表達一個完整的語意。例如：

① 不矜細行，終累大德。(《尚書·周書·旅獒》)

② 行到水窮處，坐看雲起時。(王維《終南別業》)

③ 野火燒不盡，春風吹又生。(白居易《賦得古原草送別》)

三、借代

借代或稱代用、代稱、換名，是一種用相關名稱替代本名的辭格。借代旨在突出事物的某種特點，增强語言的簡潔性和新穎感，或追求委婉的效果。主要有以下幾種情況：

1. 用特稱指代泛稱，或以部分指代整體。例如：

① 曹交問曰："人皆可以爲堯舜，有諸？"孟子曰："然。"(《孟子·告子下》)

② 願以金玉、子女賂君之辱。(《國語·越語上》)

③ 一日不見，如三秋兮。(《詩經·王風·采葛》)

例①中以特稱"堯舜"指代"聖人"，例②中以部分"金玉"指代整體"財寶"，例③中以部分"秋"指代整體"年"。

2. 用泛稱指代特稱，或用整體指代部分。例如：

① 肉食者鄙，未能遠謀。(《左傳·莊公十年》)

② 子無謂秦無人，吾謀適不用也。(《左傳·文公十三年》)

③ 擅山海之富，居川林之饒。(楊衒之《洛陽伽藍記·法雲寺》)

例①中以"肉食者"指代高官貴族，例②中以"人"指代"能人"，例③中以"山海""川林"指代山海、川林中的産物。

3. 用特徵、數量、材料、功能、所有者等指代事物本身。例如：

① 公曰："君子不重傷，不禽二毛。"(《左傳·僖公二十二年》)

② 以五十步笑百步，則何如？(《孟子·梁惠王上》)

③ 若士必怒，伏屍二人，流血五步，天下縞素，今日是

也。(《戰國策·魏策四》)

④ 金石絲竹之聲不絶於耳。(《史記·平津侯主父列傳》)

⑤ 流淚抱中歎,傾耳聽司晨。(陶淵明《述酒》)

⑥ 榮以爲中國疲敝,萬乘不宜屢動。(《隋書·郭榮傳》)

例 ① 中以特徵"二毛"指代"老人",例 ② 中以逃跑的"步數"指代"逃跑行爲",例 ③ 中以製作喪服的材料"縞素"指代"服喪的人",例 ④ 中以製作樂器的材料"金石絲竹"指代"樂器"本身,例 ⑤ 中以公鷄的功能"司晨"指代"公鷄",例 ⑥ 中以大國的兵車"萬乘"指代"皇帝"。

4. 以官名、爵名、地名指代人,或以人名、地名指代事物。例如:

① 驃騎發迹於祁連。(揚雄《解嘲》)

② 絳侯爲丞相,朝罷趨出,意得甚。(《史記·袁盎晁錯列傳》)

③ 二世元年七月,發閭左適戍漁陽九百人,屯大澤鄉。(《史記·陳涉世家》)

④ 何以解憂?唯有杜康。(曹操《短歌行》)

⑤ 上馬争勸離觴,南浦鶯聲斷腸。(温庭筠《清平樂》)

例 ① 中以將軍名號"驃騎"指代"霍去病",例 ② 中以爵名"絳侯"指代"周勃",例 ③ 中以地名"閭左"指代"平民百姓",例 ④ 中以造酒者"杜康"指代"美酒",例 ⑤ 以地名"南浦"指代送别之地。

四、用典

用典是指徵引歷史典故、寓言故事、前人言語或詩文以求辭約意豐、含蓄有致的辭格。用典從内容上可分爲用事和用語兩類,在形式上有明用、暗用、化用等之别。

1. 用事

用事或稱稽古，指引用歷史典故或寓言故事。例如：

① 鯀殛而禹興。伊尹放大甲而相之，卒無怨色。管蔡爲戮，周公右王。（《左傳・襄公二十一年》）

② 燕啄皇孫，知漢祚之將盡。（駱賓王《代李敬業討武氏檄》）

例 ① 中一連引用了三個歷史典故：舜殺禹父鯀，却起用禹治水；伊尹流放大甲，大甲復位後仍拜伊尹爲相；管叔、蔡叔被殺，而其弟周公繼續輔佐成王。例 ② 中引用的是漢成帝皇后趙飛燕的典故，據傳趙飛燕爲了專寵而害死了漢成帝許多兒子。以上引用均屬明引。

2. 用語

用語或稱引文、引用，是指引用古人的言語或詩文以説明問題。例如：

① 君子曰："潁考叔，純孝也。愛其母，施及莊公。《詩》曰：'孝子不匱，永錫爾類。'其是之謂乎？"（《左傳・隱公元年》）

② 管仲對曰："昔召康公命我先君大公曰：'五侯九伯，女實征之，以夾輔周室。'"（《左傳・僖公四年》）

③ 青青子衿，悠悠我心。但爲君故，沈吟至今。（曹操《短歌行》）

④ 山氣日夕佳，飛鳥相與還。此中有真意，欲辨已忘言。（陶淵明《飲酒二十首》其五）

⑤ 長門事，準擬佳期又誤。蛾眉曾有人妒，千金縱買相如賦，脈脈此情誰訴？（辛棄疾《摸魚兒・更能消幾番風雨》）

例 ① 中引用的是《詩經・大雅・既醉》的詩句，屬於明引。

例②中引用的是周太保召公奭的話，也屬明引。例③中所引“青青子衿，悠悠我心”出自《詩經·鄭風·子衿》，未言及出處，屬於暗引。例④中分別引用《管子·宙合》“夫鳥之飛也，必還山集谷”、《楚辭·九章·哀郢》“鳥飛反故鄉兮，狐死必首丘”和《莊子·外物》“言者所以在意，得意而忘言”等語，並融化成了自己的詩句，屬於化引。例⑤中“蛾眉曾有人妒，千金縱買相如賦”分別引用了屈原《離騷》“衆女嫉余之蛾眉兮，謠諑謂余以善淫”一語以及漢武帝陳皇后失寵後以千金請司馬相如寫賦以感武帝的典故，也屬於化引。

五、互文

互文，又稱互文見義，是把一句話拆成兩句話説並讓兩句語意互爲補充的辭格。互文中每一句話的意思都不完整，只有合起來理解纔是全面的。例如：

①公入而賦：“大隧之中，其樂也融融。”姜出而賦：“大隧之外，其樂也洩洩。”（《左傳·隱公元年》）

②國危則無樂君，國安則無憂民。（《荀子·王霸》）

③秦時明月漢時關，萬里長征人未還。（王昌齡《出塞》）

例①“大隧”四句的實際意思是：莊公和其母姜氏一起走進隧道，又一起走出隧道，母子的心情都很愉快。例②的實際意思是：國家危難時不會有快樂的國君和百姓，國家太平時也不會有憂愁的國君和百姓。例③的實際意思是：秦漢時的明月和邊關。

六、雙關

雙關是讓同一詞語關涉兩種不同意思的辭格。兩種意思一爲字面義，一爲隱含義，説話人實際要表達的是隱含義。雙關可以分爲語義雙關和諧音雙關兩類。雙關的基本特點是彼此的讀音相同或相近。

1. 語義雙關

語義雙關是利用詞語的多義性構成雙關。例如：

① 韓信曰："先生相人何如？"對曰："貴賤在於骨法，憂喜在於容色，成敗在於決斷，以此參之，萬不失一。"韓信曰："善。先生相寡人何如？"對曰："願少間。"信曰："左右去矣。"通曰："相君之面，不過封侯，又危不安。相君之背，貴乃不可言。"（《史記·淮陰侯列傳》）

② 曾有白頭鳥集殿前，權曰："此何鳥也？"恪曰："白頭翁也。"張昭自以坐中最老，疑恪以鳥戲之。（《三國志·吴書·諸葛恪傳》注引《江表傳》）

③ 空織無經緯，求匹理自難。（《樂府詩集·清商曲辭·子夜歌》）

例①中的"背"字面義指韓信的背部，隱含義是背叛，即背叛劉邦，建立帝業。例②中的"白頭翁"字面義指鳥，隱含義指老年人。例③中的"匹"字面義指布匹，隱含義爲配偶。

2. 諧音雙關

諧音雙關是用同音詞構成雙關，即兩個詞音同而義不同，表面上是此字之音，實際上用的是與此字同音的彼字之義。例如：

① 東邊日出西邊雨，道是無晴却有晴。（劉禹錫《竹枝詞》）

② 蓮子劈開須見薏，楸枰著盡更無棋。破衫却有重縫處，一飯何曾忘却匙？（蘇軾《席上代人贈别三首》其三）

③ 我有一所歡，安在深閣裏。桐樹不結花，何由得梧子？（《樂府詩集·清商曲辭·懊儂歌》）

例①中"晴"的字面義是"天晴"，隱含義是同音詞"情"。例②中"薏"的字面義是"蓮子的心"，隱含義是同音詞"意"；

“棋”的字面義是“棋局”，隱含義是同音詞“期”；“縫”的字面義是“縫紉”，隱含義是同音詞“逢”；“匙”的字面義是“湯匙”，隱含義是同音詞“時”。例③中“梧子”的字面義是“梧桐的子實”，隱含義是同音詞“吾子”。

七、切語

切語，或稱切口、切脚、反語、翻語、倒語等，是一種利用反切原理隱晦表意的辭格。例如：

①或言後主名叔寶，反語爲“少福”，亦敗亡之徵云。（《南史·陳本紀下》）

②文帝名皇太子曰勇，晉王曰英，秦王曰俊，蜀王曰秀。開皇初，有人上書曰：“勇者一夫之用。又千人之秀爲英，萬人之秀爲俊。斯乃布衣之美稱，非帝王之嘉名也。”帝不省。時人呼楊姓多爲嬴者，或言於上曰：“楊英反爲嬴殃。”帝聞而不懌，遽改之。（《隋書·志·五行上》）

③（徐）凝之操履不見於史，然方干學詩於凝，贈之詩曰：“吟得新詩草裏論。”戲反其詞，謂村裏老也。（皮日休《論白居易薦徐凝屈張祜》）

④此鬼無他須，唯啖甘蔗，自稱高褐。或云此鬼爲反語，高褐者葛號。丘壟累積，尤多古塚，疑此物是其鬼也。（《太平廣記》卷三二二引《甄異記》）

例①中“叔、寶”二字的正切爲“少”（用“叔”的聲母和“寶”的韻母相拼），反切爲“福”（用“寶”的聲母和“叔”的韻母相拼）。按：在中古以前，“福”字與“寶”聲母讀音相同，均屬雙唇不送氣音。例②中，“楊、英”二字的正切爲“嬴”，反切爲“殃”。例③中，“草、論”二字的正切爲“村”，反切爲“老”。例④中，“高、褐”二字的正切爲“葛”，反切爲“號”。

八、委婉

委婉，或稱婉曲、婉言、折繞、曲指等，是用含蓄婉轉的話表達不便直説的一種辭格。例如：

① 君使士射，不能，則辭以疾，言曰："某有負薪之憂。"(《禮記・曲禮下》)

② 范雎既相，王稽謂范雎曰："事有不可知者三，有不奈何者亦三。宫車一日晏駕，是事之不可知者一也。君卒然捐館舍，是事之不可知者二也。使臣卒然填溝壑，是事之不可知者三也。"(《史記・范雎蔡澤列傳》)

③ 荒侯市人病，不能爲人，令其夫人與其弟亂而生他廣，他廣實非荒侯子。(《史記・樊酈滕灌列傳》)

④ 權起更衣，肅追於宇下。(《三國志・吴書・魯肅傳》)

例①中"負薪之憂"或作"采薪之憂"，是自稱有病的委婉説法，言因病不能負薪。例②"晏駕""捐館舍""填溝壑"都是"死"的委婉説法，其中"晏駕"專用於君主。例③中"爲人"是交媾的委婉説法。市人爲樊噲的庶子，謚荒侯。例④中"更衣"是如厕的委婉説法。

九、變序

變序或稱倒裝、倒置、顛倒等，是爲了某種需要而改變句子結構順序的辭格。例如：

① 妻子好合，如鼓瑟琴。兄弟既翕，和樂且湛。(《詩經・小雅・常棣》)

② 子曰："君子泰而不驕，小人驕而不泰。"(《論語・子路》)

③ 使人意奪神駭，心折骨驚。(江淹《别賦》)

④ 竹喧歸浣女，蓮動下漁舟。(王維《山居秋暝》)

⑤ 香稻啄餘鸚鵡粒，碧梧棲老鳳凰枝。(杜甫《秋興八首》

其八）

例①中“瑟琴”是“琴瑟”的變序，爲了使“琴”與“湛”押韻，二字在上古同屬侵部。例②中“泰而不驕”變爲“驕而不泰”，旨在以對偶句比較兩種相反的品質。例③中“心折骨驚”是“心驚骨折”的變序，旨在追求新穎的表達效果。例④中“竹喧歸浣女，蓮動下漁舟”是“浣女歸竹喧，漁舟下蓮動”的變序，旨在調平仄。例⑤中“香稻啄餘鸚鵡粒，碧梧棲老鳳凰枝”是“鸚鵡啄餘香稻粒，鳳凰棲老碧梧枝”的變序，和例③一樣，也是在追求新穎的表達效果。

十、列錦

列錦或稱列詞、名詞鋪排等，是將名詞性詞語並列鋪排的辭格，用以烘托氣氛，構建意境或氣勢，引發豐富聯想。這種辭格的特點是没有謂語，具有獨特的節奏感和韻律美，其使用多見於詩詞類作品中。例如：

①窈窕淑女，君子好逑。（《詩經·周南·關雎》）

②迢迢牽牛星，皎皎河漢女。（《文選·古詩十九首》）

③幽州胡馬客，緑眼虎皮冠。（李白《幽州胡馬客歌》）

④鷄聲茅店月，人迹板橋霜。（温庭筠《商山早行》）

⑤枯藤老樹昏鴉，小橋流水人家，古道西風瘦馬。（馬致遠《天净沙·秋思》）

列錦在對聯中也很常見。例如：

①春風閬苑三千客，明月揚州第一樓。（元趙孟頫題揚州映月樓聯）

②四壁雲山九江棹，一亭煙雨萬壑松。（江西廬山御碑亭對聯）

③翠翠红红，处处莺莺燕燕；风风雨雨，年年暮暮朝朝。（杭州西湖湖山春社對聯）

練　習　題

一、名詞解釋。

1. 對偶　2. 析字　3. 列錦　4. 用典　5. 互文　6. 切語

二、古漢語中的修辭格很多，請搜集有關資料，撰文討論本節所舉以外的一些修辭格。

三、請指出下列語句中的修辭格。

① 用罪伐厥死，用德章厥善。(《尚書・商書・盤庚上》)

② 晉韓宣子聘於周，王使請事，對曰："晉士起將歸時事於宰旅，無他事矣。"(《左傳・襄公二十六年》)

③ 令尹子瑕言蹶由於楚子曰："彼何罪？諺所謂'室於怒，市於色'者，楚之謂矣。舍前之忿，可也。"乃歸蹶由。(《左傳・昭公十九年》)

④ 抽矢扣輪，去其金，發乘矢而後反。(《孟子・離婁下》)

⑤《書》曰："鄭伯克段于鄢。"段不弟，故不言弟；如二君，故曰克；稱鄭伯，譏失教也。(《左傳・隱公元年》)

⑥ 大夫不坐羊，士不坐犬。(《禮記・坊記》)

⑦ 十二月，詔停明年"通乾"之號，以反語不善故也。(《舊唐書・高宗本紀下》)

⑧ 臣生當隕首，死當結草。(李密《陳情表》)

⑨ 趙明誠幼時，其父將爲擇婦，明誠晝寢，夢誦一書，覺來惟憶三句，云："言與司合，安上冠脱，芝芙草拔。"以告其父。其父爲解曰："汝殆得能文詞婦也。'言與司合'是'詞'字，'安上冠脱'是'女'字，'芝芙草拔'是'之夫'二字，非謂汝爲詞女之夫乎？"(《瑯嬛記》卷中)

⑩ 春山暖日和風，闌干樓閣簾櫳，楊柳秋千院中。啼鶯舞燕，小橋流水飛紅。（白樸《天净沙・春》）

參考文獻

常棣、蔡鏡浩《文言修辭概要》，北京出版社 1988 年。

陳光磊、王俊衡《中國修辭學通史・先秦兩漢魏晉南北朝卷》，吉林教育出版社 1998 年。

陳望道《修辭學發凡》，上海教育出版社 2001 年。

李索《古代漢語修辭學》，天津人民出版社 2000 年。

李熙宗等《中國修辭學通史・明清卷》，吉林教育出版社 1998 年。

吕叔湘、朱德熙《語法修辭講話》，商務印書館 2013 年。

王占福著，武占坤校訂《古代漢語修辭學》，河北教育出版社 2001 年。

吴禮權、鄧明以《中國修辭學通史・當代卷》，吉林教育出版社 1998 年。

楊樹達《漢文文言修辭學》，科學出版社 1954 年。

易蒲、李金苓《漢語修辭學史綱》，吉林教育出版社 1989 年。

余章成《古漢語修辭》，中國社會科學出版社 2011 年。

趙克勤《古漢語修辭簡論》，商務印書館 1983 年。

鄭奠、譚全基《古漢語修辭學資料匯編》，商務印書館 1980 年。

周振甫《中國修辭學史》，商務印書館 1991 年。

朱祖延《古漢語修辭例話》，湖北教育出版社 1990 年。

宗廷虎、李金苓《中國修辭學通史・近現代卷》，吉林教育出版社 1998 年。

宗廷虎、李金苓《中國修辭學通史・隋唐五代宋金元卷》，吉林教育出版社 1998 年。

古漢語基礎知識之十六

賦的基本知識

賦是中國文學中重要的文學體裁之一，源遠流長，影響巨大。直到今天，隨着時代發展的需要，賦這種文學形式不僅没有式微，而且還有復興的趨勢，這證明賦和詩詞一樣，具有很强的生命力和表現力。下面介紹賦的一些基本知識。

一、賦的源流

賦的本義是“賦斂”，《説文》：“賦，斂也。從貝，武聲。”由“賦斂”引申出“徭役、兵役、服役、軍隊、貢士、貢品、授予、天資、收藏、詩歌表現手法、古代文體、吟詠誦讀、寫作”等義。作爲詩歌的表現手法，賦指《詩經》的六義之一，其特點是直陳其事。《周禮·春官宗伯·大師》：“教六詩：曰風、曰賦、曰比、曰興、曰雅、曰頌。”鄭玄注：“賦之言鋪，直鋪陳今之政教善惡。”賈公彦疏：“云‘賦之言鋪，直鋪陳今之政教善惡’者，凡言賦者，直陳君之善惡，更假外物爲喻，故云鋪陳者也。”朱熹《詩集傳·葛覃》注：“賦者，敷陳其事而直言之也。”請看《詩經》中的兩個用例：

一

葛之覃兮，施于中谷，維葉萋萋。黄鳥于飛，集于灌木，其鳴喈喈。

二

葛之覃兮，施于中谷，維葉莫莫。是刈是濩，爲絺爲綌，服之無斁。

三

言告師氏，言告言歸。薄汙我私，薄澣我衣。害澣害否，歸寧父母。

（《詩經·周南·葛覃》）

一

采采卷耳，不盈頃筐。
嗟我懷人，寘彼周行。

二

陟彼崔嵬，我馬虺隤。
我姑酌彼金罍，維以不永懷。

三

陟彼高岡，我馬玄黄。
我姑酌彼兕觥，維以不永傷。

四

陟彼砠矣，我馬瘏矣。
我僕痡矣，云何吁矣。

（《詩經·周南·卷耳》）

其中《葛覃》前二章、《卷耳》全篇，朱熹均以爲是賦的表現手法。

班固《西都賦》序云："賦者，古詩之流也。"作爲古代文體，賦屬於韻、散結合體，以鋪陳爲基礎，同時講究辭藻、對偶、用韻等修辭手段。

在先秦，把大聲念出押韻的語句也稱賦，例如《左傳·隱公元年》："公入而賦：'大隧之中，其樂也融融！'姜出而賦：'大隧之外，其樂也泄泄！'"其中"賦"已不是作爲文體的賦，而是大聲念出押韻的語句，即朗誦。又如《國語·周語上》："故天子聽政，使公卿至於列士獻詩，瞽獻曲，史獻書，師箴，瞍賦，矇誦，百工諫，庶人傳語，近臣盡規，親戚補察，瞽、史教誨，耆、艾修之，而後王斟酌焉，是以事行而不悖。"其中"賦"也是朗誦的意思。

最早創作"賦"這種文體的學者是戰國荀況，其作品今存五篇，即《禮賦》《知賦》《雲賦》《蠶賦》和《箴賦》。這五篇學界公認是賦的濫觴之作，它們均已具備賦的基本特徵，不僅鋪陳叙事，假物寓意，同時在修辭上運用了比喻、對偶、排比、押韻等手法。例如：

> 爰有大物，非絲非帛，文理成章（陽[①]）。非日非月，爲天下明（陽）。生者以壽，死者以葬（陽）。城郭以固，三軍以強（陽）。粹而王（陽），駁而伯，無一焉而亡（陽）。臣愚不識，敢請之王（陽）。王曰：此夫文而不采者與（魚）？簡然易知而致有理者與（魚）？君子所敬而小人所不者與（魚）？性不得則若禽獸，性得之則甚雅似者與（魚）？匹夫隆之則爲聖人，諸侯隆之則一四海者與（魚）？致明而約，甚順而體（脂），請歸之禮（脂）。（荀子《禮賦》）

到了漢代，賦開始盛行。漢賦又稱古賦、辭賦，這是對魏晉

① "陽"屬於上古韻部的韻目，爲編者所加，下同。

以後的駢賦、唐宋時期的律賦和文賦而言的。著名作家有枚乘、司馬相如、賈誼、王褒、班固、張衡、揚雄、王延壽等。其中司馬相如、班固、張衡、揚雄並稱“漢賦四大家”。漢賦的主要特點是多數規模宏大，想象豐富，鋪采縟文，繁重凝滯，虛誇堆砌。在句式上以《詩經》式的四言、《楚辭》式的六言爲主，同時擴大到三言、五言、七言，甚至超過七言的長句。在結構上有兩個重要傾向：一是以肆意鋪排爲能事，極力表現漢代宫苑的壯觀和華麗，炫耀帝國聲威，暗含諷諫，亦或叙寫神游仙境的盛況，歸於虛無。一是以主客問答爲構架，或叙事説理，或傾吐胸中壘塊，宣泄不滿。前者的代表作主要有枚乘《梁王菟园赋》、司馬相如《子虛賦》《上林賦》《大人賦》、揚雄《甘泉賦》《河東賦》《羽獵賦》《長楊賦》《蜀都賦》、班固《兩都賦》、張衡《二京賦》《思玄賦》等。後者的代表作主要有賈誼《鵩鳥賦》、枚乘《七發》、東方朔《答客難》、揚雄《解嘲》等。在語言風格、志趣和結構上，二者同源於《詩經》、楚騷和荀賦。請看例子：

例一

惟漢十世，將郊上玄，定泰畤，雍神休，尊明號，同符三皇，録功五帝，卹胤錫羨，拓迹開統。於是乃命羣僚，歷吉日，協靈辰，星陳而天行。詔招摇與泰陰兮，伏鉤陳使當兵，屬堪輿以壁壘兮，梢夔魖而抶獝狂。八神奔而警蹕兮，振殷轔而軍裝；蚩尤之倫帶干將而秉玉戚兮，飛蒙茸而走陸梁。齊總總撙撙，其相膠葛兮，猋駭雲訊，奮以方攘。駢羅列布，鱗以雜沓兮，柴虒參差，魚頡而鳥䀢。翕赫曶霍，霧集蒙合兮，半散照爛，粲以成章。

於是乘輿乃登夫鳳皇兮翳華芝，駟蒼螭兮六素虯，蠖略蕤綏，灕虖幓纚。帥爾陰閉，霅然陽開，騰清霄而軼浮景兮，夫何旟旐郅偈之旖柅也！流星旄以電燭兮，咸翠蓋而鸞旗。

敦萬騎於中誉兮，方玉車之千乘。聲駍隱以陸離兮，輕先疾雷而馺遺風。陵高衍之嵱嵸兮，超紆譎之清澄。登椽欒而羾天門兮，馳閶闔而入凌兢。

是時未轃夫甘泉也，乃望通天之繹繹。下陰潛以慘廩兮，上洪紛而相錯；直嶢嶢以造天兮，厥高慶而不可虖疆度。平原唐其壇曼兮，列新雉於林薄。攢并閭與茇苦兮，紛被麗其亡鄂。崇丘陵之駊騀兮，深溝嶔巖而爲谷。𨓦𨓦離宫般以相燭兮，封巒石關施靡虖延屬。……（揚雄《甘泉賦》）

文章通過大量鋪陳，多層次多角度地展示了甘泉宫的巍峨壯麗以及天子的游樂盛況。全篇结构严谨，层次分明，氣勢宏闊，典故頻出，辞藻华丽，铺陈誇张，天上人間，思接千里，抒情讽喻，寓意深刻，充分反映了漢賦的特點以及作者駕馭大賦的非凡手段。這裏所舉的是文章的開始部分。

例二

客難東方朔曰："蘇秦、張儀一當萬乘之主，而身都卿相之位，澤及後世。今子大夫修先王之術，慕聖人之義，諷誦《詩》《書》百家之言，不可勝數。著於竹帛，脣腐齒落，服膺而不可釋，好學樂道之效，明白甚矣。自以智能海内無雙，則可謂博聞辯智矣。然悉力盡忠以事聖帝，曠日持久，官不過侍郎，位不過執戟，意者尚有遺行邪？同胞之徒無所容居，其何故也？"

東方先生喟然長息，仰而應之曰："是固非子之所能備也。彼一時也，此一時也，豈可同哉？夫蘇秦、張儀之時，周室大壞，諸侯不朝，力政争權，相禽以兵，並爲十二國，未有雌雄，得士者彊，失士者亡，故談説得行焉。身處尊位，珍寶充内，外有廩倉，澤及後世，子孫長享。今則不然，聖帝流德，天下震慴，諸侯賓服，連四海之外以爲帶，安於覆盂。動猶運之掌，賢不肖何以異哉？遵天之道，順地之理，物無不得其所。故綏之則安，動之則苦。尊之則爲將，卑之則爲虜。抗之則在青雲之上，抑之則在深泉之下。用之則爲虎，不用則爲鼠。雖欲盡節效情，安知前後？夫天地之大，士民之衆，竭精談説，並進輻湊者不可勝數。悉力募之，困於衣食，或失門户。使蘇秦、張儀與僕並生於今之世，曾不得掌故，安敢望常侍郎乎？故曰時異事異。……（東方朔《答客難》）

文章以主客問答的形式曲折地發泄了作者懷才不遇的心境和對現實的不滿情緒，是所謂“牢騷之賦”。采用主客問答的形式，不僅保持了早期賦的特色，更重要的是這種形式便於行文説理，表現較複雜的思想情緒。

以上區分是相對而言的，因爲側重鋪排的作品往往也帶有問答，例如《子虚賦》《上林賦》《長楊賦》《二京賦》中都有問答；側重問答的作品中也少不了鋪排，例如《七發》《答客難》《解嘲》中都有鋪排。鋪排和問答是漢賦最重要的兩個特點，影響深遠，例如韓愈《進學解》、蘇軾《赤壁賦》中都能看到這些特點。漢代賦家及作品除了以上所舉者外，還有賈誼《弔屈原賦》、司馬相如《長門賦》、司馬遷《悲士不遇賦》、董仲舒《士不遇賦》、劉徹《李夫人賦》、揚雄《太玄賦》、班固《通幽賦》、劉歆《遂初賦》、班婕妤《自悼賦》、班彪《北征賦》、班昭《東征賦》、蔡邕《述行賦》等。

魏晉時期，賦得到了進一步發展，特點是長篇巨製的作品明顯減少，除《三都賦》等少數作品外，形式靈活的小賦大量湧現，題材廣泛，内容涉及山川、都市、美女、神女、感懷、悼念、游樂、動物、草木、季節等多個方面，可以説無物不賦，表現了各種各樣的思想和情趣。這一時期的重要作家及作品主要有王粲《登樓賦》、曹丕《柳賦》、曹植《洛神賦》《登臺賦》《節游賦》、左思《三都賦》《白髮賦》、陸機《文賦》《嘆逝賦》《漏刻賦》、潘岳《閒居賦》《秋興賦》《寡婦賦》、陶淵明《歸去來兮辭》《閒情賦》《感士不遇賦》、嵇康《琴賦》《酒賦》《蠶賦》《懷香賦》、阮籍《清思賦》《首陽山賦》《鳩賦》《獼猴賦》、向秀《思舊賦》、劉伶《酒德頌》、謝靈運《山居賦》《江妃賦》等。此舉兩篇短小的騷體賦一觀其貌：

例一

建安十六年，上西征，余居守，老母諸弟皆從，不勝思慕，乃作賦曰：

秋風動兮天氣涼，居常不快兮中心傷。出北園兮彷徨，望衆墓兮成行。柯條憯兮無色，綠草變兮萎黄。脱微霜兮零落，隨風雨兮飛揚。日薄暮兮無悰，思不衰兮愈多。招延佇兮良久，忽踟躕兮忘家。（曹丕《感離賦並序》）

例二

遵古道以游豫兮，昭勸助乎農圃。用時隙之餘日兮，陳苗狩而講旅。濟漳浦而横陣，倚紫陌而並征。樹重圍於西阯，列駿騎乎平坰。相公乃乘輕軒，駕四駱，駙流星，屬繁弱，選徒命士，咸與竭作。旌旗雲擾，鋒刃林錯。揚暉吐火，曜野蔽澤。山川於是摇蕩，草木爲之摧撥。禽獸振駭，魂亡氣奪，興頭觸系，摇足遇撻，陷心裂胃，潰腦破頰。鷹犬競逐，奕奕霏霏。下韝窮緤，搏肉噬肌。墜者若雨，僵者若坻。清野滌原，莫不殲夷。（王粲《羽獵賦》）

南北朝時期，賦又有了新的發展，重要特點是出現了俳賦。俳賦或稱駢賦，實際上就是押韻的駢體文。清人孫梅《四六叢話》："左陸（左思、陸機）以下，漸趨整煉，益事妍華，古賦一變而爲駢賦。"駢賦最重要的特點是大量使用典故和駢偶句。這種特點在漢賦中就已出現了，只是還没有形成主流。例如東方朔《答客難》“官不過侍郎，位不過執戟”“故綏之則安，動之則苦。尊之則爲將，卑之則爲虜。抗之則在青雲之上，抑之則在深淵之下。用之則爲虎，不用則爲鼠”“君子道其常，小人計其功”“水至清則無魚，人至察則無徒”“上觀許由，下察接輿。計同范蠡，忠合子胥”“若夫燕之用樂毅，秦之任李斯，酈食其之下齊，説行如流，曲從如環”。又如揚雄《解嘲》“深者入黄泉，高者出蒼天，大者含元氣，細者入無間”“是故鄒衍以頡頏而取世資，孟軻雖連蹇猶爲萬乘師”“家家自以爲稷契，人人自以爲皋陶”“當塗者入青雲，失路者委溝渠。旦握權則爲卿相，夕失勢則爲匹夫”等。南北朝時期繼承了漢賦的這一特點，且愈演愈烈，成爲主流，蔚成風氣，四六對往往充滿全篇。例如：

黯然銷魂者，唯别而已矣！況秦吴兮絶國，復燕宋兮千里。或春苔兮始生，乍秋風兮蹔起。是以行子腸斷，百感悽惻。風蕭蕭而異響，雲漫漫而奇色。舟凝滯於水濱，車逶遲於山側。櫂容與而詎前？馬寒鳴而不息。掩金觴而誰御？横玉柱而霑軾。居人愁卧，怳若有亡。日下壁而沈彩，月上軒而飛光。見紅蘭之受露，望青楸之離霜。巡曾楹而揜掩，撫錦幕而虚涼。知離夢之躑躅，意别魂之飛揚。（江淹《别賦》第一段）

這一時期賦作家在繼承漢賦的同時，又發展了魏晉以來的抒情小賦。作家及作品主要有鮑照《蕪城賦》、謝莊《月賦》、江淹《恨賦》《别賦》、王褒《洞簫賦》、庾信《春賦》《哀江南賦並序》《枯樹賦》等。其中少數賦出現了詩歌化的趨向，五七言詩句明顯增多。最典型的是庾信《春賦》和江淹《别賦》，五七言詩句遠多於一般賦，尤其是七言詩句，這顯然是受了永明體詩歌影響的結果，可視爲駢賦的變體。請看其中的一段：

宜春苑中春已歸，披香殿裏作春衣。新年鳥聲千種囀，二月楊花滿路飛。河陽一縣並是花，金谷從來滿園樹。一叢香草足礙人，數尺遊絲即横路。開上林而競入，擁河橋而争渡。出麗華之金屋，下飛燕之蘭宫。釵朵多而訝重，髻鬟高而畏風。眉將柳而争緑，面共桃而競紅。影來池裏，花落衫中。苔始緑而藏魚，麥纔青而覆雉。吹簫弄玉之臺，鳴佩淩波之水。移戚里而家富，入新豐而酒美。石榴聊泛，蒲桃醱醅。芙蓉玉碗，蓮子金杯。新芽竹筍，細核楊梅。緑珠捧琴至，文君送酒來。（庾信《春賦》）

唐宋時期，由於受律詩和功令的影響，出現了一種新的賦體，即律賦。律賦是唐宋時代科舉考試所采用的賦，即試體賦。宋人王銍《四六話序》："唐天寶十二載，始詔舉人策問，外試詩賦各一首，自此八韻律賦始盛。"①作品有王損之《汗血馬賦》、崔護《屈刀爲鏡賦》、李益《詩有六義賦》、令狐楚《珠還合浦賦》、黄滔《人文化天下賦》等。中唐以後，受古文運動影響又産生了一種新體賦文賦，代表作有李華《弔古戰場文》、杜牧《阿房宫賦》、歐陽修《秋聲賦》、蘇軾《前赤壁賦》《後赤壁賦》等，其中《弔古戰場文》開文賦之先聲。

二、賦的結構

賦的結構包括容量、布局、句式、押韻等方面。

賦按語言形式一般分爲漢賦、六朝賦、律賦和文賦四種。

1. 漢賦的結構

漢賦的篇幅多數比較長，一般分爲三個部分：開頭是序，説明緣起或題旨；中間是賦的正文，重心所在；最後一段收尾，或總結全篇要旨，或抒發情感，常用"亂曰、誶曰、訊曰"等字眼

① 曾棗莊等《宋代序跋全編》，齊魯書社 2015 年，679 頁。

表示。行文方式多采用問答體，基本押韻，同時雜以散文。例如揚雄《解嘲》，由主客兩次問答組成，全篇基本押韻。又如司馬相如《子虛賦》，其中采用子虛與烏有先生、無是公三人的對話組成，首尾部分都是不押韻的散文。漢賦的句式以四言、六言爲主，這是繼承了《詩經》《楚辭》的句式，同時有所變革，增加了三言、五言、七言等句式。另外出現了許多長句，例如揚雄《解嘲》：

故有造蕭何之律於唐、虞之世，則悂矣；有作叔孫通儀於夏、殷之時，則惑矣；有建婁敬之策於成周之世，則乖矣，有談范、蔡之說於金、張、許、史之閒，則狂矣。

在用詞方面，漢賦喜歡多用僻字，成爲當時的風尚。正像曹植指出的："揚、馬之作，趣幽旨深。讀者非師傅不能析其辭，非博學不能綜其理；豈直才懸，抑亦字隱。"（劉勰《文心雕龍·練字》）

2. 六朝賦的結構

六朝賦是所謂俳賦，或稱駢賦。六朝賦與漢賦有很大差別。其篇幅一般比較短小，像左思《三都賦》那樣的大賦是很少的。六朝賦是賦的駢儷化變體，本質上要押韻。在押韻方面同於漢賦，但在駢偶和用典方面都不同於漢賦。

六朝賦中的駢偶句源於漢賦，只是漢賦多用一般的排比句，很少用雙句對偶。另外，漢賦不避同字相對，也不限於四字對和六字對。六朝賦中的駢偶句則非常突出頻繁，包括四字對、五字對、六字對、四六對和六四對等，而且盡可能避免同字相對。例如：

例一

乃有劍客慙恩，少年報士，韓國趙厠，吴宫燕市。割慈忍愛，離邦去里，瀝泣共訣，抆血相視。驅征馬而不顧，見行塵之時起。方銜感於一劍，非買價於泉裏。金石震而色變，骨肉悲而心死。（江淹《別賦》）

例二

三日哭於都亭，三年囚於別館。天道周星，物極不反。傅燮之但悲身世，無所求生；袁安之每念王室，自然流涕。昔桓君山之志事，杜元凱之平生，並有著書，咸能自序。潘岳之文彩，始述家風；陸機之辭賦，先陳世德……日暮途遠，人間何世？將軍一去，大樹飄零；壯士不還，寒風蕭瑟。荊璧睨柱，受連城而見欺；載書橫階，捧珠盤而不定。鍾儀君子，入就南冠之囚；季孫行人，留守西河之館。申包胥之頓地，碎之以首；蔡威公之淚盡，加之以血。釣臺移柳，非玉關之可望；華亭唳鶴，非河橋之可聞！（庾信《哀江南賦並序》）

以上兩例的駢行多而複雜，且除虛詞外，基本上都是異字相對，非常工整，是六朝賦的典範，與漢賦在形式上有顯著的不同。

六朝賦的用典也源於漢賦，只是漢賦用典較少，如賈誼《弔屈原賦》等。即使用也只是直接羅列一些歷史故事，如揚雄《解嘲》等。六朝賦則是把典故很自然地融化到句子裏，使人不易覺察。如江淹《別賦》、庾信《哀江南賦並序》《小園賦》《春賦》的用典都是這種特色。

3. 律賦的結構

律賦是唐宋時代科舉考試所采用的一種賦。律賦比六朝駢賦更複雜嚴格，追求對仗工整，並講究平仄和諧，押韻的要求嚴苛。其命題限韻一般由考官負責，少數情況下由皇帝親自決定。凡字數相同、意義相關的句子儘量做到對仗，各句末字做到平仄交替，尤其對仗句上下句的末字要做到平仄交替。

律賦押韻的多少起初不定，三、四、五、六、七、八韻都有[①]。自唐文宗大和年間（827年—835年）以後以八韻爲通例，故

① 關於律賦的押韻，參見宋人洪邁《容齋續筆》卷十三的記載。

稱“八韻律賦”。所謂限韻是指限定韻脚的具體用字，這些字連起來是有意義的句子，反映賦的題旨，對考生有提示作用。限定的韻脚字分屬於不同的韻部，例如王損之《汗血馬賦》以“絶足方騁，流汗如珠”八字入韻，崔護《屈刀爲鏡賦》以“神仙異術，變化無方”八字入韻，李益《詩有六義賦》以“風雅比興，自家成國”八字入韻，令狐楚《珠還合浦賦》以“不貪爲寶，神物自還”八字入韻，黄滔《人文化天下賦》以“觀彼人文，以化天下”八字入韻，等等。此外，全篇字數也有限制，一般不超過四百字。清人李調元《賦話》卷四：“唐時律賦，字有定限，鮮有過四百者。”下面以李益《詩有六義賦》爲例，看看律賦押韻、對仗和平仄的具體情況。該賦的韻脚字依次屬平水韻“東馬紙蒸寘麻庚職”韻。

夫聖人之理，原於始而執其中①（東）。觀天文以審於王事，觀人文而知其國風[1]②（東）。故每歲孟春，采詩於道路，而獻之泮宫（東）。有以知下之化，達人之窮（東）。發於《關雎》之首，及乎王道之終（東）。故曰天明自人而視，天聽自人而聰（東）。所謂政於内，系一人之本；動於外，形四方之同（東）。始於《風》，成於《雅》[2]（馬）。失其道，或天方薦瘥；得其宜，或錫之純嘏（馬）。是人情之大寶，未有不由於斯者（馬）爾。其德以頌宣，事以類比[3]（紙）。陳之於學校，將可以反正輟淫；播之於絲桐，何有於翦商變徵（紙）？屬辭庶因於勸戒，緣情孰多夫綺靡（紙）？《嘉魚》作而賢者追焉，《騶虞》廢而王道缺矣（紙）。至於詩之爲稱（蒸），言以全興[4]（蒸）。詩之爲志（寘），賦以明類（寘）。

① “中”爲韻脚字，加三角號。下文“東、馬、紙”等加括號的字均爲平水韻的韻目。

② “1、2、3”等爲“風雅比興，自家成國”八字的序號。以上符號均爲編者所加。

亦有感於鬼神，豈止明乎禮義（寘）？王澤竭而詩不作，周道微而興以刺（寘）。俾乃審音之人，於以知風之自[5]（寘）。洎夫代見更改也，運歷於詩亡，自天未喪斯文也，以至於皇家[6]（麻）。於是抑文尚質，崇儉去奢（麻）。振六藝以補化，秉一言之無邪（麻）。不然，何以天地奉若，而不興《雲漢》之嗟（麻）。用能德馨而蘋蘩可薦，誠達而來牟降生（庚），雖九重歲招其諫諍（庚），而九有日聞其頌聲（庚）。且君匪五諫兮何弼？詩匪六義兮何成[7]（庚）？我皇乃以詩而條之國政，本乎人情（庚）。故得行於蠻貊，豈獨用之邦國[8]（職）？修之身，則壽考不忘；垂乎後，則子孫千億（職）。乃知詩之爲教，蓋亦王猷之至極（職）。

首先看押韻。這篇賦的限韻字“風雅比興，自家成國”是依次出現的，每個限韻字代表一個韻段，共八個韻段，每個韻段所含的韻脚字多少不等，例如第一個韻段含“中風宫窮終聰同”七字，而第二個韻段只含“雅赧者”三字。限韻字“風雅比興，自家成國”包含在這些韻脚字中即可，不一定按順序出現，不過宋人律賦的限韻字一般都是按順序出現的①。

其次看對仗。其中對仗用例很多，例如“觀天文以審於王事，觀人文而知其國風”“發於《關雎》之首，及乎王道之終”“《嘉魚》作而賢者追焉，《騶虞》廢而王道缺矣”“王澤竭而詩不作，周道微而興以刺”，等等。

再其次看平仄。例中押韻句與非押韻句末字多數做到了平仄交替，例如“理、中”“事、風”“路、宫”“化、窮”“首、

① （清）李調元《賦話》卷二：“唐人賦韻，有云次用韻者，始依次遞用，否則任以己意行之。晚唐作者，取音節之諧暢，往往以一平一仄相間而出。宋人則篇篇順叙，鮮有顛倒錯綜者矣。”

終”“事、聽”等（以上各組前後字分别爲仄、平）、“風、雅”“瘥、瑕”“宣、比”等（以上各組前後字分别爲平、仄）。平仄的運用除了押韻句和非押韻句末字平仄交替外，還要看各句内各節拍間的平仄是否交替以及下句與上句各節拍間的平仄是否對立。根據我們的觀察，律賦在這方面比較寬鬆，不像律詩和對聯那樣嚴格。我們同樣以上面舉的這幾組對仗句爲例：

（1）觀天文平 | 以審於平 | 王事仄，
　　觀人文平 | 而知其平 | 國風平。

（2）發於平 |《關雎》平 | 之首仄，
　　及乎平 | 王道仄 | 之終平。

（3）《嘉魚》平 | 作而平 | 賢者仄 | 追焉平，
　　《騶虞》平 | 廢而平 | 王道仄 | 缺矣仄。

（4）王澤竭仄 | 而詩平 | 不作仄，
　　周道微平 | 而興仄 | 以刺仄。

科舉考試特别講究程式，故律賦限制多而嚴，舉子們要想寫好這類賦，首先必須弄清試題中的限韻字各屬什麼韻，再從相關韻中選取韻脚字，並將所限韻脚字嵌到賦中去。這種嚴苛的規定使考官有了統一標準，但令舉子們苦不堪言。由於限制太多，近乎文字游戲和明清八股文，不利於自由發揮，所以寫好律賦很難，佳作極少，直至晚唐以後纔有所改觀①，較好的作品有范仲淹《金在鎔賦》等。《金在鎔賦》限定以“金在良冶、求鑄成器”八字入韻，共涉及“侵賄陽馬尤遇庚寘”八韻。全文如下：

天生至寶，時貴良金[1]（侵）。在鎔之姿可覩，從革之用將臨（侵）。熠耀騰精，乍躍洪爐之内；縱横成器，當隨哲

① （清）浦銑《歷代賦話》：“其後（指唐天寶十二載）作者如陸宣公、裴晉公、吕温、李程猶未能極工。逮至晚唐，薛逢、宋言及吴融出於場屋，然後曲盡其妙。”

匠之心（侵）。觀其大冶既陳，滿籯斯在[2]（賄）。俄融融而委質，忽曄曄而揚彩（賄）。英華既發，雙南之價彌高；鼓鑄未停，百鍊之功可待（賄）。況乎六府會昌（陽），我稟其剛（陽）；九牧納貢，我稱其良[3]（陽）。因烈火而變化，逐懿範而圓方（陽）。如令區別妍媸，願爲軒鑒；儻使削平禍亂，請就干將（陽）。國之寶也，有如此者（馬）。欲致用於君子，故假手於良冶[4]（馬）。時將禁害，夏王之鼎可成；君或好賢，越相之容必寫（馬）。是知金非工而弗用，工非金而曷求[5]（尤）？觀此鎔金之義，得乎爲政之謀（尤）。君諭冶焉，自得化人之旨；民爲金也，克明從上之由（尤）。彼以披沙見尋，藏山是務（遇）。一則求之而未顯，一則棄之而弗顧（遇）。曷若動而愈出，既踊躍以求伸；用之則行，必周流而可鑄[6]（遇）。羨夫五行之粹，三品之英（庚）。昔麗水而隱晦，今躍冶而光亨（庚）。流形而不縮不盈（庚），出乎其類；尚象而無小無大，動則有成[7]（庚）。士有鍛煉，誠明範圍仁義（寘），俟明君之大用，感良金而自試（寘）。居聖人天地之爐，亦庶幾於國器[8]（寘）。

需要指出的是，在唐初，受魏晉以來抒情小賦的影響，也出現過一些規模短小的賦作，雖然也講究對仗、平仄和押韻，但約束較少，內容清新，自然流暢。例如李世民的《小池賦並序》和《置文館學士教》都寫得很有特色，題旨突出，別有意趣。此舉《小池賦並序》以觀其貌：

許敬宗家有小池，作賦賜之。

若夫素秋開律，碧沼凝光，引涇渭之餘潤，縈咫尺之方塘。竹分叢而合響，草異色而同芳。徘徊躑躅，淹留自足。疊風紋兮連復連，折回流兮曲復曲。映垂蘭而轉翠，翻輕苔而動綠。牽狹鏡兮數尋，泛芥舟而已沈。湧菱花於岸腹，擘蓮影於波心。減微涓而頓淺，足一滴而還深。於時景落池濱，霧黯疏筠，舒卷澄霞彩，高低碎月輪。露宿鳥之全翮，隱游魚之半鱗。岸隨年而或故，流與日而終新。雖有慚於溟渤，亦足瑩乎心神。

4. 文賦的結構

文賦結構的主要特點是以散代駢，句式參差，押韻較隨意。在修辭方面也不追求鋪排和藻飾，而是用寫散文的方法寫賦，注重説理，通篇貫通，語勢流暢，十分接近散文，只是節奏感强，比散文順暢。文賦的結構與六朝賦差别很大，與漢賦倒是比較接近，因此有人把唐宋以後的文賦和漢賦合在一起，也叫“古賦”，其實文賦不僅内容與漢賦頗異，形式也與漢賦有較大區别，它不像漢賦那樣一味苛求鋪排和藻飾，而像是節奏有致氣勢奔放的散文，簡潔，自然，明白如話。

三、賦的韻例

上文説過，賦是韻文的一種。賦的押韻與一般詩歌有相同之處，也有不同之處。總體來説，賦的押韻不像詩的押韻嚴格。除了律賦外，其餘幾類賦的押韻都没有規定性的要求，無論是押韻的位置還是對韻部的要求都比較自由，中途换韻的現象非常普遍。入韻字可以選用同韻字，也可選用鄰韻字。其中文賦的要求最爲寬鬆。關於律賦的押韻上文已經介紹，下面主要看看其他幾類賦的押韻特點，主要有四個方面。

1. 中途頻繁换韻。由於賦篇幅較長，往往需要换韻纔能曲盡其意，一韻到底的賦很少。根據表意的需要，有些賦换韻較頻繁，如揚雄《解嘲》、賈誼《弔屈原賦》，每隔幾句就换韻，每個韻段的韻脚字較少。有些則换韻較少，每個韻段的韻脚字較多，如江淹《别賦》。六朝賦的换韻一般都較少。

2. 兩個韻脚字之間的間隔句數不够確定。賦的押韻可以隔句押韻，也可以句句押韻。隔句押韻者也可以隔好幾句押韻，甚或不押韻。不押韻者主要是過渡句、感嘆句等。此以揚雄《解嘲》中的一段爲例：

|（1）[①]且吾聞之，炎炎者滅（月[②]），隆隆者絶（月）；觀雷觀火，爲盈爲實（質），天收其聲，地藏其熱（月）。高明之家，鬼瞰其室（質）。|（2）攫挐者亡，默默者存（文）。位極者高危，自守者身全（元）。|（3）是故知玄知默（職），守道之極（職）；|（4）爰清爰静（耕），游神之庭（耕）。|（5）惟寂惟漠（鐸），守德之宅（鐸）。|（6）世異事變，人道不殊（侯）。彼我易時，未知何如（魚）。|（7）今子乃以鴟梟而笑鳳皇（陽），執蝘蜓而嘲龜龍（東），（8）不亦病乎？|子之笑我玄之尚白（鐸），吾亦笑子之病甚，不遭俞跗與扁鵲（藥），悲夫！|（《解嘲》第六段）

其中韻段（1）中既有隔句押韻者，也有句句押韻者；韻段（2）（6）（8）是隔句押韻；韻段（3）（4）（5）（7）是句句押韻。過渡句"且吾聞之"和感嘆句"不亦病乎""悲夫"都未押韻。

3. 對入韻字的要求很寬鬆。賦的入韻字遠不像詩歌那樣要求嚴格，同韻字、鄰韻字、韻部相同或相近而聲調不同的字，都可以入韻。入韻字也允許重複出現。例如上例中，韻段（1）中"月、質"、（2）中"文、元"、（6）中"侯、魚"、（7）中"陽、東"、（8）中"鐸、藥"都是鄰韻相押。入韻字重複出現的用例如庾信《哀江南賦並序》："天子方删詩書，定禮樂（鐸），設重雲之講，開七林之學（覺）。談劫燼之灰飛，辯常星之夜落（鐸）。地

① "|"是韻段的間隔號，"（1）（2）"等是韻段的序號。

② "月"等是上古韻的韻目，外加括號。

平魚齒，城危獸角。臥刁斗於滎陽，絆龍媒於平樂（鐸）。”

4. 韻脚字在複句中的位置比較自由。賦中的複句包括散句群、排比句和對偶句，韻脚字一般處於散句群、排比句的末句之末或對偶句的對句之末，也可以處於散句群、排比句的首句、中句之末或對偶句的出句之末。例如在《解嘲》“子之笑我玄之尚白（鐸），吾亦笑子之病甚，不遭俞跗與扁鵲（藥）”中，“白”字處於散句群的首句之末。另外，句末虛詞的使用也比較靈活，可以用作韻脚字，例如司馬相如《子虛賦》：

> 無是公听然而笑，曰：“楚則失矣，齊亦未爲得也（歌）。夫使諸侯納貢者（魚），非爲財幣，所以述職也（歌）；封疆畫界者（魚），非爲守禦，所以禁淫也（歌）。今齊列爲東藩，而外私肅慎，捐國踰限，越海而田，其於義固未可也（歌）。且二君之論，不務明君臣之義而正諸侯之禮，徒事爭游獵之樂，苑囿之大，欲以奢侈相勝，荒淫相越，此不可以揚名發譽，而適足以貶君自損也（歌）。”

也可以不作韻脚字用，只是附在韻脚字後表示某種語氣，例如揚雄《解嘲》：

> 意者玄得無尚白（鐸）乎？何爲官之拓落（鐸）也？楊子笑而應之曰：“客徒欲朱丹吾轂（屋），不知一跌將赤吾之族（屋）也！”

賦的寬鬆押韻給了作者很大的創作空間，可以自由發揮。這種特點源於漢賦，爲後代的賦家所遵守。唐宋以來的文賦又對押韻做了進一步的改革，使之趨向散文化，有力地促進了賦的發展和普及。

練 習 題

一、名詞解釋。

1. 古賦　2. 駢賦　3. 律賦　4. 文賦

二、簡答題。

1. 賦與詩、騷的區别。

2. 賦體的演變。

3. 賦的用韻特點。

4. 賦的形式結構。

三、分析江淹《别賦》的結構和韻脚。

四、翻譯下面這段文章，並解釋其中帶點號的詞語。

聖賢書辭，總稱文章，非采而何？夫水性虚而淪漪結，木體實而花萼振，文附質也。虎豹無文，則鞟同犬羊，犀兕有皮，而色資丹漆，質待文也。若乃綜述性靈，敷寫器象，鏤心鳥跡之中，織辭魚網之上，其爲彪炳縟采名矣。故立文之道，其理有三：一曰形文，五色是也；二曰聲文，五音是也；三曰情文，五性是也。五色雜而成黼黻，五音比而成韶夏，五情發而爲辭章，神理之數也。（劉勰《文心雕龍·情采》）

五、給下面這篇賦作注並寫出題解和作者簡介。

臣聞洪水横流，帝思俾乂，旁求四方，以招賢俊。昔孝武繼統，將弘祖業，疇諮熙載，群士響臻。陛下睿聖，纂承基緒，遭遇厄運，勞謙日昃。惟嶽降神，異人並出。

竊見處士平原禰衡，年二十四，字正平，淑質貞亮，英才卓礫。初涉藝文，升堂睹奧，目所一見，輒誦於口，耳所暫聞，不忘於心。性與道合，思若有神。弘羊潛計，安世默識，以衡準之，誠不足怪。

忠果正直，志懷霜雪；見善若驚，疾惡如仇；任座抗行，史魚厲節，殆無以過也。

鷙鳥累百，不如一鶚。使衡立朝，必有可觀。飛辯騁辭，溢氣坌湧，解疑釋結，臨敵有餘。昔賈誼求試屬國，詭系單于；終軍欲以長纓，牽致勁越。弱冠慷慨，前世美之。近日路粹、嚴象，亦用異才，擢拜台郎，衡宜與爲比。如得龍躍天衢，振翼雲漢；揚聲紫微，垂光虹蜺。足以昭近署之多士，增四門之穆穆。

鈞天廣樂，必有奇麗之觀；帝室皇居，必蓄非常之寶。若衡等輩，不可多得。《激楚》《楊阿》，至妙之容，掌技者之所貪；飛兔、騕褭，絶足奔放，良、樂之所急。臣等區區，敢不以聞！

陛下篤慎取士，必須效試。乞令衡以褐衣召見。若無可觀采，臣等受面欺之罪。（孔融《薦禰衡疏》）

六、試用文言寫一篇賦。

參考文獻

曹明綱《賦學論稿》，上海古籍出版社 2012 年。

曾棗莊等《宋代序跋全編》，齊魯書社 2015 年。

許結、徐宗文等《中國賦學》，江蘇教育出版社 2007 年。

萬光治《漢賦通論》，中國社會科學出版社、華齡出版社 2004 年。

王力等《古代漢語》（第 2 版），中華書局 1984 年。

趙逵夫等《歷代賦評注》（唐五代卷），巴蜀書社 2010 年。

周振甫《文心雕龍今譯》，中華書局 1986 年。

朱洪國《中國駢文選》，四川文藝出版社 1996 年。

《古代漢語》
編寫人員分工及參編單位

第一單元

文選　王懷中（陝西師範大學）

古漢語基礎知識之一

古代漢語常用工具書　王懷中

第二單元

文選　曹强（渭南師範學院）

古漢語基礎知識之二

音韻　王寶紅（西藏民族大學）

附録一　常用入聲字簡表　石慧（南京師範大學）

附録二　反切釋要　閆順英（廣西師範大學）

第三單元

文選　陳曉梅（西北農林科技大學）

古漢語基礎知識之三

律詩　胡安順（陝西師範大學）

附録《佩文詩韻釋要》選　胡安順、姬慧（榆林學院）

古漢語基礎知識之四

詞律　胡安順

古漢語基礎知識之五

對聯　胡安順

第四單元

文選　姬慧、李瑩娜（山西大學）

古漢語基礎知識之六

詞彙　姬慧

附録　同義詞辨析舉例　姬慧

第五單元

文選　丁丁（西安交通大學）

古漢語基礎知識之七

漢字的起源與結構　李麗（內蒙古師範大學）

附録一　漢字結構分析舉例　王莉（西安培華學院）

附録二 《説文解字》部首選　申紅義（四川外國語大學）

第六單元

文選　葉祖貴（西北大學）

古漢語基礎知識之八

漢字的形體演變　王偉（陝西師範大學）

古漢語基礎知識之九

古書中的用字　孫雅芬（西安工業大學）

附録一　甲骨學基礎知識　黃天樹（清華大學）

附録二　甲骨學發展概要　劉新民（西安財經大學）

附録三　金文學概要　劉雲（河南大學）

附録四 《説文》學概要　胡安順、柳玉宏（宁夏大學）

第七單元

文選　蘇瑞琴（陝西學前師範學院）

古漢語基礎知識之十

訓詁學　蘇瑞琴、周廣幹（陝西師範大學）

古漢語基礎知識之十一

古書的標點　張凱（棗莊學院）

第八單元

文選　胡安順、汪银峰（長春師範大學）

古漢語基礎知識之十二

語法（上） 胡安順

第九單元

文選　胡安順、于展東（西安文理學院）、謝友中（梧州學院）

古漢語基礎知識之十三

語法（中） 胡安順

第十單元

文選　孫夢城（山東工商學院）、劉橋（西安外國語大學）

古漢語基礎知識之十四

語法（下） 胡安順、劉永華（西北大學）

第十一單元

文選　唐劍鋒（喀什大學）

古漢語基礎知識之十五

修辭學　惠紅軍（陝西師範大學）

古漢語基礎知識之十六

賦的基本知識　胡安順

全書設計及修改定稿工作由胡安順負責。